世紀心理學叢書

台灣東華書局（繁體字版）
浙江教育出版社（簡體字版）

台灣東華書局出版之《世紀心理學叢書》，除在台發行繁體字版外，並已授權浙江教育出版社以簡體字版在大陸地區發行。本叢書有版權（著作權），非經出版者或著作人之同意，本叢書之任何部分或全部，不得以任何方式抄錄發表或複印。

台 灣 東 華 書 局 謹識
法律顧問蕭雄淋律師

願為兩岸心理科學發展盡點心力
──世紀心理學叢書總序──

　　五年前一個虛幻的夢想，五年後竟然成為具體的事實；此一由海峽兩岸合作出版一套心理學叢書以促進兩岸心理科學發展的心願，如今竟然得以初步實現。當此叢書問世之際，除與參與其事的朋友們分享辛苦耕耘終獲成果的喜悅之外，在回憶五年來所思所歷的一切時，我個人更是多著一份感激心情。

　　本於一九八九年三月，應聯合國文教組織世界師範教育協會之邀，決定出席該年度七月十七至二十二日在北京舉行的世界年會，後因故年會延期並易地舉辦而未曾成行。迄於次年六月，復應北京師範大學之邀，我與內子周慧強教授，專程赴北京與上海濟南等地訪問。在此訪問期間，除會晤多位心理學界學者先進之外，也參觀了多所著名學術機構的心理學藏書及研究教學設備。綜合訪問期間所聞所見，有兩件事令我感觸深刻：其一，當時的心理學界，經過了撥亂反正，終於跨越了禁忌，衝出了谷底，但仍處於劫後餘生的局面。在各大學從事心理科學研究與教學的學者們，雖仍舊過著清苦的生活，然卻在摧殘殆盡的心理科學廢墟上，孜孜不息地奮力重建。他們在專業精神上所表現的學術衷誠與歷史使命感，令人感佩不已。其二，當時心理科學的書籍資料甚為貧乏，由於資金短缺與出版事業艱困，高品質學術著作之出版發表殊為不易；因而教師缺乏新資訊，學生難以求得新知識。在學術困境中，一心為心理科學發展竭盡心力的學者先生們，無不深具無力感與無奈感。特別是有些畢生努力，研究有成的著名心理學家，他們多年來的心血結晶若無法得以著述保存，勢將大不利於學術文化的薪火相傳。

返台後，心中感觸久久不得或釋。反覆思考，終於萌生如下心願：何不結合兩岸人力物力資源，由兩岸學者執筆撰寫，兩岸出版家投資合作，出版一套包括心理科學領域中各科新知且具學術水平的叢書。如此一方面可使大陸著名心理學家的心血結晶得以流傳，促使中國心理科學在承先啟後的路上繼續發展，另方面經由繁簡兩種字體印刷，在海峽兩岸同步發行，以便雙邊心理學界人士閱讀，而利於學術文化之交流。

顯然，此一心願近似癡人說夢；僅在一岸本已推行不易，事關兩岸必將更形困難。在計畫尚未具體化之前，我曾假訪問之便與大陸出版社負責人提及兩岸合作出版的可能。當時得到的回應是，原則可行，但先決條件是台灣方面須先向大陸出版社投資。在此情形下，只得將大陸方面合作出版事宜暫且擱置，而全心思考如何解決兩個先決問題。問題之一是如何取得台灣方面出版社的信任與支持。按初步構想，整套叢書所涵蓋的範圍，計畫包括現代心理科學領域內理論、應用、方法等各種科目。在叢書的內容與形式上力求臻於學術水平，符合國際體例，不採普通教科用書形式。在市場取向的現實情況下，一般出版社往往對純學術性書籍素缺意願，全套叢書所需百萬美元以上的投資，誰人肯做不賺錢的生意？另一問題是如何邀請大陸學者參與撰寫。按我的構想，台灣出版事業發達，外匯充裕，心理科學的研究與教學較易引進新的資訊。將來本叢書的使用對象將以大陸為主，是以叢書的作者原則也以大陸學者為優先考慮。問題是大陸的著名心理學者分散各地，他們在不同的生活環境與工作條件之下，是否對此計畫具有共識而樂於參與？

　　對第一個問題的解決，我必須感謝多年好友台灣東華書局負責人卓鑫淼先生。卓先生對叢書細節及經濟效益並未深切考量，只就學術價值與朋友道義的角度，欣然同意全力支持。至於尋求大陸合作出版對象一事，迨至叢書撰寫工作進行到中途，始經由北京師範大學教授林崇德先生與杭州大學教授朱祖祥先生介紹，開始進行。浙江教育出版社社長曹成章先生，經過兩位教授先生介紹之後，幾乎與卓先生持同樣的態度，在未曾見及叢書樣本書之前，僅憑促進中國心理科學發展及加強兩岸學術交流之一念，迅即慨然允予合作。這兩位出版界先進所表現的重視文化事業而不計較投資報酬的出版家風範，令人敬佩之至。

　　至於邀請大陸作者執筆撰寫一事，正式開始是我與內子一九九一年清明節第二次北京之行。提及此事之開始，我必須感謝北京師範大學教授章志光先生。章教授在四十多年前曾在台灣師範大學求學，是高我兩屆的學長。由章教授推荐北京師範大學教授張必隱先生負責聯繫，邀請了中國科學院、北京大學及北京師範大學的多位心理學界知名教授晤談；初步研議兩岸合作出版叢書之事的應行性與可行性。令人鼓舞的是，與會學者咸認此事非僅為學術界創舉，而且對將來全中國心理科學的發展，更是意義深遠。對於執筆撰寫工作，亦均表示願意排除萬難，全力以赴。此事開始後，復承張必隱教授、林崇德教授、吉林大學車文博教授暨西南師範大學黃希庭教授等諸位先生費心多方聯繫，我與內子九次往返大陸，分赴各地著名學府，訪問講學之外特專誠拜訪知名學者，邀請參與為叢書撰稿。惟在此期間，一則因行程匆促，聯繫困難，二則因叢書學科所限，以致尚有多位傑出學者，未能訪晤周遍，深有遺珠之憾。四年來所經歷的邀稿、簽約、催稿、審核等一切過程，遠較事前預估者為順利。為此我特別感謝四位教授先生的協助與全體作者先生的合作與支持。

　　心理科學是西方的產物，自十九世紀脫離哲學成為一門獨立科學以來，其目的在採用科學方法研究人性並發揚人性中的優良品質，俾為人類社會創造福祉。中國的傳統文化中，雖也蘊涵著豐富的哲學心理學思想，惟惜未能隨時代演變轉化為現代的科學心理學理念；而二十世紀初西方心理學傳入中國之後，卻又未能受到應有的重視。在西方，包括心理學在內的社會及行為科學是伴隨著自然科學一起發展的。從近代西方現代化發展過程的整體看，自然科學的亮麗花果，事實上是在社會及行為科學思想的土壤中成長茁壯的；先由社會及行為科學的發展提升了人的素質，使人的潛能與智慧得以發揮，而後才創造了現代的科學文明。回顧百餘年來中國現代化的過程，非但自始即狹隘地將"西學"之理念囿於自然科學；而且在科學教育之發展上也僅祇但求科學知識之"為用"，從未強調科學精神之培養。因此，對自然科學發展具有滋養作用的社會科學，始終未能受到應有的重視。從清末新學制以後的近百年間，雖然心理學中若干有關科目被列入師範院校課程，且在大學中成立系所，而心理學的知識既未在國民生活中產生積極影響，心理學的功能更未在社會建設及經濟發展中發揮催化作用。國家能否現代化，人口素質因素重於物質條件。中國徒有眾多人口而欠缺優越素質，未能形成現代化動力，卻已構成社會沈重負擔。近年來兩岸不斷喊出同一口號，謂廿一世紀是中國人的世紀。中國人能否做為未來世界文化的領導者，則端視中國人能否培養出具有優秀素質的下一代而定。

　　現代的心理科學已不再純屬虛玄學理的探討，而已發展到了理論、方法、實踐三者統合的地步。在國家現代化過程中，諸如教育建設中的培育優良師資與改進學校教學、社會建設中的改良社會風氣與建立社會秩序、經濟建設中的推行科學管理與增進生產效率、政治建設中的配合民意施政與提升行政績效、生活建設中的培養良好習慣與增進身心健康等，在在均與人口素質具有密切關係，而且也都是現代心理科學中各個不同專業學科研究的主題。基於此義，本叢書的出版除促進兩岸學術交流的近程目的之外，更希望達到兩個遠程目的：其一是促進中國心理科學教育的發展，從而提升心理科學研究的水平，並普及心理科學的知識。其二是推廣心理學的應用研究，期能在中國現代化的過程中，發揮其提升人口素質進而助益各方面建設的功能。

　　出版前幾經研議，最後決定以《世紀心理學叢書》作為本叢書之名稱，用以表示其跨世紀的特殊意義。值茲叢書發行問世之際，特此謹向兩位出版社負責人、全體作者、對叢書工作曾直接或間接提供協助的人士以及台灣東華書局編審部工作同仁等，敬表謝忱。叢書之編輯印製雖力求完美，然出版之後，疏漏缺失之處仍恐難以避免，至祈學者先進不吝賜教，以匡正之。

張春興　謹識
一九九六年五月於台灣師範大學

世紀心理學叢書目錄

主編　張春興
台灣師範大學教授

心理學原理
張春興
台灣師範大學教授

中國心理學史
燕國材
上海師範大學教授

西方心理學史
車文博
吉林大學教授

精神分析心理學
沈德燦
北京大學教授

行為主義心理學
張厚粲
北京師範大學教授

人本主義心理學
車文博
吉林大學教授

認知心理學
彭聃齡
北京師範大學教授
張必隱
北京師範大學教授

發展心理學
林崇德
北京師範大學教授

人格心理學
黃希庭
西南師範大學教授

社會心理學
時蓉華
華東師範大學教授

學習心理學
張必隱
北京師範大學教授

教育心理學
張春興
台灣師範大學教授

輔導與諮商心理學
陳秉華
台灣師範大學副教授

鄔佩麗
台灣師範大學副教授

體育運動心理學
馬啟偉
北京體育大學教授

張力為
北京體育大學副教授

犯罪心理學
羅大華
中國政法大學教授

何為民
中央司法警官學院教授

特殊兒童心理與教育
吳武典
台灣師範大學教授

工業心理學
朱祖祥
杭州大學教授

管理心理學
徐聯倉
中國科學院研究員

陳　龍
中國科學院研究員

消費者心理學
徐達光
輔仁大學副教授

實驗心理學
楊治良
華東師範大學教授

心理測量學
張厚粲
北京師範大學教授

龔耀先
湖南醫科大學教授

心理與教育研究法
董奇
北京師範大學教授

申繼亮
北京師範大學教授

實驗心理學

楊 治 良
華東師範大學教授

東華書局 印行

自　序

　　心理學是當代社會與行為科學中發展最迅速的學科之一。關於心理學的探索研究，目前可說是正處在"著人滋味，真個濃如酒"的時期。在心理學科的百花園中，實驗心理學的發展尤為突出。實驗法是心理學研究的主要方法，它不僅促使心理學成為一門獨立科學，而且其日新月異的演進，也推動著心理學各領域的迅猛發展。誠然，由美國心理學家斯波林 (George Sperling) 1960 年首次公布的部分報告法，證實了感覺記憶的存在。此外諸如信號檢測論的應用，使對內部心理的分析更上層樓，反應時新法使認知心理學大展宏圖，間接測量法導致了內隱記憶的新發現。由此等實驗心理學的發展，在在有力地說明了實驗方法是揭露心理和行為的規律性的重要途徑和手段。一位心理學家可以對心理學任一領域任一分支感興趣，可以專門從事工業心理、醫學心理、教育心理或知覺心理、記憶心理、思維心理，以至社會心理的研究，但是他們必定有一個共同的特點，即是確切地掌握了實驗心理學的研究方法，了解應當如何科學地考察心理和行為的規律。這就足以證明實驗心理學的重要性。

　　本人有幸受邀參加《世紀心理學叢書》中《實驗心理學》一

書的編寫工作，獲得了一次珍貴的學習鍛煉機會。本書是專為大學和師範院校學生撰寫的一本教科書，一般讀過《普通心理學》和《心理統計學》者，都可讀懂此書。本書採用教科書的形式，宗旨是將實驗心理學中已經確立起來的最基本的、最可靠的科學方法介紹給同學和讀者，使同學們初步掌握實驗心理學的重要理論，學會基本的實驗設計，並具有相當的實驗技能。

　　本書的成功出版，首先要歸功於張春興教授和卓鑫淼先生。台灣師範大學張春興教授費五年多心力，邀集兩岸心理學者合作撰寫《世紀心理學叢書》，對未來中國心理科學的發展，意義極為重大。台灣東華書局負責人卓鑫淼先生，鼎力資助由繁簡兩種字體在兩岸發行此《世紀心理學叢書》，對兩岸文化學術交流，貢獻卓著。本書的編寫過程中，又得到主編張春興教授的關懷和悉心協助，以及東華書局編輯們在體例、圖表乃至內容上的諸多幫助。沒有這些鼓勵和幫助是無法寫出本書的。還要說明的是，本書在寫作過程中參考了國內外有關心理學專著、論文和文獻資料，吸取了許多學者的實驗成果也引用了我本人過去編寫的著作和與人合著的著作，在此一併向原作者致深深的謝意。

　　最後要說明的是，由於本書編者自身水平和時間的限制，疏漏和缺失在所難免，懇切地期望廣大讀者批評指正。

楊治良　謹識
一九九七年一月於華東師範大學

目　次

世紀心理學叢書總序 ··· iii
世紀心理學叢書目錄 ·· viii
自　序 ·· xiii
目　次 ·· xv

第一章　緒　論

第一節　實驗心理學的性質 ··· 3
第二節　心理實驗的程序 ·· 16
第三節　實驗心理學簡史 ·· 29
本章實驗 ··· 36
本章摘要 ··· 39
建議參考資料 ··· 41

第二章　實驗設計

第一節　實驗設計的基本類型 ··· 45
第二節　多變量實驗技術 ·· 58
第三節　實驗數據的統計分析 ··· 66
本章摘要 ··· 100
建議參考資料 ··· 102

第三章　反應時間

第一節　反應時間的性質 ·· 105
第二節　測量反應時的儀器和方法 ······································ 118
第三節　影響反應時間的因素 ·· 126

第四節　用反應時間分析信息加工的方法⋯⋯⋯⋯⋯⋯⋯⋯　141
　　本章實驗⋯⋯⋯⋯⋯⋯⋯⋯⋯⋯⋯⋯⋯⋯⋯⋯⋯⋯⋯⋯⋯　157
　　本章摘要⋯⋯⋯⋯⋯⋯⋯⋯⋯⋯⋯⋯⋯⋯⋯⋯⋯⋯⋯⋯⋯　161
　　建議參考資料⋯⋯⋯⋯⋯⋯⋯⋯⋯⋯⋯⋯⋯⋯⋯⋯⋯⋯⋯　162

第四章　傳統心理物理法

　　第一節　閾限的性質⋯⋯⋯⋯⋯⋯⋯⋯⋯⋯⋯⋯⋯⋯⋯⋯　167
　　第二節　測定閾限的三種基本方法⋯⋯⋯⋯⋯⋯⋯⋯⋯⋯　171
　　第三節　心理量表法⋯⋯⋯⋯⋯⋯⋯⋯⋯⋯⋯⋯⋯⋯⋯⋯　187
　　本章實驗⋯⋯⋯⋯⋯⋯⋯⋯⋯⋯⋯⋯⋯⋯⋯⋯⋯⋯⋯⋯⋯　201
　　本章摘要⋯⋯⋯⋯⋯⋯⋯⋯⋯⋯⋯⋯⋯⋯⋯⋯⋯⋯⋯⋯⋯　207
　　建議參考資料⋯⋯⋯⋯⋯⋯⋯⋯⋯⋯⋯⋯⋯⋯⋯⋯⋯⋯⋯　208

第五章　現代心理物理法

　　第一節　閾限概念和理論的發展⋯⋯⋯⋯⋯⋯⋯⋯⋯⋯⋯　211
　　第二節　信號檢測論的原理⋯⋯⋯⋯⋯⋯⋯⋯⋯⋯⋯⋯⋯　227
　　第三節　信號檢測論的應用⋯⋯⋯⋯⋯⋯⋯⋯⋯⋯⋯⋯⋯　249
　　本章實驗⋯⋯⋯⋯⋯⋯⋯⋯⋯⋯⋯⋯⋯⋯⋯⋯⋯⋯⋯⋯⋯　263
　　本章摘要⋯⋯⋯⋯⋯⋯⋯⋯⋯⋯⋯⋯⋯⋯⋯⋯⋯⋯⋯⋯⋯　268
　　建議參考資料⋯⋯⋯⋯⋯⋯⋯⋯⋯⋯⋯⋯⋯⋯⋯⋯⋯⋯⋯　269

第六章　視覺實驗

　　第一節　視覺研究中的變量⋯⋯⋯⋯⋯⋯⋯⋯⋯⋯⋯⋯⋯　273
　　第二節　視覺研究中的基本實驗⋯⋯⋯⋯⋯⋯⋯⋯⋯⋯⋯　285
　　第三節　顏色視覺⋯⋯⋯⋯⋯⋯⋯⋯⋯⋯⋯⋯⋯⋯⋯⋯⋯　297
　　第四節　顏色的心理效應⋯⋯⋯⋯⋯⋯⋯⋯⋯⋯⋯⋯⋯⋯　320
　　本章實驗⋯⋯⋯⋯⋯⋯⋯⋯⋯⋯⋯⋯⋯⋯⋯⋯⋯⋯⋯⋯⋯　328
　　本章摘要⋯⋯⋯⋯⋯⋯⋯⋯⋯⋯⋯⋯⋯⋯⋯⋯⋯⋯⋯⋯⋯　334
　　建議參考資料⋯⋯⋯⋯⋯⋯⋯⋯⋯⋯⋯⋯⋯⋯⋯⋯⋯⋯⋯　335

第七章　聽覺實驗

第一節　聽覺實驗中的變量 339
第二節　聽覺的二個基本屬性 356
第三節　聽覺的基本實驗 368
本章實驗 387
本章摘要 392
建議參考資料 394

第八章　知覺實驗

第一節　知覺研究的基本變量 397
第二節　知覺現象的研究 405
第三節　空間知覺和運動知覺 427
本章實驗 450
本章摘要 458
建議參考資料 459

第九章　記憶實驗

第一節　記憶研究的變量和材料 464
第二節　記憶研究的傳統方法 471
第三節　內隱記憶 492
第四節　內隱記憶的測驗方法 500
本章實驗 510
本章摘要 516
建議參考資料 518

第十章　情緒的實驗研究

第一節　情緒實驗研究概述 521
第二節　情緒的生理指標 531
第三節　表情研究方法 545

第四節　主觀體驗測量方法……………………………………557
　　本章實驗……………………………………………………………570
　　本章摘要……………………………………………………………573
　　建議參考資料………………………………………………………574

第十一章　心理實驗常用儀器

　　第一節　儀器在心理實驗的作用…………………………………577
　　第二節　感覺類實驗儀器…………………………………………582
　　第三節　知覺類實驗儀器…………………………………………590
　　第四節　記憶類實驗儀器…………………………………………597
　　第五節　情緒和技能類實驗儀器…………………………………604
　　第六節　計算機在心理學上的應用………………………………609
　　本章摘要……………………………………………………………621
　　建議參考資料………………………………………………………622

參考文獻……………………………………………………………623

索　引

　㈠漢英對照……………………………………………………………635
　㈡英漢對照……………………………………………………………651

第一章

緒　　論

本章內容細目

第一節　實驗心理學的性質
一、實驗心理學的含義　3
二、實驗中的幾種變量　4
三、實驗中主試者與被試者的關係　8
　㈠ 按實驗程序進行的主-被試者的相互作用
　㈡ 干擾實驗程序的主-被試者的相互作用
四、額外變量的控制　11
五、實驗效度　13
　㈠ 影響實驗內部效度的因素
　㈡ 影響實驗外部效度的因素

第二節　心理實驗的程序
一、課題的確定　17
　㈠ 課題的來源
　㈡ 實驗類型的確定
　㈢ 問題的陳述
二、被試者的選擇　19
　㈠ 依問題的性質選擇被試者
　㈡ 依研究結果的概括程度來選擇被試者

三、實驗因素的控制　20
　㈠ 自變量的控制
　㈡ 反應的控制
　㈢ 反應指標的選擇
　㈣ 儀器和材料的使用
四、實驗資料的收集與分析和綜合　24
　㈠ 心理學研究的資料類別
　㈡ 研究資料的整理與解釋
五、撰寫實驗報告　26

第三節　實驗心理學簡史
一、心理實驗發展的第一階段　30
二、心理實驗發展的第二階段　31

本章實驗
一、自變量和因變量的確定　36
二、自變量的範圍和間距　37

本章摘要

建議參考資料

實驗心理學一詞，是 1862 年由德國著名心理學家、實驗心理學的先驅之一馮特 (Wilhelm Wundt, 1832～1920) 在他的《感官知覺理論貢獻》論文集的導言裏最早提出來的。馮特提出"實驗心理學"是作為他創建的**新心理學** (new psychology) 的代名詞。為什麼會出現創建新心理學的願望呢？這是因為心理學在成為一門獨立的科學之前始終作為哲學的一個附屬部分，是由哲學家們用思辨的方法來進行研究的。馮特所說的實驗心理學是指用實驗的方法來進行研究的心理學，亦即科學的新心理學，它是為了與以前的心理學相區別而被提出的。但這時他所說的實驗心理學只是指用實驗的方法來研究心理學中的感知覺問題，而對於思維、想像、情感等高級的心理過程，他認為是不能用實驗的方法來進行研究的，他稱用非實驗方法研究的這部分心理學為**民族心理學** (folk psychology)。儘管馮特的觀點有一定的局限性，但在當時乃至今日仍不失為心理學中比較好的研究方法，為科學心理學的創建立下了功勞。我們把 1879 年馮特在德國萊比錫大學建立第一個研究心理學的實驗室這一事件作為心理學從哲學中分化出來，成為一門獨立學科的標誌，並稱他為實驗心理學的創始人。

雖然心理學的實驗方法都是在加以控制的條件下進行研究的，但由於不同的心理學流派所主張的心理學研究的對象不同，在控制條件下觀察什麼則不盡相同。例如，**構造主義** (或結構主義) (structuralism) 者就主張用**內省法** (introspection) 觀察自己的直接經驗，並企圖把意識分為最簡單、最基本的心理元素；**行為主義** (behaviorism) 者則主張在控制條件下觀察人和動物的行為；等等。

在 20 世紀 50 年代，隨著電子學和工程技術的發展，心理學的實驗裝置和測量儀器日益精密，從而使心理學的實驗研究工作在客觀性和準確性方面都得到了提高，並逐漸擺脫了不同心理學流派對實驗方法的束縛和影響。心理學發展到今天，爭論的問題已不再是實驗方法對心理學的研究是否適用，而是如何使心理學的實驗方法更加完善、更加自動化，以及如何用在實驗室中發現的心理學規律來解決實際問題。

第一章的緒論，是為了使讀者在進入以後各章的專題討論前，先對實驗心理學有一個概括性的認識。因此，本章的撰寫旨在回答以下六個問題：

1. 實驗心理學是什麼樣的學科。什麼叫實驗。

2. 什麼叫自變量？什麼叫因變量？並舉例說明。
3. 什麼叫額外變量？對額外變量的控制通常採用那些方法。
4. 心理學研究的課題主要來自那些方面。
5. 一個完整的實驗報告應包括那幾項內容。
6. 從實驗心理學簡史的學習中，獲得了那些啟示。

第一節　實驗心理學的性質

一、實驗心理學的含義

實驗心理學 (experimental psychology) 就是在實驗控制條件下對心理和行為進行研究工作的心理學。這一心理學分支是以研究方法來定義的。根據這個定義，只要是用**實驗法** (experimental method) 來研究的心理學問題，都可以包括在實驗心理學的範圍之內。不過，實驗心理學所講的實驗法一般是指在嚴密控制條件下的實驗室實驗。實驗心理學的內容通常包括兩個部分，一部分是闡述實驗方法和實驗設計，另一部分則是闡述實驗法在一些專門領域中的應用，如心理物理學、知覺、學習、思維、情緒等專題。前者論述心理學實驗的一般原理，後者論述在具體研究領域中如何應用實驗方法等問題。

實驗法不等於**自然觀察法** (naturalistic observation)。在使用自然觀察法時，研究者只能被動地仔細觀察和記錄研究對象在自然狀態下所發生的情況，而不能有任何干預。雖然長期的、系統的觀察也可以發現事物之間的規律，例如天文學中的規律大部分是這樣發現的。但這種觀察只能等待所要觀察的事物出現時才能進行，受自然條件的限制。而**實驗** (experiment) 則是人為地去干預、控制所研究的對象。實驗者可以創造條件，引發所需要的事件來觀察其變化；為了驗證，可以創造同樣的條件進行重復觀察。與自然觀察法相比較，實驗法是探尋事物之間的規律的一種更加有效的辦法。

現代心理學是一個非常龐大的學科體系，包含有許多心理學分支，例如**普通心理學** (general psychology)、**生理心理學** (physiological psychology)、**學習心理學** (psychology of learning)、**認知心理學** (cognitive psychology)、**發展心理學** (developmental psychology)、**社會心理學** (social psychology)、**人格心理學** (personality psychology)、**工業心理學** (industrial psychology)、**教育心理學** (educational psychology)、**管理心理學** (managerial psychology) 等等。在現代心理學的各分支學科中幾乎都在應用實驗法，並且應用實驗法的範圍正在日益擴大；即使在過去曾被認為難以進行實驗研究的人格心理學和社會心理學也都在進行實驗研究。心理學家把那些用實驗法所得到的科學資料概括為實驗心理學的綜合成果，從而發展了實驗心理學；同時，實驗心理學也成了現代心理學各分支學科的發展基礎。實驗心理學在現代心理學中的地位及其與其他心理學分支學科的關係如圖 1-1 所示。

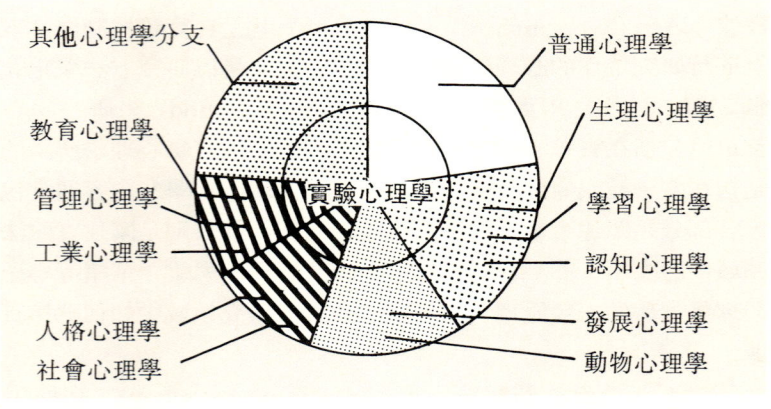

圖 1-1　實驗心理學與其他心理學分支學科的關係

二、實驗中的幾種變量

從以上敍述中，我們可以知道實驗是一種控制的觀察。與自然的或偶然的觀察不同，實驗是實驗者人為地使現象發生，對產生現象的情景或影響現象的條件加以操縱、變化、與控制的觀察。然而，自然的或偶然的觀察是研究者在自然的情境中任現象自然的發生，對現象及其發生的情境不加人為的干預而進行的。與其他研究方法相比，實驗法的主要特點是能較好地控制額外變量。武德沃斯和斯洛斯貝格 (Woodworth & Schlosberg, 1954) 指出了實驗具有三個優點：(1) 在實驗的方法中，實驗者可以在他願意時，使事件產生，可以充分地進行精密的觀察。(2) 實驗在同樣條件下是可以重復的，別人可以驗證它。(3) 系統地變化條件，可以追究與此相隨的事件的變化。在這三個優點中，第 2 個優點是特別重要的。只有按照同樣的手續，能被別人重復驗證的事實，才能構成科學的知識。當然，每個實驗的複雜程度是不同的。在簡單、單一的實驗裏，只讓一個條件變化而控制其餘的一切條件。在妥善安排的複雜設計裏，可以讓兩個或兩個以上的條件同時變化，分析每個條件的單獨影響以及它們之間可能的相互作用。在我們明確了"實驗"的含義後，我們就可以來討論什麼是變量？變量主要有幾種？

變量 (或變項) (variable) 是指在數量上或質量上可變的事物的屬性。例如，光的強度可以由弱變強，呈現時間可以由短變長，智力的 IQ 可以由小到大，這些都屬於量的變量。又如，人的性別有男有女，人的宗教信仰有佛教、道教、基督教、天主教和伊斯蘭教等等，這些是質的變量。質的變量有時也可以用數字代替類別，以便於統計分析。

在自然科學中，常用數學方程式來描述一些現象。用實驗法研究心理學問題時，也用數學方程式來探明變量與變量的關係。在實驗中實驗者所操縱的、對被試者的反應產生影響的變量稱為**自變量** (或自變項) (independent variable，簡稱 I. V.)；由操縱自變量而引起的被試者的某種特定反應稱為**因變量** (或依變項) (dependent variable，簡稱 D. V.)。例如，要研究燈光亮度對閱讀速度的影響時，實驗者所操縱的燈光亮度 (變化燭光數) 就是自變量，而閱讀速度 (以每分鐘多少字來表示) 就是因變量。因此，自變量和因變量是相互依存的，沒有自變量就無所謂因變量，沒有因變量也無所謂自變量。

除了自變量之外，還有其它許多因素都會影響因變量的變化。上例中，文字的形狀、大小、排列方式、清晰度、熟悉度以及材料的呈現位置和呈現先後等都會影響閱讀速度。此外，像大氣壓、被試者的高矮、胖瘦和頭髮長短等因素對閱讀速度就沒有什麼影響。凡是對因變量產生影響的實驗條件都稱為**相關變量**(relevant variable，簡稱 R. V.)，而對因變量不產生影響的實驗條件稱為**無關變量**(或無關變項)(irrelevant variable，簡稱 I. V.)。在相關變量中，實驗者用以研究的變量稱為自變量，實驗者不用於研究的那些相關變量稱為**額外相關變量**(extraneous relevant variable)，或簡稱為**額外變量**(或外擾變項)(extraneous variable)。在實驗中，額外變量是必須加以控制的。如果不控制額外變量，就會弄不清因變量的變化是由自變量的影響引起的，還是由因變量的變化引起的。因而就無法得出明確的結論。由於在實驗中額外變量是必須加以控制的，所以額外變量也被稱為**控制變量**(controlled variable)。評價一項實驗設計的好壞的一個重要依據就是看研究者能否成功地控制那些額外變量。

自變量的種類很多，大致可以分為三類：

1. 作業 作業(task)是指實驗中要求被試者作出特定反應的某種呈現刺激，例如，字母串、配對聯想詞表、Müller-Lyer 錯覺圖、字謎等等。如果把這些作業的任何特性作為自變量來操縱，則這種自變量即為一種**作業變量**(task variable)。

2. 環境 當實驗呈現某種作業時，如果改變實驗**環境**(environment)的任何特性，則改變了的環境特性即為**環境自變量**(environmental independent variable)。例如，我們可以改變實驗室內的亮度或噪聲(噪音)強度，也可以改變呈現刺激的時間間隔等等。

3. 被試者 被試者的特性因素如年齡、性別、健康狀況、智力、教育水平、人格特性、動機、態度、內驅力等都可能影響對某種刺激的反應，這些因素統稱為**被試者變量**(或受試者變項)(subject variable)。在這些被試者變量中，有的是實驗者可以主動操縱加以改變的，例如內驅力強度可以用禁食或禁飲的時間來加以操縱，而有的則是不能主動操縱的，只能進行測量，例如智力、教育水平、自我強度等。被試者本身固有的、實驗者不能加以操縱使其改變的特性稱為**本性變量**(或屬性變項)(attribute variable)。

在某些情況下，研究者把幾個不同的自變量當作一個**複合自變量**(complex independent variable)來操縱，以確定它們的綜合效應。例如，有些學校為提高學生的學習成績進行實驗，採取了一系列的教學改革措施，如使用新的教材、加強課堂管理、獎勵成就等。假定這些措施確實提高了學生的學習成績，那我們是不大可能鑑別出那一個自變量在起什麼作用的，或許其中只有一種措施才真正起作用，但設計這種實驗的目的並非要鑑別出某個變量的作用，而是考察其綜合效應。因此，只要研究者不對複合自變量作出分析性結論，這類研究無可厚非。由於複合自變量更接近日常生活實際，並能解決某些實際問題，因而常被研究者所採用。

因為自變量的變化而產生的現象變化、或結果，稱為**因變量**，也就是**反應變量** (response variable)、或**反應測量** (response measurement)。對於被試者的反應可以從下列幾方面來測量：(1) 反應速度，例如，簡單反應時間、或潛伏期，走完一個迷津所需的時間，在一定時間內完成某項作業的數量等。(2) 反應的正確性，例如，計算的次數、走迷津進入盲巷的次數、射擊中靶的次數、或離中心的距離等。(3) 反應的難度，有些作業可以定出一個難易等級，看被試者能達到什麼水平，如記憶廣度、比納-西蒙智力量表等。(4) 反應的次數或機率，是指在一定時間內被試者能做出某種反應的次數，例如在心理物理學實驗中，根據機率來規定閾限。(5) 反應的幅度和強度，例如，膝跳反射的幅度，皮膚電反射電阻變化的大小，等等。

除了上述反應指標外，被試者的口語報告內容（即口語記錄）也是一項重要的反應變量。**口語記錄** (protocol) 是指被試者在實驗時對自己心理活動進程所作敘述的記錄，或在實驗之後，他對主試者提出問題所作回答的記錄。在心理學實驗中，口語記錄是很重要的參考資料，有助於我們分析被試者的內部心理活動。目前口語記錄分析已被用於問題解決的實驗中，借以了解被試者解決問題時所使用的思維策略。

對於人的心理活動，我們無法直接觀察到。但他的行為反應是受心理活動支配的，是我們可以觀察到的。心理學家之所以對反應指標的測量感到興趣，是因為他們相信從由刺激引起的反應指標可以推知某些更基本的心理過程。例如我們讓被試者解一道數學題：$6+7+8+9=$？要求他們在解題時說出頭腦中所進行的一切活動，並記錄其得出的答案和使用了多少時間。結果發現，雖然被試者的答案都是對的，但解題所用的時間卻有顯著差異，有的解得快；有的解得慢。進一步分析他們的口語記錄，發現解得慢的被試者是用累加法，解得快的被試者是用另一種策略，先做 $7+8=15$，$6+9=15$，再做 $15+15=30$。這就是說，在這個實驗中，一個變量（一道數學題）導致另一個變量（解題所用的時間多少）的變化是由某個**中介變量** (intervening variable)（解題所用的策略）所引起的。現代實驗心理學的目的就是要說明和解釋人在完成某種活動時的心理活動是如何進行的，即通過刺激和反應（即 S-R）之間的關係來推斷心理活動的方式。

然而，在沒有控制的條件下，一個刺激可能會引起多種心理和行為的反應；相反，一種反應也可能是由多種刺激複合作用的結果。因此，如果要建立 S-R 的對應關係，就必須要發展一系列的有效措施，進行嚴密的實驗設計。這是心理學實驗不同於物理、化學等實驗的第一個特點。

三、實驗中主試者與被試者的關係

心理實驗的對象統稱為**被試者** (subjects)，包括人和動物。在實驗中，特別是以人為對象的實驗中，如何處理好實驗者（即主試者）和被試者的關係是實驗取得成功的一個重要條件。在心理實驗中**主試者** (experimenter) 和**被試者**的關係如圖 1-2 所示，包括兩類性質不同的相互作用：(1) 按實驗程序進行的相互作用，(2) 干擾實驗程序的相互作用。

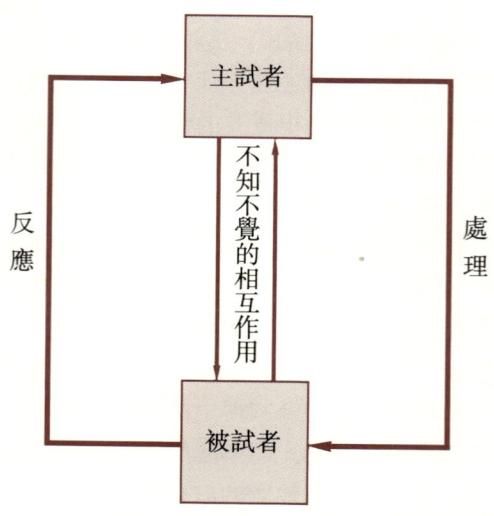

圖 1-2　心理學實驗中主試者與被試者的相互作用

(一) 按實驗程序進行的主-被試者的相互作用

在心理學實驗中涉及到的人就是主試者和被試者。主試者對被試者的干預及被試者對主試者的實驗態度都會對實驗結果產生影響。由於心理實驗都是通過被試者完成任務的方式進行的，所以主試者對被試者最直接的干預是向被試者交代任務。主試者為交代任務向被試者所講的話，在心理實驗中就稱為**指示語** (instruction)。

在以人作被試者時，指示語在實驗中不僅是對被試者說明實驗，更重要的是給被試者設定課題，這也是控制被試者這一有機體變量的一種手段。指示語不同，所得的結果也不相同。因此，主試者在給出指示語時應注意以下幾點：

1. 要嚴格確定給被試者什麼樣的指示語 不同的實驗會有不同的要求，有的要求被試者儘量做得準確，有的要求儘量做得快，還有的要求又準又快。此外，是讓被試者按特殊的方式完成某任務，還是讓他隨便用什麼方式去完成任務。類似這樣的問題，主試者都要事先確定，寫到指示語中去。

2. 在指示語中，要把被試者應當知道的事交代完全 主試者要求被試者所做的事，可能是他從未做過的，要說明將要給他呈現什麼，要他怎樣做等等。

3. 要保證被試者確實懂得了指示語 指示語要寫得簡單明確。切忌模稜兩可，也不要用專門術語。為防止被試者誤解指示語，可以讓被試者用自己的話重述讓他做什麼、怎麼做等等。

4. 指示語要標準化 事先要把指示語寫下來念給被試者聽。應做到所給的指示語前後一致。不要任意改變同一指示語中的有關詞句。對有些實驗最好能使用錄音機給出指示語。

在指示語不能充分控制反應時，就要很好地考慮刺激條件和實驗裝置，使刺激條件、實驗裝置與指示語配合起來，使被試者只能做出主試者所要求的反應。

(二) 干擾實驗程序的主-被試者的相互作用

在心理實驗中，除了主試者給出指示語及被試者按指示語完成任務的相互作用外，他們之間還可能存在著某種干擾實驗、使實驗結果發生混淆的相互作用。例如，主試者在實驗中可能以某種方式（如他的表情、手勢、語氣等）有意無意地影響被試者，使他們的反應附和實驗者的期望。這種現象稱為**實驗者效應** (experimenter effect)。實驗者效應往往會以一種頗為微妙的方式在起作用。例如，當主試者了解到他的少數幾位被試者有某種反應傾向時，他隨後觀察到的被試者的資料也往往有某種反應傾向。這裏，除主試者無意識地以某種方式影響被試者的反應外，還可能故意地對被試者暗示、提醒或鼓動，或不能耐心地等待被試者的真實反應的出現就進行記錄，或僅僅記錄自己所期望的行為反應。這種現象甚至在用動物做實驗時也可能出現。在羅森塔爾 (Rosenthal, 1966) 的一個研究中，他讓選修心理實驗課的學生做白鼠走迷津實驗，一組主試者用來做實驗的白鼠的籠子上貼有"走迷津伶俐"的標籤，另一組主試者用來做實驗的鼠籠子上貼有"走迷津呆笨"的標籤。其實，這些白鼠是隨機地被分到這些籠子裏的。結果，標記為"走迷津伶俐"的白鼠比標記為"走迷津呆笨"的白鼠學習得快些。實驗者的期望莫名其妙地影響了白鼠的行為，動物的行為居然附和於錯誤的標籤。

人類被試者參加實驗並不是消極被動的。他們總是以某種動機、態度來對待實驗的。因而實驗結果在很大程度上也依存於被試者對待實驗的態度，我們必須高度警惕實驗中的霍桑效應和**安慰劑效應** (placebo effect)。所謂**霍桑效應** (Hawthorne effect) 是指 1924 年美國芝加哥西部電力公司霍桑工廠所進行的一項實驗。研究者系統地改變照明強度，目的是確定工廠的最佳照明條件，藉以提高工作效率。結果，不論照明增加或是減少，工人的工作效率都在逐漸提高。後來才發現，這是由於工人們覺得參加實驗是廠裏在關心他們，從而提高了工作效率。這裏，很明顯被試者的態度成了自變量，從而影響了反應變量。與霍桑效應相類似的是安慰劑效應。有時，醫生開給病人的"藥物"實際上並非是藥物（如維生素片），但當病人相信那是有效的藥物，服用後也產生效果。這是病人心理作用的結果。可以這樣說，凡是在以人作被試者的任何研究中都可能出現霍桑效應或安慰劑效應現象。被試者對指示語的理解、參與實驗的動機、焦慮水平、有關經驗、以及當時的心理、生理狀態等，都會影響他們完成任務的質量和數量。而被試者的反應成績又會影響主試者的行為。這種相互作用有的是不知不覺地在進行，主試者往往沒有察覺到。因此，主試者給予被試者的某種處理，所獲得的不一定就完全是此處理所引起的反應，自變量也不一定只是主試者加以操縱的那個自變量。

　　總之，在心理學實驗中主試者和被試者（人類被試者）都是具有主觀能動性的。主試者用指示語規定被試者的反應，試圖控制額外變量，使因變量的變化成為自變量的一種效應；但與此同時，主試者與被試者又可能以某些干擾實驗的方式不知不覺地相互作用，使額外變量成了實驗中的自變量，從而混淆了實驗結果。這是心理學實驗不同於物理、化學實驗的另一個特點。

四、額外變量的控制

　　額外變量是使實驗結果發生混淆的主要根源。要提高研究的科學水平，就要採取一定的方法來控制額外變量。對額外變量的控制，通常採用以下幾種方法：

　　1. 排除法　排除法 (elimination method) 是把額外變量從實驗中排除出去。如果外界的噪音和光線影響實驗，最好的辦法是進入隔音室或暗室，這樣可把它們排除掉。霍桑效應和實驗者效應會影響實驗結果，最佳的辦法是採用**雙盲實驗** (doubleblind experiment)。從控制變量的觀點來看，排除法確實有效。但用排除法所得到的研究結果卻缺乏推論的普遍性。例如，如果顧慮主試者與被試者的彼此接觸會影響實驗結果，而採用自動呈現刺激及自動記錄實驗結果的方法，則所得結果便不能對人們日常生活中的同類行為作出推論和解釋。

　　2. 恆定法　恆定法 (constant method) 就是使額外變量在實驗的過程中保持固定不變。如果消除額外變量有困難，就可以採用恆定法。不同的實驗場所、不同的實驗者、不同的實驗時間都是額外變量。有效的控制方法是在同一實驗室、由同一實驗者、在同一個時間對實驗組和控制組使用同樣的實驗程序進行實驗。如果實驗時強度變化的噪音無法消除，則可以用噪音發生器發生恆定的噪音來加以掩蔽。除上述實驗條件保持恆定外，實驗者和控制組被試者的特性（如年齡、性別、自我強度、成就、動機等）也是實驗結果發生混淆的主要根源，也應保持恆定。只有這樣，兩個組在作業上的差異才可歸於自變量的效果。用恆定法控制額外變量也有缺點：(1) 實驗結果不能推廣到額外變量的其它水平上去。例如，如果只用男性成人作為被試者進行實驗，其結果不能推廣到女性成人。(2) 操縱的自變量和保持恆定的額外變量可能產生交互作用。例如，如果被試者是男性，實驗者是富有魅力的女性，實驗時，實驗者可能使被試者分心。這是交互作用產生的額外變量。

3. 匹配法 匹配法 (matching method) 是使實驗組和控制組中的被試者的特點相等的一種方法。使用匹配法時，先要測量所有被試者和實驗中要完成的作業具有高相關的特點；然後根據測得的結果把實驗組和控制組的被試者的特點匹配成相等的。若要做"練習對學習射擊成功影響"的實驗，先預測一下被試者打靶的成績，然後把兩個預測成績相等（擊中環數相等）的被試者分別分到實驗組和控制組，匹配成條件相等的兩組被試者參加實驗。這種方法在理論上雖然可取，但實際上很難行得通。因為，如果超過一個特性（或因素）以上時，實驗者常感到顧此失彼，甚至無法匹配。例如，實驗者要同時考慮年齡、性別、起始成績、智力等因素，力圖使所有因素均匹配成相等而編為兩組就很困難了。即使能解決此困難，也將使很多被試者不能參加這個實驗。更何況，屬於中介變量的諸因素，如動機、態度等，更是無法找到可靠的依據進行匹配。因此，匹配法在實際上並不常用。

4. 隨機化法 隨機化 (randomization) 是根據概率理論，把被試者隨機地分派到各處理組中。從界定的被試者總體中用抽籤法或隨機數字法抽取被試者樣本，由於隨機取樣使總體中的各個成員有同等機會被抽取，因而有相當大的可能性使樣本保持與總體有相同的結構。隨機取樣後，再把隨機抽出的被試者樣本隨機地分到各種處理中去。例如，有三種處理組：實驗一組、實驗二組、控制組。給每一處理組指定一個數字，如 0、1、2，並定好先分給樣本 A，再分給樣本 B、C。如果在隨機表上遇到"2"，就把樣本組 A 定為控制組；再遇到"0"，就把樣本組 B 定為實驗一，依此類推。從理論上講，隨機法是控制額外變量的最佳方法，因為根據概率理論，各組被試者所具備的各種條件和機會是均等的，不會導致系統性偏差。它不僅能克服匹配法顧此失彼的缺點，還能控制難以觀察的中介變量（如動機、情感、疲勞、注意等）。隨機法不僅能應用於被試者，也能應用於呈現刺激的安排。例如，如果有許多處理施加於被試者，為了消除系列效應 (即前面的處理對後面的處理的影響)，可以用隨機法安排各種處理出現的順序。

5. 抵消平衡法　抵消平衡法 (counter balancing method) 是通過採用某些綜合平衡的方式使額外變量的效果互相抵消以達到控制額外變量的目的的方法。這種方法的主要作用是控制**序列效應** (sequence effect)。如果給被試者施加一系列以固定順序出現的不同處理，被試者的反應將會受到時序先後的影響。如果先後兩種處理在性質上無關，就會產生疲勞的影響。這兩種影響都可以使實驗發生混淆，因而要加以抵消。如果只有 A、B 兩種處理，最常用的抵消序列效應的方法是用 ABBA 的安排。即對同一組被試者先給予 A 處理，再給予 B 處理；然後倒過來，先給予 B 處理，再給予 A 處理。如果對幾組被試者給予兩種以上的處理，為了抵消序列效應則可採用**拉丁方實驗** (Latin square experiment)。

6. 統計控制法　上述各種方法都是在實驗設計時可以採用的。這些方法統稱為**實驗控制** (experimental control)。但有時候由於條件限制，上述的各種方法不能使用，明知有因素將會影響實驗結果，卻無法在實驗中加以排除或控制。在這種情形下，只有做完實驗後採用**協方差分析** (或共變數分析) (analysis of covariance)，把影響結果的因素分析出來，以達到對額外變量的控制。這種事後用統計技術來達到控制額外變量的方法，稱為**統計控制** (statistical control)。例如，在對兩班學生進行實驗以比較兩種教學方法的優劣，雖然實驗者事先知道此兩班學生的智力不等，但限於條件，實驗前卻無法對智力因素加以控制使兩班學生的智力水平相當。顯然智力是影響實驗結果的重要因素。實驗後，使用協方差分析將智力因素所產生的影響排除後，就可以比較兩種教學方法的優劣了。統計控制法除協方差分析外，還可用偏相關等方法。

五、實驗效度

實驗效度 (experimental validity) 是指實驗方法能達到實驗目的的程度。實驗目的是驗證假設，驗證自變量和因變量之間的關係，使實驗結果的推論可用以解釋和預測其它同類現象。由於不同的實驗者在設計上和在對額外變量的控制程度上極不相同，實驗的效度也會有很大的不同。此外，每種實驗都有幾個不同的組成部分，其中每一部分也會影響整個實驗的效度。了解影響實驗效度的諸因素，將有助於我們評價實驗設計的質量，提高實驗設計的科學性。實驗效度主要包括內部效度和外部效度。下面讓我們先討論影響實驗**內部效度** (internal validity) 的諸因素，然後再討論影響實驗**外部效度** (external validity) 的諸因素。

（一） 影響實驗內部效度的因素

實驗的內部效度是指實驗中的自變量與因變量之間的因果關係的明確程度。一項實驗的內部效度高，就意味著因變量的變化確係由特定的自變量引起的。由於除了自變量以外，任何額外變量都可能對因變量產生影響，導致實驗結果的混淆。這樣我們就難以判定實驗中自變量與因變量之間的關係的確定性。因此，要使實驗具有較高的內部效度，就必須控制各種額外變量。在設計實驗時，如果能考慮到以下六個方面的因素，將有助於提高實驗的內部效度。

1. 生長和成熟　除了實驗中的自變量可能使個體行為發生變化外，個體本身的生長和成熟也是使其行為變化的重要因素。特別是在以幼小的兒童為被試者而又採用單組前測後測實驗的情況下，生長和成熟因素的影響就更大。單組前測後測實驗通常是實驗處理之前先對被試者的某種行為作一次測量，實驗處理後再以同樣方法測量一次，兩次測量之差即表示實驗變量（即自變量）產生的效果。很明顯，這種設計忽略了前後兩次測量之間被試者的生長和成熟因素，其實驗效果易受生長和成熟因素的混淆，從而降低了內部效度。解決的主要辦法是增設同樣條件的控制組進行比較。

2. 前測的影響　在一般正常情況下，前後兩次測量的結果會有一定的差異，後測的分數將比前測的高。這中間包括練習因素、臨場經驗、以及對實驗目的的敏感程度，從而提高了後測的成績。特別是前後兩次測量時間較近，這一因素的影響就更顯著。

3. 被試者的選擇偏性　在對被試者進行分組時，如果沒有用隨機取樣和隨機分配的方法，在實驗處理之前，他們在各方面並不相等或有偏性，從而造成實驗結果的混淆，降低了內部效度。

4. 被試者的缺失　如果是一項長期的實驗，要保持原實驗被試者的人數不變是相當困難的。即使開始參加實驗的被試者樣本是經過隨機取樣和隨機分配的，但由於被試者的中途缺失，常常使缺失後的被試者樣本難以代表原來的樣本。這就降低了內部效度。

5. 實驗程序的不一致 在實驗過程中，實驗儀器、控制方式的不一致，測量程度的變化，實驗處理的擴散和交流等都可能混淆實驗變量（即自變量）的效果。實驗者知道實驗目的所產生的"實驗者效應"以及被試者知道實驗目的或其自己正被研究所產生的"霍桑效應"和"安慰劑效應"等都將混淆實驗變量（即自變量）的效果，從而降低了內部效度。

6. 統計回歸 將實驗結果進行統計回歸 (statistical regression) 後，可能使實驗者對實驗變量（即自變量）的效果產生誤解。如果選擇具有極端特性的個體作為被試者（如高焦慮組和低焦慮組）進行實驗時，尤需注意這種現象。統計回歸現象是，第一次測量平均值偏高者，第二次測量平均值有趨低的傾向（向常態分布的平均數回歸）；第一次測量平均值偏低者，第二次測量平均值有趨高的傾向（也向常態分布的平均數回歸）。因此第二次測量雖在實驗處理之後，其升高或降低只是受統計回歸的影響，可能並非是實驗變量（即自變量）所產生的效果。

（二） 影響實驗外部效度的因素

實驗的外部效度是指實驗結果能夠普遍推論到樣本的總體和其它同類現象中去的程度，即實驗結果的普遍代表性和適用性。以人的行為為對象所獲得的實驗結果，其推論法往往有相當的局限性。實驗的外部效度主要受下列三方面的影響：

1. 實驗環境的人為性 實驗是在控制條件下進行的，實驗環境的人為性可能使某些實驗結果難以用來解釋日常生活中的行為現象。實驗室中的儀器設備會影響被試者的典型行為。被試者參與實驗的動機也會影響其行為表現。而在實驗室之外的日常生活中，就不會有這些因素的影響。因此，實驗結果還不能完全等同於實驗室之外的日常行為現象。

2. 被試者樣本缺乏代表性 從理論上講，從事於實驗的被試者必須具有代表性、必須從將來預期推論、解釋同類行為現象的總體中進行隨機取樣。但實際上這是很難做到的。因為，如果總體很大，即使能夠隨機取樣，但心理學實驗的被試者通常是自願的，所以也很難把被隨機選上的人都請來做實驗。如果總體是無限的（例如，"七歲兒童"就是一個無限的總體，其包括過去的、現在的、將來的、所有七歲兒童），隨機取樣實際上是行不通的。這樣的實驗結果自然會降低其外部效度。

3. 測量工具的局限性　實驗者對實驗變量（即自變量）和反應變量的操作性定義往往以所使用的測量工具的測量結果來加以考慮的。例如，把成就動機作為一個因變量，實驗者常以某種成就動機量表所測得的分數來界定並評定其強度。但成就動機的測量工具有各種不同的形式，所測量出的分數並不代表同一種成就動機及其強度。如果在實驗時採用的是某一種成就動機的量表，那麼所得出的實驗結果便不能推論到採用其他成就動機的量表的情況中去。

實驗的內部效度和外部效度是相互聯繫、相互影響的。提高實驗內部效度的措施可能會降低其外部效度，而提高實驗外部效度的措施又可能會降低其內部效度。這兩種效度的相對重要性，主要取決於實驗的目的和實驗的要求。一般而言，在實驗中控制額外變量的程度越大，則對因果關係的測量就越有效。因此，可以在保證實驗內部效度的前提下，採取適當措施以提高外部效度。

第二節　心理實驗的程序

實驗的程序（experimental procedure）就是實驗的進程。它是指實驗在各個階段應做的事。怎樣合理地安排實驗程序是心理學實驗的重要內容。心理學實驗研究是一種創造性活動，它沒有一成不變的法則，不能把科學研究看成是科學家簡單地在奉行某種常規活動。儘管如此，從大量的心理學文獻中，我們仍然能夠分析出心理學實驗通常要遵循的基本程序。這基本程序是：(1) 課題的確定；(2) 被試者的選擇；(3) 實驗因素的控制；(4) 實驗資料的收集、分析和綜合；(5) 撰寫實驗報告。

本節將概要地闡明上述五個步驟中所遇到的問題和各種可能的選擇。

一、課題的確定

（一） 課題的來源

一項科學研究總是從發現問題開始的。選擇課題是科學研究的第一步。學生和有經驗的研究者一樣，可以從不同的來源得到啟發，提出研究課題。那麼，課題從何而來呢？研究課題的來源通常有以下四個方面：

1. 來自實際需要 實際工作中存在著許多問題需要實驗研究來解決。例如，從事數學教學改革時，發現小學生學四則運算題有困難，就提出了小學生能不能學代數？小學生學代數是否比學四則題容易？學四則題對兒童的思維發展有什麼影響？諸如此類的實際問題，都可以通過實驗研究獲得明確的回答。

2. 來自理論需要 從理論或學說中推演出的某個假設是否符合實際，這就需要實驗來檢驗。例如，學習以後不復習，遺忘量通常隨時間的增加而增加。為了說明遺忘的原因曾提出過一種干擾說，根據這個理論來推論，在學習以後，回憶以前，如其它條件相同，則插入學習的材料越多，對原來學習材料的記憶影響就越大。根據這個推論就可設計《學習額外材料的數量對原來材料記憶影響的實驗研究》等課題。

3. 來自個人經驗 在學習、工作和日常生活中，經常會遇到一些心理學問題，例如，為什麼"入芝蘭之室，久而不聞其香"？50 赫茲的電燈光為什麼看不見其閃爍？高壓水銀燈下的紅花為什麼看上去是黑色的？為什麼人能看到秒針走，卻看不出分針在移動？"江山易改，稟性難移"的說法對嗎？千千萬萬的人有千千萬萬的心理現象，所以人的心理現象就像萬花筒一樣，紛繁複雜而又絢麗多彩。針對這些實際問題就能設計出種種實驗。

4. 來自過去的研究與文獻 實驗研究雖然不一定要從文獻出發，但是，在確立課題前，系統地查閱有關文獻是必要的。閱讀文獻可以發現什麼問題已經解決、什麼問題尚待研究。例如，心理學家 (許淑蓮、楊治良等，

1984）看到國內三例有關先天性無痛症的報導，於是就檢索國內外有關研究和文獻，並未發現心理學上有這項研究，這樣，想到了從心理學的角度研究無痛兒。其中有一位女孩，當時她只有十歲，是個三年級的學生。她看上去模樣端正、活潑可愛。對她進行智力測驗，結果屬於正常偏低。對她情緒特點進行調查，發現她對一般恐懼的反應與正常的兒童一樣，如怕看電影裏的緊張恐怖鏡頭，看見小狗、小毛蟲也會害怕。但對與身體損傷有關的恐懼與正常兒童不同。這些研究進一步揭示了先天性無痛兒的心理特點。

（二）　實驗類型的確定

　　課題雖然有不同的來源，但是，它們都是從提出問題開始的。對於"為什麼"科學的探索，大致可分為兩階段或兩個類型。第一階段是探明規定某個行為的條件，第二個階段是探明那些條件與行為之間的函數關係。與這兩個階段相對應，可以把實驗分為兩種類型。

　　第一種類型是**因素型實驗**(factorial type experiment)，即探求規定行為的條件"是什麼"的"什麼型實驗"，或是探明行為的規定要因的實驗。在因素型實驗裏，逐個地除去、破壞或變化被看作是行為規定要因的幾個條件，根據有無相應的行為變化，探明它是否是行為的規定要因。毫無疑義，這時候，對於被操作的條件之外的條件，都應當進行嚴密的控制。武德沃斯和施洛斯貝格根據他們的分類方法，把因素型實驗看作是定性實驗。

　　第二種類型是**函數型實驗**(functional type experiment)，即探求各種條件是"怎樣"規定行為的"怎樣型實驗"，或是探明條件和行為之間的函數關係的實驗。在函數型實驗裏，根據因素型實驗的結果，系統地、分階段地變化規定要因的條件，以進行確定條件和行為之間的函數關係的函數型實驗，以找出行為的法則。武德沃斯和施洛斯貝格分類中的定量實驗就相當於函數型實驗。

　　如果將因素型實驗和函數型實驗做一比較，可以認為，因素型實驗是函數型實驗的前一階段，具有函數型實驗的預備實驗的性質。當然，在不少實際的研究中，是將因素型實驗和函數型實驗作為一個實驗來進行研究的。一般地說，根據以前的研究，在規定要因已被探明時，多半是直接進行函數型實驗，這也是許多實驗的基本過程。

　　由此可見，實驗在提出課題的同時，還應明確所探求的問題是屬於這兩個階段中的那個階段，即是屬於因素型實驗呢，還是屬於函數型實驗。

(三) 問題的陳述

在課題確定及其所屬的實驗類型均明確之後，若能以假設的形式提出，那就更符合科學原則。假設是關於條件和行為之間的關係的陳述。如果把對條件的敘述記為 a，把對行為的敘述記為 b，一般取"如果 a，那麼 b"這樣的形式。一切科學定律、法則雖然表面上不一定都符合這個形式，但實際上卻包含先行條件(自變量) 和後繼條件 (因變量) 這樣的邏輯關係。例如，對於**繆勒-萊爾錯覺**(Müller-Lyer illusion) 來說，"若變化夾角的大小，則視錯覺就有變化"這一假設，是確定夾角是否是視錯覺的要因這一因素型實驗的假設。這是假設陳述的第一種方式。

假設的另一種陳述方式是用函數關係來表示。它用方程式 $b = f(a)$ 來表明自變量 (a) 與因變量 (b) 共變的函數關係，這個方程式讀作 b 為 a 的函數，或 b 數量地依存於 a。應用這個模型，就可將上述關係改為："視錯覺的量與夾角的餘弦成正比"。這就是函數型的假設。

二、被試者的選擇

心理學實驗的被試者是多種多樣的，有正常人，也有疾病患者，有各種年齡段的人，也有動物，如鼠、狗、猴等。不同的實驗對象常常要求不同的實驗操作。因此，在製定研究計畫之前，應確定研究中所用的被試者。涉及被試者選擇的問題有：(1) 是使用人類被試者還是使用非人類被試者？(2) 被試者應具備那些機體特徵？(3) 用那一種取樣方法才能使被試者樣本代表總體？這些問題的解答主要取決於二個因素：即課題的性質及研究結果的概括程度。

(一) 依問題的性質選擇被試者

選用人類被試者還是非人類被試者，依據課題的性質而定。許多心理學研究選用人類被試者，因為它關心的是人類的心理和行為。有損被試者身心健康的實驗就不能選用人類被試者，而應當考慮選用適當的非人類被試者。例如，**擁擠度對本能行為的影響**實驗，這樣的實驗就不能選用人類被試者，而只能選用動物被試者。有的心理學實驗使用非人類被試者是因為考慮到要嚴密地控制無關變量。例如，用同胎的幼小個體或限制它們的活動以削弱個體差異，然後進行實驗研究。在人類被試者身上就不可能做到這樣的控制，也有不少研究是先進行動物實驗，然後在此基礎上再進行人類實驗。

(二) 依研究結果的概括程度來選擇被試者

在從事一項研究時必須要依據研究結果的概括程度來選擇被試者。心理學研究的群體可能是一個小群體，或僅具有某種特性的成員。例如，所有的生物、世上所有的人、某個國家的所有的人、某個民族的所有的人、所有的大學生、某個年齡組的所有成員、某個學校的學生……都可以作為心理學研究的總體。因此，選定什麼樣的被試者樣本，要依研究的問題和據此而推論的全體而定。如果被試者的選擇出現偏差，就會影響實驗效度，用什麼方法能減少這種偏差呢？簡言之，可用如下二種方法：(1) 隨機抽樣法。這是最基本的方法，實驗用的被試者是隨機抽選出來的。每個個體從總體中被選抽的機會是均等的，任何個體的選擇與其它個體的選擇沒有牽連，彼此之間的選擇都是獨立的。(2) 分層隨機取樣法。當總體有不同大小的小組和層次組成時，分層方法最適用。例如，研究中國成人的聽力與外國成人的聽力是否有所差異，就必須用一定數量的被試者，他們最好是來自成人中不同的年齡段、不同的性別、不同的職業、來自國內不同的地區、甚至不同的民族。這樣得到的結果才能代表中國成人的聽力。

三、實驗因素的控制

在實驗過程中，對自變量、因變量和控制變量都要進行控制。有關控制變量的控制，已在第一節中作了討論，這裏討論對自變量和因變量的控制。

(一) 自變量的控制

在實驗中對自變量的操縱、變化稱為自變量的控制。對自變量控制的好壞，直接影響實驗的成敗。

對自變量的控制，首先要對自變量進行嚴格的規定，對心理學中一些含混不清的變量必須使之操作定義化，只有這樣才能進行實驗。那麼什麼叫操作定義呢？**操作定義** (operational definition) 是由美國物理學家布里奇曼 (Bridgman, 1972) 提出的，他主張一個概念應由測定它的程序來下定義。操作定義的提出受到心理學界的歡迎。在心理學上，對一個心理現象根據測定它們的程序下定義就叫操作定義。例如，把"剛剛感受到"定義為"50%次感受到"，就可測定**感覺閾限**了。又如，**疲倦** (fatique) 沒有一個共同的起點和尺度，怎麼測量呢？如果定義為"工作效率的下降"，那麼就可以進行測量和比較了。實驗者可據此操縱這個變量了。因此，對一些含混不清的變量，一定要有操作定義。

其次，對於在刺激維度上連續變化的自變量，要做好三項工作：(1) 要選一定數量的檢查點，以找出自變量和因變量的函數關係。如果兩者是線性關係，一般三至五個點就可以了。如果函數關係比較複雜，則至少要選五個檢查點。(2) 要確定好自變量的範圍，對自變量範圍的確定，有時前人的研究可以提供線索，如在暗適應的研究中，一般過程在 0~60 分鐘範圍內。再如在兩點閾的研究中，別人已對人體各部位的閾值做過測定，可作借鑒。若在無前人的經驗時，就要通過預備實驗來確定。(3) 要確定好各檢查點之間的間距。間距的大小雖然和自變量的範圍和檢查點的數目有關，但還得根據實際情況而定。如果自變量和因變量的關係是接近於對數函數，則間距應按對數單位變化。

（二） 反應的控制

在實驗目的明確、被試者已選定、刺激變量及操作也規定好了之後，如果把控制變量的控制方法也確定了，那麼接下來的問題就是反應的控制了。可以設想，對於一個刺激，被試者個體所進行的、或能形成的反應種類是無限的。例如，被試者在注視一個視錯覺圖形時，有時把這一刺激作為整體而觀察，也有時只注視特定的一部分。顯然，這就會導致不同的實驗結果。於是，把實驗中的被試者的反應控制在主試者所設想的方向上，這就是反應的控制問題。

以人作被試者，往往用指示語來控制被試者的反應，指示語乃是心理實驗中主試者給被試者交代任務時說的話。使用指導語時，應注意在允許的範圍內做到引起動機，激發興趣。被試者來到實驗室時，不一定對參加實驗感興趣。因此主試者必須利用言詞來引起他們的興趣。在可能的範圍內，告訴他們實驗目的與應用價值，使他們認識到參與和合作的意義。

總之，指示語的內容與語調都可能影響實驗結果。近年來，指示語已成為一個重要的自變量，廣泛地得到心理學家們的重視。內隱學習的創始人雷伯（Reber, 1976）及其同事們進行堅持不懈的研究，積累了豐富的經驗，獲得了許多成果。他們的做法是：在內隱學習實驗的學習階段，向被試者呈現一系列由一套特殊規則產生的字母串，這些規則構成了指定各字母順序的一種人工語法。給被試者的指示語，或是"學習並記住這些字串"（內隱學習），或是"試發現這些字串的內在規則，以便更好地記住這些字串"（外顯學習）。換句話說，記憶指示語產生內隱學習條件，而規則發現指示語產生外顯學習條件。在實驗的測試階段，向被試者呈現一些新的字母串，讓被試者判斷有那些符合學習階段所呈現的刺激的規則，又有那些不符合。這種用指示語的新方法導致了記憶研究的新發現，即除有意識的**外顯記憶**（explicit memory）之外，還存在著另一個相對獨立的記憶系統——**內隱記憶**（implicit memory）。

（三） 反應指標的選擇

在心理學實驗中，一般常用的指標有：**絕對閾限**、**差別閾限**（以上見第四章第一節）、**反應時**（見第三章第一節）、反應持續時間、反應程度、完成量、錯誤率（上見第三章第一節）、完成一定的作業所需要的時間、達到一定基準所需要的次數以及口頭報告等等。這麼多常用指標，如何作出選擇是由選擇指標的條件決定的。選擇指標的條件很多，主要有：

1. 有效性 即是指標充分代表當時的現象或過程的程度，也稱為**效度**（validity）。那一個指標最能充分代表當時的現象或過程，那麼這個指標的有效性最高。選擇任何指標首先要考慮其有效性，如果效度不高，指標就無用。反應指標的效度直接關係到實驗的效度。為了使所用的指標具有較高的效度，應了解指標本身的意義是什麼、此指標的變化意味著什麼、利用此指標對所研究的現象最多能了解到什麼程度、有何局限性、如何補救。只有這樣才能全面考慮，才能選擇好指標。例如，大多數讀者會注意到，地平線附近的月亮比天頂的月亮看上去大；落日時的太陽比正午時的太陽看上去大。其實，月亮和太陽的大小無論在何時都是一樣的。因此，這一現象是一種視錯覺，心理學上稱之為**月亮錯覺**(moon illusion)。雷曼 (Reiman, 1920) 發表了月亮錯覺的實驗結果。即落日時所看到太陽的大小是正午時看到太陽大小的 3.32 倍，而波林 (Edwin Garrigues Boring, 1886～1968) 和赫威 (A. H. Holway, 1940) 得出的錯覺量為 1.7～1.9 倍，考夫曼和拉克 (Kaufman & Rock, 1962) 得出的錯覺量為 1.5 倍。相比之下，雷曼實驗的錯覺量要大得多。雷曼測定月亮錯覺的方法是，在正對太陽的方向上呈現一定大小的圓板，挪動圓板的距離，使之看上去與太陽的大小相等，分別求出落日時和正午時圓板的觀察距離，根據這兩個距離之比，算出落日時和正午時的太陽外觀的大小之比。即，圓板與落日時的太陽的大小相等時，圓板的觀察距離為 16.6 米；圓板與正午時的太陽的大小相等時，圓板的觀察距離為 5 米，則正午時和落日時的太陽外觀大小之比為 1：3.32。但是，外觀的大小並不是觀察距離簡單的一次函數，這從過去大小恆常性的許多研究結果來看是很明確的。因此，雷曼實驗中所選擇的指標的有效性不高。另外，如果用望遠鏡式的紙筒，擋去一切背景來看太陽，這時月亮錯覺不存在了，相反會覺得落日時的太陽其大小看上去與當空時的太陽是一樣的。這一例子說明了在選擇反應指標時考慮其有效性的必要。

2. 客觀性　是指此指標是客觀存在的，是可以通過一定的方法觀察到的。反應時、反應頻率、完成量等都是客觀存在的指標，是可以用客觀的方法測量和記錄下來的。一個客觀的指標一定能在一定的條件下重現。這樣的指標能經得起檢驗，並能夠重複進行實驗，驗證結果。

3. 數量化　指標能數量化，也就便於記錄、便於統計，並且量化的指標就能進行比較。

除了上述三個條件之外，還有指標的可靠性和可辨別性等。但是，在這幾個選擇指標的條件中，有效性是最重要的。

在選擇指標時，還要考慮技術設備的條件和可能性。如用腦電波來研究高級神經活動，這是有效的。但是，沒有腦電波設備就無法以此作為指標。另外要注意：在測定、記錄、觀察反應的時候，常常會有儀器誤差，操作者的記錄誤差等，這都要盡力防止。

(四) 儀器和材料的使用

心理學研究使用儀器和材料的主要目的是：呈現實驗處理、控制環境、觀察行為、及處理觀察資料。可把心理學中的儀器材料分為以下四種類型：

1. 呈現刺激的儀器和材料 經常使用的有速示器，時距控制器，記憶鼓，色輪，閃光融合儀，棒框儀，鏡畫器，深度刺激儀，及用於各種測驗的量表和羅夏墨跡測驗圖（以上見第十一章）等等。

2. 偵察或記錄反應的儀器或材料 常用的有記數器，反應時儀，示波器，多道掃描儀，眼動儀（以上見第十一章），以及各種形式的記錄紙等。

3. 控制環境的裝置 經常使用的如暗室、隔音室、屏蔽室、單向玻璃裝置、閉路電視、眼罩等。

4. 電子計算機 其在心理學上是一種具有多種用途的儀器設備，既可作呈現刺激和偵察或記錄反應的裝置，也可進行模擬實驗和統計處理等。

研究者可根據課題的需要和實際的可能選擇使用儀器和材料。在選擇使用儀器和材料時，應以經濟實用為原則，不要片面地追求高精尖。實際上，心理學實驗，特別是演示實驗，常常用簡單的材料就可以進行。這就猶如醫學上的對症下藥一樣。

心理學研究必須在良好的環境下進行。這就應當做到：實驗室內空氣新鮮，溫度正常，光線自然而充足，閒人免入，實驗時不得閒談和吸烟等。這些都是最基本的條件。

四、實驗資料的收集與分析和綜合

實驗開始後，研究者的任務是收集資料。由於心理現象的複雜性，在心理學研究中準確無誤地收集資料往往是十分困難的。這就更需要研究者具備敏銳的洞察力，嚴謹的科學態度，對觀察資料進行全面而細緻的記錄。

(一) 心理學研究的資料類別

我國心理學家黃希庭等人將心理學研究所能收集到的資料大致分為如下

四類：

1. 計數資料 (enumeration data)　就是按個體的某一屬性或某一反應屬性進行分類記數的資料。這種資料只反映個體間有質的不同，而沒有量的差別。例如，被試者的男或女、成年或未成年；反應的有或無、對或錯；等等。

2. 計量資料 (measurment data)　就是用測量所得到的數值的大小來表示的資料。例如，被試者的年齡 (歲)、體重 (斤)、脈搏 (次／分)、反應頻率 (次／秒)、智商 (IQ)，等等。

3. 等級資料 (ranked data)　介於計數資料和計量資料之間，可稱為半計量資料。心理量表法所取得的資料都屬於這類資料。例如，被試者的領導能力可劃分為強、中、弱；某個團體對某項改革措施的態度可分為強烈贊成、贊成、無意見、反對、強烈反對，等等。

上述三種資料統稱為數據。根據研究需要，上述三種資料在一定條件下是可以互相轉化的。

4. 描述性資料 (descriptive data)　即非數量化的資料。在心理學研究中，數量化的資料固然重要，但描述性資料也同樣重要。少數初學心理學實驗的學生有一種片面的觀點，他們只重視數據，實驗時只記幾個數目字，而對於實驗的條件、過程、觀察到的現象、及各種影響都不作記錄。為了說明問題，不僅要有數量化資料，而且還要有描述性資料。描述性資料可以補充說明數據，使數據更有說服力。但描述性資料由於沒有數量指標作為客觀尺度，在對它進行解釋時容易產生主觀片面的錯誤。因此對它的解釋務必更加小心謹慎。

(二)　研究資料的整理與解釋

實驗和觀察到的數據應當用統計方法加以整理並製成圖表。在統計表中則要列出均值、極差、標準差和標準誤等數值。如果研究是在實驗組和對照組、實驗組和實驗組之間進行對比，則還需要注明其 t 值、F 值、和可信限的 P 值，等等。實驗結果的分析，主要是應用統計法、通過計算和檢驗來求得問題的答案或求得對假設的證實或否定。在應用統計技術時，有兩點要特別注意：

1. 每種統計方法都有其基本要求與假設，不符合其要求與假設的資料就不能應用它。例如，t 檢驗與 F 檢驗都假定資料的數值具有常態分布。因此，在應用這些方法之前應當先檢查資料是否能滿足其要求與假設。如果不能滿足，就應選擇其他合適的方法，如非參數統計的方法，或不勉強做數量分析。

2. 根據實驗所得到的資料，在驗證實驗的假設時，不外有兩種結果：(1) 如果實驗結果與假設相一致，則進一步演繹而找出更深的假設，推進實驗；(2) 如果實驗結果與假設不一致，則修正假設，反復實驗；或放棄它；或建立新的假設，再進行實驗。

在對資料進行統計分析之後，下一步的工作是根據分析的結果對問題做出結論，判斷自變量與因變量是否有關係。在說明結果時，可以將過去有關的研究與本實驗的發現進行比較，以發現其異同及關係。在作結論時，要實事求是，只能根據在本實驗的條件下就所得到的資料和事實作出判斷，不能做過分的推廣。如果測驗結果具有廣泛的含義，要謹慎地指出。即使觀察到兩個變量有高度的相關性，也不能就下結論說它們之間有因果關係。因此，在得出結論時，必須時刻牢記要"敏於事而慎於言"，客觀而真實地反映研究結果。

五、撰寫實驗報告

心理學實驗完成之後，就必須把實驗報告寫好，實驗報告是總結科研成果的一種形式。與其他學科一樣，心理學的實驗報告是對過去工作的總結，更重要的是能為進一步的研究提供線索。學習寫好實驗報告也是實驗課的教學任務之一。寫心理實驗報告，一方面要完整全面地闡述實驗進行的情況；另一方面又要寫得簡潔明瞭。

心理學實驗課中所寫的實驗報告與科學研究的實驗報告基本項目是相同的，但也有不同之處。科學研究的目的是要解決新問題，在科學研究的實驗報告中必須提供新的研究成果，而在實驗課中做實驗是為了學習，常常是重復一個經典實驗或驗證某個已有定論的問題，因而在實驗課的實驗報告中往往只能提供前人研究成果的補充材料。但因為實驗是在新情況下的重復，在結果中包含有新的因素，因此也需要整理、分析，寫出高水平的實驗報告。當然，實驗研究的問題的範圍很廣，解決問題的方法各不相同。因此，在寫實驗報告時可能會有些差別，但基本的形式和要求是各類實驗報告都必須具備的。

一個完整的實驗報告，必須包括以下幾項內容：摘要、題目、引言、方法、結果、討論、結論、參考文獻及附錄。現具體分述如下：

1. 摘要 正式發表的科研報告，一般應寫出論文摘要(abstract)，把它放在正文的前面。論文提要應當以最概括、最簡潔的語言寫出，內容包括本課題所要解決的問題、方法、以及獲得的結果和結論。如果論文在供國際交流的《心理學報》、《本土心理學研究》、《心理科學》等高水平的雜誌上發表，則還應寫出外文摘要附於論文的最後。近幾年來，隨著國際上聯機檢索文獻的發展，目前一般在論文摘要的後面，還要列出論文中的**關鍵詞**(key words)，以便於學術交流。

2. 題目 題目(title)是說明要做的實驗研究是屬於那方面的問題。一般要求在題目中既要指出自變量，也要指出因變量。例如，"照度對視覺敏度的影響"，在這一題目中，"照度"是自變量，"視覺敏度"是因變量。這樣，只要一看題目就知道這個實驗的總輪廓了。

3. 引言 在引言(foreword)中一般要求說明此實驗的意義以及題目產生的過程，提出問題的背景材料或提出問題的假設，最好能引經據典，把這類實驗的來龍去脈指出來。當然，語句要簡練，一般不超過一千字。

一般來說，問題來源可從如下三個途徑指明：

(1) 為了擴展以前的工作，或探討過去尚未解決的問題，在引言中要把以前的工作簡要地作介紹，以便與本實驗進行銜接。

(2) 若題目來自對以某一理論為根據而提出的假設的論證，則在引言中對這一理論的內容和背景、及假設的由來要解釋清楚。

(3) 若題目來自實際部門提出的問題，則在引言中就要對此實際問題進行介紹。

4. 方法 方法(method)主要在說明取得實驗結果的實驗設計，如實驗設計有獨到之處，或有創意，則應多花些筆墨，介紹這些對傳統方法有突破的新方法。另外，在方法中對技術路線的介紹是必不可少的，其中包括：

(1) 被試者：要說明被試者選擇的方式，被試者的年齡、性別、及其他有關方面的情況，被試者的數目、及如何進行分組的，等等。

(2) 儀器、材料：實驗所用的儀器及材料的名稱要一一寫上，必要時要注明儀器的型號。有時同類的儀器，型號不同，實驗結果也可能不同。

(3) 實驗程序：即具體說明實驗是如何進行的，進行實驗的原則、方法步驟、指示語是什麼、要控制什麼條件，等等。這部分要寫得清楚、確切，以便他人可隨時照此重復實驗、驗證這個實驗。

5. 結果　結果 (results) 主要是指統計結果，也就是原始材料經過統計後，以圖、表形式表示出此實驗的結果。另外，把觀察結果的記錄及被試者的口頭報告也列在這部分中。必須指出，在結果中所列的全部內容，必須都是來自本實驗的，既不能任意修改或增減，也不要加入自己的主觀見解，要使讀者清楚地了解這個實驗的客觀結果。有不少實驗報告撰寫者把結果看作僅僅是圖表的羅列，這也是片面的。對每一幅圖、每一張表，一般都應配以文字解釋。例如，說明曲線的走向，P 值的顯著性水平。當然，大篇幅的分析和討論應放在"討論"這一欄目下。

6. 討論　討論 (discussion) 是根據實驗結果對所要解決的問題給予回答，並指出假設是否可靠。如果結果不能充分地說明問題或者各部分有矛盾時，就要進行分析，找出原因。如果結果與別人的結果不一致時，可以進行討論，提出自己的見解。當實驗得到意外的結果時，也要進行分析，不能棄之不管。因為意外的結果有時會有意外的發現。在討論中，還可以對本實驗的程序、所用的儀器、及進一步的研究提出修改意見和建議。對於方法上有突破的實驗，可以將方法單列一點，進行方法學上的專論。

7. 結論　結論 (summary) 是說明本實驗證實了或否定了什麼假設。結論一般以條文形式、用簡短的語句表達出來。但是，結果必須恰如其分，不可誇大，也不必縮小，一定要以本實驗所得的結果為依據，確切地反映整個實驗的收穫，切忌把話說過頭。

8. 參考文獻　要把參考文獻 (references) 的題目、出處、作者、出版日期都寫明，以便查找。文獻的順序一般以在文章中出現的先後為序，也可按出版社的規定。

9. 附錄 學生型的實驗報告一般要把全部的原始資料都列入附錄 (appendix)。因為同一結果，不同的人，在不同的時候都可以進行不同的分析和處理。另外，重要的實驗材料、指示語等也應列入附錄。

上述各項僅是為了便於闡述和討論才把一篇科研報告解剖成幾個部分。實際上，由於研究的題材和內容的不同，上述各項完全可以、而且應當根據需要有所增刪，也可以把其中的某些項合在一起來寫。但實驗報告的基本思路和結構，一般都包括上述各項內容，同時也要按上述順序行文。

第三節　實驗心理學簡史

　　心理學成為一門獨立的科學不是一蹴而就的，它和物理學、生理學等學科一樣，也有漫長而艱難的發展歷程。心理學的形成和發展無不與實驗心理學聯繫在一起。實驗心理學在整個科學史上，尤其在心理學史上佔有很重要的地位。它建立於十九世紀下半葉，開始於應用自然科學的方法研究心理學問題。它的誕生不僅使心理學獲得了收集材料的新手段，而且使心理學建立在精確可靠的實驗基礎上。從實驗心理學的建立到目前僅一百年的時間，它的發展是十分迅速的。

　　心理學是一門古老而又年輕的科學，也就是說，心理學自古有之，《論語》、《孟子》等古書中就曾論及心理學問題，荀子就是中國古代一位偉大的心理學家，他論及到身心關係、心物關係等一系列的心理問題。古希臘亞里斯多德對心理學貢獻較大，他當時就提出諸如感覺、記憶、認識、情感、聯想、統覺等問題。

　　實驗心理學的發展，歸納起來大致經歷了如下兩個階段：

一、心理實驗發展的第一階段

大約從 18 世紀中葉到 19 世紀中葉是心理實驗發展的第一階段，也可說是實驗心理學的預備階段。從 18 世紀中葉開始，生理學家、物理學家和天文學家研究了一些感覺和知覺範圍內的問題。例如，反應時的測定、後像的延續時間、某些差別閾限的測定，等等。他們把自然科學的研究方法逐漸引入心理學的研究中，雖然當時應用的方法、技術比較簡單，類似某些物理實驗和生理實驗。被試者的自我觀察和陳述都帶有十分初級的性質。例如，對某一聲音聽見或聽不見，對某一強度的刺激覺察或不覺察，等等。儘管如此，長期被唯理論禁錮的心理學已被衝開了一道縫隙，心理學的研究活躍了許多，科學的心理學正被孕育著，這階段前後大約經歷了一個世紀。在這一段時間裏，儘管收集了大量的在心理學範圍內非常有趣的實驗材料，但對大多數哲學家和自然科學家來說，人的心理是永遠也不能用實驗的方法來加以研究的。至 19 世紀中葉，隨著社會實踐、自然科學的迅速發展，與心理學關係密切的生理學有了一系列新的發展成果，例如，繆勒 (Georg Elias Müller, 1850～1934) 的感官特殊能力的研究，赫姆霍茨 (Hermann Helmholtz, 1821～1894) 和韋伯等的感官生理的研究，以及人們對人類自身某些規律的認識又深入了一步。所有這一切都為心理學準備了科學的基礎知識和研究方法。這時哲學也已為心理學積累了不少心理事實的材料，確定了研究對象。當時在心理學問題的研究上，萊比錫大學解剖學和生理學教授韋伯 (Ernst Heinrich Weber, 1795～1878) 首創了實驗測量和用數學公式表示感覺的**差別閾限 (differential threshold)**，韋伯根據多年的研究結果，總結出關於人的感覺方面的某些規律性的知識，後人稱之為**韋伯定律 (Weber's law)**。萊比錫大學物理學教授費希納 (Gustar Theodor Fechner, 1801～1887) 發展了韋伯的工作，他根據當時物理學和數學知識，對感覺閾限問題進行了深入的實驗研究和精密的數學論證，提出一個感覺強度與刺激強度的所謂心物關係的對數定律，同時制定了**心理物理學 (psychophysics)** 的基本方法。費希納的心理物理學實驗具有兩個明顯的特點：(1) 利用了專門為研究心理物理學制定的實驗方法，即**極限法、恆定刺激法、及平均差誤法** (見第四章第二節)。(2) 對實驗結果作數學處理。費希納的心理物理學實驗的這兩個特點，在心理實驗的發展中標誌著心理學的研究方法向前邁了重要的一步，這意味著心理學從利用物理學和生理學的實驗方法過渡到利用自己的特殊的心理學方法的開始，即標誌著心理實驗的"心理學化"的開端。多次重復同一試驗、並對所得結論作統計處理，意味著心理實驗從比較草率的、不精確的實驗逐漸向專門的實驗心理學過渡。費希納的《心理物理學綱要》的出版，對以後心理學實驗方法的建立起了重要的作用。

　　心理實驗在這第一階段具有以下特點：(1) 應用的方法類似於某些簡單的物理學和生理學的實驗方法，研究的問題只限於某些簡單的心理現象的量的測量，如視覺敏度、正後象的延續時間、差別閾限的測定、反應時間的測量，等等。(2) 實驗技術簡單，對條件控制、及實驗結果的數據處理都還有欠缺。(3) 被試者的自我觀察與陳述都帶有十分初級的性質，例如，聽見或聽不見某一聲音、兩個刺激的強度差別覺察或不覺察，等等。

二、心理實驗發展的第二階段

　　心理實驗發展的第二階段始於 19 世紀 60 年代，一直延續到今天。開始階段是以馮特的工作為標誌的，這一階段也可稱為實驗心理學的創立、傳播和發展階段。1879 年，馮特在萊比錫大學建立了第一個正式的心理實驗室，還培養了一批各國的心理學家。這對實驗心理學的傳播起了很重要的作用。對於馮特來說，心理實驗就是系統的自我觀察，而一切實驗手段只是自我觀察的輔助手段。在馮特看來，心理學的研究對象是所謂純粹的"直接經驗"，馮特所採用的實驗方法僅僅是進行"科學的內省"。馮特還認為，"經驗"是由許多心理元素構成的，他希望通過"內省"把"經驗"分解為簡單的心理元素，諸如感覺和感情，猶如化學中把水分解為氫和氧一樣。馮特認為實驗心理學的主要任務是在嚴格控制的自我觀察的幫助下精確地分析個體經驗。這就意味著，心理功能只有分解成簡單的感覺成分才可以放到實驗室中去研究。所以，馮特的實驗法又稱作**內省實驗法** (或**內省分析法**) (introspective experimental method)。馮特的學生鐵欽納 (Edward Bradford Titchener, 1867～1927) 發展了其師的"內省實驗法"，在內省實驗法上，鐵欽納為提高自我觀察的效度設定了更多的限制，要求被試者接受更嚴格的訓練，使研究的範圍越來越窄。雖然鐵欽納的極端化傾向限制了其體系的發展，但他嚴格的科學態度對心理學基礎研究所作的貢獻已被載入史册。

　　這一階段心理實驗的特點是：在實驗中提出了被試者做系統的自我觀察計畫，被試者起着"觀察者"的作用。馮特的心理實驗理論也決定了其實驗方法在心理學中應用的範圍。馮特的興趣主要在感覺方面，對於思維等"高級的"心理過程，馮特認為是不能用實驗方法進行精確研究的，對這些"高級"的心理過程的研究，他提出了特殊的非實驗的方法，稱之為"民族心理學"的方法。他的學生屈爾佩 (Oswald Külpe, 1862~1915) 著重進行高級心理研究，並提出了"無表象思維"的理論，1904年在符茨堡大學建立了**符茨堡學派 (Würzburg School)** 的實驗室，符茨堡學派是以自我觀察的實驗方法研究思維過程。馮特對此表示堅決反對。

　　除馮特式心理實驗之外還有不少別的種類的心理實驗，因素型實驗或函數型實驗就是其中之一。這些實驗的任務不在於精確地分析意識過程，而是企圖找出一定現象產生的原因，或是闡明兩個變數之間的函數關係。艾賓浩斯 (Hermann Ebbinghaus, 1850~1909) 所做的許多記憶實驗就屬於這一類。艾賓浩斯運用嚴格的實驗方法研究記憶，這就突破了心理實驗局限於感覺、知覺的範圍，為研究"高級心理過程"的基本實驗方法與材料提供了基礎。同時，艾賓浩斯的興趣從主觀行為轉向客觀行為，他不用記憶的主觀經驗，取而代之的是客觀指標——回憶量。艾賓浩斯的記憶研究開拓了高級心理過程實驗研究的新時代。

　　此外，在 19 世紀 90 年代興起的"測驗式實驗"或"心理測驗"以及"動物心理實驗"、"兒童心理實驗"等新類型的心理實驗，都有別於馮特式的心理實驗。這個變化過程有以下幾個特點：(1) 制定和應用了實驗研究的一般方法，注重對實驗條件的嚴格控制；(2) 制定和應用了實驗研究的特殊方法，如記憶研究法、情緒研究法，等等；(3) 廣泛應用最新科學技術成就和統計學方法，這類新類型的心理實驗的目的是力圖得到精確、可靠和客觀的實驗結果。

　　到了 20 世紀初，在美國興起了一個新的心理學學派——**行為主義 (behaviorism)**，創始人是華生 (John Broadus Watson, 1878~1958)。華生於 1913 年發表的〈一個行為主義者看來的心理學〉的文章，是這一學派誕生的標誌。行為主義反對馮特把意識當作心理學研究的對象、把內省當作心理學研究的方法，主張心理學研究的對象為行為，認為心理學要走生物科學的道路。華生拒絕把自我觀察作為心理學的一種完全的研究方法，因為自我觀察至少不能用於研究嬰兒和動物，嬰兒和動物是不具備報告自我觀察的能力的。行為主義認為，人和動物可觀察的活動是行為，因而，心理學研究的對象只能是行為。對行為的研究包括刺激和反應兩個方面，所以，華生的行為主義也稱刺激-反應 (S-R) 心理學（參見圖 1-3）。**刺激** (stimulus) 是指外界環境和身體內部的變化，如光、聲、渴、饑等。**反應** (reaction) 是指有機體所做的任何外部動作 (外部反應) 和腺體分泌 (內部反應)。反應有遺傳反應和習得反應兩種。複雜反應和動作技能是通過建立條件反射學會的。

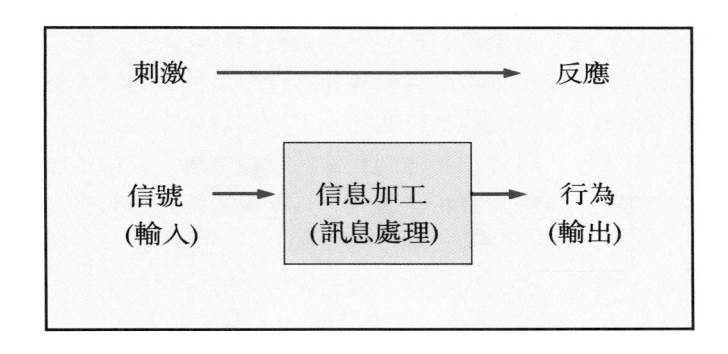

圖 1-3　行為的兩種模型

在中國，行為主義的代表人物是郭任遠 (1898～1970)，他和華生都否認本能的存生，郭任遠畢生從事動物個體行為發展的研究，1921 年在美國發表〈取消心理學上的本能說〉，批判麥獨孤 (William McDougall, 1871～1938) 的本能理論，震驚了美國心理學界。他堅信動物的理論只能從解剖生理的現實生活環境和個體發育的歷史研究中探索。他對雞胚胎行為發展的研究和小雞啄食行為發展的研究證明，小雞啄食的動作是從雞胚胎的心臟跳動之際開始發展起來的。他訓練貓不吃老鼠的實驗研究表明，通過發育時期生活條件的控制，可以使貓親鼠、護鼠、甚至怕鼠。這項實驗也受到國際心理學界的重視。郭任遠是國際上有影響力的心理學家，他的著作有《人類的行為》(1923)、《行為學的基礎》(1927)、《行為主義》(1934)。在 1946～1970 年期間，他定居香港，著有《行為發展的動力形成論》。

行為主義在美國統治了四、五十年，到了 50 年代後期，美國心理學中出現了一個新興的理論方向和研究領域，到 70 年代已成為美國心理學的一個主要方向，這就是**認知心理學** (cognitive psychology)。認知心理學反對局限於研究孤立的、外觀的、可觀察的反應，而致力於了解心理活動的過程。這種活動就是傳統心理學中稱之為認識活動的東西，也就是全部的**信息加工 (或訊息處理)** (information processing)活動。認知心理學把研究的重點轉到內部心理過程上去了。圖 1-3（參見上頁）用模型的方式表示行為主義和認知主義的區別。在 70 年代，曾任美國心理學會主席的麥克基齊 (W. J. Mckeachie, 1921～) 在一篇報告中說，心理學是什麼，這一概念已發生改變，在詹姆斯的經典教科書裏，把心理學定義為"對意識狀態的描述和解釋"，後來改為"研究行為的科學"，今天我們的定義又改變了，心理學又回到意識上來了。但是，更多的教科書和心理學家把心理學定義為研究行為和心理過程的科學。這就既包括外觀的、可觀察的動作，又包括內部的心理活動。在研究方法上，行為主義強調嚴格的實驗方法，排斥一切主觀經驗的報告，認知心理學則既注重實驗室研究、又重視主觀經驗的報告。目前，認知心理學已經成為心理學中的一個重要潮流。可以這樣說，心理實驗方法發展的第二階段，前期主要受到行為主義的影響，後期主要受到認知心理學的影響。

　　從以上心理學實驗發展的歷史我們可以看出，由於在心理學中採用了實驗法，才有了對心理現象進行客觀研究的手段，才能從對心理現象的一般哲學推論，進入到具體心理過程及其物質基礎的分析研究，從而能越來越深入地揭示各種心理活動的規律，大大豐富了心理科學。從某種意義上說，正是因為實驗心理學和心理物理法的誕生和發展，才使心理學完全從哲學中分離出來，成為一門獨立的科學。

　　實驗方法的建立，特別是從 20 世紀 50 年代以來，心理學已廣泛應用了現代科學和工程技術的最新成就。近年來，隨著科學技術的日益發展，國際上的一些新技術、新概念和新方法已被引進心理學領域中，如控制論、信息論、微電子技術、分子生物學、數理分析等，使心理學的實驗研究水平有了顯著的提高。心理學家從信息加工的角度去看待知覺、學習、記憶、及思維等心理過程。心理學與鄰近學科有了越來越多的共同語言，從而更有利於其發展。這使我們認識到，心理學應注意從鄰近學科中汲取有益成果，這樣才有助於逐步揭示心理現象的奧秘。

實驗方法的應用，使心理學的發展大為加快。從心理學實驗方法的建立到現在才一百多年，而心理學的發展卻大大超過以往許多世紀。雖然科學的心理學不能歸結為實驗心理學，實驗方法也不是心理學研究的唯一方法。但是，任何當代心理學的教科書都以大量的篇幅證明，現代心理學中的大量事實大都來自先前的實驗研究，心理學實驗的誕生和發展有力地說明了實驗方法是揭露心理和行為的規律的重要途徑和手段。就以武德沃斯 (Robert Sessions Woodworth, 1869～1962) 等所著的《實驗心理學》一書中所列舉的參考文獻來說，1938 年的第一版列舉了 1770 項，到 1955 年的第二版就列舉了 2480 項，其中有 50% 是舊版中未曾引用過的。1971 年的第三版的參考文獻目錄長達 100 頁，不下於 4000 項，其中 80% 以上是舊版未曾引用過的。它所引用的資料主要來源於美國的材料，主要也只是涉及心理學基礎領域的實驗研究。

一位心理學工作者可以對心理學的任一領域或任一分支進行特別研究，可以專門從事兒童心理、教育心理、醫學心理、或知覺心理、思維心理，以至社會心理的研究。但是，如果他想成為一個真正嚴格的、科學的心理工作者，他就必須要很好地掌握實驗心理學的研究內容和方法，了解應當如何科學地考察心理和行為的規律。

實驗研究和任何一種研究方法一樣，有它一定的局限性。這是因為實驗研究是在一定控制條件下進行的，實驗結果有時會與現實生活中人們的心理活動不完全一樣。這種現象的發生在科學研究中並不少見，更不是不能解決的。只要研究課題來自實際，研究結果又不斷到社會實際中去檢驗；同時，在研究過程中又不僅僅注意心理活動的單因素的實驗研究，還注意多因素的交互作用的研究，那麼，其研究結果是會與現實生活相一致的。

綜上所述，綜觀心理學研究的歷史，可以這樣說，**實驗法**是心理學的主要研究方法，實驗心理學的誕生意味著科學心理學的建立。它是使心理學成為一門獨立科學的基石。當然，它也不是心理學的唯一的研究方法，它和**觀察法** (observation method)、**臨床法** (clinical method)、**問卷法** (questionnaire method) 等研究方法相輔相成，構成完整的心理學方法學。

本 章 實 驗

一、自變量和因變量的確定

(一) **目的**：

(1) 通過動作學習的過程了解心理實驗中確定自變量和因變量的方法；
(2) 學習使用觸棒迷津。

(二) **材料**：觸棒迷津、小棒、遮眼罩、秒錶、記錄紙。

(三) **程序**：

(1) 三人一組，被試者帶上遮眼罩，用小棒走迷津 (實驗前被試者勿看迷津，也勿用手觸摸迷津)。主試者對被試者的指示語必須這樣說明："在排除視覺的條件下，儘快地學會用小棒走迷津，中間不要停頓，要積極運用動覺、記憶和思維，爭取早些學會"。主試者把小棒放在迷津的入口處，然後讓被試者用優勢手拿住小棒，手臂懸空。

(2) 被試者手執小棒靜候。主試者在每次開始前 2 秒鐘，先發出 "預備" 口令，主試者再說 "開始" 時，被試者才用小棒走動。在發出 "開始" 口令的同時，主試者開動秒錶。

(3) 被試者在走迷津的過程中，凡進入盲巷一次就算出錯一次，主試者記下錯誤次數。

(4) 當被試者的小棒進入迷津終點，主試者立刻說 "到了"，同時停秒錶，記錄走一遍迷津所用的時間 (秒)。再做下一次的準備工作。

(5) 學習遍數因被試者而異，均以連續三次不出錯為學會的標準。

(6) 若被試者在學習途中感到疲勞，可在某次走到終點後休息幾分鐘。

(四) **結果**：將每次走迷津所用的時間和錯誤次數列成表格 (見下頁)。

本實驗記錄用紙

因變量＼自變量	學習遍數															
	1	2	3	4	5	6	7	8	9	10	11	12	13	14	15	…
所需時間(秒)																
錯誤次數(次)																

註：學習遍數因被試者而異，均以連續三次不出錯為學會的標準，學習遍數超過15次者可自行加行。

(五) **討論**：

(1) 本實驗中自變量是什麼？為什麼在實驗前要對所用的自變量提出一個操作上的定義？

(2) 本實驗用什麼作因變量的指標？它的作用是什麼？

(3) 本實驗控制了那些變量？

二、自變量的範圍和間距

(一) **目的**：通過對皮膚兩點閾的測定，學習確定心理實驗中變量範圍和間距的方法。

(二) **材料**：兩點閾量規、遮眼罩、記錄紙。

(三) **程序**：

(1) 主試者選定被試者的左手背（A 區）與前臂背面為測量區，前臂背面又分為二個區（B、C 區），本試驗取 A、C 兩個區。測量前，在各區內上藍印或畫出圓圈，刺激在圈內進行。

(2) 在使用兩點閾量規時，必須垂直接觸皮膚，對兩個尖點施力均勻，接觸時間不超過2秒鐘,先在自己手上練習幾次,再在被試者的非測驗區練習幾次。

(3) 實驗序列的長度和起點,可根據初步測驗後確定,大致在 7～15 毫米的範圍內取 5 個點,每步變化在 1 毫米左右。每種間距做 20 次,順序隨機安排。

本實驗記錄用紙一

刺激代號相對應的實際刺激值

代　　號	1	2	3	4	5	…
刺激值 (mm)						

(4) 每隔 100 次,休息 5 分鐘。被試者有時產生一種持久的兩點後象(即使只有一點或距離很近的兩點刺激,也有感到兩點的印象),此時應給予休息,使其恢復兩點的標準。每隔數十次,可插入一次一點刺激,測驗被試者是否有這種後象。

(5) 主試者對被試者的指示語必須這樣說明:"在排除視覺的條件下,當被試者感覺到是兩點時說「二」;當被試者感覺到一點時說「一」;當被試者不能確定感覺到的是幾點時說「不」"。

本實驗記錄用紙二

被試者反應記錄表

	A 區						C 區					
	1	2	3	4	5	…	1	2	3	4	5	…
被試者報告「兩點」或「一點」												

(6) 主試者在每次刺激前先發出預備信號："注意"。在被試者作出反應後，要記錄下來。

(7) 在全部測量完畢後，在記錄中挑出有"不"的序列，再重復那些序列，獲得確定的判斷。

(四) **結果**：分別求出左手 A 區和 C 區的兩點閾限，並對兩均數的差別進行考驗。

(五) **討論**：

(1) 說明身體部位不同，觸覺有差異，兩點閾值從一個側面揭示了觸覺感受性的大小。

(2) 如果要測定皮膚某部位的兩點閾限，自變量的範圍和間距應如何安排？

本 章 摘 要

1. **實驗心理學**就是在實驗控制條件下對心理和行為進行研究工作的心理學。這一心理學分支是以研究方法來定義的。也就是説，只要是用實驗法來研究的心理學問題，都可以包括在實驗心理學的範圍內。
2. **實驗**是一種控制的觀察，與自然的、或偶然的觀察不同，實驗是實驗者人為地使現象發生，對產生現象的情景或影響現象的條件加以操縱、變化與控制的觀察。
3. **實驗**具有三個明顯的特徵：實驗者掌握有主動權；實驗具有可核對性、或驗證性；實驗者可以系統地變化條件，觀察因這些條件的變化而引起的現象上的變化。
4. **變量**是指在數量上或者質量上可以改變的事物的屬性。在心理學的實驗中，研究者必須考慮三類變量：(1) 已知的、對有機體反應發生影響的變量，叫作**自變量**，它是由實驗者操作、掌握的變量；(2) 由操縱自變量而引起被試者的某種特定的反應，叫**因變量**，它是由實驗者觀察或記錄的變量；(3) 在實驗中應保持恆定的變量，叫**控制變量**。

5. 心理實驗的對象統稱為**被試者**，包括人和動物。在實驗中，特別是在以人為被試者的實驗中，處理好實驗者（即主試者）與被試者的關係是實驗取得成功的一個重要條件。

6. **額外變量**（即控制變量）是使實驗結果發生混淆的主要根源。對額外變量的控制常用的方法有：**排除法、恆定法、匹配法、隨機化法、抵消平衡法和統計控制法**。

7. **實驗效度**是指實驗方法達到實驗目的的程度。換言之，實驗效度就是實驗結果符合客觀實際的程度。實驗效度主要包括內部效度和外部效度。

8. **實驗的程序**是實驗的進程，它是指實驗在各個階段應做的事。心理學實驗通常遵循的基本程序是：(1)課題的確定；(2)被試者的選擇；(3)實驗因素的控制；(4)實驗資料的收集、分析和綜合；(5)撰寫實驗報告。

9. 課題的確定是科學研究的第一步，研究課題的來源通常有四個方面：實際的需要，理論，個人的經驗，過去的研究與文獻。

10. 心理學實驗的被試者是多種多樣的。有正常人，也有疾病患者；有各種年齡階段的人，也有動物。不同的實驗對象，通常要求有不同的實驗操作。

11. 操作定義的提出，受到心理學家們的歡迎。在心理學上，對一個心理現象根據測定其程序下的定義稱之為**操作定義**。

12. 一個完整的實驗報告必須包括以下幾項內容：摘要、引言、方法、結果、討論、參考文獻及附錄。

13. 實驗心理學的發展，大約經歷了兩個階段。從 18 世紀中葉到 19 世紀中葉是心理實驗的第一階段，也可說是實驗心理學的準備階段。在這一階段具有以下特點：應用的方法類似於某些簡單的物理學和生理學的實驗法；研究的問題只限於某些簡單心理現象的量的測量；被試者的陳述帶有十分初級的性質。

14. 心理實驗發展的第二階段始於 19 世紀 60 年代，一直延續到今天。開始階段是與馮特的工作相聯繫的，這一階段也可稱為實驗心理學的誕生、傳播和發展階段。心理實驗發展的第二階段，前期主要受到行為主義的影響；後期主要受到認知心理學的影響。

15. 綜觀心理學研究的歷史，可以這樣說，實驗法是心理學的主要研究方法。實驗心理學的誕生意味着科學心理學的建立，它是使心理學成為一門獨立科學的基石。當然，它也不是心理學的唯一的研究方法，它和觀察法、臨床法、問卷法等方法相輔相成，構成完整的心理學方法學。

建議參考資料

1. 王　甦等 (1993)：當代心理學研究。北京市：北京大學出版社。
2. 波　林 (高覺敷譯，1981)：實驗心理學史。上海市：商務印書館。
3. 張春興 (1991)：現代心理學。台北市：東華書局 (繁體字版)。上海市：上海人民出版社 (1994) (簡體字版)。
4. 黃希庭 (主編) (1988)：心理實驗指導。北京市：人民教育出版社。
5. 楊治良 (1988)：心理物理學。蘭州市：甘肅人民出版社。
6. Atkinson, R. C. et al. (1988). *Stevens' handbook of experimental psychology* (2nd ed). New York: A Wiley-Interscience Publication.
7. Kantowitz, B. H., & Roediger, H. L. (1984). *Experimental psychology* (2nd ed.). New York: West Publishing Co.

第二章

實驗設計

本章內容細目

第一節　實驗設計的基本類型
一、被試者內設計　46
　(一)　實驗前後設計
　(二)　定時系列設計
　(三)　抵消實驗條件的設計
二、被試者間設計　51
　(一)　隨機組設計
　(二)　配對組設計
三、混合設計　56

第二節　多變量實驗技術
一、多自變量實驗的優點　58
二、多因素實驗設計　63
三、拉丁方設計　65

第三節　實驗數據的統計分析
一、統計表和統計圖　66

　(一)　統計表
　(二)　統計圖
二、實驗數據的初步整理　73
　(一)　偶然誤差與系統誤差
　(二)　集中量
　(三)　差異量
三、顯著性檢驗　82
　(一)　顯著性檢驗的含義
　(二)　t 檢驗
　(三)　F 檢驗
　(四)　χ^2 檢驗

本章摘要

建議參考資料

前面談到，心理學是一門實驗科學。為了完成好一個實驗，並使其在方法上能站得住脚，必須首先做好實驗設計，這是實驗成功的關鍵。一個好的實驗設計能夠用最少的人力、物力來獲得最多和最有效的實驗數據以達到最佳的實驗目的。否則，如果實驗設計不當、對非實驗條件控制不嚴、實驗方法和程序安排不合理，即使實驗的規模較大、實驗次數較多，但是所得到的實驗數據卻不能為最初所提出的問題提供合理的答案，達不到原來的實驗目的。這樣的實驗設計不是好的設計。

一個良好的實驗設計是實驗研究能夠作出成果的重要因素，實驗設計是整個實驗研究的重要組成部分。有人以為只有實驗終了得出數據之後再考慮統計處理，這樣想法是片面的。事實上，只有在實驗開始之前就有精心的實驗設計，才能事半而功倍。心理是一種復雜的現象，它跟自然現象和社會現象一樣，也有着自己本身的規律性。實驗就是揭示這些規律性。但心理科學的實驗設計要比其他科學更為困難，這是因為無論是實驗對象，還是環境條件，反應測定都要受到很大的限制。因此，掌握好實驗設計技術也就更加重要。科學的探索要求不斷地發展自己的手段和方法，也就是要不斷地創造出新的"工具"。這些新的方法和"工具"，理所當然地能反映在實驗設計之中。歷史事實表明，方法上的創新能使我們產生意想不到的效果。

顧名思義，實驗設計就是對實驗的設計。在長期的科學實驗中，科學工作者已經總結出一些在實驗設計時所必須遵守的共同原則、具體的實驗方法和技術上應注意的細節。本章內容主要討論下面六個問題：

1. 何謂實驗設計，它有哪些基本類型。
2. 多自變量實驗設計有哪些優點。
3. 統計表有何功能。
4. 統計圖有何功能。
5. 標準差的主要用途有哪些。
6. 什麼叫顯著性檢驗？在使用顯著性檢驗時應注意什麼。

第一節　實驗設計的基本類型

實驗設計 (experimental design) 乃是進行科學實驗前做的具體計畫。它主要是控制實驗條件和安排實驗程序的計畫。它的目的在於找出實驗條件和實驗結果之間的關係，做出正確的結論，來檢驗解決問題的假設。心理實驗設計的內容包括：**刺激變量** (或刺激變項) (stimulus variable) 的確定及其呈現的方式，**反應變量** (或反應變項) (response variable) 的指標及其測量方法，對一切有關**變量** (或變項) (variable) 的控制措施，確定被試者人數和選擇被試者的方法，擬定主試在實驗開始前對被試者要說的指示語，規定實驗次數，安排實驗程序，規定使用儀器的型號，處理實驗數據的方法等等。實驗設計要對實驗結果有預見性，要保證嚴格按照實驗設計進行才能取得有效的實驗數據。

每一個實驗設計都必須回答三個基本問題：(1) 實驗採用多少自變量？例如在一個閱讀速度的研究中取"照明強度"為自變量。(2) 各自變量內又採用多少處理水平？例如照明強度又分為強、中、弱等處理水平。(3) 在各自變量和各處理水平中用相同的被試者，還是用不同的被試者？根據這三個條件的組合，就可構成許多不同類型的實驗設計。

一般根據對上述三個問題的回答，就可把實驗設計的類型大體上分為三種：**被試者內設計**、**被試者間設計**以及同時包括被試者內與被試者間的**混合設計** (mixed design)。

被試者如果在自變量發生變化的所有情況下接受實驗，則是**被試者內設計**。例如，自變量是照明強度，假如有強、中、弱等三種照度供操縱；因變量是觀測一個在標準條件下視角為一分的 C 型視標的距離。採用被試者內設計時，同一被試者需要在三種照明條件下都接受測試。

如被試者只接受多個自變量情況中的一個，即不同的被試者接受不同自變量的處理，這類設計便是**被試者間設計**。在上例中，如實驗者令一組被試者在強照度條件下測試，令另一組被試者接受中等照度條件下的測試，令第三組被試者接受弱照度條件下的測試，如此類推，直到各組都分別接受某一種照度條件下的測試。這種實驗設計就是被試者間設計。

為什麼在被試者內設計和被試者間設計中，實驗都可以同時操作兩個或兩個以上的自變量呢？乍看之下，這種處理似乎違背了實驗法"單一變量"的原則。其實，由於實驗者採用了統計方法，可以通過平衡多變量的關係，通過控制其他一些自變量，使某一階段變化特性顯露出來，這一問題就迎刃而解了。因此，可以說統計技術是實驗設計的基礎。

所謂**混合設計**，是指在一項實驗中，有些自變量是被試者內的，而有些自變量是被試者間的。例如，一個被試者接受甲變量的每一種情況，但只接受乙變量的一種情況。根據被試者內設計和被試者間設計的特徵，這時的甲變量是被試者內自變量，乙變量則是被試者間自變量了。這類實驗設計即是混合設計。

一、被試者內設計

被試者內設計（或受試者內設計、單組實驗設計）(within-subjects design) 是每個被試者須接受自變量的所有情況的處理。其基本原理是：每個被試者參與所有的實驗處理，然後比較相同被試者在不同處理下的行為變化。這種實驗設計下的同一被試者既為實驗組提供數據，也為控制組提供數據。因此，被試者內設計無需另找控制組的被試者。

在實驗研究中，如果實驗者主要想研究每一個被試者對實驗處理所引起的行為上的變化，一般可考慮採用被試者內設計。被試者內設計又可分為三種子類型：

（一）實驗前後設計

實驗前後設計 (experimental before-after design) 是指在實驗條件處理前對被試者進行觀測的結果與實驗條件處理後所做的同樣觀測的結果，加以對比的設計。也就是說，這種設計類型是實驗（處理）前後的比較設計。我們可用表 2-1 來表示這種設計的模式。

實驗（處理）前、後設計，具有二個優點：(1) 能較明顯地檢查出實驗處理的效果如何。因為在這種實驗中，前、後被試者是同一的，如果能夠控制好無關變量的話，那麼實驗處理前後的差異，就是實驗處理的結果。(2)

表 2-1　實驗前與實驗後設計模式

組　數	前觀測	處　理	後觀測
1	Y_1	X	Y_2

說明：Y_1 表示實驗處理前對被試者觀測所得值
　　　Y_2 表示實驗處理後對被試者觀測所得值
　　　X 表示實驗條件處理

對被試者的需要量較少，一組被試者當二組被試者用，無須再增設被試者控制組。不僅效率提高了，而且被試者變量也得到了較好的控制。

然而，我們應該看到不足之處。各類被試者內設計的共同缺點是，這類設計需要每個被試者在實驗中花費很多時間。通常一個被試者被要求執行幾項任務，這勢必會產生疲勞，影響實驗結果。而前、後設計還有二個不足之處：(1) 由於前、後兩次觀測之間存在時間間隔，這就會帶來外來影響。一般來說，前、後間隔時間愈長，則影響就愈大。反之，如果前、後兩次觀測時間很接近，倒可以認為這是實驗處理引起的行為差異。(2) 容易產生順序誤差。即前面的觀測影響後面觀測的結果，從而影響實驗結果。例如實驗中第一次觀測會產生學習、疲勞、情緒等效應，從而影響第二次觀測的結果。

(二) 定時系列設計

定時系列設計 (time serial design) 是指實驗處理前對一組被試者作一系列的定時重復觀測，然後實施實驗處理。再對被試者作一系列的定時重復觀測，分析自變量 (實驗處理) 對因變量的關係。定時系列設計可以看作是前、後設計的擴展形式。定時系列設計，一般先分別求出實驗處理前和實驗處理後的平均數，也有分別取衆數或中數的。我們用表 2-2 來表示這種設計的模式。

表 2-2　定時系列設計模式

組　數	前觀測	處　理	後觀測
1	Y_{1a}、Y_{1b}、Y_{1c}	X	Y_{2a}、Y_{2b}、Y_{2c}

說明：Y_{1a}、Y_{1b}、Y_{1c} 分別表示實驗處理前之觀測值
　　　Y_{2a}、Y_{2b}、Y_{2c} 分別表示實驗處理後之觀測值
　　　X 表示實驗條件處理

定時系列設計除了具有上述前、後設計的二個優點之外，還具有以下二個優點：(1) 降低由於一次觀測而得到被試者不正常行為的機率。實驗處理前和實驗處理後分別對每一位被試者作一系列測定，這就能降低只作一次觀測而得到不正確結果的機率。(2) 提供測量過程中的信息。無論是在實驗處理前，或是在實驗處理後，均對被試者進行一系列的觀測，這樣就可以使我們看出發展趨向。

但是，問題還具有二面性，定時系列設計的這些優點，也加重了前、後設計所存在的弱勢：(1) 由於更多次的觀測，勢必延長實驗時間，從而會有更多的外來影響。(2) 也正是更多次的觀測，更易引起順序誤差，更易導致練習、疲勞、緊張或厭煩等效應，影響實驗結果。

(三) 抵消實驗條件的設計

抵消實驗條件的設計 (reversal experimental condition design) 是指抵消實驗過程中無關變量的一種設計。前面講到，有些無關變量在某些實驗情況下既不能被消除，又不能保持恆定。例如，單組實驗往往由於前一處理影響後一處理的效果，產生順序誤差。為了抵消順序誤差，最簡單的方法就是用 ABBA 的排列順序來安排實驗順序。其模式可用表 2-3 表示。

從表 2-3 中可見，首先給被試者作第一種處理 (X_A) 和第一種處理後的觀測 (Y_{2a})，其次作第二種處理 (X_B) 和處理後的第二次觀測 (Y_{2b})，再重復第二種、最後重復第一種的處理和觀測。整個實驗程序的安排，就是抵消實驗條件的設計的基本形式。

這裏不妨舉一個例子。有甲乙兩種操作方式，我們要比較這兩種操作方式哪一種更正確，更快些。我們知道，以人作為被試者的實驗，在不同時間所得結果必然有所不同，甚至同一人以同一操作方式作一系列實驗，要使其中兩次結果完全相同也是一件不容易的事。定時系列規則是解決此類問題的方法之一。但是定時系列規則不能消除和順序有關的實驗誤差。

表 2-3 抵消實驗條件設計的模式

處　理	X_A	X_B	X_B	X_A
後觀測	Y_{2a}	Y_{2b}	Y_{2c}	Y_{2d}

為了消除這類影響，方法之一就是使用抵消實驗條件的設計。本例就可用表 2-4 表示其模式。

表 2-4　抵消實驗條件設計的實例

處理	操作方式甲	操作方式乙	操作方式乙	操作方式甲
結果	試驗一之觀測值	試驗二之觀測值	試驗三之觀測值	試驗四之觀測值

這種實驗設計在處理 X_A 的情況下得到兩個數值，在處理 X_B 的情況下也得到兩個數值。統計時就通過分別求平均數後，加以比較。這樣的實驗設計，既安排了二種操作方式在程序上的均等，同時又提供了估計隨機誤差的可能性。

抵消實驗條件的設計具有三個明顯的優點：(1) 能較好地控制被試者變量，這是單組實驗設計的共同優點。單組實驗設計不但比兩組實驗設計用的被試者數量少，而且由於兩種實驗條件使用同一被試者，從而較好地控制了實驗變量。(2) 能較好地控制順序誤差。在心理實驗中有許多變量與時間有關，例如學習、練習、遷移、挫折、疲勞等等。這些變量特別需要用這類實驗設計來消除順序誤差。如果一半被試者所作的順序為 ABBA，另一半被試者所作的順序為 BAAB，那就抵消得更徹底。(3) 時間上比較經濟。這類實驗一般觀測次數不多，上面操作方式甲乙的比較，也只要通過四次觀測就能完成某一被試者的實驗。因此，被試者較易配合，以順利完成實驗，同時也排除了某一些實驗誤差。

抵消實驗條件設計雖有上述優點，但也有其局限性。主要有兩點：(1) 反應變量在時間維度（軸）上的關係是線性時才能使用。抵消實驗條件的設計的前提條件是反應變量在時間維度（軸）上的關係是線性關係。例如單純的前影響作用，無論是從試驗一到試驗二，還是從試驗三到試驗四，都是後者受前者的影響。但是，當這些變量的實際效果與行為效果的關係是非線性時，則採用這類設計也不能達到抵消實驗的順序誤差的目的。(2) 對有些實驗不適用。例如用兩種學習方法學習同一實驗材料就不適用。若一定要用這種設計，就必須改用同一被試用兩種學習方法，學習兩種難度相等的不同材料，才能消除練習誤差，同時還應用相同的計量單位，否則無法進行比較。以上我們介紹了三類單組實驗設計，清楚了這些設計所具有的優點。在心理實驗中確實有不少運用這種設計方法達到較好效果的例子。例如：楊治良等 (1979) 曾用單組實驗前後設計，對痛的成分進行心理學研究。採用這種設計的出發點是願接受痛刺激的被試者不可多得，為了彌補單組實驗和被試者數量較少的不足，實驗採用單組實驗前後設計。在這樣的設計中，被試者變量能得到較好的控制，因為能消除由被試差異引起的誤差，從而對自變量的效果作出更精確的估計。同時，為盡可能減少單組實驗中的被試者在實驗中花費很多時間，實驗採用了心理量表法記分，通過被試者一次反應，記錄較多的反應指標，而這些指標之間又存在著很大的一致性 (見表 2-5)。從表 2-5 可見，眾多的生理和心理指標增加了對照程度，在一定程度上彌補了被試者較少的缺陷。

表 2-5　痛反應量表

級　　別		一	二	三	四	五	六	七
刺激量	t 值	1	2	5.6	8.3	13.9	19.5	27.8
	mA	0.37*	0.74	2.06	3.06	5.13	7.22	10.30
動作單位	興奮神經纖維類型	無或少量小幅度 A_β $A_{\beta\gamma}$	增大的 $A_{\beta\gamma}$	接近最大的 $A_{\beta\gamma}$	最大 $A_{\beta\gamma}$ 小幅度傳導快的 A_σ	最大 $A_{\beta\gamma}$ 增大的 A_σ	最大的 $A_{\beta\gamma}$ 較大幅度傳導慢的 A_σ	
	傳導速度範圍 (35℃) (m/s)	42.8〜55.9	40.0〜55.9	41.5〜56.8	34〜62.4 20〜33.4	35〜56.8 21〜32.9	34.5〜59.4 13〜38.8	
感覺成分 (主訴)		觸	輕麻	重麻	輕痛	中痛	重痛	極痛
情緒成份	主　訴	無所謂	無所謂	無所謂	稍有不適	難過、害怕	非常難過非常害怕	恐懼、拒絕
	外表行為 語言	自如	自如	自如	語調稍變	輕聲叫痛	叫"喔唷"	連聲叫大叫
	動作	協調	協調	協調	欲動能控制	頭動、手動	上身動、握拳、轉身	屈肌反射全身動
	表情	安詳	安詳	安詳	注意會神	輕皺眉眨眼	皺眉緊閉目	咬牙重皺眉
	出汗狀況	無	無	無	身體發熱	略有	手汗	大汗

* 相當於各級刺激的強度為被試的平均值　(採自楊治良，1979)

應看到單組實驗設計有其局限性，同時，正如前面所述，對有些實驗不適用。單組實驗設計在不能避免某種系統誤差時，就要用被試者間設計或混合設計來完善實驗設計。

二、被試者間設計

被試者內設計要求每一個被試者接受所有自變量處理，關鍵是如何安排各處理的先後次序。**被試者間設計**(或組間法) (between-subjects design) 是要求每個被試者（組）只接受一個自變量處理，對另一被試者（組）進行另一種處理，故又稱這種設計為**獨立組設計** (independent-groups design)。這種設計的主要問題是如何決定哪一個被試者（組）接受哪一個實驗處理。若有兩種以上的處理，有多少種處理就採用多少個被試者（組）。被試者間設計或獨立組設計有兩類設計技術：隨機組設計和配對組設計。

（一）隨機組設計

隨機組設計(或**隨機分組設計**) (random-groups design) 是將被試者隨機地分配在不同的組內接受不同的自變量處理。這一假設是將被試者隨機分配到不同的組，若對各組用一樣的課題，在相同的條件下進行測量，其結果就成為**相等組**(或**等組**) (equivalent groups)，則它們的成績在統計上應是相等的。換句話說，假設各組在與實驗課題有關的特性上（如年齡、智力、性格特徵等）沒有差別（在統計允許的限度以內），而實驗結果卻出現了差別，這差別就是由於處理的不同而引起的。

從統計理論來講，特別是從抽樣理論來說，此設計的各被試者樣本（隨機組）在未受不同的實驗處理前，他們的作業平均數在統計上是沒有顯著差異的，如果有，也僅僅是抽樣變動。各自樣本的平均數 $\bar{X}$ 都是總體平均數 μ 的無偏估計值。換言之，各隨機組在未經受不同處理之前是相等的（在統計允許的限度以內）。若這些隨機組經受不同的實驗處理後，經 t 檢驗和 F 檢驗後發現作業的平均數有顯著性差異，那麼這些差別是實驗處理的不同引起的。各實驗處理的平均數不是來自總體的平均數 μ，而是來自各實驗處理總體 μ_1，μ_2，……，μ_k。這就是根據隨機理論所作的邏輯推理。

怎樣才能做到隨機分組呢？常用的方法有兩種：同時分配法和次第分

配法。這兩種方法各有其特點，可擇宜採用。

1. 同時分配法　同時分配的條件是，被試者同時等候，而實驗者可隨意調派其中任何一個被試者。同時分配法通常有三種技術。

(1) **抽籤法**：先將所有被試者編號，記入紙片，每一紙片號碼代表一個被試者，然後將紙片放入容器內攪勻，按組抽取。若要將 40 個被試者分為四組時，第一次抽 10 片，代表第一組，第二次也抽 10 片，代表第二組，依次類推。假定 40 個被試者中有 16 個女生，則每組應各有 4 名女生。所以可以在 16 名女生中先隨機選 4 名，再在 24 名男生中隨機選 6 名，歸入第一組，依次類推。

(2) **筆劃法**：若要將 40 個被試者分為四組時，首先將被試者依其姓氏筆劃數進行次序排列，再查隨機數表每一數列的第一位數，只取第一個數為 1、2、3、和 4 的數字，分別歸屬四個組，各查 10 個，共查滿 40 個以後，按姓氏筆劃先後對入 1、2、3、4 所表示的組別。用此法時只要注意在查第一位數為 1、2、3、4 的隨機數時各查 10 個即可。

(3) **報數法**：若要將 40 個被試者分為四組時，採用類似於體育課上的報數，假定被試者都坐在教室內，實驗者令其從第一排報數，報 1 的被試者都被分在第一組、報 2 的被試者都分在第二組，依此類推，只是要注意原有順序的影響。若每排報數的方向隨機改變，例如用 1234，4321，2341 等不同的順序報數，則隨機分組的效果將更好。

2. 次第分配法　次第分配法的條件是，由於實驗持續時間較長或其他原因，實驗者知道有一群被試者，但不知道究竟那位被試者什麼時間會來，只能根據預先擬好的原則進行分派，而且當實驗結束時，各組要符合隨機組的要求。這裏介紹兩種技術。

(1) **簡便法**：按被試者出現在實驗的先後分派，第一名屬第一組，第二名屬第二組，第三名屬第三組，依此類推等。這有點像同時分配法中的第三例。一般而言，使用本法能滿足隨機的條件，然而它取決於被試者報到的次序是否符合隨機原則。

(2) **區內隨機法**：為了避免被試者非隨機出現的可能性，可按照被試者來到實驗室的先後，使用區內隨機次序分派被試者歸屬各組。例如，可根據隨機數表來分配被試者。

隨機組設計有優點也有缺點。其優點是：(1) 用隨機分配被試者的方法可控制兩組被試者變量的差異，分組方法簡單可行。(2) 由於對每一被試者只作一次觀測，可消除某些實驗誤差，如消除學習誤差的影響。這種設計的缺點是：(1) 分成等組的方法仍欠精密。(2) 若兩組在不同時期觀測，就有可能插入實驗以外的偶發事件，影響因變量的觀測結果。

(二) 配對組設計

配對組設計(或**對等組設計**) (matched-groups design) 是隨機組設計的一種邏輯擴展。配對組設計的目的是使各組的特性更加相同。這種設計可控制組內變異和組間變異。在心理學研究中常常會遇到某些變量，特別是機體內部的變量，例如智力、態度 ……。它們對實驗變量 (自變量)，例如對教材、教法等來說是額外的、無關的，而對因變量來說卻是有關的。因此，它們是共變量。共變量若不受到實驗控制，則進行 F 檢驗時作為實驗誤差的組內誤差往往就不合理地擴大了。配對組設計就能解決此類問題。這一設計要求把共變量分成幾個等級，經過測量，然後把具有同一等級特徵的 K 個被試者加以配對，此時，每一個配對組便是一個層級。配對組的 k 個被試者每人只接受一種實驗處理，至於誰應接受哪一種實驗處理，則用隨機分派的方法來決定。表 2-6 乃是配對組設計的基本模式。

表 2-6 配對組設計的基本模式

層級	實驗變量					層級平均數
	A_1	A_2	A_3	……	A_K	
1	X_{11}	X_{12}	X_{13}	……	X_{1K}	$\overline{X_1}$
2	X_{21}	X_{22}	X_{23}	……	X_{2K}	$\overline{X_2}$
3	X_{31}	X_{32}	X_{33}	……	X_{3K}	$\overline{X_3}$
⋮	⋮	⋮	⋮		⋮	⋮
n	X_{n1}	X_{n2}	X_{n3}	……	X_{nK}	$\overline{X_n}$
實驗處理平均數	$\overline{X._1}$	$\overline{X._2}$	$\overline{X._3}$	……	$\overline{X._K}$	$\overline{X..}$

(採自楊治良、樂竟泓，1990)

在表 2-6 上，每一等級的每一處理只是觀察一個被試者的做法，有時所觀察的基本單位不是一個被試者，而是一個團體或一個子集合。

配對法常有兩個步驟：第一，令所有被試者做"共同作業"，即接受預備測驗，獲得作業分數；第二，根據作業分數形成配對組。

第一步：共同作業

共同作業 (common task) 亦稱為**先檢驗** (或前測) (pretest)。配對組設計的優劣完全依賴實驗作業是否與共同作業有高度的相關。先檢驗與實驗作業的相關越高，組間差異越小，則接受不同處理後的實驗結果越能反映實驗處理的差異。先檢驗作業有兩種：一種是和實驗作業有高度相關的其他作業；另一種是利用被試實驗作業的初期表現。通常，同一作業兩個階段的行為表現是相關的。很多學習實驗以智力測驗為配對分組的依據，但在不能找出和實驗作業相關的作業時，對有些無練習效應的實驗可使用實驗練習的成績作配對依據。

第二步：配對分組

配對分組 (matched groups) 乃是取得先檢驗測試分數後，再用兩種方法形成配對組。

方法一：將被試者按先檢驗作業分數的高低排列（見表 2-7）。現設有三種自變量處理（情況），將前三個被試者依區內隨機方式派到 A、B、C 三組，接著將後三個被試者如法分配，直到分配完畢。從表 2-8 可以看到，

表 2-7　30 名被試者先檢驗分數的高低排列表

被試者	分數	被試者	分數	被試者	分數
1	75	11	40	21	27
2	65	12	39	22	25
3	64	13	37	23	21
4	63	14	37	24	19
5	60	15	34	25	19
6	45	16	32	26	16
7	45	17	31	27	15
8	42	18	30	28	13
9	41	19	30	29	10
10	41	20	30	30	2

(採自楊治良、樂竟泓，1990)

按這種方法分配的各組在平均數和標準差上都很接近。

方法二：取先檢驗分數中相同或非常接近的，以三人為一單位，然後按區內隨機法逐次分派到 A、B、C 各組。每三個被試者的分數接近的程度完全是任意的，如表 2-9 的分派限定三個被試者分數差落入 $\lambda \leq 4$ 的範圍內。因為有了這樣的限制，超過標準的被試者被剔除。如表中每組被試者只有 8 人，各組分數相差甚微。

表 2-8　30 名被試者按方法一配對分組的結果

被試者分組	1	2	3	4	5	6	7	8	9	10	$\overline{X}$	S
A	65	63	42	41	34	31	30	19	19	2	34.6	18.5
B	64	60	41	39	37	32	27	25	15	11	35.0	16.5
C	75	45	45	40	37	30	30	21	16	13	35.2	17.1

說明：$\overline{X}$ 為平均數，S 為標準差　　（採自楊治良、樂竟泓，1990）

表 2-9　30 名被試者按方法二配對分組的結果

被試者分組	1	2	3	4	5	6	7	8	$\overline{X}$	S
A	63	45	41	37	34	30	19	13	35.6	15.7
B	64	45	41	39	31	30	21	15	35.8	15.2
C	65	42	40	37	32	30	19	16	35.1	15.3

（採自楊治良、樂竟泓，1990）

二種方法相比，方法二中各被試者的平均值比方法一更相近，但由於有隨機分配的程序因素參與其中，只比較平均數還不能說明問題，應再比較所分各組的標準差。若被試者在方法二中的標準差比在方法一中的更接近，這就有力地說明了方法二的各組較為接近，而根據方法二的處理，各組的標準差總會小一些。

配對組設計的作用在於控制組內變異與組間變異。它的優點是在實驗處理之前，就把組間變異縮到最小和要求兩組組內變異比單獨的隨機分配更接近相等。因此，這種設計能對被試者個別差異給予很多的控制，小型實驗用配對設計，其效果比用隨機分組的效果更為顯著。但這種設計的缺點是，實驗者因分配被試者而大大增加其工作量。

三、混合設計

混合設計 (mixed design) 乃是在一個實驗中同時採用兩種基本設計的實驗設計。它要求一個自變量用一種設計處理，如被試者內設計處理，而另一個自變量用不同種類的設計處理，如被試者間設計處理。這時，實際上是在進行兩個實驗。如果某個實驗要求處理三個自變量，可按同樣的原理對三個自變量採用不同的設計。注意，這裏談及的三個自變量不同於一個自變量的同類的三種水平。這裏舉一個例子，若將實驗限定在兩個自變量的範圍以內，在最簡單的雙變量實驗設計 (2×2) 中，每個自變量在二種水平 (A 變量有 A_1、A_2，B 變量有 B_1、B_2) 上的混合設計有如下幾種可能：

1. 表 2-10 中的 1、6、11、16 組是非混合設計，而 2、5 組代表同種混合設計，3、9 組也代表同種混合設計，等等。真正的混合設計有十二組。其實只要用對角線的一半編號組就可以說明問題，真正的混合組有二個六組，要麼是 2、3、4、7、8、12，要麼是 5、9、10、13、14、15。這兩個六組只在接受處理的方向上不同，而接受處理的內容基本一致。

2. 現再以 2 組為例，展開隨機組和配對組 2×2 混合設計。步驟一：將全部被試者分成二個隨機組，一組接受變量 A_1，另一組接受 A_2；步驟二：將 A_1 組被試者分解為二個配對組 (G_1、G_2)，將 A_2 組也分解為配對

表 2-10　混合設計一例

		自 變 量 A			
		隨機組	匹配組	不完全的被試者內設計	完全的被試者內設計
自變量 B	隨機組	1	2△	3*	4
	匹配組	5△	6	7	8
	不完全的被試者內設計	9*	10	11	12
	完全的被試者內設計	13	14	15	16

說明：表中數字編號是任意的，△ 和 * 代表同種混合。

(採自楊治良、樂竟泓，1990)

組 (G'_1、G'_2)；步驟三：A_1 組中的兩個配對組接受變量 B_1 情況；另一組接受 B_2 情況，在 A_2 組中的二個配對小組也分別接受變量的 B_1、B_2 情況。上述情況可歸納為表 2-11。

3. 再以 9 組為例，第一部是構成兩個隨機組，一組是接受變量 A_1 情況，另一組接受 A_2 情況。另一變項 B 的二個情況 B_1、B_2 以任何方式給 A 變項的二組中所有的被試者，構成被試者間和被試者內混合設計，從而把全部被試者的材料總合起來的時候，漸近誤差將被抵消。

2×2 實驗僅是混合設計的簡要形式，若有需要，完全可以實現 2×4、3×3、3×6 等等的設計。例如，作 2×4 的隨機組與被試者內混合設計可用表 2-12 的矩陣來表示，表中的數據是假想觀察值。在決定一個實驗是否用混合設計時，我們有必要在兩種水平考慮：首先看看所涉及的有效變量是

表 2-11　2×2 混合設計

自變量 A		自變量 B	
		B_1	B_2
A_1	G_1	接受	
	G_2		接受
A_2	G'_1	接受	
	G'_2		接受

(採自楊治良、樂竟泓，1990)

表 2-12　2×4 混合設計

自變量 A		6/S	自變量 B				ΣX
			B_1	B_2	B_3	B_4	
A_1		S_1	0	0	5	3	8
		S_2	3	1	5	4	13
		S_3	4	3	6	2	15
A_2		S_4	4	2	7	8	21
		S_5	5	4	6	6	21
		S_6	7	5	8	9	29
ΣX		6/S	23	15	37	32	$\Sigma\Sigma X=107$

(採自楊治良，樂竟泓，1990)

否要求特殊設計,如指導語變量要求被試者間設計;在這一點上沒問題時,就得從方便、經濟、和注意統計正確性的角度作進一步的考慮。

第二節　多變量實驗技術

在上一節中,我們討論了實驗設計的基本類型,在以人或動物為研究對象的心理學實驗中,首先要解決的問題是:實驗處理中用了相同的被試者還是用了不同的被試者。根據這一原則,上一節中我們討論了被試者內設計、被試者間設計和混合設計。儘管這樣的分類也窮盡了各種實驗,但在心理學實驗中,大多數比較重要的實驗都是多自變量實驗。所以在這一節裏,我們對多自變量的實驗設計作進一步介紹。

一、多自變量實驗的優點

多自變量(或**多自變項**)(multiple independent variable) 是指在一個實驗中包含有兩個或兩個以上的自變量。它不是指同一自變量的多個水平。在心理學的刊物上較少發現只用一個自變量的實驗研究報告。一個複雜的心理現象很少是單一刺激因素決定的,往往是多因素的結果。例如,想研究不同的教學效果,可能有教學方法的影響,也可能有教師水平的影響,還有學生自身水平的影響等。這種教學效果,實際上是受多因素交互影響的結果,要使實驗更接近實際,就應採取多因素,即多自變量的實驗設計。典型的實驗是同時操縱兩到四個自變量。

那麼為什麼在心理學實驗中在較多的情況下要採用多自變量實驗呢?這是因為多自變量實驗具有三個明顯的優點:

1. 效率高　有兩個自變量的實驗要比分別做兩個只有單一自變量的實驗效率要高,也就是說事半功倍,花同樣的時間,做了一倍,甚至二倍、三倍的工作。

2. 實驗控制較好 做一個實驗時某些控制變量比進行兩個實驗時更易於控制和恒定。如被試者條件是一樣的，同一個被試者，同樣的身心狀況。再如時間條件也是一樣的，日期相同、時間相同。其它條件就更不用說了，如相同的外界環境、相同的溫度、相同的濕度等等。這就在很大程度上排除了許多實驗誤差，減少了實驗污染。

3. 實驗結果更有價值 有多種自變量的實驗所得的結果，由於在多種情況下都證明是確實的，這樣就比多個單獨實驗所概括的結果更有價值。例如，我們想要知道兩種獎勵辦法中哪一種促進了中學生學習體育。第一種獎勵辦法是對正確完成規定的運動項目的學生給予物質獎勵；第二種是給予提前下課，即每正確完成一個規定的運動項目允許學生提前下課，哪種更好些需要用實驗證實。而且，在把它作為一項中學的規定之前，我們還應把這兩種辦法放到語文、數學等課程中去實驗。在這裏，不同課程的被試者是第二個自變量。顯然，把獎勵辦法與不同的課程這兩個自變量結合在一項實驗中，要比進行兩個連續的單自變量的實驗為好。特別是，當一個自變量產生的效果在第二個自變量的每一水平上不一樣時，**交互作用** (interaction) 就發生了。在有交互作用的情況下，分別討論每一自變量的效應就不夠了。因為一個自變量的效應依賴於另一個自變量的水平。這裏，我們舉個例子。楊治良等人 (1981) 做了一個實驗，目的是想了解年齡對再認能力的影響。第一個自變量是年齡，這裏我們選取初中生年齡組和大學生年齡組。第二個自變量是實驗材料，這裏我們選取具體實物圖形組和詞組兩個組。因變量取再認能力 d' 作指標 (信號檢測論方法用於再認實驗，採用 d' 作為再認能力的指標) 這個實驗的方法是採用再認法，把被試者識記過的材料和沒有識記過的材料混在一起，要求被試者把兩種材料區分開來。實驗結果如圖 2-1 所示 (見下頁)。

從圖 2-1 可見：第一，在那個實驗條件下，初中生的再認能力較強；第二，對具體圖畫的材料，再認能力較強。然而，此圖是將兩個變量 (年齡大小和材料性質) 分開繪製的。在左圖，初中生的再認能力指標中，既包括了對具體圖畫的材料，又包括了對詞的材料。大學生的情況也是一樣。

如果把同樣一個實驗結果，換另一種方式繪圖 (如圖 2-2)，我們就可以看到，實際情況並非這樣簡單。圖 2-2 將兩個變量畫在一起，顯示了交互

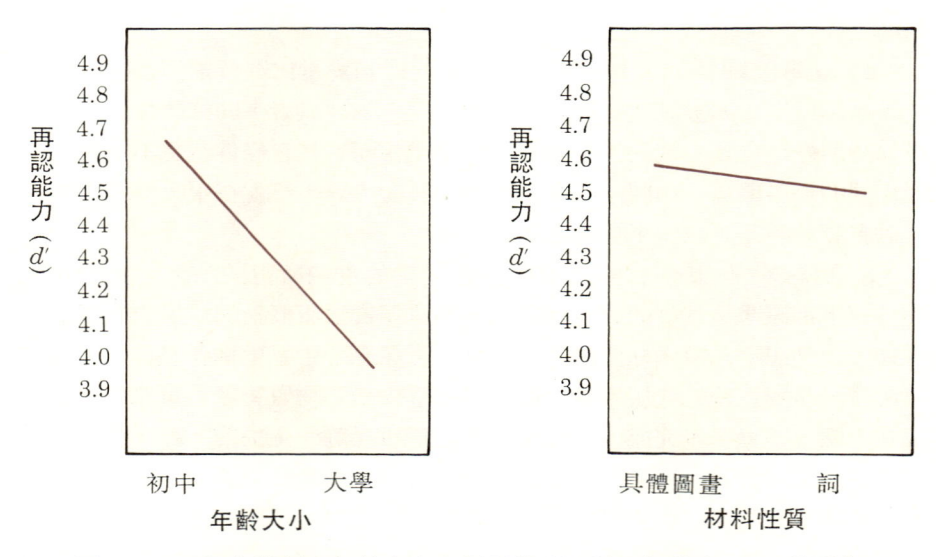

圖 2-1 兩個自變量（年齡大小和材料性質）對再認能力（d'）的影響
(採自楊治良等，1981)

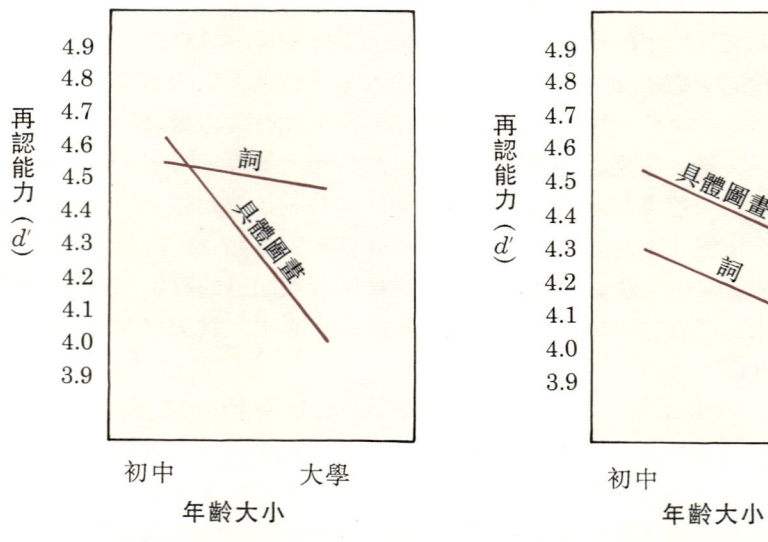

圖 2-2 兩個自變量對再認能力（d'）的影響
(採自楊治良等，1981)

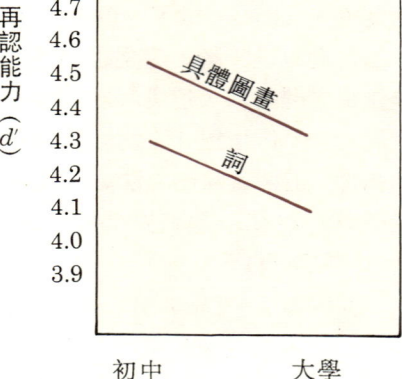

圖 2-3 兩個自變量對再認能力（d'）的影響
(採自楊治良等，1981)

作用的發生。它告訴我們：第一，在此實驗條件下，再認能力較低的情況僅僅是在以具體圖畫作材料的大學生組發生；第二，無論是對具體圖畫材料，還是詞材料，初中學生都表現出較高的再認能力，比較圖 2-1 和圖 2-2，我們看到了區別。具體地說，大學生對詞材料的再認能力，在二張圖上有不同的分析。圖 2-2 能明確指出一個自變量的各水平受到另一個自變量水平的不同影響的交互作用就代表了這種不同的影響。

　　為更進一步分析多自變量的優越性，我們也可以設想，兩個自變量沒有顯出交互作用。圖 2-3 就是虛構的情況。從圖 2-3 上可以看到，任何一個自變量的效果對於另一個自變量的兩個水平來說都是相同的。也就是說，第一，初中學生總是表現出較高的再認能力，不論實驗材料是圖畫還是詞。第二，對於圖畫材料，不管是初中學生還是大學生都表現出較高的再認能力。這就是圖 2-3 說明的問題。平行線意味著沒有交互作用的發生。

　　實驗的實際情況並不是這樣。實際情況如圖 2-2 所示，再認能力的高低既依賴於年齡大小，也依賴於實驗材料；一個自變量的效應依賴於另一個自變量水平。

　　上述三種情況的圖解分析揭示了多自變量實驗能揭示變量間是否存在著交互作用。這是單自變量實驗所不能完成的，我們想像這個實驗是分兩部分進行的。第一部分實驗中，只有年齡大小被當作唯一的自變量。那麼，實驗材料就成了控制變量。我們知道，控制變量在實驗過程保持恒定。如果選擇的是圖畫作實驗材料，實驗結果將表明，初中學生比大學生表現出較高的再認能力。但是，**實驗者將不會知道，如果用詞作材料會產生什麼結果？**在第二部分實驗中，只有實驗材料被當作唯一的自變量。年齡大小就成了控制變量。若用初中生做被試者，將揭示出不同的結果。我們可以看到，實驗雖然做了兩個，但得到的信息反而比一個雙自變量實驗少。二個單自變量實驗所獲得的信息反而比一個雙自變量實驗少。

　　圖 2-2 是實際的實驗結果，它表明了交互作用。一個自變量的效果依賴於另一個自變量的水平。具體地說：第一，若用詞作材料，初中生和大學生的年齡因素對再認能力的影響較少；第二，若用圖畫作材料，初中生和大學生的年齡因素對再認能力的影響較大；第三，若用初中生作被試者，實驗材料的因素關係不大；第四，若用大學生作被試者，實驗材料的因素關係就很大。這裏我們不難發現，一個雙自變量實驗實際上等於四個單自變量的實

驗，而且還要看單自變量實驗是否做得好。

綜上所述，當一個自變量的水平受到另一個自變量水平的不同影響時，交互作用就發生了。在有交互作用的情況下，分別討論每一個自變量的效應就不夠了，因為一個自變量的效應依賴於另一個自變量的水平，因而在實驗結果的分析討論中，除了對單獨因素的分析之外，還必須分析討論出現交互作用的原因和後果。

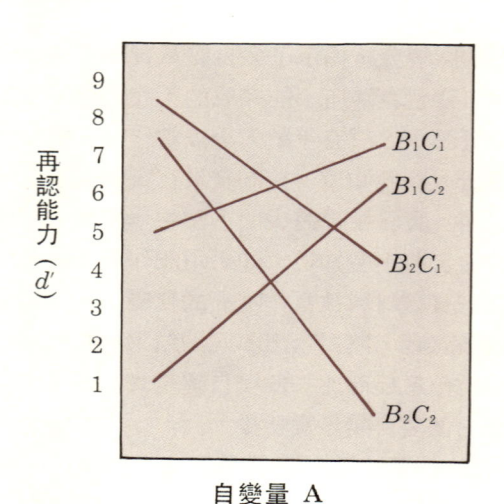

多自變量的實驗是效率高、價值高的實驗。在這些實驗中，每一種因變量的測量至少能提供兩個變量信息，從而有可能研究變量之間所有可能發生的交互影響。在實驗中自變量數目增加時，能發生交互影響的數目也迅速增加。兩個自變量只有一個交互作用影響的可能。用三個自變量(自變量 A、B、C) 就有四種交互作用影響的可能，如 AB、AC、BC、ABC 四種。假定每一自變量有兩個水平，三種自變量的交互影響由四條線生動地表現出來；兩條表示變量 B、兩條表示變量 C，與橫坐標變量 A 起交互作用，見圖 2-4，它們的交互作用由四條非平行線表示出來。

圖 2-4 三個自變量 (A、B、C) 交互作用假設圖
說明：A、B、C 的交互作用影響是 B 變量的效果依存於 A 與 C 的變量水平。
(採自楊治良等，1988)

二、多因素實驗設計

多因素實驗設計 (multifactors experimental design) 是指在同一個實驗裏可以同時觀測兩個或兩個以上的自變量的影響，以及自變量與自變量交互作用的效果的實驗設計。它與上述所討論的只用一個自變量的實驗設計是不同的。包括 X_a 和 X_b 兩個自變量的設計，叫做雙向（或二向）析因設計，簡寫為 $A \times B$ 因素設計。包括 X_a、X_b 和 X_c 三個自變量的設計叫作三向析因設計，簡寫為 $A \times B \times C$ 因素設計。在因素設計中，每個因素（自變量）又可以包括幾個水平。若兩個自變量 X_a 和 X_b 各有兩個水平，則可稱為 2×2 設計；若自變量 X_a 有兩個水平，X_b 有三個水平，則稱為 2×3 設計。例如，有人想研究大學生對紅、綠、黃三種燈光的反應是否與燈光的強度有關，在這項實驗中，A 代表燈光強度，是一種因素（自變量 X_a），包括強和弱兩種水平；B 代表燈光頻率，是另一個因素（自變量 X_b），包括紅、綠、黃三種水平。這種二向析因設計就是 2×3 因素設計。若它還想同時研究反應時是否有性別差別，則 C 代表性別（自變量 X_c），分男女兩個水平。這種三向析因設計就是 $2 \times 3 \times 2$ 因素設計。當然也可以有多於三個因素的設計。不過，因素多，解釋結果的困難就大，交互作用也就多，因而研究者一般是將研究限於 2 至 4 個變量。在析因設計中，研究者要操作的實驗處理的個數就是各自變量的水平個數的乘積。例如，在一項二因素實驗設計中，設 A 因素有 p 個水平，B 因素有 q 個水平，則研究者就應操作 $p \times q$ 個實驗處理。在確定了實驗中所要操作的實驗處理後，就要決定怎樣分配被試者了。下面我們舉一個研究實例。

楊治良等人 (1993) 在研究漢字內隱記憶的實驗研究中，通過四個 $2 \times 2 \times 2$ 方差設計實驗，試圖尋找漢字認知範疇裏內隱記憶存在的條件。此方差設計的三個因素為：(1) A 因素，即注意程度因素，分目標字和非目標字兩個水平；(2) B 因素，分直接測量和間接測量兩個水平，直接測量為再認判斷任務，間接測量則是漢字偏好判斷任務；(3) C 因素，即時程因素，分單元一和單元二兩個水平，參見圖 2-5。結果發現了內隱記憶存在的三個必要條件是：非目標漢字、漢字的整體加工和偏好判斷任務。此例說明了，正是這些多因素實驗設計，才發現了漢字內隱記憶存在的條件。

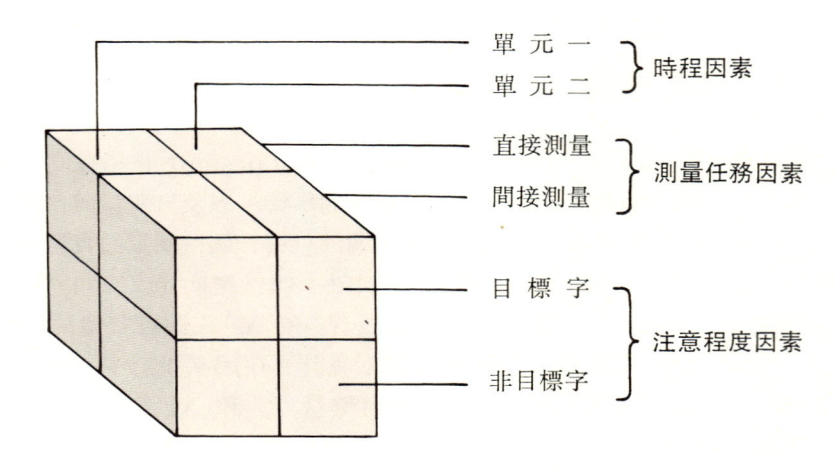

```
                      ┌── 單 元 一  ┐
                      │            ├ 時程因素
                      ├── 單 元 二  ┘
                      │
                      ├── 直接測量  ┐
                      │            ├ 測量任務因素
                      ├── 間接測量  ┘
                      │
                      ├── 目 標 字  ┐
                      │            ├ 注意程度因素
                      └── 非目標字  ┘
```

圖 2-5　2×2×2 因素設計實例圖解
(採自楊治良，1993)

多因素實驗設計可以概括成某一個基本形式。假設實驗因子有 A、B 這兩個，A 因子有三個水平，B 因子有四個水平，那麼就有 $3\times 4=12$ 種組合，每一個組合稱作一種處理，現隨機抽取被試者 1、2、3、……24，共 24 個分別安排在各種處理中接受實驗，實驗設計列表如表 2-13。

表 2-13　多因子設計表

實驗因子		B 因子			
		B_1	B_2	B_3	B_4
A 因 子	A_1	1,2	3,4	5,6	7,8
	A_2	9,10	11,12	13,14	15,16
	A_3	17,18	19,20	21,22	23,24

(採自楊治良、樂竟泓，1990)

實驗所得的數據，可表明那種處理（即水平的結合）效果比較好。但到底多種處理的效果是否有顯著差別，還要作進一步的統計檢驗。

三、拉丁方設計

拉丁方設計(或拉丁方格設計)(Latin-square design) 是多變量實驗設計中一種較為常用的設計方案。心理實驗中採用循環法平衡實驗順序對實驗結果的影響,就使實驗順序、被試者差異都作為一個自變量來處理。只要是實驗中自變量的個數(因素)與實驗處理水平數相同,而且這些自變量之間沒有交互作用的存在時,都可採用拉丁方設計方案。這裏對於這些因素之間沒有交互作用的假設是很重要的。否則,若按沒有交互作用的統計方法處理實驗結果,只能是準實驗設計。此設計的基本模式如表 2-14。

表 2-14　拉丁方設計

被試者	實　驗　順　序		
	B_1	B_2	B_3
C_1	A_1	A_2	A_3
C_2	A_2	A_3	A_1
C_3	A_3	A_1	A_2

(採自金志成,1991)

表 2-14 中 A_1、A_2、A_3 為實驗處理的三個水平。C_1、C_2、C_3 是被試者的三種不同類型,存在個體差異,被試者可為一人,也可為多人。對於這種拉丁方設計的實驗結果,可用獨立樣本拉丁方變異數分析法,可分析出被試者間、實驗順序間、實驗處理間的差異情形。就是說實驗順序、被試者差異對實驗結果的影響都可分析出來。

假如,被試者是隨機抽取的,且隨機分派,並保證各組被試者相等。這時的結果分析可用相關樣本拉丁方分析法來處理。可分析出被試者內的順序(B 因素)、處理(A 因素)及部分 $A \times B$ 的交互作用。

拉丁方設計能夠抵消實驗中因實驗順序、被試者差異等造成的無關變量效果,因此在心理實驗中經常被應用。隨著數理統計的發展,多因素設計的方案越來越多,多因素的實驗設計執行起來很費勁,被試者的數量要多,結果的統計處理也較複雜,因此,選用哪一種實驗設計,要因地制宜,以做到恰到好處。

第三節 實驗數據的統計分析

一、統計表和統計圖

在心理學實驗研究中,一般都是先獲得一大堆原始數據和觀測材料,雖然這些數據乍看起來十分凌亂,但它們卻是實驗所獲得的最寶貴的財富。實驗做完以後的分析和立論,都將以這些數據為基礎。因此,為使實驗獲得成功,數據的整理十分重要。在數據整理的過程中,第一步是對數據的特點和種類加以分析,繪製出簡單的統計圖和統計表。統計圖和統計表的一個共同優點在於一目了然,它所表示的信息容易被人們理解和接受。有人曾給予一個不甚恰當的比喻,如果文字的信息量是"1"那麼統計表的信息量就是"10",統計圖的信息量則是"100"。艾賓浩斯(Ebbinghaus Hermann, 1850～1909)著名的遺忘曲線就是用一個統計圖概述了他實驗的全貌。下面我們分別來介紹統計表和統計圖的製作方法。

(一) 統計表

1. 統計表的功能和結構 在心理學研究報告中免不了要用幾張統計表。這是因為,**統計表**(statistical table)是對被研究的心理現象和過程的數字資料加以合理敘述的形式。它在敘述統計資料方面有著重要的作用,有人稱之為統計的速記。設計良好的統計表使統計資料表現得充分、明顯而又深刻、有力,可以避免冗長的敘述。統計表由標題、橫行和縱欄、數字資料等要素組成。統計表的構造一般包括如下幾個項目:

(1) **序號**：序號就是表的編號，要寫在表的上方，表題的左方。序號一般以在文章中出現的先後順序編列。

(2) **名稱**：又稱表題，是一個表的名稱，應寫在表的上方序號之後。表題的用語要簡潔扼要，使人一望可知表的內容。如果用語過簡，可在下面附加說明，但這種情況不宜多用。

(3) **標目**：又分橫標目和縱標目。橫行標目寫在表的左方；縱列標目寫在表的上方，分別說明橫行和縱欄的內容。

(4) **數字**：數字是統計表的語言，又稱統計指標。它占據統計表的大部分空間，書寫一定要整齊，位數要上下對齊，小數點後缺位的要補零，缺數字的項要用"－"符號表示，不能空白。

(5) **表注**：寫於表的下方。它不是統計表的必要組成部分。如果需要可對標目補充說明。數據性質、數據來源、附記等都可作為表注的內容，文字可長可短，參見表 2-15。

表 2-15　29 名被試康復治療前後體重差別閾值的變化

康復治療	差別閾限(克)
前	175±37.8*
後	84.4±35.2

* 均數±標準差　　　　　　　(採自楊治良，1988)

為了使統計表能對所研究的心理現象以鮮明的數字敘述，製表時應注意以下幾點：

(1) 每一張統計表都必須有名稱，統計表的各種標題，特別是表題的表達，應十分確切明瞭。內容應緊湊而富有表現力，避免過分龐大和瑣碎。

(2) 表的各縱列之間要用線條隔開，表的兩個縱線可以省去，上下兩邊須有橫線，標目與數字之間、數字和總計之間、兩個總標目之間都須用線條隔開。表的上下二橫線條要粗些。

(3) 表中各欄，通常是根據由局部到全部的原則編列的。

(4) 統計表應有計量單位名稱。計量單位名稱，通常加用圓括號並置於表頭的右上方，或者置於標題或標目的下面。

2. 統計表的種類 統計表可以以形式及內容的不同來作為分類標誌，將其劃分成不同的類型。不同類型的統計表的具體功能不同。下面簡述幾種常用統計表：

(1) **簡單表**：只列出調查名稱、地址時序或統計指標名稱的統計表。例如表 2-15。

(2) **複合表**：統計分組的標誌有兩個或兩個以上的表。若只有兩個分組指標的稱兩項表；若分組指標有三個的稱為三項表，依此類推。表 2-16 就是一個複合表，且分類的標目有五個：間隔時間、實驗數、節省百分數、節省百分數的中數、中數機誤。

表 2-16　不同時間間隔後的記憶成績

間隔時間	實驗數	節省百分數的範圍	節省百分數的中數	中數機誤
1/3 小時	12	45－64	58.2	1
1 小時	16	34－54	44.2	1
8-9 小時	12	28－48	35.8	1
24 小時	26	15－46	33.7	1.2
2 天	26	12－46	27.8	1.4
6 天	26	3－40	25.4	1.3
31 天	45	7－44	21.1	0.8

(採自 Ebbinghous, 1885)

表 2-16 就是艾賓浩斯 (Ebbinghous, 1885) 實驗研究的主要結果，這個統計表集中了他對 1,300 個字表，反復測定了學習和回憶間隔時間的長短同遺忘的關係，分類統計而成。有了這個表，他就可以繪制成著名的**遺忘曲線** (fogetting curve)（見 70 頁圖 2-6）。

(二) 統計圖

為了寫好實驗報告，還需要利用統計圖來表明心理現象的數量關係，這樣就不需要作很多解釋就可以讓讀者看懂。統計圖有明顯的優點，它不僅對統計資料和實驗結果做出具體、明確的表達，易為讀者所理解和獲得深刻印象，而且由於統計圖的表現生動活潑、醒目動人，具有很強的說服力。所以統計圖是分析統計資料的重要工具，也是實驗報告的重要內容。通過作圖，可幫助我們揭示心理規律。

但是統計圖也有不足之處，它不能獲得確切數字，如果作圖不當反而會掩蓋事實真相，因而我們不能用統計圖來代替統計表。在論文中，常將統計圖和統計表一併列出。下面我們分別來討論統計圖的功用、結構和種類。

1. 統計圖的功用和結構　統計圖 (statistical figure) 乃是依據數字資料，應用點、線、面、體、色彩等來繪製成整齊而又規律、簡明而又數量化的圖形。統計圖在數據整理中占有很重要的地位。一圖知萬言，一張簡單的圖形，就可以把一大堆數據中有用信息概括地表現出來。

統計圖一般多採用直角坐標系，橫坐標用來表示事物的組成或自變量 X，縱坐標常用來表示事物出現的次數或因變量 Y，除直角坐標外還有角度坐標等。

2. 統計圖的結構與製圖要點

(1) **圖號及圖題**：統計圖的名稱為圖題。圖題的文字應簡要，只要求能扼要地敍述統計圖的內容，使人一見就能知道圖所要顯示的是何事、何物，發生於何時、何地。圖號是圖的序號，圖題與圖號一般寫在圖的下方。圖題的字體應是圖中所用文字中最大的，但也不能過大，要與整個圖形的大小相稱，一般與圖目文字的順序一致，從左至右書寫，放在居中的位置上。

(2) **圖目**：是寫在圖形基線上的各種不同類別、名稱，或時間、空間的統計數量，即坐標上所有的各種單位名稱。在統計圖的橫坐標和縱坐標上都要用一定的距離表示各種單位，這些單位稱為圖尺，有算術單位，亦有對數單位，百分單位等等，這要根據資料的情況加以選用，圖尺分點要清楚，整個圖尺大小要包括所有的數據值，如果數據值大小相差懸殊，圖尺可用斷尺或對數法，進行技術處理，減少圖幅，增強圖形效果。

(3) **圖形**：是圖的主要部分，圖形曲線要清晰，一般除圖形線外，應盡量避免書寫文字。為表示不同的結果，要用不同的圖形線以示區別，各種圖形線的含義用文字標明，選圖中或圖外一適當位置表示，目的是使整個圖和諧美觀且醒目。

(4) **圖注**：凡圖形或其局部或某一點，需要借助文字或數字加以補充說明的，均稱為圖注。圖注部分的文字要少，印刷字型一般要小，它可以幫助讀者理解圖形所示資料，提高統計圖的使用價值，却又不破壞圖的協調性。

此外，一個圖形要使用各種線條，這些線條因在圖中的位置不同而有不同的名稱，如圖形基線（橫坐標）、尺度線（縱坐標）、指導線、邊框線等。

3. 統計圖的種類　　常用的統計圖有曲線圖、條形圖、直方圖、點圖、圓形圖等等。通常表示事物各組成部分的構成情況的資料可用圓形圖；頻數分佈資料可用直方圖；資料內容各個獨立者可用直條圖；表示事物數量發展過程的連續性資料可用曲線圖；表示兩種事物的相關性的趨勢可用點圖。下面我們分別介紹這幾種圖。

(1) 曲線圖：適用於連續性資料，表示事物數量在時間上的發展變動情況。因為借助於連續曲線，能夠最恰當地描繪出心理現象在時間上的不斷變化過程，見圖 2-6。

繪製曲線圖時，以橫軸尺度表示時間、年齡等等，縱軸表示頻數。縱、橫軸尺度必須等距或有一定規則。縱軸尺度一般要從零開始，圖線應按實際數字繪製，切勿任意描改為光滑曲線。若有幾根曲線，應用不同形式的線條（實線、斷線、點線等）區別開來，並用文字說明。

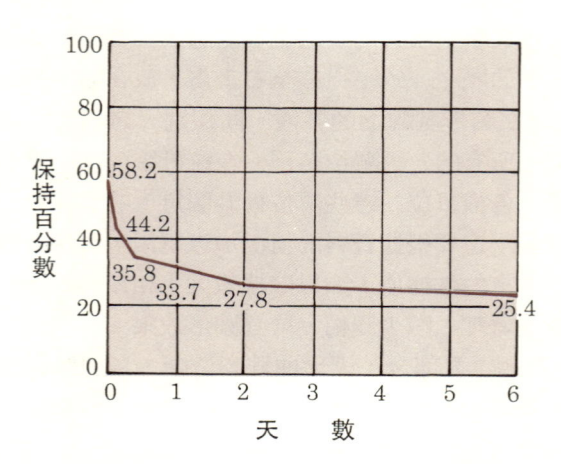

圖 2-6　艾賓浩斯遺忘曲線
（採自 Ebbinghaus, 1885）

對數尺度曲線圖是動態曲線圖的一種特殊圖式。圖形的一軸製訂出對數尺度，另一軸則按原樣。圖 2-7 是一個以分計的對數時間作橫軸尺度，這樣，我們從短短的橫軸上看到了二年時間內的發展趨勢，同時還看到了與相對量有關的絕對量的大致變動情況。

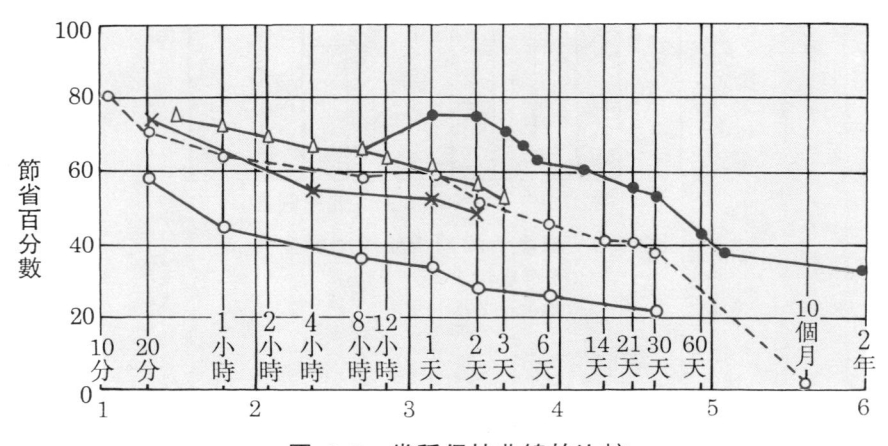

圖 2-7 幾種保持曲線的比較
(採自 Woodworth & Schlosberg, 1955)

(2) **條形圖**：以相同寬度的條形長短來比較圖形指標的大小，它是比較圖中最常用的圖形。條形圖繪製方法簡單，同時形式明確，圖示效果好。繪圖時，須先繪製一水平線作為條形的共同基線，依此基線為起點所繪製的條形的長度，視圖示的指標數值的大小而定。因此，必須定出一個比例尺度，作為繪製條形圖的依據，同時各個條形的寬度要相等，各 (組) 條形間要有相當的間隙。

圖 2-8 就是條形圖。條形圖有好幾種。以同一水平線為基線的縱式條形圖，也可製作成橫式條形圖。

(3) **圓形圖**：一般用來表示事物各組成部分的構成情況。以一個圓的總面積代表總數，把面積按比例分成若干部分，以圓心角的角度大小來表示各組成部分的數量 (如百分比)。代表圓面積中 1% 面積的扇形有 3.6 度的弧，各扇形面積中要標明百分數，並加文字說明。圖 2-9 是一種表示被試來源的圓形圖。不過一般被試來源用不着作圖，作了圖就有強調被試構成成

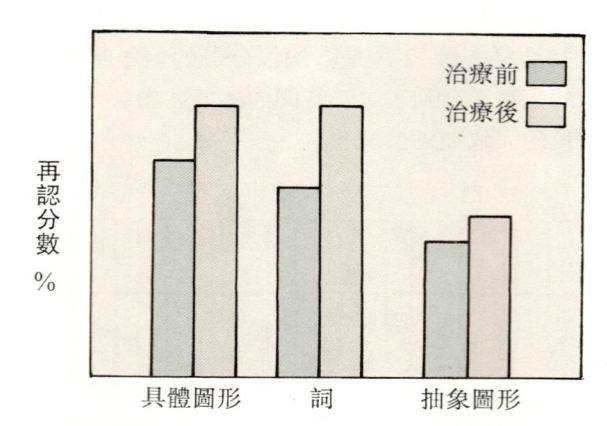

圖 2-8　康復治療前後記憶力的變化
(採自楊治良等，1988)

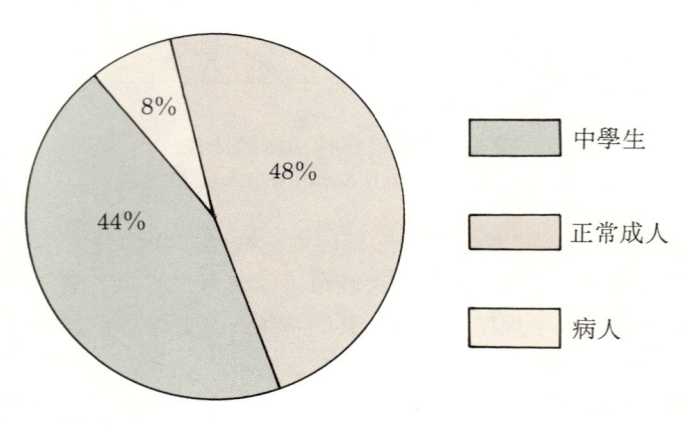

圖 2-9　150名被試來源
(採自楊治良等，1988)

分的含義。

　　(4) **點圖**：表示兩種事物相關性的趨勢多採用點圖。圖的縱軸尺度和橫軸尺度代表一種變量值的大小。習慣上自變量（X）的尺度放在橫軸，因變量（Y）的尺度放在縱軸。不論縱軸、橫軸的尺度都不必從零點起。在自變量與因變量的交叉點繪一個點，我們依據點的情況可以推測兩種事物的相關情況。參見圖 2-10。

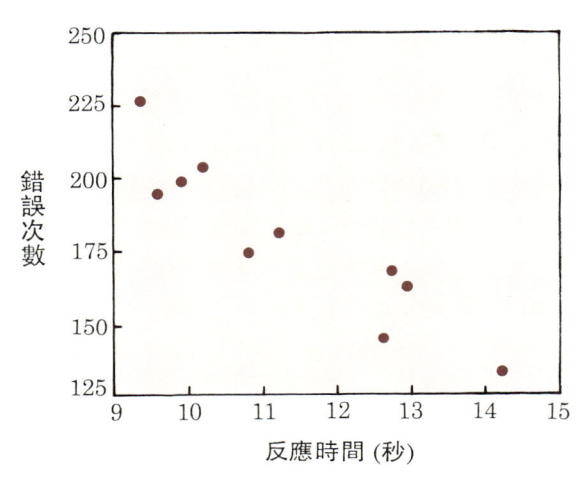

圖 2-10　反應時間與錯誤數的相關
(採自陳舒永，1983)

二、實驗數據的初步整理

心理學研究的結果一般都有數量記錄，這些原始的數字材料往往是複雜而分散的，使人讀了難得要領。因此必須經過分析整理，把材料有系統地組織起來。經統計處理能使複雜的材料變得簡單扼要，把事實要點表示出來。下面我們從統計學的角度，概括地介紹如何對實驗所得的大量原始資料進行科學的加工整理。

使用圖表概括大量實驗結果，這僅僅是對數據整理的第一步。實驗所得資料只是表明每個個體的詳細資料，為了能夠反映綜合特徵，集中量和差異量是兩個特別重要的參數。在次數分佈上有兩個重要特徵：即重心位置和分佈範圍。用一定量數概括、規定重心位置的數字叫集中量，而用一定量數概括、規定分佈範圍的數字叫差異量。在介紹集中量和差異量之前，我們先討論有關誤差的問題。

(一)　偶然誤差與系統誤差

大家都有這樣的經驗，無論實驗做得多麼精密，獲得的觀測數據總不完全一致,表現為數據的波動。產生數據波動的原因是因為有許多偶然因素影響著實驗結果。

1. 偶然誤差 偶然誤差(fortuitous error)或機誤(chance error)是指實驗中無法控制的偶然因素所引起的誤差。例如測量儀器的靈敏度的有限性。又如,在有些測量中並未把溫度、濕度看成影響因素,但是,溫度和濕度時刻都在變化,這些都是偶然因素。無數的偶然因素影響著實驗或觀測結果,使得測出的數據範圍繞真值有一些上下波動。

例如,用天平稱某物體的重量,進行 10 次觀測得到 10 個數據,記在表 2-17 的第二列(欄)。

如果此物體重量的真值為 a＝150.6 克,表 2-17 中第三列(欄)記下的是各觀測值與真值之差。

設:a 為某變量的真值,X_1,X_2,……,X_i 為其各次的觀測值,則數 X_i-a (i＝1,2,3,……,n) 叫做 X_i 的偶然誤差。

表 2-17　10 次觀測所得的原始數據

序號	觀測值 X(克)	X_i-a (偶然誤差)
1	150.68	0.08
2	150.53	－0.07
3	150.54	－0.06
4	150.66	0.06
5	150.62	0.02
6	150.57	－0.03
7	150.56	－0.04
8	150.53	－0.07
9	150.61	0.01
10	150.58	－0.02

(採自華東師大數學系,1980)

從表 2-17 第三列看出偶然誤差可正可負,可大可小,因為它是由無法控制的偶然因素引起的。

2. 系統誤差 有時在實驗中還會出現另一種類型的誤差,它的觀測值不是分散在真值的兩側,而是有方向性和系統性的。所有重復實驗的觀測值大部分都會比真值偏高、或者偏低,其原因是存在有**系統誤差** (systematic error)。產生系統誤差的原因有很多,如上例中可有儀器的故障,有時也要考慮實驗環境如照明、溫度、壓力、濕度的變化對實驗結果的影響,這時照明、溫度、壓力、濕度的變化就不能視為偶然因素了,而是系統誤差因素。另外,在心理實驗中,觀測者本身的一些因素 (如位置、練習、疲勞、時間等),也能產生系統誤差。排除系統誤差是實驗成敗的關鍵。

(二) 集中量

對數據的概括了解,在統計學上常由二種量數來表示:一為表示**集中趨勢** (central tendency) 的**集中量**(或**集中量數**)(measure of central tendency);一為表示**離中趨勢** (variation) 的**差異量** (measure of variation)。常用的集中量有平均數、中數和衆數。下面我們分別進行討論。

1. 平均數 一個物理量的真值是客觀存在的,通常我們無法知道它的真值,而是通過測量或實驗觀測算出它的近似值。**平均數** (mean) 或稱**算術平均數** (mathmetic mean) 就是把一組數據加起來再用次數去除。它是刻畫數據集中位置的極為重要的數。因此,平均數有兩個意義:(1) 對一組數據獲得一個總的印象;(2) 將此組數據和另一組數據進行比較。平均數是一個主要量數。平均數用符號 M 表示,其計算公式為:

$$M = \frac{\Sigma X}{n} \qquad 〔公式\ 2\text{-}1〕$$

X:每一個度量
Σ:總和
n:度量的總次數

假如所測原始數據較多,可以進行歸組計算,則求平均數的公式為

$$M = \frac{\Sigma f X'}{n} \qquad 〔公式\ 2\text{-}2〕$$

f:每組的次數
X':各組的均數

2. 中　數　中數(或中位數、中點數) (madian，簡稱 Mdn) 常用符號 M_d 表示。中數是在按大小順序排列的一組數據中，占中間位置的那個數。這個數可能是數據中的某一個，也可能不是原有數。中數是集中量數的一種，它能描述一組數據的典型情況，其特點是極少受極端數據影響。

單列數據的中數的計算方法十分簡單。如果個數為奇數，則取序列為第 $(n+1)/2$ 的那個數據為中數。如果數據為偶數，則取序列為第 $(n/2)$ 或第 $(n/2+1)$ 這二個數的平均數為中數。例如有下列八個數，大小排列為：3，5，6，9，10，11，13，16。序列為 $n/2$ (即第 4 個數) 的數為 9；序列為 $n/2+1$ (即第 5 個數) 的數為 10，則中數為 第 4 個和第 5 個二個數的平均數，即 $(9+10)/2=9.5$。

假如數據較多，也可以進行歸組計算。則求中數的公式為：

$$M_d = L + \frac{(1/2 \times n - F) \times i}{f}$$ 〔公式 2-3〕

　L：含有中數那一組的真實下限
　n：度量總數
　F：低於含有中數那一組的度量數
　i：組距
　f：含中數那一組裏的度量數

3. 衆　數　衆數(或密集數、通常數、範數) (mode，簡稱 Mo) 通常用符號 M_o 表示。衆數是在整個分數裏次數最多的一個度量，在分組的次數分配上便是次數最多的一個組的中點。它也是一個集中量數，也可用來代表一組數據的集中趨勢。

衆數計算起來很快，不論是分組的數據還是未分組的數據，都可用觀察法來求衆數。例如有一組數據為 4，5，6，5，7，5，3，6，不難看出 5 出現次數最多，因此衆數為 5。

在數據整理成數據分佈的過程中，同一數據由於分組組距的大小可變動，因此組距中點的數值也必隨之而有改變，致使衆數也有相當的移動。所以衆數是不夠穩定的，在比較結果時它只能用作約略的參考而已，因為衆值受分組情況的不同而有所不同。

在心理學上，衆數和平均數的差別能反映實驗的難度。如果平均數大於眾數，說明大多數人的度量結果低於平均數，可見在此實驗中多數被試者存在低估的情況。反之，如果平均數小於眾數，說明大多數人的度量結果高於平均數，可見在此實驗中多數被試存在高估的情況。在統計學上，眾數和平均數之差可作為**分配偏態** (skewness distribution) 的指標之一，如平均數大於眾數，稱為**正偏態** (positive skewness)；相反，則稱為**負偏態** (negative skewness)。

以上我們討論了三種集中量。統計分析時可選擇使用一種、二種或全使用。一般而言，平均數和中數用得較多些。當沒有極端數字影響，數據分佈比較對稱，此後的運算需要平均數時，應使用平均數。當數據中有極端數據，數據分佈不對稱時，應使用中數。當需要很快估計出集中趨勢或需要知道最多的典型情況時，應使用眾數。另外，我們在日常體育和藝術比賽中，也廣泛地使用這些集中量數。例如"去掉一個最高分，去掉一個最低分"等等，都是為了能更好地反映集中趨勢。

（三） 差異量

前面講到的集中量，只描述數據的集中趨勢和典型情況，它不能說明一組數據的全貌。一組數據除典型情況之外，還有變異性的特點。對於數據變異性即離中趨勢進行度量的一組統計量，稱之為**差異量**(或變異量數) (measures of variation)。這些差異量主要有全距、平均差、四分差、百分位差等，它們被稱為低效差異量；標準差或方差被稱為高效差異量。

1. 低效差異量

(1) **全距**(或兩極差) (range)：常用符號 R 表示。它是一組數據離散程度最簡單的度量。計算起來也十分簡便，可用如下公式求得：

$$R = U - L \qquad 〔公式\ 2\text{-}4〕$$

R：全距
U：一組數據中的最大值
L：一組數據中的最小值

全距的計算比較簡單，而且能回答我們直覺地提出的關於變量範圍和間距等諸如此類的問題。但是全距與下面將介紹的其他差異量相比較，是比較不穩定的，因為，它僅僅是從分配中的兩個個案的數值計算得來的，所以隨機遇變化的幅度很大。

(2) **四分差** (quartile deviation)：是指在一個次數分配中，中間 50% 的次數的全距的一半。四分差常用符號 Q 表示。其計算公式為：

$$Q = \frac{Q_3 - Q_1}{2} \qquad \text{〔公式 2-5〕}$$

Q：四分差
Q_3：第三個四分位數
Q_1：第一個四分位數

從以上公式可見四分差的計算也很簡單，然而意義卻十分明瞭。這就是說，在全分配上第一個四分位數與第三個四分位數之間包含著全體項數之半。次數分配越集中，離中趨勢越小，則這二者的距離也越小。因此，根據這兩個四分位數的關係，觀測次數分配的離散程度，也可以得到相當高的準確性。可見，四分差可說明某系列數據中間部分的離散程度，並可避免兩極端值的影響。

(3) **百分位數** (percentile)：百分位數的度量在心理學中也常用以表示度量的變異性。例如關於感受性的實驗，要使刺激能被某組被試中百分之九十的人清晰的感受到，那就用到第九十個百分位數了。

百分位數的求法與中數相同。實際上中數本身也是一個百分位數，它是第五十個百分位數。

另外，百分位數也可以相當準確地用作圖法求出。就是在繪成的累積次數曲線上進行簡單的內插處理。

(4) **平均差**(簡稱均差) (average deviation)：一般多用符號 AD 來表示。這也是一種檢驗離散程度通用的計算。尤其在閱讀早年的心理學研究報告時，時常遇到用此度量表示離中趨勢。它能告訴我們一組數據裏所有的各量度與平均數的差數平均是多少。其計算公式為：

$$Ad = \frac{\Sigma |X - M|}{n} \qquad \text{〔公式 2-6〕}$$

Ad：平均差　　　　X：每一量數
M：平均數　　　　n：總量數之和

等式裏兩條垂直線表示兩線段之間的數字只計其絕對值，而不計其正負號。因為我們感興趣的是各個量度距離平均數有多遠，而不管各個量度是比平均數大，還是比平均數小。從公式上可以看到，平均差的求法就是先算出各量度與平均數之差，不計正負號，加在一起，除以總次數，其商數就是平均差。平均差有其獨特的功能，下一章將講到的平均差誤法（一種心理物理法）就是由平均差引伸而出的。但是平均差也有欠缺之處，即它易受極端數值的影響。

2. 高效差異量　高效差異量，顧名思義是指這些差異量能效率較高地反映分佈範圍。高效差異量有二個：標準差和方差。它們的具體優點很多。與全距相比，標準差和方差大大減少了兩極端值的影響；與四分差相比，它們在計算過程中考慮到全部的離差；與平均差相比，它們在離差測定中避免了絕對值，因而有利於代數處理，從總體上看，與低效差異量相比，它們既能用於小樣組，又能用於大樣組。鑒於高效差異量的種種優點，在整理資料中常用標準差和方差。下面我們分別討論這兩個差異量。

(1) **方差** (或變異數、變差、均方) (variance)：方差是每個數據與此組數據的平均數之差乘方後的均值，也就是離均差 X_d 平方後的平均數，它是度量數據分散程度的一個很重要的量數。方差作為統計量時，常用符號 S^2 表示。方差的計算公式為：

$$S^2 = \frac{\Sigma(X_i - X)^2}{N} = \frac{\Sigma X_d^2}{N} \qquad 〔公式 \ 2\text{-}7〕$$

(2) **標準差** (standard deviation) 是方差的平方根，通常用 S 或 SD 來表示。標準差的計算公式為：

$$S = \sqrt{\frac{\Sigma(X_i - \overline{X})^2}{n}} \qquad 〔公式 \ 2\text{-}8A〕$$

S：標準差　　　　$\overline{X}$：平均數
X_i：個別分數　　　n：總量數

當觀測次數 $n<25$ 時，亦即樣本較小時，若除數用 n 算出來的數值用來估計總體標準差時往往會偏低，因此可用 $n-1$ 作為除數。上述公式 2-8A 就變為：

$$S = \sqrt{\frac{\Sigma(X_i - \overline{X})^2}{n-1}}$$　〔公式 2-8B〕

實際運算時，為簡化計算可將分子 $\Sigma(X_i - \overline{X})^2$ 演算成 $\Sigma X_i^2 - \frac{(\Sigma X_i)^2}{n}$，這樣公式寫成：

$$S = \sqrt{\frac{\Sigma X_i^2 - \frac{(\Sigma X_i)^2}{n}}{n-1}}$$　〔公式 2-8C〕

茲舉一個工業心理學中的例子來說明離中趨勢和平均數代表性之間的關係。設有兩個生產小組各有工人 11 人，生產同樣數量的零件，每人每天生產零件數如下：甲組：3、4、5、8、10、15、17、18、22、30、33；乙組：10、11、12、13、14、15、16、17、18、19、20。為計算方便，這裡用公式 2-8A 對 81 頁列表 2-18 進行運算。

兩組工人平均日產零件數都為 15 件，它們的標準差卻彼此不同。

甲組工人日產零件數的標準差為 $S_甲 = \sqrt{1050/11} = 9.8$（件）
乙組工人日產零件數的標準差為 $S_乙 = \sqrt{110/11} = 3.2$（件）

標準差是描寫數據圍繞其算術平均值離散程度的一個很重要的數據，具有重要的理論意義和實際意義：(1) 首先說明平均數代表性的高低。上例告訴我們，雖然兩組工人的平均日產零件數相等，但對兩組工人的代表性來說，就不一樣了。對甲組的代表性較小，而對乙組的代表性則相對大多了。可見把平均數和離中趨勢結合起來應用，對反映現象的典型特徵來說，具有一定的意義；(2) 其次，在確定現象水平的基礎上，進一步測定現象發生的節奏性或穩定程度。例如，工業生產中就可以通過離中趨勢來看該企業執行計畫的節奏性，變動程度很大的，就說明生產中存在著突擊現象，前鬆後緊，時作時輟，還可以推測工作效率。

標準差用途很多，常用的主要有：(1) 表示變量頻數分配的離散程度：

表 2-18　甲、乙生產小組工人日產零件數及其計算標準差過程

甲　組			乙　組		
日產零件數 X	$(X-\bar{X})$	$(X-\bar{X})^2$	日產零件數 X	$(X-\bar{X})$	$(X-\bar{X})^2$
3	−12	144	10	−5	25
4	−11	121	11	−4	16
5	−10	100	12	−3	9
8	−7	49	13	−2	4
10	−5	25	14	−1	1
15	0	0	15	0	0
17	+2	4	16	+1	1
18	+3	9	17	+2	4
22	+7	49	18	+3	9
30	+15	225	19	+4	16
33	+18	324	20	+5	25
合　計	0	1050	合　計	0	110

(採自科院心理所，1980)

在前面討論過的例子中可以看到，在均數相同的情況下，標準差大，表示變量值分佈得較散；標準差小表示變量值在平均數附近分佈密集。(2) 對變量頻數分配作出概括性的估計：統計學發現大多數的測量資料在數量很大時，其變量頻數分配是靠中間近的比較多，離開中間遠的比較少，且越遠的越少，這種分配稱為常態分配。常態分配是有一定規律可循的。這就是：總體內約有 68% 左右的個體變量值在平均數±1 個標準差範圍內；總體內約有 95% 左右的個體變量值在平均數±2 個標準差範圍內；總體內約有 99.7% 左右的個體變量值在平均數±3 個標準差範圍內。根據這個規律，只要算出平均數和標準差之後，就可以通過一批實際樣本測量資料對所要研究的總體做出概括的估計。(3) 應用標準差計算平均數的標準誤。同時它還是許多其它統計指標如正態曲線、相關係數、統計檢驗等的計算公式的要素。正因為如此，它在統計分析中占有極其重要的地位。目前，連普及型的電子計算器都可一撳按鍵就得出這個數據，並由此計算出其他統計量。

標準差用途中的第三條，即用來計算均數的標準誤(用符號 $S_{\bar{x}}$ 表示)，

計算標準誤常常是顯著性檢驗的最主要參數。標準誤可用下列公式計算：

$$S_{\bar{x}} = \frac{S}{\sqrt{n}} = \sqrt{\frac{\Sigma X_i^2 - \frac{(\Sigma X_i)^2}{n}}{n(n-1)}} \qquad 〔公式\ 2\text{-}9〕$$

從公式 2-9 中可看到，標準誤大小與研究現象本身變異量的大小成正比，與樣本個除數的平方根成反比。

三、顯著性檢驗

(一) 顯著性檢驗的含義

表示樣組上各種特性的常數叫做**統計數** (statistic)，如平均數、中數、變差、差數、比值等等；表示全域特徵的常數叫做**參數** (parameter)，如全域的平均數、全域的中數、全域的差數、全域的比值等等。依照成套的、有系統的方法，借助樣組去對全域參數作出某些表達，叫作**統計推理** (或**統計推論**) (statistical inference)。使用這類方法的目的在於檢驗統計假設，從而解決研究中的問題。所以**統計假設** (statistical hypothesis) 一般是指關於全域參數的假定。統計假設 (H) 可用下列算式符號表示：

$$H : \theta = \theta_0$$

θ：全域參數

θ_0：假設上規定的某一數值

通常決定是否拒絕假設，取決於檢驗樣組指標與假定的全域指標差異是否顯著。故**統計檢驗** (statistical test) 又稱**顯著性檢驗** (test of significance)。顯著性檢驗的主要用途是檢驗兩個或兩個以上樣本的統計量是否有顯著差別。一般按三個步驟進行檢驗。第一步：提出假說或假定樣組的平均數是從全域中取出來的。第二步：通過實際計算，求出 t、F 或 χ^2 等值。第三步：對假設做出取捨的決定。

顯著性檢驗是統計整理資料的必然繼續，也是統計分析的前提條件，它的積極意義是不言而喻的。但是在使用過程中，亦不可過分誇大它的作用。陳舒永 (1983) 曾對此作過精闢的分析，提出在使用顯著性檢驗時應把握好以下四點：

(1) 顯著性水平的高低並不代表差異的大小，只表明這種差別因抽樣誤差引起的可能性小於某個水平。有人把差異顯著性考驗後 $P>0.05$ 當做兩個實驗結果無差異的指標來使用。例如考察兩個同類的實驗材料難易程度是否一致時，往往把兩個實驗結果考驗一下，如果 $P>0.05$，就宣布這兩個實驗材料難易相等，可以作為同一實驗材料的複式使用。這個方法似乎中外心理學家都用過。但它是否符合實際，是否真有道理，還是值得商榷的。上面已經指出，當一個作者只列出 $P>0.05$ 時，P 值可變動的範圍是很大的。如 $P=0.95$，也就是說兩個實驗材料的差異有 95% 的可能性是由機遇造成的。在這種情況下，說它們基本上無差異，無疑是對的。可是如果 $P=0.06$ 或 $P=0.10$，那就意味著兩個實驗材料的差異只有 6% 或 10% 的可能性是由機遇造成的，也就是它們的差別有 94% 或 90% 的可能性是真實可靠的。因此，顯著性水平僅指差別的可能性不大。

(2) 顯著不顯著，並不代表實驗設計的正確與否。經考驗差異顯著，只能說明這個差異由機遇造成的可能性很小，並不能保證實驗設計就一定正確。有些作者把差異顯著性考驗的結果 $P<0.01$ 或 $P<0.001$ 當做王牌，好像有了它就可以保證一切結論的正確性。例如我們常常看到：由於 $P<0.001$，所以第一個學習方法比第二個學習方法更有效；由於 $P<0.01$，所以記憶廣度是隨年齡不同而變化的等等。實際上這是對差異顯著性檢驗的要求太多了些，超出了檢驗的性能。再從另一個方面來分析，如果實驗條件沒有能控制好，即使是 $P<10^{-10}$ 也不能彌補實驗設計的缺陷。例如有一個研究刺激的**可編碼性** (codability) 或**可命名性** (namability) 對 "異" "同" 判斷的反應時間影響，所用的實驗材料為純音-圖形組合，純音為 100 和 1060 赫，圖形為三角和方塊。實驗程序是先呈現一個純音-圖形組合，再呈現另一個純音-圖形組合。要求一組被試只判斷在兩次呈現的純音-圖形組合中，兩個純音的異同；要求另一組被試只判斷圖形的異同。結果是對純音來說，$RT_{相同} > RT_{不同}$，而幾何圖形則是 $RT_{相同} < RT_{不同}$（在這裏 $RT_{相同}$ 和 $RT_{不同}$ 分別代表作 "相同" 和 "不同" 判斷的反應時間)。原作者假設純音是不易編碼的刺激，而幾何圖形則是容易編碼的，並且經顯

著性考驗證明，對異同判斷的反應時間因實驗材料(純音或圖形)不同而各異，它們的相互作用是顯著的 ($P<0.01$)，從而得出結論：對不易編碼的材料判斷異同時，$RT_{相同} > RT_{不同}$；而容易編碼的材料則相反，$RT_{相同} < RT_{不同}$。在這裏 $P<0.01$ 能不能保證上述結論正確呢？細細分析，這裏有幾個變量是混淆在一起的，可編碼性、可辨別性和感覺到的不同，都可以成為判斷異同的反應時間有差異的原因，為什麼把這個差異只歸因於可編碼性呢？在這裏 $P<0.01$ 並不能改變實驗設計中自變量混淆的情況，雖然差異非常顯著($P<0.01$)，但得出上述結論仍然是錯誤的。由此可見，差異顯著性檢驗並不代表實驗設計正確與否。這是顯著性檢驗應把握好的第二點。

(3) **顯著或不顯著只是相對的，不是絕對的。**在心理學實驗中，兩種實驗條件下得到的結果有差異時，常常要進行顯著性檢驗。根據統計學的慣例，如果考驗的結果為 $P \leqslant 0.05$，則兩個結果差異顯著；如果 $P \leqslant 0.01$，則差異非常顯著；如 $P>0.05$，則差異不顯著。所謂 $P \leqslant 0.05$ 意味著得出的兩個結果有差異的結論所冒的犯錯誤的風險等於或不到 5%。用統計學的術語來說，就是犯第一類錯誤的概率等於或不到 5%。如果 $P>0.05$，P 值可以是 0.06~0.99 之間的任何值。但 $P \leqslant 0.05$ 和 $P \leqslant 0.06$ 的意義很不相同。如 $P \leqslant 0.05$，兩個結果差異由機遇造成的可能性 $\leqslant 5\%$；如果 $P \leqslant 0.06$，則兩個結果差異由機遇造成的可能性 $\leqslant 6\%$。實際上 P 是一個連續變量，把差異顯著和不顯著的界線劃在哪裏完全是人為的。這就像高考的錄取分數線一樣，可以定在 380 分以上，也可以定在 400 分以上。總之，要定一個界線，否則不好辦事。依統計學的慣例把顯著和不顯著的界線定在 0.05 而不定在 0.06 處，這是無可厚非的。於使用顯著考驗的過程中，有人把這個分界線看得過重，好像 $P \leqslant 0.05$ 和 $P>0.05$ 有天壤之別。$P \leqslant 0.05$ 和 $P \leqslant 0.50$ 固然差異很大，但 $P \leqslant 0.05$ 和 $P \leqslant 0.06$ 相比，其差異則是微不足道的，我們不能把數字過於絕對化。

(4) 當檢驗結果相差不顯著時，不能馬上做出結論說沒有差別，要考慮假不顯著的可能，即兩個樣本來自不同的總體，但檢驗卻得出差異不顯著的結果即犯了**第二類錯誤**(type II error)。這可能由於樣本所包含的例數太少或其他原因致使誤差偏大等，必要時可加大樣本重復實驗。當然，當所得結果沒有實際意義時，則不必進行顯著性檢驗。

綜上所述，我們應以科學的嚴謹態度看待顯著性檢驗。既要看到它的巨大的積極作用，又要看到它並不是包醫百病的萬應靈藥，不能只根據它來判斷一篇論文的結論是否正確。另外，顯著性檢驗還有一些前提條件，這些在專門的統計學書籍中有詳細的敍述。

(二) t 檢驗

在心理學實驗研究中，兩項實驗結果之差，有時是隨機引起的差異，有時則是由自變量所造成的，**t 檢驗**(或 **t 檢定**) (t test) 就是分辨隨機差異與自變量引起的差異的手段之一。當**總體**(或**母體**) (population) 指標 X 服從常態分佈時，測統計量 t 為：

$$t = \frac{\overline{X} - a}{S_x} \qquad \text{〔公式 2-10〕}$$

$\overline{X}$：容量為 n 的子樣平均值
S_x：子樣均數的標準差，即標準誤
a：母體指標 X 的平均值

t 分佈(或 **t 分配**)(t distribution) 的概率密度函數的圖形是對稱於直線 $t=0$ 的曲線。當 n 較小時，t 分佈較標準常態分佈的分散程度大些，當 n 無限增大時，t 分佈則趨於標準常態分佈。圖 2-11 為 t 分佈圖解。

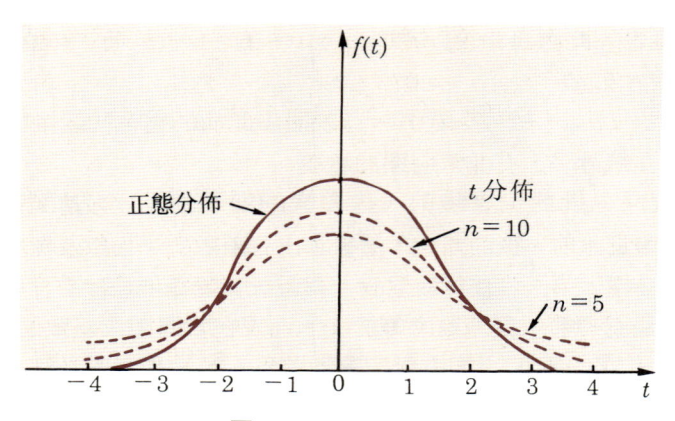

圖 2-11 t 分佈圖
(採自左任俠，1982)

樣本(或子樣) (sample) 平均數和總體平均數的差數用標準誤的倍數來表示，這就是 t 值。若 t（統計量）＝0，則表示兩個小樣本來自同一母體。t 進入危機領域，說明不來自同一個母體。

t 檢驗用來確定兩個平均數的差別是否顯著。t 檢驗因具體情況有所不同，檢驗方法也稍有差別。一般有以下三種情況：

1. 比較樣本平均數與總體平均數差異的顯著性　這裡我們通過一個具體的實例進行解釋。

假設：已知我國六歲兒童記憶能力的平均數是 65 分（假定單位，可從大量調查和測量中獲得），現從患某病的六歲兒童 16 名中測得子樣組的平均數 X＝55 分，標準差為 12，試問患這種病的兒童與正常兒童的記憶能力有無本質區別。

分析：當我們根據大量調查的結果，或以往的多次實驗（或經驗），已知某事物的平均數（例如生理、心理的正常值），可將其當總體的平均數看待。此時可用公式 2-9 來檢驗樣本平均數與總體平均數的差異的顯著性。具體計算如下：

$$t = \frac{65-55}{\frac{12}{\sqrt{16}}} = 3.33$$

查 t 值表，此處自由度 df 為 $n-1=16-1=15$ 時，t 值的 $t_{0.05(15)}=2.131$，$t_{0.01(15)}=2.947$，$t_{0.001(15)}=4.073$。

現 $t_{0.01} < t < t_{0.001}$，故 $P<0.01$。這說明患此病的兒童的記憶能力與正常兒童相比，在統計學上有非常明顯的意義。

2. 比較同一批對象實驗前、後差異的顯著性　比較這類資料時，要先求出各個體實驗前、後的差數，然後求出各差數的平均數及標準誤。和所有統計推理一樣，第一步作無效假設，即假設實驗處理是什麼作用。依據這一假設，實驗處理前、後差數應等於 0，而現在實際觀測差數的平均數為 $\overline{X}$，檢驗這個 $\overline{X}$ 與 0 之間有無顯著性差異。第二步實際計算。第三步站在 $n\%$ 意義層級上講話，看是否拒絕無效假設。

比較同一批實驗對象實驗前、後差異是否有顯著性的計算公式是：

$$t = \frac{\overline{X}-0}{S_{\bar{x}}} \qquad \text{〔公式 2-11〕}$$

我們用一個例子來說明這一類型的具體計算過程。例如，時蓉華等對針灸的鎮痛效應進行了研究。先對被試者進行一次痛閾測定，具體指標是產生痛閾的鉀離子致痛儀上的電流值（單位為 mA），然後對某一穴位進行針灸。繼而再測定一次痛閾。比較同一被試者針灸前後痛閾的變化，實驗獲得了表 2-19 上的結果。

表 2-19　針灸前後痛閾的變化*

被試姓名	針 前	灸 後	差數 X	X^2
趙××	0.92	1.10	0.18	0.0324
楊××	0.89	1.05	0.16	0.0256
王××	0.94	0.98	0.04	0.0016
錢××	0.88	0.96	0.08	0.0064
張××	0.86	0.89	0.03	0.0009
李××	1.01	0.97	−0.04	0.0016
宋××	1.03	1.14	0.11	0.0121
丁××	1.02	1.19	0.17	0.0289
薛××	0.95	1.03	0.08	0.0064
黃××	0.88	0.91	0.03	0.0009

*鉀離子致痛的電流毫安數　　　（採自時蓉華等，1980）

根據公式 2-9 和 2-11，獲得如下具體計算：

$$S_{\bar{x}} = \sqrt{\frac{\Sigma x^2 - \frac{(\Sigma x)^2}{n}}{n(n-1)}} = \sqrt{\frac{0.1168 - \frac{(0.84)^2}{10}}{10 \times 9}} = 0.022667$$

$$t = \frac{\bar{x}}{S_{\bar{x}}} = \frac{0.084}{0.022667} = 3.71$$

查 t 表，當 $df = 10-1 = 9$ 時，$t_{0.05(9)} = 2.262$，$t_{0.01(9)} = 3.25$，現

$t > t_{0.01(9)}$，故 $P < 0.01$。由此得出，被試者針灸後，對痛閾有顯著性影響。

3. 比較二個樣本的平均差異的顯著性 設兩個母樣都是常態分佈，標準誤差相等，各自抽取一個子樣，子樣的容量為 n_1 和 n_2，子樣平均值為 $\overline{X_1}$ 和 $\overline{X_2}$，子樣標準差為 S_1 和 S_2，可以證明統計量：

$$t = \frac{x_1 - x_2}{\sqrt{\frac{(n_1-1) \times S_1 + (n_2-1)S_2^2}{n_1+n_2-2} \times \frac{n_1+n_2}{n_1 \times n_2}}} \qquad \text{〔公式 2-12A〕}$$

上述 t 值計算公式也可寫為：

$$t = \frac{x_1 - x_2}{\sqrt{\frac{\left[\Sigma x_1^2 - \frac{(\Sigma x_1)^2}{n_1}\right] + \left[\Sigma x_2^2 - \frac{(\Sigma x_2)^2}{n_2}\right]}{n_1+n_2-2} \times \frac{n_1+n_2}{n_1 \times n_2}}} \qquad \text{〔公式 2-12B〕}$$

檢驗二個子樣是否來自母體平均數相等的常態母體的步驟亦可分為三步：第一步，先作無效假設；第二步，按公式算出 t 值；第三步，按照採取的信度（如 5%）查 t 分佈表，自由度為 (n_1+n_2-2)。如果 t 值大於信度水平，則可認為兩個母體平均數是有差異的。

這裏結合具體實驗結果進行運算分析。楊治良 (1988) 為研究中國人和外國人對漢字和英文在概念形成過程中的某些特點，對二組被試者進行比較。一組是中國人掌握漢字假設檢驗模型，另一組是美國人掌握英文假設檢驗模型（見表 2-20）。

根據公式 (2-12)，可作如下計算：

$$t = \frac{11.42 - 7.67}{\sqrt{\frac{76.67 + 78.92}{22 \times 6}}} = 3.4543$$

查 t 表，當 $df = 22$ 時，$t_{0.001} = 2.819$，現 $t > t_{0.01}$，故 $P < 0.01$。這說明二組間有顯著差異，即中國人掌握漢字假設檢驗模型優於外國人掌握英文假設檢驗模型。

表 2-20　中、外二組被試概念形成速度比較

中國人漢字組		美國人英文組	
X_1	X_1^2	X_2	X_2^2
4	16	9	81
5	25	9	81
6	36	11	121
6	36	12	144
6	36	12	144
7	49	14	196
7	49	14	196
8	64	15	225
9	81	16	256
10	100	17	289
11	121	33	1089
13	169	33	1089
$\Sigma=92$	782	195	3911
$\bar{X}=7.67$		16.25	

* 概念形成所需的學習單位數　　（採自楊治良，1988）

(三)　F 檢驗

F 檢驗(或 **F 檢定**) (F test)是以數據的方差 (變異數) 分析為基礎，故又稱**方差分析**(或**變異數分析**)。上面講到的 t 檢驗法只能對兩組的平均數加以比較，而方差分析法卻能對二組和二組以上的平均數加以比較。這在研究工作中是常遇到的情況。把實驗個體完全隨機地分配到幾組中，各組分別用不同的處理法進行實驗，所得到的數據是單因素的，可是在這個因素中卻包含好幾個水準，每種處理代表一個水準。這些水準有時是選擇型的 (固定的)，有時候是隨機型的 (非固定的)。

F 檢驗的功能在於分析實驗數據中不同來源的變異對總變異的貢獻大小，從而確定實驗中的自變量是否對因變量有重要影響。

1. 方差分析的基本原理 方差分析（或變異數分析）(analysis of variance，簡稱 ANOVA) 是一種應用非常廣泛的變量分析方法，它乃是用試驗結果的觀察值與其平均值之差的平方和，來分析某些因素對試驗結果是否有顯著影響。設所考察的因素為 A，把 A 的變異分成 b 個等級，每一等級重復 a 次試驗，以 X_{ij} 表示第 j 個等級第 i 次試驗的觀測值 (指標)，於是得到單因素分析的一個子樣，容量 $n=ab$，見表 2-21：

表 2-21 單因素多水平實驗數據表

試驗號	1	2	……	j	……	b	
1	X_{11}	X_{12}	……	X_{1j}	……	X_{1b}	
2	X_{21}	X_{22}	……	X_{2j}	……	X_{2b}	
⋮	⋮	⋮		⋮		⋮	
i	X_{i1}	X_{i2}	……	X_{ij}	……	X_{ib}	
⋮	⋮	⋮		⋮		⋮	
a	X_{a1}	X_{a2}	……	X_{aj}	……	X_{ab}	
總計	T_1	T_2	……	T_j	……	T_b	T
平均數	$\overline{X}_1$	$\overline{X}_2$	……	$\overline{X}_j$	……	$\overline{X}_b$	$\overline{X}$

(採自楊紀柯，1965)

表中 $\Sigma T_j = \sum_{i=1}^{a} X_{ij}$ $\overline{X}_j = T_j/a$ (j=1，2，……，b)

$$T = \sum_{j=1}^{b} T_j \qquad \overline{X} = \left(\sum_{j=1}^{a} \overline{X}_j \right) / b$$

實際上 $\overline{X}$ 是 $n=a\times b$ 個 X_{ij} 的總平均數。

$$\overline{X} = \frac{\sum_{i=1}^{b}\sum_{j=1}^{a} X_{ij}}{ab} \qquad 〔公式\ 2\text{-}13〕$$

若 $\sum_{j=1}^{b}\sum_{i=1}^{a}(X_{ij}-\overline{X})^2$ 稱為離差平方和，可以證明下列分解式成立：

$$\sum_{j=1}^{b}\sum_{i=1}^{a}(X_{ij}-\overline{X})^2 = \sum_{j=1}^{b}\sum_{i=1}^{a}(X_{ij}-\overline{X})^2 + a\sum_{j=1}^{b}(\overline{X}_j-\overline{X})^2$$

上式等號右端第一項為各組（同一等級的數據構成一組）內部離差平方和。第二項為組與組間的離差平方和，即：

$$S_{總} = \sum_{j=1}^{b} \sum_{i=1}^{a}(X_{ij} - \overline{X})^2 \qquad 〔公式\ 2\text{-}14〕$$

$$而\ \ S_{誤} = \sum_{j=1}^{b} \sum_{i=1}^{a}(X_{ij} - \overline{X}_j)^2 \qquad 〔公式\ 2\text{-}15〕$$

$$S_A = a\sum_{j=1}^{b}(\overline{X} - \overline{X}_j)^2 \qquad 〔公式\ 2\text{-}16〕$$

則上式分解式就是 $S_{總} = S_{誤} + S_A$。此式說明圍繞總共平均值的波動值 $S_{總}$ 由兩部分組成，一部分表示偶然誤差引起的數據波動值 $S_{誤}$，另一部分為因素取不同等級引起的數據波動值 S_A。

有了上述各等式，我們就可進行 F 檢驗。為了檢驗因素 A 的不同等級對試驗結果的影響是否顯著，我們只要比較 $S_{誤}$ 和 S_A 的大小就行了。設所考察的指標的母體服從常態分佈，可以證明變量：

$$F_A = \frac{\dfrac{S_A}{b-1}}{\dfrac{S_{誤}}{b \times (a-1)}} \qquad 〔公式\ 2\text{-}17〕$$

這樣，服從自由度 $n_A = b-1$，$n'_{誤} = b(a-1)$ 的 F 分佈。顯著性檢驗方法是先用表 2-21 的數據按上式算出 F_A 的值，然後取一定的信度 d，例如取信度 $d=5\%$（或者 1%），查 F 分佈表，找出信度為 d，自由度為 n_A，$n_{誤}$ 的 F 值為：$F_d(n'_A, n'_{誤})$，若是 $F_A > F_d(n'_A, n'_{誤})$，就以 $1-d$（95% 或者 99%）的把握斷定因素 A 是顯著的；若是 $F_A \leqslant F_d(n'_A, n'_{誤})$，就不能認為因素 A 等級的變異對試驗結果有顯著影響。

以上我們介紹了 F 檢驗的基本原理，下面我們就可以討論 F 檢驗的幾種情況了。

2. 單因素方差分析　　只考慮一個因素的變異對試驗結果是否有顯著影響的問題，就是**單因素方差分析** (simple factor analysis of variance) 的問題。進行 F 檢驗法時，常將實驗數據列成下列方差分析表，計算起來比較方便（見表 2-22）。

表 2-22　單因素方差分析表

變差來源	離差平方和SS	自由度df	$MS=\dfrac{SS}{df}$	F	p
總　的	$\Sigma X^2-\dfrac{(\Sigma X)^2}{n}$	$n-1$			
組與組間	$\sum\limits_{i=1}^{b}\dfrac{(\sum\limits_{j=1}^{a}X_{ij})^2}{a_i}-\dfrac{(\Sigma X)^2}{n}$	$b-1$			
組　內	$\Sigma X^2-\sum\limits_{i=1}^{b}\dfrac{(\sum\limits_{j=1}^{b}X_{ij})^2}{ai}$	$\sum\limits_{i=1}^{b}(di-1)$			

(採自楊紀柯，1965)

在計算平方和 SS 中比較複雜的第一項可具體分解為：

$$\sum_{i=1}^{b}\dfrac{(\sum_{j=1}^{ai}X_{ij})^2}{a_i}=\sum_{i=1}^{b}\dfrac{(X_{i1}+\cdots\cdots+X_{idi})^2}{a_i}$$

$$=\dfrac{(X_{11}+\cdots\cdots+X_{1a1})^2}{a_1}+\dfrac{(X_{21}+\cdots\cdots+X_{2a2})^2}{a_2}+\cdots\cdots+\dfrac{(X_{b1}+\cdots\cdots+X_{bab})^2}{a_b}$$

在計算自由度 df 中的末一項可具體分解為：

$$\sum_{i=1}^{b}(a_i-1)=(a_1-1)+(a_2-1)+\cdots\cdots+(a_b-1)$$

從表 2-22 可以看出組與組間變差的平方之和與組內變差的平方之和相加得總的平方之和。這個總的平方之和相當於以前在未加分組的情況下所算得的 $\Sigma(X-\bar{X})^2$ 相同，現在却可以劃分為兩部分了。自由度照樣依此劃分為兩部分。

下面用實例來分析具體計算過程。時蓉華等 (1980) 為比較針刺與暗示對痛閾的影響，設立四種實驗處理以考察其效應 (見表 2-23)。

根據上述有關公式，可作如下計算：

$$\Sigma X=8.75+3.80+10.80-2.75=20.60$$

表 2-23　四種實驗處理對痛域的影響

組　　類	針刺組 (A)		暗示組 (B)		結合組 (C)		對照組 (D)	
	d	d^2	d	d^2	d	d^2	d	d^2
	0.5	0.25	0.85	0.72	0.15	0.02	0.7	0.49
	2.45	6.00	0.15	0.02	1.0	1.0	−0.6	0.36
	0.75	0.56	−0.95	0.90	0.9	0.81	0	0
	2.0	4.00	3.0	9.00	1.05	1.10	−1.15	1.32
	3.4	11.56	−0.25	0.06	1.0	1.0	−1.8	3.24
	−0.25	0.06	0.5	0.25	2.3	5.29	1.15	1.32
	1.15	1.32	0.3	0.09	0.7	0.49	0	0
	−0.05	0	0.4	0.16	1.7	2.89	0.75	0.56
	−1.1	1.21	0.4	0.16	0.7	0.49	0.4	0.16
	−0.15	0.02	1.35	1.82	0.8	0.64	0.95	0.90
	−0.05	0	−1.05	1.10	0.5	0.25	0.05	0.00
	0.1	0.01	0.9	0.81	0	0	−0.9	0.81
	8.75	24.99	3.80	15.09	10.80	13.98	2.75	9.16
a_i	12		12		12		12	

(採自時蓉華等，1980)

$n = 48$

$\Sigma X^2 = 24.99 + 15.09 + 13.98 + 9.16 = 63.22$

$C = \dfrac{(\Sigma X)^2}{n} = \dfrac{(20.6)^2}{48} = 8.84$

$\Sigma' x^2 = \Sigma X^2 - C = 63.22 - 8.84 = 54.38$

$\Sigma \dfrac{(\Sigma X)^2}{a_i} = \dfrac{(8.75)^2}{12} + \dfrac{(3.8)^2}{12} + \dfrac{(10.8)^2}{12} + \dfrac{(2.75)^2}{12} = 17.93$

$\Sigma \dfrac{(\Sigma X)^2}{a_i} - C = 17.93 - 8.84 = 9.09$ (組與組間項的平方和)

$\Sigma X^2 - \Sigma \dfrac{(\Sigma X)^2}{a_i} = 63.22 - 17.93 = 45.29$ (組內項的平方和)

各項自由度為：

"總的"項：$df = n - 1 = 47$
"組與組間"項：$df = b - 1 = 3$
"組內"項：$df = \Sigma(a_i - 1) = 44$

有了這些，就可填方差分析表，如表 2-24。

表 2-24 方差分析表

變差來源	SS	df	MS	F	p
總　的	54.38	47			
組與組間	9.09	3	3.03	2.9417	<0.05
組　內	45.29	44	1.03		

檢表得：$F_{0.05, 3.40} = 2.84$，$F_{0.01, 3.40} = 4.31$

(採自時蓉華等，1980)

取信度 $d = 0.05$，得到 $F_A > F_{0.05, 3.40}$，按 F 檢驗法得出，實驗處理對試驗結果的影響是顯著的。進一步的配合 t 檢驗就可發現各組間的差異。見表 2-25。

表 2-25 實驗各組痛域、耐痛域變化比較

| 項目 | 痛　　域 || 耐　痛　域 ||
	F 檢驗	各組比較──t 檢驗	F 檢驗	各組比較──t 檢驗
針刺組 暗示組 結合組 空白組	$p < 0.05$	1.結合組與對照組：$p < 0.01$ 2.針刺組與對照組：$p < 0.05$ 3.暗示組與對照組：$p < 0.05$ 4.結合組與暗示組：$p < 0.05$	$p \approx 0.05$	結合組與對照組比較：$P < 0.01$

(採自時蓉華等，1980)

3. 雙因素方差分析 在前面第二節中，我們曾論述了多自變量的優越性。方差分析中，最常見**雙因素方差分析** (two factors analysis of variance)。下面舉實例分析雙因素方差分析的具體計算方法。楊治良 (1988) 採用人工概念探索概念形成的過程，實驗處理是對被試隨機等分成二大組，一組被試閱讀要求問題解決的指導語，另一組被試閱讀要求記憶的指導語。在每組被試中，再隨機分成五種實驗條件，即：

條件一：主試給被試的反饋答案正確率為 100%；
條件二：主試給被試的反饋答案正確率為 90%；
條件三：主試給被試的反饋答案正確率為 80%；
條件四：主試給被試的反饋答案正確率為 70%；
條件五：主試給被試的反饋答案正確率為 60%。

這樣，問題解決組和記憶組各有被試 60 名，而每種實驗條件各有被試 12 名（見表 2-26）。

表 2-26 對全部被試掌握概念的觀測結果

條件 A $a=5$	條件一		條件二		條件三		條件四		條件五	
因素 B $b=2$	問題解決	死記	問題解決	死記	問題解決	死記	問題解決	死記	問題解決	死記
$k=12$	7	14	8	17	8	19	9	23	10	24
	8	16	9	18	9	22	10	24	13	27
	9	17	9	20	10	24	11	26	13	29
	9	18	9	21	10	25	12	29	14	33
	10	20	10	24	11	27	13	31	14	33
	11	22	11	27	11	29	14	33	15	33
	12	23	11	28	12	31	14	33	15	33
	12	25	12	30	12	33	15	33	15	33
	12	29	13	32	14	33	15	33	16	33
	12	31	14	33	14	33	16	33	16	33
	12	33	14	33	15	33	16	33	19	33
	15	33	16	33	20	33	17	33	19	33
Σ	129	281	136	316	146	342	162	364	179	377

(採自楊治良，1985)

根據上述有關公式，可作如下計算：

$n = 5 \times 2 \times 12 = 120$, $\Sigma X = 2420$, $\Sigma X^2 = 58932$

$C = \dfrac{(2420)^2}{120} = 48803.3$

$$SS_T = 58932 - 48803.33 = 10128.67$$

$$SS_A = \frac{(389)^2 + (452)^2 + (488)^2 + (526)^2 + (556)^2}{2 \times 12} - 48803.33 = 641$$

$$SS_B = \frac{(740)^2}{5 \times 12} + \frac{(1680)^2}{5 \times 12} - 48803.33 = 7863.3$$

$$SS_{AB} = \frac{(117)^2 + (281)^2 + (136)^2 + (316)^2 + (146)^2 + (342)^2 + (162)^2 + (364)^2 + (179)^2 + (377)^2}{12}$$
$$- 48803.3 - 641 - 7363.3 = 41.67$$

$$SS_D = 10128.67 - (641 + 7363.33 + 41.67) = 2082.67$$

$df_T = 120 - 1 = 119$,　　$df_A = 4$,　　$df_B = 1$,　　$df_{AB} = 4$,　　$df_D = 119 - 9 = 110$

將上面求得的結果，列成方差分析表（見表 2-27）。

表 2-27　方差分析表

變差來源	SS	df	MS	F	p
總　　的	10128.67	119			
條件，A	641	4	160.25	8.465	<0.001
指導語，B	7363.33	1	7363.33	388.977	<0.001
交互影響，A，B	41.67	4	10.42	0.550	>0.05
抽樣誤差	2082.67	110	13.93		

(採自楊治良，1985)

根據表中的 F 值和 p 值，就可做出實驗推論：(1) A 因素對概念的形成的速度有顯著的影響；(2) B 因素對概念的形成的速度有更為顯著的影響；(3) A 因素和 B 因素的結合，對概念的形成的速度並無顯著的交互影響存在。

（四）χ^2 檢驗

χ^2 檢驗（或 χ^2 考驗，卡方檢定）(chi-square test) 是比較觀察次數與理論次數之間的差異的統計方法。這裏的 χ 是希臘字母，讀作〔kai〕，不按拉丁系字母 X 讀音。在統計學中，檢驗分為**參數檢驗** (parametric test) 和**非參數檢驗** (nonparametric test)。前者如某一總體指標是否等於某一數值;後者如某一隨機變量是否服從**常態分佈** (normal distribution)。在以實用常態分佈和 t 分佈作為準則尺度去檢驗統計假設時,這些假設都是有關參數的假設。為了使得檢驗結果有效,它們都需要在事件假定與檢驗對象相適應的特種分布形態。另一些統計檢驗是用來檢驗分配,而不是用來檢驗參數的。它們所檢驗的分配在先驗的假定上並不要求具有一定的形態,故稱為自由分配,而用來作假設檢驗的準則量數就叫非參數的統計量數。χ^2 即屬於這種**非參數統計** (nonparametric statistics) 之列。

χ^2 的定義可用下式表達之:

$$\chi^2 = \sum_{i=1}^{n} \frac{(實計數-預計數)^2}{預計數} = \sum \frac{(A-T)^2}{T} \qquad 〔公式 \ 2\text{-}18〕$$

$\quad\quad A$:實際值 (或實計數)
$\quad\quad T$:理論值 (或預計值)
$\quad\quad \Sigma$:總和
$\quad\quad n$:計數組

上式標誌著實際進行計算 χ^2 的定義。至於在理論函數上的 χ^2 恰如 t 分佈一樣,亦是隨著自由度的變化形成一簇理論上的分配形態。自由度越大,其分配形態便越接近於常態。

在進行 χ^2 測驗時應注意以下幾點:

1. 計算 χ^2 值過程中,必須用絕對值,切不可用相對數,因 χ^2 值的大小與頻數有關。

2. 做 χ^2 檢測時,應先檢查每一格的理論值是否夠大,如理論值小於 5 時,應將附近兩組或幾組合併使用數值增大後,再 χ^2 測驗,否則易導致錯誤結論。當只有兩項對比 (4 格) 而不能合併時,如理論值小於 5,則應進行校正。校正公式為 (其他公式可參考統計專著):

$$\chi^2 = \sum \frac{(|A-T|-0.5)^2}{T} \qquad 〔公式 \ 2\text{-}29〕$$

3. 這只列舉了 χ^2 測驗的基本公式。從此基本公式還可根據不同需要演變成許多公式,使計算更為簡捷。

下面通過實例來分析具體計算過程。假如有某課題組對 213 名工人的操作效果進行了觀測，比較新、老二種操作方法的優劣。表 2-28 為完成某一工作程序所犯的動作錯誤的情況。從表上可見，有 116 例新法錯誤數小於老法（用符號"＋"表示），28 例老法錯誤數小於新法（用符號"－"表示）。其他 69 例兩者計數相同（用符號"O"表示）。這一統計資料因此出現許多 0 和 1 計數，顯然總體分布不是正態。而且在統計資料中（未列出），老法的錯誤數各人變動在 0～12 之間，新法則在 0～30 之間，方差差別也大，因此 t 檢驗不大合適，這時可以應用非參數的符號檢驗法檢驗兩種方法差別有無顯著意義。統計檢驗的無效假設有兩種方法操作效果相同，即應出現"＋"與"－"的概率相同。

表 2-28　兩種操作方法完成工序中的動作錯誤數

序	老　　法	新　　法	符　　號
1	5	7	－
2	5	0	＋
3	6	1	＋
4	0	0	0
⋮	⋮	⋮	⋮
⋮	⋮	⋮	⋮
⋮	⋮	⋮	⋮
211	1	0	＋
212	0	0	0
213	1	1	0

（採自楊治良，1985）

檢驗時可用符號表示，差為"0"者可不列入計算。這樣，共有 144 例兩者錯誤數不等，按無效假設應正負號各有一半，即 72 例。故理論值 T 為：72 例。

"＋"號理論值一經求出，則"－"號理論值也同時被確定，故自由度為 1。本例應用校正的 χ^2 公式 (2-19)，獲得如下計算：

$$\chi^2 = \Sigma \frac{(|A-T|-0.5)^2}{T} = \frac{(|116-72|-0.5)^2}{72} + \frac{(|28-72|-0.5)^2}{72}$$

$$= 52.56$$

當 $n=1$，$\chi^2 > \chi^2_{0.01(1)}$，因為 $P<0.01$，故差別有極其顯著意義。
本例在實際計算時還可以用以下簡便公式：
以"＋"號數為 a，"－"號數為 b，則：

$$\chi^2 = \frac{(|a-b|-1)^2}{a+b} = \frac{(|116-28|-1)^2}{116+28} = 52.56$$

二法所得結果相同。從這一例可以看到符號檢驗法極為簡便。若用 t 檢驗法處理本例，則就十分麻煩。符號檢驗法僅是非參數檢驗中的一種方法，主要用於成對資料的顯著性檢驗。另外，還有一種符號等級檢驗法，此法是上述方法的改進，主要用於配對資料的檢驗，由於用了差數的大小，故效果比符號檢驗法更好些。

非參數統計方法有許多優點，除了可以應用於許多總體分布不明確的情況外，由於非參數統計方法在收集資料時可用"等級"或"符號"來評定觀察結果，因而收集資料也十分方便，在分析時也可以應用"等級"或差異的"正負號"，因而一般都比較簡便而易於掌握，但如果資料的總體分佈接近某一有標準理論的分佈（如常態分佈），或資料可以轉換成這種分佈，那麼非參數方法效果較差。此時如無效假設是正確的，非參數法與參數法一樣好；但如無效假設是錯誤的則非參數法效果較差，如需檢驗出同樣大小的差異往往要較多的資料。

第二章到此為止，我們對實驗設計和統計處理作了梗概的介紹。實驗設計和統計分析都已構成了獨立的學科，而且正日新月異地飛快發展著。因此，以上的介紹只能是非常初步的，其目的只是為學員們在撰寫實驗報告時提供基礎知識。

本 章 摘 要

1. **實驗設計**乃是進行科學實驗前做的具體計畫。它主要是指控制實驗條件和安排實驗程序的計畫。它的目的在於找出實驗條件和實驗結果之間的關係,做出正確的結論,來檢驗解決問題的假設。
2. 實驗設計根據自變量的多少,各自變量內處理水平的多少,和被試情況的不同,而構成不同類型的實驗設計。
3. 實驗設計大體上分為三類:**被試者內設計**,**被試者間設計**,**混合設計**。**被試者內設計**乃是指被試者在自變量發生變化的所有情況下接受實驗。被試者只接受多個自變量情況中的一個,即不同的被試者接近不同自變量的情況,則稱為**被試者間設計**。兼有被試者內設計和被試者間設計的實驗設計為**混合設計**。
4. 多自變量是指一個實驗中包含有兩個或兩個以上的自變量。它不是指同一自變量的多個水平。多自變量實驗具有三個明顯的優點:(1) 工作效率高;(2) 實驗的控制較好;(3) 實驗結果更有價值。
5. 當一個自變量的水平受到另一個自變量的水平的不同影響時,交互作用就發生了。在有交互作用的情況下,分別討論每一自變量的效應就不夠了。此情況下還必須分析討論出現交互作用的原因和後果。
6. **多因素實驗設計**是指在同一實驗裏可以同時觀測兩個或兩個以上自變量的影響,以及自變量與自變量交互作用效果的實驗設計。在心理學實驗中,居多的是多因素實驗設計。
7. **拉丁方設計**是多自變量實驗設計中較為常用的設計方案。只要是實驗中自變量的個數與實驗處理水平數相同,而且這些自變量之間沒有交互作用存在時,都可採用拉丁方設計方案。拉丁方設計能抵消實驗中因實驗順序、被試差異等所造成的無關變量的效果。
8. **統計表**是對被研究的心理現象和過程的數字資料加以合理叙述的形式。它在敍述統計資料方面有著重要作用,有人稱之為統計的速記。統計表是由**表題**、橫行和縱欄、數字資料等要素組成。統計表可以以形式及內容的不同作為分類標誌而將其劃分為不同的類型。
9. 統計圖乃是依據數字資料，應用點、線、面、體、色彩等繪製成整齊而又規律，簡明而又數量化的圖形。常用的統計圖形有**曲線圖**、**條形圖**、**直方圖**、**點圖**、**圓形圖**等等。
10. 偶然誤差是指實驗中無法控制的偶然因素所引起的誤差。有時在實驗中還會出現另一種類型的誤差，它的觀測值不是分散在真值的兩側，而是有方向性或系統性的，這就是**系統誤差**。
11. 對數據的概括了解，在統計學上常由二種趨勢來度量，一為**集中趨勢**，一為**離中趨勢**。度量集中趨勢的統計量稱**集中量**，度量離中趨勢的統計量稱**差異量**。集中量有**平均數**、**中數**和**眾數**。差異量有**全距**、**平均差**、**四分差**、**百分位差**、**標準差**和**方差**等。
12. **顯著性檢驗**的主要用途是檢驗兩個或兩個以上樣本的統計量是否有顯著差別。一般可按三步進行檢驗。第一步，提出假設或假定樣組的平均數是從全域中取出來的。第二步，通過實際計算，求出 t、F、或 χ^2 等值。第三步，對假設作出取捨的決定。
13. 在心理學實驗中，兩項實驗結果之差，有時是隨機引起的差異，有時則是由自變量所造成的。t **檢驗**就是分辨隨機差異與自變量引起的差異的常用手段之一。
14. F **檢驗**是以數據的方差分析為基礎的，故又稱方差分析。t 檢驗只能對兩組的平均數加以比較，而方差分析能對二組或二組以上的平均數加以比較。
15. 在統計學上，檢驗分**參數檢驗**和**非參數檢驗**。χ^2 檢驗屬於非參數的統計量數。它所檢驗的分配在先驗的假定上並不要求具有一定的形態。

建議參考資料

1. 陳　立 (1985)：習見統計方法中的誤用與濫用。心理科學通訊，第 8 卷第 3 期，1～6 頁。
2. 陳舒永 (1983)：關於使用差異顯著性考驗的幾個問題。心理科學通訊，第 6 卷第 3 期，35～36 頁。
3. 張春興 (1989)：張氏心理學辭典。台北市：東華書局 (繁體字版)。上海市：上海辭書出版社 (1992) (簡體字版)。
4. 張厚粲 (主編) (1988)：心理與教育統計學。北京市：北京師範大學出版社。
5. 黃希庭 (主編) (1988)：心理學實驗指導。北京市：人民教育出版社。
6. 楊治良等 (1981)：再認能力最佳年齡的研究。心理學報，第 13 卷第 1 期，42～50 頁。
7. Christensen, L. B. (1991): *Experimental Methodology* (5th ed.). Needham heights: Allyn and Bacon.
8. Conrad, E. & Maul, T. (1981): *Introduction to Experimental Psychology*. New York: John Wiley & Sons.
9. McGuigan, F. G. (1990): *Experimental Psychology Method of Research* (5th ed.). New Jersey: Prentice Hall.

第三章

反應時間

本章內容細目

第一節 反應時間的性質
一、反應時間研究的簡史 105
二、簡單反應時間和選擇反應時間 107
三、反應時間實驗的要求 109
四、反應時間的因變量 110
五、反應時間的實際應用 113
　㈠ 相關的研究
　㈡ 應用的研究

第二節 測量反應時的儀器和方法
一、刺激與反應鍵 119
二、自由落體直尺計時器 120
三、單擺微差計時器 121
四、時間描記器 123
五、機械鐘錶計時器 123
六、電子計時器 124
七、特殊攝影 125

第三節 影響反應時間的因素
一、反應時間受刺激變量影響 126
　㈠ 因刺激的不同類型而異
　㈡ 因刺激的強度不同而異
　㈢ 因刺激的複雜程度而異
　㈣ 因刺激呈現方式不同而異

二、反應時間受機體變量影響 134
　㈠ 適應水平
　㈡ 準備狀態
　㈢ 練習次數
　㈣ 動　機
　㈤ 年齡因素和個體差異
　㈥ 酒精及藥物的作用

第四節 用反應時間分析信息加工的方法
一、減數法 141
　㈠ 什麼叫減數法
　㈡ 減數法的典型實驗
二、加因素法 151
　㈠ 什麼叫加因素法
　㈡ 加因素法的典型實驗
　㈢ 開窗實驗

本章實驗
一、簡單反應時間實驗 157
二、選擇反應時間實驗 159

本章摘要

建議參考資料

反應時間研究的歷史比實驗心理學還要早，它曾有過一段有趣的記事。早期的天文、生理和心理學家對反應時間的研究都曾有過貢獻。18世紀末至 19 世紀初，天文學家已注意到不同觀察者觀測星體運行的時間存在著個體間的差異。當時天文學界盛行布雷德利 (Francis Herbert Bradley, 1846～1924) 的"眼耳"法觀測星體通過望遠鏡銅線位置的時間。觀察者掌握此法要有眼耳的協作和準確的空間判斷，這無疑是一件困難的事。1796 年，英國格林威治天文台台長馬斯基林在觀察星辰經過望遠鏡中的銅線時，多次發現其助手金尼布克比他自己觀察的時間慢約半秒鐘，台長認為這是重大的錯誤，因而辭退了助手。這位天文學家覺察到了反應時間這一心理現象，可惜他並沒有進行深入的研究。二十六年之後，德國天文學家貝塞爾 (Friedrich Wilhelm Bessel, 1784～1846) 見到此事的報導，發覺這個現象的意義，才正式加以科學研究。他比較了自己和其他天文學家觀察同一星體的通過時間，也發現有明顯的差別。1823 年貝塞爾與另一位天文學家阿格蘭德共同觀察七顆星，B 是貝塞爾的反應時間，A 是阿格蘭德的反應時間，二人反應時間的差別如下：

$$B - A = 1.233 \text{ (秒)}$$

這個等式即著名的**人差方程式**(或個人方程式) (personal equation)，它反映著兩個觀察者之間的個體差異。這一發現引起了天文學家經久不衰的興趣。他們確定了不同觀測者的人差方程式及其校正方法。

反應時間直接作為心理學研究的課題開始於馮特。在 1879 年，他在萊比錫首創了心理實驗室，從此以後，對簡單和複雜反應時間進行了一系列研究，為心理學作出了貢獻。從馮特至今天，實際上這個變量這樣普及，以致反應時間的研究已成為一個專門的研究領域。當心理學的研究人員和實驗心理學家們聚在一起的時候，他們會異口同聲地說，"我擅長的是反應時間的研究"。反應時間這樣重要，因為它的研究不僅是一種工具，而且它自身也是一個研究課題。

以上簡單說明，反應時間是實驗心理學上的重要課題。本章之內容，即將對此具有濃厚興趣的主題範圍，探討以下六個重要問題：

1. 什麼叫反應時間？反應時間在認知心理學研究中的重要性如何。

2. 減數法的原理是什麼?並引用實驗加以說明之。
3. 加因素法的原理是什麼?並引用實驗加以說明之。
4. 簡述測定反應時間的儀器種類,及其不斷更新情況。
5. 影響反應時間的因素主要有哪些。
6. 什麼叫速度——準確性權衡。

第一節　反應時間的性質

一、反應時間研究的簡史

　　反應時間(或反應時) (reaction time,簡稱 RT),它是一個專門的術語,不是指執行反應的時間,而是指刺激施於有機體之後到明顯反應開始所需要的時間。反應時間是實驗心理學常用的反應變量之一。反應時間這一術語,最先是由生理學家提出的,當時稱之為心理過程的"生理時間"。按實驗心理學傳統的理解,反應時間是指從刺激作用發生到引起機體外部反應開始動作之間的時距,它包含以下幾個時段 (phase):第一時段,刺激使感受器產生了興奮,其衝動傳遞到感覺神經元的時間;第二時段,神經衝動經感覺神經傳至大腦皮質的感覺中樞和運動中樞,從那裏經運動神經到效應器官的時間;第三時段,效應器官接受衝動後開始效應活動的時間,以上三個時段的總和即是反應時間。可見,反應時間可由多種因素合成,它在心理學實驗中可以作為測定反應變量的一種指標。雖然反應時間這一問題,最早是天文學家提出來的。早期天文學家曾對反應時間有不少討論和研究,但作為反應時間的實驗,一般地說,是 1850 年由著名生理學家赫姆霍茲 (Hermann Von Helmholtz, 1821～1894) 發明的。赫姆霍茲是實驗心理學的奠基人之一。他成功地測定了蛙的運動神經的傳導速度 (約為 26 米/秒)。其後,他又測定了人的神經的傳導速度約為 60 米/秒。這與後來穆乃奇

(Munnich, 1915) 測定的每秒 66~69 米頗為接近。根據神經傳導的大致速度，他認為神經傳導所占據的時間是很短的，而整個反應時間卻比較長且變動很大。

在 1865~1868 年間，荷蘭生理學家唐德斯 (Franciscus Cornelis Donders, 1818~1889) 第一次企圖研究心理因素如何影響一切簡單的與複雜的反應。他的作法就是把上述心理過程交織在刺激和反應中間，從而考察其結果，並比較簡單與複雜的反應。在簡單反應的實驗中，實驗者先告知被試者將有什麼樣的刺激出現，比如一種顏色光或一種聲音，要他覺察到哪種光或哪種聲音出現時，就用一個手指按一個反應鍵。在辨別反應實驗中，他們用兩種不同的刺激，如兩種不同顏色的光或兩個高低不同的樂音，要求被試者只反應其中之一種，而對另一種不反應；還有一種方法是使被試者對於甲乙兩種刺激，準備兩種不同的反應，比如看見甲刺激 (紅光) 時用右手反應，看見乙刺激 (非紅光) 時用左手反應。總而言之，他創造了選擇反應時間的實驗，發現這種反應時間比簡單反應時間約長 100 毫秒。唐德斯認為一個複雜反應只是在一個簡單的反應上加一些別的動作，這些動作所需時間可用反應的全部時間減去簡單反應所需時間來求得。這個時間差就是上述心理過程所需要的時間。奧地利生理學家埃克斯納 (Exner, 1873) 指出被試者在反應時間實驗中**定勢** (或心向) (set) 的重要性。

反應時間直接作為心理學研究的課題開始於馮特 (Wilhelm Wundt, 1832~1920)。1879 年，馮特在萊比錫大學首創了心理實驗室。當時他便認為唐德斯指出了實驗心理學的一條重要途徑，即心理活動的時間測定工作。馮特的學生對簡單和複雜的反應時間進行了一系列工作，但他們在注意、知覺、聯想和選擇等過程上卻未測出確切的反應時間。在馮特的早期學生中後來有兩位學生建立了研究反應時間實驗室。馮特的學生卡特爾 (James McKeen Cattell, 1860~1944) 作了許多關於反應時間的實驗。他認為被試者在做簡單反應測驗時，其注意力完全集中於那個將出現的刺激和那個將動作的手指。當刺激來到時，眼睛──→大腦──→手指之間的神經通路早已準備好了，反應的時間就快。在辨別和選擇反應的實驗中，需要有更多的神經通路接通的準備，這時被試的心理狀況比較複雜，會產生焦慮、懷疑等複雜的心理狀態，所以反應時間就會延長。卡特爾先在德國然後在美國對反應時間作了廣泛而系統的實驗研究，其中不少材料至今仍為人們所引用。20 世紀初，德國心理學家庫爾佩 (Oswald Kulpe, 1862～1913) 在符茲堡對簡單與複雜的反應發展一種內省的研究，他的學生證明了準備定勢的選擇影響。法國心理學家皮埃郎 (Henri Piéron, 1881～1964) 對反應時間的研究也作了貢獻。但總的說來，自卡特爾之後心理學家對反應時間研究的興趣已不在於分析它的原因，而轉向測量技術的改進方面，以及深入到應用的實際領域中去了。

現代心理學家在總結反應時研究的這段歷史時，把自從 1850 年赫姆霍茲的研究至 1969 年長達一百多年的時間稱之唐德斯反應時 ABC 時期。這是反應時研究的第一階段，這一階段的方法學的核心是**減數法**（見本章第四節）。1969 年心理學家斯頓伯格 (Sternberg, 1969) 提出了**加因素法**（見本章第四節）之後，反應時研究便進入第二階段，開始了反應時間研究的新時期。

二、簡單反應時間和選擇反應時間

反應時間的種類很多，分類方法也很不一致，但最常見的反應時間有**簡單反應時間**和**選擇反應時間**兩類。它們是以刺激與反應的不同數目進行分類的。

簡單反應時間 (simple reaction time) 是給予被試者以單一的刺激，要求他作同樣的反應。被試的任務很簡單，他預先已知道將有什麼樣的刺激出現並需要作出什麼樣的反應。如以對光簡單反應時間的測量為例，在一弱光照明的室內，被試端坐在桌前，面對一個屏幕，注視屏幕上的一個孔（通過這個孔可以呈現燈光）。事先呈現燈光給被試看看，讓他熟悉這個刺激。桌上放一電鍵，指示被試當他聽到預備信號時即將手指放在電鍵上，當燈光一呈現就立即按下電鍵。屏幕後是主試操縱儀器的地方，使用計時器來測量刺激到反應的時間。最初測得的反應時間可能長達 0.5 秒，多次測定之後很快會降至 0.2～0.25 秒，再後可能會降至 0.2 秒以下，但無論如何練習不能減至 0.15 秒以下。在經過一定練習之後，對聽的簡單反應可能到 0.12 秒，**觸覺**則可能更短些。這是經過大腦的隨意運動反應的潛伏期。有些非條件反射，特別是膝跳反射和眨眼反射卻特別快，其潛伏期約為 0.04 秒。總之，簡單反應的時間是比較短的。

選擇反應時間 (choic reaction time) 是根據不同的刺激物，在各種可能性中選擇一種符合要求的反應。如安排紅和綠兩種不同的色光刺激，有兩個反應鍵放在被試面前，規定其用左右手指各放在一個鍵上，並用右手反應紅光，用左手反應綠光，這是選擇反應測量的典型示例。顯然，在這一選擇時間裏包括了被試的辨別和選擇活動所花費的時間，他必須在作出反應之前對不同刺激有所辨別，並作出不同反應的選擇。一般説來，選擇反應時間總比簡單反應要長，就是由於選擇性反應的中樞活動比較複雜，需要進行一定的思維活動，作出選擇，執行正確的反應動作。生活中的動作大多屬於這一類反應。最初級的選擇反應只是在兩種可能性中選擇一種反應，對於視覺刺激物的反應時間就在 0.25 秒以上。反應的選擇餘地愈大，反應速度就愈緩慢。

關於選擇（或辨別）的數目與反應時間的關係，早期心理學家就作過不少研究。默克爾（Merkel, 1885）曾揭示了二者之間的函數關係，並用下列公式來表示，式中 N 為分辨信號的數目。

$$RT = \log N$$

於 20 世紀 50 年代，心理學家卡克尼（R. M. Gange）用公認的選擇數目反應時曲線圖示了選擇數目與反應時間的關係（見圖 3-1）。

從圖 3-1 可以看到：在有 4 種選擇時，反應時間已超過簡單反應（1 種刺激選擇）一倍；在有 8 種選擇時，反應時間超過簡單反應二倍以上。

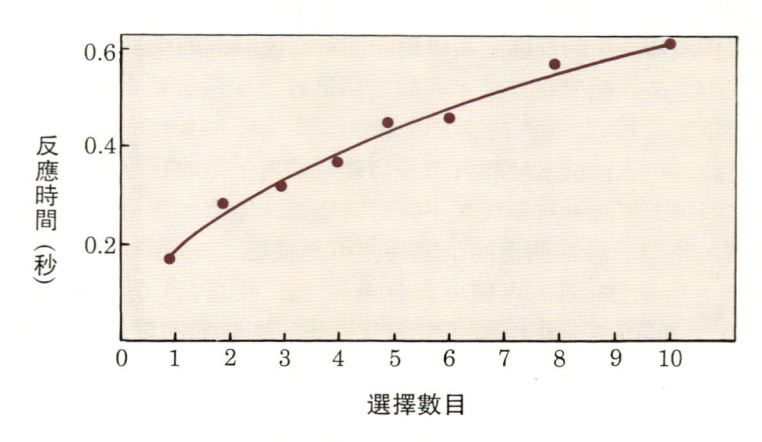

圖 3-1 選擇數目與反應時間的關係
（採自曹日昌等，1979）

由於信息論的廣泛應用，在反應時間的研究方面也採用了新的理論和技術。希克 (Hick, 1952) 關於信息量 (註 3-1) 與反應時的工作成為這方面研究的一個轉折點。他採用了香農等 (Shannon et al., 1948) 等所提出的計算信息的方法來分析刺激的不確定性，發現在刺激所負荷的信息與反應時間之間存在著恒定的關係。他把這關係概括為以下的公式：

$$反應時 = a \log(n+1)$$

式中 a 為一個常數，n 為等概率出現的選擇對象的數目。所以用 $n+1$ 是因為在實驗中刺激呈現的間隔是不固定的，增加了信源的不確定性。在這種情況下，被試不僅要考慮出現哪一個刺激 (S_1, S_2, …, S_n)，而且還要考慮是否出現刺激，故多一個選擇對象 (S_0, S_1, S_2, S_3, …, S_n)。

希克用這一公式去分析 80 年前默克爾所進行的類似研究，同樣得到了相符的結果。

三、反應時間實驗的要求

進行反應時間實驗，除了和其他心理實驗一樣，都要很嚴格地控制實驗條件，像刺激的強度和刺激持續的時間等等。除此之外，進行反應時間實驗研究，要講求策略思想，應嚴格遵循一定的程序和要求，方能取得預期的效果。反應時間作為定量化實驗的反應變量，必須要測量得準確可靠，並要有足夠的精確度，這除了在下一節將講到對實驗儀器的要求外，研究者必須把握下列兩個要點：

1. 對被試反應的要求　首先從被試反應要求上看，應避免出現過早反應或其它錯誤的反應。由於被試總是希望儘快反應，他可能約束不住自己的手，而在刺激呈現之前就作出"反應"，尤其是在刺激與預備信號之間的

註 3-1：**信息量**（或**訊息量**）(information) 乃是對各種各樣消息的一種統一稱謂，其單位為比 (bit)。它表示消息所具有的概率價值，可用公式表示如下：

$$I = PB / PA$$

I：代表收到的信息量
PB：代表消息傳到後收信者所視某一事件的事後概率
PA：代表消息傳到前收信者所視同一事件的先驗概率

時距保持恆定的情況下，這種現象更是常見。因此，測定反應時間的標準程序就是每次呈現刺激前要略為改換一下這個時距的長度，以避免被試對"恆定時間"這一額外變量作出了錯誤的反應。可是要區分快速的正確反應與搶先的"假反應"往往是不太容易的。防止出現"假反應"的有效措施是在實驗中插入**偵察試驗** (detection test)，即給預備信號之後並不呈現刺激。例如實驗安排 20 次反應時間測定為一組，主試便可在這 20 個刺激中插一或兩個"空白刺激"，如果被試對此仍作出反應，那就向他宣布這 20 次實驗的結果全部無效，被試需按規定要求重做一組實驗。至於選擇反應時間就不必插入這個"偵察試驗"，因為被試倘若出現"搶步"的話，他就作出錯誤的反應，主試可據儀器反饋信號立即發現問題予以警告。

2. 選擇反應數目需要與辨別的刺激數目相等 其次，選擇反應時間實驗的要點是務使選擇反應數目和要辨別的刺激數目相等，即每一種反應必須是針對同它相應的預定刺激而作出的。如刺激 A 引起反應 a，刺激 B 引起反應 b 等。倘若忽視這一點，實驗中只有一個反應鍵，而刺激卻不止有一個，可能是紅光，也可能是黃光，要被試在辨別出是紅光還是黃光時儘快按壓反應鍵，而不要在辨清刺激前作出反應。從表面上看，這樣的安排似乎切實可行，被試在辨清色光刺激之前不作反應，而所作出的反應也不是對刺激的簡單反應。但在預試之後，會很快發現結果是混亂的，這樣的步驟並不能保證避免被試只作簡單反應，也無法防止被試為了不致過早反應而不恰當地延長了反應時間，問題在於主試難以了解被試對刺激的辨別已到何等程度。解決的辦法是有幾種刺激，就安排幾種反應，每種反應只對應於其中某一特定的刺激。

四、反應時間的因變量

反應時實驗中有二個基本**因變量**(或**依變項**) (dependent variable)，即**速度** (speed) 和**準確性** (accuracy)。反應時間實驗中的一個突出問題就是權衡反應速度和反應準確性的相互關係。人們都有這樣的常識，當一個人很快去完成某件事時，他會比慢慢地做某件事犯更多的錯誤。反之，如果某人很正確地做某件事時，速度上就會變慢。心理學家稱這種關係為**速度-準確性權衡** (speed-accuracy trade off)。這是反應時實驗中因變量上一個十分重要的問題。

不少心理學家通過實驗來說明速度-準確性權衡的道理。這裏先舉泰奧斯 (Theios, 1975) 的實驗為例。泰奧斯對刺激呈現的概率和反應時的關係進行了研究。實驗中，呈現的是視覺刺激，每次出現一個數目字，被試的任務是對某一個特定的數字 (例如個位數 4) 作出反應，而對其他數字則不作反應。實驗的自變量是這個數字出現的概率，概率變化範圍是 0.2～0.8。換句話說，特定的數字 (例如個位數字 4) 在一系列呈現的刺激中出現的百分率是 20% 至 80%。參見圖 3-2。泰奧斯的結論是，刺激 (指特定的信號刺激) 的概率不影響反應時間，如果丟開反應準確率這個情況，這個結論是頗有道理的，但是，我們只要看一下圖 3-2 的下半部分就不難發現，實

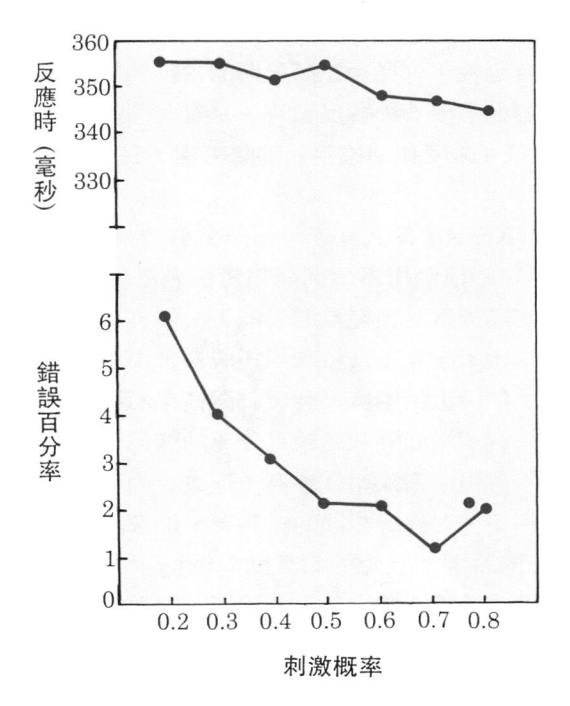

圖 3-2 反應時和錯誤百分率作為刺激概率的函數
當反應時基本恆定時，錯誤百分率隨刺激的降低而升高。(採自 Theios, 1975)

驗結果中還存在著如何看待錯誤百分率的問題。雖然這一問題表面上看來很簡單，但實驗上卻關係到實驗的基本結論。從表面上看，如果把各種概率的錯誤率平均起來，則平均錯誤率為 3%，這個數字不能說是高的。但是進一步分析我們就會注意到：第一，在這個實驗中被試的任務是相當簡單的；第二，實驗對象是具有較高文化水準的大學生；第三，更重要的是，錯誤率的變化是有規律的，最高的錯誤率 (6%) 發生在最低的刺激概率上，並且反應的錯誤率隨刺激概率的增加而降低。由此可見，速度和準確性之間存在著內在的聯繫。

我們再舉一個實驗以說明如果所有不同概率刺激的反應錯誤做到相等的話，那麼反應時又將出現怎樣的變化。帕徹拉 (Pachella, 1974) 的實驗結果表明，為了使錯誤率降低到 2%，對 0.2 概率刺激條件的反應時將增加 100 毫秒。這說明根據速度-準確性權衡，在低刺激概率條件下，為了減少錯誤率，反應時間就會延長。可見，在西奧斯的實驗結果中，一旦考慮了反應錯誤率，那麼單說刺激概率不影響反應時，是有問題的，是不全面的。在此情況下，二個因變量（速度和準確性）都應考慮，這就是速度-準確性權衡技術。

奈特和凱托威茨 (Knight & Kantowitz, 1974) 的實驗更明白地闡述了速度-準確性權衡的道理。他們用兩個間隔很短的刺激作為自變量呈現給被試，這種刺激稱之為間隔刺激。因變量取二個，一個是反應時間，一個是反應錯誤百分比（見圖 3-3）。起先，奈特和凱托威茨發現，對於不同的刺激間隔反應時間是恆定的。如同上例泰奧斯發現刺激概率不影響反應時一樣。但是當奈特和凱托威茨繪製刺激間隔和錯誤百分比的關係圖時，一種特定的關係被發現了：刺激間隔愈短，錯誤率就愈高。這裏我們再次要問，如果在各種不同的刺激間隔條件下，要保持相同的錯誤率，那麼反應將是怎樣的呢？根據速度-準確性權衡的原則，在短的刺激間隔情況下，要保持與長的刺激間隔相同的反應錯誤率，反應時將會延長。因而，起先得出反應時不受刺激間隔長短的影響的結論乃是片面的，甚至是不對的。

上述實驗都清楚地說明了這一點。在進行反應時間實驗時，應考慮速度和準確性兩個指標，當然，有時可以同時選擇二個指標，有時可以選擇其中一個指標。但是在只選擇其中一個指標時，應對另一個指標有所交代，說明其可以忽略不計的原因。這是反應時實驗中的一種重要技術。

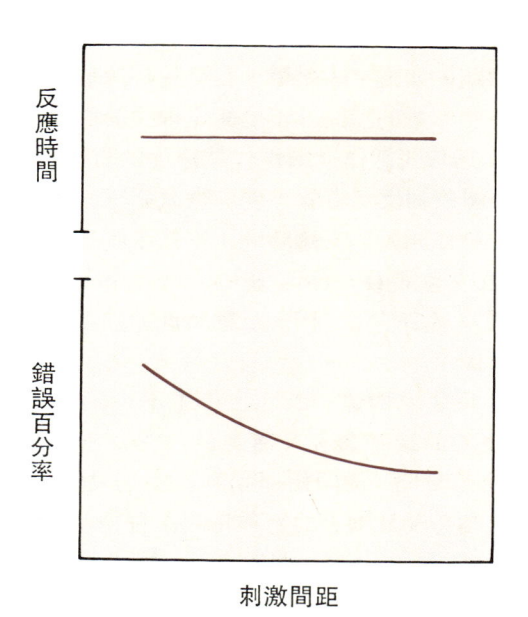

圖 3-3　反應時間和錯誤百分率作爲刺激間距的函數
當反應時間是恆定時，刺激間距越長，錯誤百分率越低。(採自 Knight & Kantowitz, 1974)

五、反應時間的實際應用

（一） 相關的研究

　　反應時間作為反應變量，不僅在各類反應時間之間存在著一定的關係，而且也常常同非反應時間的反應變量之間存在著多樣的關係。對反應時間相關法的研究，可對有關的反應變量作出相互預測，還有助於增進人們對反應時間的可能影響因素的了解。席斯克 (Sisk, 1926)，拉尼爾 (Lanier, 1934) 以及福爾貝斯 (Forbes, 1945) 等早年在這方面做了許多研究工作，取得了相近的實驗結果。如以同一手指對光、聲和觸覺的簡單反應時間，兩兩間的相關係數是在 +0.43 到 +0.85 之間。對聲音的反應，兩手之間的相關係數是 +0.92，兩足之間是 +0.93，手與足之間是 +0.81。一般認為，對某個人來說，他的各種反應時間變量之間的高相關有很大的一致性。但是我們不能過分看重這些相關，如畫字、敲擊、目標追踪等許多快速反應是由一系列刺激所引起的，這些作業的時間並不是完全取決於簡單反應時間的長短，因此還不能把簡單反應時間當作連續性作業速度的有效指標。賴伊 (Lahy, 1939) 曾經設計了一個系列反應實驗，要求被試對單一的聽覺刺激作出二個反應。從刺激到按下動作開始為反應時間；從按下動作開始到再釋放這個鍵的動作開始為**彭左恢復時間** (Ponzo's recovery time)，結果發現，反應時間和恢復時間的相關差不多是零。因此反應時間顯然並不是一個人連續工作的速度的一種滿意指標。

近年來，我國心理學家對這一課題也作了不少研究。陳舒永等 (1986) 研究了被試為大學生業餘運動員和非運動員共 80 名，以聲音刺激分別測定簡單反應時間和運動時間 (從開始運動到運動完成所經歷的時間)。結果表明，反應時間、運動時間及兩者的總和時間在右手和右腳之間的相關係數分別為 +0.72、+0.68 和 +0.79，且都在 0.01 水平上顯著。說明這三種反應指標在手與腳 (同側) 之間都可以相互預測。實驗還發現簡單反應時間和運動時間兩者在同一反應肢體雖有顯著的正相關 ($r_\text{手} = 0.21$，$p<0.05$；$r_\text{腳} = 0.29$，$p<0.01$)，由於相關係數都很小，如對兩者作相互預測，意義是不大的。

在運動心理學領域，洪煒等 (1986) 對有文化的成人共 98 名被試，作視、聽簡單反應時間和短時記憶能力的測定。結果表明，反應時間和短時記憶這兩種心理功能指標之間有較大的負相關，且都有極顯著意義 ($r_\text{視·記} = -0.46$，$r_\text{聽·記} = -0.36$；$p<0.001$)。這說明有了其中一個指標，在某些條件下，就可估計另一個指標的情況。

(二) 應用的研究

上面講到，反應時間是有關人的活動、動作的速度和準確性特徵最基本的內容。反應時間的實驗研究，的確有助於人們從不同方面對自身更為複雜的心理與行為的特點作出定量分析，從而獲得規律性知識。心理學研究和實際領域中應用反應時間的場合是很多的，下面分別作簡要介紹。

1. 應用心理現象的研究　任何心理活動都需要一定時間。幾乎所有心理學的實際問題的研究，都可以應用於反應時間的原理和方法。傳統心理學中許多問題的探索，往往把反應時間作為一項客觀指標，如辨別、聯想、注意的分配、動機的引起、知覺的範圍、定向運動、感覺強度、心理量表、情緒的差異及機制、條件反射、學習與詞的替代等等。學者已積累了大量資料。現代心理學則對此進一步作出探索，取得了一個又一個學術成果。

我國心理學家曹傳咏等 (1963) 曾以反應時間作指標，對小學生辨認漢字字形的特點進行了實驗研究，刺激字有五個單元，每個單元包括一個單字及含有這個單字的詞語和字組各三個，詞語和字組分別由二、三、及四個字組成。五個單元共 35 張卡片，按隨機次序在呈現器上呈現，見表 3-1。

表 3-1　五個實驗用的字、詞語和字組的單元

實驗單元	1	2	3	4	5
單　字	方	理	海	滿	放
詞　語	前　方 東方紅 四面八方	理　想 講道理 理直氣壯	海　洋 海岸線 移山倒海	自　滿 滿天飛 心滿意足	放　哨 解放軍 心花怒放
字　組	成旗方 方　常 鐵經方板	理　提 問都理 能技理要	海　肯 山掛海 海最為理	滿　視 滿搖產 本滿樹誰	領　放 放造界 把學放雙

(採自曹傳咏等，1963)

呈現時間從 5 毫秒起始，以 2.5 毫秒一級累增。在每一呈現時間內由被試觀察三次，直到連續三次正確辨讀為止，並以其中第一次正確讀出所需的呈現時間作為時間閾值，所得結果列於表 3-2。

實驗表明，單字與 2～4 字詞語之間辨認所需的時間沒有顯著差別，而

表 3-2　對不同刺激字正確辨認的時閾平均數

字類	單字	詞　　　語			字　　　組		
		二字詞	三字詞	四字詞	二字組	三字組	四字組
時　間 (毫秒)	9.0	9.8	9.7	11.0	12.2	13.1	15.9

(採自曹傳咏等，1963)

單字與 2～4 字組之間的差異是十分顯著的。這可能是由於中樞已形成的聯繫系統，對字詞的辨認產生了有利的影響。另外，他們還研究了生字和熟字的反應時間，見表 3-3。

表 3-3　正確寫出呈現字的時閾平均數

刺激字	熟							字	生						字
	南	蓋	闊	棉	照	幸	得		走	闖	侃	悖	煦	肇	紫
反應時間（毫秒）	10.4	9.6	10.0	10.0	10.0	11.7	8.3		33.3	50.0	13.3	20.4	30.4	49.2	36.7
平　均反應時間	10.1								34.3						

(採自曹傳咏等，1963)

彭瑞祥等 (1983) 應用視聽反應時間方法，對由於掩蓋而造成不完整的漢字進行再認的研究實驗，材料為 39 個常用漢字，分整體字、左右分隔字及上分隔字三類，每類 13 個。筆劃 8～10，有以橫豎為主，也有以撇捺為主的。10 名被試具有中等以上文化程度，分成甲、乙兩組。在速示條件下要被試盡可能迅速、準確地說出所呈現的字。字的大小為 50×50 毫米，觀察距離為 2.5 米。甲組再認左上角被掩的字，乙組再認右下角被掩的字。實驗結果列於表 3-4。由表可見，對三類漢字的再認，甲組的平均反應時間都長於乙組。表明字的左上角的特徵或信息比右上角的較重要，這一現象在可分隔型的字，特別是左右分隔型的字表現尤其明顯。甲組被試反應時間長，再認字困難，原因就在於此。這類研究對於識字教學、計算機識別漢字等工作無疑是有意義的。

自 70 年代起，反應時間法也常成功地應用於現代記憶心理的研究。斯

表 3-4　兩組被試再認不完整漢字的反應時間

	左右分隔字		上下分隔字		整集結構字	
	$\overline{X}$	SD	$\overline{X}$	SD	$\overline{X}$	SD
甲組	0.84	0.330	0.72	0.81	0.72	0.228
乙組	0.71	0.219	0.66	0.161	0.66	0.163

(採自彭瑞祥等，1983)

頓伯格（Sternberg, 1970）用反應時間作指標，對短時記憶中信息提取的搜尋過程特點作了研究。先向被試呈現不同系列長度（在記憶廣度之內）的數字，而後再呈現一個檢驗數字，要他將這個檢驗數字與記憶中的系列數字的各個項目作比較並儘快作出"是"或"否"的回答。結果表明，短時記憶中存儲信息的提取時間隨系列項目數的增加而延長，兩者呈線性關係。大約每增加一個記憶項目，從記憶中搜尋和提取有關信息的時間就要多花 38 毫秒。說明短時記憶信息的提取需要搜尋，而搜尋過程的型式是逐個的"系列比較"，並不是同時的"平行比較"。我們在第四節還將詳細介紹這個著名實驗。

2. 應用於實際領域 反應時間是心理學上最重要的反應變量和指標。在現實生活中，有許多領域需要研究人的反應時間，尤其是在工業生產、交通駕駛、體育運動、設備設計和科學管理等實際部門，反應時間的應用更有其重要意義。

在工業生產中，要能提高工作效率，節省人力，就需要研究操作動作分析的科學工作方法。例如，紡織工人生產定額的制度、勞動指標的測量以及各項操作動作的分析使之正確、合理化，在這些場合上，都用得著反應時間指標。

在交通運輸行業中，反應時間對於交通駕駛員來說是非常重要的，過慢或有時過快的反應，都可能導致事故的發生。例如有實驗表明，汽車駕駛員需要快煞車時，平均要花 500 毫秒，其中約有一半的時間是屬於反應時間本身，另一半是將腳從加速器移到煞車踏板的活動消耗了。如果司機的反應延長了 0.1 秒，車速僅為 30 公里/時，汽車還是要往前多行近 1 米；如果反應延長 0.2 秒，那就要多行 2 米，在這種條件下反應時間就變成嚴重事故的原因了。

現代科學技術的突飛猛進，使自動化設備的設計需要反應時間研究提供必要的參數和要求。如飛機駕駛艙裏的表盤技術模型的製作，可以通過反應時間的測定結果加以鑒定。研究表明，各種顯示器、操縱的設計，要適合人的身心特點，使操作者能迅速、準確地對信息作出辨讀和應答，而且兩者的空間位置的安排結構要合理，以保證操作的順利進行。為此，有人設計了最佳表盤和弧形儀表板，這類研究對於提高人機工作效率，確保飛行安全是必不可少的。

在體育運動上反應時間的應用更是大家所熟悉的事。有經驗的教練員和教師常研製一套速度功能測驗器，用來訓練運動員的各項動作的反應時間，以不斷提高運動員對感覺運動時間和動作時間的領會和控制能力，爭取創記錄的成績。這也是體育運動的宗旨之一。

由此可見，反應時間的研究是社會生產和科學發展需要的產物，它對心理學的理論和實際應用都有重要意義。隨著生產自動化的發展和人們生活節奏的加快，對反應時間的研究越將顯現出它的重要性。

第二節　測量反應時的儀器和方法

從反應時間研究的簡史來看，隨著近代科學和實驗技術的不斷發展，實驗儀器不斷得到更新，使這類研究不斷得到提高。因此，19 世紀馮特時代的心理學儀器不可避免地帶有深刻的機械時代的烙印（見圖 3-4），而現代

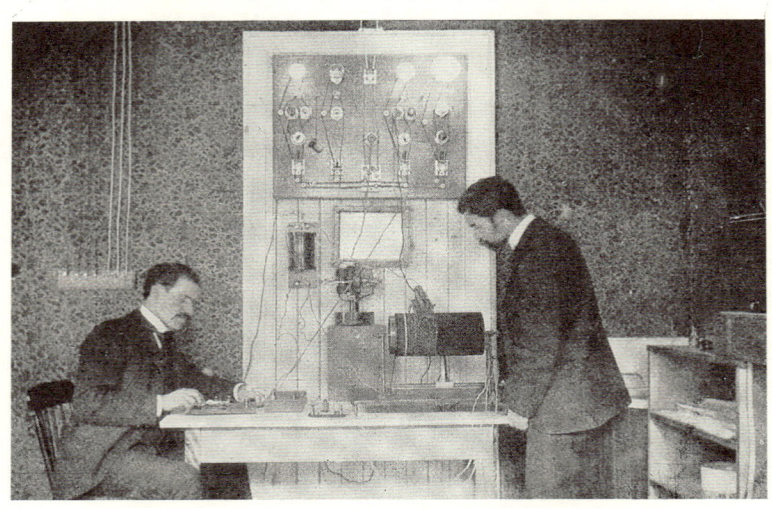

圖 3-4　19 世紀進行反應時實驗的情景
（採自 Scripture, 1901）

心理學儀器則反映了電子時代和計算機時代的特徵。

任何一種有效的測量反應時間的儀器都包括三個部分：刺激呈現裝置，反應裝置和記時裝置。這三部分裝置都會影響到實驗結果的精度。因此，反應時間研究的儀器和手段要根據研究課題的要求選定。為了粗略測量一個繼續幾秒鐘之久的反應，一個有 0.2 秒刻度的停表就夠精確了。當然，為了測量小於 1 秒鐘的反應時間，就需要精密的測量和某種自動記錄的方法，此時就不能用人工停表，因為這種人工的機械停表本身就有一個 0.2 秒左右的反應時，從而會影響實驗結果。要使測量值達到一定的精細程度，儀器的讀數就要更精細些，一般說來，比較理想的記時器要能夠達到精確和自動記錄兩項要求。下面我們簡單介紹幾種有關測定反應時間的器材和儀器。

一、刺激與反應鍵

反應時間實驗，首先是如何設計刺激和反應同時開閉的電路裝置。因而選擇合適的刺激和反應鍵就十分重要。一般地說，簡單線路和電鍵大半有一定的缺點和操作不方便的毛病。例如，用普通電鍵作為刺激鍵作視覺反應實驗時，如主試、被試在同一間實驗室裏，刺激鍵在操作時發出的音響會成為一種不應有的額外刺激，影響實驗結果。如用電子儀器，除對記時要求準確外，對刺激與反應裝置的構造與性能的要求也不容忽視。因此，一個良好的電路設計，對接通和斷開記時裝置的刺激鍵與反應鍵的型式應加以選擇。

對刺激鍵的基本要求是使其適合所刺激的感官。一般機械的琴鍵式、電報鍵式或撥動式的刺激鍵，難免會發出一定的噪音，這種額外刺激將對視覺反應時間有影響。假如是一個簡單反應，視覺刺激器又發出聲音，那麼反應可能是對聲音而不是對光發動的，因為對聲音的反應要比光快些。氖燈開亮或關熄不需要多大的潛伏期，同時它也沒有太明顯的聲音。因此它為對光的簡單反應提供了良好的刺激。聽覺的刺激，可以使用音響鍵或蜂鳴器。

對反應鍵的要求則更嚴，至少要考慮到鍵的機械阻力和被試操作的方便與習慣。如一般琴鍵式反應鍵有一定的彈簧拉力而延長反應時間，這對幼兒被試尤其不適用，可換用一種輕觸式微動開關，以利獲得準確的結果。至於向下按壓或向上鬆開反應鍵這兩種不同反應方式的優劣問題，尚缺乏比較。國內有關的儀器多採用按壓式並增設自鎖繼電裝置，這既可減少被試的疲勞又能使主試避免產生混亂。

不同類型反應時間的測定對刺激和反應鍵都有特殊的要求。如測試言語反應時間，除要設計增益高、失真小的電路系統，還需要性能完善的言語反應鍵。我國心理學者楊治良 (1979) 曾設計此類儀器，其基本原理就類似於玩具市場上的聲控開關。使用此儀器時，只需在話筒插口處插上話筒，讓被試坐於話筒前，在距離話筒 0.5 米的距離內，用通常兩人交談的語音強度所產生語言信號即可使繼電器工作。若繼電器輸出端接上控制電路，就可使語音信號起電路開關作用，計時精度達到實驗要求。

舊式的唇鍵、聲鍵靈敏度低，現代電聲學所提供的聲音開關和傳聲器便可克服這類缺點。研究者還可借用電生理方法，把導出的發聲部位生物電直接或經磁帶記錄輸入電信號記錄裝置和電子計算機進行數據分析，以獲得更準確研究資料。隨著電子元件廣泛應用，我們可以用光電開關借助被試某部分的反應運動遮斷或開通一個光源射到光源管上的光線作為反應鍵。遮斷光線引起電流的變化，經過放大即可推動靈敏繼電器來開關計時電路了。

在反應時間實驗中，選擇了合適的刺激和反應鍵之後，接下去就是挑選最佳的計時器，最後組合成一個刺激和反應組合的電路裝置，保證實驗的順利進行。

二、自由落體直尺計時器

一般地說，計時器多是精密的儀器，而且價格昂貴。但是早期，皮埃郎 (Piéron, 1928) 想出一種幾乎不用花錢的既簡便、無噪音而又相當準確的計時方法。這是一種最簡單的計時器，嚴格地說，這還不是一種儀器而僅僅是一種測量工具。這一方法在於視覺實驗時，主試用拇指將一根米尺筆直地按在牆上，尺的零點朝下，尺的上端在牆上跟被試者的平視相齊的記號處；被試者將拇指擺在尺的下端，準備阻止尺自由下落。實驗時主試說："預備"，1、2 秒鐘後突然鬆開拇指，放開直尺，被試一接受刺激就立即用拇指再將尺按住。直尺下落的距離，就可折算成被試者的反應時間，計算公式如下：

$$T = \sqrt{\frac{2S}{G}}$$

T：代表以秒作單位的反應時間
S：代表尺子下墜的距離（以厘米或尺為單位均可）
G：代表地心引力的重力加速度（980 厘米/秒^2 或 32 尺/秒^2）

為省略計算手續，可直接在尺上標明上與下落距離相應的反應時間刻度，b 距離可由公式：$S=1/2(GT^2)$ 求得。反應時間在 0.5 秒之內的一些近似對應值，可從表 3-5 上查得。

表 3-5 自由下落距離與反應時間測試換算表

反應時間 (秒)	0.10	0.15	0.20	0.25	0.30	0.35	0.40	0.45	0.50
下落距離 (公制：厘米)	4.9	11.0	19.6	30.6	44.1	60.0	78.4	99.2	122.5
下落距離 (英制：吋)	1.9	4.3	7.7	12.0	17.3	23.5	30.7	39.2	43.2

(採自 Woodworth & Schlosberg, 1954)

這種測定方法使用了自由落體的原理，既簡易又經濟，適合於測定反應時間的演示實驗。這種方法也可借助一些附加裝置，用來測定聽覺、觸覺以及其他比較複雜的選擇反應時間。在高科技發達的今日，仍不失其為一種簡便易行的測時方法。

三、單擺微差計時器

這一測時裝置最先是由愷澤（Kaiser, 1859）運用於天文學上對人差的測量，以觀察兩個擺長不同的擺錘視覺的重合來推算人造星體通過的時間，其後由桑福德（Sanford, 1889）加以改進，用兩擺的視覺合一來測量心理反應時間。根據單擺振動定律（law of simple pendulum vibration），單擺的振動周期（T）跟擺長（L）與重力加速度（g）有以下的關係：$T=2n\sqrt{L/g}$。其中 n 代表兩擺的振動周期有一個微小的差別，根據這個微小差別，便可求得反應時間量值。

測量前，主試先調整兩擺的擺長，例如使長擺每分鐘擺動 75 次，短擺每分鐘擺動 77 次，則兩擺每週的時差為 0.8－0.78＝0.02 (秒) (0.8 秒是長擺擺動一周的時間，0.78 秒是短擺擺動一周的時間)。實驗程序是這樣的：長擺和短擺均放在釋放處上面，等待釋放。主試掌握長擺鍵，被試掌握短擺鍵。在主試發出"預備"信號的 2 秒鐘之內，主試按動長擺鍵，此時長擺開始擺動。被試的任務是看到長擺啟動後，就立即按下短擺鍵釋放短擺。由於總是長擺先動，然後短擺漸漸的追上，每擺一次長擺被短擺追上 0.02 秒，那麼短擺追上長擺時的擺動次數乘以 0.02 秒就是短擺與長擺發動的時間間隔。設短擺追上長擺所需要的擺動次數為 n，則 0.02 秒$\times n$ 就是反應時間。例如長擺擺動後經 11 次，短擺才與長擺重合，這次的反應時間為 0.02×11＝0.22 (秒)。如果被試者反應太慢，比如長擺經過一個完全的擺動後，短擺才開始擺動，又經過 5 次，二擺重合，則可在正常計算外，另加長擺擺動完整一次的時間，即 0.02×5＋0.8＝0.9 (秒)。在記數時，我們應注意擺一去一回才算完整的一次；另外在觀察二擺重合時，常常有三次不易分辨誰先誰後，那麼就以中間的一次為準。微差計時器乃是一種"手動"的儀器，圖 3-5 為其原理圖。

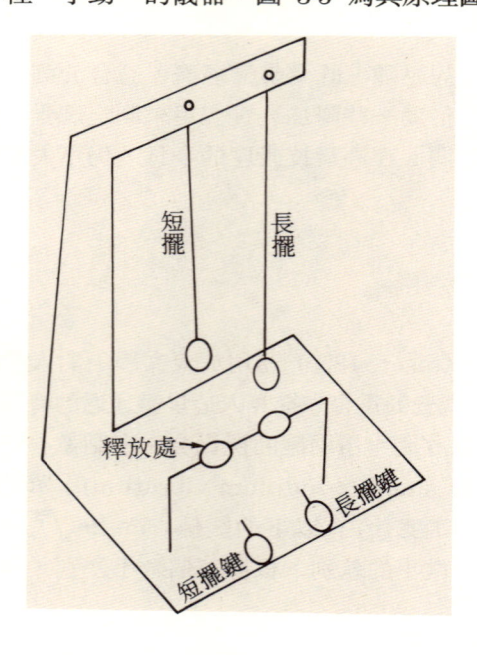

圖 3-5　微差計時器原理圖

四、時間描記器

時間描記器 (chronographic) 又稱**記紋鼓** (kymograph drum)，是早期生理心理研究中常用的儀器，當今精密的生理記錄儀仍採用其工作原理。時間描記器利用一個等速運動的表面，如記紋鼓或攝影膠片，來記錄刺激和反應的痕跡，並根據兩個痕跡間的距離算出反應時間。只要控制運動的表面速度不變，同時在運動表面上畫出清晰的時間標記，就能容易而且準確地求得反應時間。我們一般用每秒振動 100 次的電音叉，臂上安裝一支畫筆，連續在運動表面上（紙帶）畫出時間標記，然後找出刺激與反應間的振動數就能算出反應時間。圖 3-6 上二條垂直虛線間的距離就代表反應時間，圖 3-6 為早期的記紋鼓。

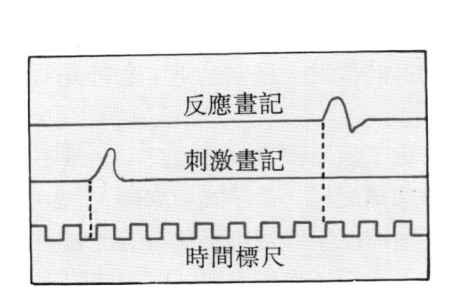

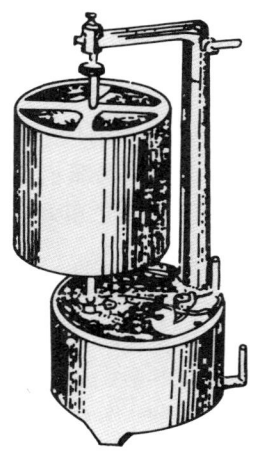

圖 3-6 記紋鼓和它的時間畫跡圖
(採自 Woodworth & Schlosbery, 1954)

五、機械鐘錶計時器

早期使用的鐘錶式計時器有希普計時器和鄧拉普計時器。鐘錶匠希普 (Hipp, 1843) 應用擺的原理創製出一種可測量 1 毫秒的計時器，這是早期心理實驗室精密計時器的雛形。這種計時器是由兩個基本部分構成：(1) 一個迅速運動的時鐘機構，在刺激沒有發出時，就讓它先開動達到常態速度，反應後就停止；(2) 用一個輕齒和連串的裝置來移動實際測量反應時間的指針。刺激和反應都在齒輪上有記錄。隨著生產和製鐘工藝的發展，希普計時器不斷得到改進。鄧拉普計時器的構造略優於希普計時器，它以電磁離合器代替希普計時器上的彈簧裝置。鄧拉普 (Dunlap, 1918) 計時器雖然也很笨重，但為設計更新的鐘錶式計時器作出了貢獻。今天的鐘錶式計時器雖然日新月異，但是基本部件仍是由一個電動機和一個離合器的改進和更新。電動秒錶，電子鐘錶也均是在其基礎上發展而成的，從數量和質量上，為反應時間研究提供了可靠工具。

六、電子計時器

自 20 世紀 50 年代以來，各種新穎的電子計時器日益繁多，給反應時間研究提供了極為有利的條件。現代電子計時器已擺脫了傳統的機械發條及擺錘結構，其基本部件一般採用晶振元件、集成電路（積體電路）及螢光數碼管（或液晶）時間顯示器。與上述微差計時器、時間描記器、機械鐘錶相比，電子計時器乃是更為精確的計時儀器。精密的電子毫秒計，其精確度可達到 1 毫秒。

現代心理實驗室常用精密的電子儀器作為測時工具，如電子節拍器、電子毫秒器、電子定時器、電子時間描記器、數字式頻率儀、示波器等，刺激的呈現和反應的啟動須通過電子開關控制以獲得更加可靠的實驗數據。現代化的電子記時器，其構造大致如下：借一頻率恆定的時間間隔脈衝發生器產生時間脈衝，通過一個控制器，輸送至電子計數器；控制器在被測事件開始的瞬間接通時間脈衝信號，輸入至計數器，計數器開始計數；而在被測事件結束的瞬間，切斷脈衝發生器與電子計數器的通路，使計數器停止計數。因為脈衝頻率固定，所以根據所記脈衝數即可折算成客觀時間。一般我們可借十進位氖燈或計數管直接顯示時間。這類儀器雖然價格高昂，但使用便利，精確度高，適合於實驗室使用。

一般地說，電子計時器不僅計時精確而且功能多樣。例如有一種多用途計時器，至少就有五種功能。這種儀器體積很小，只有 $15 \times 8 \times 10$ (cm^3)，儀器當中是一個定時鐘，定時範圍為 1～60 秒。左側輸入端有五對輸入，具體運作是：(1) 給信號，定時鐘啟動；(2) 給信號後，定時鐘停；(3) 給信號後，定時鐘從頭 (回零) 開始重新走；(4) 給信號後，定時鐘回零；(5) 給信號後，暫停；信號解除，定時鐘又走。這種儀器還有輸出信號，輸出信號可控制開關，並可控制別的儀器，作開關繼電器用。多用途計時器，它還可以像體育館的計時鐘那樣扣除暫停時間，因此可用於做學習記憶實驗和其他計時實驗。這種儀器在心理學上用途很廣，台灣生產的多功能計時器，遠銷世界各地是比較理想的計時器。

七、特殊攝影

當需要記錄快速動作的反應時間或用很短的時間間隔連續記錄反應時間時，可以把刺激的呈現、反應的動作及計時器的走時一齊拍入電影 (錄像或錄影)，必要時還可改變攝影畫面的速度和距離，將反應時間加以"定格"或"放大"，使研究者更準確地獲知反應時間。如在 1981 年莫斯科奧運會男子 100 米決賽中，對前三名運動員的反應時間和比賽成績就是用高速攝影機和其它電子測時設備測定的。

從以上反應時間測定儀器的介紹中，我們也不難看到，反應時間研究的水平也同測量儀器息息相關。在科學研究發展的每一階段，除了和學者所能正確運用的科學研究方法有關之外，尤其取決於當時生產和科學技術發展的水平。儀器設備與實驗技巧的不斷改進對反應時間的研究起了重要的作用，它幫助人們在這一領域內獲得更加客觀、精細、定量的知識。由於對時間測量的精確程度是反應時間測量水平的重要標誌之一，一般來說，要使測值達到一定的精度，儀器的計量標準應當力求準確、精細並具有自動記錄功能。因而，在設計反應時間實驗時，也應選擇好所需的儀器。

第三節　影響反應時間的因素

反應時間可因若干因素的影響而有變異，這是因為，反應時間作為反應變量，它要隨著刺激變量和機體變量的不同而有變化。影響反應時間的因素有許多，我們主要可從刺激變量和機體變量二大因素進行分析。

一、反應時間受刺激變量影響

在刺激變量中，對反應時間影響比較大的因素有：刺激的不同類型、強度、複雜程度及刺激呈現的方式等。

（一）　因刺激的不同類型而異

不同類型的刺激通過特定的通道作用於各個感官，它們的反應時間是不同的。如果從赫希（Hirsch, 1862）較為成功的研究算起，學者對光、聲、觸等不同刺激的反應時間研究已積累了大量資料，可約略綜合如表 3-6。

在同一感覺道裏，刺激的部位不同，反應時間也有差異。如刺激感覺靈

表 3-6　不同感覺道的反應時間（被試為有訓練的成人）

感覺道	反應時間（毫秒）
觸　覺	117～182
聽　覺	120～182
視　覺	150～225
冷　覺	150～230
溫　覺	180～240
嗅　覺	210～300
味　覺	308～1082
痛　覺	400～1000

（採自赫葆源、張厚粲、陳舒永等，1983）

敏的部位、離大腦較近的地方，反應自然就比較快。另外，神經纖維粗細也影響著傳導速度和感覺性質。由於傳導痛覺的神經纖維細弱，傳導速度也比較慢的原因，痛覺反應時間很慢。楊治良等人 (1979) 的研究發現，當興奮 $A\alpha\beta\gamma$ 神經纖維興奮時，被試者有"觸"或"麻"的感覺，但無痛覺，只有當 $A\delta$ 纖維興奮時，才有痛覺。柯林斯 (Collins, 1979) 報告指出："刺激 $A\alpha\beta\gamma$ 纖維是不痛的，在背髓切開手術之前，所有病人對刺激 C 纖維是不能忍受的"。所以，在不把問題過於簡單化的前提下，每一種感覺有著各自的傳入神經，因此反應時間上的差異也就不足為奇了。

（二） 因刺激的強度不同而異

　　刺激強度含義很廣，既包括一般意義上的物理強度，也包括其它類似的因素，如視刺激的光強、空間面積、時間久暫及兩個以上刺激的累積等。受刺激強度影響一般的情況是，當刺激強度很弱時，反應時間就長，而當刺激增至中等或較高強度時，反應時間便縮短了。卓查理 (Chocholle, 1945) 用 1000 赫茲強度不等的純音作反應時間測定，兩名熟練的被試者的平均成績列於表 3-7。從表中數據可知，反應時間隨刺激強度的增加而減少，強度每增加一個對數單位，反應時間便有一定的縮減，但達到中等強度後，減小量減少，當刺激強度為 10 個對數單位 (即在閾上 100 個分貝) 時，被試者的反應時間不可能少於 110 毫秒，而達到一個極限。

表 3-7　對不同強度的 1000 赫茲純音的反應時間

$\log I$	RT (毫秒)	$\log I$	RT (毫秒)
0	402	4	139
0.2	316	5	130
0.4	281	6	124
0.6	249	7	118
0.8	218	8	112
1	193	9	111
2	161	10	110
3	148		

(採自赫葆源、張厚粲、陳舒永等，1983)

(三) 因刺激的複雜程度而異

刺激的複雜程度可以從兩個方面來分析：(1) 刺激選擇數目越多，愈複雜；(2) 刺激相似程度越低，則愈複雜。顯然，刺激越複雜，反應時間必然越長。

從可供選擇的刺激數目上看，選擇的數目越多，反應時間必然越長，心理學家默克爾 (Merkel, 1885) 最早用實驗證明了這一點。這種實驗要求被試者對阿拉伯數字 1 到 5，按次序由右手 5 個手指作反應；而對羅馬數字 I 到 V 則由左手 5 個手指作反應；每一系列試驗所使用的刺激選擇數目各不相同。研究者事先讓被試了解選擇的數目，實驗結果如表 3-8 所示。

表 3-8　可供選擇的刺激數目對反應時間的影響

刺激選擇數目	1	2	3	4	5	6	7	8	9	10
反應時間 (毫秒)	187	316	364	343	487	532	570	603	619	622

(採自曹日昌等，1979)

謝波德和梅茨勒 (Shepard & Metzler, 1973) 曾經做了另一個實驗來說明反應時間受刺激複雜程度不同而異。實驗是這樣進行的：在銀幕上顯示圖形，要求被試者回答銀幕上的一對圖形中物體的形狀是"相同的"，還是"不同的"。實驗共 8 名被試者，1600 對材料。在這個實驗中，共有三種實驗條件 (見圖 3-7)：

A 條件：即左右兩個圖形中的物體是相同的，它們平放在一張紙上，只是角度有所不同，即從上到下旋轉的角度不同。我們把這種旋轉叫兩維旋轉，即在平面上的旋轉。

B 條件：即左右兩個圖形中的物體是相同的，但它們之間的角度不相同，而且是從前到後旋轉。我們把這種旋轉叫做三維旋轉，即因角度的不同而引起投射的大小和相互關係的不同。

C 條件：左右兩個圖形中的物體雖然有點相似，但實際上是不同的。

被試者通過幾次練習，取反應時間為因變量。條件 A 和條件 B 的旋轉角度範圍為 0°～180°，圖 3-8 為這個實驗所取得的結果。從圖 3-8 上

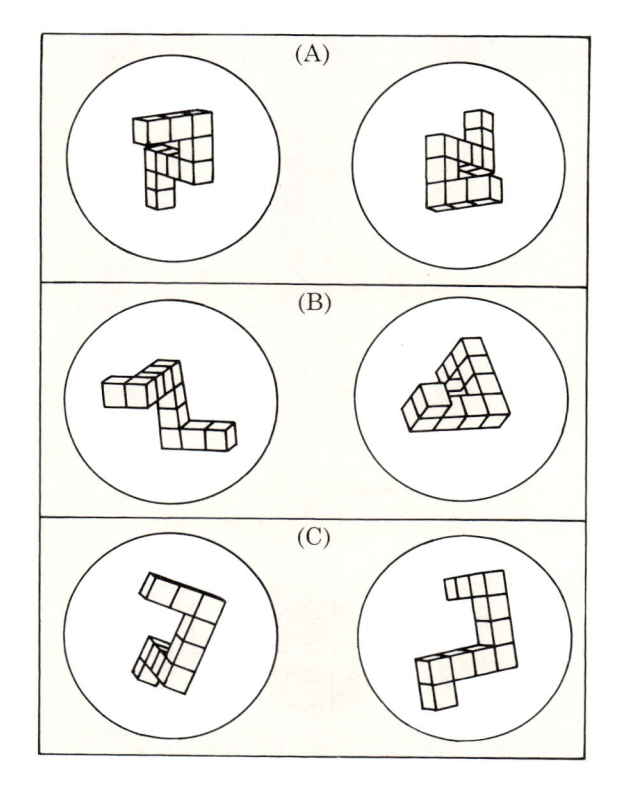

圖 3-7　三種實驗條件舉例
(採自 Shepard & Metzler, 1973)

可見：(1) 兩維旋轉和三維旋轉有相似的斜率；(2) 心理移轉 (或心理旋轉)(詳見下一節) 呈線性規則，大約是 60°/秒，也就是說，約 3 秒鐘轉半圈 (180°)。這裏告訴我們，心理移轉的弧度代表著刺激複雜性的程度，其移轉的弧度越大，則越複雜，那麼反應時間就越長。

反應依賴於刺激的複雜程度的原理也適用於社會心理方面的研究，達希爾和希浦利 (Dashiell & Shipley, 1945) 等人在美學領域中也發現了相似的結果。他們給被試者呈現兩種顏色，被試喜歡哪邊的顏色就用哪邊的手去反應。對每個被試者來說，顏色的美感價值越大，選擇反應時間也越快；反之，若兩邊顏色美感程度相差無幾，則選擇時間就越長。若把選擇反應時間作指標，製作量表就能顯示被試者對各種顏色的喜愛度。

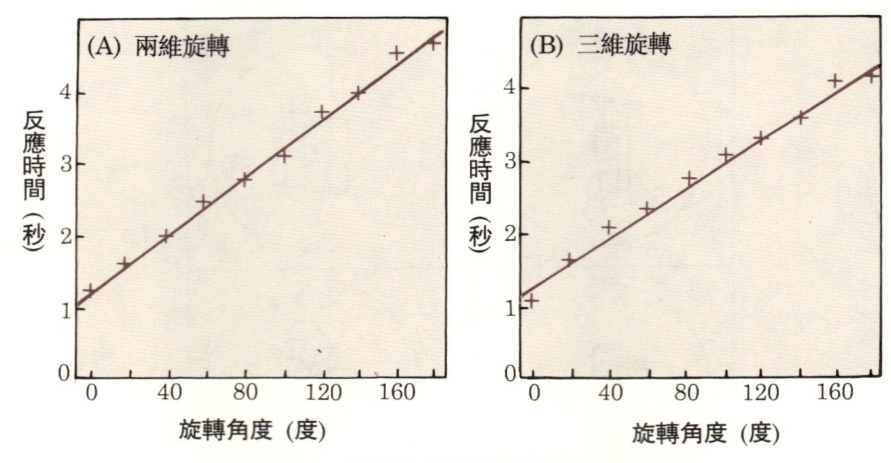

圖 3-8　旋轉角度與反應時間的關係
(採自 Shepard & Metzler, 1973)

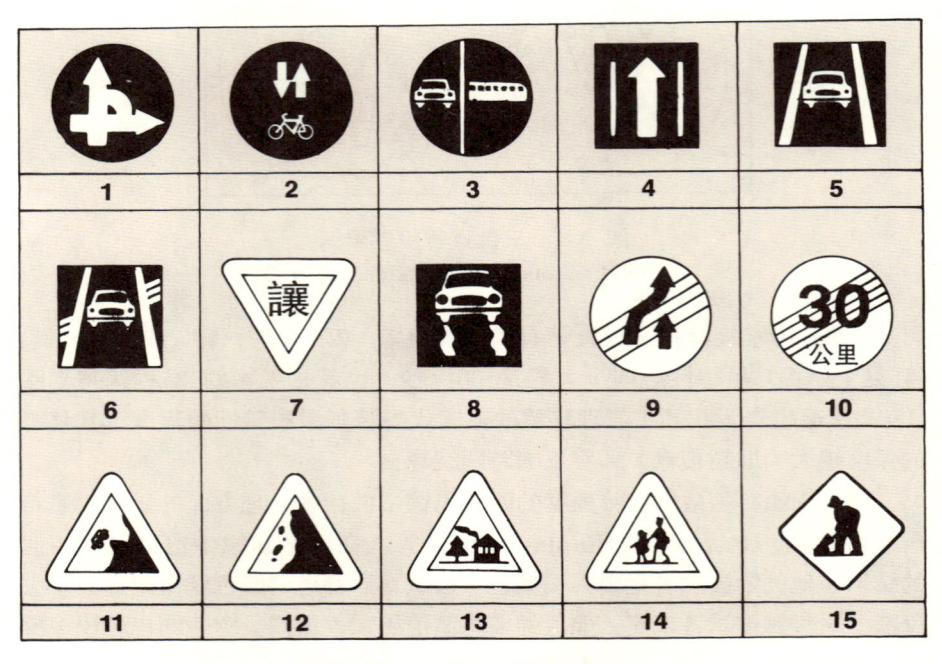

圖 3-9　15 種道路標誌圖形
(採自詹美莎，1987)

我國心理學工作者 (詹美莎，1987) 結合道路標誌實踐課題，研究了反應時間受路標易讀性而影響，此實驗被試者為 40 名職業汽車司機，每人都填寫過上述交通標誌調查表。年齡最小為 20 歲，最大為 52 歲，平均 33 歲。教育程度小學至高中的均有。實驗材料是將未達到理解度標準的 15 種標誌 (見圖 3-9) 分別製成帶有各種街景、廣告及人物等背景的幻燈片，共三套，每套 15 張。各標誌在各幻燈片畫面上出現的位置是隨機的，三套幻燈片中每種標誌在畫面上的位置又各不相同，用幻燈機將刺激物呈現於 30×20 cm^2 的屏幕上。用數字式電子停鐘及自動控制裝置記錄被試者回答標誌意義的聲音反應時。被試者坐椅距離屏幕 2 米。話筒放在坐椅前的桌上。

在主試者向被試說明本實驗的目的在於測定 15 種標誌的辨認時間後，接著將 15 種標誌紙型依次呈現給被試並解釋每種標誌的意義及用途。要

表 3-9　再認 15 種道路標誌的平均正確反應時和正確率

標誌號	意　　義	平面正確反應時(秒)	標準差(秒)	正確率(%)
1	立交路口直行和右轉彎	1.81	0.67	87.5
2	單行路只準自行車上下行	1.82	0.70	100.0
3	只準兩種車通行	1.61	0.50	95.0
4	單行路	2.20	1.22	92.5
5	快速路	1.48	0.44	95.0
6	快速路終點	2.15	0.13	90.0
7	讓幹路車先行	1.88	1.02	90.0
8	準試煞車	1.75	1.00	97.5
9	解除禁止超車	2.38	1.27	82.5
10	解除時速限制	1.88	0.94	92.5
11	山旁險路	2.07	0.95	97.5
12	落石	1.82	0.69	97.5
13	村鎮	1.75	0.74	100.0
14	學校	1.52	0.48	100.0
15	施工	1.55	0.34	100.0

(採自詹美莎，1987)

求被試者在聽到主試者預備口令後注視屏幕,當畫面出現時迅速從中尋找交通標誌並回頭回答其意義,儘量做到又快又準。

實驗獲得了表 3-9 的結果。從表 3-9 可以看出,除 9 號"解除禁止超車"標誌外,其它標誌的再認正確率均超過 85%,9 號標誌的再認正確率最低為 82.5%。結果表明各標誌平均反應時間差異很顯著。其中 9 號標誌反應時最長,為 2.38 秒,它除了和 4 號(單行路)、6 號(快速路終點)、11 號(山旁險路)標誌的反應時差異不顯著外,和其它 11 種標誌的反應時差異都相當顯著,4 號、6 號、11 號標誌反應時也相當長,均超過了 2 秒。另外,5 號(快速路)、14 號(學校)、15 號(施工)、3 號(只準兩種車通行)、8 號(準試煞車)和 13 號(村鎮)標誌的反應時比較短,在 1.48～1.75 秒之間,它們之間基本上無顯著差異。這一實驗告訴我們,作為刺激材料複雜性的一種表現——易讀性,對反應時間的影響是極為明顯的。

(四) 因刺激呈現方式不同而異

在反應時間研究中,刺激呈現方式也歸屬於刺激變量,刺激的呈現方式不同,反應的難度也不同。這方面的實驗研究古今都有不少,這裏舉一例。我國心理學家(張鐵忠和沙建英,1987)對雙眼視野不同位置的視覺運動反應時間進行了測定,獲得了表 3-10 的實驗結果。根據表 3-10 的八個不同

表 3-10 六種距離、八種方向的視覺運動反應時間 (單位:毫秒)

信號離視野中心的距離*	信號的方向									
	上	右上	右	右下	下	左下	左	左上	X	S
5.73°	820.77	832.69	840.73	849.72	717.25	833.91	790.71	842.68	816.06	41.04
10.05°	815.82	824.42	791.54	814.07	699.80	790.90	775.34	814.67	790.82	37.73
20.10°	827.73	862.90	819.23	810.31	711.54	791.86	798.56	848.45	808.82	43.04
30.15°	832.47	892.17	836.20	831.89	707.28	839.88	804.91	861.82	825.83	50.12
40.21°	837.87	900.28	879.18	819.57	785.57	808.54	819.77	909.62	845.06	42.69
50.26°	905.19	941.32	874.96	832.24	792.68	871.97	909.94	893.23	877.69	43.90
X	839.98	875.63	840.31	826.30	735.71	822.84	816.54	861.75		
S	32.91	44.32	33.32	14.60	41.87	31.66	48.08	34.76		

*信號離雙眼視野中心的距離以角度表示

(採自張鐵忠、沙建英,1987)

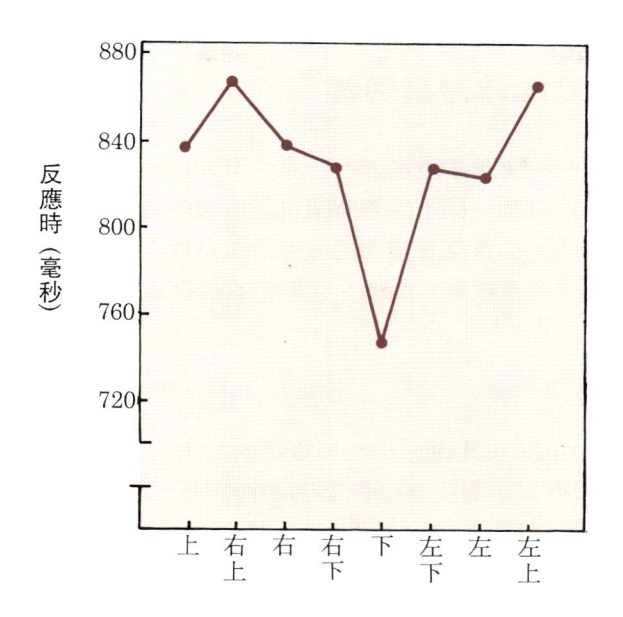

图 3-10 不同方向視覺運動反應時間
(採自張鐵忠、沙建英，1987)

方向的視覺運動反應時間的平均值與標準差畫成圖 3-10。從圖上可以看出反應時間隨著信號在視野中的方向不同而有差異，方向"下"反應最快，反應時最短，其次是方向"左"、"左下"與"右下"，再其次是方向"上"與"右"，"右上"與"左上"反應最長，反應時間的值最大。各方向反應時間的方差分析表明，差異非常顯著。反應時曲線成草寫"V"字形。如果以垂直與水平線上諸方向的反應時分別與按順時針相鄰方向的反應時進行比較，除"右"方向外，其他各方向的反應時均比斜方向快，整個曲線有成鋸齒形趨勢。

對圖 3-10 和表 3-10 作雙眼視野相反方向反應時的比較表明：方向"下"較"上"，"右下"較"左上"，"左下"較"右上"的反應時短，t 檢驗表明差異均達顯著水平；方向"左"與"右"反應的差異不顯著。由此可見，偏離雙眼視野中心的距離是影響反應時的重要因素。距離不同，反應時間也有顯明的差異，反應時間隨偏離視野中心距離的增大而增長。

二、反應時間受機體變量影響

影響反應時間的主要刺激變量如上所述，但外在原因需通過內在條件而起作用，和其它心理現象一樣，反應時間也是以機體的內部狀態為中介而對外界刺激作出反映的。影響反應時間的機體變量為數衆多，主要有：機體適應水平、準備狀態、練習次數、動機、年齡因素和個別差異、酒精和藥物作用等。

（一） 適應水平

適應（adaptation）在此處意指在刺激物的持續作用下，感受器發生的變化。感受器的適應水平對反應時間有明顯的影響。霍夫蘭得（Hovland, 1936）的實驗中，當雙眼對不同的照明適應後，測量了對 254 公尺燭光的反應時間。刺激是一直徑為 20 毫米（0.8 吋）照明為 250 支燭光的白色圓塊，觀察距離為 30 厘米（12 吋），五名被試者的平均成績（每人每種條件各測試 100 次）列於表 3-11。

這個材料表明，感受器適應水平的變化對反應時間的影響，這也相當於上面講到的不同強度光刺激的影響。在反應時間實驗中，不僅是視覺，而且聽覺和其他感覺，都要考慮到被試者的感覺適應問題。

表 3-11 不同光適應水平的反應時間

適應水平（呎·燭）	200	150	100	50	0
反應時間（毫秒）	154	146	144	140	131

（採自 Hovland, 1936）

（二） 準備狀態

準備狀態（readiness）是指機體對於某種行為作出的準備情況。被試者在主試者發出"預備"口令到刺激呈現這段預備時間內的準備狀態也是影響反應時間的因素之一。在這時距內，被試者處於積極準備狀態，力求儘快對刺激作出反應。如果預備時間太短，被試者可能來不及準備；如果太長，被試者的準備狀態又可能出現衰退而延誤反應。許多研究說明，儘管存在個體差異，但最有利的預備時間大約是 1.5 秒。中村在研究蹲踞式起跑時，把從預備口令到鳴槍的時間間隔分別定 1、1.5 和 2 秒三種，結果發現間隔時間為 1.5 秒時，運動員從聽鳴槍到手離地的反應時間最短，見表 3-12。

表 3-12　準備狀態和反應時間

間隔（秒）	反應時平均數（M）（毫秒）	標準差（SD）（毫秒）
1	198.92	19.750
1.5	170.75	11.348
2	210.87	18.714

(採自藤田厚，1982)

　　心理學家通過對肌電和腦電圖形的分析來解釋準備狀態與反應時間的關係。當預備信號發出 200～400 毫秒時，執行反應的肌肉部位開始緊張起來，這種肌肉緊張不斷增強直至預備時間之末而達到峰值；且當預備時間穩定在一個最適合於作出最快反應時，緊張度最高。此時，在相應腦部的 α 波被抑制，在信號發出後 1000～1500 毫秒，α 波被抑制量為最大，大腦處於高水平的被激活狀態。在這種條件下，被試者就可能作出快速反應。可見，反應時間有賴於機體準備狀態的水平也有其生理基礎。

(三)　練習次數

　　在心理實驗中，**練習**(exercise) 是一個控制變量，即一個潛在的自變量。練習與反應時間的關係相當密切。在一定範圍內，練習次數越多（上百次），反應會越快，反應時間減少的趨勢是逼近一個極限而穩定下來。茲以洛莫夫 (Lomov, 1965) 的實驗加以說明。六名被試者對光刺激作順序運動反應（對光作一系列簡單畫圖動作），共練習 26 天，每天練習 10 次共 20 分鐘。平均結果見圖 3-11。由圖可見，由於被試者起先不習慣於反應的方式，當他選定適合自己的操作方法後，練習因素開始起作用了。變異係數的值由大到小，表明反應時間逐漸減少到一定的水平並且穩定下來，接近極限水平。

　　關於練習對反應時間影響的機制，不少學者提出了一些解釋。吉列齊娜 (Telekina, 1957)、格萊斯金 (Gerrelstein, 1958) 認為由於言語－思維的參

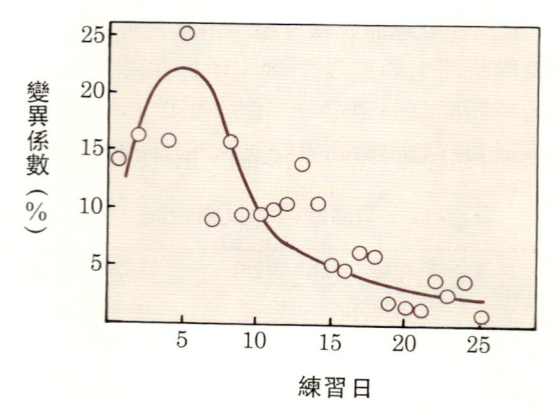

圖 3-11　練習過程中反應時間的變化
(採自 B. Lomov, 1965)

與，不僅使感覺過程的調節機制得到改造，機體還能有意識地調節自己準確地掌握反應時間。

(四) 動　機

動機 (motive) 是由於人的某種需要所引起的有意識或無意識的行為指向。反應時間實驗中被試者易受某種額外動機的影響。約翰遜 (Johnson,

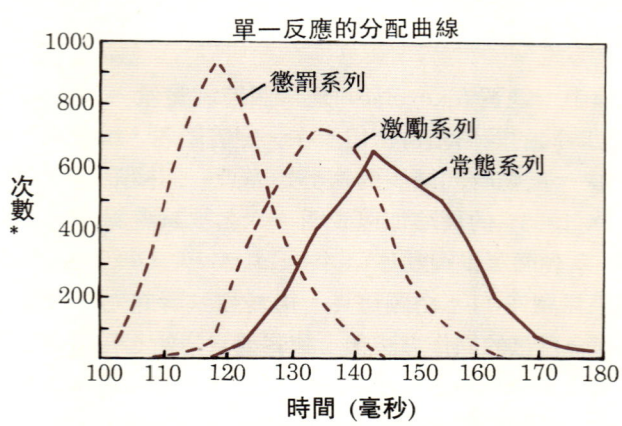

圖 3-12　附加動機對反應時間的影響
＊在 3600 次反應中的佔有量
(採自 Johnson, 1922)

1922) 的實驗發現主試者所設計的一些附加動機能使聽覺反應加快,結果見圖 3-12。圖中激勵系列是將每次反應結果告訴被試者,因而被試者得到一種略微的獎或罰的激勵;懲罰系列是當被試者的反應慢於規定時間時,其手指就受到一次電擊,而反應達到這允許時限便不受電擊;常態系列是指沒有附加動機的影響。這三種條件是循環使用的,以免產生練習效應。三名有訓練的被試雖然都一直在儘快地作出反應,但在不同水平的獎懲動機影響下,反應還是有明顯的變化。每條曲線都是 3600 次單一反應的分佈曲線。

(五) 年齡因素和個體差異

人的心理發展變化存在著很大的**個體差異**,不同的人的發展速度,達到最高水平以及開始衰退的年齡都有所不同,年齡差異是指心理功能隨年齡變化的總趨勢。個體的年齡對反應時間的影響曾有不少研究,都得到相似的結果。一般認為,自發育階段至 25 歲前(青少年階段),反應時間隨年齡增長而減少,起初減得快,以後較慢。學前期兒童由於難以控制的肌肉緊張、情緒激動與注意渙散的緣故,反應時間很不穩定,且不易獲得較快的反應。7~8 歲學齡期兒童反應時間減少趨勢比較明顯,也開始穩定下來。

進入生理成熟期後,人的感覺-運動和短時記憶功能隨著年齡的增長,有一個逐漸衰退的趨勢。進入老年期後,這兩個方面的功能可以有較顯著的退化。戈茨達克(Gottsdamker, 1968)在對一組年齡為 18~93 歲的成人被試者的研究中注意到,隨著年齡的增長,感覺-運動反應時間逐漸延長,但反應時間(RT)的增長量在相近的年齡組中是很緩慢的(小於 2 毫秒/10年)。此外,還有人發現在 25 歲以後到 60 歲的一段時間內,反應時間的增長極為緩慢,但 60 歲以後反應時間開始有了較大增加。圖 3-13 是邁爾斯(Miles, 1942)的聽覺簡單反應的實驗結果。

個體差異(或個別差異)(individual differences)指不同個體之間在品質和屬性上存在的任何差別。無疑在反應時間實驗中,常會遇到個別差異的問題。即使研究者能將上述來自內外的實驗變量嚴加控制,但由於人們的心理特點不同,各人的反應時間是各不相同的,這就表現為在反應時間上的個別差異。菲薩爾(Fessard, 1926)曾對 1000 名男性成人被試者作聽覺簡單反應時間的測定,結果發現反應時間的均數分配大致呈常態。雖為了測量各年齡階段反應時間的離散程度或離中趨勢(參見第二章),依據表 3-13 上

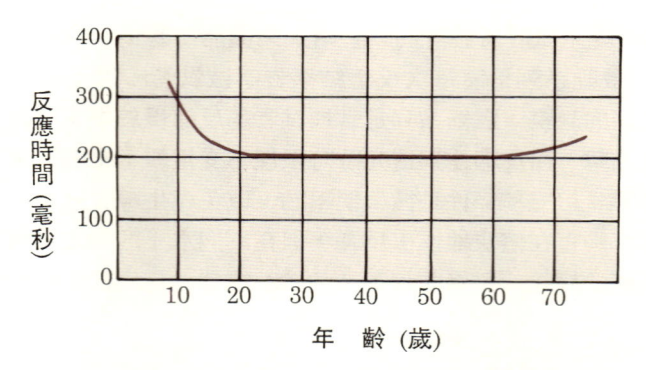

图 3-13　不同年齡的聽覺簡單反應時間
(採自 Miles, 1942)

表 3-13　147 名成年被試者視聽反應時成績

年齡組 \ 項目	視反應時 平均數 (M)	視反應時 標準差 (SD)	聽反應時 平均數 (M)	聽反應時 標準差 (SD)
青年組 (n=57 人) 20～39 歲	195.64	29.10	140.27	27.26
中年組 (n=42 人) 40～59 歲	220.22	29.47	160.32	31.35
老年組 (n=48 人) 60 歲以上	246.29	48.90	82.78	45.10

(採自洪煒、梁寶勇，1986)

的數值算出了**變異係數** (variation coefficient) (註 3-2)，結果發現，老年組的變異係數較顯著地高於青年和中年組，說明老年組在感覺-運動反應速度方面存在著較大的個別差異。

然經過較長的練習，有些人比另一些人進步得快些，這就改變了它們在分配圖上的相對地位，但由於各人的進步幅度不同，總的時間分配仍是對稱的形態，個別差異仍然存在。

註 3-2：

$$V = \frac{SD}{M} \times 100\%$$

說明：凡憑藉算術均數來表示兩個或兩個以上標準差的相對差別的統計量數，就叫做變異係數。式中 V 表示變異係數；SD 表示標準差；M 表示平均數。

不僅不同被試者之間反應時間有差異，同一被試的反應時間也是有起伏的。主試者難以預測某個被試者在某個特定時刻的反應時間應是多少，這一變異也受制於他總的心理特點，而不是任何一、兩個單獨因素所造成的。

應當指出，年齡和個體差異還有交互作用。如有些老年人衰老得快些，有些人由於注意老年的保健與心身鍛鍊而延緩其病理性衰老。我國心理學工作者洪煒等對年齡的個體差異進行了研究，147 名有文化的健康成人參加了實驗。正式測定前，進行 10～20 次練習，直到成績比較穩定時為止。稍事休息後，再進行視覺和聽覺的反應時間的正式測定。各記錄 10 次結果。表 3-13 為三組被試者的平均數和標準差。圖 3-14 為年齡與視聽反應時間的關係。

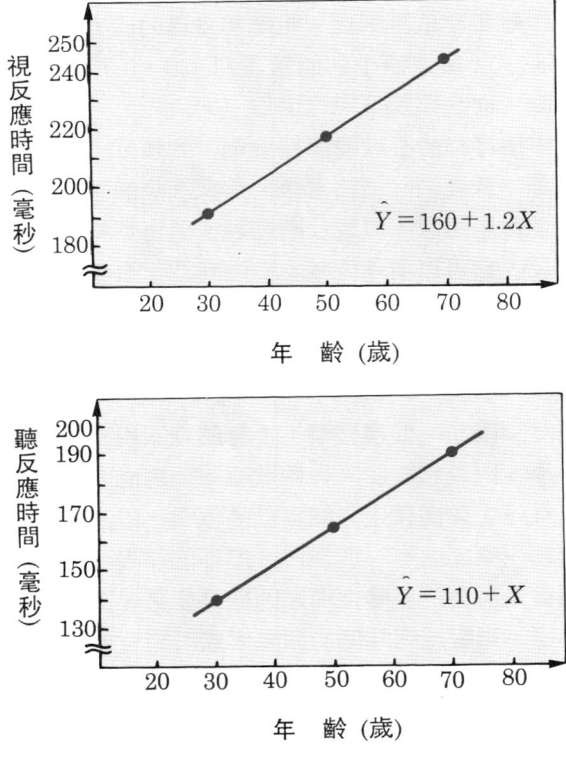

$\hat{Y} = 160 + 1.2X$

$\hat{Y} = 110 + X$

圖 3-14　年齡與視聽反應時間的關係
(採自洪煒、梁寶男，1986)

(六) 酒精及藥物的作用

影響反應時間的因素可以列出許多，在實際領域一個引人注目的問題是酒精和藥物也能影響反應時間。各類酒中都含有不等量的酒精。酒精在腦神經系統達到一定濃度時，中樞神經系統逐漸遲鈍，對周圍情況變化的反應速度大大下降。如果是酗酒，其反應時間將延長 2～3 倍，甚至更長，往往緊急情況已到眼前，還未發現或採取任何措施便已肇事。例如車速每小時 40 公里，未飲酒的駕駛員對道路複雜情況作出反應只需 0.6 秒，而飲酒後的駕駛員卻要 1.8 秒。這樣，汽車在反應時間內所行駛的距離就從 0.6 秒的 7 公尺增加到 1.8 秒的 21 公尺，所需的安全距離增加了 14 公尺，即從 27 公尺增加到 41 公尺。由於酒精對大腦皮層的抑制過程會產生破壞作用，使駕駛員很難正確估算車速、距離和自己的能力，以致駕駛動作不準確、不適當。據測試，當血液中的酒精達到 0.5～0.7 毫克時，駕駛員不僅選擇反應時間增長，而且錯誤反應也增加 46%。

目前，刺激中樞神經的心理殺傷性藥劑，大致分三類，即鎮靜劑、興奮劑和致幻劑。鎮靜劑雖能消除情緒緊張、焦躁、恐懼感，但會使駕駛員肌肉活動能力下降，並出現睡意，以致反應遲鈍。興奮劑對中樞神經系統的作用與鎮靜劑作用相反，它可以消除疲勞，驅逐睡意，改善思維活動力，提高反應速度，但會使各類職業人員思想麻痺，過高估計自己的能力。致幻劑會使人有時產生幻覺。如傷風感冒服用過量解熱鎮痛劑，會使人的注意力、精力、反應能力下降。其他諸如安眠藥、麻醉藥品、止咳藥、止痛片、咖啡因、非那明、利血平等類藥品，要遵醫囑，不應隨意服用。另外有些工程人員不應服用抗胺類藥品，因為它會使人昏昏欲睡，反應能力下降。因病住院，或在治療過程中，最好主動向醫生介紹自己的職業，以及近期是否有出車等任務，以便醫生合理用藥。還有一種情況，即不能靠喝濃茶、濃咖啡來增加興奮，因為這種興奮是短暫的，隨之而來的則是疲勞、困倦。

統觀本節所述，影響反應時間的諸多因素可來自外界和機體內部各個方面。一般說來，對一些肌體變量，實驗者是難加控制的，這也許是反應時間研究的一大難題。可是反應時間的探索曾給個別差異測量提供了機會，隨著個別差異研究的深入，必將給反應時間研究的進一步發展創造條件，在相輔相成中，得到共同的發展。

第四節　用反應時間分析信息加工的方法

反應時間測量有兩個用途：(1) 作為成就的指標，因為你對一件工作越精通，你就完成得越快；(2) 也可作為借以產生一種行為結果的內部過程複雜性的指標，因為內部過程越複雜，它所消耗的時間便越長。過去傳統心理學更多地使用第一種用途，而今現代心理學則更多地使用第二種用途。

二十多年來，隨著**認知心理學** (cognitive psychology) 理論的發展，反應時間的測量受到特別的重視，認知心理學家對反應時間的關注是與**信息加工** (或訊息處理) (information processing) 理論的基本思想分不開的。信息加工理論用抽象的方法分析人的心理過程，認為信息在腦內要經過一系列操作處理，這些操作處理有明確的先後次序，在不同的處理階段信息處於不同的狀態。心理處理是要時間的，處理信息量的多少，處理階段的不同，都會直接反映在處理的反應時間特徵上。因此，特定的心理操作能按它所需要的時間來測量，不同的心理操作按它們在時間分佈上的不同而區分開來。可見，反應時實驗之受到認知心理學家的重視不是偶然，而是有著深刻原因的。認知心理學家強調研究內部心理過程，並將它看作一系列連續階段的信息加工過程。要把握這個過程，則需要將輸入和輸出聯繫起來進行推論。反應時實驗恰好可以為此提供極為重要的客觀材料。應用反應時間分析人類信息加工過程的兩種基本方法是減數法和加因素法。

一、減數法

（一）　什麼叫減數法

一些有影響力的實驗心理學教科書，把心理學上反應時間的研究劃分為兩個時期。第一時期稱減數法時期，它是由唐德斯 (Franciscus Cornelis Donders, 1818～1889) 奠定基礎的。又稱**唐德斯反應時 ABC** (Donders ABC of reaction time) 或**唐德斯三成分說** (Donders three components)。第二個時期稱加因素法時期，它是由斯頓伯格 (Sternberg, 1969) 奠定基礎的。**減數法** (subtractive method) 乃是一種用減數方法將反應時間分解成各個成分，然後來分析信息加工過程的方法。它是由唐得斯首先提出的，故又稱**唐德斯減數法** (Donders subtractive method)。

唐德斯最初應用這種實驗來測量包含在複雜反應中的辨別、選擇等心理過程所需要的時間。在這種實驗裏，通常需要安排兩種不同的反應時作業，其中一種作業包含另一種作業所沒有的某個特定的心理過程，此特定心理過程即為所要測量的心理過程，而二者在其餘方面均相同，這兩種反應時的差即為此過程所需的時間。舉例來說，當被試者覺察一個燈光刺激後立即用右手按鍵作出反應，這樣就測到一個簡單的視覺反應時 (RT_1)。如果實驗安排紅綠兩個色光刺激，並要求被試者看到紅光後立即用右手按鍵來反應，而看到綠光時則不作出反應，這樣測到的複雜反應時 (RT_2) 要長於前面的簡單反應時。這兩種反應時作業的區別僅僅在於後者需要將紅綠兩個色光刺激區分開來，所以這兩種反應之差就是辨別過程所需的時間，即 $RT_2 - RT_1 =$ 辨別過程時間。減數法反應時實驗的名稱也由此而來。同理，如果實驗仍安排紅綠兩個色光刺激，但要求被試者在看到光刺激不但要作出辨別，而且還要對反應作出選擇。將這樣測得的反應時 (RT_3) 減去含有辨別過程的反應時 (RT_2)，就得到選擇過程所需的時間，即 $RT_3 - RT_2 =$ 選擇過程時間。

唐德斯的減數法把反應分為三類，即 A、B、C 三種反應：

第一類反應稱 A **反應** (A-reaction)，又稱**簡單反應** (simple reaction) (見圖 3-15)。A 反應一般只有一個刺激和一個反應，例如被試者對一個燈亮，作一個按鍵的反應。唐德斯稱這種反應為**基線時間** (baseline time)，一方面它是最簡單的反應，另一方面它又是更複雜反應的成分或基本因素。

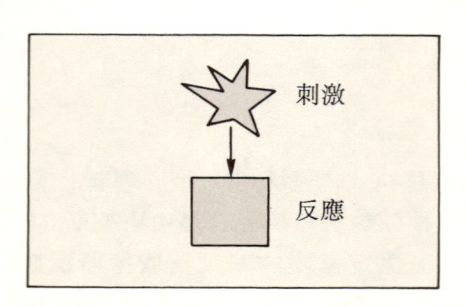

圖 3-15 唐德斯 A 反應任務
一個刺激和一個反應

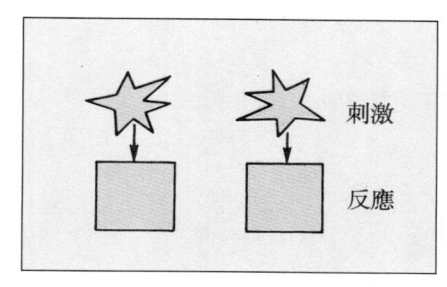

图 3-16　唐德斯 B 反应任务
二個反應對應二個刺激

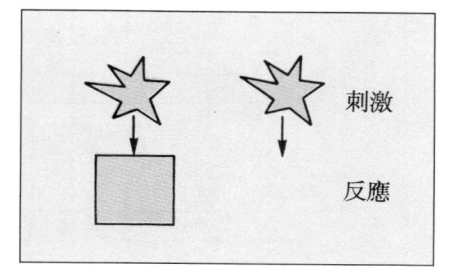

图 3-17　唐德斯 C 反应任务
二個刺激，但又只有一個需要反應

　　第二類反應稱為 B 反應 (B-reaction)，又稱**選擇反應** (choice reaction) (見圖 3-16)。它是複雜反應中的一種，在這類反應中，有二個或二個以上的刺激和相應於刺激的反應數。也就是說，每一個刺激都有它相應的反應。如在一個實驗中，對紅光信號燈按 A 鍵，對綠光信號燈按 B 鍵，對藍光信號燈按 C 鍵，對白光信號燈按 D 鍵，共四個刺激和四個對應的反應，在這樣的選擇反應中，不僅要區別信號，而且還有選擇反應。因而在這樣的反應中包括了刺激辨認的心理操作和反應的選擇。

　　第三類反應稱為 C 反應 (C-reaction)，又稱**辨別反應** (indentification reaction)。它是另一種形式的複雜反應 (見圖 3-17)。C 反應和 B 反應有相同點：具有二個或二個以上的刺激。C 反應和 B 反應也有區別之處：C 反應中只有一個刺激是要求有反應的，而其餘刺激是不要求作出反應的，即不要求做任何事。那麼是不是 C 反應不需要心理操作呢？不是的。B 反應既有刺激的辨別，還有反應的選擇。而 C 反應僅有刺激的辨別，但沒有反應的選擇。

　　通過以上敍述，我們可以分析 A、B、C 三種反應的辨別和選擇心理操作所要求的時間。這種分析，稱之為唐德斯的減數法。減數法顧名思義，其 A、B、C 三種反應是按減法規律進行的。

　　根據減數法法則來分析 A、B、C 三種反應。C 反應就等於辨別時間加同類的基線時間 (神經傳導時間等)。這裏的"同類"意指刺激信號上相同。這樣，從 C 中減去 A，就告訴我們辨別時間有多長。與此相似，從 B 中減去 C，就告訴我們選擇時間有多長。因為 B 包括了辨別、選擇和基線等三個時間。而 C 只包括辨別和基線兩個時間。它們之間的關係可從

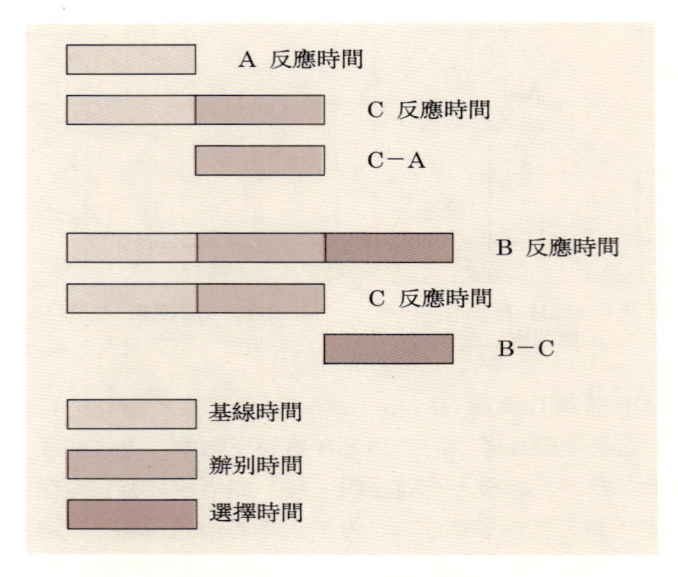

圖 3-18　唐德斯減數法圖解
(採自 Kantowitz, 1984)

　　圖 3-18 上看到。
　　針對三種反應的區別，我們就可對 A、B、C 三種反應進行時間上的排隊：B 類反應時間最長，C 類次之，A 類最短。和減數法原理相同，唐德斯明確提出了反應時間的成分說。即：反應時包括了三個成分——**基線時間** (baseline time)，**辨別時間** (indentification time) 和**選擇時間** (selection time)。
　　以上就是唐德斯減數法的原理，儘管很長時間以來，也有不少人反對唐德斯的三成分說，其主要理由是：B 反應決不是在 C 反應上簡單地加上些什麼；C 反應也決不是在 A 反應上簡單地加上些什麼。但是，唐德斯的減數法在 19 世紀 60 年代到 20 世紀 60 年代這樣長的時間內，在實驗心理學中占有很高的地位，他的三成分說和減數法法則曾廣泛應用於許多領域。今天，認知心理學正是這樣應用減法反應時實驗提供的數據來推論其現象背後的信息加工過程。

（二） 減數法的典型實驗

在當今涉及快速的信息加工過程，如識別、注意、表象和短時記憶等，常常應用減數反應時實驗。這種實驗既可用來研究信息加工的某個特定階段或其操作，也可用來研究一系列連續的信息加工階段，證明某一心理過程的存在。下面我們介紹減數法的三個典型實驗。

1. 證明心理移轉存在的實驗　70年代初，庫柏和謝波德 (Cooper & Shepard, 1973) 用減數法反應時實驗證明了**心理移轉** (註 3-3)的存在。怎樣證明它的存在呢？

庫柏等取非對稱性的字母或數字 (J、G、2、5、7 等) 為實驗材料，根據"正"、"反"以及不同的傾斜度，構成 12 種情況 (見圖 3-19)。從圖上可見，由於 R 字母在垂直或水平方向均是不對稱的，所以正、反也是不相同的。在這個實驗裏，被試的任務是不管傾斜度如何，只要判明正或反，並作出反應。

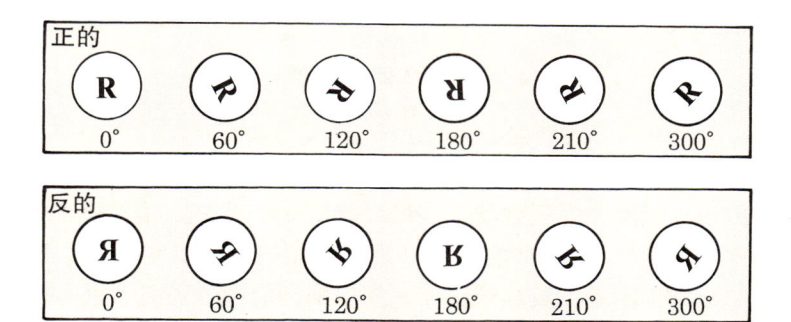

圖 3-19　正、反十二種刺激字母
圖中數字表示刺激在順時針方向傾斜的度數
(採自 Cooper & Shepard, 1973)

實驗根據：有沒有提示？單項提示還是雙項提示？先後提示還是同時提示？這三個變量而分成五種實驗條件 (見圖 3-20)。具體地說，這五種實驗

註 3-3：**心理移轉 (或心理旋轉)** (mental rotation) 指單憑心理運作 (不靠實際操作)，將所知覺之對象予以移轉，從而獲得正確知覺經驗的心理歷程。

146 實驗心理學

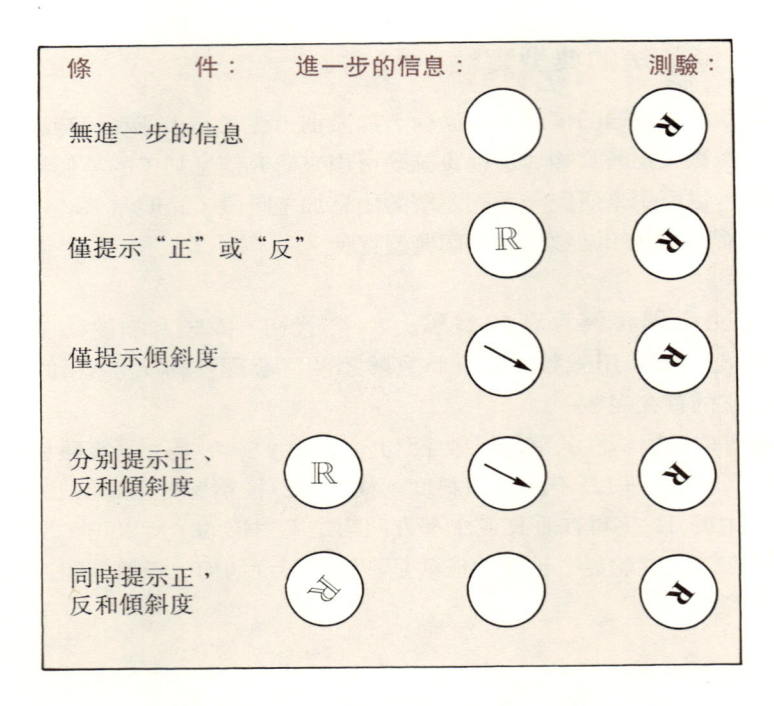

圖 3-20　正 120 度刺激一例
(採自 Copper & Shepard, 1973)

條件是：(1) 完全沒有提示，即測驗前 2 秒鐘後呈現空白信號，持續 2 秒鐘；(2) 提示正或反，即測驗前 2 秒鐘呈現正或反的提示信號，持續 2 秒鐘；(3) 提示傾斜度，即測驗前 2 秒鐘用箭頭提示傾斜度數，也是持續 2 秒鐘；(4) 分別提示正、反和傾斜度，即用兩個信號分別提示正、反和傾斜度，而傾斜度的提示時間是可變化的，共有距測驗 100 毫秒、400 毫秒、700 毫秒和 1000 毫秒等四種情況；(5) 同時提示正、反和傾斜度，即在測驗前用二個信號同時提示正、反和傾斜度，都持續 2 秒鐘。實驗獲得了可喜結果（見圖 3-21）。我們從圖上可見，反映五種實驗條件的曲線是有規律的。圖中數值為 "正" 和 "反" 二種反應的平均值。有趣的是 "正" 反應和 "反" 反應二者相差總是 0.1 秒，也就是說正、反移轉相差 0.1 秒。

那麼，如何分析實驗所獲得的實驗結果呢？也就是說圖上的幾條 "V" 形曲線說明了什麼呢？在減數法反應時實驗裏，通常需要安排兩種不同的反

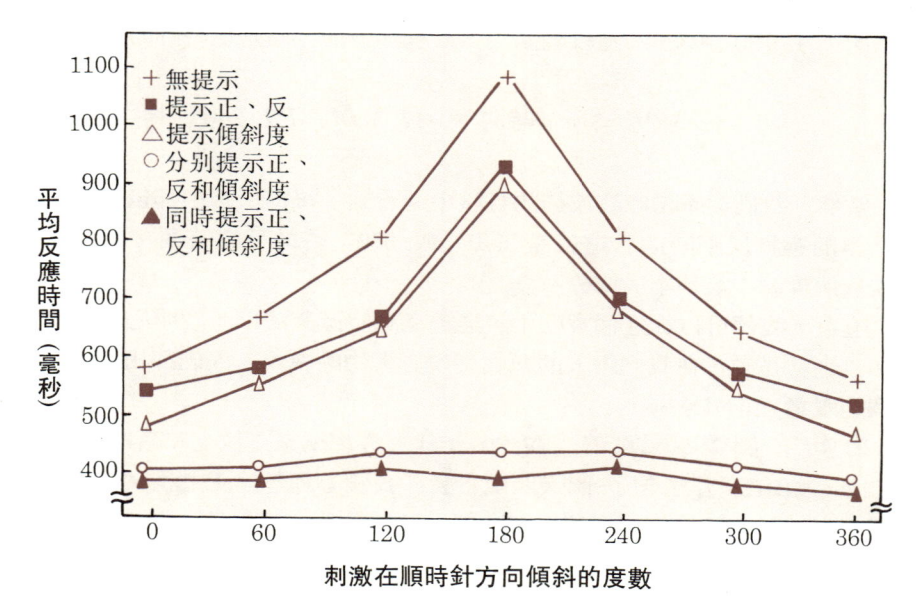

圖 3-21　刺激傾斜度對反應時間的影響
垂直軸上的數值為"正的"和"反的"二種反應時間的平均值。
(採自 Cooper & Shepard, 1973)

應時作業，其中一種作業包含另一種作業所沒有的某個特定的心理過程，即所要測量的心理過程，而二者在其餘方面均相同，這兩種反應時的差即為這個過程所需時間。這樣，此實驗中，傾斜度 0° 和傾斜度 60° 二種情況，由於其他條件均一樣，故：

$$RT\ 60° - RT\ 0° = 從\ 0°\ 至\ 60°\ 心理移轉所需時間$$

$RT\ 60°$：表示傾斜度 60° 時的反應時間
$RT\ 0°$　：表示傾斜度 0° 時的反應時間

其餘類推。同理：

$$RT\ 120° - RT\ 60° = 從\ 60°\ 至\ 120°\ 心理移轉所需時間$$

有趣的是，從圖 3-22 上可見，這條曲線呈倒"V"形，以中間 180° 相對稱。由此就可推論，在 0°～180° 這段範圍內，心理移轉的方向是順時針的；在 180°～360° 這段範圍內，心理移轉的方向是逆時針的，即：

$$心理移轉所需時間 = RT\ 180° - RT\ 240°$$

當然，我們從庫柏和謝波德的實驗中還看到，每種反應中都包括有一個最基本的選擇反應時間，這就是在 0° 或 360° 時的反應時間。這個反應是在這個實驗中最基本的成分。

這裏，我們可以從這個實驗中，通過反應時減數法則，說明心理移轉的存在。也就是說，在我們每人的頭腦裏，有事物的映象。人們都相信自己有**心理的眼睛** (mind's eye)。

2. 句子-圖畫匹配實驗　在 80 年代，心理學家克拉克和蔡斯 (Clark & Chase, 1972) 作了句子-圖畫匹配實驗。我國心理學家王甦撰文，將此實驗推崇為減數法的範例。在這種實驗裏，給被試看一個句子，緊接著再看一幅圖畫，如"星形在十字之上，*"，要求被試儘快地判定，此句子是否真實地說明了圖畫，作出是或否的反應，記錄反應時。實驗用的介詞有"之上"和"之下"，主語有"星形"和"十字"。句子的陳述有肯定的 (在) 和否定的 (不在)，共有 8 個不同的句子。克拉克和蔡斯設想，當句子出現在圖畫之前時，這種句子和圖畫匹配任務的完成要經過幾個加工階段，並提出了度量某些加工持續時間的參數。照他們的看法，第一個階段是將句子轉換為其深層結構，而且對"之下"的加工要長於對"之上"的加工 (參數 a)，對否定句的加工要長於對肯定句的加工 (參數 b)；第二個階段是將圖畫轉換為命題，並常有前面句子中所應用的介詞 ("之上"或"之下")；第三個階段是將句子和圖畫兩者的命題表徵進行比較，如果兩個表徵的第一個名詞相同，則比較所需的時間比不同時為少 (參數 c)，如果兩個命題都不含有否定，則比較所需的時間比任一命題含有否定時為少 (參數 d)；最後的階段為作出反應，其所需的時間被認為是恆定的 (參數 t)。這樣，對句子和圖畫匹配的任務來說，減法反應時實驗就在於將依賴所呈現的句子和圖畫的諸反應時加以比較。例如，如果"星形在十字之下"這個句子真實地說明了圖畫，那它就有參數 a 和 t_0；如果"星形在十字之上"，這個句子真實地說明了圖畫，那它只有參數 t_0；這兩反應時之差就是反應參數 a 的持續時間。但參數 b 和 d 只出現在否定句中，所以是無法分別測量的。克拉克和蔡斯用這種辦法計算一個實驗的結果，得到如下的結果：參數 a 為 93 毫秒，參數 b 和 d 為 685 毫秒，參數 c 為 187 毫秒，參數 t_0 為 1763 毫秒。

克拉克和蔡斯的上述實驗得到肯定的評價。

3. 證明某些短時記憶信息可以有視覺編碼和聽覺編碼兩個連續階段的實驗　20 世紀 60 年代以來，根據記憶實驗中對錯誤回憶的分析，通常認為人的短時記憶信息（如字母）是以聽覺形式來編碼的。但是 70 年代初波斯納等人 (Posner et al., 1990) 的實驗卻表明，這種信息可以有視覺編碼。他們所依據的就是減數法反應時實驗的結果。實驗是這樣進行的：給被試並排呈現兩個字母，這兩個字母可以同時給被試者看，或者中間插進短暫的時間間隔，要被試者指出這一對字母是否相同並按鍵作出反應，記下反應時。所用的字母對有兩種：一種是兩個字母的讀音和書寫方法都一樣，即為同一字母（ＡＡ）；另一種是兩個字母的讀音相同而寫法不同（Ａa）。在這兩種情況下，正確的反應均為"相同"。在兩個字母相繼呈現時，其間隔為 0.5 秒和 1 秒，或 1 秒和 2 秒等。他們得到的結果見圖 3-22。從圖 3-22 可以看出，在兩個字母同時呈現時，ＡＡ對的反應時小於Ａa對；隨著兩個字母的時間間隔增加，ＡＡ對的反應時急劇增加，但Ａa對的反應時則沒有發生大的變化。並且ＡＡ對和Ａa對的反應時的差也逐漸縮小，當時

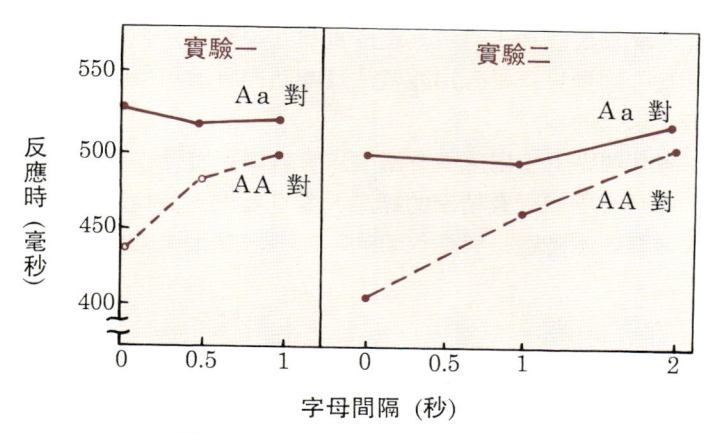

圖 3-22　反應時間是字母間隔的函數
（採自 Posner, 1970）

間間隔達到 2 秒，這個差別就很小，在圖上看到二條曲線趨於靠攏。

針對這有趣的結果，波斯納等認為，既然ＡＡ對與Ａａ對的區別只在於前者的兩個字母有一樣的寫法，而後者沒有，那麼，當兩個字母同時呈現給被試，Ａａ對的反應時大於ＡＡ對是由於ＡＡ對字母可以直接按寫法來比較，但Ａａ對卻不能按寫法而必須按讀音來比較。這意味著ＡＡ對匹配是在視覺編碼的基礎上進行的，而Ａａ對匹配只能在聽覺編碼的基礎上進行。必須從視覺編碼過渡到聽覺編碼，因此需時也較多。Ａａ對與ＡＡ對的反應時之差反映內部編碼過程的差別。可以說，先出現視覺編碼，它保持一個短暫的瞬間，然後出現聽覺編碼。這樣，即使是ＡＡ對，隨著兩個字母之間插入時間間隔及其增大，視覺編碼的效應漸消失，聽覺編碼的作用增大，其反應時間也逐漸增大，從而縮小與Ａａ對的反應時的差別。ＡＡ對的同時呈現和繼時呈現的反應時之差也反映信息編碼的這種特點。

從以上的實驗結果可以看到，波斯納等人應用減數法反應時實驗清楚地確定，某些短時記憶信息可以有視覺編碼和聽覺編碼兩個連續的階段，這也是認知心理學上的重大發現。

以上介紹的"心理移轉"實驗、"句子-圖畫匹配"實驗、和"視覺和聽覺編碼兩個連續階段"實驗，乃是減數法及反應時間的典型實驗範例。

減數法的反應時間實驗的邏輯是安排兩種反應作業，其中一個作業包含另一個作業所沒有的一個處理（加工）階段，並在其他方面均相同，從這兩個反應時間之差來判定此加工階段。這種實驗在原則上是合理的，在實踐上是可行的。認知心理學也正是應用減數法反應時間實驗提供的數據來推論其背後的信息加工過程的。

減數法也有其弱點：使用這種方法要求實驗者對實驗任務引起的刺激與反應之間的一系列心理過程有精確的認識，並且要求兩個相減的任務中共有的心理過程要嚴格匹配，這一般是很難的。這些弱點大大限制了減數法的廣泛使用。

二、加因素法

(一) 什麼叫加因素法

在20世紀，斯頓伯格 (Sternberg, 1969) 發展了唐德斯的減數法反應時間，提出了加法法則，稱之為**加因素法** (additive factors method)。這種實驗並不是對減數法反應時間的否定，而是減數法的發展和延伸。加因素法反應時間實驗認為完成一個作業所需的時間是一系列信息加工階段分別需要的時間的總和，如果發現可以影響完成作業所需時間的一些因素，那麼單獨地或成對地應用這些因素進行實驗，就可以觀察到完成作業時間的變化。加因素法反應時間實驗的邏輯是，如果兩個因素的效應是互相制約的，即一個因素的效應可以改變另一因素的效應，那麼這兩個因素只作用於同一個信息加工階段；如果兩個因素的效應是分別獨立的，即可以相加，那麼這兩個因素各自作用於不同的加工階段。這樣，通過單變量和多變量的實驗，從完成作業的時間變化來確定這一信息加工過程的各個階段。因此，重要的不是區分出每個階段的加工時間，而是辨別認知加工的順序，並證實不同加工階段的存在。加因素法假定，當兩個實驗因素影響兩個不同的階段時，它們將對總反應時間產生獨立的效應，即不管一個因素的水平變化如何，另一個因素對反應時間的影響是恆定的 (模式如圖3-23，圖中 g_1、g_2 為 g 因素的兩個水平，f_1、f_2 為 f 因素的兩個水平)。這樣稱兩個因素的影響效應是相加的。

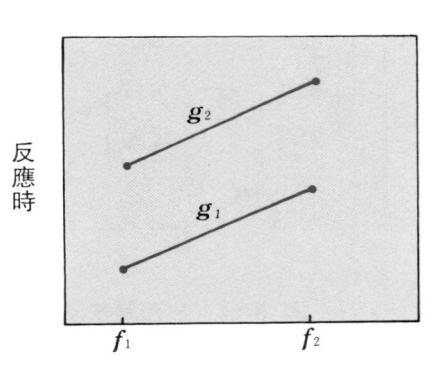

圖 3-23 獨立因素相加效應的圖解

加因素法的基本手段是探索有相加效應的因素，以區分不同的加工階段。

(二) 加因素法的典型實驗

使用加因素法分析心理過程的一個典型實驗是斯頓伯格的"短時記憶信息提取任務"。斯頓伯格在〈反應時間實驗揭示的心理過程〉一文 (1969) 中，系統地闡述了加因素法反應時間實驗和用此方法所作的短時記憶信息提取實驗。在他的實驗裏，先給被試看 1～6 個數字（識記項目），然後看一個數字（測試項目）並同時開始計時，要求被試判定此測試數字是否是剛才識記過的，按鍵作出是或否的反應，計時也隨即停止。這樣就可以確定被試者能否提取以及所需要的時間（反應時間）。通過一系列的實驗，斯頓伯格從反應時的變化上確定了對提取過程有獨立作用的四個因素，即測試項目的質量（優質的或低劣的）、識記項目的數量、反應類型（肯定的或否定的）和每個反應類型的相對頻率。因此，他認為短時記憶信息提取過程包含相應的四個獨立的加工階段，即刺激編碼階段、順序比較階段、二擇一的決策階段和反應組織階段（先前曾將最後的兩個階段合併為一個階段）。照斯頓伯格的看法，測試數目的質量對刺激編碼階段起作用，識記項目的數量對順序比較階段起作用，反應類型對決策階段起作用，反應類型的相對頻率對反應組織階段起作用。現在可以將以上所說的用圖表示出來（圖 3-24）。圖中箭頭表

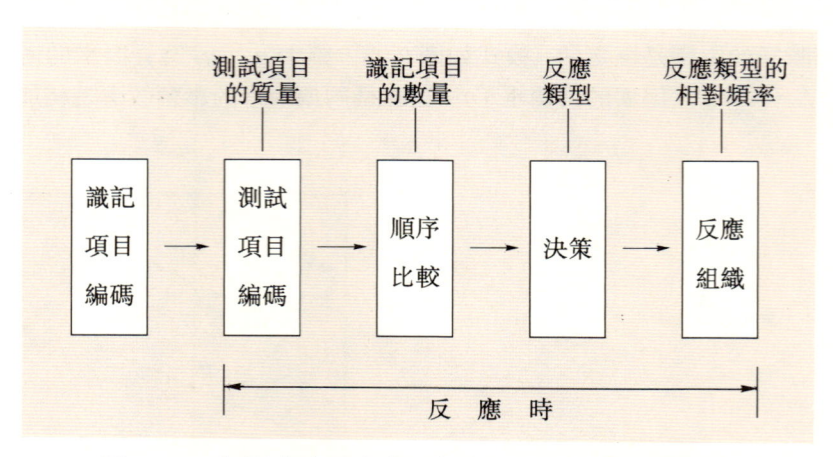

圖 3-24　加因素法反應時間實驗：短時記憶信息提取
（採自 Sternberg, 1969）

明信息流動的方向，虛線連接起作用的因素。從圖中可以看到，從短時記憶中提取信息的過程包括測試項目的編碼、順序比較、決策和反應組織等四個依次進行的加工階段，下面我們不妨分四步，每步作成一個圖，進行分析：

第一步，改變**檢驗刺激** (probe) 的質量，發現對一個殘缺、模糊的刺激進行編碼比對一個完整、清晰的刺激花的時間較長，而且對不同大小的記憶表影響相似，即記憶表的大小僅改變 Y 截距，而不改變直線的斜率，表明系列比較階段之前存在一個獨立的編碼階段（見圖 3-25）。

第二步，改變記憶表中項目的數量，得出記憶表大小與反應時間之間的線性關係，證實了系列比較階段的存在。他假定餘下的三個階段的反應時間對不同的大小的記憶表是不變的。將斜線向左延伸至 Y 軸，Y 軸上的點提供了系列比較為 0 時的反應時間，實際上就是編碼刺激做兩分決定和組織反應共花的時間（見圖 3-26）。

第三步，分別計算 Y 與 N 反應，發現對不同大小的記憶表，都是 N

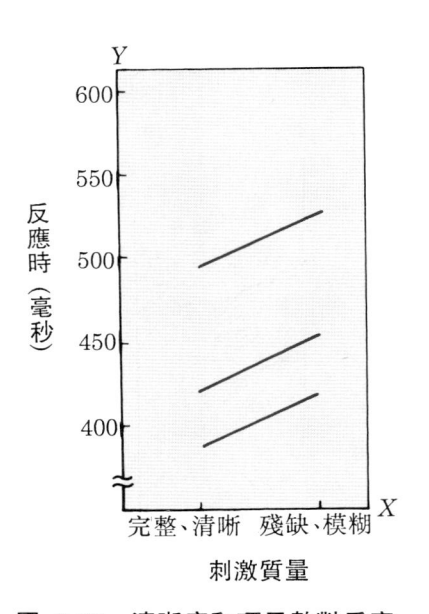

圖 3-25 清晰度和項目數對反應時的影響
（採自 Sternberg, 1969）

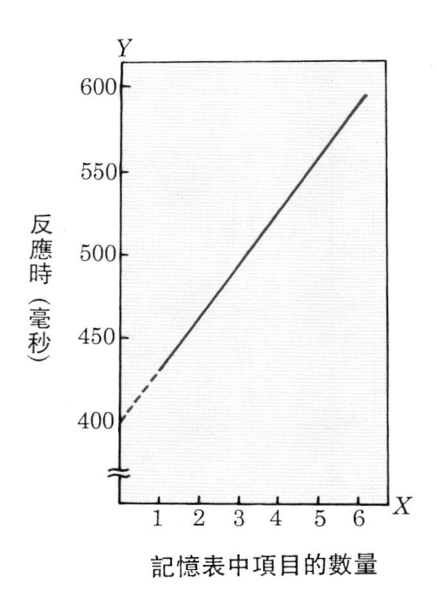

圖 3-26 項目數對反應時的影響
（採自 Sternberg, 1969）

反應時長於 Y 反應時，表明了兩種決定階段的存在，即在系列比較之後，有一個被試選擇反應種類的階段，而且產生 N 反應比產生 Y 反應難（見圖 3-27）。

第四步，改變某一種類反應（Y 或 N）的出現頻率，發現對兩類反應產生同樣的影響，提高任一類反應的出現頻率，都會使這類反應的組織更為容易，從而使反應時下降。表明反應選擇之後存在一個獨立的反應組織階段（見圖 3-28）。

斯頓伯格在完成了上述實驗後提出，加因素反應時有二個特點：(1) 實驗者可以通過操作變更階段的持續時間，完成這項工作的自變量就稱之為因素，當然，因素可以不只是一個；(2) 在這些因素中又可分為二類：一類為影響反應時間的附加因素，亦為非交互作用的因素，這類因素稱之為影響反應的附加因素，另一類因素為影響同一階段的因素，這類因素為交互作用的因素。因而，斯頓伯格認為，一旦找到交互作用和附加因素的模型，心理學家也就揭示了加工階段是怎樣相關的。

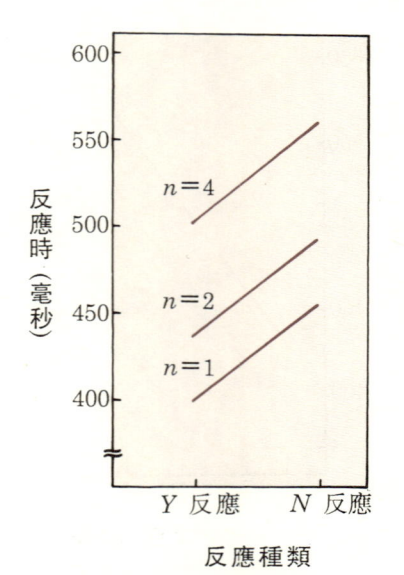

圖 3-27　反應種類和項目數對反應時的影響
（採自 Sternberg, 1969）

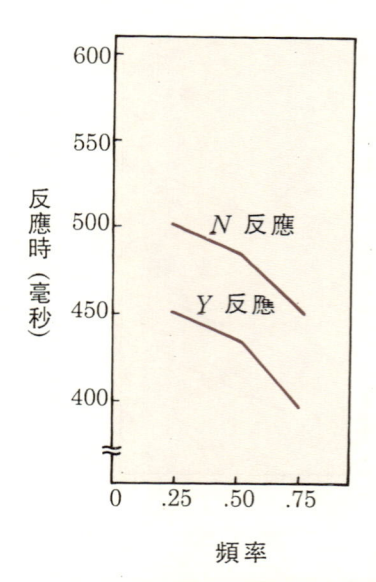

圖 3-28　頻率和反應種類對反應時的影響
（採自 Sternberg, 1969）

斯頓伯格的模型和方法引起了很多心理學家的興趣，也激起了大量的研究。雖然，斯頓伯格的實驗被許多心理學家看做加法反應時典型的實驗，但它也引起一些批評和疑問。加因素法的弱點是，它的基本前提是人的信息加工是系列加工，這一點受到很多心理學家的質疑。因為加因素法反應時實驗是以信息的系列加工而不是平行加工為前提的，因而有人認為其應用會有很多限制。其次減數法反應時實驗也同樣存在這個問題。這涉及認知心理學的一個基本原則，應當予以重視。然而更為直接的問題是關於加因素法反應時實驗的邏輯，即能否應用可相加和相互制約的效應來確認信息加工的階段。佩奇拉（Pachella, 1974）曾經指出，兩個因素也許能以相加的方式對同一個加工階段起作用，也許能對不同的加工階段起作用並且相互發生影響。雖然這兩種可能性目前還不能排除，但也沒有根據現在就否定加因素法反應時實驗。還有人指出，加因素法反應時實驗本身並不能指明一些加工階段的順序，在這個方面，它極大地依賴於一定的理論模型。這個意見也值得重視。但斯頓伯格首創的加因素法反應時實驗，終究將反應時實驗向前推進了一大步，並在很大程度上，對認知心理學的發展起著積極的影響。

（三） 開窗實驗

開窗（open window）實驗，既和減數法反應時實驗有相同之處，又和加因素法反應時實驗有相同之處。由於"開窗"實驗在反應時研究歷史上是發展較晚的一種方法，因此較多的教科書上都把這種實驗作為加因素法反應時的一種變式，加以分類，而從屬於加因素法反應時實驗。前面談到的減數法和加因素法反應時實驗難以直接得到某個特定加工階段所需的時間，並且還要通過嚴密的推理才能被確認。如果能夠比較直接地測量每個加工階段的時間，而且也能比較明顯地看出這些加工階段，那就好像打開窗戶一覽無遺了。這種實驗技術稱為"開窗"實驗，它是反應時實驗的一種新形式，現在以哈密爾頓（Hamiltom, 1977）和霍克基（Hockey, 1981）的字母轉換實驗為例加以說明。在這種實驗裏，給被試呈現 1～4 個英文字母並在字母後面標上一個數字，如"F＋3"、"KENC＋4"等，當呈現"F＋3"時，要求被試說出英文字母表中 F 後面第三個位置的字母即"I"。換句話說，"F＋3"即將 F 轉換為 I，而"KENC＋4"的正確回答是"OIRG"，但這四個轉換結果要一起說出來，凡刺激字母在一個以上時，都應如此，只作出一次反應。現以"KENC+4"為例說明實驗的具體過程。四個字母一個一個地繼時呈現，由被試者按鍵自行控制，被試者第一次按鍵就可以看見第一個字母 K，同時開始計時，接著被試者按照要求作出聲轉換，說出 LMNO，然後再按鍵看第二個字母 E，再作轉換。如此循環直至四個字母全部呈現並作出回答，計時也隨之停止。出聲轉換的開始和結束均在時間記錄中標出來。根據這種實驗的反應時數據，可以明顯地看出完成字母轉換作業的三個加工階段：(1) 從被試者按鍵看到一個字母到開始出聲轉換的時間為編碼階段，被試對所看到的字母進行編碼並在記憶中找到此字母在字母表中的位置；(2) 被試按規定進行轉換所用的時間即為轉換階段；(3) 從出聲轉換結束到按鍵看下一個字母的時間為貯存階段，被試將轉換的結果貯存到記憶中，有時還須將前面的轉換結束加以復述和歸併。這三個階段可用圖 3-29 來表示。在四個刺激字母實驗裏，可以獲得 12 個數據，通過對數據的歸類處理就可得到總的實驗結果。從中可以看到字母轉換的整個過程和經過的所有加工階段。

不難看到，這種"開窗"實驗的優點是引人注目的，但也存在著一些問題。例如，可能在後一個加工階段出現對前一個階段的復查，貯存階段有時還包含對前面字母的轉換結果的提取和整合，並且它難以與反應組織分開

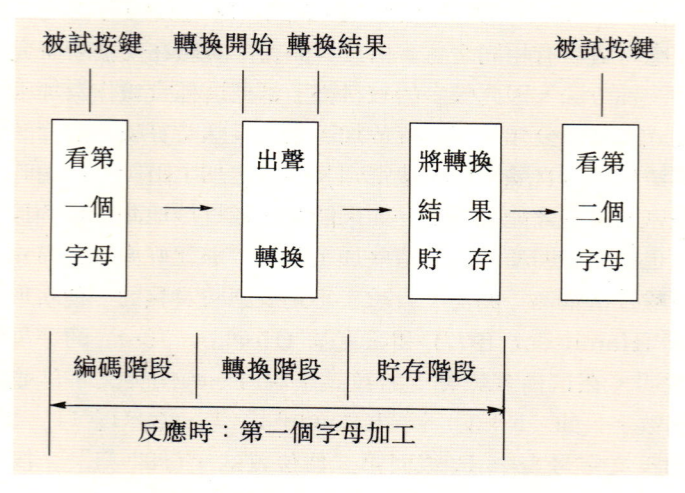

圖 3-29　開窗實驗：字母轉換作業
(採自 Hookcy et al., 1981)

來。然而經過細心安排，有些問題還是可以避免的。這也促使認知心理學對實驗設計的嚴格要求。

我們從以上二節的介紹中看到，反應時法的發展對心理學研究帶來了新的成果，其中，特別是減數法反應時實驗，是目前認知心理學應用得最廣泛的研究方法。這些實驗被應用到具體課題研究時還會有具體的形式和特點。事實證明，它們是可以有效地發揮作用的，當然也存在一些問題和困難。

應當看到，這些情況與當前整個認知心理學的理論原則和現狀是分不開的。隨著認知心理學的發展，這些反應時實驗也將發生變化。而對於這些實驗中存在的具體困難和弱點，則要通過精心的實驗設計加以避免或減少其不利的影響。一個帶有普遍意義的重要條件是在進行實驗之前作出相應的理論模型，或作出一些假設，使實驗有明確的規劃，以保證實驗結果的可靠性，並得到有意義的結論。這也是認知心理學有效地應用反應時法的前提。

本 章 實 驗

一、簡單反應時間實驗

（一）**目的**：學習對視覺與聽覺簡單反應時間的測定方法；比較兩種簡單反應時間的差別。

（二）**材料**：簡單反應時間測定裝置。

（三）**程序**：

1. 預備實驗

(1) 接通儀器電源，主試者撥動信號發生開關，在光或聲刺激呈現的同時，計時器應立即進行計時。

(2) 練習操作，刺激呈現器放在被試 1 公尺處。被試以右手食指輕觸電鍵。主試者在發出"預備"口令後約 2 秒呈現刺激。被試者當感覺到刺激出現時，立即按壓電鍵。計時器停止計時，主試者記下成績。練習實驗可作 2～3 次。

(3) 為防止無關刺激的干擾，主試者與被試者可分隔在兩個操作室中進行實驗。

2. 正式實驗

(1) 刺激呈現按視——聽——聽——視方式安排，每單元各作 20 次，

表 3-14　視覺與聽覺簡單反應時實驗記錄表

(反應時單位：毫秒)

次數	光	聲	聲	光
1				
2				
3				
4				
5				
6				
7				
8				
9				
10				
11				
12				
13				
14				
15				
16				
17				
18				
19				
20				
平均數				

被試姓名：　　　　　主試姓名：　　　　　實驗時間：

總次數為 80 次。

(2) 同預備實驗。

(3) 為了檢查被試者有無超前反應現象，在每 20 次中插入一次"檢查實驗"。如被試對"空白刺激"作出反應，主試者根據反饋信號燈提供的信息須宣布此單元實驗結果無效，重做 20 次。

(4) 做完 20 次，休息 1 分鐘。一被試者測完 80 次後，換一被試者進行實驗。

(四) 結果：

(1) 計算個人視覺與聽覺反應時的平均數及標準差。

(2) 檢驗全體被試兩種簡單反應時是否有明顯差別。

(五) 討論：

(1) 根據實驗結果說明視與聽感覺道簡單反應時的差別及其原因。

(2) 根據實驗結果說明簡單反應時是否受練習的影響。

二、選擇反應時間實驗

(一) 目的：學習測定視覺選擇反應時間的方法，了解選擇反應時間與簡單反應時間的區別。

(二) 材料：選擇反應時測定裝置。

(三) 程序：

1. 預備實驗

(1) 接通儀器電源。主試者按預先列出的程序操作信號呈現開關，發出"紅"、"黃"、"綠"、"白"四種不同光刺激。

(2) 被試者以右手食指作按鍵狀，當感覺到某種色光時，立即按壓相應的反應鍵（即被試對四種不同的刺激相應作出四種不同的反應）。計時器記下時間，練習實驗可作 4～5 次。

2. 正式實驗

(1) 四種色光刺激各呈現 20 次，隨機排列。

(2) 主試者呈現刺激與被試者反應方式同預備實驗。如果反應錯了，計時器不計時間，主試者根據反饋信號燈提供的信息，安排被試者重作一次。

(3) 每做完 20 次休息 1 分鐘。一被試者測完 80 次，換另一被試者進行實驗。

(四) 結果：

(1) 計算個人不同色光的選擇反應時的平均數、標準差。

(2) 比較全體被試者對白光的簡單與選擇反應時的平均數差異。

(五) 討論

(1) 本實驗結果是否與前人實驗的數據一致？原因何在？

(2) 舉例說明反應時實驗的實際應用意義。

表 3-15 對四種色光的選擇反應時實驗記錄

(反應時單位：毫秒)

次數	紅光	黃光	綠光	白光
1				
2				
3				
4				
5				
6				
7				
8				
9				
10				
11				
12				
13				
14				
15				
16				
17				
18				
19				
20				
平均數				

被試姓名： 主試姓名： 實驗時間：

本 章 摘 要

1. 關於人的**反應時間**的差異。1795 年英國格林威治天文台台長馬斯基林的助手，因觀測星球通過子午線的時間總比台長觀測的晚半秒鐘而被辭退。後來德國的天文學家貝塞爾與另一位天文學家阿格蘭德共同觀察七顆星，發現時間也不相同，於是把兩個觀察者觀察上的時間差異稱為**人差方程式**。
2. **反應時間**，又稱**反應時**，它是一個專門的術語，不是執行反應的時間，而是指刺激施於有機體之後到明顯反應開始所需要的時間。
3. 如果以刺激與反應的不同型式或複雜程度為標準，一般可把反應時間劃分為**簡單反應時間**和**複雜反應時間**(又稱**選擇反應時間**) 兩類。
4. **速度和準確性**是反應時實驗中的兩個基本因變量。反應時間實驗中的一個突出問題就是權衡反應速度和準確性之間的相互關係。
5. 反應時間是心理學上最重要的反應變量和指標。現實生活中有許多領域需要研究人的反應時間，尤其是在工業生產、車輛駕駛、體育運動、設備設計及科學管理等實際部門，反應時間的應用更有其重要意義。
6. 反應時間研究的水平同測量儀器息息相關。儀器設備的不斷改進，對反應時間的研究起著重要的作用，它可幫助人們在這一領域內獲得更加客觀、精確、定量的知識。
7. 反應時間可因若干因素的影響而有變異。這是因為，反應時間作為反應變量，它要隨著刺激變量和機體變量的不同而有變化。
8. 在刺激變量中，對反應時間影響較大的因素主要有：刺激的不同類型、強度、複雜程序及刺激呈現的方式等。
9. 影響反應時間的機體變量為數衆多，主要有：機體的**適應水平**、**準備狀態**、**練習次數**、**動機**、**年齡因素**和**個體差異**、酒精和藥物作用等。
10. 認知心理學家對反應時間的關心，是與信息加工理論的基本思想分不開的。因此，特定的**心理操作**能按它所需要的時間來測量。
11. 實驗心理學上把反應時間的研究劃分為二個時期或兩個階段。第一時期稱**減數法**時期，它是由唐德斯奠定基礎的。第二時期稱**加因素法**時期，它是由斯頓伯格奠定基礎的。
12. 減數法乃是一種用減數方法將反應時間分解成各個成分，然後來分析信息加工過程的方法。
13. 加因素法認為完成一個作業所需的時間是一系列信息加工階段分別需要的時間的總和，如果發現可以影響完成作業所需時間的一些因素，那麼簡單地或成對地應用這些因素進行實驗，就可以觀察到完成作業時間的變化。
14. 加因素法不是對減數法的否定，而是減數法反應時實驗的發展和延伸。

建議參考資料

1. 王　甦 (1987)：認知過程的反應時實驗。心理學雜誌，第 2 卷，1 期，37～42 頁。
2. 洪　煒、梁寶勇 (1986)：感覺運動反應時間與短時記憶的年齡變化。心理科學通訊，第 1 期，41～43 頁。
3. 陳舒永、楊博民等 (1986)：不同肢體的反應時間和運動時間。心理學報，第 18 卷，1 期，1～7 頁。
4. 張春興 (1989)：張氏心理學辭典。台北市：東華書局 (繁體字版)。上海市：上海辭書出版社 (1992) (簡體字版)。
5. 張鐵忠，沙建英 (1987)：雙眼視野不同位置的視覺運動反應時間的測定。心理學雜誌，第 2 卷，1 期，7～11 頁。
6. 曹傳咏等 (1963)：在速示條件下兒童辨認漢字字形的試探性研究。心理學報，第 8 卷，3 期，203～211 頁。
7. 彭瑞祥、喻柏林 (1983)：普通心理學與實驗心理學論文集：不同結構的漢字再認的研究。蘭州市：甘肅人民出版社。
8. 楊治良 (1988)：心理物理學。蘭州市：甘肅人民出版社。
9. 楊治良 (1979)：幾種簡易心理學電子儀器。心理學報，第 11 卷，2 期，249～251 頁。

10. 楊治良（主編）(1990)：實驗心理學。上海市：華東師範大學出版社。
11. 赫葆源、張厚粲、陳舒永 (1983)：實驗心理學。北京市：北京大學出版社。
12. 藤田厚等（丁雪琴譯，1982）：心理學研究法，濟南市：濟南心理學會。
13. Atkinson, R. C. et al. (1988). *Stevens' handbook of experimental psychology.* (2nd ed.). New York : A Wiley-Interscience Publication.
14. Best, J. B. (1986). *Cognitive psychology.* New York : West Publishing Co.
15. Kantowitz, B. H. & Roediger, H. L. (1984). *Experimental psychology.* (2nd ed.). New York : West Publishing Co.
16. Scripture, E. W. (1901). *The New Psychology.* New York: Charles Scribner's Sons.
17. Yang, Z. L. et al. (1984). Psychological aspects of components of pain, *The Journal of Psychology*, 118(2), 135～146.

第四章

傳統心理物理法

本章內容細目

第一節　閾限的性質
一、心理物理法的誕生　167
二、閾限及其操作定義　168

第二節　測定閾限的三種基本方法
一、極限法　171
　(一) 用極限法測定絕對閾限
　(二) 用極限法測定差別閾限
二、平均差誤法　177
　(一) 用平均差誤法測定絕對閾限
　(二) 用平均差誤法測定差別閾限
　(三) 誤差及其控制
三、恆定刺激法　180
　(一) 用恆定刺激法測定絕對閾限
　(二) 用恆定刺激法測定差別閾限
四、三種心理物理法的比較　185

第三節　心理量表法
一、順序量表　188
　(一) 等級排列法
　(二) 對偶比較法
二、等距量表　193
　(一) 感覺等距法
　(二) 差別閾限法
三、比例量表　196
　(一) 分段法
　(二) 數量估計法
四、三種量表法的比較　200

本章實驗
一、用極限法測定幾種頻率的聽覺閾限　201
二、用平均差誤法測定長度差別閾限　203
三、用恆定刺激法測定重量差別閾限　205

本章摘要

建議參考資料

費希納 (Fechner, 1860) 在《心理物理學綱要》一書中提到了心理物理學有三種基本方法。這些方法稱之為**心理物理學方法** (或**心理物理法**) (psychophysical method)。心理物理法，顧名思義，乃是研究心理量和物理量之間的對應關係的方法。心理物理法是運用數學方法和測量技術，研究心理現象和物理現象之間的數量關係。例如，在光和視覺範圍內，輻射能的強度與光的明度相對應；在聲和聽覺範圍內，聲音的頻率與音高相對應等等。在上述物理現象和心理現象中，心理物理學把輻射能的強度、聲音的頻率看作是刺激，把明度、音高看作是感覺。而感覺又必然是與之相應的刺激的一種函數。如光的輻射能強度越大，與之相應的感覺就越強。但是，光感覺如何隨輻射能的強度增加而增加，這類問題也就是韋伯－費希納律所研究的課題，只有借助於心理物理學方法，才能尋出各種感覺道中各自的與共同的規律。

　　心理物理法經過一百多年的發展、修改和補充，出現了許多變式。自泰納和斯維茨 (Tanner & Swets, 1954) 把信號檢測論引入心理學領域以來，又為心理物理學的研究提供了一個新的有力工具。後人為了有所區別，將信號檢測論稱之為新的心理物理法，而費希納最早提出的三種基本的心理物理法稱之為傳統心理物理法。

　　本章內容主要討論以下六個問題：

1. 閾限的操作定義是什麼。
2. 何謂極限法？如何使用它。
3. 何謂平均差誤法？如何使用它。
4. 何謂恆定刺激法？如何使用它。
5. 三種傳統心理物理法的利弊是什麼。
6. 三種心理量表法的製作方法是怎樣的。

第一節　閾限的性質

一、心理物理法的誕生

　　心理物理法是與費希納的名字聯繫在一起的。實驗心理學的主要先驅之一費希納 (Gustav Theodor Fechner, 1801～1887) 在 1860 年發表了巨著《心理物理學綱要》，他在這部著作中探討了心理量和物理量之間的函數關係。費希納是德國心理學家，1801 年 4 月 19 日生於德國，1817 年入德國萊比錫大學學醫，1822 年畢業，從事物理學的研究和譯作。1834 年擔任萊比錫大學物理學教授，不久又擔任哲學教授。費希納因研究後像，用有色鏡注視太陽，以致傷害他的眼睛，加上身體虛弱，1839 年辭去物理學講席。在病中他備受痛苦，三年不與任何人來往，罹患此病影響了他朝氣勃勃的事業。但他後來卻又奇蹟般地恢復了健康，社會上稱這一時期是費希納一生中的緊要關頭，對於他的思想和後來的生活都有深刻的影響。費希納喜歡謝林的自然科學，懷有宗教靈學的神秘思想，長期致力於尋求一種科學的方法，以使精神與物質兩方面的範疇統一於靈魂之中。他在德國生理學家韋伯研究的基礎上，假設**最小可覺差**（或最小可覺差異）(just noticeable difference，簡稱 j.n.d.) 是感覺單位，經過許多實驗和推導，最後得出感覺與刺激的對數成比例這一公式：$S = K \log R$（S 代表感覺，R 代表刺激，K 為常數）。他於 1860 年發表著名的《心理物理學綱要》一書，標誌著心理物理學的誕生。

　　心理物理學 (psychophysics) 這個名詞是由兩個希臘字根 psyche 和 physike 所組成。費希納的巨著《心理物理學綱要》震動了當時沉睡的世界。在《心理物理學綱要》公佈後不久，費希納的朋友福爾克曼 (Alfred Wilhelm Volkmann, 1800～1877) 就發表了其關於心理物理學的論文。德爾柏夫 (Joseph Leopold Delboeuf, 1831～1896) 於 1885 年受到費希納的鼓舞，開始其對視覺的實驗，後來對心理學的發展頗有貢獻。維洛特

圖 4-1 費希納 (Gustav Theodor Fechner, 1801～1887) 是《心理物理學綱要》的著者,心理物理學的創始人。

(Karl Von Vierordt, 1818～1884) 於 1868 年對光成分的時間感覺進行研究。特別是艾賓浩斯 (Hermann Ebbinghaus, 1850～1909) 受費希納著作的鼓舞,著手對較高級的心理過程"記憶"進行了測量。艾賓浩斯以自身為被試,系統地測量了他自己的記憶能力以及記憶的保持過程。他不用記憶的主觀經驗,取而代之的是客觀指標——回憶量。在艾賓浩斯之後不久,比納 (Alfred Binet 1857～1911) 繼而把心理物理法應用於智力測量。當然,一門自然科學的成熟程度與它是否能夠測量有關,而測量是要將帶有一定規則的對象和事件以數的形式表現出來,這就是說,它在多大程度上可利用數字。可以認為,經歷了許多年的努力後,心理物理學已經解決了它的核心問題:測量心理量和物理量間的函數關係以及製定達到正確測量的實驗方法。

二、閾限及其操作定義

上面談到,心理物理法主要用於對閾限的測量。因此有必要先解釋一下**閾限** (threshold) 這個重要概念。閾限可分為二種,即**絕對閾限** (absolute limen,簡稱 AL) 和**差別閾限** (difference limen,簡稱 DL),可用心理物理法來測定。在一些普通心理學的教科書上,把絕對閾限定義為剛剛能引起感覺的最小刺激量;把差別閾限定義為剛剛能引起感覺的最小差別,按照這樣的定義,還不能對這兩種閾限進行測定。根據實驗我們知道,某一特定數值的刺激,在重復作用於感官時,被試有時報告為"無感覺",有時報告為"有感覺",有時還報告為"剛剛有一點點感覺"。人的感受性的這種隨機性變化,在每一種感覺道中都能發現。這種隨機變化往往與 (1) 如何測量閾限有關;(2) 被試對任務的注意程度及其態度有關;(3) 被試的感受性暫時出現不穩定的搖擺有關。不過,這種隨機變化的感覺,其次數分配基本上呈常態分布。因此,根據統計學,可以把那個可以剛剛引起感覺的最小刺激強度以其算術平均數來表示。而這個平均數恰好有 50% 的實驗次數報告為"有感覺"的刺激強度,由此可見,閾限是個統計值。因而,我們把閾限定義為:有 50% 的實驗次數能引起積極反應的刺激之值;同理,把差別閾限定義為有 50% 的實驗次數能引起差別感覺的那個刺激強度之差。此定義要比普通心理學的定義具體,也便於操作,故稱為閾限的**操作定義**。操作定義是由物理學家布里奇曼 (Bridgman, 1927) 提出的,他主張一個概念應由測定它的程序來下定義。操作定義的提出受到心理學家的歡迎。在心理學上,對一個心理現象根據它們的程序下定義就叫**操作定義** (operational

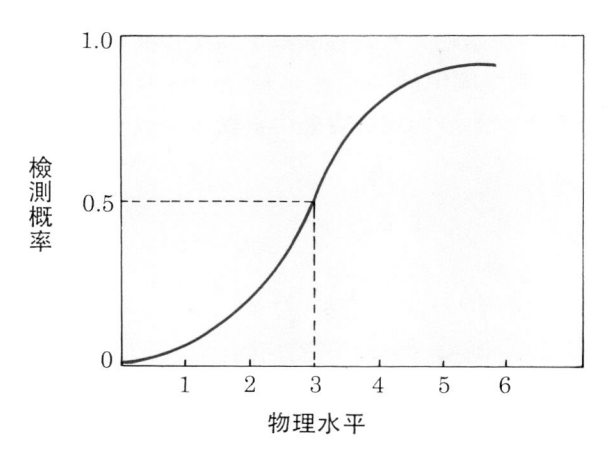

圖 4-2　檢測閾限的實際圖
(閾值應是一個統計平均數)
(採自俞文釗,1987)

definition)。這樣，把"剛剛感受到"定義為"50% 次感受到"，就可測定感覺閾限了，參見圖 4-2。

我們明確了閾限的操作定義，就能夠用心理物理學方法來測定閾限。關於測定閾限的實驗，一般具有下列三個明顯的特點：

1. 選擇好刺激系列和反應系列　用心理物理法求閾限的實驗一般都經過預備實驗。預備實驗的首要目的就是確定和選擇刺激系列和反應系列。例如，要測定響度的絕對閾限，可用音頻發生器發出一系列強弱不同的聲波強度。這一系列強弱不同的聲波強度，稱為刺激系列。當這一系列強弱不同的聲波強度作用於人耳會引起一系列大小不同的感覺（響度），這些所引起一系列大小不同的感覺，成為反應系列。一般而言，刺激系列可從零開始一直延伸到無窮大，而反應系列則比刺激系列要短些。這是因為，有些刺激太弱，不能引起感覺；有些刺激太強，相應的感官接受不了。因此，刺激系列的範圍可在對反應系列的預測基礎上作合理的選擇，一般情況下，刺激系列的範圍要大於反應系列的範圍。在圖 4-2 上以物理量（刺激）為橫坐標，以心理量（反應概率）為縱坐標，說明了這個道理。

2. 要盡量簡化被試對刺激所作的反應　一般說來，在測定絕對閾限時，只要求被試探察刺激是否存在即可，在測定差別閾限時，只要求被試判定兩個刺激是否相同還是相異。若被試對刺激所作的反應較複雜，那麼這種複雜的反應將影響測定閾值的準確性。假定 A、B、C、D 代表四種不同的物理刺激，那麼，在心理物理法實驗中被試者一般作下列幾種反應：

(1) 有 A、或無 A；
(2) A 等於 B、或 A 不等於 B；
(3) A 大於 B、或 A 小於 B；
(4) A 是 B 的兩倍、或 C 等於 D 的一半；
(5) A 與 B 的差和 C 與 D 的差相同。

以上五類選擇和判斷都很簡單，實驗時，採取哪類選擇，視情況而定。

3. 測定的次數要多些　閾限的定義明確指出，閾限值不是一個突然的分界點，而是一個逐漸的過渡區，必須反復加以測量。因此測定閾限時，一定要經過測驗才能確定某一刺激強度是否是閾限值，一般都需要上百次，特別是恆定刺激法，所需次數更多。當然，過多的測量容易引起被試者的單調感和疲勞，這也是需要防止的。

第二節　測定閾限的三種基本方法

傳統心理物理學 (classical psychophysics) 所處理的問題大體分兩大類。第一類是感覺閾限的測量。測量感覺閾限的基本方法有：(1) 極限法；(2) 平均差誤法；(3) 恒定刺激法。第二類是閾上感覺的測量，即心理量表的製作問題。本節討論第一類問題，第二類問題在下節中論述。

一、極限法

極限法 (limit method) 又稱**最小變化法** (minimal-change method)、**序列探索法** (method of serial exploration)、**最小可覺差法** (或最小差異法) (method of least difference) 等，是測量閾限的直接方法。極限法的特點是：將刺激按遞增或遞減系列的方式沿著一定的維，以間隔相等的小步變化尋求從一種反應到另一種反應的過渡點或閾限值。極限法既可用於測定絕對閾限，也可用於測定差別閾限。

（一）　用極限法測定絕對閾限

1. 自變量　用極限法測定絕對閾限，自變量是刺激系列。刺激系列要按遞增或遞減系列交替呈現。遞增時，刺激要從閾限以下的某個強度開始；遞減時，刺激系列的起點要大於閾限的某個強度，一般應選 10 到 20 個強度水平。為了使測定的閾限準確，並使每一刺激系列的閾限能相對穩定，一般遞增和遞減刺激系列要分別測定 50 次左右（共 100 次左右）、刺激應由實驗者操縱。為了避免被試者形成定勢，每次呈現刺激的起點不應固定不變，而應隨機變化。

2. 反應變量　用極限法測定絕對閾限的反應變量時，要求被試以口頭報告方式表示。當刺激呈現之後，被試感覺到有刺激，就報告"有"，當被試沒感覺到有刺激，就報告"無"，其依據是被試的內省，而不是刺激是否呈現。被試報告後，主試以"有""無"或"＋""－"記錄被試的反應，每個系列都需要被試作"有"到"無"、或"無"到"有"這兩種報告，亦即，遞增時直到第一次報告"有"之後，這一系列才停止；遞減時直到第一次報告"無"之後，這一系列才停止，然後再進行下一個系列。若被試者在這二類判斷中有"說不準"的情況，則可以猜，但不可放棄。

3. 閾限的確定　在一個刺激系列中，被試者報告"有"和"無"這兩個報告相應的兩個刺激強度的中點就是這個系列的閾限。表 4-1 是以極限法測定音高絕對閾限的實例。表的下部顯示：把各刺激系列的每一個閾限計算出來，然後分別求出遞增系列或遞減系列的平均數，之後再求出此兩系列的平均數，最後求出的平均 11.7（赫茲）就是閾限值。

4. 誤差及其控制　用極限法求絕對閾限經常會產生一些誤差。在這些誤差中，有些是由直接對感覺產生干擾的因素引起的；還有些是非感覺方面的因素引起的，如習慣和期望、練習和疲勞、時間和空間等等。這些因素在測定閾限的過程中經常起作用，以致使測定結果產生一定傾向的誤差。這類誤差叫做**常誤**(constant error)。檢查常誤和消除常誤的方法很多，要根據引起常誤的原因不同而採用不同的方法。

極限法測定絕對閾限產生的誤差主要有四種：**習慣誤差**和**期望誤差**、**練習誤差**和**疲勞誤差**。這四種誤差恰好組成兩對：習慣誤差和期望誤差相對，練習誤差和疲勞誤差相對。我們依然用表 4-1 的實例來分析這四種誤差的情況。

在極限法實驗中，由於刺激是按一定的順序呈現的，被試在長序列中有繼續給同一種判斷的傾向，如在下降序列中繼續說"有"或"是"，在上升序列中繼續說"無"或"否"，這種被試習慣於前面幾次刺激所引起的感覺叫作**習慣誤差**(error of habituation)。由於習慣誤差在遞增法序列中，即使刺激強度早已超出閾限，被試仍報告感覺不到，這就會使測得閾值偏高；相反，在遞減法序列中，即使刺激強度早已小於閾限，被試仍報告有感覺，這就會使測得的閾值偏低。與習慣誤差相反的是另一種誤差叫**期望誤差**(error of anticipation)。它表現為被試在長的序列中給予相反判斷的傾

表 4-1 以極限法測定音高絕對閾限的記錄

次　　數	1	2	3	4	5	6	7	8	9	10	11	12	13	14	15	16	17	18	19	20
增減系列	↓	↑	↓	↑	↓	↑	↓	↑	↓	↑	↓	↑	↓	↑	↓	↑	↓	↑	↓	↑
21	+							+												+
20	+							+												
19	+			+				+				+		+						
18	+		+	+				+			+			+				+		+
17	+		+			+		+			+	+		+						+
16	+		+			+		+			+			+		+				+
15	+	+	+	+	+	+	+	+			+	+	+	+	+	+	+	+	+	+
14	+	+	+	+	+	+	+	+	+		+	+	+	+	+	+	+	+	+	+
13	+	+	+	+	+	+	+	+	+	−	+	+	+	+	+	+	+	+	+	+
12	−	−	+	−	−		+	−	+	−	−	+	−	+	+	+	−	+	+	+
11		−	−	−	−	+	−	−	−	−	+	−	−	−	−	+	−	−		−
10						−														
9						−														
8						−														
7						−														
6						−														
5						−														
閾限值	125	125	115	125	125	105	115	125	115	135	105	125	115	105	115	105	125	105	115	115
總平均值			$M=11.7$					$\sigma=0.87$					$\delta_M=0.20$							

(採自赫葆源、張厚粲、陳舒永，1983)

向，期望轉折點的儘快到來。用遞增法測定時，閾值就會偏低；用遞減法測定時，閾值就會偏高。

為了使習慣誤差和期望誤差彼此抵消，可交替使用遞增法序列和遞減法序列，但可能其中的一種傾向較大。閾值用符號 T (threshold 的第一字母) 來表示。如果在上升序列中求得閾值 $T_上$ 大於在下降序列中求得閾值 $T_下$，即表示有習慣誤差；反之，如果在上升序列中求得閾值 $T_上$ 小於在下降序列中求得閾值 $T_下$，則表示有期望誤差。表 4-2 分別求出了上升與下降序列音高的絕對閾限的均數的差別 (0.4)，經過 t 檢驗，表示序列誤差是不顯著的 (本例 $p>0.05$)。上升序列中求得閾值 $T_上$ 與下降序列中求

表 4-2　用不同系列測得閾限的比較

序　　列 比較項目	上升序列	下降序列	前 10 個系列	後 10 個系列	全部材料
絕對閾限 標　準　差 標　準　誤	11.9 0.92 0.29	11.5 0.77 0.24	12.1 0.80 0.24	11.3 0.75 0.25	11.7 0.84 0.19
差　　異 自 由 度 　　t 　　p	0.4 9 1.1 >0.05		0.8 9 2.28 <0.05		

(採自赫葆源、張厚粲、陳舒永，1983)

得閾值 $T_\text{下}$ 無顯著性差異。

　　本實驗還有練習和疲勞的影響。**練習誤差**(error of practice) 是由於實驗的多次重復，被試逐漸熟悉了實驗情景，對實驗產生了興趣和學習效果，而導致反應速度加快和準確性逐步提高的一種系統誤差。與此相反，由於實驗多次重復，隨着實驗進程而發展的疲倦或厭煩情緒的影響，而導致被試反應速度減慢和準確性逐步降低的一種系統誤差，稱之為**疲勞誤差**(error of fatigue)。隨著時間的進展，練習可能使閾限降低，而疲勞可能使閾限升高。為了檢查有無這兩種誤差就要分別計算出前一半實驗中測定的閾限與後一半實驗中測定的閾限，若前一半實驗中測定的閾限比後一半實驗中測定的閾限大，並差別顯著時，就可以認為在測定過程中有練習因素的作用，若前一半實驗中測定的閾限比後一半實驗中測定的閾限小，並差別顯著時，就可以認為在測定過程中有疲勞因素的作用。為了消除練習和疲勞的影響，就需作以下安排：如以 "↑" 代表遞增，以 "↓" 代表遞減，並以四次為一輪，就可以按照 "↓↑↑↓" 或 "↑↓↓↑" 排列。實驗按此原理，一般 10 次為一輪。總之，遞增和遞減各自所用的次數要相等，整個序列中在前在後的機會也要均等。練習誤差和疲勞誤差兩種影響可能互相抵消，也可能一種影響比另一種影響要大。為了比較兩種影響的大小，在表 4-2 中分別求出前 10 個系列與後 10 個系列的平均閾限值，前者比後者大 0.8。這個差別在 0.05 水平上是有統計學意義的。就是說，在這個實驗中，練習比疲勞的影響要大得多，練習顯著地降低了閾值。

（二） 用極限法測定差別閾限

1. 自變量 用極限法測定差別閾限時，每次要呈現兩個刺激，讓被試比較，其中一個是**標準刺激** (standard stimulus，簡稱 St)，即刺激是固定的，其強度大小不變；另一個是**比較刺激** (comparison stimulus) 又稱**變異刺激** (variance stimulus，簡稱 Sv)，即刺激的強度按由小而大或由大而小順序排列。標準刺激和比較刺激可同時呈現，標準刺激在每次比較時都出現，比較刺激按遞增或遞減系列，以測定絕對閾限的同樣方法與標準刺激匹配呈現。

2. 反應變量 用極限法測定差別閾限的反應變量要求被試以口頭報告方式表示，一般用三類反應，將比較刺激與標準刺激加以比較，當比較刺激大於標準刺激時，主試記錄"＋"；當比較刺激等於標準刺激時，主試記錄"＝"；當比較刺激小於標準刺激時，主試記錄"－"。當被試在比較時表示懷疑，可記作"＝"。

3. 差別閾限的確定 確定差別閾限時先要求得一系列的數據，這些數據有：(1) 在遞減系列中最後依次"＋"到非"＋"（即"＝"或"－"或"？"）之間的中點為差別閾限的**上限** (upper limit，用符號 L_u 表示)；第一次非"－"到"－"（即"＝"或"＋"或"？"）之間的中點為差別閾限的**下限** (lower limit，用符號 L_l 表示)。(2) 在遞增系列中最後依次"－"到非"－"（即"＝"或"＋"或"？"）之間的中點為差別閾限的下限 (L_l)；第一次非"＋"到"＋"（即"＝"或"－"或"？"）之間的中點為差別閾限的上限 (L_u)。(3) 在上限與下限之間的距離為不肯定間距 (I_u)。(4) 不肯定間距的中點是主觀相等點。在理論上**主觀相等點**（或**主觀等點**）(point of subjective equality，簡稱 PSE) 應與標準刺激 (S_t) 相等，但實際上兩者有一定的差距，這個差距稱為**常誤** (constant error，簡稱 CE)。(5) 取不肯定間距的一半或者取上差別閾 ($DL_u = L_u - S_t$) 和下差別閾 ($DL_l = S_t - L_l$) 之和的一半為差別閾限。以上闡述可用公式表示為：

$$DL_u = L_u - S_t$$
$$DL_l = S_t - L_l$$
$$PSE = \frac{L_u - L_l}{2}$$

$$CE = S_t - PSE$$
$$DL = \frac{(L_u - S_t) + (S_t - L_l)}{2} = \frac{DL_u + DL_l}{2} = \frac{L_u - L_l}{2}$$

4. 誤差及其控制 與用極限法求絕對閾限一樣，在測定差別閾限時，也必須想方設法控制常誤。除了要控制習慣和期望誤差外，還要控制因標準刺激和比較刺激同時呈現所造成的誤差。控制方法可採用多層次的 ABBA 法，如下形式為一種多層次的 ABBA 法的控制：

ABBA 法的控制形式

比較刺激系列呈現順序	↑	↓	↓	↑
標準刺激呈現位置	左右	右左	右左	左右
相繼呈現的先後順序	前後	後前	前後	後前

下面我們以時間辨別實驗說明用極限法如何測定差別閾限。此實驗採用 AB 法。實驗結果見表 4-3。本實驗以 0.40 秒的持續時間為標準刺激，以 0.20 秒至 0.56 秒，間隔 0.04 秒為比較刺激。主試先呈現標準刺激，然後呈現比較刺激，以小等間距逐漸增加，直至被試報告"＝"，並第一次以長於標準刺激的反應為止。以遞減法進行實驗時，比較刺激的起點應長於標準刺激的持續時間，以小等間距逐漸減少，直至被試報告"＝"，並第一次以短於標準刺激的反應為止。為了控制常誤，可用比較刺激先於標準刺激的次數占全部實驗次數的一半，並比較刺激的遞增系列和遞減系列各占一半。在比例中：

$$L_u = 0.412 \text{ (秒)}$$
$$L_l = 0.350 \text{ (秒)}$$
$$S_t = 0.400 \text{ (秒)}$$
$$DL_u = 0.412 - 0.400 = 0.012 \text{ (秒)}$$
$$DL_l = 0.400 - 0.350 = 0.050 \text{ (秒)}$$
$$PSE = \frac{0.412 + 0.350}{2} = 0.381 \text{ (秒)}$$

$$CE = 0.400 - 0.381 = 0.019 \text{ (秒)}$$
$$DL = \frac{0.012 + 0.050}{2} = 0.031 \text{ (秒)}$$

表 4-3　以極限法測定時間的差別閾限的記錄

次　　數	1	2	3	4	5	6	7	8	9	10	11	12	13	14	15	16
增減系列	↑	↓	↑	↓	↑	↓	↑	↓	↓	↑	↓	↑	↓	↑	↓	↑
.56			+										+			
.52		+	+					+			+		+		+	
.48		+	+		+			+	+		+		+		+	
.44	+	+	+			+		+	+		+		=	+	+	+
.40	=	=	=	=	+	=	+	=	=	+	=	+	=	=	=	=
.36	−	−	−	=	=	=	=	=	=	−	=	=	−	−	−	−
.32				=						=						
.28	−		−		−				−							
.24	−						−									
.20	−															
上　限	.42	.42	.42	.42	.38	.42	.38	.42	.42	.38	.42	.38	.46	.42	.42	.42
下　限	.38	.38	.38	.34	.30	.34	.34	.34	.38	.303	.38	.34	.34	.34	.38	.34

變異刺激 → 持續時間（秒）

$M_{上限} = .412 \qquad M_{下限} = .350 \qquad DL = .031 \qquad PSE = .381$

(採自赫葆源、張厚粲、陳舒永，1983)

二、平均差誤法

　　平均差誤法（或均誤法）(method of average error) 又稱**調整法** (method of adjustment)、**再造法** (method of reproduction)、**均等法** (method of equation)，是最古老而最基本的心理物理學方法之一。雖然它最適用於測量絕對閾限和等值，但也可用以測量差別閾限。它的基本特徵是呈現一個標準刺激，令被試再造或複製它的大小，使它與標準刺激相等。比較刺激也可由實驗者調節，由被試判斷。調整法曾是過去天文學上常用的一個方法。那時讓觀察者調整一個光表面的強度，使之與某星體的亮度相等，這樣就可以比較各星體之間的亮度。因此，這個方法的主要特點是，要求被試判斷什麼時候比較刺激和標準刺激相等。被試判斷為與標準刺激相等的比較刺激，並不總是一個固定的數值，而是圍繞著一個平均數變化的一個數。這個變化的範圍就是不肯定間距。不肯定間距的中點就是主觀相等點。通過對主觀相等點和不肯定間距的測量，就可以估計差別閾限。把平均誤差作為差別閾限，與差別閾限的定義並不相符，但因為平均誤差和差別閾限成正比，所以也作為測量差別感受性的指標。

（一）用平均差誤法測定絕對閾限

1. 自變量 用平均差誤法測定絕對閾限，是讓被試者調整一個比較刺激與一個標準刺激相等。不過，此時的標準刺激假設為零，即讓被試者每次將比較刺激與"零"相比較。

2. 反應變量 用平均差誤法測定絕對閾限的反應變量是被試者每次調整比較刺激與標準刺激相等的那個數值。

3. 絕對閾限的確定 讓被試者每次調到剛剛感覺不到（即與"零"標準刺激等值），然後把各次測定數值加以平均即為絕對閾限。

（二）用平均差誤法測定差別閾限

1. 自變量 用平均差誤法測定差別閾限，是向被試者呈現一個標準刺激，讓其調整比較刺激。比較刺激是一種連續的量。在被試認為接近時，可反復調整，直到其認為滿意為止。

2. 反應變量 用平均差誤法測定差別閾限的反應變量是被試每次調整的數值，即其認為與標準刺激相等的數值。由於被試反復測試，每次的結果並不是一個固定的數值，它們是圍繞著一個平均數變化的數值。這個變化範圍就是不肯定間距。不肯定間距的中點，即多次調整結果的平均數，就是主觀相等點，主觀相等點與標準刺激的差就是常誤。

3. 差別閾限的估計值的計算 用平均差誤法求差別閾限，所得差別閾限只是一個估計值，**平均差誤**（average error，用符號 AE 表示）有兩種計算方法：

(1) 把每次的調整結果（X）與主觀相等點（用 M 或 PSE 表示）的

差的絕對值加以平均，作為差別閾限的估計，這個差別閾限的估計值用符號 AE_M 表示：

$$AE_M = \frac{\Sigma |X-PSE|}{N}$$

(2) 把每次調整結果 (X) 與標準刺激 (S_t) 的差的絕對值加以平均，作為差別閾限的估計，用符號 AE_{st} 表示：

$$AE_{st} = \frac{\Sigma |X-S_t|}{N}$$

(三) 誤差及其控制

在平均差誤法實驗中，一般要被試自己操縱實驗儀器來調整比較刺激，使其與標準刺激相等。這就要產生動作誤差，亦即因被試所採用的方式不同而產生誤差。若標準刺激和比較刺激是相繼呈現的，又易產生時間誤差。因此，在實驗中應加以控制，控制方法依具體實驗不同而不同，一般可採用多層次的 ABBA 法，還可使比較刺激從小到大，從大到小兩方面來進行調整，以便控制動作誤差等。

這裏以長度差別閾限為例，來說明如何以平均差誤法測定差別閾限。實驗所用儀器是高爾頓 (Galton, 1883) 長度分辨尺。長尺中央有一分界線，分界線兩側各有一游標，尺的背面有刻度，可向主試顯示被試在比較標準刺激與比較刺激的差異。若標準刺激是 150 毫米，則被試的任務是調節比較刺激，使之與標準刺激相等。因長度分辨尺是視覺的，所以標準刺激設置的位置不同 (或左側或右側)，易產生空間誤差。又因比較刺激的初始狀態不同 (或長於標準刺激或短於標準刺激)，因而被試者調整時或向裏或向外移動游標的動作方式不同，易產生動作誤差。為了控制這些誤差，在整個實驗中，標準刺激要有一半的次數在左邊，另一半的次數在右邊。實驗結果見表 4-4。在表 4-4 中，AE_{st} 是表示用標準刺激來估計的平均誤差，而 AE_M 是表示用平均數或 PSE 來估計的平均誤差。兩者都可作為差別閾限的估計值。

表 4-4　用平均差誤法測定長度差別閾限的結果

X	$X-S_t$	$X-M$	計　　算
148	−2	−0.2	
143	−7	−5.2	$S_t = 150$ 毫米
145	−5	−3.2	$M = PSE = 148.2$ 毫米
147	−3	−1.2	$AE_{st} = \Sigma|X-S_t|/n = 3.8$ 毫米
151	1	2.8	$AE_M = \Sigma|X-M|/n = 3.4$ 毫米
154	4	5.8	$CE = 148.2$ 毫米 $- 150$ 毫米 $= -1.8$ 毫米
144	−6	−4.2	
145	−5	−3.2	
154	4	5.8	
151	1	2.8	

(採自赫葆源、張厚粲、陳舒永，1983)

三、恆定刺激法

恆定刺激法(或固定刺激法)(method of constant stimulus)又叫**正誤法**(true-false method)、**次數法**(frequency method)，它是心理物理學中最準確、應用最廣的方法，可用於測定絕對閾限、差別閾限和等值，還可用於確定其它很多種心理值。此法的特點是：根據出現次數來定閾限，即以次數的整個分布求閾限。具體作法如下：(1) 主試從預備實驗中選出少數刺激，一般是5到7個，這幾個刺激值在整個測定過程中是固定不變的；(2) 選定的每種刺激要向被試呈現多次，一般每種刺激呈現50到200次；(3) 呈現刺激的次序事先經隨機安排，不讓被試知道。用以測量絕對閾限，即無需標準值，如用以確定差別閾限或等值，則需包括一個標準值；(4) 此法在統計結果時必須求出各個刺激變量引起某種反應（有、無或大、小）的次數。

特別要注意的是，此法在實驗之前需要選定刺激。所選定的刺激最大強度應為每次呈現幾乎都能為被試感覺到的強度，它被感覺到的可能性應不低於 95%。所選刺激的最小強度應為每次呈現幾乎都不能感覺到的強度，它被感覺到的可能性應不高於 5%。選定呈現刺激範圍之後，再在這個範圍內取距離相等的刺激，每種刺激強度呈現不得少於 50 次。此法雖然要求較大量的實驗次數，但每次實驗只用很短的時間，因此也比最小變化法節省時間，並測得的閾限也更準確。

（一） 用恆定刺激法測定絕對閾限

1. 自變量　用恆定刺激法測定絕對閾限，是從略高於感覺到略低於感覺這一範圍內選 5 到 7 個等距的刺激強度。

2. 反應變量　用恆定刺激法測定絕對閾限的反應變量要求被試者以口頭報告方式表示，在實驗中每呈現一次刺激後，被試者若感覺到了，則報告"有"，主試者記錄"＋"；被試者若感覺不到，則報告"無"，主試者就記錄"－"。然後根據被試者對不同刺激所報告的"有"或"無"的次數來求出百分數，以此來計算閾限。

3. 絕對閾限的計算　用恆定刺激法計算絕對閾限的方法很多，我們用測定兩點閾的實驗為例來說明這些方法。首先選出最大刺激和最小刺激，分別為 12 毫米和 8 毫米，在這個範圍內選定間隔為 1 毫米的刺激 5 個：各刺激的兩點距離分別為 8、9、10、11、12 毫米，每個刺激共呈現 200 次，所有刺激共呈現 1000 次，刺激按隨機順序呈現，每次呈現後，要求被試報告是"兩點"還是"一點"。實驗結果見表 4-5。

表 4-5　用恆定刺激法測定兩點閾的實驗記錄

刺激（毫米）	8	9	10	11	12
報告"兩點"的次數	2	10	58	132	186
報告"兩點"的百分數	1%	5%	29%	66%	93%

（採自 Woodworth & Schlosbery, 1954）

根據閾限的操作定義，兩點閾應為 50% 的次數被感覺到的那個刺激的大小，可是在表 4-5 中，沒有一個刺激的判斷次數恰好有 50% 為感覺到的。可以看到，當刺激為 10 毫米時，其正確判斷率為 29%；當刺激為 11 毫米時，其正確判斷率為 66%。因此，可以斷定 50% 的次數被感覺到的那個刺激值必在 10～11 毫米之間。為了求出這個刺激值，最常用的方法是直線內插法。**直線內插法** (linear interpolation) 是將刺激作為橫坐標，以正確判斷的百分數作為縱坐標，畫出曲線。然後再從縱軸的 50% 處畫出與橫軸平行的直線，與曲線相交於點 a，從點 a 向橫軸畫垂線，垂線與

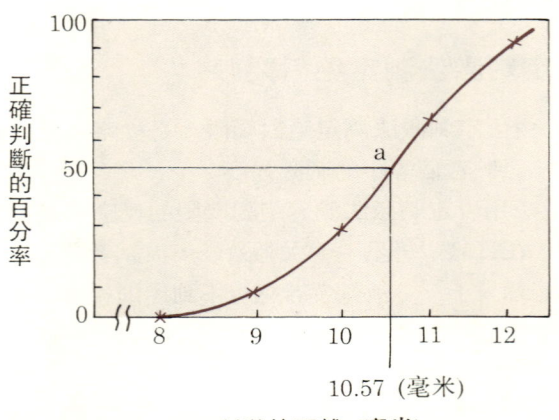

图 4-3 用作图法求两点阈
(採自 Woodworth & Schlosberg, 1954)

横軸相交處就是兩點閾，其值等於 10.57 毫米（見圖 4-3）。當然也可以用其它方法——諸如**平均 Z 分數法** (averaged Z scores)、**最小二乘法** (least squares)、**斯皮爾曼分配法** (Spearman distribution method) 等——來求出閾限值。當實驗次數很多，實驗結果接近正態分布時，用這種直線內插法求出的閾限值與其它方法求出的閾限值是很接近的。直線內插法是求閾限值的一種簡便方法。

(二) 用恆定刺激法測定差別閾限

1. 自變量 用恆定刺激法測定差別閾限，是讓被試者將比較刺激與標準刺激加以比較，標準刺激是能被感覺到的某一刺激強度，比較刺激可在標準刺激上下一段距離內確定，一般從完全沒被感覺出差別到完全感覺出差別的範圍內選定 5 到 7 個刺激強度作為比較刺激。比較刺激要隨機呈現，每個比較刺激與標準刺激至少要比 100 次。

2. 反應變量 用恆定刺激法測定差別閾限的反應變量要求被試者以口頭報告方式表示，較早的方法是讓被試作三類反應，即"大於"、"等於"和"小於"，分別記為"＋"、"＝"和"－"。後來有人提出，讓被試作三類反應時，因其中有"等於"的反應，若被試較為自信，則作出"等於"

的反應就較少；若被試較為謹慎，則作出"等於"的反應就較多。這樣會直接影響到差別閾限的大小。所以，有的心理學家將"等於"的反應單列，並以此來分析被試的內在心理偏向。由於它會受到被試的態度的影響，為了消除這類影響，建議只讓被試者作"大於"和"小於"兩種判斷，即使分不清時，也要作出其中的一種判斷。可見，三類反應和二類反應各有利弊，實驗時可根據情況選定其中的一種。

3. 差別閾限的估計值的計算

(1) **三類反應的差別閾限的計算**：這裏以重量辨別為例。以 200 克的重量作為標準刺激，以從 185 至 215 克中的 7 個重量作為比較刺激，7 個重量間的間隔各為 5 克，要求被試作"重"、"相等"和"輕"這三類反應。實驗結果見表 4-6。

表 4-6 用恆定刺激法測定重量差別閾限的結果

比較刺激 (克)	① "+"	② "="	③ "−"	④ "+" + "="
185	5	4	91	9
190	12	18	70	30
195	15	25	60	40
200	30	42	28	72
205	55	35	10	90
210	70	18	12	88
215	85	9	6	94

(採自赫葆源、張厚粲、陳舒永，1983)

根據表 4-6 的數據用直線內插法求得差別閾限。表 4-6 中的①、②、③三個縱列的數據畫出三條曲線，用直線內插法求得 50% 的次數被判斷比標準刺激重的重量為 204.5 克和 50% 的次數被判斷比標準刺激輕的重量為 196.6 克 (見圖 4-4)，這兩個數值分別為上限和下限 (即 L_u = 204.5 克，L_l = 196.6 克)。根據上限和下限，就可計算如下：

$$上差別閾 = DL_u = 204.5 \text{ 克} - 200 \text{ 克} = 4.5 \text{ 克}$$

$$下差別閾 = DL_l = 200 \text{ 克} - 196.6 \text{ 克} = 3.4 \text{ 克}$$

$$差別閾限 = DL = (4.5 + 3.4)/2 = 3.95 \text{ 克}$$

判斷次數百分率

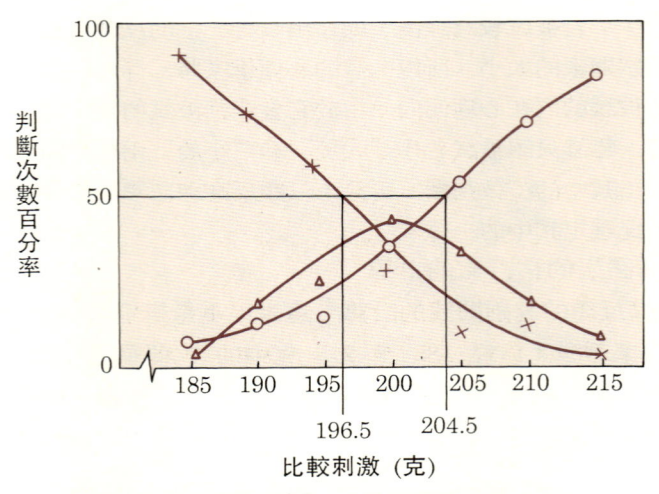

図 4-4　三類反應的心理測量的函數曲線
(採自赫葆源、張厚粲、陳舒永，1983)

(2) 二類反應的差別閾限的計算：這裏以重量辨別為例。以 200 克的重量為標準刺激，以從 185 到 215 克中的間隔為 5 克的 7 個重量為比較刺激，要求被試者只作"重"和"輕"這二類反應。實驗結果見表 4-7。用這種方法取得的實驗數據，以重於標準刺激的比例和輕於標準刺激的比例分別畫出兩條曲線，這兩條曲線恰好在 50% 處相交。如圖 4-5 所示，兩條曲線恰好在 50% 處相交，這說明 199 克有一半的次數被判斷為重於標

表 4-7　兩種判斷的實驗結果

比較刺激（克）	"＋"的比例	"－"的比例
185	0.07	0.93
190	0.21	0.79
195	0.28	0.72
200	0.55	0.45
205	0.73	0.27
210	0.79	0.21
215	0.90	0.10

(採自赫葆源、張厚粲、陳舒永，1983)

準刺激，另一半的次數被判斷為輕於標準刺激。也就是說，它被判斷為與標準刺激主觀上相等。在這種特例的情況下，就不可能取與 50% 點相對應的比較刺激作為上限和下限了，與標準刺激完全能辨別的重量是在 100% 處，與標準刺激不能辨別的重量則在 50% 處，因此，取此兩者的中點（亦即在 75% 處）作直線內插與兩條曲線相交，以求得上限和下限。從圖 4-5 可見，L_u = 206.6 克，L_l = 192.8 克，差別閾限為

$$DL = [(206.6-200)+(200-192.8)]/2 = 6.9 \text{ 克}$$

這樣求得的差別閾限與前面所提到的操作定義不相符合，因為上限和下限與標準刺激比較都有 75% 的次數可辨別，所以常把這種差別閾限稱之為 75% 的差別閾限，它是差別閾限中的一種。

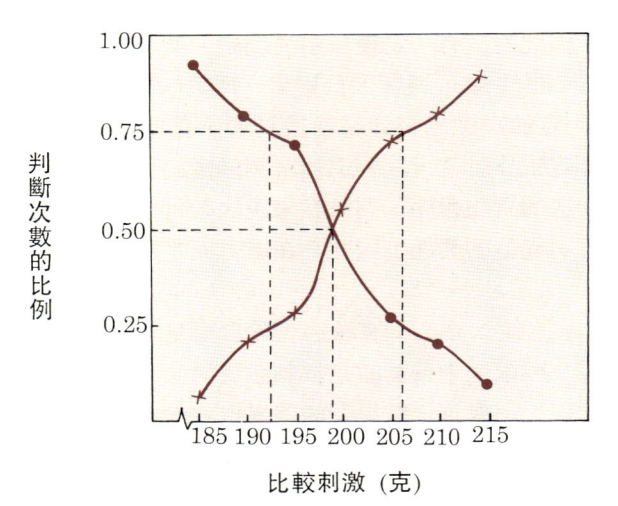

圖 4-5　兩種判斷的實驗結果曲線
(採自赫葆源、張厚粲、陳舒永，1983)

四、三種心理物理法的比較

以上我們分別介紹了三種基本心理物理法的特點、用途、和計算方法，雖然極限法、平均差誤法和恆定刺激法這三種基本心理物理法都是用來測定

感覺閾限 (sensation threshold)，但各有千秋。究竟使用哪種具體方法最為合適，則要根據研究的對象、要求而定。下面我們從四個方面來比較這三種方法：

1. 從感覺閾限的含義上比較　根據感覺閾限的操作定義，極限法求得的閾限值較能符合感覺閾限的操作定義。因為此法的操作是有系統地探查感覺的轉折點，它的計算過程就具體準確地說明了感覺閾限的含義。同時，因被試知道刺激呈現的次序，他可把注意力集中到特別需要集中的地方，從而取得較好的實驗效果。但也正是由於被試知道刺激呈現的次序，從而容易產生**期望誤差**和**習慣誤差**。只要刺激序列可以按小階梯變化，都能用此法測定閾限，它曾被用來測定聲音、氣味、味道、顏色、溫度、痛、光及觸覺的閾限。但遞減法不宜用於測定味覺和嗅覺閾限，因為嗅覺適應快，味覺的後作用不易被消除。因此對於有一定後作用的刺激，就不易採用極限法。

2. 從被試者方面比較　通常，自變量（刺激）要通過被試者產生反應變化（因變量）。測定的次數過多容易使被試者感覺單調而產生疲勞。若讓被試者主動參與測定工作，就可改變這種單調厭倦的情緒，從而使測定結果更準確。平均差誤法的實驗程序，對被試來說比較自然，讓被試自己主動調整比較刺激，也可引起他的興趣，因此，在這方面平均差誤法優於極限法和恆定刺激法。

3. 從誤差方面比較　在心理實驗中，除自變量外，其它變量都應予以控制，以減少誤差。極限法中各刺激是按刺激量的大小依次改變的，因此，被試者回答較有把握，每次測定結果間的差異也就較小。但是，正是由於刺激量大小是依次改變的，因而易產生期望誤差和習慣誤差。恆定刺激法所用的刺激數目較少，且不需隨時調整刺激的強度，因此，用這個方法測量那些不易隨時改變強度的刺激（諸如重量之類）則較為方便。又因為刺激是隨機呈現的，不會像極限法那樣產生期望誤差和習慣誤差。在用三類判斷測定差別閾限時，不肯定間距的大小隨被試的態度而變化，從而對所測的差別閾限產生影響。用二類判斷測差別閾限，雖然可以避免這一問題，但迫使被試作出肯定回答是不自然的，因為被試確實有難於判斷比較刺激與標準刺激哪一個強或弱的情況。此外，在恆定刺激法中，刺激的改變是沒有一定方向的，被試者在回答時猜的成份較多，因而產生較大的誤差。在平均差誤法中，由於它獲得數據的標準和計算的方法有所不同，測得的結果可以說只是一個近似值，因此它測定的閾限不能直接與由其它方法求得的閾限進行比較。

4. 從效率上比較　效率是心理實驗的質量指標。平均差誤法中刺激是由被試者自己調節，回答和記錄的次數較少，因而能較快地得到測量結果。而極限法中要回答和記錄的次數較多，其效率不及平均差誤法。恆定刺激法可不必臨時改變刺激，這是其優越之處。在測重量閾限時，通常用恆定刺激法。而且恆定刺激法中的每一個記下的數據都可以利用上，不像在極限法中用來計算閾限值的數據是少數，因此，恆定刺激法的效率較高。

應當指出，上述三種方法的比較是相對的，在確定用哪一種方法時要同時考慮研究對象、要求和各種方法的優缺點。但是，在測定要進行比較的兩種閾限時，必須用同一種方法，因為，不同的方法所用的指標不同。

第三節　心理量表法

上一節討論了心理物理法中感覺閾限的測量。現在來討論閾上感覺如何度量的問題。心理量表法構成了傳統心理物理學的另一個重要組成部分。

物理刺激可以用物理量來表示，例如用"尺"來量長度，用"斤"來稱重量等，有了像"尺"、"斤"等這樣所表示的物理量表，我們就可以根據需要來改變刺激的強度，但是，要度量"響度"，例如"一個聲音比另一個聲音響多少？"這樣的問題，單有物理量表是不夠的。假設一個無線電工程師要設計一架收音機，使它的響度是另一架的兩倍，如果他只把物理的輸出加倍，那麼，他會發現所增加的響度根本不是另一架的兩倍，而是稍增加了點。這例子說明只用物理量表是不能解決的，這是因為刺激的物理值的等量增減並不引起感覺上等量的變化。為了要了解刺激的變化和感覺的變化之間的關係，就需要一個測量心理變化的方法，這種方法就是能夠度量閾上感覺的**心理量表** (psychological scales)。

從量表有無相等單位和有無絕對零點來分，心理量表可分為順序量表、等距量表和比例量表三類。下面我們分別論述。

一、順序量表

順序量表(或**序級量表**) (ordinal scale) 是一種較粗略的量表，它既無相等單位又無絕對零點，只是把事物按某種標準排出一個次序。例如賽跑時不用秒錶測速，按先到終點的算第一名，第二個到的算第二名等等。這樣，我們可以按快慢排出一個順序，這個順序在一定程度上也可以表示跑的速度量。因為它沒有相等單位，所以就是知道了第二名比第一名慢 5 秒，也不能以此推算出第三名比第二名慢幾秒；又因為它沒有絕對零點，所以不能推知第二名的速度是第三名的幾倍。所以，順序量表只是在一個分類基礎上對事物進行分類，每一類別只具有序列性，並不表示數與數之間的差別是相等的。

順序量表的製作方法比較簡單，一般用等級排列法和對偶比較法來製作順序量表。

（一）等級排列法

等級排列法(或**等級法**) (rank-order method) 是一種製作順序量表的直接方法。這個方法是把許多刺激同時呈現，讓許多被試者按照一定標準，把這些刺激排成一個順序，然後把許多人對同一刺激評定的等級加以平均，這樣，就能求出每一刺激的各自平均等級，最後，把各刺激按平均等級排出的順序就是一個順序量表。

下面我們舉一個例子。某廣告公司要對 10 張廣告的優劣作評比，請來了 17 名評判者(即被試者)。評判的方法是讓被試者將 10 張廣告排成美到醜的一個順序。通過眾多被試者的比較，就可求出全體被試者對同一廣告評判的等級的平均值，這個值就是廣告的平均等級。各廣告按平均等級排出的順序就是一個順序量表。

表 4-8 上我們可以看清楚等級排列法製作順序量表的具體過程。表中 A、B、C 等英文字母，代表廣告代號。縱列上的 1、2、3 等為被試者代號。廣告代號下的數字，表示被試者對此廣告的評分等級。如果被試者把它評為 1，這就表示此廣告比其餘 9 個好，列第一位，餘類推。把某一廣告

表 4-8　等級排列法的實驗結果和具體運算過程

評判者＼廣告	A	B	C	D	E	F	G	H	I	J
1	5	3	4	7	1	9	2	8	6	10
2	4	2	5	6	1	10	3	7	8	9
3	6	4	3	5	1	9	2	8	7	10
4	6	3	4	7	1	10	2	9	5	8
5	5	1	3	6	2	8	4	0	7	9
6	6	4	3	5	1	9	2	7	10	8
7	6	3	4	5	2	9	1	8	7	10
8	5	2	4	6	1	8	3	9	7	10
9	3	5	2	4	1	9	6	10	8	7
10	4	7	3	5	1	10	2	8	6	9
11	5	3	2	6	1	9	4	8	7	10
12	4	3	1	6	2	10	5	8	9	7
13	5	2	4	7	1	8	3	6	9	10
14	5	4	3	7	1	9	2	6	10	8
15	5	2	3	4	1	10	9	7	8	6
16	6	2	5	4	1	8	3	9	7	10
17	6	3	4	8	1	7	2	5	10	9
等級總和	86	53	57	98	20	152	55	131	133	150
平均等級 (MR)	5.06	3.12	3.35	5.76	1.18	8.94	3.24	7.71	7.82	8.82
平均選擇分數 ($Mc=n-MR$)	11.94	13.88	13.65	11.24	15.82	8.06	13.76	9.29	9.18	8.18
$P=Mc/(n-1)$	0.75	0.87	9.85	0.70	0.99	0.50	0.86	0.58	0.57	0.51
$M'c=Mc+0.5$	12.44	14.38	14.15	11.74	16.32	8.56	14.26	9.79	9.68	8.68
$P'=Mc'/n$	0.73	0.85	0.83	0.69	0.96	0.50	0.84	0.58	0.57	0.51
Z	0.61	1.04	0.95	0.50	1.75	0	1.00	0.20	0.18	0.03
Z′	0.61	1.04	0.95	0.50	1.75	0	1.00	0.20	0.18	0.03
名　次	5	2	4	6	1	10	3	7	8	9

(採自楊治良，1983)

的等級全部加起來，被 n（被試者人數）除，就是平均等級。C 是選擇分數，相應的 P 分數說明廣告成功的百分數。通過左列公式，可先後計算出 Mc、P、$M'c$ 和 P' 值。有了 P 值，我們就可以從 PZO 轉換表（見第五章表 5-6) 上查出 Z 值。最後，以最小值作 0，消除負值算出 Z' 值，並在 Z 軸上表示出結果，見圖 4-6。

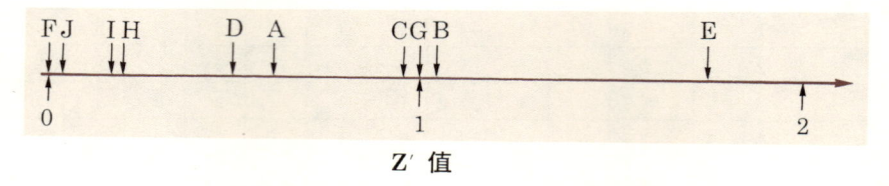

```
F J    I H      D  A        C G B                    E
↓↓    ↓↓      ↓  ↓        ↓ ↓ ↓                    ↓
0                          1                          2
              Z' 值
```

圖 4-6　17 人對 10 張廣告愛好的程度
(採自楊治良，1983)

(二) 對偶比較法

對偶比較法(或配對比較法)(method of paired comparison) 是把所有要比較的刺激配成對，然後一對一對地呈現，讓被試者對於刺激的某一特性進行比較，並做出判斷：這種特性的兩個刺激中哪一個更為明顯。因為每一刺激都要分別和其他刺激比較，假如以 n 代表刺激的總數，所以配成對的個數是 $n(n-1)/2$。如共有 10 個刺激則可配成 45 對。最後依它們各自更明顯於其他刺激的百分比的大小排列成序、即可製成一個順序量表。

如果有五種樣品，A、B、C、D、E，則可配成 $5 \times (5-1)/2 = 10$ 對。這 10 對呈現次序如表 4-9 所示。

表 4-9　10 對樣品呈現次序

樣品	A	B	C	D	E
A	—				
B	1	—			
C	5	2	—		
D	8	6	3	—	
E	10	9	7	4	—

(採自赫葆源、張厚粲、陳舒永，1983)

如果各對樣品同時呈現，則要消除**空間誤差**(space error)——即樣品在空間中不同方位呈現，於判斷時產生的誤差現象。若第一輪以 AB 形式呈現，則第二輪中以 BA 形式呈現即左右顛倒。如果是相繼呈現，則要注意**消除時間誤差** (time error)——即相等的二個樣品在先後不同時間出現，於判斷時產生的誤差。若第一輪以先 A 後 B 次序相繼呈現，則第二輪要按先 B 後 A 次序相繼呈現。比較時，把比較的結果填入事先準備好的空表中，例如橫 A 與縱 B 比較，被試者認為"A"更好，則在橫 A 與縱 B 交叉處寫上"A"；如果橫 E 與縱 D 相比較，被試者認為"D"更好，則在它們交叉處寫上"D"，按此比較 10 次後，再倒過來比較，如縱 A 與橫 B 比較，被試者認為 A 更好，則在它們交叉處寫上"(A)"，餘類推。參見表 4-10。

從表 4-10 上可見對偶比較法數據處理的順序。在全部實驗做完以後，先把 A 行、A 列中"A"或"(A)"出現的總次數記在 A 列下面，餘類推，並把第一輪與第二輪的次數加起來作為被選中的分數 C。因為每個刺激要和 $n-1$ 個另外的刺激相比，所以每個刺激和其他刺激相比的次數為 $n-1$。為了消除空間或時間誤差，又要倒過來重比 $n-1$ 次，因此每個刺

表 4-10　10 對樣品對偶比較數據整理

	A	B	C	D	E
A	—				
B	A(A)	—			
C	A(C)	B(B)	—		
D	A(A)	B(D)	C(D)	—	
E	A(A)	B(B)	C(C)	D(E)	—
第一輪	4	3	2	1	0
第二輪	3	2	2	2	1
總計 C	7	5	4	3	1
$P=\dfrac{C}{2(n-1)}$	0.88	0.63	0.50	0.38	0.13
$C'=C+1$	8	6	5	4	2
$P'=C'/2n$	0.80	0.60	0.50	0.40	0.20
Z	+0.84	+0.25	0.00	−0.25	−0.84
Z′	1.68	1.09	0.84	0.59	0.00
順　序	1	2	3	4	5

(採自楊治良等，1988)

激比較的總次數為 $2(n-1)$，所以，在計算選中比例 (P) 時，要把選中分數 C 除以 $2(n-1)$，但嚴格地說，每種刺激和它本身也應比較，只不過是不分勝負，故在每個 C 分數上都加 0.5，因其比較兩次，所以要加 (0.5＋0.5)＝1，把增加後的選中分數稱作 C'，C' 的比例 P'，可用 $C'/2n$ 計算出來。根據選中分數或選中比例，只能得出被試者對刺激愛好的順序，即根據數據可排出喜愛的順序為 ABCDE。如果把 P 轉換成 Z 分數，就可得出對各樣品愛好的程度的相對大小。如表中 Z 行所示，因這個程度本來就是相對的，為了消除負值，可以把每個 Z 分數加上 0.84，使起點恰好從零點開始，結果如表 4-10 中 Z' 行所示。

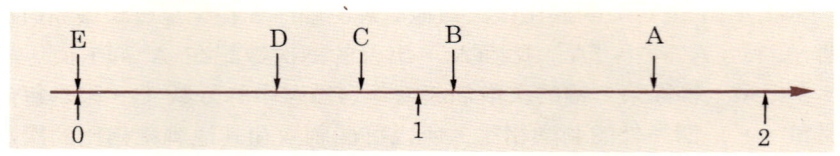

圖 4-7　某被試者對五種樣品愛好的順序
(採自楊治良，1988)

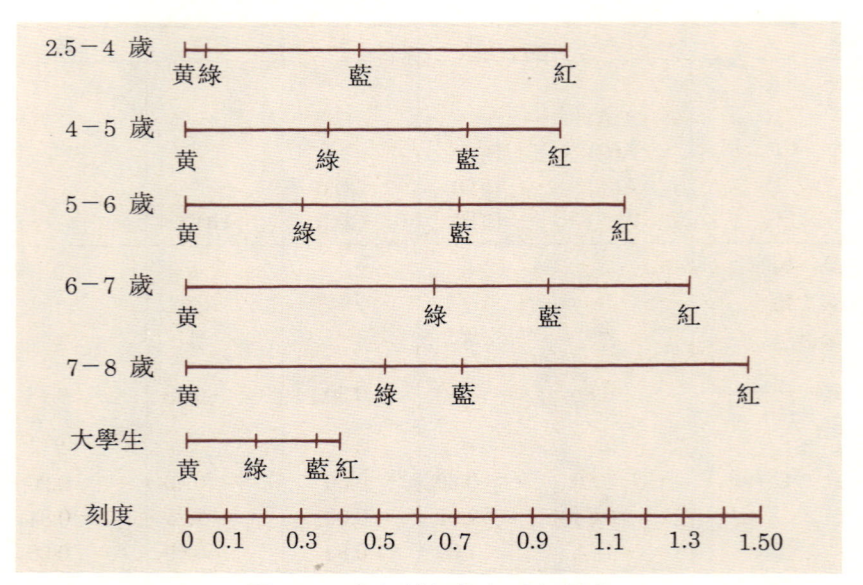

圖 4-8　各年齡組顏色愛好量表
(採自陳立，汪安聖，1965)

從上面分析可以看出，這個被試者最喜歡"A"最不喜歡"E"。根據 Z' 行數據，可畫出此被試者對這幾種樣品喜愛的程度如圖 4-7 所示。

根據我國心理學家陳立等 (1965) 的研究，不同年齡的人都有類似的顏色愛好的心理量表，就紅、藍、綠、黃四種顏色而言，紅最喜愛，其後的順序是藍、綠、黃 (見圖 4-8)。

二、等距量表

等距量表 (equal interval scale) 是一種有相等單位但沒有絕對零點的量表。等距量表除了其有類別量表和等級量表的性質外，它要求整個量表的各個部分的單位是相等的，但沒有絕對的零點。例如在普通溫度上 60° 和 70° 的差別與 70° 和 80° 的差別是一樣的，都是 10°。這在量表上單位是等距的。但它的參照點是人定的，這不是絕對的零點。而溫度的絕對零點是攝氏零下 273℃。因此我們不能說 80° 是 40° 的二倍。因為這是不合理的，等距量表沒有絕對的零點，只能做加減的運算，不能作乘除的運算。

心理學家們對等距量表有更多的興趣，這是因為：(1)根據觀測值間一致變化效應的規律，在一組資料中，我們能對每一個觀測值用同一常數作加減乘除運算，並不破壞這些數值的關係，因此在一個等距量表上所得到的觀測值可以轉換到另一個與此組資料計算的參照點和單位不同的等距量表上去；(2)與順序量表相比，它能較廣泛地應用統計方法，如計算均數、變差、相關係數等統計量，以及應用 t、F 檢驗等。

一般用感覺等距法和差別閾限法來製作等距量表。

(一) 感覺等距法

要製作一個等距量表，最直接的方法是採用**感覺等距法** (equal sense distance method)，它是通過把一個感覺分成主觀上相等距離來製作。它要求被試者將某種心理維度上的一般距離分成兩個或兩個以上的等分。最簡單的是**二分法** (bisection)。例如 R_1 和 R_5 是兩個不同響度的聲音，且 $R_5 > R_1$。被試者的任務是：(1)找出 R_3，使其響度正好在 R_1 和 R_5 之間也即 $R_5 - R_3 = R_3 - R_1$。(2)再找出 R_4，使其響度正好在 R_3 和 R_5 之間，也即 $R_5 - R_4 = R_4 - R_3$。(3)再找出 R_2，使其響度正好在 R_1 和 R_3 之間，也

即 $R_3-R_2=R_2-R_1$。這樣，利用三次二分法把 R_1 和 R_5 之間在響度上分成四分，即 $R_5-R_4=R_4-R_3=R_3-R_2=R_2-R_1$。這就得到了按等距變化的一系列刺激。把這一系列的刺激作為橫坐標，把等響單位作為縱坐標畫出一條曲線，這就是響度的等距量表。

用感覺等距法製作等距量表，當然不限於二分法，也可以用調整法同時分出幾個等分來，例如在史蒂文斯和伏克曼 (Stevens & Volkmann, 1944) 的實驗中，要求被試把 200～6500 赫茲的純音，按音高分出四個等分，即在這個範圍內，同時找出三個頻率的聲音，使五個純音依次在音高差別的感覺上相等。多人多次調整結果的平均值如表 4-11。根據表中所列的數據，以聲音頻率為橫坐標，以音高單位為縱坐標，畫出的音高等距量表如圖 4-9 所示。

表 4-11　調整純音的頻率使其在音高上等距的實驗結果

聲音的頻率（赫茲）	200	867	2022	3393	6500
音高單位	0	1	2	3	4

(採自 Stevens & Volkmann, 1944)

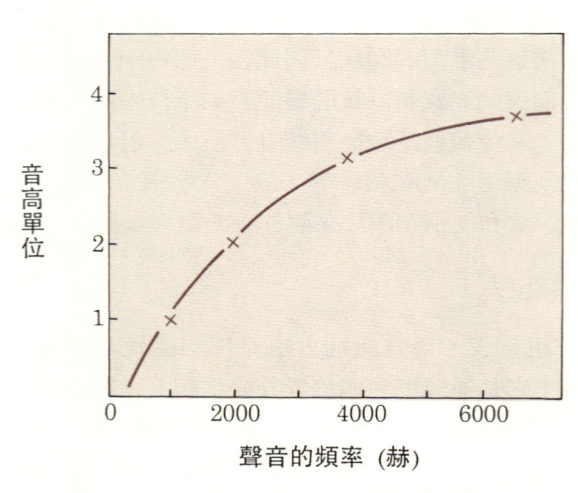

圖 4-9　音高等距量表圖示
(採自 Stevens & Volkmann, 1944)

（二） 差別閾限法

差別閾限法（或**差異閾限法**）(differential threshold method) 是製作等距量表的一種間接方法，通過在不同強度的基礎上測量最小可覺差來實現。具體地說，用任何一種古典的心理物理法測出感覺的絕對閾，並以此為起點，產生第一個最小可覺差的刺激強度，以第一個最小可覺差為基準，再測量第二個最小可覺差……。這樣測得許多最小可覺差以後，以刺激強度為橫坐標，以絕對閾以上的最小可覺差數為縱坐標，畫出的心理物理關係圖就是等距量表。實驗者就可從圖上找出產生某一感覺水平所需要的刺激值。以表 4-12 的實驗數據為例，這些結果在圖 4-10 中很清楚地反映出來；隨著最小可覺差的梯級增高，在刺激值方面需要的增加量越來越大。用刺激值來作等距量表，雖然我們選擇的絕對閾限值和韋伯分數都儘量少帶小數，但到第五個梯級數字就顯得累贅了。在小數增加的太多以前，我們必須開始設法削減小數。用刺激值的對數就方便得多，從表 4-12 的第三列相應的對數值中，我們可以看出對數的增加量（表 4-12 最後一列）是不變的。當以刺激值的對數為橫坐標畫圖時，我們就得到一條直線而不是一條曲線，參見圖 4-11。我們發現，當只涉及到強和弱的感覺的相對強度時，用對數就顯得特別方便。我們不需要把中間的梯級加起來，就可計算出任何感覺水平所需

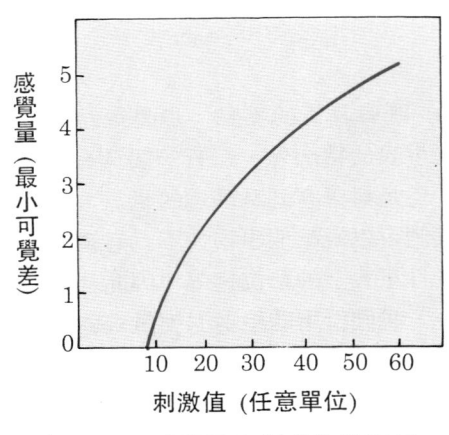

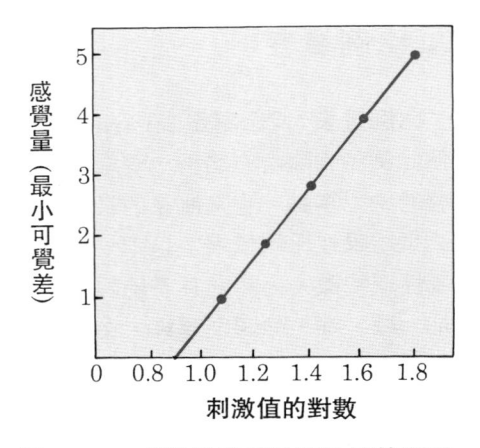

圖 4-10 感覺量與刺激值的關係
(採自 Woodworth & Schlosbery, 1954)

圖 4-11 感覺量與刺激對數值的關係
(採自 Woodworth & Schlosbery, 1954)

表 4-12　某一實驗的實驗數據

最小覺察的梯級	刺激值	刺激的對數	對數的增加量
0（絕對閾限）	8.0	0.903	
1	12.0	1.079	0.176
2	18.0	1.255	0.176
3	27.0	1.431	0.176
4	40.5	1.607	0.176
5	60.75	1.784	0.177

(採自 Woodworth & Schlosberg, 1954)

要的刺激值的對數。把梯級的數目和增加量的對數（即韋伯分數加 1 的對數）相乘，再把它和絕對閾限值的對數相加，就可得到所需要的刺激值的對數。費希納為進行這種演算推導了幾個公式，其中最著名的公式是：

$$S = K \log R$$

我們可以這個公式讀為：感覺的強度的變化和刺激的對數變化成正比。我們把這種以差別閾限為根據所製成的量表的方法，叫作差別閾限法。費希納定律就是一種等距量表。

三、比例量表

比例量表(或比率量表) (ratio scale) 既有真正的零點，也是等距的。一個比例量表除含有名稱、等級這些等距量表的特徵外，還有一個具有實際意義的絕對零點。它是測量的最高水平，也是科學家認為理想的量表。若一項測量結果在比例量表上是零，那麼，我們可以說某個事物並不具有被測量的屬性或特徵。由於它具有絕對的零點，且量表上的單位相等，因此就可進行加、減、乘、除四則運算。在物理學中，我們所用的絕對溫度量表就屬於這類量表。更為熟悉的是公制的尺所採用的量表制度。在心理測量中，智力的絕對零點是難以決定的，同時，由於等距量表對於大多數心理測量已經足夠，所以，我們就不考慮用比例量表作為心理測驗的標準化記分量表。但比例量表所適用的統計方法，除上面在等距量表上可採用的統計方法外，還可用幾何平均數和相對差異量等計算，所以，對於心理物理學來說，應盡可能使用比例量表。

比例量表的製作方法有分段法和數量的估計法，分述如下：

（一） 分段法

分段法 (fractionation method) 是製作感覺比例量表的一種最直接的方法。這個方法是通過把一個感覺量加倍或減半或取任何其它比例來建立心理量表的。具體作法是呈現一個固定的閾上刺激作為標準，讓被試者調整比較刺激，使它所引起的感覺為標準刺激的一定比例，例如，2 倍、3 倍、1/2 倍、或 1/3 倍等等。每個實驗只選定同一個比例進行比較，同一個標準刺激比較若干次後，再換另外幾個標準刺激進行比較。如果所選定的比例是 2：1 的話，就可找出哪些刺激所引起的感覺為標準刺激所引起的感覺的一半。當把所有的標準刺激都比較完之後，便可用與各標準刺激在感覺上成一定比例的相應的物理量值製成一個感覺比例量表。

下面以史蒂文斯和戴維斯 (Stevens & Davis, 1936) 的聽覺響度量表為例。史蒂文斯採用半分法（即分段法的一種），給被試者一個響度的音，作為標準刺激，讓他調節另一個音直到他感覺到比標準刺激的音低一半。用這個方法，以不同的強度音作為標準刺激，讓被試調節另一個音直到他感覺到比標準刺激的音低一半。

為了製定一個唲(sone，響度單位) 量表，必須先確定唲的單位量。1936 年，史蒂文斯確定一個唲等於一個在絕對閾限以上 40 dB 的 1000 赫的音。當一個唲被判斷為 47 dB 強度音的一半響度時，我們就可肯定 47 dB 的響度就是 2 個唲。同樣，我們可以得出 55 dB 的響度為 4 個唲，一個聲音的響度被被試者判斷為 N 倍，則這個聲音的響度就是 N 唲，以此類推即可製成一個唲的量表。

史蒂文斯用這種方法編製響度量表，發現在高強度水平時，唲單位增加得特別快。例如：40dB 只有一個唲，但到 80dB 時就有 25 個唲，而 100dB 就有 80 唲的響度了。

用半分法所得響度量表與費希納的感覺和刺激對數關係的直線圖是不符合的。在圖 4-12 中，實線代表被判斷的響度的增加量，它是以**分貝** (decibel，簡稱 dB) 為單位的刺激強度函數；虛線代表按費希納定律所預期的響度變化，因為縱坐標是直線的，基線是對數的，這個函數就必然是一條直線。

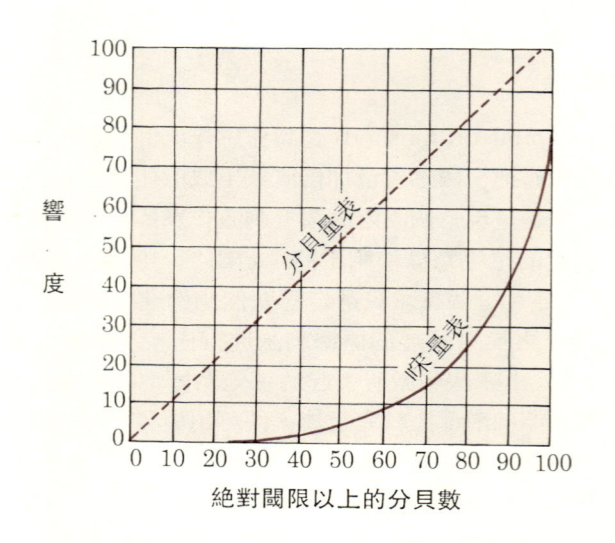

圖 4-12 響度作為刺激強度的函數
(採自 Stevens & Davis, 1936)

(二) 數量估計法

數量估計法 (method of magnitude estimation) 也是製作比例量表的一種直接方法。此法的具體步驟是主試者先呈現一個標準刺激，例如，一個重量，並賦予標準刺激一個主觀值，例如為 10，然後讓被試者以這個主觀值為標準，把其他不同強度比較刺激的主觀值，放在這個標準刺激的主觀值的關係中進行判斷，並用數字表示出來。然後計算出每組被試者對每個比較刺激量估計的幾何平均數或中數。再以刺激值為橫坐標，感覺值為縱坐標，即可製成感覺比例量表。

在心理量和物理量關係的實驗中，常會出現特別大的數字，所以數量估計法採用的數據處理通常是幾何平均值。幾何平均值定義為 n 個數值相乘之積的 n 次方根。例如，有三個數據：4、8、16，則幾何平均數 X 為：

$$X = \sqrt[3]{4 \times 8 \times 16} = 8$$

也可用下列方法計算：

$$X = (\log 4 + \log 8 + \log 16) \div 3 \text{ 的反對數} = 8$$

貝克和杜德克 (Baker & Dudek, 1957) 的實驗可進一步說明數量估計法。貝克和杜德克用假定長度單位 I 作為標準刺激，用其他 10 種比它較長的刺激作為變異刺激。刺激用幻燈片呈現，時間為 30 秒；每對刺激共隨機呈現 20 次，即要求被試者回答 20 次；為排除空間位置的誤差，其中 10 次為標準刺激在變異刺激之上，10 次為標準刺激在變異刺激之下。圖 4-13 為 49 個被試者對 10 個變異刺激數量估計的結果。在圖上，實線為理論值，虛線為實驗的實際結果。實驗顯示了心理長度的增長明顯低於物理長度的增長。斜率的夾角小於 45°。

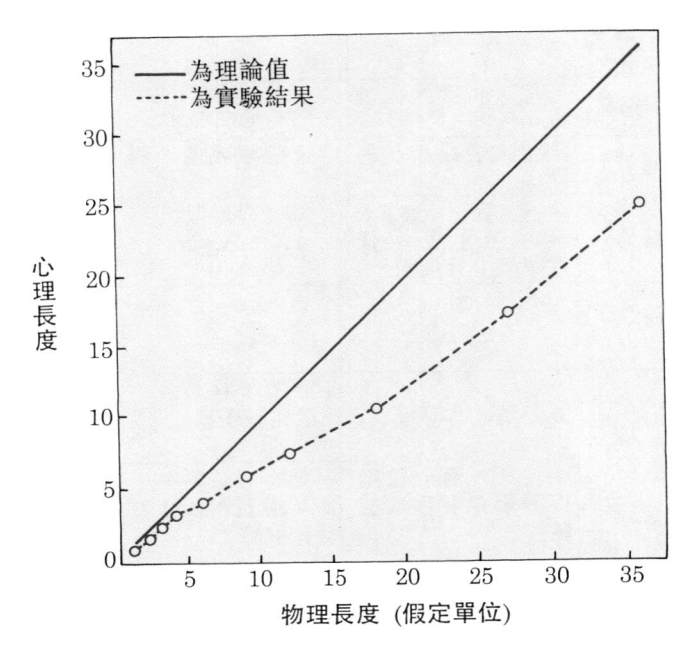

圖 4-13 線段物理長度與心理長度之間的相互關係
(採自 Baker & Dudek, 1957)

四、三種量表法的比較

為了便於比較上述三種量表，我們將它們的基本特徵、基本製作方法、功能、統計方法和典型經驗列成表 4-13。

世界上很少有事物與數字是對應的十全十美或天衣無縫的，就是在物理科學中也是如此。基於此，我們不可過分追求絕對的測量，但也不能把歸屬於某種量表的資料當作另一種量表，進而運用適合後者的統計方法；也不能極其輕率地把順序量表資料當作等距量表，運用適合等距量表的統計方法。為了使這些量表達到更好的效果，心理學家常常用許多變通的辦法。例如，為了使順序量表升格成等距量表，最通常的方法就是把原始測驗分數轉換成

表 4-13 三種量表的比較

特點項目 \ 量表水平	順序	等距	比例
基本特徵的描述	等級、位次、大於或小於	量表上單位相等	有絕對的零點
基本經驗運算	確定大於或小於的關係	確定距離或差別相等	確定比例相等
數學組成結構	單調組，$X=f(x)$ 其中 $f(x)$ 表示任意單調上升函數	線性成近似組 $X=ax+b$ $a>0$	相似性組 $X=cx$ $c>0$
圖　解	1　2　3 4	1　2　3　4	0　1　2　3
功　能	能分類，有等級	能分類，有等級，還能比較差異	能分類，有等級，能比較差異，還能比較比值
統計方法	中位數，百分位數與等級相關秩次檢驗	平均數，標準差，積距相關，t 檢驗與 F 檢驗	除上述外，還有幾何均數，相對差異數，等比量數的測定
典型經驗	礦物硬度、皮革、木材、羊毛的等級與智力測驗的原始分數	溫度、日曆時間，智力測驗標準分數	長度、重量、密度等音高量表（嘆）、響度量表（哧）

(採自戴忠恒，1987)

標準分數，而標準分數作單位顯然是一個等距量表。這裏看到了量表之間可以轉換的一面。

由此可見，各種量表之間，既有聯繫又有區別，它們也有各自的長處和短處，在進行研究工作時，可視情況選擇適當的心理量表方法。

本 章 實 驗

一、用極限法測定幾種頻率的聽覺閾限

（一）**目的**：本實驗的目的在於熟習極限法的應用，並初步理解純音聽覺閾限與不同頻率的關係。

聲音響度與聲波的振幅相對應，音高則是與聲波的頻率相對應的。但是這種對應關係並不是簡單的直線性的。對不同頻率的純音進行聽覺閾限的測定，可以揭露這種對應關係，而且也是一切與聽覺有關的研究的基礎工作之一。同時，這種工作對於通訊器材的設計、醫用測聽器的校準和聾症的診斷等有很大的助益。

作為心理物理學方法之一的極限法，是測定閾限的直接方法，它能形象地表明閾限這一概念。也就是說，在記錄紙上可以直接看出這一類與哪一類（例如感覺得到和感覺不到）反應的界限。極限法一般交替地使用遞增和遞減系列，這樣既能抵消習慣誤差，又能抵消期待誤差。

（二）**儀器**：音頻信號發生器（附衰減器）、刺激鍵、耳機、信號燈、信號鍵、反應燈、反應鍵。聲音刺激由音頻信號發生器供給，音頻信號發生器上附有衰減器，可以直接讀出增減的分貝數。接通刺激鍵，聲音電流輸入耳機，也就是給出了刺激。本實驗也可用聽覺實驗儀或聽力計代替，而且使用起來更方便、簡單。

（三）**程序**：試驗之前讓被試者面對儀器坐下，戴上耳機，注意信號燈

的指示，此燈一亮就是即將通過耳機給出聲音刺激的預備信號。刺激的呈現有時從強到弱，有時從弱到強，聽到聲音時就閉合反應鍵，聽不到聲音時就放開反應鍵。

正式測聽時隨機使用 250，500, 1000, 2000, 4000, 8000（周/秒）六種頻率。每種頻率都交替進行遞增、遞減各 4 個系列的測試。遞減系列從遠超於聽覺閾限的聲音強度開始，每次衰減 5 分貝，直到被試者聽不見時，記下這時的衰減數值。遞增系列從遠在閾限以下的聲音強度開始，每次增加 5 分貝，直到被試者剛剛聽到聲音時，記下這時的衰減數值。不論遞增或遞減系列，主試者必須隨機改變相繼系列的開始點。每次刺激延續 2~6 秒，兩次刺激間間歇 2~4 秒。開始時較快，到接近閾限時，刺激時間和間歇時間要約略延長。正式開始實驗之前，可對遞增、遞減系列各做幾次練習，借此使被試者熟習測聽的步驟。

表 4-14　響度絕對閾限實驗記錄表

頻　　率	250~				500~				1000~				2000~				4000~				8000~			
順　　序	↑	↓	↓	↑	↓	↑	↑	↓	↑	↓	↓	↑	↓	↑	↓	↑	↑	↓	↓	↑	↓	↑	↑	↓
各次閾限值																								
平　均　數																								

為了避免被試者疲勞，可組成主試者、被試者各兩組，每完成兩種頻率測聽，主試者、被試者輪換一次。主試者二人，一人改變聲音頻率和強度，一人給預備信號、發出刺激並記錄被試者反應。主試者應事先準備好隨機使用的頻率和遞增、遞減系列開始點的安排，列入表格，以便據以進行實驗，並作記錄。

實驗完成後問被試者：你認為各次判斷的標準是否一致？可信度如何？

（四）結果：計算每次測定的不同頻率的純音聽覺閾限，用平均數作為聽覺閾限，用標準差表示原始測定數據的集中趨勢。計算後將聲級（以微巴為基準的分貝數）為縱坐標，以頻率（周/秒）為橫坐標，畫出被試者六種不同頻率聲音刺激的純音聽覺閾限。

(五) 討論：

(1) 在本實驗中，為什麼要隨機改變相繼系列的開始點？

(2) 在本實驗中，被試者的練習和疲勞對實驗結果有無影響？還有什麼主客觀因素影響了實驗的結果？

(3) 極限法用於本實驗中聽覺閾限的測定還有什麼缺點？如何改進？

二、用平均差誤法測定長度差別閾限

(一) **目的**：通過測長度差別閾限學習平均差誤法。

(二) **材料**：長度估計測量器。

(三) **程序**：

1. 實驗的基本方法

用長度估計測量器呈現白背景、黑線條，分左右兩半。右半、左半分別用兩個活動套子套住，背面有以毫米為單位的刻度（見第十一章儀器圖）。主試者移動一個套子，使這邊的直線露出 10 厘米作為標準刺激，又用同樣的辦法使另一邊的直線露出一段明顯短於或長於標準刺激的長度作為變異刺激，被試者借助於移動套子調節變異刺激，直到他認為與標準刺激長度相等為止。主試記下被試者調好的長度。

2. 在安排實驗順序時，要注意幾個控制變量

(1) 為了消除動作誤差，在全部實驗中應有一半的次數呈現的變異刺激長於標準刺激（套子向內移動，簡稱"內"）；另一半的次數呈現的變異刺激短於標準刺激（套子向外移動，簡稱"外"）。

(2) 為了消除空間誤差，在全部實驗中應有一半的次數呈現的變異刺激應在標準刺激的左邊，即於中線的左邊（簡稱"左"）；另一半的次數呈現的變異刺激應在標準刺激的右邊（簡稱"右"）。這樣，變異刺激的呈現方式可以有"左外"、"左內"、"右外"和"右內"四種方式。

(3) 為了消除系列順序的影響，實驗可按這樣的順序進行："右外"、"右內"、"左內"、"左外"、"左外"、"左內"、"右內"、"右外"。每種條件需做 5 次，共做兩個循環，合計 80 次。每做完 20 次，休息 2 分鐘。

3. 在實驗過程中，主試者不要告訴被試者調整出的變異刺激的長度是否和標準刺激相符，也不要有任何有關的暗示。

4. 換被試者，再按上述程序進行實驗。

(四) 結果：

(1) 分別計算兩個被試者的長度估計的平均誤 (AE)。

$$AE = \frac{\Sigma|X-S|}{N}$$

X：每次測定所得數據，　　S：標準刺激的長度，
N：測定的總次數。

(2) 考驗兩個被試者的平均誤的差別有無顯著性意義。

(五) 討論：

(1) 比較兩個被試者的長度差別閾限。
(2) 本實驗在排除誤差上作了哪些考慮？

表 4-15　長度差別閾限實驗記錄表　　單位：(毫米)

次數	右				左			
	外		內		外		內	
	1	2	1	2	1	2	1	2
1								
2								
3								
4								
5								
6								
7								
8								
9								
10								
平均數								

三、用恆定刺激法測定重量差別閾限

(一) 目的：通過測定重量差別閾限學習恒定刺激法。

(二) 材料：

(1) 高 2cm，直徑 4cm 的圓柱體兩套 8 個。這二套圓柱體的重量要求如下：
第一套：100 克兩個，100±3克、100±6克、100±9 克各一個。
第二套：100 克兩個，100±4克、100±8克、100±12 克各一個。
(2) 遮眼罩。

(三) 程序：

(1) 取第二套材料中重 100 克的圓柱體作為標準刺激。重 88 克、92 克、96 克、100 克、104 克、108 克和 112 克的圓柱體作為變異刺激，讓被試把變異刺激和標準刺激各比較 20 次，共 140 次，每對刺激呈現的順序按隨機原則排列。為消除時間誤差，前 70 次先給標準刺激，後 70 次先給變異刺激。

(2) 被試者坐在桌邊，戴上遮眼罩，主試者把標準刺激放在桌邊約 20 厘米處正對被試者的地方，並用粉筆標出圓柱體在桌面上的位置；被試者用右手的拇指和食指拿住圓柱體慢慢向上舉，輕輕上下掂兩下，約兩秒鐘後就放下 (這時胳膊肘不要離開桌面)。

(3) 在進行前 70 次比較時，主試者先呈現標準刺激 (即 100 克) 後呈現變異刺激，被試者用單手先提舉後報告第二個重量比第一個重量輕、重、還是相等，主試者分別用 "－"、"＋" 和 "＝" 三種符號進行記錄。後 70 次比較時，因先呈現變異刺激，故記錄時要注意選準三種符號。主試者呈現重量時要保持同一位置，第二個重量呈現的時間不可太遲，當被試者放下第一個重量後，主試者立刻換上第二個重量，間隔最好不要超過 1 秒，以免被試對第一個重量的感覺消退。兩次比較至少要間隔 5 秒，以免各次感覺相互干擾。

(4) 分別計算在 20 次比較中被試者判斷各變異刺激比標準刺激輕、重和相等的次數。

(5) 更換被試者，按上述程序再進行新一輪實驗。

(四) 結果：

(1) 分別統計每個變異刺激較標準刺激輕、重和相等的次數，並列出相應的百分數，製成表格。

(2) 以變異刺激的重量為橫坐標，以反應各變異刺激重於、輕於和等於標準刺激的次數的百分數為縱坐標，把所得結果畫成三條曲線。

(3) 用直線內插法分別根據圖表求出重量差別閾限 (DL)。

(五) 討論：

(1) 用恆定刺激法測定差別閾限有什麼特點？
(2) 實驗結果是否符合韋伯定律？為什麼？

表 4-16　重量判斷記錄表（標準刺激為 100 克）

序	變異刺激 先後	88 克		92 克		96 克		100 克		104 克		108 克		112 克	
		1	2	1	2	1	2	1	2	1	2	1	2	1	2
	1														
	2														
	3														
	4														
	5														
	6														
	7														
	8														
	9														
	10														
判斷的 %	重														
	輕														
	等														

本 章 摘 要

1. **心理物理法**是研究心理量與物理量之間對應關係的方法，它是與費希納的名字緊密相聯的，從誕生到現在已有一百多年的歷史。
2. 在心理學上，對一個心理現象根據測定它們的程序下的定義就叫**操作定義**。例如，把"剛剛感受到"定義為"50％次感覺到"，就可測定感覺閾限了。
3. 傳統心理物理學所處理的問題大體分為兩類，一類是感覺閾限的測量，包括絕對閾限、差別閾限和等值的測量；另一類是閾上感覺的測量，即心理量表的製作。
4. 測量感覺閾限的基本方法有：(1) **極限法**；(2)**平均差誤法**；(3)**恆定刺激法**。
5. **極限法**是測定閾限的直接方法，其特點是：將刺激按遞增或遞減的方式沿著一定的維，以間隔相等的小步變化，尋求從一種反應到另一種反應的過渡點。
6. **平均差誤法**的基本特徵是：呈現一個標準刺激，令被試者再造或複製它的大小；或要求他調整一個變異刺激，使它和標準刺激相等。
7. **恆定刺激法**的基本特點是：根據次數來定閾限，即以次數的整個分布求閾限。
8. 從量表有無相等單位和有無絕對零點來分，心理量表可分為**順序量表**、**等距量表**和**比例量表**這三類。
9. **順序量表**是一種較粗略的量表，它既無相等的單位，又無絕對零點，只是把事物按某種標準排出一個次序。一般用等級排列法和對偶比較法來製作順序量表。
10. **等距量表**是一種有相等單位，但沒有絕對零點的量表。一般用**感覺等距法**和**差別閾限法**來製作等距量表。
11. **比例量表**既有真正的零點，也是等距的，是科學家們認為理想的量表。比例量表的製作方法主要有**分段法**和**數量估計法**。

建議參考資料

1. 波　林（高覺敷譯，1981）：實驗心理學史。北京市：商務印書館。
2. 陳　立、汪安聖（1965）：色、形愛好的差異。心理學報，第十卷，三期，265～269頁。
3. 楊治良（1988）：心理物理學。蘭州市：甘肅人民出版社。
4. 赫葆源、張厚粲、陳舒永（1983）：實驗心理學。北京市：北京大學出版社。
5. 鄭昭明（1993）：認知心理學，台北市：桂冠圖書有限公司。
6. Atkinson, R. C. et al. (1988). *Steven's handbook of experimental psychology* (2nd ed.). New York: A Wiley Interscience Publication.
7. Christensen, L. B. (1991). *Experimetal methodology* (5th ed.). Needham Heights: Allyn and Bacon.
8. Underwood, B. J. (1966). *Experimental psychology*. New York: Appleton.

第五章

現代心理物理法

本章內容細目

第一節　閾限概念和理論的發展
一、閾限概念及其發展　211
　㈠　傳統的閾限概念
　㈡　對傳統閾限概念的異議
二、神經量子理論　216
三、史蒂文斯的冪定律　217
四、物理相關論　225

第二節　信號檢測論的原理
一、信號檢測論的由來　227
二、信號檢測論的統計學原理　229
三、信號檢測論的二個獨立指標　233
　㈠　反應偏向
　㈡　敏感性指標
四、接受者操作特性曲線　243

第三節　信號檢測論的應用
一、在醫學心理學中的應用　250
二、在工程心理學中的應用　254
三、在認知研究中的應用　259
四、評　價　260

本章實驗
一、信號檢測論用於記憶的實驗　263
二、接受者操作特性曲線的實驗　265

本章摘要

建議參考資料

上一章我們介紹了傳統心理物理學的三種基本方法。傳統心理物理學方法用極限法、恆定刺激法和調整法來測定絕對閾限和差別閾限，並以閾限的倒數來表示感受性的大小，閾限值越小，感受性越高。用傳統心理物理學方法測定閾限時，常有一些非感受的因素對閾限的估計產生影響。因此，傳統心理物理法測得的數據，往往是感受性和被試反應的主觀因素相混合的。例如痛閾，因各人的主觀因素不同，痛閾因人而異。所以，傳統心理物理法的科學性和可靠性就受到一定的影響。為了有效地測定感受性，傳統心理物理法中也想設法通過各種手段來消除如動機、態度等一類因素的影響。正是由於採用種種手段，使傳統心理物理法在感受性測量中能得到較科學和較可靠的結果。但是上述這種種手段也不能從根本上排除被試的主觀態度的一類因素的影響。所以我們常發現，用傳統方法獲得的結果，有時甚至是相互對立的。例如，精神分裂症患者和正常人關於大小常性的對照研究：伯雷斯等人 (Pezer et al., 1961) 認為精神分裂症患者比正常人的大小常性要高；漢密爾頓等人 (Hamilton et al., 1963) 則認為精神分裂症患者比正常人的大小常性要低；而皮什克姆-史密斯等人 (Pishkm-Smith et al., 1962) 的看法認為彼此並沒有差別。這些情況，以前總認為是實驗條件和方法的不同造成的，實際上，最根本的問題是無法把感受性的測量和被試的動機、態度等主觀因素所造成的反應偏向區分開。而**信號檢測論**，在測定感受性上，能把被試的主觀態度區分出來。所以，我們把費希納倡導的心理物理學三種基本方法稱之為傳統心理物理法，而把信號檢測論這一心理物理法的新發展稱為現代心理物理學。

但是必須注意，不能因此否定傳統心理物理法在測定感覺閾限方面的作用，一般情況下測定感受性，傳統心理物理法是可用的。而信號檢測論的實驗更宜用於人的主觀因素對實驗結果影響較大的實驗條件中，它解決了傳統心理物理法所不能解決的問題。本章內容所要討論的是，希望能回答下面的問題：

1. 如何理解感覺閾限這個概念。
2. 如何解釋史蒂文斯的冪定律。
3. 信號檢測論的統計學原理是什麼。
4. 信號檢測論的二個獨立指標是什麼，如何進行計算，如何繪製接受

者操作特性曲線 (ROC)。
5. 信號檢測論在心理學中有哪些主要應用領域。
6. 如何評價信號檢測論。

第一節 閾限概念和理論的發展

一、閾限概念及其發展

(一) 傳統的閾限概念

傳統的閾限概念起源於費希納。波林在《實驗心理學史》一書中指出，心理物理學的古典問題有五個：(1) 絕對閾限：觀察者對個別刺激的感受；(2) 差別閾限：觀察者對刺激增量的感受性；(3) 等量：被判斷為相等的刺激，一般是主觀判斷的強度方面；(4) 感覺距離：被判斷為相等的兩對刺激間的差別；(5) 感覺比例：彼此判斷為有特定比率的那些刺激。在有影響的"數學、測量和心理物理學"一章中又提到：史蒂文斯 (Stevens, 1951) 又補充了兩個問題。(6) 刺激次序：觀察者將某些組的刺激排成等級或次序的測定；(7) 刺激等級評定：確定觀察者評定刺激的真正物理值的準確性。由此可見，一百多年前，費希納在創建心理物理學時，就把注意力集中在感覺閾限的測量上。經過長期來的研究，形成了許多閾限理論，包括柏拉克韋爾 (Blackwell, 1953) 的高閾限理論，路司 (Luce, 1954) 的低閾限理論，格林 (Green) 的高-低兩種閾限理論，以及史蒂文斯的神經量子理論和斯韋茨等人 (Swets et al., 1953) 的信號檢測理論。

從測量上考慮的傳統閾限的概念，後經卡特爾 (Cattell, 1893)、賈斯屈 (Jastrow, 1888) 和烏爾班 (Urban, 1910) 發展，最後形成了**費-伽馬 (Phi-gamma)** 假設的傳統覺察理論基礎。這種覺察論假設有三個連續量：**刺激**

(stimulus，簡稱 S)、**內部反應** (response，簡稱 R) 和**判斷** (judgment，簡稱 J)。從圖 5-1 中可見，刺激 S_2 被定義為絕對閾限 (T)，因為它是引出"有"反應的一半次數。

圖 5-1 上的三種連續量是相互聯繫的。假設實驗與實驗間刺激的物理變量是固定不變的，而內部反應則被認為是可變的。每個恆定的物理刺激所引起的反應可看作是常態分配。這樣刺激的連續將引起一系列重疊的分佈。在這些重疊的分佈中，閾限 T 就是一個固定點 (參見中間一條線)。通常，被試判斷的連續是被假設準確地對應於它的反應連續，當刺激強度超過閾限 T 時，被試判斷有刺激出現，低於閾限 T 時，則判斷無信號出現 (參見上面一條線)。

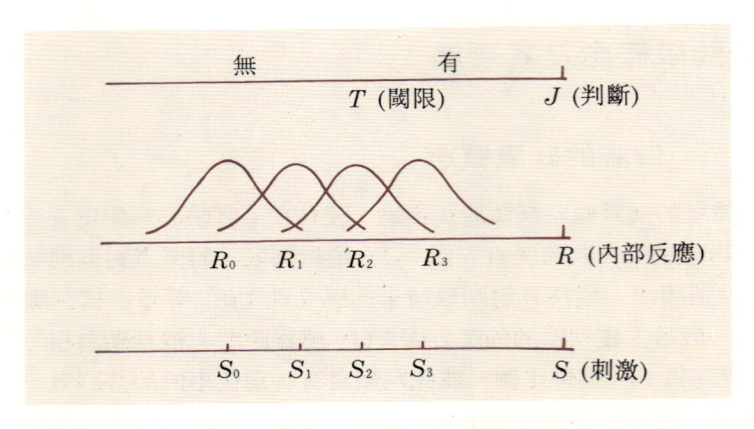

圖 5-1　三種連續量：表示了傳統閾限理論
(採自馬謀超，1978)

根據閾限的傳統定義，刺激 S_2 是這個被試的絕對閾限。由於反應分布是常態的，所以閾值對應於 S_2 所引起的反應平均值。常態分布的對稱性，使得刺激 S_2 所引起的反應有一半次數是超過閾限。一半次數不超過閾限。S_1 有時可以超過；S_3 則一般會超過；S_4 超過的概率就更高了。

(二) 對傳統閾限概念的異議

起源於費希納的傳統閾限概念，在 20 世紀 50 年代前，沒有受到多大挑戰。可是，近四十年來，關於閾限概念的理解上已成為古典的和現代的心理物理學爭論的焦點。50 年代以後,許多心理物理學家愈來愈感到,經典的閾限測量最大的問題在於沒有能夠把被試的辨別能力(感受性)和他們做出判斷時的傾向性(反應標準)區別開來。也就是說,經典的閾限測量沒有考慮許多非感覺變量對被試的影響。在這些非感覺變量中,主要有下列二種最為主要:

1. 刺激出現的概率 傳統的心理物理學實驗中,刺激出現的**概率**(或**機率**)(probability)以 $P(S)$ 表示,其值總是 1.0,這樣被試做出"有"或"無"的判斷時,即使憑機遇也有 50% 的精確性,難以避免地存在著期望誤差。實驗證明,當 $P(S)$ 系統變化時,做出"有"判斷的概率以 P(yes) 表示,也會發生變化,測出的閾限值亦發生變化。一個察覺指端震動的實驗(Ges Cheider et al., 1971)表明,改變 $P(S)$ 對於傳統的閾限測量具有強烈的影響。當 $P(S)$ 等於 0.7 時,閾限是 1.3 微米;$P(S)$ 為 0.3 時,閾限則是 2.3 微米。而且,當刺激不出現時,P(yes) 也明顯地高於零。而根據傳統的閾限理論,在不呈現刺激時,訓練有素的、忠實可靠的被試者只是偶然地報告"有"感覺,P(yes) 不可能明顯地高於零。

2. 反應代價 反應代價影響反應的結果,即反應受到獎賞和懲罰的影響。傳統的閾限理論是對此忽略不顧的。事實上,如果正確地報告了"有"刺激(稱為"擊中")得到的獎賞多,而且錯報時受到的懲罰少,則被試傾向於降低反應標準,在這種情況下,所測量的閾限相對值便低。反之,如果擊中時所得獎賞少,而錯報時所受懲罰多,則被試者傾向於提高反應標準,不會輕易做出"有"反應,這時,所測量的閾限值便高。這一顯而易見的事實,傳統的閾限理論恰不能給予解釋。

從上述二種非感覺變量的討論中看到,現代心理物理學從對閾限概念的不同理解出發,把被試者的辨別力和他的反應傾向區分開處理,而傳統心理物理學測得的感覺閾限是二者不可分割的混合物。這是現代心理物理學對閾限概念和感覺理論的新發展。

現代心理物理學不僅對心理研究方法帶來新的突破,而且也對心理學理論帶來了巨大影響。這些變化不僅明顯地表現在對閾限概念的理解上,而且也反應在心理物理學所研究的課題上。對研究的課題,現代心理物理學從系

表 5-1　心理物理學問題的分類、選用方法和尺度準繩

類　別	研　究　問　題	選　用　方　法	尺　度　準　繩
感覺能力 (機體感受性和可辨性的測量)	絕對感受性：辨別某一刺激存在與否的能力	1. 有 m 個選擇的強迫選擇法(空間或時間) 2. 可做雙重決定(是或否)的單一刺激法或對可信度的評價法	正確百分數(d')或其他覺察指標 $P(C)$ Max
	差別感受性：在一些刺激之間進行辨別的能力	1. 對偶比較法 2. 評價法或對各種刺激 AA，AB 或 BB 的相似性或相異性的雙重決定法 3. 在 AB 序列中識別第三個刺激的方法	正確百分數(d')或其他辨別指標
	刺激識別：從一組幾個刺激中，對每個刺激給予不同反應的能力	識別法	1. 常誤 2. 標準錯誤或其他離散尺度
	有效刺激量：這是來自感覺能力測量單位進行標度的刺激量	通過等距單位測量有效刺激強度的方法	在指定的判斷百分數上，稱為相等的刺激值(範圍)
反應傾向 (刺激間及刺激和周圍背景間可清除辨別的情況下，對一些刺激或刺激序列特有反應的測量)	等距：與刺激間辨別能力測定不相同的，在指導語規定的連續體上稱為相等刺激的測定	調整法，允許做"相等"判斷的對偶比較法，恆定刺激法，極限法	在指定的判斷百分數上，稱為相等的刺激平均值和離散值
	等差：與差別之間的辨別能力測定不相同，在指導語規定的連續體上被認為有相同差別的對偶刺激的測定	調整法，允許做"相等"判斷的對偶比較法，恆定刺激法	在指定的判斷百分數上，稱為相等的刺激平均值和離散值
	感覺比例：在指導語規定的連續體上對那些彼此具有特定比率的刺激的測定	1. 調整法 2. 數量估計法	合乎指導語要求的比率
	刺激等級：確定位於指導語規定的連續體上的那些刺激的等級次序	對個別刺激評價法分等級法或分類法，對偶比較法	1. 等級的平均值和離散值 2. 按刺激混淆情況的等級之間距離。不同等級的平均刺激值

(採自馬謀超，1978)

統論出發，將一個事物看成是有層次階段和多水平的結構，因此，它所面臨要解決的問題也是有層次和不同水平的事件。具體地說，現代心理物理學課題可分割為檢測、認知、分辨、量表等四個基本問題，敍述如下：

1. 檢測問題 檢測(或覺察)(detection) 就是察覺一個事物是否存在的問題。這是一個低水平、低層次的感知覺問題，它所要解決的問題是，人檢測到了信號，報告為"有"，沒有檢測到信號，報告為"無"的簡單問題。在使用方法時，如果研究者承認"閾限"的存在，就可用傳統的極限法和常定刺激法來測定閾限；如果不承認"閾限"的存在，就可用信號檢測論來分析檢測信號的辨別力和反應傾向。

2. 認知問題 認知(cognitive) 就是辨認一個事物的問題。這裏已包括較高水平的問題，如當一個雷達操作員在屏幕上觀察到了有信號以後，就要進一步向自己提出這樣的問題："這是什麼？"。這就包括了複雜的知覺過程。這裏包括可以採用信息論的方法來認知對象。應當指出，檢測和認知階段有時是不可分的，相互聯結的，所以有時也稱為檢測-認知階層。雖然認知問題既重要又有趣，涉及到信息量的問題，但這方面的問題一般實驗心理學和心理物理學中不作詳細論述，主要在認知心理學中進行闡述和討論。

3. 辨別差異問題 辨別差異(discriminative difference) 是敍述某些事物與標準的區別問題。這是一個更高的梯級。例如雷達操作員要正確無誤地分辨出這一刺激不同於別的刺激。心理物理學中的**韋伯定律(或韋氏定律)**(Weber's law)，分辨中的**信號檢測論**(見第二節)，以及用反應時來測定分辨等，都屬於辨別差異問題。

4. 量表問題 量表(scale) 這方面的研究方法和內容，已構成了一個專門的學科——**心理測量學**(psychometrics)。測量心理活動並轉換成某種**尺度**(yardstick) 的問題。

通過以上的討論，我們就可將問題進行新的歸類，把討論心理物理學的一些問題組織到那些感覺和反應傾向的範疇內。參見表 5-1。

二、神經量子理論

　　神經量子理論(neural quantum theory) 是由史蒂文斯等人 (Stevens et al., 1941) 提出用來解釋閾限的一種理論。他們在響度和音高的辨別實驗中，推論其基本神經過程是**按全或無定律**(或全有全無律) (all-or-none law) 進行的。神經量子理論假設反應刺激變化過程的神經結構在機能上被分為各個單元或量子。具體地說，被試者只有當此增量大到足以興奮一個附加的神經量子單位時，才能夠察覺到刺激增量。必要的刺激增量的大小將取決於某一個刺激高於上一個興奮了的神經單位的閾限多少。超過上一單位的閾限越多，興奮下一個單位所需要的刺激量則越少 (見圖 5-2)。圖 5-2 表明兩種連續：(1) **刺激連續** (stimulus continuum) (任意度標)。(2) 神經單元階梯式的**感覺連續** (sensory continuum)。在刺激連續上，S_t 是標準刺激值；a 是肯定夠興奮附加量子的刺激增量；$\Delta\phi$ 只能部分興奮神經量子所需要的刺激增量。

　　在感覺連續上，P 是 S 所產生的"剩餘"興奮量，如果說假定 17 個能量單位的刺激量足以興奮神經量子 a、b、c、d，而且還能部分興奮 "d"

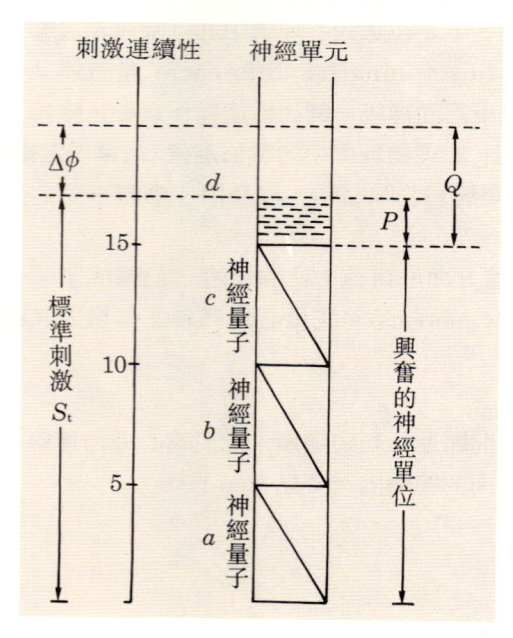

圖 5-2
神經量子模式基本概念圖示
(採自馬謀超，1978)

量子，這個剩餘量只是由超出 20 能量單位的那點能量所引起的。由此可見，剩餘量和感受性的波動緊密相關。只有 $\Delta\phi$ 和 S 剩餘量總合達到等於和大於興奮一個附加量子所需的能量時，才能產生可覺的感覺反應。因此剩餘和能量是有關的，即剩餘大，要求增量便小；反之亦然。用數學式表述如下：

$$\Delta\phi = Q - P \qquad 〔公式 5\text{-}1〕$$

$\Delta\phi$：使附加量子活動所需要的刺激增量
Q：肯定能夠興奮一個量子的增量的大小
P：是標準刺激 S 剩餘能量引出的部分興奮量

表明當 $\Delta\phi \geqslant Q-P$ 時，給定的 $\Delta\phi$ 就完全可以興奮附加量子。增量愈大，辨認的數量愈增加。誠然，這也取決於不同剩餘量出現的相對頻率。

繼續加強增量，務必達到興奮一個附加量子才會有一個最小可覺差。這樣所得到的理論上的刺激反應間關係曲線應是梯形跳躍式的。但是，在實際測量閾限的實驗研究中，所得到的總是一條遞加的**拱形曲線** (ogive curve) 原因在哪裏？史蒂文斯認為在於缺少對於被試的動機、注意疲勞等這些隨機的波動因素的全面控制。未控制因素的波動可能是常態分配，因而是拱形曲線。史蒂文斯指出，如果滿足下面四個條件，便能夠得到理想的梯形曲線。

1. 必須仔細地控制刺激，避免噪音干擾。
2. 被試者在整個實驗過程中必須保持恆定的判斷標準，最好由動機高度明確、訓練有素的實驗者充當被試者。
3. 如果神經量子的大小在實驗期間改變了，那麼曲線將變為拱形。
4. 從標準刺激向比較刺激的轉換必須迅速。

三、史蒂文斯的冪定律

費希納 (Fechner, 1860) 從韋伯定律 $\Delta I/I = K$ 出發，提出二個假設：(1) 每一個**最小可覺差** (jnd) 可看作感覺上的一個最小變化，它的主觀量是相等的，是感覺的單位；(2) 任何閾上感覺的大小都可用感覺隨機刺激變化而發生的總和表示。亦即可用最小可覺差作為感覺單位，對閾上感覺量進行間接測量。

那麼可用下列公式表示函數關係：

$$S = K \log R$$

S：感覺大小（以 jnd 為單位）
R：刺激強度
K：常數

這就是**費希納定律**（或**費氏定律**）(Fechner's Law)，也可稱為**對數定律** (law of logarithmic function)。

於 20 世紀中葉，史蒂文斯對費希納的對數定律進行了批評。他說費希納是把分辨能力作為測量單位的。根據這種間接測量的哲學，可以證明同樣經常察覺到的差別並不相等。他還指出，一百年來之所以沒有打破費希納的對數定律，是因為批評家們只列舉了一些相反的事實，而沒有提出一種理論去取代這種有缺陷的理論。於是，他於 1957 年根據多年的研究結果，提出了刺激強度和感覺量之間關係的**冪定律** (the power law)：

$$S = bI^a \qquad \text{〔公式 5-2〕}$$

S：物理量 I 的冪函數
b：量表單位決定的常數
a：感覺道和刺激強度決定的冪指數

冪函數的指數值決定著按此公式所畫曲線的形狀。例如，當指數值為 1.0，便是一條直線，即刺激和感覺之間為簡單的正比關係；指數大於 1，則為正加速曲線；小於 1，便為負加速曲線。

史蒂文斯認為存在著兩種感覺連續體，即量的連續體和質的連續體，冪定律函數關係適用於**量的連續體** (prothetic continuum)，這是一些對它們做出多少的判斷的連續體。在這個連續體上的感覺的變化，是以刺激引起的神經興奮多少為依據的。例如重量、響度、亮度等形成的連續體，都是量的連續體。史蒂文斯還認為，其它函數則可能來自與哪種或哪種的判斷有關的**質的連續體** (metathetic continuum)。在這個連續體上感覺的變化，是以刺激引起的神經活動的部位為依據的。也可以說，在生理上它是以一個相互代替的機制為依據的。例如聲音的音高，彩色的色調等形成的連續體，都是質的連續體。對質的連續體來說，閾值是個不變的截面或稱分界點。

史蒂文斯用**數量估計法**(method of magnitude estimation) 獲得了大量的實驗數據。數量估計法是製作感覺比例量表的一種直接方法。具體的步驟是實驗者先呈現一個標準刺激，例如一個重量 (或某一明度)，並規定它的出現值為一個數字，例如 1.00，然後讓被試以這個主觀值為標準，把其他同類強度不同的主觀值，放在這個標準刺激的主觀值的關係中進行判斷，並用一個數字表示出來。表 5-2 就是三種感覺道所獲得的實驗結果。表 5-2 是 22 種感覺道 (連續體) 的冪函數情況。由表可見，史蒂文斯對多種感覺道作了研究，並求出它們的指數，發現在同一感覺道內，其指數是相同的。

表 5-2 上的實驗結果，以物理量為橫坐標，以心理量為縱坐標，就可繪成圖 5-3。如果把這三個感覺道的實驗結果畫在雙對數坐標上，就形成了三條斜率不同的直線，如圖 5-4 所示。我們從圖 5-3 和圖 5-4 上可看到，電擊的感覺強度比產生出的電擊的物理強度增長快得多 ($Q=3.5$)，明度比光能的增長卻慢得多 ($a=0.34$)，線段的主觀長度和線段的物理長度則有同樣的增長率 ($a=1$)。

表 5-2 三種感覺道的心理強度

物理量	心　理　量		
	明　度	長　度	電　擊
1	1.00	1.00	1.0
2	1.26	2.14	11.3
3	1.44	3.35	46.8
4	1.59	4.60	128
5	1.71	5.87	280
6	1.82	7.18	529
7	1.91	8.50	908
8	2.00	9.85	1450
9	2.08	11.2	2190
10	2.15	12.6	3160

(採自 Stevens, 1961a)

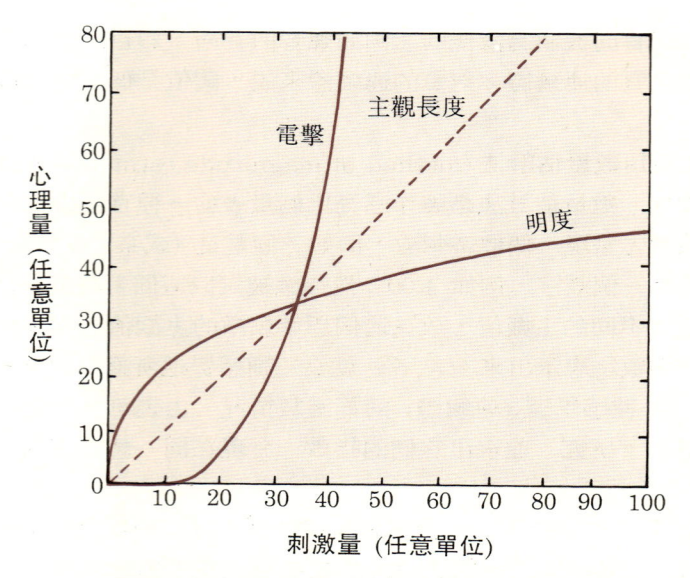

圖 5-3 心理量和物理量的關係（直線坐標）
（採自 Stevens, 1961a）

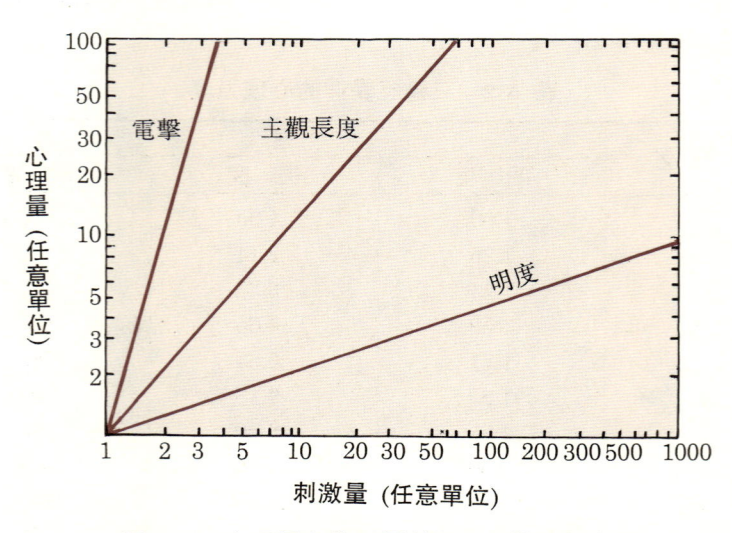

圖 5-4 心理量和物理量的關係（雙對數坐標）
（採自 Stevens, 1961a）

和對數定律一樣，冪函數對於靠近閾限的微弱刺激就變得很不明確了。於是，史蒂文斯等人在 60 年代初又提出了修正的冪函數，即從刺激中減去一個常數：

$$S = b(I - I_0) \qquad 〔公式 5-3〕$$

這樣，冪定律便可適用於全部可知覺的刺激範圍。在某些研究者看來，I_0 就是絕對閾限值。從 I 中減去 I_0，意味著以閾限上有效單位而不是以物

表 5-3　在量的連續體上心理量和刺激量的冪函數關係

連續體	指數	刺激條件
響度	0.6	雙耳
響度	0.54	單耳
明度（指自我發光體）	0.33	5°靶面——暗適應眼
明度（指自我發光體）	0.5	點光源——暗適應眼
明度（指表面色）	1.2	灰紙反射率
嗅覺	0.55	咖啡氣味
嗅覺	0.6	庚烷
味覺	0.8	糖精
味覺	1.3	蔗糖
味覺	1.3	鹽
溫度覺	1.0	冷——臂上
溫度覺	1.6	暖——臂上
振動	0.95	60 赫——手指上
振動	0.6	250 赫——手指上
持續	1.1	白噪聲刺激
重復率	1.0	光、聲、觸、電擊
手指跨度	1.3	積木厚度
手心壓力	1.1	皮膚上的靜態力
重量	1.45	舉重
握力	1.7	精確的手握力計
自動語音水平	1.1	發聲的聲壓
電擊	3.5	60 赫——通過手指

(採自 Stevens, 1961a)

理表上的零點以上單位去說明刺激。

　　冪定律在對數定律的基礎上前進了一大步。但是，冪定律的有效性有賴於被試正確使用數字去表示其真正的感覺量。與此同時，表 5-3 上列出的量是不同感覺通道的主觀量。那麼，這裏要問：不同感覺通道之間的主觀量能否比較，能否調節一個感覺通道中的刺激強度使其主觀上感到好像同另一感覺通道中的刺激一樣強？為克服這一局限，史蒂文斯於 1959 年研究了跨感覺道的匹配技術，它無需被試產生數字判斷，被試的任務是去把兩個不同感覺道產生的感覺量相等起來。例如，可以要求被試調整施加於指端的震動強度，以便使震動的感覺印象和一爆破噪音的響度相匹配。這樣，在不同的刺激水平上獲得跨感覺道的匹配，一條稱為等感覺函數的曲線便產生了，它表示出一感覺道的刺激值與造成相等感覺量的判斷的另一感覺道刺激的關係。這種方法稱為**等感覺匹配法** (equal-sensation functions obtained by matches)。

　　史蒂文斯又將心理物理法技術推進一步，用實驗證明了不同感覺通道的感覺量是可以匹配的。其原理為：設有一個感覺道的主觀值為：

$$S_1 = I_1^m$$

另一個感覺通道的主觀值為：

$$S_2 = I_2^n$$

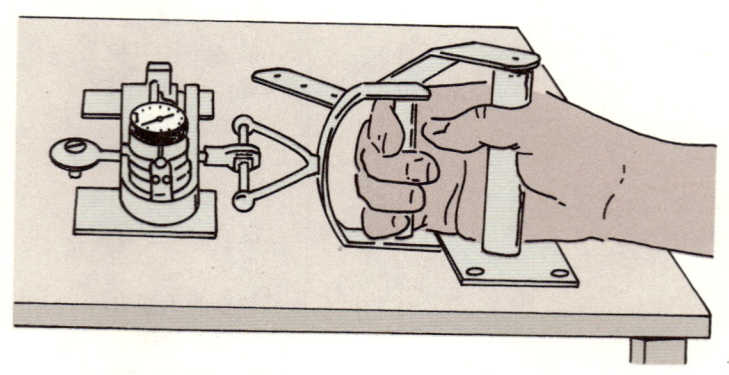

圖 5-5　用於不同連續體匹配實驗的握力計
(採自 Stevens, 1966d)

表 5-4　不同連續體的匹配

連續體	冪函數的指數	刺激範圍	主試比例量表的指數	匹配的握力指數
電擊 (60 赫)	3.5	0.29～0.72 毫安	2.06	2.13
溫度刺激 (熱)	1.6	高於自然溫度 2.0～14.5°C	0.94	0.96
舉重	1.45	28～480 克	0.85	0.79
手掌上的壓力	1.1	0.5～5.0 磅	0.65	0.67
溫度刺激 (冷)	1.0	低於自然溫度 3.3～30.6°C	0.59	0.60
振動 (60 赫)	0.95	高出閾限值 17～47dB	0.56	0.56
白噪音響度	0.6	高出 0.0002 達因$/cm^2$ 59～95dB	0.35	0.41
1000 赫音樂響度	0.6	高出 0.0002 達因$/cm^2$ 47～85dB	0.35	0.35
白光亮度	0.33	高出 10^{-10} 朗伯值 59～96dB	0.20	0.21

(採自 Stevens, 1961a)

如果主觀值 S_1 和 S_2 相等，則最後的相等感覺函數將有以下形式：

$$I_1^m = I_2^n \quad \text{〔公式 5-4〕}$$
$$\log I_1 = n/m \log I_2$$

這樣，在雙對數坐標中相等感覺函數將是直線，而其斜率將由二個指數決定。圖 5-5 為史蒂文斯用於匹配實驗的握力計。表 5-4 為實驗所得的結果。圖 5-6 為根據表 5-4 材料繪製的匹配圖。

　　史蒂文斯出色的研究工作，得到實驗心理學家的充分肯定。各種版本的教科書爭相引用。很多研究者認為，史蒂文斯冪定律對數量估計材料是一分有效的總結，指數定律說明了感覺傳導者的操作特徵。或者稱為將刺激能量轉換為神經能以及腦形成感覺的數學描述。不同感覺通道的指數不同，說明

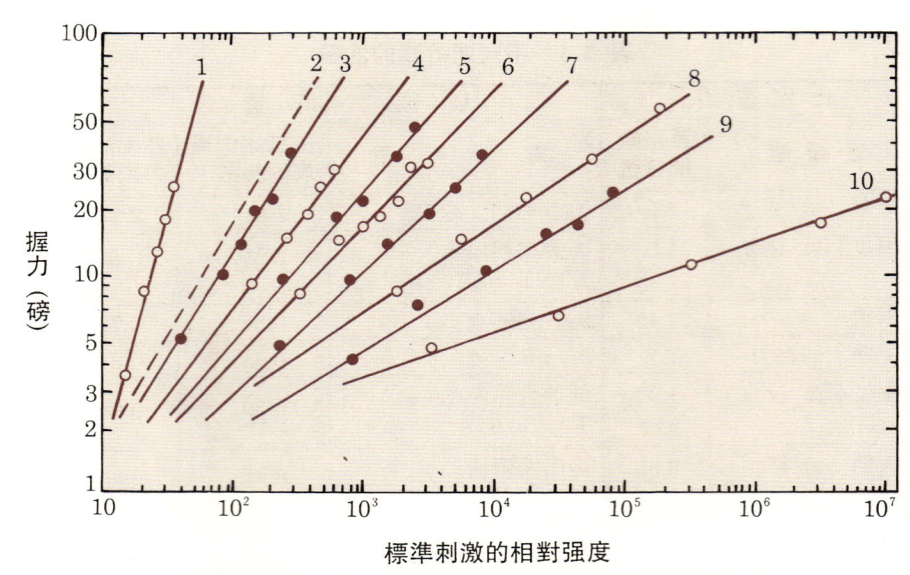

圖 5-6　不同感覺道的交叉匹配

1. 電擊 (60 赫)；2. 斜率等於 28 的曲線；3. 溫刺激；4. 舉重；5. 手掌上的壓力；
6. 冷刺激；7. 振動 (60 赫)； 8. 白噪音；9. 1000 赫的樂音；10. 白光
(採自 Stevens, 1966d)

了不同感覺傳導者是以能量的不同形式轉換的，即具有不同的轉換特徵。其後，一些實驗心理學家對冪定律作了補充解釋。例如，愛克曼 (Ekman, 1964) 認為，分辨反應基本為邊緣過程，其轉換特徵服從費希納對數定律，而主觀反應為指數相關。邊緣反應變成主觀反應只要乘上一個轉換數，一般為反對數轉換。

近些年來，大量實驗說明，分辨反應與指數定律有一定的相關，一般說來，小韋伯分數 (高分辨力) 同大指數相聯繫，如重量和電擊；而大韋伯分數同小指數相聯繫，如亮度和味覺 (見表 5-5)。這裏也使我們看到了韋伯定律和史蒂文斯定律的一致性。

總之冪定律的重要性在於其相等的刺激比例產生相等的感覺比例這一含義。由此可以認為，如果在一特殊所有的刺激強度都按百分比增加或減少，那麼感覺變化的比例則保持恆定。它與費希納的對數定律不同的地方還在於對感覺直接測量，因而有心理學家稱它為"新心理物理學"的開始，這裏所說的"新心理物理學"，就是指現代心理物理學。

表 5-5　$\Delta I/I$ 和 n 的聯關表

連　續　體	$\Delta I/I$	n
亮度	0.079	0.33
響度	0.048	0.60
指痛	0.022	1.30
重量	0.020	1.45
長度	0.029	1.04
味覺 (NaCl)	0.083	0.41
電擊	0.13	3.50

(採自 Stevens, 1961a)

四、物理相關論

在史蒂文斯冪定律得到充分肯定的時候，同時也受到了一些實驗心理學家的挑戰。其中較有影響的是物理相關論。**物理相關論** (physical correlate theory) 是由瓦倫 (Warren, 1959) 在 50 年代末，60 年代初提出來的，它與史蒂文斯的心理物理定律是針鋒相對的。這種理論認為，被試者作出感覺量的判斷時，實際上是通過過去的經驗對與刺激相聯繫的某種物理屬性作出判斷。由不同的感覺通道得到的各種變化的冪函數的指數並不反映不同的生物轉換器的操作特點，相反是由被試者對於不同刺激的特定物理屬性的反應所決定。例如，對於刺激持續時間的判斷，史蒂文斯的心理物理冪函數的指數是 1.0，這只是指示出，經過多年體驗，被試者已有能力去作出與刺激持續時間有線性關係的判斷。用工具性條件反射的語言來說，就是經過多年的強化與消退，被試者已學會對一特定的持續時間的刺激作出正確的反應。因此，被試者在心理物理實驗中的判斷是由刺激的物理屬性決定而不是由感覺的持續時間決定。得到測量的，是被試在各種持續時間的刺激中作出分辨的能力。根據這一理論，響度應由聽者和聲源之間的典型相互作用來確定。由於多數聲源發出一個固定強度，我們對強度差別的大多數經驗是和聲源移近或移遠有關。瓦倫指出，當我們走近聲源兩倍時，正常體驗到的強度變化被報告為兩倍響度；一半響度則是與距離加倍相聯繫的強度變化等等。瓦倫認為，觀察者戴上耳機在實驗室內作的響度判斷不是作為正常環境中判斷聲音時的經驗影響的充分根據。物理相關論就是在此基礎上提了出來。

為了進一步闡述物理相關論，瓦倫曾用明度判斷的實驗結果去解釋這一理論。許多對測量光的體驗較少的人不能對光的強度作出精確的判斷，但他們卻經常能對物體的明度作出判斷。瓦倫認為個體熟悉當物體和照亮他的光源之間的距離改變時物體的**形象** (appearance) 也變化的情形。這樣，在要求被試者在實驗情形中作出判斷時，他的反應便依賴於這種熟悉的效果。在刺激強度減少量確切地相等於在一個物體和光源之間的距離加倍時的刺激強度減少量時，便應出現"一半亮"的判斷。根據**反平方律** (inverse square law)，如果物體 A 離照射它的光源距離是物體 B 的兩倍，那麼物體 A 受到的照射是物體 B 的 25% 那麼多。因此比例為 1/2 的知覺明度比例需要比例 1/4 的刺激能量，所以明度函數應是：

$$B = KI^{0.5} \qquad \text{〔公式 5-5〕}$$

B：判斷明度
K：常數
I：光能量

瓦倫認為，史蒂文斯所得到的 0.5 以外的其他指數只是在很嚴格的和非自然的觀察條件下獲得的。例如，史蒂文斯提出的數目為 0.33 的明度指數，是通過暗適應了的眼睛，被試者觀察一黑暗背景上一個小發光圓點（約 5°）而得到，而瓦倫自己的實驗得到的明度指數為 0.5，則是在自然條件下得到的。即大面積刺激，使用適應於這種刺激水平的眼睛。因此，瓦倫認為他的物理相關論是一個預測感覺量增長的系統根據，更符合客觀情形。根據上面的討論和分析，對於心理物理函數服從冪定律還是把它看作對兩個刺激變量之間的關係的描述，似乎現在還不宜作出一個絕對肯定或絕對否定的回答。它服從哪個定律常因具體條件不同而各異。史蒂文斯提出的質的和量的兩類連續體，也可能是區別心理物理函數服從哪個定律的一個條件，雖然現在看來還不是一個十分明確的條件。我們相信在進一步研究的基礎上，將會有新的、可以概括更多事實的心理物理定律和理論被不斷提出來。今天，我們在評價史蒂文斯的冪定律時，正是由於它在對感覺的直接測量基礎上提出新的理論和定律，因此，不少心理學家把史蒂文斯定律以及圍繞閾限問題所展開的爭論看作是現代心理物理學的開始。在這些爭論中，信號檢測論獨占鰲頭，成為一種新理論。

第二節 信號檢測論的原理

一、信號檢測論的由來

隨著閾限理論和近代科學技術的發展，一種新的心理物理法——信號檢測論誕生了。**信號檢測論（或訊號偵察論、訊號覺察論）**(signal detection theory，簡稱 SDT) 乃是信息論的一個分支，研究的對象是信息傳輸系統中信號的接受部分。它最早用於通訊工程中，即借助於數學的形式描述"接受者"在某一觀察時間將摻有噪音的信號從噪音中辨別出來。

信號檢測論的形成有一個發展過程。早在 20 世紀 20 年代末，就有人對信息傳輸的理論進行了討論，引進信息量的概念，並取得初步的結果。到了 40 年代初，人們便清楚地認識到，由於接受的信息帶有某種隨機的性質，因此，系統本身的結構也必須適應於它所接收和處理的信息這種統計性質。1941～1942 年，人們開始將統計方法應用於通訊系統研究中，從而建立了最佳線性濾波理論——**維納濾波理論** (Wiener's filter theory)。從最小均方差準則出發，得出了對線性濾波器最佳傳輸函數的要求。1943 年，人們在雷達技術發展需要的推動下，在研究如何提高雷達檢測能力時，提出了一種最佳線性濾波理論。人們在同噪音進行鬥爭中總結出來的各種方法，實質上都是有意識地利用信號與噪音的統計特性來儘可能抑制噪音，從而提取信號的。1946～1948 年建立了基礎信息論和潛在抗干擾理論。後者是用概率方法研究高斯噪音中接收信號的理想接收機問題，將那種能夠使錯誤判斷概率為最小的接收機稱為理想接收機。香農 (Shannon, 1948) 便認識到對消息的事先確定性這一點恰恰是通信的對象的基礎上建立起來了信息論的基礎理論。幾年以後，於 1950 年人們開始把信息量概念引用於雷達信號檢測中來，提出一系列綜合最佳雷達系統的新觀念。其基本特點在於，理想接收機應當能從信號與噪音混合波形中提取最多的有用信號。從 50 年代起，人們在廣泛運用現代數學工具基礎上，建立了比較系統的信號檢測理論。

信號檢測理論除了對雷達、聲納、通訊、自動控制等技術的發展奠定了理論基礎外，目前還在心理學、地震學、天文學、生物物理學以及其他科學領域裏獲得了廣泛地應用和發展。同時，信號檢測論在這些學科中的應用，又反過來推動了信號檢測論不斷完善和發展。

那麼信號檢測論為什麼能用於心理學中呢？這是由於人的感官、中樞分析綜合過程可看作一個信息處理系統(或訊息處理系統)。因此有可能應用信號檢測論中的一些概念和方法對它進行分析。信號檢測論還可以從另一個側面加深人們對感受系統的理解。通常把刺激變量看作是信號，從刺激中的隨機物理變化或感知處理信息中的隨機變化看作是噪音。這樣，人作為一個接收者對刺激的辨別問題便可等效於一個在噪音中檢測信號的問題。顯然噪音的統計特性確定後，便可應用信號檢測論處理心理學實驗結果。於是，塔納和斯韋茨 (Tanner & Swets, 1954) 等人最早在密西根大學的心理學研究中把信號檢測論應用於人的感知過程，並取得了可喜的結果。

信號檢測論引入心理學，確實解決了一些傳統心理學方法所不能解決的問題。例如，關於精神病患者與正常人的大小常性，用傳統心理物理法研究的結果很不一致。有的實驗結果表明，精神分裂症患者和正常人比較，前者趨於超常性；有的實驗結果恰好與此相反；也有實驗結果表明，在大小常性的問題上二者並無差別，後來用信號檢測實驗得到的結果表明，在排除反應的傾向性後，非妄想型精神分裂症患者比正常人大小常性的程度要低得多。又如用傳統心理物理法測定感覺閾限時，如果主試的指導語改變了，感覺閾限會隨之發生變化。究竟是指導語影響了被試的辨別力，還是影響了他的反應傾向呢？傳統心理物理法就回答不了這個問題。用信號檢測實驗得到的結果表明，在不同的指導語的影響下測得的感覺閾限所以不同，不是由於被試的辨別力發生了變化，而是由於改變了判斷標準造成的結果。另外還有些信號檢測實驗表明，用傳統心理物理法測得的痛閾提高了，並不一定意味著痛覺感受性的下降，而常常是由於改變了極痛標準而造成的。隨著信號檢測論的引入，把心理物理學的研究確實向前推進了一大步。目前，信號檢測論已經成為一種新的心理物理法，並廣泛應用到研究心理現象的各個領域，在感覺、知覺、記憶、工程心理、醫學心理等領域都獲得了有重要價值的成果。

二、信號檢測論的統計學原理

上面談到，信號檢測論是人們在同噪音干擾進行鬥爭中總結出的方法，實質上是有意識地利用信號和噪音的統計特性來盡可能地抑制噪音，從而提取信號的。信號檢測論是在多學科基礎上形成的。統計決策理論是信號檢測論的數學基礎。

我們知道，統計學是關於經驗數據的一種數學推理，它的主要工具是概率論。通常它的目的是對一大堆數據產生一種簡單的描述或精鍊化，使得人們易於理解，並使之與研究的已知情況相符合。大家知道，這種數據的精鍊可以用均值、方差和置信度等量來表達。根據統計學原理，可以把從噪音干擾中接收信號的過程看作為一個統計判斷過程。即用統計判斷方法，根據接收的混合波形作出信號存在與否的判斷。從 1953 年起，人們開始將統計檢測、參量估計、統計判斷以及序列分析等統計學工具用於信號檢測問題，建立起一整套信號檢測的統計理論。

下面我們來分析信號檢測論的統計學原理。心理學上的信號檢測實驗一般是在信號和背景不易分清的條件下進行的。對信號檢測起干擾作用的背景叫**噪音** (noise)，這"噪音"不僅是指純音信號出現時其它的噪音而言的；在視覺實驗中，伴隨著亮點信號出現時的照度均勻的背景也叫做"噪音"。總之，對信號起著干擾作用的因素都可當作"噪音"。一般的心理物理的辨別實驗，其中包含著刺激 A 和刺激 B。在這種情況下，可將其中一個刺激作為噪音，另一個作為信號。主試呈現的刺激，有時只呈現"噪音"刺激 (以 N 表示)；有時在信號刺激加噪音刺激同時呈現 (以 SN 表示)，讓被試對信號刺激做出反應。在呈現刺激前，主試要先告訴被試者 N 和 SN 各自出現的概率。這個概率稱為**先定概率** (或**先驗概率**) (prior probability)。同時對被試者說明判定結果的獎懲辦法。因為先定概率和獎懲辦法都將影響被試者的**判定標準** (見本章三節)，每次實驗呈現的是 N 還是 SN 是隨機安排的。主試在呈現刺激之前 (約 2 秒前) 要先給被試者一個預備信號。

在信號檢測實驗中，被試者對有無信號出現的判定，可以有四種結果：

1. 擊中 當信號出現時 (SN)，被試報告為"有"，這稱為**擊中** (或中的) (hit)，以 Y/SN 表示。我們把這個判定的概率稱為擊中的條件概率，以 $P(H)$ 或 $P(Y/SN)$ 表示。

2. 虛驚 當只有噪音出現時 (N)，被試報告"有"，這稱為**虛驚** (或誤報) (false alarm)，以 Y/N 表示。我們把這個判定的概率稱為虛驚條件概率，以 $P(FA)$ 或 $P(Y/N)$ 表示。

3. 漏報 當有信號出現時，被試報告為"無"，這稱為**漏報** (或**失察**) (miss)，以 n/SN 表示。把這種判定概率稱為漏報條件概率，以 $P(M)$ 或 $P(n/SN)$ 表示。

4. 正確拒斥 當無信號而只有噪音出現時，被試報告為"無"，這稱為**正確拒斥** (correct rejection) 或**正確** (correct)，以 n/N 表示。我們把這個判定的條件概率稱為正確拒斥的條件概率，以 $P(CR)$ 或 $P(n/N)$ 來表示。

這樣，噪音背景下的信號檢測實驗，在每種刺激狀態下都存在二種反應可能，其組合就構成一個兩擇一判決矩陣 (見表 5-6)，其中 H 和 CR 是正確反應，M 和 FA 是錯誤反應。如果用概率表示，則顯然有

$$P(H) + P(M) = 1$$
$$P(FA) + P(CR) = 1$$

從式中可見，其它兩個條件概率是這兩個條件概率的補數。即知道其中一個數，就可求出互補的另一個數：

$$P(H) = 1 - P(M)$$
$$P(FA) = 1 - P(CR)$$

因此，被試的判定，雖然有四種結果，但判定的條件概率一般只用擊中的條件概率和虛驚的條件概率兩種即 $P(M)$ 和 $P(FA)$。

以上這四種判定結果，往往用一矩陣表示，見表 5-6。

表 5-6 兩擇一判決矩陣

刺激＼反應	有信號	無信號
有信號	擊中 H $P(H)$	漏報 M $P(M)$
無信號	虛驚 FA $P(FA)$	正確拒斥 CR $P(CR)$

(採自 Green & Swets, 1966)

從統計學觀點來看，信號檢測即是要檢驗兩個統計假設 H_0（無信號）和 H_1（有信號）的真偽。設想檢測者測量單一變量 X，並以此為根據選擇 H_0 或 H_1。在無噪音條件下，當 $X=A_0$ 時，H_0 為真；當 $X=A_1$ 時，H_1 為真 (圖 5-7)。但在噪音背景下，無信號時 X 並不總是等於 A_0，有信號時 X 也並不總是等於 A_1，而是分別形成兩個概率分佈 $P_0(X)$ 和 $P_1(X)$。這時，檢測者需要確定一個反應標準 X_C，將 X 分成二個值域，當 $X \leqslant X_C$ 時，判定 H_0 為真；當 $X \geqslant X_C$ 時，判定 H_1 為真 (圖見 5-8)。

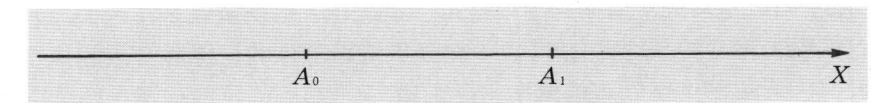

圖 5-7 無噪音背景下的信號檢測
(採自秦建健，1990)

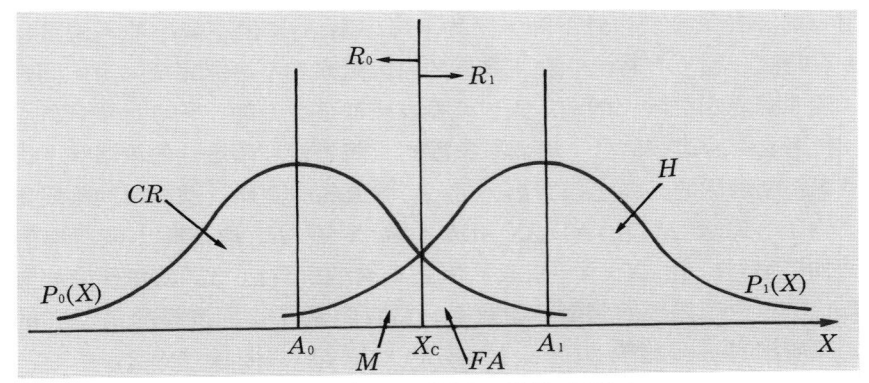

圖 5-8 有噪音背景下的信號檢測
(採自秦建健，1990)

在噪音背景下，無論將 X_C 確定在哪一位置，都存在有錯誤的可能，即虛驚錯誤 FA 和漏檢錯誤 M。如圖 5-8 所示，曲線 $P_0(X)$ 在 X_C 右面部分所包含面積為虛驚率 Q_{FA}，曲線 $P_1(X)$ 在 X_C 左面部分所包面積為漏檢率 Q_M，兩者均可用積分方法求得：

$$Q_{FA} = \int_{X_C}^{\infty} P_0(9X)\, dX \qquad 〔公式 5-6〕$$

$$Q_M = \int_{-\infty}^{X_C} P_1(X)\, dX \qquad 〔公式 5-7〕$$

因此，在信號分布和噪音分布不變的情況下，檢測者選擇的反應標準 X_C 將影響 $P(H)$、$P(M)$、$P(FA)$ 和 $P(CR)$。反應標準的選擇，稱為檢測者的反應偏向，它是 信號檢測論 (SDT) 的兩個獨立指標之一。

為了形象地理解上述原理，我們可想像日常生活中這樣一個例子。假設有一個氣象觀察員，每天要在兩個選擇中進行判決。H_0 表示明天是雨天；H_1 表示明天是晴天。這個判斷根據單一量進行，這個量就是在過去 24 小時內氣壓表壓力的平均變化率 X。從多年積累下來的記錄計算出能描述在雨天前一天的變化率分布的概率密度函數 $P_0(X)$，以及能描述在晴天前一天的變化率分布密度函數 $P_1(X)$。例如，變化率 X 可能是正態分布的，其中 $A_0 < C < A_1$，這些密度函數畫在圖 5-8 中。第一個概率密度函數意味著在雨天前一天氣壓表指針下降，平均下降率為 A_0，但下降率並不總是相同的，有時高一點，有時低一點，高低的原因觀察者不可能完全知道。同理，第二個曲線表示在晴天的前一天，氣壓表通常是上升的，平均上升率為 A_1。

利用上面的這些信息，這個氣象觀察員將怎樣來確定他的策略呢？從兩個概率密度函數的結構可以看出，把 X 取值的範圍作一個簡單的兩段畫分就已夠了，區域 R_0 由 $X < X_C$ 組成，當 X 在 R_0 取值時，就選擇假設 H_0，而區域 R_1 由 $X > X_C$ 組成。但是不論觀察員把 X_0 放在什麼地方，他有時仍會作出錯誤的判斷。事實上，當實際是 H_0 而選擇的是 H_1 的概率，即所謂**第一類錯誤**(type Ⅰ error)，為 Q_{FA}。曲線 $P_0(X)$ 在 X_C 的右邊所包面積就代表這個積分（見圖 5-8)，亦即為**虛驚率**(probability of false alarm)。當實際是 H_1 而選擇的是 H_0 的概率時，即**第二類錯誤**

(type II error)，為 Q_M。曲線 $P_1(X)$ 在 X_C 左邊所包的面積就代表這個積分，亦即為**漏報率** (probability of miss)。

觀察員所用的值 X_C 依賴於這些錯誤要付出多少代價。為了使問題更確定一些，我們設想這個氣象觀察員對於每種錯誤要付出一定量的罰金；對於第一類錯誤，他要付出 C_0，對於第二類錯誤他要付出 C_1，乘積 $C_0 Q_{FA}$ 稱為與 H_0 相聯繫的風險；同理，乘積 $C_1 Q_M$ 是與假設 H_1 相聯繫的風險。

由上可見，統計決策理論是信號檢測論的數學基礎。

三、信號檢測論的二個獨立指標

前面講到，信號檢測論者認為閾限不是一個純淨的感知能力的指標，它受利害得失、動機、態度、意志等因素的影響。而且，一般糾偏和校正猜測機遇的公式都不能對被試者的真實感知能力作正確的估計。因為被試者在報告他對某個刺激或信號的感受時，總是受到動機等因素的影響，考慮其得失利害，採用某種策略，做出某一抉擇，使被試者自己的報告符合他最大的利益。根據信號檢測論把刺激的判斷看成對信號的偵察和做出抉擇的過程。這樣，在同一過程中就出現了兩個獨立指標：一個是**感覺辨別力** (sensory discriminability) 指標 (d')，表示感知能力，又稱為**感覺敏感性** (sensitivity)；另一個是**反應偏向** (response bias)，可用**似然比值** (β)，有時也用**報告標準** (C) 來表示，它包括利益得失、動機、態度等因素。

下面我們分別來討論信號檢測論的二個獨立指標及其計算方法。

（一） 反應偏向

反應偏向可由二種方法計算：一種是似然比值，另一種是報告標準。

1. 似然比值──β

信號檢測論中用以表示反應偏向的指標之一是**似然比值** (likelihood ratio) β，意指信號加噪音引起的特定感覺的條件概率與噪音引起的條件概率的比值。其數學定義為給定 X_C 水平上信號分布的縱軸與噪音分布的縱軸之比，即：

$$\beta = \frac{縱軸_{擊中}}{縱軸_{虛驚}} = \frac{O_{擊中}}{O_{虛驚}} \qquad 〔公式\ 5\text{-}8〕$$

式中"O"代表縱軸。從中可以看到，β 因先定概率不同和判定結果的獎懲辦法不同而不同。

當 β 值偏高時，X_C 右移，$P(H)$ 和 $P(FA)$ 均下降，表示檢測者的反應標準較嚴；當 β 值偏低時，X_C 左移，$P(H)$ 和 $P(FA)$ 均上升，表示檢測者的反應標準較寬。

信號檢測論可以給出在給定信號強度和敏感性水平下能得到的最大收益的 β 值 (β_{OPT})。這裏，英文字母 OPT 為 OPTIMAL 的縮寫，其意是最佳的意思。就物理環境而言，β_{OPT} 的主要影響因素為**信號概率** (probability of signal) 和兩擇一判決矩陣中四種可能結果的獎懲（支付）情況即**支付矩陣** (pay-off matrix)。支付矩陣是指在一定的信號和噪音出現的先驗概率條件下，對被試判斷結果的獎懲辦法。可表示為：

$$\beta = \frac{P(N)}{P(S)} \times \frac{V(CR) + C(FA)}{V(H) + C(M)}$$

式中 $P(N)$ 和 $P(S)$ 分別是噪音概率和信號概率，V 代表由正確反應得到的價值，C 代表錯誤反應得到的代價（負值）。當 $V(CR)+C(FA) = V(H)+C(M)$ 時，最大收益將從最小錯誤而得到。此時 β_{OPT} 隨信號概率 $P(S)$ 的變化而變化（$P(S)+P(N) =1$)，當 $P(S)$ 上升時，放寬反應標準，即降低 β 是有利的反應策略；當 $P(S)$ 降低時，嚴格的反應標準使提高 β 更有利。但當從正確反應中得到的收益與錯誤反應付出的代價不等時，β_{OPT} 將發生相應的變化。

由於檢測者實際反應偏向 β 可以根據已知的 $P(H)$ 和 $P(FA)$ 求得，因此，人們自然會問，當信號概率和支付矩陣發生變化時，檢測者實際上是如何確定 β 的。格林和斯韋茨 (Green & Swets, 1966) 通過實驗室研究發現，反應者確實在根據信號概率和支付矩陣的變化調節 β，但 β 的調節沒有達到理想水平。這個現象稱為 **β 惰性** (sluggish beta)。其關係如圖 5-9 所示：如果 β_{OPT} 較低，實際 β 值傾向於偏高；而當 β_{OPT} 較高時，實際 β 始又傾向於偏低。此外，格林和斯韋茨還發現，支付矩陣對檢測者實際反應傾向的影響大於信號概率的影響，換句話說，當信號概率發

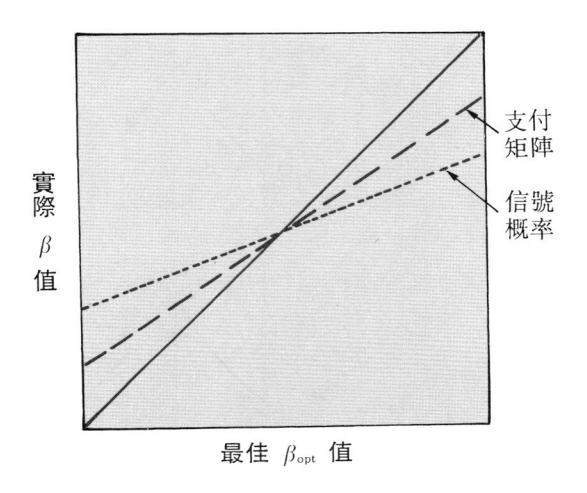

圖 5-9　β 惰性現象
(採自秦建健，1990)

生變化時，β 惰性現象更加明顯。

以上分析使我們明確了反應偏向 (β) 的含義。可見 β 值雖被認為是反應閾限，但這個閾限和傳統閾限概念不同，它並非恒定不變，而是 SN 和 N 兩種先定概率和判定結果的獎懲辦法而變動的。β 值和先定概率 P(S)、P(N) 以及獎懲辦法的關係可用如下公式表示：

$$\beta = \frac{P(N)}{P(SN)} \times \frac{V_nN + (V_yN)}{V_yS + (V_nS)}$$

V_nN：正確否定的獎勵數
V_yN：虛報的懲罰數 (往往是負數)
V_yS：擊中的獎勵數
V_nS：漏報的懲罰數 (往往是負數)

在明確了 β 含義後，我們舉圖 5-10 上 A、B、C 三種情況為例，說明 β 的具體計算方法。

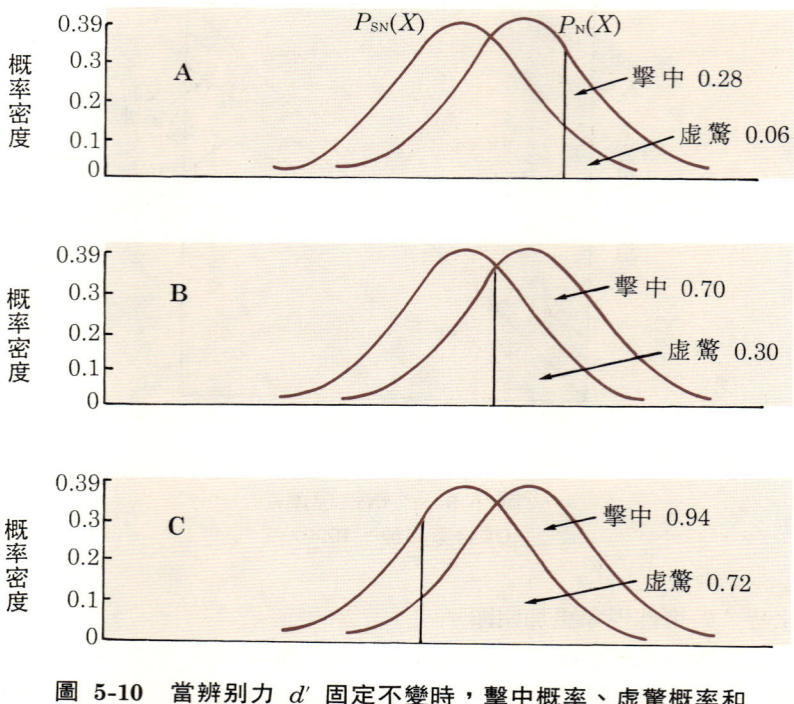

圖 5-10 當辨別力 d' 固定不變時，擊中概率、虛驚概率和反應判定標準間的關係
（採自 Clark & Yang, 1974）

計算過程中必不可少地要使用 PZO 轉換表（見表 5-7），表中 P 代表概率，Z 代表標準分數，O 代表概率密度，PZO 轉換表就是這三個數值之間的對應互換關係。圖 5-10 的情況 A，擊中概率為 0.28，虛驚概率則是 0.06，通過查表 5-7，求得 $O_{擊中}$ 的縱軸值為 0.3368，$O_{虛驚}$ 的縱軸值為 0.1192。則

$$\beta = \frac{O_{擊中}}{O_{虛驚}} = \frac{0.3368}{0.1192} \approx 3$$

一般認為，$\beta > 1$ 說明被試者掌握的標準較嚴。

圖 5-10 的情況 B，擊中概率為 0.70，虛驚概率為 0.30，通過查轉換表 5-7，求得 $O_{擊中}$ 的縱軸值為 0.3478，$O_{虛驚}$ 的縱軸值為 0.3478。那麼，

表 5-7 PZO 轉換表

P	Z	O	P	Z	O	P	Z	O	P	Z	O
.01	−2.326	.0267	.26	−0.643	.3245	.51	.025	.3988	.76	.706	.3110
.02	−2.053	.0484	.27	−0.612	.3308	.52	.050	.3984	.77	.738	.3038
.03	−1.881	.0681	.28	−0.582	.3368	.53	.075	.3978	.78	.772	.2962
.04	−1.750	.0862	.29	−0.553	.3424	.54	.100	.3970	.79	.806	.2883
.05	−1.645	.1032	.30	−0.524	.3478	.55	.125	.3958	.80	.841	.2801
.06	−1.555	.1192	.31	−0.495	.3529	.56	.150	.3945	.81	.877	.2715
.07	−1.476	.1343	.32	−0.467	.3577	.57	.176	.3928	.82	.915	.2625
.08	−1.405	.1487	.33	−0.439	.3623	.58	.201	.3909	.83	.954	.2532
.09	−1.340	.1625	.34	−0.412	.3665	.59	.227	.3888	.84	.994	.2434
.10	−1.281	.1756	.35	−0.385	.3705	.60	.253	.3864	.85	1.036	.2333
.11	−1.226	.1881	.36	−0.358	.3742	.61	.279	.3838	.86	1.080	.2227
.12	−1.175	.2001	.37	−0.331	.3777	.62	.305	.3808	.87	1.126	.2116
.13	−1.126	.2116	.38	−0.305	.3808	.63	.331	.3777	.88	1.175	.2001
.14	−1.080	.2227	.39	−0.279	.3838	.64	.358	.3742	.89	1.226	.1881
.15	−1.036	.2333	.40	−0.253	.3864	.65	.385	.3705	.90	1.281	.1756
.16	−0.994	.2434	.41	−0.227	.3888	.66	.412	.3665	.91	1.340	.1625
.17	−0.954	.2532	.42	−0.201	.3909	.67	.439	.3623	.92	1.406	.1487
.18	−0.915	.2625	.43	−0.176	.3928	.68	.467	.3577	.93	1.476	.1343
.19	−0.877	.2715	.44	−0.150	.3945	.69	.495	.3529	.94	1.555	.1192
.20	−0.841	.2801	.45	−0.125	.3958	.70	.524	.3478	.95	1.645	.1032
.21	−0.806	.2883	.46	−0.100	.3970	.71	.553	.3424	.96	1.750	.0862
.22	−0.772	.2962	.47	−0.075	.3978	.72	.582	.3368	.97	1.881	.0681
.23	−0.738	.3038	.48	−0.050	.3984	.73	.612	.3308	.98	2.053	.0484
.24	−0.706	.3110	.49	−0.025	.3988	.74	.643	.3245	.99	2.326	.0267
.25	−0.674	.3179	.50	0.000	.3989	.75	.674	.3179			

(採自馬謀超，1978)

這時的 β 值為

$$\beta = \frac{0.3478}{0.3478} = 1$$

β 值接近或等於 1，說明被試者掌握的標準不嚴也不鬆。

圖 5-10 的情況 C，擊中概率為 0.94，虛驚概率為 0.72，通過查表，求得 $O_{擊中}$ 的縱軸值為 0.1192，$O_{虛驚}$ 的縱軸值為 0.3368。故

$$\beta = \frac{0.1192}{0.3368} \approx \frac{1}{3}$$

β 值<1，說明被試者掌握的標準較鬆。

以上實例，不僅告訴我們 β 值的計算方法，且使我們看到 β 值的三種情況：情況 A 為嚴標準、情況 B 為居中、情況 C 為寬鬆標準。

2. 報告標準──C

信號檢測論中用以表示反應偏向的另一個指標是**報告標準** (report criterion)，又稱**判斷標準**(或**判定標準**) (judgment criterion)。在數學上，反應標準的另一種表示方法是感受經驗強度，用符號 C 表示。C 是橫軸上的判定標準位置。在數學上，C 的單位要轉換成刺激強度單位，它的計算公式是：

$$C = \frac{I_2 - I_1}{d'} \times Z_1 + I_1 \qquad 〔公式\ 5\text{-}9〕$$

I_2：為高強度刺激
I_1：為低強度刺激
Z_1：為低強度刺激時的正確拒斥概率的 Z 值

我們以心理學上再認實驗來說明報告標準會出現的種種情況。再認實驗一般有兩組圖片，一組是"新的"(即未見過的)，一組是"舊的"(即已看過的)。在實驗過程中，先讓被試看一組圖片，然後將其與另一組圖片混合，被試在再認過程中，根據自己確定的標準，回答"新的"或"舊的"。這裏包括兩個指標，其中一個是**感覺辨別力指標**，亦稱**感覺敏感性**，以 d' 值表示，不受情緒、期望、動機等變數的影響。d' 值低表示被試對新、舊刺激不易辨別。當刺激很接近或被試者再認不敏感時，d' 值就低。d' 降低表示再認能力減弱。另一個值是**判斷標準**，即個體反應偏向，以 C 值表示。C

值高表示被試者判斷的標準嚴格,不輕易報告"舊的"圖片;反之,C 值低表示被試者判斷舊刺激的標準寬鬆,易把一些新刺激說成舊刺激。

訊號檢測論指標 d' 比較穩定,不受實驗條件不同的影響。信號檢測論指標 C 受被試者的動機、態度、利害得失等心理因素影響。我們可從指標 C 的變化中,分析被試者的心理因素。

參看圖 5-11,將 d' 固定,則 C 會出現三種情況:(1) 寬鬆的報告標準:舊刺激呈現時,報告"舊的"概率接近 1.0;新刺激呈現時,報告"舊的"概率是高的。(2) 中等的報告標準:舊刺激呈現時,報告"舊的"概率是較高;新刺激呈現時,報告"舊的"概率適中。(3) 嚴格的報告標準:舊刺激呈現時,報告"舊的"概率是低的;新刺激呈現時,報告"舊的"概率接近 0.0。

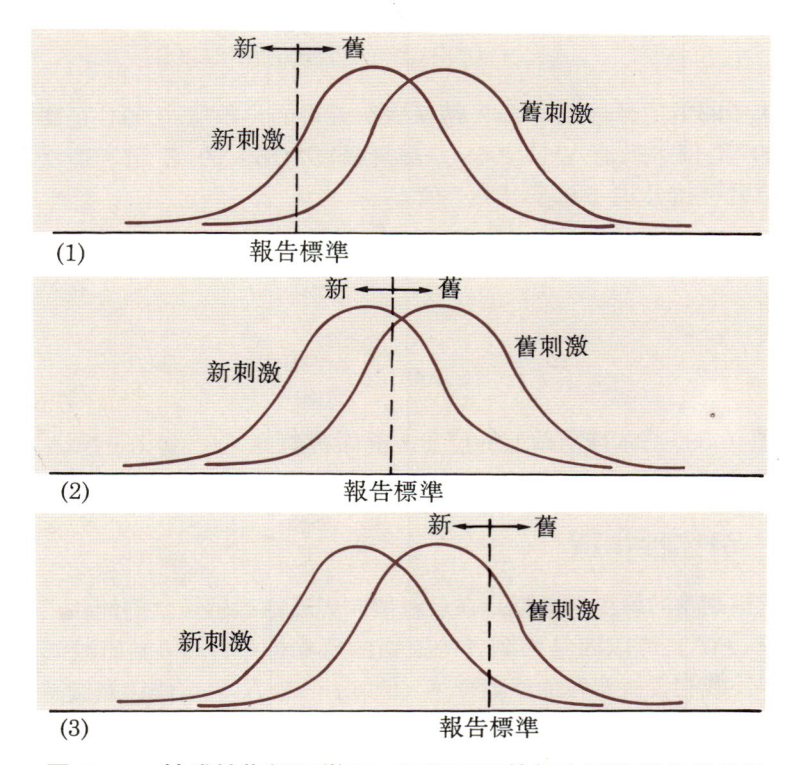

圖 5-11　敏感性指標不變下,三種不同的報告標準所得的結果
(採自 Clark & Yang, 1974)

表 5-8　再認實驗中某被試者的刺激－反應矩陣

刺激＼反應	報告"舊的"	報告"新的"
舊刺激	42	8
新刺激	4	46

(採自楊治良，1983)

　　根據公式 5-9，我們就可求出某被試者在再認圖片中的報告標準。假如在這個實驗中，新、舊圖片各 50 張，並獲得了表 5-8 上的結果。在此實驗中，在橫軸上設新刺激強度為 0，舊刺激強度為 1，就可先求得 d' 值。

$$d' = Z_{擊中} - Z_{虛驚}$$

$$= 0.994 - (-1.405) = 2.399$$

　　上式中的數值是通過 PZO 轉換表所查得的，數值 0.994 是擊中概率 42/50 的 Z 值，數值 (-1.405) 是虛驚概率 4/50 的 Z 值。這樣，求出了 d' 值就可按公式 5-8 算出 C 值：

$$C = \frac{I_2 - I_1}{d'} \times Z_1 + I_1 \quad \text{〔公式 5-9〕}$$

$$= \frac{1 - 0}{2.399} \times 1.405 + 0 = 0.59$$

　　C 值 0.59 是在判定軸上的位置，前面曾講到，I_1 為 0，I_2 為 1，因此，C 略靠近 I_2，所以可以認為，被試掌握的標準略嚴。

(二) 敏感性指標

　　信號檢測論的最主要貢獻是在反應偏向與反應敏感性之間能作出區分。擊中概率 $P(N)$ 可以因為檢測者持嚴格的反應標準（高 β）而減低；另一方面，即使觀測者持寬鬆的反應標準（低 β），$P(N)$ 也可能因為敏感性的降低而降低。

　　敏感性可以表現為內部噪音分布 $f_N(X)$ 與信號加噪音分布 $f_{SN}(X)$ 之間的分離程度。兩者的分離程度越大，敏感性越高；分離程度越小，敏感性

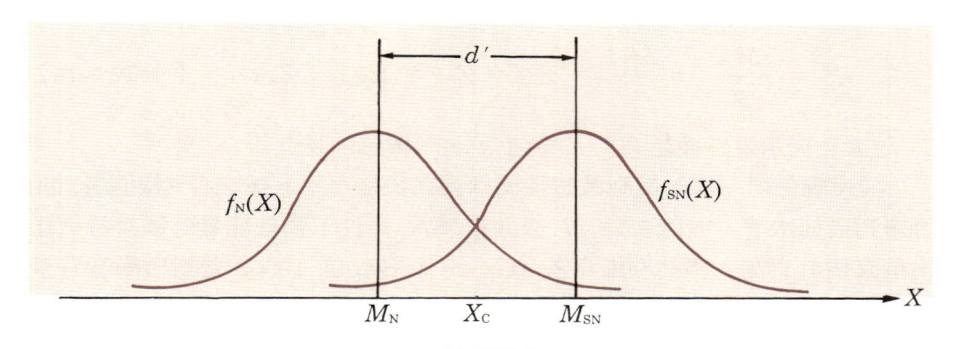

(a) 敏感性高

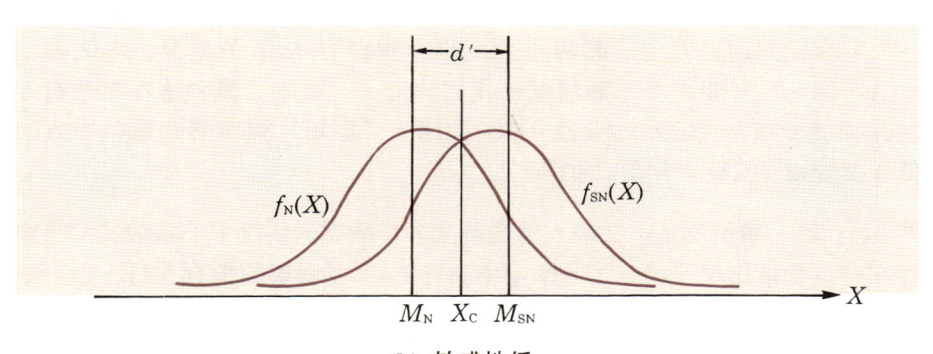

(b) 敏感性低

圖 5-12 反應偏向 (β) 相同時兩種敏感性 (d') 的情況
(採自 Clark & Yang, 1974)

越低。圖 5-12 給出了反應偏向 (β) 相同的情況下,兩種敏感性情況。

內部噪音分布 $f_N(X)$ 與信號分布 $f_{SN}(X)$ 的分離程度既受信號的物理性質影響,也受被試者(測驗者)特性的影響。因此,$f_N(X)$ 與 $f_{SN}(X)$ 之間的距離就可作為敏感性的指標,稱為**辨別力** d':

$$d' = \frac{M_{SN} - M_n}{\sigma_M}$$

即辨別力 (d') 等於兩個分布的均數之差除之 N 分布的標準差。當 N 分布與 SN 分布均為常態分布時,其變異數類同,則有:

$$d' = \frac{M_{SN}}{\sigma} - \frac{M_N}{\sigma} = Z_{SN} - Z_N = Z_{擊中} - Z_{虛驚} \qquad 〔公式 5-10〕$$

d' 越大，表示敏感性越高，d' 越小，表示敏感性越低。

與反應偏向一樣，反應敏感性同樣存在最佳水平。被試者（檢測者）能否達到最佳水平，與能否對 N 條件和 SN 條件下物理能量的統計特徵作出精確估計有關。格林和斯韋茨（Green & Swets, 1966）曾對白噪音背景下聽覺信號的檢測問題進行了實驗室研究，結果指出，敏感性對最佳水平的偏離（下降）與被試者缺乏對信號物理特徵的精確記憶有關。這些資料具有極其重要的實用價值。

下面我們通過固定反應偏向（β）來看辨別力（d'）的情況。本例設 $\beta = 1$，則 d' 可能出現三類情況。我們知道，"擊中"概率落在縱軸右方的高強度分布（或信號加噪音分布）曲線，"虛驚"概率落在縱軸右方的低強度分布（或噪音分布）曲線。

(1) 第一類情況是：在輸入感覺刺激非常敏感的情況下，當信號加噪聲存在時，常常出現"肯定"，擊中率為 93%；當噪聲單獨存在時，很少做出"肯定"，虛驚率為 7%，這時：

$$d' = Z_{擊中} - Z_{虛驚} = 1.476 - (-1.476) = 3$$

以上是根據"擊中"和"虛驚"概率，再通過 PZO 轉換表求得的。圖 5-13(a) 就是本例的情況。圖上橫軸的單位是噪聲 $f_N(X)$ 時的 Z 值，縱軸單位是概率密度。

(2) 第二類情況是：當感覺鑒別能力降低時，"擊中"和"虛驚"分布二者相互接近。例如當中等情況時，擊中率為 84%；虛驚率為 16%，則：

$$d' = Z_{擊中} - Z_{虛驚} = 0.994 - (-0.994) = 2$$

圖 5-13(b) 就是本例的情況。

(3) 第三類情況是：被試者相對不敏感，或刺激相對比較弱。擊中率下降為 70%；虛驚率增為 30%，則：

$$d' = Z_{擊中} - Z_{虛驚} = 0.524 - (-0.524) = 1$$

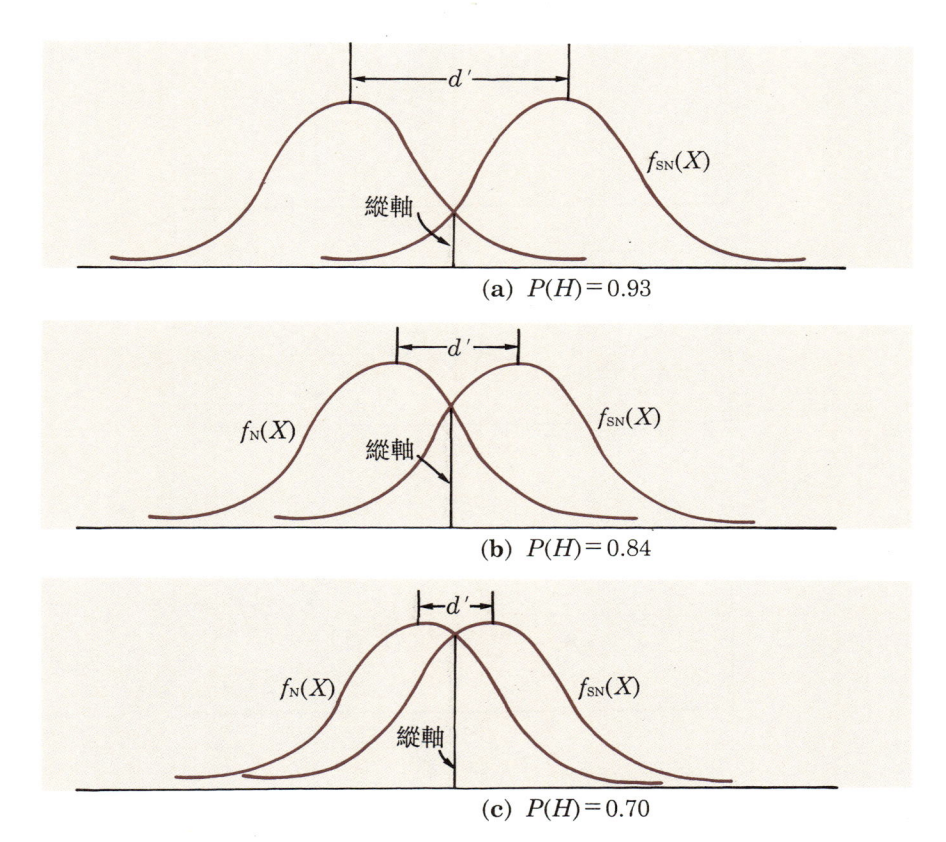

圖 5-13 反應偏向 (β) 相同時，敏感性 (d') 可能出現的三種情況
(採自 Clark & Yang, 1974)

圖 5-13（c）就是本例的情況。

四、接受者操作特性曲線

接受者操作特性曲線（receiver operating characteristic curve），簡稱 ROC 曲線 (ROC curve) 在心理學上又稱為**感受性曲線** (sensitivity curve)，這就是說，曲線上各點反映著相同的感受性，它們都是對同一信號刺激的反應，不過是在幾種不同的判定標準下所得的結果就是了。接受者操作特性曲線以虛驚概率為橫軸，擊中概率為縱軸所組成的坐標圖和被試者在

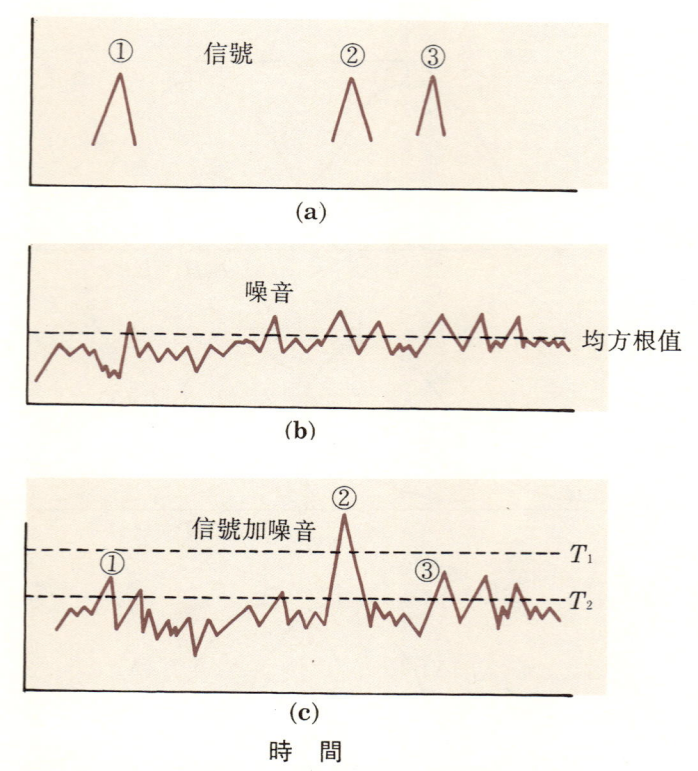

圖 5-14 在兩個給定的閾值下的信號和噪音
(採自鞠德航等，1976)

特定刺激條件下由於採用不同的判斷標準得出的不同結果畫出的曲線。

前面講到，判定過程需要給定一個標準，超過標準時就作出"有目標"的判定。例如，超過標準時，接受機接通繼電器，發出警報，但是，若閾值(指給定的判定標準)太高時，只有強目標信號才能檢測到；若閾值太低，會有許多"虛驚"。在給定的閾值較高時，目標檢測概率和虛驚概率二者都較低；在給定的閾值較低時，這兩個概率都變高了。閾值給定的這種效應如圖 5-14 所示。

上圖 (a) 表示三個目標信號的波幅；中圖 (b) 是噪音的波幅，下圖 (c) 是信號加噪音的波幅。從圖 5-14 的下圖可見，在閾值為 T_1 時只有第二個目標被檢測到，在圖中所示的時間區間內沒有虛驚。對於固定的輸出信噪比

(signal-to-noise rstio，指通訊系統中，所要求的信號和背景噪音的功率之比)，各種閾值下，有不同的虛驚概率 ($P_{SN}(A)$) 和擊中概率 ($P_N(A)$)。一個接受者的操作特性曲線 (ROC 曲線) 的縱軸表示擊中概率 (定義為檢測到信號的概率)，橫軸表示虛驚概率 (定義為由於噪音而超出閾值的概率)。給定閾值改變時，在擊中概率和虛驚概率圖上可以畫出曲線。圖 5-15 中閾值從 T_1 變到 T_2 時所得的 ROC 曲線就是一個例子。

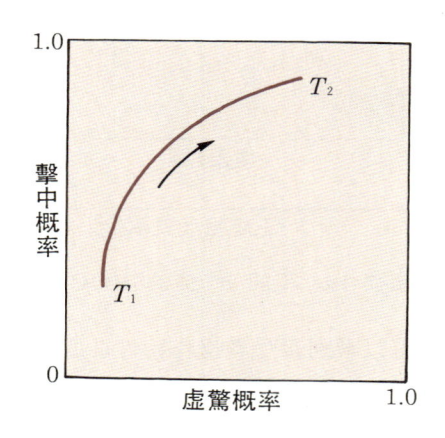

圖 5-15　由圖 5-14 構成的一條 ROC 曲線
(採自鞠德航等，1976)

　　接受者操作特性曲線是被試者在特定刺激條件下由於採用不同的判斷標準得出的不同的結果所畫成的曲線，這兩者的形式表示下列各種函數關係：(1) 當信號呈現的概率對 $P(y/SN)$ 和 $P(y/N)$ 的影響隨信號呈現的概率增加時，$P(y/SN)$ 增加，同時 $P(y/N)$ 也增加，此時圖中的弓形彎曲度也增加。(2) β 值的改變對 $P(y/SN)$ 和 $P(y/S)$ 的影響：當 $\beta = 0$ 時，擊中概率幾乎為 0，即信號全當成噪音接受；當 β 接近無窮大時，虛驚概率幾乎為 0，即噪音全當成信號接受，故最佳的標準 β 應選一定的 $P(y/SN)$ 和 $P(y/N)$ 的比值。(3) 曲線的曲率反應出敏感性指標 d'：在圖 5-16 中有一條對角線，代表 $P(y/SN) = P(y/N)$，即被試者的辨別力 d' 為 0，ROC 曲線離這條線愈遠，表示被試者辨別力愈強，d' 的值當然就愈大。信號檢測論的任務在於尋找最佳 ROC 曲線。

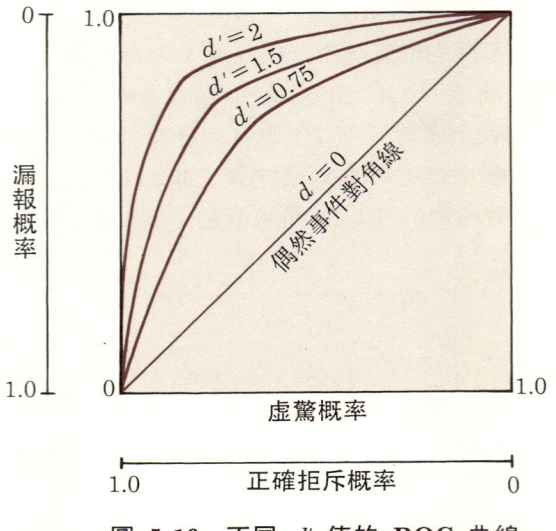

图 5-16　不同 d' 值的 ROC 曲線

通過以上分析，可以看到接受者操作特性曲線是嚴格地由給定閾的信號和噪音的概率密度函數決定的（見圖 5-8）。此噪音的平均幅度是 M_N，橫軸上用 A_0 表示；信號加噪音的平均幅度是 M_{SN}，用 A_1 表示。假定噪音和信號加噪音都是正態分布，方差都是 σ^2，比值 d' 可由公式 5-10 計算，從這裏可看出一些變量的關係。一般有兩種情況：

(1) 第一種情況：d' 固定，從公式上可看到，當 σ 變大時，則 $(M_{SN} - M_N)$ 也成比例變大。此時，若 T 從右方向左方移，從圖 5-8 上可看到 $P_1(X)$ 和 $P_0(X)$ 概率變大，這整個變化過程就構成了一條 ROC 曲線。

(2) 第二種情況：T 固定，又有兩種情況：① 若 σ 變大，而 $(M_{SN} - M_N)$ 不變，則 d' 就會變小，此時二概率密度分布曲線就會靠近，其結果 $P_0(X)$ 就大，從圖 5-16 上，我們就可見到 d' 值小的 ROC 曲線。② 若 σ 值不變，而 $(M_{SN} - M_N)$ 值變大，則 d' 就會變大，此時二概率密度分布曲線之間的距離就拉大，因為 T 固定，其結果 $P_0(X)$ 就小，此時，從圖 5-16 上看到 d' 值大的 ROC 曲線。

下面我們通過一個實例來敍述 ROC 曲線的具體繪製過程。筆者曾做過這樣一個實驗：選圖畫頁 500 頁，分成五個組，每組 100 張。五組畫頁的先定概率分別是 0.1、0.3、0.5、0.7 和 0.9。對於每一組畫頁，主試者使用一種信號的先定概率，然後按此先定概率呈現給被試者一定數量的畫頁，要求被試者把它們當做"信號"記住。例如，先定概率為 0.1 時，則當作"信號"的畫頁為 10 張；當做"噪音"的畫頁為 90 張。作為信號的畫頁呈現完畢之後，與此組作為噪音的畫頁混合，然後隨機地逐張呈現給被試。這時，每呈現一張畫頁，即要求被試判斷此畫頁是"信號"還是"噪音"，並要求被試把結果記錄在實驗紙上。

根據五種先定概率得到的實驗結果，就可計算擊中概率和虛驚概率。其一般的計算格式見表 5-9。

表 5-9　刺激－反應矩陣

S＼R	是	否
信　號	擊　中 f_1	漏　檢 f_2
噪　音	虛　驚 f_3	正確拒斥 f_4

(採自赫葆源等，1983)

感覺敏感性是 $d' = Z_{擊中} - Z_{虛驚}$，反應偏向為 $\beta = O_{擊中}/O_{虛驚}$，式中 O 代表縱軸，根據 d' 和 β 的公式可計算如下，見表 5-10：

根據上面所得的擊中概率和虛驚概率，就可求出不同先定概率下的 d' 值和 β 值 (見表 5-11)。

表 5-10　五種先定概率的實驗結果

當先定概率 $P=0.1$

S＼R	是	否
信號	3	7
噪音	4	86

$P_{擊中} = 0.30$
$P_{虛驚} = 0.14$

當先定概率 $P=0.3$

S＼R	是	否
信號	16	14
噪音	9	61

$P_{擊中} = 0.53$
$P_{虛驚} = 0.13$

當先定概率 $P=0.5$

S＼R	是	否
信號	35	15
噪音	11	39

$P_{擊中} = 0.70$
$P_{虛驚} = 0.22$

表 5-10　五種先定概率的實驗結果（續）

當先定概率 $P=0.7$

R\S	是	否
信號	59	11
噪音	13	17

$P_{擊中}=0.84$
$P_{虛驚}=0.43$

當先定概率 $P=0.9$

R\S	是	否
信號	83	7
噪音	6	4

$P_{擊中}=0.92$
$P_{虛驚}=0.60$

表 5-11　不同先定概率下的 d' 值和 β 值

項目		y/sN (擊中)	y/N (虛驚)	d'	β
0.1*	P	0.30	0.04	1.227	4.035
	Z	−0.524	−1.751		
	O	0.3478	0.0862		
0.3	P	0.53	0.13	1.201	1.880
	Z	0.075	−1.126		
	O	0.3928	0.2116		
0.5	P	0.70	0.22	1.296	1.174
	Z	0.524	−0.772		
	O	0.3478	0.2962		
0.7	P	0.84	0.43	1.171	0.620
	Z	0.995	−0.176		
	O	0.2434	0.3928		
0.9	P	0.92	0.60	1.152	0.383
	Z	1.405	0.253		
	O	0.1481	0.3864		

*(採自楊治良，1983)

　　最後，根據不同先定概率下的擊中概率和虛驚概率，就可在圖上確定各點的位置，把五點聯接起來就繪成一條 ROC 曲線（見圖 5-17）。圖上各點，均可通過 PZO 轉換表查得。

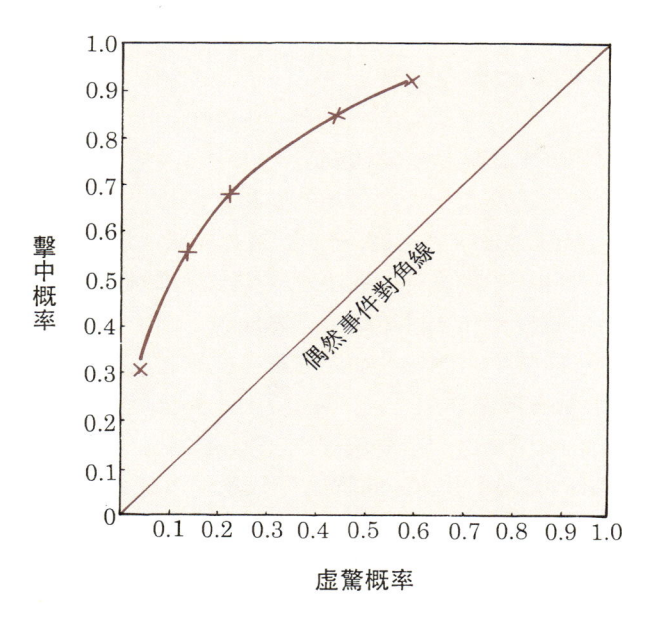

圖 5-17　根據表 5-11 資料繪製的 ROC 曲線

第三節　信號檢測論的應用

　　作為一種新的心理物理學方法，信號檢測論對實驗心理學領域產生了巨大影響，它對應用心理學各個領域中的許多問題也具有廣泛的應用價值。由於信號檢測論在感覺敏感性 (d') 與反應偏向 (β) 之間作出區分，因此，它能夠分析不同被試、不同操作條件下的反應敏感性；同時，信號檢測論能夠分析操作的惡化是因為敏感性下降還是因為反應偏向的變化，並根據這些分析的資料對操作進行改進。下面我們討論信號檢測論在心理學中的幾個主要應用領域。

一、在醫學心理學中的應用

在應用領域中，醫學診斷是信號檢測論大有作為的領域。異常症狀既可出現於病人也可出現於正常人，醫生最初的任務就是作出"是"或"不是"的決斷。在這裏，信號強度（將影響 d'）與異常症狀的顯著程度、異常症狀的多少、醫生對有關線索的關注（取決於醫生所受的訓練）有關。反應偏向的影響因素包括信號概率和支付矩陣，具體地說，前者指疾病的發病率；後者主要是診斷的可能後果。例如，如果虛驚，就診者將接受不必要的治療（服藥還是手術？治療有無副作用？），若漏檢，病人將延誤治療（是否會產生嚴重後果？）(Lusted, 1976)。斯韋茨等人 (Swets & Pickett, 1982) 曾指出，醫生的診斷操作可以用 ROC 曲線進行數量化，他們在進一步的研究中還詳細考慮了應用信號檢測論分析醫學診斷的方法學問題。

一部分研究者關注更具體的診斷問題，例如放射學家根據 X 光片所作的診斷。這類診斷通常距最佳操作甚遠。據估計這類診斷中異常症狀的漏檢率可高達 20% 到 40%，運用信號檢測論進行的分析得出了一些有用的結果。例如，史文森 (Swennsen, 1977) 的研究指出，讓操作者的注意力集中於 X 光片上的異常症狀可能發生的區域能夠提高檢測到症狀的可能性。但提高的原因是操作者降低了反應偏向 β，而不是增加了感覺敏感性 (d')。史文森等人 (Sweensen et al., 1979) 還比較了兩種條件下進行的異常症狀檢測，第一種條件是很多 X 光片中有一部分包含了一種異常症狀。第二種條件是需檢測的關鍵異常症狀同包括有其它病理表現的 X 光片混合在一起，比較結果表明，第一種條件下的擊中概率較高，但這一提高是由降低反應偏向 (β) 造成的，事實上第一種條件下的敏感性還低於第二種條件。

帕拉蘇拉曼 (Parasuraman, 1980) 對醫生和住院醫生（實習醫生）的診斷進行了信號檢測論分析，結果表明，正式醫生的感覺敏感性 (d') 一般高於住院醫生，但總的說來正式醫生的反應偏向 (β) 較高（更加保守）。此外，正式醫生對發病率的反應更加敏感（調整 β），顯然，這些研究所得出的結果對改善醫生的診斷操作是較為有用的資料。

下面我們舉一實例來說明信號檢測論的實際應用價值。

根據傳統心理物理法，**痛閾** (threshold of pain) 乃是被試報告痛覺時的刺激強度，也就是對 50% 次數的刺激報告痛的強度。報告痛的次數比例高，表示痛敏感性大，即被試者對有害刺激的痛閾低；反之，報告痛的比例少，即對痛不敏感，表示個體具有高閾值。但是，信號檢測論認為，一般常用的閾值測定是一種極不可靠的測痛方法。因為閾值並不單純是感覺敏感度的指標，它還受被試者反應偏差的影響，即他願意或不願意報告是否有刺激存在。這裏引用克拉克 (Clack, 1974) 關於痛感受性和報痛的研究，克拉克採用信號檢測論，研究了提示對熱辨別力 (d' 值) 和反應判定標準 (β 或 C) 的影響，並與傳統方法測得的閾值客觀地進行了比較分析。研究結果不僅說明了信號檢測論的理論意義，且還使我們看到了實際價值。

由槍式熱輻射器提供熱刺激，每一個被試者在提示前後各接受 72 次刺激，分為 6 個強度，各重復 12 次。被試者共 10 人，試驗前，實驗者對被試者說明實驗的目的，並羅列一些可能出現的反應，以幫助被試者前、後回答一致。羅列的熱感覺強度有 11 個等級，它們是：沒有感覺、略有感覺、微溫、溫熱、燙、很燙、極微痛、輕痛、中痛、重痛、回縮動作。

實驗結束後，休息 5 分鐘，繼續進行實驗。此時，向被試者說"馬上開始的實驗要說明，重復進行刺激可改變你的耐痛能力。因為，原先的刺激已使你的皮膚感受器疲勞而不那麼敏感。現在你可能更能耐受痛刺激，將延遲投射器從皮膚上移開的時間。現在開始就要測定你的耐受劇痛的能力。" 實驗者在痛閾和個體反應標準的研究中，將口頭報告"極微痛"定為痛閾，並將"回縮反應"定為**耐痛閾** (threshold of bearable pain) 或**痛覺耐力** (pain endurance)。

為了進行方法上的比較，採用傳統心理物理法分析實驗結果所得的結論是：(1) 提示能取得提高回縮閾值 (即耐痛閾) 的預期效果，當刺激強度為 0.435 卡/秒/平方厘米時，回縮反應的概率從 0.75 下降到 0.53 (配對 t = 3.20，自由度 = 9，$P<0.025$)，提示前、後回縮閾值 (50% 閾值) 分別為 0.385 和 0.430 卡/秒/平方厘米。由此可見，提示能夠明顯提高回縮閾值，約為 0.045 卡/秒/平方厘米。(2) 提示時口頭報告的痛閾影響極小，累計的極微痛反應主要發生在 0.370 和 0.350 卡/秒/平方厘米強度刺激。由於在這類反應之間的差異，在統計學上不顯著，因此提示不可能對口頭痛報告的閾值有任何影響。

表 5-12　提示前、後被試者各類反應的累積條件概率

反應 刺激	應激	沒有感覺	略有感覺	微溫	溫熱	燙	很燙	極微痛	微痛	痛	很痛	回縮動作
提示前	−0.435*									1.0	0.85	0.80
	0.370						1.0	0.92	0.67	0.50	0.42	0.36
	0.305					1.0	0.92	0.67	0.36	0.25	0.08	0.08
	0.240		1.0	0.92	0.75	0.67	0.67	0.33	0.14	0.14	0	0
	0.120	1.0	0.92	0.75	0.67	0.25	0	0	0	0	0	0
	0	1.0	0.36	0.25	0.14	0.08	0.08	0.08	0	0	0	0
提示後	0.435								1.0	0.92	0.80	0.62
	0.370						1.0	0.75	0.75	0.50	0.33	0.14
	0.705					1.0	0.92	0.80	0.25	0.25	0.08	0
	0.240	1.0	0.83	0.75	0.75	0.67	0.42	0.08	0	0	0	0
	0.120	1.0	0.83	0.67	0.36	0.25	0	0	0	0	0	0
	0	1.0	0.42	0.25	0.08	0.08	0	0	0	0	0	0

*單位：卡／秒／平方厘米　(採自 Clark & Yang, 1974)

若用信號檢測論處理此實驗結果又將會得到什麼結果呢？表 5-12 為某一被試者的反應的累積條件概率。由此可算出感覺敏感性 (d') 和判定標準 (C)。信號檢測論假定，橫軸代表主觀經驗不同強度，縱軸代表其發生的概率。隨著溫度刺激逐步加強，被試可以從無感覺到感到微溫、燙、很燙、極微痛、輕痛、中痛、重痛等等級不同、但分布上互相連接的感覺。由於感覺在心理上是連續的、相鄰的兩個刺激引起的感覺分布曲線可以有部分重疊 (見圖 5-18)。因此，沿判定軸分布的每一感受經驗有兩種概率表示，一種是低強度 (噪音) 的分布概率，另一是高強度 (信號加噪音) 分布概率。被試者所要判定的是：某一感覺是由於低強度還是高強度刺激引起的，因而必須作出統計學決定。被試者為了前、後一致地做出判定，就必須選擇一個判定反應標準的點。在本例，C_W 表示回縮反應的判定標準，若被試者對高強度刺激出現回縮反應，表示"擊中"；若對低強度刺激也出現回縮反應，表示"虛驚"。圖 5-18 中，C_W 右方的高強度刺激分布下的面積 (80%) 表示擊中概率，而同一標準右方的低強度刺激分布下的面積 (36%) 表示虛驚概率。根據"擊中"和"虛驚"概率就可推算出被試者的二種反應指

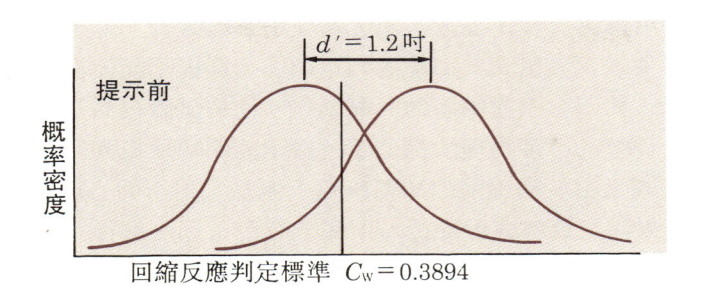

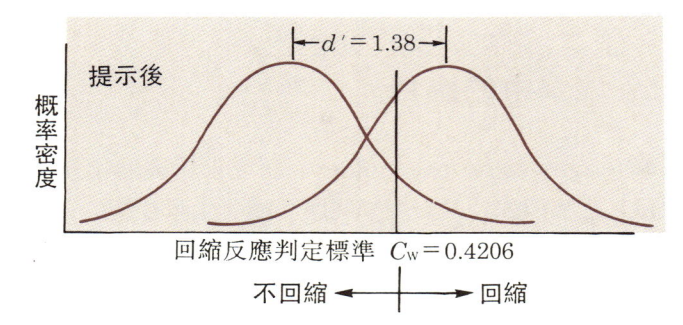

圖 5-18 提示對被試接受兩種熱刺激所引起的反回縮反應的影響
(低強度刺激為 0.370 卡/秒/平方厘米，高強度刺激
為 0.435 卡/秒/平方厘米) (採自 Clark & Yang, 1974)

標：感覺敏感性 (d') 和判定標準 C 的位置。

根據公式 $d' = Z_{擊中} - Z_{虛驚}$，求得：

  提示前 $d' = 0.841 - (-0.358) = 1.2$

  提示後 $d' = 0.305 - (-1.08) = 1.385$

根據公式

$$C = \frac{I_2 - I_1}{d'} \times Z_{正確拒斥} + I_1$$

求得：

  提示前 $C = \dfrac{0.435 - 0.370}{1.2} \times 0.358 + 0.370 = 0.3894$

  提示後 $C = \dfrac{0.435 - 0.370}{1.358} \times 1.08 + 0.370 = 0.4206$

以上我們用傳統及現代心理物理法處理了實驗數據，分析表明，提示的唯一作用是使被試者提高其回縮的判定標準，即提示能使被試者耐受較高強度的熱量，而不會引起軀體的回縮動作，使被試者提高其反應的判定標準。可見，傳統的心理物理法都公認，提示能明顯地提高回縮反應的痛閾，痛閾的提高是由於痛感受的減輕所致。但是，用新的心理物理法（即信號檢測論）對同一資料進行分析，則完全否定了這一解釋。事實上，被試者的感覺辨別力（d'）始終沒多大改變，所改變的僅僅是他的痛閾報告的標準而已。這正是信號檢測論優越性所顯示的應用價值。

二、在工程心理學中的應用

工程心理學（engineering psychology）研究人與機器相互作用的過程中，人機功能相互適應與配合的心理學問題。隨著生產技術的日益發展，人與機器間的相互關係也愈顯重要，在複雜的人機關係中，警戒操作是工程心理學中的一個重要問題：操作者需要在相當長的一段時間裏檢測信號，而信號是間歇性的，無法預測的，發生頻率很低。諸如，雷達操作員監測偶然出現的飛機信號，複雜工業系統的操作人員監測偶然發生的系統故障，流水線上的質量檢測員監測次品等操作都可以看作是警戒操作，日常生活中，文字的校對也和人的持續注意有關。

警戒（vigilance）是指操作者在相當長的一段時間內，對環境中偶然出現的某種信號的察覺並做出反應的持續準備狀態。它是心理學領域中持續注意概念的工程心理學中的應用。對警戒問題的研究興趣起源於第二次世界大戰。當時，軍事上需要高水平的雷達操作員，理想的雷達操作員應始終保持對顯示屏的注意。可是，實際情況常常是，儘管重要的戰備任務使操作員保持高度良好的動機和責任心，可是他們的工作成績總是不能令人滿意，或是漏報信號、或是虛報，而且往往隨著工作時間的延續，檢測出的信號越來越少。很顯然，不是操作員的主觀願望或其它主觀因素直接原因決定他們的工作成績，而是由於雷達監測工作的特點降低了操作員的警戒能力，從而使他們的工作成績隨時間的持續而下降。

為了探明其中的原因，心理學家們曾經做了大量的研究工作。麥克沃斯（Machworth, 1948）以經典的"鐘錶任務"來觀測人的警戒行為。在這個任務中，讓被試監視一個鐘錶的指針，規定指針跳動某一角度為標準角度，而把偶爾跳動標準角度的兩倍的刺激稱為信號事件。實驗結果發現，被試正確檢測信號的數量隨著時間呈下降趨勢，在連續注意鐘錶達 30 分鐘後，就只能檢測到很少的信號了。以後，研究者們又設計了多種警戒任務，以此來研究人的警戒行為。這些任務具有如下一些共性：(1) 被試的任務長，且有連續性；(2) 被試的反應與信號發生的可能性無關；(3) 信號的清晰度較高；(4) 信號是隨機發生的，且概率較低。

根據這些任務所作的警戒操作研究的結論是：(1) 人們的操作遠非"最佳操作"，尤其是漏檢率 $P(M)$ 很高（或者是很長的延遲後才反應）；(2) 以擊中概率衡量，某些情況下警戒操作在半小時內就會開始惡化，這種情況稱為**警戒衰退** (vigilance decrement，指操作隨時間延續而衰退)。它不同於**警戒水平** (vigilance level)，警戒水平是指警戒操作的穩定水平，通常用 $P(H)$ 作為指標。警戒衰退與警戒水平的影響因素有所不同。一般說來，當信號較短、能量較低、複雜程度高、信號概率降低時，警戒水平將降低；但當信號概率穩定而僅僅事件頻率（單位時間裏的信號和噪音事件）發生變化時，警戒水平不受影響。對警戒衰退來說，信號較短、能量較低、信號概率下降或信號概率穩定但事件頻率上升都能導致警戒衰退的增加。

進一步的研究將警戒操作粗略地分成兩類：**自由反應式** (free response paradigm) 和**檢驗式** (inspection paradigm)。在自由反應的警戒操作中，目標事件（信號）可能在任何時候發生，但非目標事件（噪音）沒有明確定義，它的信號概率就是單位時間內的目標數 ($P(S)$)。由於自由反應式警戒操作中沒有明確的非目標事件，因此在用信號檢測論進行分析時，對虛驚必須另外作定義。在實驗室實驗中，通常在每個信號後規定一個恰當的反應間隔，操作者在此間隔內作出的反應指定為擊中，剩餘的時間劃分為幾個與反應間隔相等的"虛驚間隔" $P(FA)$，就指定為虛驚數除以虛驚間隔數。對檢驗式警戒操作來說，事件通常以穩定的概率發生，事件中有一部分是目標事件（信號），其餘為非目標事件（噪音）。這樣，檢驗式警戒操作中，信號頻率可以指單位時間內發生的目標事件數，也可以指目標事件與總事件數之比例，這兩者可以獨立變化。

對警戒衰退所作的信號檢測論分析表明，擊中概率 $P(H)$ 降低的原因既有敏感性下降 (d' 降低)，也有反應偏向的變化 (β 增高)，或者兩者兼而有之。因此，在評價操作警戒能力時，不能單一地採用擊中概率為指標，而應把擊中概率和虛報概率兩者結合起來，還應把感覺敏感性和反應偏向分開處理，只有這樣才能說明警戒下降的真正原因。

就敏感性下降而言，早期的研究集中於視覺信號的檢測，並認為敏感性 (d') 降低的原因是因為疲勞 (Broadbent, 1971)。到了近期，柏拉蘇拉曼等人 (Parasuraman et al., 1979) 的研究開始注意聽覺信號檢測任務，並指出記憶因素在敏感性 (d') 降低中的作用，因為信號的檢測通常需要將當前刺激同保持在工作記憶中的標準刺激或"刺激模板"進行比較。例如，在一個聽覺測驗實驗中，目標信號是音高、強度或時程與標準音調不同的聲音，這時，非目標事件 (標準音調) 需要作為比較參照維持記在憶中，當時間延長，觀察到了敏感性 (d') 降低。但當實驗條件改為聲音成對出現時，測驗任務無需記憶參與，因為此時比較參照與當前刺激同時呈現。結果，未觀察到敏感性 (d') 降低的現象。

在大部分警戒操作中，當擊中概率 $P(H)$ 降低時，虛報概率 $P(FA)$ 經常也同時降低。在另一些情況下，虛報概率 $P(FA)$ 的降低幅度足以提醒人們，操作者的反應敏感性 (d') 並未變化，而且是反應偏向 (β) 發生了變化 (Broadbent & Gregory, 1965)。據此，韋爾福得 (Welford, 1968) 首先提出了警戒衰退的喚醒理論，他認為，在持續長時間的事件環境中，喚醒水平的降低將要導致神經系統整體活動的減少。這樣，信號和噪音兩者都偏向於減少，而噪音分布和信號加噪音分布的分離程度保持不變，其結果是既降低擊中概率 $P(H)$，同時也降低了虛報概率 $P(FA)$。這樣，操作者之敏感性 (d') 不變只是反應偏向 (β) 增高。

韋爾福得的喚醒理論受到一些事實的支持。例如，隨時間延續而發生的喚醒降低的生理表現與反應偏向 (β) 變化相一致；提高喚醒水平的藥物能降低警戒衰退現象；提供背景噪音或任何新異的刺激都能降低警戒衰退。然而，喚醒理論無法解釋所有的反應偏向 (β) 變化，某些變量顯然影響了喚醒水平，但並未對反應偏向 (β) 產生預期的影響。例如，提高事件頻率，能提高喚醒水平，但結果反而增加了警戒衰退。

貝克 (Baker, 1961) 提出的期望理論，將警戒衰退歸因於操作者對覺察到的 (由此產生期望) 信號概率的反應——調整反應偏向 (增加反應偏向 (β)。實驗室中觀察到的警戒衰退至少可以部分歸因於實驗前的訓練：實驗開始前通常以較高的頻率呈現信號刺激以便讓操作者熟悉需檢測的信號。然後，信號概率降低到警戒狀態下的低頻條件。這樣，操作者的警戒衰退僅僅反應了操作者試圖建立最佳反應偏向 (β) 的努力：當信號概率低時，反應偏向 (β) 應提高。

但是，實驗前訓練的影響也同樣無法解釋所有隨時間而發生的反應偏向 (β) 變化。因此，期望理論進一步提出，操作者是根據覺察到的主觀信號概率 $P_s(S)$ 來確定反應偏向 (β) 的。這樣，只要信號因任何原因發生漏檢，主觀信號概率 $P_s(S)$ 將會降低。因為操作者相信，剛才發生的是非目標事件；主觀信號概率 $P_s(S)$ 又引起反應偏向 (β) 的上升，也將進一步降低主觀信號概率 $P_s(S)$，如此循環。柏拉蘇拉曼 (Parasuraman, 1971) 稱此種循環為"惡性循環"，即反應偏向 (β) 螺旋上升，擊中概率 $P(H)$ 螺旋下降。在實際操作中，由於其它因素的影響，反應偏向 (β) 將大致維持在一個較高的水平之上。由於"惡性循環"開始於第一個信號漏檢，也就解釋了降低反應敏感性的變量（如短、低強度信號）能增加警戒中期望效應這個事實。

借助信號檢測論可以對警戒衰退現象進行更深入的分析，同時，它也能據此提出降低警戒衰退的措施。這些措施的作用在於提高反應敏感性。改善反應偏向 (β)，從而改善了警戒操作。

柏拉蘇拉曼對警戒衰退作了歸因分析，提出兩類措施：改善操作者對信號特徵的記憶和降低其記憶負荷的措施，將減少警戒衰退。同時，這將進一步有助於減少因期望因素產生的警戒衰退。有關研究者據此提出了許多可以改善操作者對信號特徵記憶的措施。例如，反復訓練操作者對目標信號的反應將大大降低警戒衰退。因為反復訓練能使操作者形成自動化的刺激加工，而自動化的反應較少依賴於工作記憶。研究發現，當操作者的任務是檢測一個目標而不是幾個目標中的一個時，警戒操作得到了改善，此外，告訴操作者目標刺激"是什麼"的效果，要優於告訴他們目標刺激"不是什麼"。例如，對流水線上的質量檢驗人員來說，提供次品明確的視覺形象要比僅僅要求他們提出"與正品不同的產品"效果好得多。第二類措施為降低記憶負荷的措施，又稱為**信號增強技術** (signal enhancement techniques)。若僅僅簡單地增強信號事件的物理能量，往往難以收到改善操作的效果。因為，信號增強的同時，噪音強度也增加了，結果並未得到改善。因此，信號增強技術經常賦予信號事件以區別於噪音事件的特徵，這通常可以通過改進信號呈現系統來達到。例如，在雷達監測任務中，若信號事件的呈現方式與噪音事件的呈現方式非常相似，監測任務將非常困難；但若雷達系統在接收到目標信號時的呈現方式有顯著區別（如亮點有獨特的運動方式），則操作將大為改善。有些信號增強技術甚至採用轉換感覺通道的方法，例如，在工業系統的故障監測中，一旦系統發生故障，原先穩定的視覺呈現（信號燈）改為閃爍方式，同時信號轉變為聽覺呈現（警鈴），這將大大提高信號被檢測的概率。

從反應偏向這一角度同樣可以提出改善警戒操作的措施。一般來說，能夠提高喚醒水平的措施有助於降低警戒衰退。這些技術甚至包括生物反饋技術，貝蒂等人 (Beattg et al., 1974) 曾報告說，訓練操作者抑制 θ 波 (theta wave)（頻率為 3～7 赫的腦電波，指示低喚醒水平）亦將減少警戒衰退。

貝克指出，在可能的情況下引入假信號將使反應偏向 (β) 維持在較低水平。因為引入假信號能將主觀信號概率 $P_s(S)$ 提高，同時也能提高喚醒水平，更進一步，若假信號與真實信號物理上非常相似，它還能恢復操作者對信號特徵的記憶，這將減少由 d' 降低引起的警戒衰退。例如，在流水線質量檢測任務中，混入若干"預定的"次品（即使未被檢驗員發現最後也會被檢出）將使檢驗員的主觀信號概率 $P_s(S)$ 維持在較高水平，從而降低反應偏向 (β)。當然，引入假信號的方法存在一定的危險，首先，操作者絕不能意識到存在假信號，若人們意識到存在假信號，他們將試圖避免檢測這些假信號，結果使反應偏向 (β) 反而提高。其次，在操作者檢驗到信號後可能導致嚴重後果的場合，例如，在工業系統故障監測任務中，虛假的故障信號可能導致操作者將整個系統關機，這將會對生產帶來一定的損失。

從上述介紹中可見，信號檢測論不僅使我們弄清了警戒下降的原因，而且也使我們找到了防止警戒下降的某些方法，原因和預防措施是緊密相聯的，對此，我們可作出如下歸納：

第一，警戒下降可單純地是由反應標準的提高而引起，表現為操作者報告某個刺激是否為信號變得愈來愈慎重，在上述信號檢測論模型圖上，報告軸向右移，即反應偏向 (β) 值變大，這時，操作者的正確檢測概率和虛驚概率都隨時間而下降。眾多的研究表明，警戒的下降大多數表現為反應偏向 β 的提高。

第二，警戒下降也可單純地由感覺敏感性的下降而引起。這種下降具體表現為操作者愈來愈不能把信號從噪音中分辨出來。在信號檢測論模型圖上，可看到信號分布和噪音分布之間距離變小，即敏感性 (d') 值變小。在此情況下，操作者的擊中概率隨操作時間而不斷下降，而且虛驚概率則保持原水平。

第三，警戒下降還可由感覺敏感性和反應指標的雙重變化而引起。這種情況一般表現為操作者愈來愈不能把信號從噪音中分辨出來。同時操作者報告一個刺激是否是信號也變得愈來愈慎重。在信號檢測論模型圖上，一方面報告標準軸向右移，即反應偏向 (β) 值變大；另一方面信號和噪音二分布之間的距離縮小，即敏感性 (d') 值變小。當然，這兩個因素所起的作用是不同而多變的。

三、在認知研究中的應用

認知領域是信號檢測論的重要應用領域。就感知研究而言，由古典心理物理法測得的閾限是被試辨別力和反應偏向兩者的混合。儘管古典心理物理法採取了許多措施試圖消除動機、態度等因素的影響，但仍然無法從根本上解決問題。信號檢測論對辨別力和反應偏向作出明確的區分，從而可以深化有關的研究。

除了前面提到的感知覺問題外，信號檢測論亦可應用於再認記憶研究。在再認記憶中，被試所面臨的操作，實際上是檢測當前刺激（可能識記過，也可能未識記過，即既可能是信號，也可能是噪音），將它同記憶痕跡進行"匹配"，作出"是"或"不是"的反應，這一操作可以看作典型的信號檢測問題。信號檢測論應用於再認記憶研究同樣具有很多優點。例如，在再認能力最佳年齡的一項研究（楊治良，1980）中，信號檢測論分析指出，在不同指導語條件下再認分數的變化不是因為被試者辨別力的改變，而是由於反應偏向的變化所致，這是用傳統方法分析難以得到的；其次，信號檢測論將錯誤反應區分為漏報與虛驚兩類，有利於進一步分析錯誤原因。此外，信號檢測論的敏感性 (d') 指標比再認法的指標（對—錯）$/N$ 更加靈敏。

信號檢測論對實際生活中的記憶問題也可提供很多幫助。一個有趣的例子是見證人提供證詞中的記憶問題。在這一任務中，嫌疑者（可能參與犯罪即為信號，也可能未參與犯罪即為噪音）由見證人進行辨認。作出"是"或"不是"判斷。這既是一個再認問題，同時也可以看作是信號檢測問題。

我們不妨對這一實例進行分析，在見證人問題中，由於維護法律的公正和維護社會治安等動機因素的參與，見證人的反應偏向 β 值往往偏高（漏檢很少，罪犯很少逃脫，但清白者無故受冤的可能就小了），或偏低（漏檢很多，罪犯就有可能逃脫，但清白者無故受冤的可能就大）。信號檢測論對見證人問題的直接應用是見證人在若干名嫌疑者中進行辨認這一情況：見證人在 5 到 6 個人組成的"隊列"中進行辨認，其中一人被警察認為是嫌疑犯，這時見證人的決策實際上分成了兩個階段：(1) 嫌疑者是否包括在這些人當中？(2) 若包括在其中，是哪一個？見證人在回答第一個問題時，所持的反應標準較寬，通常作出肯定回答。許多研究證實，對一個短暫的突發事件來說，見證人的視覺再認記憶可靠性相當低，因此，操縱見證人辨認的"隊列"，將能影響他們的反應偏向。

從信號檢測論分析，有如下三點可供實際工作者參考：(1) 在肯定回答中表現出很大信心的見證人（"我可肯定是他"）實際上比那些不太肯定的見證人敏感性更低；(2) 告訴見證人嫌疑者有可能不在"隊列"中。這一簡單措施能使反應偏向 (β) 接近最佳反應偏向；(3) "隊列"應由相似的人組成，儘管這樣相似性將略微降低擊中概率 $P(H)$，但它能在更大程度上降低虛報概率，其結果在敏感性上得到淨收益。

綜上所述，信號檢測論的最大優點是它可以把操作者的感覺敏感性和反應偏向分開，這一區分使它不僅為實驗心理學研究提供了新的研究方法，且為應用心理學中的許多領域提供了更加有效的分析工具，它能使分析更加深入，結論更可靠。今天，信號檢測論無論在理論上還是在實踐應用上，都顯示了它的優越性。

四、評　價

信號檢測論能把被試者的辨別力（敏感性）和他的反應偏向分開，而以傳統心理物理法測得的感覺閾限則是兩者不可分割的混合物。信號檢測論的引入，確實解決了一些傳統心理物理法所不能解決的問題。

在全面評價新、舊心理物理法時，我們也應看到傳統心理物理法為了有效地測量感受性，曾試圖通過各種手段以消除動機、態度一類因素的影響。這些手段主要有：

1. 通過實驗設計和操作抵消可能造成的誤差　例如：在極限法的測量中，由於上升和下降的序列的影響，被試可能引起"期待"和"習慣"誤差。因此，實驗者在實驗操作程序上，安排交叉的遞增或遞減法，以抵消序列效應。

2. 採用合理的數據處理尺度　例如：在上升和下降序列中，得到遞增組和遞減組的辨別極限，L_X 和 L_1，避免它們的任何一個作為閾限的尺度，而是採用它們之差的一半。此外，還確定常誤的概念，以表示誤差的方向和量值。

3. 發揮指導語的控制作用　傳統心理物理測量對於統一恆定的判斷標準是十分重視的。為了減少某些不肯定性和造成的誤差，在判斷標準方面必須有一個統一明確的要求，儘量刪去那些模糊的標準。例如，在常定刺激法中，和標準刺激等量就是屬於難以一致的判斷標準。因此，人們常常去掉它，僅保持大於或小於標準兩類反應。另一方面，三類判斷中的"相等"判斷的次數多少，有一定程度上反應被試者的反應偏向和態度。

4. 進行嚴格而有效的訓練，淘汰不合格的被試者。

5. 插入一些捕捉實驗，以考察被試的態度　例如，在一個測量聲音信號的響度絕對閾限的實驗中，捕捉實驗可以是一個沒有聲音信號出現的測試。若被試者對此回答說聽到聲音，則主試就判定此被試者沒有很好地注意任務，故對這部分結果另行處理。反應時實驗中的"搶先"反應也是類似的情況。

其實，傳統心理物理法所用的手段遠不止以上五種。總之，通過上述手段，使傳統心理物理學的測量，在某種程度上獲得一定的成功。許多資料如視覺和聽覺領域的心理測量函數，迄今還保持著相當的生命力。甚至，信號檢測論也起異曲同工作用。

然而，傳統心理物理學對於人的主觀態度一類的影響依然沒有得到根本的解決。在它們的測量中,共同的特點是只出現有效的信號刺激和作用相應的百分比,而無噪音的測量。這樣就給它的科學性和可靠性帶來了很大的限制。在動物的心理物理研究中,常遇到一個困難是關於基線的評定問題。從閾限的確定來考慮,基線需要固定,但實際上,這是不可能的。所以,對基線變量的評定反應出信號檢測論對傳統方法的一個發展,克服了傳統方法的不足之處。

同時,我們常常看到,用傳統方法獲得的結果,有時是令人誤解,甚至相反對立。例如:曾經對正常男女和胖的男女對饑餓感覺閾限進行了測定。結論說,胖男子閾限最低,正常人居中,而胖女人最高。但是,有研究者用信號檢測論方法重新對此精心研究。他們讓男女胖子吞下胃球,並記錄胃的收縮情形。把胃的收縮看作信號,無收縮看作噪音。在整個過程的 4 小時裏,不斷詢問被試是否感到饑餓,結果發現,正常男女在胃收縮時,報告饑餓;無收縮時則報告不餓。可是,男女胖子只表明相反的偏好。女胖子傾向於說"不餓",儘管她的胃已收縮;男胖子則傾向於說"餓"。在感受性曲線 (ROC) 上,前者表現為左邊更低,後者表現為右邊更高。可見不同的方法獲得的結果不同。

傳統方法把被試者的反應偏好混為閾限的一部分,這種情形並不少見。又如:在個性和知覺實驗中,被試的反應標準和他的動機是密切相關的。使用有關性行為作刺激時,可能系統地低估觀察者的感受性。因為,人們不願意報告這樣的感覺。同樣,精神病患者也常常採取較嚴的反應標準。因為,他可能產生把錯誤反應誤認作是妄想的論據。在痛疼的研究中,也可能把哀傷叫苦的人誤定為低閾限,而堅韌的人定為高閾限。所有這些測量明顯地反映出傳統方法的局限性和信號檢測論的優越性。

傳統方法得到的一些混亂的結果,有時直接表現為結果的對立。人們習慣地把它歸結為實驗條件、方法的不同。實際上,根本的原因是無法把感受性的測量和被試的動機、態度所造成的反應偏向區分開來。

在方法學上,傳統方法的缺點是缺乏對噪音的測量。實際上,人的辨別力乃是信號及噪音的函數,也就是說,信號固然是信息,但噪音也是信息,這絕不可忽視。信號檢測論很好地解決了這兩類變量的測量。它明確地建立起反映噪音變量的虛驚概率,這是十分重要的。它不僅對於辨別力的估量不可缺少,而且對於被試主觀態度或反應偏好的測量更具有重要意義。因此,信號檢測論由於建立擊中和虛驚兩個經驗尺度，在感性的測量上，把主觀態度區分開來，以獲得成功。這是心理物理法的一個重大突破。

傳統方法所得結果，人們歸結於實驗條件和方法。而信號檢測論認為，實驗條件和方法的不同所以會造成不同的結果，多半是由於主觀的反應偏向造成的。若去掉反應偏向的影響，人的純感受性或辨別力就恆定了。

可見，信號檢測論在重視對信號的測量的同時也強調了對"噪音"的測量的重要性。它藉著辨別力和反應標準（或反應偏好）的指數，獨立地處理了感受性和主觀態度兩類變量，無疑對傳統心理物理法是一個發展，顯示了其優越性。

歸結到一點，信號檢測論對心理物理法的最大貢獻是它可以把被試者的辨別力和他的反應偏向性分開，而以傳統心理物理法測得的感覺閾限則是二者不可分割的混合物。不過，我們一方面要看到信號檢測論對心理物理學的研究的巨大貢獻，要利用這個有利的工具去研究解決一些傳統心理物理法所不能解決的問題；另一方面，也要看到傳統心理物理法在一定條件下仍不失為測定感受性的一種可靠的方法，並且用起來比信號檢測論要簡便些。

本 章 實 驗

一、信號檢測論用於記憶的實驗

（一）**目的**：了解信號檢測論可用於再認實驗，學會計算信號檢測論指標（d'，C，β）的方法。

（二）**材料**：實驗用三組再認材料，第一組材料為具體實物圖形新、舊圖片各 25 張，並且有一定的對稱性。如舊圖片有一張"蘿蔔"，新圖片就有一張"青菜"與它對應；第二組材料為抽象圖形，新、舊圖片各 25 張，舊圖片如"✧"，新圖片則為"✧"；第三組材料為詞，新、舊詞也是各 25 張，如舊詞有"台北"，新詞有"台南"。

(三) 程序：

(1) 實驗前先給被試者講解指導語二遍，指導語內容為："今天請大家來做一個記憶實驗。我們先給你們看一組圖片 (詞)，請大家記住它。看過一遍之後，我們把這看過的舊圖片 (詞) 和另外一組沒有看過的新圖片 (詞) 混在一起，以後，我們每呈示一張圖片，就要你們在紙上填上 '新' 或 '舊'。實驗時要求大家專心、安靜、獨立思考，不要討論。答不出時，可猜，但不能不答"。

(2) 講完指導語之後，然後用 6 張圖片 (新、舊各 3 張，此圖片不用於正式實驗) 進行實驗，使被試者明確實驗要求和方法。練習做完後，就開始正式實驗。先做第一組材料，把 25 張舊圖片逐一呈現，每張呈現時間為 5 秒，間隔 2 秒。呈現一遍後，就把這看過的舊圖片 (詞) 和另外一組沒有看過的新圖片 (詞) 混在一起，共 50 張，再向被試者一一呈示，每呈示一張，要求被試者在記錄紙上填上"新"或"舊"。第一組材料做畢，被試者休息 2 到 3 分鐘後，再開始做第二組材料。做完第二組材料後，再按同樣方式做第三組材料。

(四) 結果：

整理具體圖形、抽象符號和詞這三種材料的結果，分別根據書中公式計算其 d'、C、β。

(五) 分析和討論：

(1) 比較具體圖形、抽象符號和詞三種材料的不同結果，並用信號檢測論分析之。

(2) 評論信號檢測論用於再認實驗的優缺點。

實驗用紙

一、記錄表：

1		11		21		31		41	
2		12		22		32		42	
3		13		23		33		43	
4		14		24		34		44	
5		15		25		35		45	
6		16		26		36		46	
7		17		27		37		47	
8		18		28		38		48	
9		19		29		39		49	
10		20		30		40		50	

二、統計表

S \ R	新 次數	%	舊 次數	%
新				
舊				

二、接受者操作特性曲線的實驗

（一）**目的**：掌握信號檢測論的基本理論，學會計算信號檢測論指標 d'、C、β；學習繪製接受者操作特性曲線 (ROC)，了解信號檢測論的用途。

（二）**材料**：

(1) 從《三國演義》（或《水滸傳》）連環畫中選出畫頁 500 張，分成五組，每組 100 張。

(2) 實物投影儀。

(三) 程序：

實驗時，5 組畫頁的先定概率分別是 0.1，0.3，0.5，0.7 和 0.9。對於每一組畫頁，主試使用一種信號的先定概率，然後按此先定概率在實物投影儀上呈示給被試者一定數量的畫頁，要求被試者把它們當信號記住。例如，先定概率為 0.1 時，當作信號的畫頁是 100×0.1，即 10 張；當作噪音的畫頁為 90 張。作為信號的畫頁呈現完畢後，再與此組作為噪音的畫頁混合，然後隨機地逐張呈示給被試者。這時，每呈示一張畫頁，即要求被試者判斷此畫頁是信號還是噪音，並要求被試者把答案記錄在實驗記錄紙上。一組畫頁實驗完成後，稍休息一會，隨後，改變信號的先定概率，用另一組畫頁按上述方法繼續實驗。

(四) 結果：

(1) 整理 5 組連環畫頁的實驗結果，將結果列出在各種先定概率下的矩陣圖，計算擊中概率和虛驚概率。
(2) 根據擊中概率和虛驚概率，計算其 d'、C、β。
(3) 根據上述計算結果，繪製 ROC 曲線圖。

(五) 分析和討論：

(1) 分析信號檢測論的兩個獨立指標。
(2) 分析 ROC 曲線。
(3) 評論信號檢測論用於再認實驗的優缺點。

實驗用紙

序	0.1*	0.3	0.5	0.7	0.9	序	0.1	0.3	0.5	0.7	0.9
1						51					
2						52					
3						53					
4						54					
5						55					
6						56					
7						57					
8						58					
9						59					
10						60					
11						61					
12						62					
13						63					
14						64					
15						65					
16						66					
17						67					
18						68					
19						69					
20						70					
21						71					
22						72					
23						73					
24						74					
25						75					
26						76					
27						77					
28						78					
29						79					
30						80					
31						81					
32						82					
33						83					
34						84					
35						85					
36						86					
37						87					
38						88					
39						89					
40						90					
41						91					
42						92					
43						93					
44						94					
45						95					
46						96					
47						97					
48						98					
49						99					
50						100					

*先定概率

本 章 摘 要

1. 現代心理物理學從對**閾限概念**的不同理解出發，把被試者的辨別力和其反應偏向分開處理，而傳統心理物理學測得的閾限值是二者不可分割的混合物。這是現代心理物理學對閾限概念和感覺理論的發展。
2. **神經量子理論**是一種由史蒂文斯等人提出的理解閾限的理論。他們在響度和音高的辨別實驗中，推論其基本神經過程是按全或無規律進行的。神經量子理論假定反應刺激變化過程的神經結構在機能上能被分為各個單元或量子。
3. 史蒂文斯根據多年的研究，於 1957 年提出了刺激強度與感覺量之間關係的**冪定律**，即 $S=bI^a$。式中表示心理量 S 是物理量 I 的冪函數。b 是由量表單位決定的常數，a 是由感覺道和刺激強度決定的冪指數。
4. **物理相關論**是由瓦倫在 50 年代末提出來的。這種理論認為，被試者作出感覺量的判斷時，實際上是通過過去的經驗對與刺激相聯繫的某種物理屬性作出判斷。
5. **信號檢測論**簡稱 SDT，是信息論的一個分支，研究的對象是信息傳輸系統中信號的接收部分，它最早用於通信工程，即借助於數學的形式描述接受者在某一觀察時間將混有噪音的信號從噪音中辨別出來。
6. 由於人的感官、中樞分析綜合過程可看作一個**信息處理系統**。通常把刺激變量看作**信號**，從刺激中的隨機物理變化或感知處理信息中隨機變化看作**噪音**。這樣，人作為一個接收者對刺激的分辨問題便等效於一個在噪音中檢測信號的問題。
7. 在信號檢測實驗中，被試者對有無信號出現的判定可以有四種結果：**擊中**、**虛驚**、**漏報**和**正確拒斥**。
8. 信號檢測論認為閾限不是一個純淨感知能力的指標，它受利害得失、動機、態度、意志等因素的影響。這樣，在同一過程中就出現了兩個獨立的指標：一個是**感覺敏感性**，一個是**反應偏向**。
9. 用以表示反應偏向的指標之一是**似然比值** β，其定義為給定 X_c 水平上信號分布的縱軸與噪音分布的縱軸之比。
10. **感覺敏感性**表現為內部噪音分布與信號分布的分離程度。兩者的分離程度越大,敏感性越高;分離程度越小,敏感性越低。
11. **接受者操作特性曲線 (ROC 曲線)** 在心理學上稱為**感受性曲線**。它是以虛驚概率為橫軸,擊中概率為縱軸所組成的坐標圖和被試者在特定刺激條件下由於採用不同的判斷標準得出的不同結果畫出的曲線。
12. 傳統心理物理法公認,提示能明顯提高痛閾。但是,用信號檢測論對同一資料進行分析,則完全否定了這一解釋。事實上,被試者感覺辨別力 (d') 始終沒有多大改變,所改變的僅僅是他的痛報告標準而已。
13. **警戒**是指操作者在相對較長的一段時間內,對環境中偶然出現的某種信號的警覺與做出反應的持續準備狀態。信號檢測論把感覺敏感性和反應偏向分開處理,有助於說明警戒下降的真正原因。
14. 信號檢測論應用於再認研究同樣具有很多優點。分析指出,在不同指導語條件下再認分數的變化不是因為被試者辨別力的改變,而是由於反應偏向的變化所致。其次,信號檢測論將錯誤區分為漏報和虛驚二類,有利於進一步分析錯誤。此外,信號檢測論的指標,比傳統再認法指標靈敏。
15. 信號檢測論對心理物理法的最大貢獻是它可以把被試者的辨別力和他的反應偏向分開,而傳統心理物理法測得的感覺閾限是二者不可分割的混合物。

建議參考資料

1. 馬謀超 (1980):感受性的測量。北京市:中研院心理研究所:《心理學參改資料》第 16 期。
2. 陳舒永、馬謀超 (1979):信號檢測論與古典的心理物理學方法。心理學報,第 11 卷第三期,331～335 頁。
3. 張春興 (1991),現代心理學。台北市:東華書局 (繁體字版)。上海市:上海人

民出版社 (1994) (簡體字版)。

4. 楊治良 (1988)，心理物理學。蘭州市，甘肅人民出版社。
5. 楊治良 (1983)：心理實驗教學內容更新的初步嘗試。心理科學通訊，第 6 卷第三期，37～45 頁。
6. 楊治良 (1989)：信號檢測論的應用。心理科學通訊，第 12 卷第三期，37～45 頁。
7. 楊國樞、文崇一、吳聰賢、李亦園 (1978)，社會及行為科學研究法。台北市：東華書局。
8. 鄭昭明 (1993) ，認知心理學。台北市，桂冠圖書公司。
9. Atkinson, R. C. et al. (1988). *Steven's handbook of experimental psychology* (2nd ed.), New York: A Wiley-Interscience.
10. Egan, J. P. (1975). *Signal detection theory and ROC analysis*. New York: Academic Press.
11. Green, D. M. & Swets, J. A. (1974). *Signal detection theory and psychophysics*. New York: Robert E. Krieger.
12. Stagner, R. (1988). A History of psychological theories. New York: Macmillan.

第六章

視 覺 實 驗

本章內容細目

第一節 視覺研究中的變量
一、視覺的物理刺激及其測量 273
　(一) 可見光譜
　(二) 單色光的單位
　(三) 光度學
二、視覺實驗中的變量 282
　(一) 自變量
　(二) 控制變量
　(三) 因變量

第二節 視覺研究中的基本實驗
一、視覺適應的研究 285
　(一) 暗適應
　(二) 明適應
二、視敏度 290
　(一) 視角和視網膜映像
　(二) 視敏度測定及其特徵
　(三) 影響視敏度的若干因素
三、閃光臨界融合頻率 294
　(一) 測量閃光臨界融合頻率的方法
　(二) 影響閃光臨界融合頻率的因素

第三節 顏色視覺
一、視覺的顏色現象 298
　(一) 顏色的基本特徵
　(二) 顏色混合和混合定律
　(三) 顏色視野和光譜敏感性

二、顏色的視覺現象 307
　(一) 顏色對比
　(二) 顏色適應
　(三) 顏色常性
三、顏色的標定 311
　(一) 孟塞爾顏色系統
　(二) 光源與顏色標定
　(三) 標準色度系統

第四節 顏色的心理效應
一、色調的心理效應 321
　(一) 色調的冷暖感
　(二) 色調的情感
　(三) 色調的環境心理效應
二、明度的心理效應 323
　(一) 明度和諧的心理效度
　(二) 明度對比的心理效應
三、飽和度的心理效應 325
四、色彩愛好的民族差異 326

本章實驗
一、顏色混合實驗 328
二、閃光融合實驗 330
三、視覺後像實驗 331

本章摘要

建議參考資料

在心理學中，**感覺**(sensation) 是研究最早和研究較多的領域。我們通過眼睛，可以感覺外界事物的各種顏色，可以辨別明暗，這叫**視覺** (visual)。我們通過耳朵可以感覺外界的各種聲音，這叫**聽覺** (auditory)。因此，感覺是直接作用於感官的事物的個別屬性的反映。

感覺的種類很多，人們可以按若干種不同的依據對感覺進行分類。在眾多的感覺中，視覺和聽覺是最為重要的。

在人類的感覺系統中，視覺明顯地占主導地位。倘若兩個彼此矛盾的信息，一個用視覺接受，另一個用不同的感覺器官接受，這時被試者所反應的一定是視覺信息。這一事實在科拉維塔 (Colavita, 1974) 對視覺和聽覺的研究、吉布森 (Gibson, 1933) 關於視覺和觸覺反饋的研究以及羅克和維克托 (Rock & Harris, 1967；Rock & Victor, 1964) 的研究中都得已到了證明。這些研究資料表明，被試者不能有效地反應同時經兩種不同感覺通道傳入的相矛盾的信息，當這種矛盾的信息同時作用於視覺和其它任一感覺時，視覺的反應總是占優勢的。因此，研究感覺和知覺現象總是從研究視覺開始的。視覺在人類的感知過程中擔負著重要的任務。人類接受的環境信息絕大部分是經視覺通道傳入腦中，再作出反應的。人類在生命的早期，視覺系統就開始執行探索世界的重要任務。懷特 (White, 1975) 報告，八個月到三歲的嬰幼兒除睡眠外，視覺的探索是最經常的感覺活動。嬰幼兒在清醒時，僅注視眼前物象的時間就占 20%，視覺執行的重要任務伴隨人的一生。

心理學研究一般把視覺研究的內容分成"視覺"和"顏色視覺"兩個系列，它們是相輔相成的。通過本章的學習，旨在回答如下七個問題：

1. 何謂可見光譜，光具有哪三個維度，與此物理相對應的心理特徵是什麼。
2. 單色光的單位有哪些。
3. 實驗心理學為什麼重視亮度測量。
4. 顏色混合的三條定律是什麼。
5. 如何運用CIE標準色度圖來標定顏色。
6. 暗適應曲線有哪些特徵。
7. 何謂視敏度。

第一節　視覺研究中的變量

在生物漫長的進化過程中,動物發展出來各種類型的光感受細胞。光感受細胞先是局限在上皮的一定區域,然後內陷成單眼。此後從單眼進化到複眼,再進化到脊椎動物(包括人類)特有的折射眼,形成了高級視覺機能。視覺的形成,首先與視覺的刺激和人眼的光學系統有關。人眼的適宜刺激是光,光的物理特徵以及人眼的生理機制使得心理學研究的視覺現象充滿了特異性。在這一節中,我們從介紹刺激的性質開始,再闡述光度學上的有關概念,最後簡單地討論作為視覺實驗研究的變量。

一、視覺的物理刺激及其測量

(一) 可見光譜

特定的光刺激人眼而引起視覺。光是一種電磁波,引起人類視覺的電磁波稱為可見光譜。光是放射性的電磁能。現在認為,光是由特殊的物質粒子(光子)所組成,而光波的特徵則用單個光子的波動來表示,光的強度可根據發射源產生的光子數來表示。由於放射性電磁能是以起伏的形式傳遞的,故光又可用**波長** (wave length) 來表示。波長是兩個相繼的波的相應點之間的距離。

可見光的波長範圍只占整個光譜的極小一部分,電磁波的波長的差異極大,如圖 6-1。整個光譜範圍從最短的宇宙射線(波長僅 1 米的百萬億分之一)到無線電波和電力波(其波長可達數十公里)。整個電磁光譜中,人眼所能接受的光波只占一小部分——約七十分之一。在正常情況下,可見光譜的波長範圍約 380 毫微米到 780 毫微米之間。毫微米 (nanometer,縮寫 nm) 是計算光之波長的單位,等於十億分之一米。若進入兩眼的光波是 400 毫微米,我們就感覺到紫色;若光波的波長是在 700 到 780 毫微米之間,我們感覺到的是紅色。在可見光譜中段的光波波長以及相應的感覺到

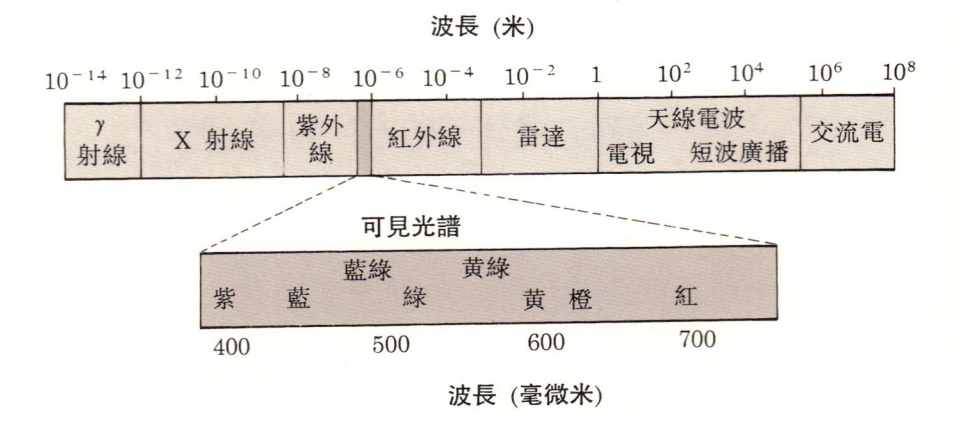

图 6-1 全部電磁光譜
可見光部分是全波長中的一小段，在圖的下方予以放大
(採自 Geldard, 1972)

的顏色是：470 毫微米是藍色，610 毫微米是綠色，580 毫微米是黃色。將不同波長的可見光混合起來，可以產生各種不同的色光，而將所有可見的色光混合起來則產生白色光。比 380 毫微米短的電磁波稱紫外線，比 780 毫微米長的一端稱紅外線。

光具有三維特徵：波長、純度和振幅。與此相對應的有三維心理特徵：不同波長引起人們不同的色調的感覺；純度是光波成分的複雜程度，它引起的視覺反應是飽和度；振幅是光的強度或能量單位，它引起的視覺維度是明度。

(二) 單色光的單位

光不僅可用波長來度量，也可用純度、強度來度量。我們把能發光的物體叫做光源 (light source)。光的來源很多，有日光、燈光等等。前者是天然光源，後者是人造光源。在日常生活中，我們所看到的光大多是不止一種光波組成的。若投射到我們眼中的光是由單一波長的光組成，那麼，這種光稱為單色光。由兩種以上波長組成的複合光波，稱為多色光。在實驗室中要獲得單色光，我們可以利用三棱鏡將白光折射分離，用其中某一種單色光。我們也可以用濾光片來獲得某波段的色光。濾光片一般是一片透明的玻璃片或塑料片，它可以吸收一些波長的光而使另一些波長的光透過。透過的波段在視覺上就呈現為此波段的色光。現在有一種儀器叫**單色儀**(monochromator)，可以用它產生單色光。

視覺研究中為了進行度量，常常要碰到一些光的單位。光的單位名目繁多，為了避免引起混亂，我們僅介紹一種國際單位制(SIE 單位制)的光度單位。見表 6-1。

表 6-1　國際單位制（SIE 單位制）的光度單位

幾何學	光度量			
	名稱	符號	單位	英文名
光源	光強度	I	坎德拉	Candela (cd)
點光處 立體角 A	光照度	E	勒克司	Lux (1x)
B	光亮度	L	尼特	Nit
C	光通量	φ	流明	Lumen (1m)

與心理學關係密切的單色光單位有：

1. 光強度　光強度(luminous intensity)是光源在單位立體角內輻射的光通量，以 I 表示，單位為坎德拉 (candela，簡稱 cd)。1 坎德拉表示在單位立體角內輻射出 1 流明的光通量。

2. 光通量　光通量(luminous flus) 是由光源向各個方向射出的光功率。也即每一單位時間射出的光能量，以 ϕ 表示，單位為流明 (lumen，簡稱 lm)。

3. 光照度　光照度(illuminance) 是從光源照射到單位面積上的光通量。以 E 表示，照度的單位為勒克司 (Lux，簡稱 lx)。

4. 反射係數　人們觀看物體時，總是要借助於反射光，所以要經常用到"反射係數"的概念。反射係數(reflectance factor) 是某物體表面的流明數與入射到此表面的流明數之比，以 R 表示。

5. 光亮度　光亮度(luminance) 是指一個表面的明亮程度，以 L 表示，即從一個表面反射出來的光通量。不同物體對光有不同的反射係數或吸收係數。光的強度可用照在平面上的光的總量來度量，這叫**入射光** (incident light) 或**照度** (illuminance)。若用從平面反射到眼球中的光量來度量光的強度，這種光稱為**反射光** (reflection light) 或**亮度** (brightness)。例如，一般白紙大約吸收入射光量的 20%，反射光量為 80%；黑紙只反射入射光量的 3%。所以，白紙和黑紙在亮度上差異很大。

亮度和照度的關係如圖 6-2a 所示，最常用的照度單位是**呎燭光** (foot candle)。1 呎燭光是在距離標準燭光一英尺遠的一平方英尺平面上接受的

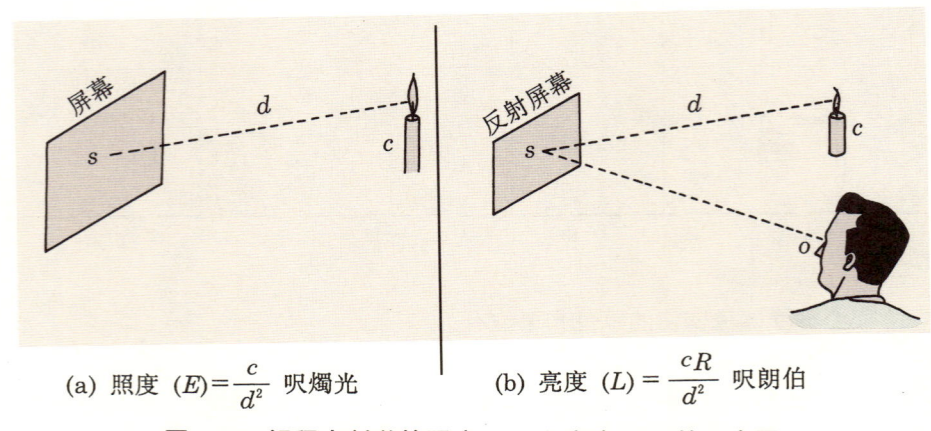

(a) 照度 $(E) = \dfrac{c}{d^2}$ 呎燭光　　(b) 亮度 $(L) = \dfrac{cR}{d^2}$ 呎朗伯

圖 6-2　解釋光刺激的照度 (a) 和亮度 (b) 的示意圖
(採自 Kling & Riggs, 1972)

光通量。如果按公制單位，則以米為標準，照度就用**米燭光** (metrecandle) 來表示，即 1 米燭光是距離標準燭光一米遠的一平方米面積上的照度。1 米燭光等於 0.0929 呎燭光。

從圖 6-2 上，我們不難理解亮度和照度之間的關係，其關係為：

$$L = R \times E \qquad 〔公式\ 6\text{-}1〕$$

式中 L 為亮度，R 為反射係數，E 為照度。

因此，當我們知道一個物體表面的反射係數以及其表面的照度時，便可推算出它的亮度。

亮度也有幾種度量單位。亮度的單位是用一種理想化了的標準狀態來定義的（如圖 6-2b）。以一支標準蠟燭當作光源，放在一個半徑為 1 公尺的球體的中心位置。假設這個蠟燭會均勻發散它的全部光線，則落在球體內表面一平方公尺表面積上的所有光量為 1 個流明 (lumen)。實際應用中，亮度單位用流明太小了，所以通常取其十倍的單位——**毫朗伯** (millilambert) 來表示。比毫朗伯稍大的單位是**呎朗伯** (footlambert)，1 毫朗伯等於 0.929 呎朗伯。英國標準的呎朗伯是用光源的燭光數、從光源到表面積的英尺數和表面的反射率來規定的。在有些國家，普遍使用的是米制單位，是以毫朗伯為基礎的〔1毫朗伯 (mL)＝0.929 呎朗伯 (ftL)＝3.183 燭光／平方米 (c/m^2)＝10 阿普熙提 (apostilbs)〕。光亮度的單位還有：坎德拉／平方米（即尼特，Nit＝$1cd/m^2$）等。

（三） 光度學

光度學 (photometry) 是一門研究可見光計算和測量的科學。光度學和心理學有特殊的關係。光度學的測量和計算是以心理學對人們的視覺系統感覺特徵的研究為基礎的，視覺心理研究則要應用光度學的知識和測量技術。光度測量是一門專門的學問，它不僅度量單位名稱多，各單位相互換算關係複雜，而且受測量器械和技術的限制，不易為人們所掌握。

我們之所以比較詳細地描述亮度測量，是因為對於實驗心理學家來說，規定一個視覺刺激或視覺環境的強度是視覺研究的前提。應該注意到照明值要受從光源到照明表面的距離的影響（如圖 6-2）。但是，亮度則與從表面到觀察者的距離無關。這就是為什麼電影銀幕從電影院後排看和從電影院的前排看一樣亮的原因。因此，在儀器視野的大小所能包括的範圍之內，可以在距離刺激任何方便的地方對光進行測量。這種亮度與距離無關的情況當然對攝影機和人眼都是適用的。在攝影時，曝光時間和光圈大小必須以被拍攝物體的亮度而加以調整，但卻不必因物體到攝影機的距離而調整，這是同樣的道理。

光度學度量的原始標準是以特定規格製成的一支蠟燭作光源的。圖 6-2 所表明的就是這樣的一支蠟燭被放在離屏幕 (s) 的一般距離 (d) 處。屏幕以一定比例 (R) 反射投射到其表面的光。入射光被稱作是照射到屏幕上的照度 (E)。由於它是以一支特定的蠟燭為光源，又距離屏幕一定的遠近，所以是以呎燭光為單位 (當然在使用公制時也可以用公尺標定距離)，這個值等於光源的燭光數 (c) 除以從光源到屏幕的距離 (d，以英尺或公尺為單位)的平方。將這幾個參數列入一個公式，可以表示如下：

$$E = \frac{c}{d^2} \quad \text{(呎燭光)} \qquad 〔公式\ 6\text{-}2〕$$

如果一個光源 c 移近一個表面 s，則後者受到光源較強的照明；但如果光源遠離屏幕，照明便減弱了。從規範上講，圖中對 s 的照明直接隨燭光以及距離的平方的倒數而改變，即 $E=c/d^2$。一個被試在 c 處所看到的 s 屏幕上的亮度 L，依賴於屏幕的反射率 R，因而 $L=cR/d^2$。可見不論距離表面遠近，屏幕上的亮度維持不變。

照明工程師確定了不同視覺工作所需要的標準照明水平。例如：一個圖書館的設備應為讀者提供較高的照明水平，而街道則只需較低的光以下的照明即可。這些可用照度計進行測量。

製定工作場所的照明標準既科學，又具有經濟效益。若標準訂高了，將導致國家電力的浪費；反之，若訂得過低，必然會導致工人視力受損。照明的標準與工作物和背景亮度對比有直接關係。計算對比的公式如下：

$$C = \frac{L_{高} - L_{低}}{L_{高}} \qquad 〔公式\ 6\text{-}3〕$$

式中 C 為對比值，L 為亮度。

照明的標準還與對象在眼睛裏所形成的視角有關。喻柏林等 (1979) 曾求得視覺對象的視角、對比和照度的關係，大對比如圖 6-3，小對比如圖 6-4 所示。從兩圖中的視角與照度的關係曲線來看，無論大對比或小對比都具有共同的變化**趨勢**。視角越大，要求照度越低；視角越小，要求照度越高。視角遞減時，照度發生遞增變化。而且視角遞減速度低於照度遞增速度。換言之，照度的一個大的正增量才能適應視角的一個小的負增量。而且，若小視角和大視角在縱坐標上發生同樣的變化，則照度在橫坐標上分別引起的增值量相差越大，前者大大高於後者，這現象可稱為照明**收效遞減律** (law of diminishing returns)。

表 6-2　大對比實驗結果 (黑環/白背景視標，觀察者 20 人)

辨認結果 ＼ 照度 Lux	1.7	10	60	360	2160
平均視角(分) (標準誤差)	1.42 0.11	0.81 0.03	0.69 0.02	0.58 0.02	0.53 0.01
視　敏　度	(0.70)	(1.23)	(1.45)	(1.72)	(1.89)

(採自喻柏林，1979)

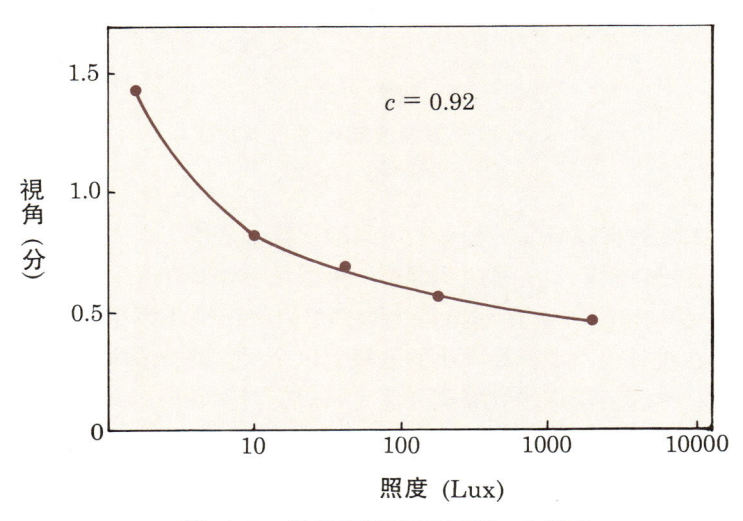

圖 6-3　視角與照度關係圖 (大對比)
(採自喻柏林，1979)

表 6-3　小對比實驗結果（黑環/白背景視標，觀察者 20 人）

辨認結果 　　　照度 Lux	1.7	10	60	360	2160
平均視角(分) (標準誤差)	9.10 (0.48)	3.80 (0.13)	2.70 (0.28)	1.32 (0.21)	0.93 (0.06)

(採自喻柏林，1979)

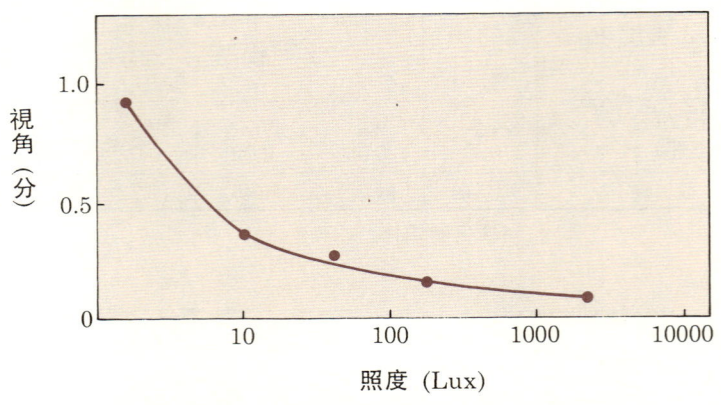

圖 6-4　視角與照度關係圖（小對比）
(採自喻柏林，1979)

　　在上述大量的實驗研究的基礎上，我國視覺心理學工作者與建築工程等專業的研究者協作制定了工業照明標準，可以約略綜合在表 6-4 中。

　　根據圖 6-3 和圖 6-4 所示原則，我們可以看出視角與照度的關係，從而了解到，在視覺工作物細節大小的分級上，小尺寸的分級應較細，大尺寸的分級可較粗。採用這樣的等級劃分法，可以有針對性地對小物體細節提高照明，而達到節約能源的目的。表 6-4 很清楚地說明了這一點。

　　與亮度相關的心理量是**明度** (brightness)，但是不要錯誤地認為明度只依賴於亮度。明度要受包括眼睛的適應狀態、對比效應、曝光時間以及知覺恒常性在內的許多因素的影響。心理量表法可用於對主觀明度的直接估計。

表 6-5 列出了各種視覺刺激的亮度值,從這裏可以看到眼睛所能感受的亮度的範圍很大。表中混合視覺,即間視覺 (mesopic vision)。勒格蘭德等人 (LeGrand et al., 1957) 認為在明視和暗視之間應當有間視這一階段。

表 6-4 視覺工作類別、物體細節大小與所需要照明的關係

視覺工作類別	物體細節大小 (毫米)	照 度 (勒克司)
I	0.10 0.11 0.12 0.13 0.14 0.15	784 637 505 377 326 258
II	0.16 0.18 0.20 0.22 0.24 0.26 0.28 0.30	234 200 173 152 135 122 110 100
III	0.32 0.36 0.40 0.44 0.48 0.52 0.56 0.60	92 79 69 61 54 49 45 41
IV	0.65 0.75 0.85 0.95 1.05 1.15 1.25 1.35 1.45	37 31 27 24 21 19 18 16 15
V	1.60 10.00	15 15

(採自喻柏林,1979)

表 6-5　典型視覺刺激的亮度值

視覺刺激	亮度值 (mL)	
中午的太陽表面	10^{10} 10^{9} 10^{8}	損傷
鎢絲燈泡的燈絲	10^{7} 10^{6} 10^{5}	
日光下的白紙	10^{4} 10^{3} 10^{2}	明視覺
舒適的閱讀	10	
	1	混合視覺
月光下的白紙	10^{-1} 10^{-2} 10^{-3}	暗視覺
星光下的白紙	10^{-4} 10^{-5}	
絕對刺激閾	10^{-6}	

(採自 Riggs, 1965b)

二、視覺實驗中的變量

在心理實驗的情景中，實驗者必須考慮三類變量，即自變量、控制變量和因變量。

(一) 自變量

在第一章，我們曾經介紹過自變量（或自變項）的一般類型。按照這種分類，視覺實驗研究中的自變量可以大致歸為如下幾類：

1. 刺激變量 刺激變量(或刺激變項) (stimulus variable) 是指刺激

因其本身的不同特性而產生不同的視覺效果。視覺實驗中作為刺激的自變量是多項目多維度的。在項目上，實驗者可以選擇的刺激有：系列亮度，從 10^{-6}mL 到 10^7mL；可見光譜中各段的色光，從 380mm 到 780mm。實驗者在刺激維度上可以選擇的內容有：刺激的時間維度──一組具有不同頻率或不同波長的刺激；刺激的空間維度──一組等能光的面積或不同的觀視距離；在研究顏色視覺現象時，實驗者可根據光和顏色的組成成分對明度、色調、純度（飽和度）實施三維操縱。但是，作為刺激，研究者必須設法使這些刺激能保持精確的定量。視覺實驗對儀器的要求甚高。

2. 背景條件 背景條件也可以作視覺實驗的一類自變量，目的在於使標準刺激恆定。背景條件在視覺實驗中很明顯，它使得可被任意操縱變更的項目內容超出標準刺激範圍。例如，前面曾提到過的，研究者可設置大對比和小對比條件等等。

3. 被試者特點 被試變量是指在某一方面，被試者間彼此不同的個體差異。視敏度、辨色力是常見的個體特徵。其它如年齡、機體狀態在視覺實驗中作為自變量都有獲得顯著意義的證據。此外，還可人為地變更同一被試的某些特徵，例如，令被試者用單眼、或遮住鼻側或顳側視野，也是視覺實驗中常用的自變量內容。

事實上，研究者確定自變量的範圍遠遠超過以上論述的範圍。在具體實驗中，任何企圖選用單一純光的設想往往都較難做到，視覺研究的特點決定它的刺激大都以複合形式存在，針對諸如此類的問題，研究者只能結合課題靈活應付，控制一些暫不研究的潛在變量。

（二） 控制變量

在心理實驗中，**控制變量**（或控制變項）(controlled variable) 是指因為預定的自變量的變化與另一個已知的或潛在的自變量的變化伴隨發生，而造成兩個甚至兩個以上的自變量混淆。在視覺實驗中，這樣的現象同樣可能發生。因此，我們須注意控制變量，避免對自變量的混淆。

在視覺變量中，一個容易忽視的特殊因素是確定刺激變量屬於哪類"連續體"。我們已經了解到光亮在感覺上是等級連續體（量的連續體），而色光是非等級連續體（質的連續體），實驗時應當注意採用不同的方法，否則實驗結果就會發生偏差。

在視覺研究中，有一個較為突出的問題是累積效應的預防。**累積效應**(accumulative effect) 是對人體（或生物）有影響的環境條件或有關因素（如藥物等），多次暴露所造成的生物效應的累積或疊加。累積效應通常有三種情況：一種是多次暴露的效應形式的簡單相加；一種是形成比簡單相加更為重的效應；還有一種是比簡單相加更為輕的效果。視覺機能的特點提醒我們要注意刺激時間、面積在視網膜作用點產生的累積效應。此外，視覺研究還要注意刺激強度的變化是屬於明視還是暗視階段；刺激的投射點是在視網膜的中央凹還是邊緣。在顏色視覺的研究項目中必須控制的變量似乎更多、更複雜。視覺實驗的各項研究，在整個心理實驗的範疇中以細微、精巧著稱。由於視覺系統在功能上的敏感性加上心理的複合成分，如果各種變量稍有失控，其結果是使研究者試圖驗明的過程面目全非，而這樣的混淆通常是不易被察覺的，結論就難免張冠李戴。

（三） 因變量

一般在視覺實驗中，刺激變量借助於儀器，因而較為嚴密。然而，視覺實驗在如何定量**因變量**(或依變項) 方面，就不如自變量定量那麼精密。在大多數情況下，實驗研究者記錄到的因變量值相對於嚴格定量的刺激量值而言，一般是很粗糙的，有的甚至只是一些非量化的判斷反應。因此，研究者能否根據因變量推斷某種視覺現象發生的過程和特點，首先取決於為保證自變量和因變量之間的對應關係而採取的措施是否有效；其次涉及處理因變量的技術是否適用及合理。刺激—反應的保證措施的關鍵在於"控制"額外變量，而後的處理工作按照因變量的性質，有的是直接的，有的是間接的。當一項實驗的因變量值是定量時，後期處理就能直接進行。例如，有相當部分的視覺實驗採用調整法程序，被試者調定的量值一般都能夠直接讀出，但有的實驗只能通過被試作口頭報告來表達他的比較判斷結果。例如，在顏色後像的研究中，由於被試者根據主觀經驗到的現象報告結果，實驗者只能將這些報告彙總後進行處理，間接地獲得某些數據資料。

由於因變量是由實驗者觀察或記錄的變量，因此，不管實驗者用什麼方式處理因變量，都必須先作好因變量的記錄工作。有時候，實驗者要借助計量儀器才能讀出被試的反應量，為了防止度量時產生偏差，記錄時就要注意操作技術。如用照度計測量入射光,硒光板與光源之間的距離和相對角度都必須限定好,否則,差之毫釐就會導致嚴重誤差。實驗者對記錄口頭報告的結果也要作出限定,一些限定有時候可以明確告訴被試者用規定範圍內的詞彙報告自己的感覺經驗,有時候要防止暗示。限制標準只能由實驗者掌握,其目的是使被試者報告中的各種表達都可能被納入相應的等級範圍以內。這樣,一個統一的指導語就十分重要了。

總之,視覺實驗的因變量要能達到靈敏反應視覺過程或現象的程度,實驗者必須很仔細地設計實驗,嚴格地把握好自變量、控制變量和因變量。

第二節 視覺研究中的基本實驗

視覺研究十分重要,而且包括的範圍很廣,本節介紹視覺研究中的一些基本實驗,作為進一步視覺研究工作的基礎。

一、視覺適應的研究

視覺適應一般涉及"暗適應"和"明適應"。前面表 6-5 中已介紹了明視覺、暗視覺和間視覺。心理、生理學家將明暗視覺的特徵整理成表6-6。

(一) 暗適應

當我們走進電影院,最初什麼也看不見,需經過一段時間才逐漸適應,並能區分周圍物體的輪廓。這種對低亮度環境的感受性緩慢提高的過程,稱為**暗適應** (dark adaptation)。圖 6-5 是暗適應曲線。如果用白光測定,會發現暗適應曲線由兩部分組成,表示人眼有兩套適應機制。若用紅光照射中央凹檢查感光閾,只得到圖中上部的均勻曲線,沒有下部的曲線,這是視錐細胞的暗適應,這個過程約五分鐘就基本完成。人眼對白光經過七分鐘的適應以後,出現進一步的感光閾的減低,這是視桿細胞(或桿狀細胞) (rod)

表 6-6　人眼睛的明暗視覺特徵差異

特　徵	明　視　覺	暗　視　覺
感覺細胞	錐體細胞	桿體細胞
光化學物質	錐體色素	視紫紅質
色　覺	正常的三色	無　色
所在視網膜區域	中　心	外　圍
暗適應速度	快 (8 分鐘或更少)	慢 (30 分鐘或更多)
空間分辨能力	高	低
時間辨別	反應快	反應慢
照明水平	晝光 (1 到 10^7 毫朗伯)	夜光 (10^{-6} 到 1 毫朗伯)
空間總合	小	大
光譜靈敏峰值	555 nm*	505 nm

* nm: nanometer，毫微米 (10^{-9} 米)　　　(採自林仲賢，1987)

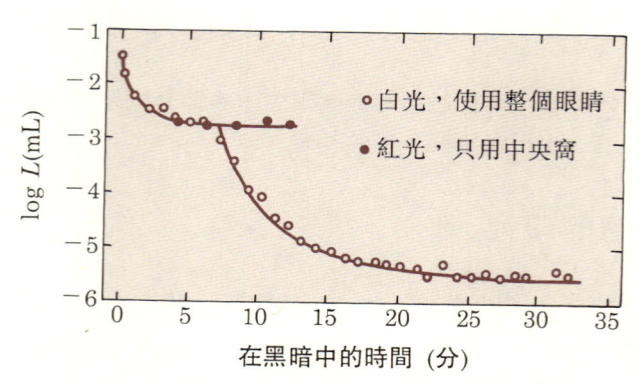

圖 6-5　人眼的暗適應進程
縱軸是達到視覺絕對閾限時測試靶的亮度的對數，
橫軸是眼睛離開高強度的光視野以後經歷的時間。
(採自 Hecht, 1934)

的暗適應，約 20 分鐘基本完成。視桿細胞的暗適應出現慢，但適應程度很高。關於暗適應機制的解釋，主要是化學反應說。克勞福德 (Crawford, 1947) 用分光描記法確定視桿細胞中的視紫紅質的化學反應過程是暗適應過程的機制。**視紫紅質** (visual purple) 是一種化學感光物質，在曝光時被破壞變色，在暗適應中又重新合成而恢復活性。

克勞福德表述視紫紅質的化合過程是：

$$視紫紅質 \underset{暗}{\overset{光}{\rightleftarrows}} 視黃醛 + 蛋白質$$

在光刺激時，視紫紅質發生了分解而退色，變為視黃質（視黃醛＋蛋白質）。光刺激繼續作用，視黃質再分解退色，變為視白質（維生素 A＋蛋白質）。因此，眼睛受到的光刺激時間愈長，視紫紅質分解就愈徹底，反之，暗適應時視紫紅質循原路線重新合成的時間愈長，完成暗適應時間就較慢。

外界條件會影響暗適應過程。布蘭查德（Blanchard, 1966）研究了適應前的照明作用，圖 6-6 是他所得的結果，可以看出，暗適應前的視野亮度愈高，視覺感受性就愈低，但經過相當長的時間之後，視覺感受性都基本趨於一致。

伴隨暗適應的還有瞳孔大小的變化。從明亮處進入黑暗處，在 10 秒鐘

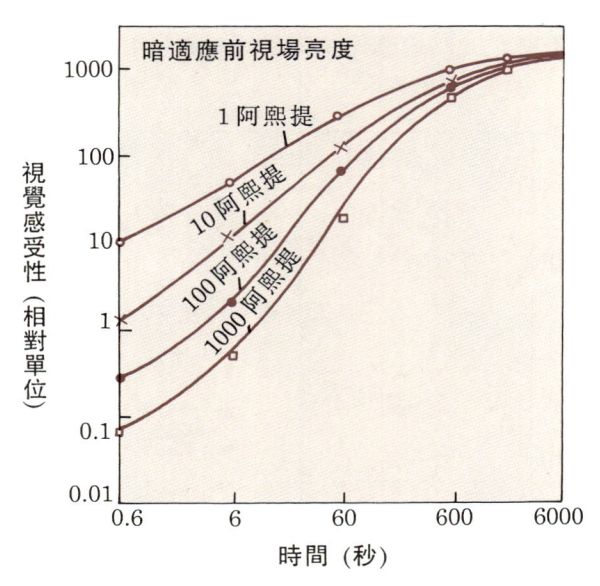

圖 6-6　暗適應前不同視場亮度與視覺感受性變化曲線
（採自 Blanchard, 1966）

瞳孔擴大到最大直徑的三分之二，達到完全擴大約需要 5 分鐘。這個過程中，瞳孔的直徑由 2 毫米擴大到 8 毫米，進入眼球的光線增加到 10 到 20 倍。

除了上述因素外，影響暗適應的因素還與機體有關。例如，在**視網膜** (retina) (即眼球最內一層)的不同部位測試暗適應過程，它們反映出的結果有所不同，缺乏維生素 A 會引起暗適應機制紊亂。另外，年齡也是影響暗適應的因素，以 30 歲為界，30 歲後暗適應的感受性就逐漸降低。在20世紀 50 年代，克拉夫柯夫 (Kpabkob, 1954) 研究認為，人長期禁食缺乏營養後，光感受性只達到正常狀態時的十分之一到十五分之一。他還發現一隻眼睛對光的感受性可以因另一個眼睛受到各種有關刺激而發生變化，如用白光刺激一隻眼睛可使另一隻眼睛的敏感性提高，而如用紅光刺激一隻眼睛可使另一隻眼睛的敏感性降低，這也是同一感受器內部的相互作用。

暗適應機制使人類有能力在更大範圍內適應環境的明暗變化。同時，暗適應機制的認識能使人類運用這些規律更好地適應環境。根據霍德 (Judd, 1951) 和瓦爾德 (Wald, 1945) 的研究資料 (圖 6-7) 表明，在幾種不同的適應色光中，只有紅色光暗適應保持得最好。而且，尤其在波長為 600 毫

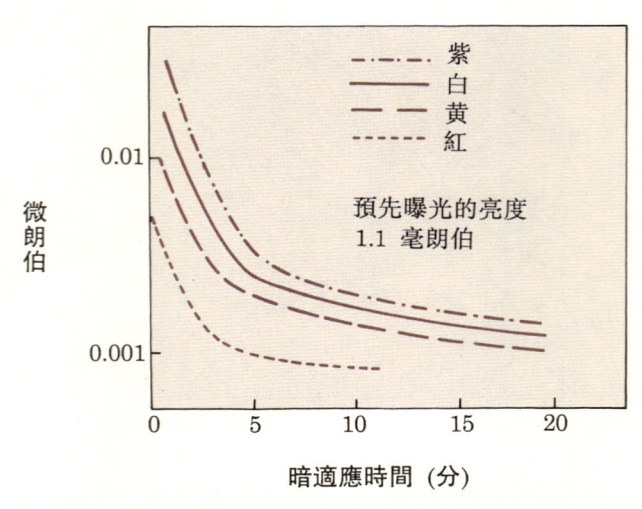

圖 6-7 不同色光的暗適應比較
(採自 Judd, 1951)

微米以上的視場中，視桿細胞的感受性比**視錐細胞**(或**錐體細胞**)(cone) 的感受性高很多。二次世界大戰期間，邁爾斯 (Miles, 1944) 曾經特製一種紅色護目鏡。戴上這種紅色護目鏡後既能使視錐細胞在明暗視場中都有較高的感受性，又能使視桿細胞相對地不受視場光線的變化而保持暗適應狀態。之後，一些暗室用紅燈照明，也是運用同樣的道理。

(二) 明適應

人從暗處到亮處，眼睛大約經過一分鐘就能適應，這是**明適應**(或**亮適應**) (light adaptation)。明適應時，眼的感受性不是提高，而是降低，與暗適應正好相反。布蘭查德 (Blanchard, 1931) 用閾限法揭示：視桿細胞在極端黑暗轉入極亮的條件下，其感受性下降 100 萬倍。賴特 (Wright, 1934) 用間接方法求得光適應曲線，發現中央凹的光適應過程很快，它暴露在光線中一分鐘後就幾乎全部完成。

眼睛適應光強度變化的範圍很大。這個範圍約達到 13 個對數單位，大約要比最弱的絕對閾限的光強一萬億倍，見表 6-7。

在光適應過程中，眼睛首先通過調節瞳孔大小來適應光線刺激的強弱變化。光量的增加，瞳孔在 3 至 4 秒鐘內就能迅速縮小以保護視網膜，免使過強光線對它的損傷。與此同時，視桿細胞作用轉到視錐細胞作用。瞳孔

表 6-7 不同亮度適應時瞳孔直徑、面積的變化

適應的視場亮度 (坎德拉/平方米)	瞳孔直徑 (毫米)	瞳孔面積 (平方毫米)
10^{-5}	8.17	52.2
10^{-3}	7.80	47.8
10^{-2}	7.44	43.4
10^{-1}	6.72	35.4
1	5.66	25.1
10	4.32	14.6
10^{2}	3.04	7.25
10^{3}	3.32	4.23
2×10^{4}	2.24	3.94

(採自林仲賢，1987)

的放大和縮小是調節的第一道關口，它的大小根據進入眼睛的光線強度的變化，表 6-7 列出不同視場亮度下，眼睛進行適應時的瞳孔直徑、瞳孔面積的平均值。

但是僅僅憑藉縮小了的瞳孔還無法適應高強度的光。研究者發現，在視網膜的外層還有許多黑色顆粒，它們是一些具有保護作用的物質，能減少直接作用於感光細胞的光能量。所以，遇上強光刺激，人們會保護性地閉上眼睛，或戴上太陽鏡，使眼睛逐漸適應光照水平的變化。

間視覺是介於暗視覺和明視覺之間的一個視覺階段。研究者一般認為，當光亮達到 10^{-3} 燭光／平方米以上時，視錐細胞便被激發，這是間視覺的表現。間視的上限是視桿細胞的飽和，它隨著**視野** (visual field) (指在眼不轉頭不搖的情形下目光所見及的廣闊面) 的大小而改變，但還不能真正地確定下來。現在的研究表明，間視階段是視錐細胞和視桿細胞相互作用的階段，不能簡單地理解為兩種細胞的簡單混合。

二、視敏度

視敏度 (visual acuity) 是指分辨物體細節和輪廓的能力，是人眼正確分辨物體的最小維度。視敏度通常以找出兩個物體之間的最小間隔來表示，它受物體的網膜映像、照明等因素的制約。下面我們就分別闡述與此有關的四個問題。

(一) 視角和網膜映像

人眼好比一架照相機，從圖 6-8 可見，物體 AB 通過節點 n，形成物體的視網膜映像。對像與眼睛所成的張角，叫做視角。視角的大小決定映像在視網膜上投射的大小。圖 6-8 是視角和網膜映像的關係圖。An 和 Bn 在節點所成的夾角 (AnB) 稱為**視角** (visual angle)。它與眼到物體的距離成反比。視網膜映像是倒置的，但經大腦皮層的調整，我們感受到的還是正的像。

計算視角時，可以把物體大小 AB 近似作為圓周的弧，把從節點至物體的距離 Bn 作為圓周的半徑，用下面簡便的方法計算，即

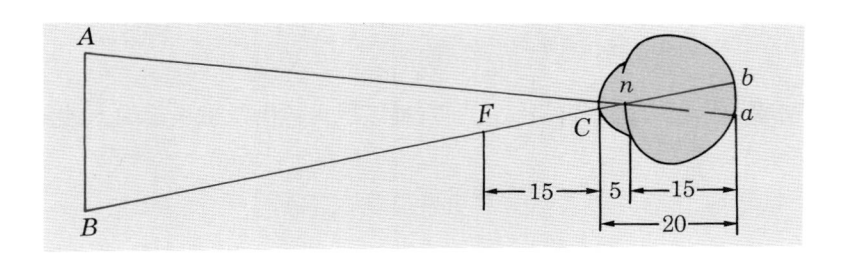

圖 6-8　視覺成像的圖解（單位：mm）
(AB：物體；ab：像；n：節點；F：前主焦點；C：角膜表面）

$$\alpha = \frac{A}{D} \times 57.3 \text{ (度)}$$

α：視角大小（單位是度、分、秒，本式 α 的單位是度）
　　（1 弧度 = 57.3 度）
A：物體的大小
D：距離

例如，某人的身高為 1.8 米，在 6 米遠處，我們看到他時所形成的視角為：

$$\alpha = \frac{1.8}{6} \times 57.3 = 17.19°$$

由於 $\angle AnB$ 和 $\angle anb$ 相等，利用相似三角形原理，計算視網膜映像的大小，可有等比公式：

$$\frac{AB}{ab} = \frac{An}{an}$$

代入上例得出的數據：

　　因為：AB = 1.8, An = 6.0, an = 0.015
　　所以：$x = ab$ = 0.0045 米 = 4.5 毫米

即：此人在觀察者的視網膜映像上的大小為 4.5 毫米。

(二) 視敏度測定及其特徵

醫學界用視力表測定視敏度，它是以視角的倒數來表達的，其公式為：

$$V(視敏度) = \frac{1}{\alpha(視)}$$

但是，檢查視敏度的方法有好幾種。下面的圖示列出了檢查視敏度的幾種常用的刺激項目，它們可分別測試受測者對物像的**覺察** (detection)、**再認** (recognition)、**解像** (resolution) 和**定位** (localization) 能力 (圖 6-9)。

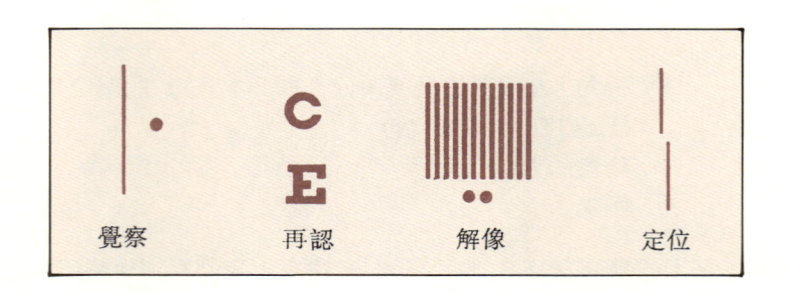

圖 6-9 四種類型的視敏度測試材料
(採自 Riggs, 1965c)

醫學上用的視力表屬於認知測試，通常以 5 米為標準觀視距離。在圖 6-9 中，認知類測試的 "C" 型視標是國際通用的視標，稱為**藍道環** (Landolt ring) 視標。它的規格結構標準是：黑線條寬度為直徑的五分之一，環的開口也是直徑的五分之一，即等於線條寬度。我國目前採用 "E" 型視表來檢查視敏度，它的黑線條寬度和空白區寬度也是全字的五分之一。當視標 "C" 的直徑為 7.5 毫米時，環的開口是 1.5 毫米 (見圖 6-10)。在 5 米距離處，被試者如能指出缺口方向，他的視角約等於 1 分。1 分視角時的視網膜映像約等於 0.004 毫米，這個數字接近單個視錐細胞的直徑。醫學上一般認為 1.0 的視敏度是正常的。醫學上正是根據這一原理製成視力檢查表，能看清第一行為 0.1，看清第二行為 0.2，看清第十行正是視角等於 1 分。在日常生活中，有的人具有很高的視敏度，而有的人視敏度較

图 6-10　标准 C 型视标

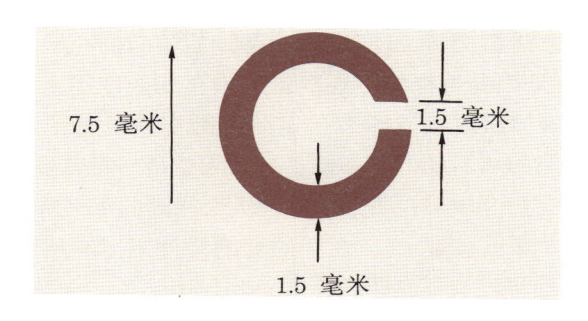

低，有的国家规定视敏度为 0.05 就是"法定盲人"，即残疾人标准。

从图 6-9 上我们除了看到属于认知的材料之外，还有觉察、解像和定位三种材料。**觉察**测试采用一条线或一个点，见图 6-9，只需让被试者判断在一个视野里刺激是否存在即可。**解像**采用等宽黑白条纹图案进行测试，以可分辨的最佳栅条为视敏度指标，一般以空间频率来表示。在最佳条件下成人最小可辨敏度是 45 到 60（周／度），对应于二分之一到三分之二的条纹宽度。**定位**用游标测定视敏度，是让被试者辨别某一根线对应于另一根线的位移，被试者须区别上面的线是下面一条线的左边或右边，在最佳条件下成人刚好区别的位移约为 2 弧秒，相当于**中央凹**(或**中央窝**) (fovea) 中光感受细胞直径的十分之一。

（三）　影响视敏度的若干因素

在上面的讨论中，我们已经了解到距离对视敏度的影响呈现一种反比关系，即距离增加，视敏度下降。影响视敏度的因素除了上述的物体大小和距离之外，主要还有：

1. 不同亮度会影响视敏度　亮度增加，则视敏度增加，两者关系是对数关系。这在第一节中已作了讨论。

2. 物体与背景之间的对比度不同，视敏度将受到影响　当物体与背景之间的对比度加大时，则视敏度提高；反之，视敏度降低。

3. 视网膜不同部位的视敏度也不同　因为锥体细胞对细节分辨起主要作用，所以，在视网膜中央凹处（即锥体细胞集中之处）视敏度最大。

4. 視覺的適應影響視敏度 暗適應時對眼睛的視敏度不如明適應時的視敏度高，這是因為視桿細胞與視錐細胞在功能作用上的結果。克瑞格 (Craik, 1939) 讓被試者被適應有一定照明的空曠視野，然後轉向另一視野，並要求被試者報告看到的是兩條平行黑線還是一條黑線，結果發現，在眼睛適應的空曠視野和試驗視野照明條件大致相同的水平時視敏度最高。

5. 閃光盲會降低視敏度 在明適應的條件下，突然的強光刺激會暫時降低視敏度，這種現象稱為**閃光盲** (flash blindness)。閃光盲持續的時間長短與閃光強度、曝光時間、照射的視網膜部位、目標大小、瞳孔和眼的適應狀態都有關係。閃光盲也許是視覺功能的保護性抑制，但是過強的閃光可能造成永久性損傷。在不同的工作場合，閃光盲會危及機體安全或導致事故發生。

6. 練習可以大大提高對目標物的視敏度。

此外，影響視敏度的因素還有不少。這裏就不一一列舉了。

三、閃光臨界融合頻率

在 18 世紀，有人發現了視覺圖像的暫留現象。當時把一塊熾熱的燃料綁在帶子的一端，在黑暗中加速轉圈，當達到一定轉速時，光點就變成連續的光圈。如果用電筒來試，也能達到同樣的結果。若要計算視覺圖像暫留時間，只要知道看到光圈時轉動速度就行。這樣，一個間歇頻率較低的光刺激作用於我們眼睛時，就會產生一種一亮一暗的閃爍感覺，隨著光的刺激的間歇頻率逐漸增大，閃爍現象就會消失。由粗閃變成細閃，當每分鐘閃光的次數增加到一定程度時，人眼就不再感到是閃光而感到是一個完全穩定的或連續的光。這一現象稱**閃光的融合** (flicker fusion)。閃爍剛剛達到融合時的光刺激間歇的頻率稱為**閃光臨界融合頻率** (critical flicker frequency，簡稱 CFF)。閃光臨界融合頻率是人眼對光刺激時間分辨能力的指標，是物理刺激與生理心理機能相互作用的結果，是受刺激的時空因素以及機體狀態制約的感覺過程。不同人的 CFF 的差異相當大，但一般人的臨界頻率為 30～55 赫，這個數據也告訴我們差異達一倍左右。

這種時滯的存在對於我們知覺物體是一種優點。若我們的眼睛在時間上具有完全的分辨能力，那麼我們在現代的交流電的燈光下，任何物體都將顯得閃爍了。例如，電影畫面每秒鐘放映 24 幅，這個頻率對許多人而言遠達不到臨界，為了避免閃爍，就得通過一幅畫面連續閃爍三次。這樣，雖然每秒僅 24 幅畫面，但人們受到的刺激速率卻是每秒 72 次的閃光，因而我們看到的就不再是閃爍的光。

（一） 測量閃光臨界融合頻率的方法

閃光臨界融合頻率最早是用製成扇形的圓盤在光源前旋轉來測定的。顧名思義，稱之為**轉盤閃爍方法** (rotation disc flicker method)（參見圖 6-11）。

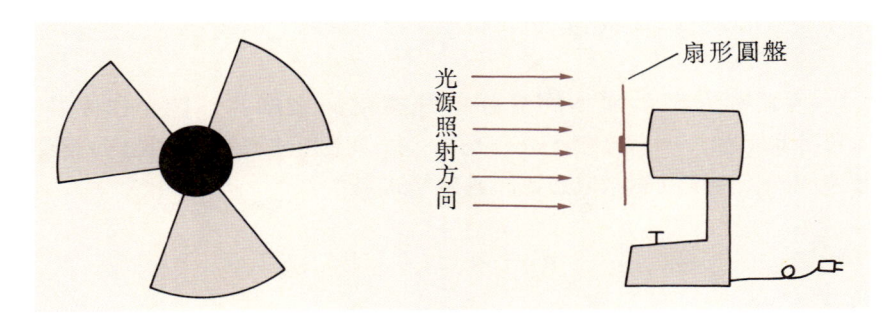

圖 6-11　轉盤法中的節光器及器械配置

轉盤閃爍方法在測試時由被試者控制轉速，旋轉慢時，可以看到間斷的閃光，但是達到一定速度就可以感到連續的光亮，即閃光臨界融合頻率。這種閃爍還可以測量閃光強度。用轉盤閃爍方法測量 CFF 的缺點是，由於光源來自外部，光源即使照射到黑的部分也會有光反射出來，因此，亮度控制較差，轉速的頻率測量有時也不太準確。

電子技術的發展已使閃光臨界融合頻率的測定有了更完善的儀器。用現代的電子儀器，實驗者可以隨意呈現由不同電脈衝組成的刺激。這些刺激的波形可以是脈衝波、方波、正弦波、鋸齒波和三角波等。通過改變電信號的波幅，就可以改變電信號對光信號進行調製時的圖形亮度，改變電信號的周期就可以獲得圖形呈現的不同頻率，改變電信號相位就可以改變圖形中黑白部分的比例。實際證明，用這些方法能夠精確控制亮度、頻率和亮度間隔，而且結果是穩定的，功能也多樣化。例如，光源也可用不同的色光等等。

(二) 影響閃光臨界融合頻率的因素

閃光臨界融合頻率是很複雜的現象，目前其生理機制還在探索之中。但它是一種較有用的視覺生理指標。我國一些研究者曾採用閃光臨界融合頻率作為視覺疲勞指標，研究指出，在海拔 2000 米～4000 米高的路上駕車，經 6 小時工作後，閃光臨界融合頻率將明顯下降。同時它也是電影、電視放映的一個重要參數。當其它條件相同時，若閃光臨界融合頻率越高，就表明眼睛對於時間上的明暗變化的分析能力越強；也可以說，對時間的視敏度越好。

影響閃光臨界融合頻率的因素很多，主要有以下幾種：

1. 閃光臨界融合頻率隨光相的強度增高而增高 閃光在時間和強度上可分為二相，一為暗相，一為光相。假如暗相強度為零，則閃光臨界融合頻率和光相強度的對數成正比，其數學式為：

$$n = a \log I + b$$

n：閃光臨界融合頻率
I：光相的強度
a, b：參數

此式稱為**費瑞-帕特律** (Ferry-Porter law)。此律和**費希納定律**在形式上有相同之處，這種相似性表明閃光臨界融合頻率也是一種強度關係，但也只適合於中等強度，當光相的強度太大或太小，此公式就不適用了。閃光臨界融合頻率在低光強度時，可低至 5Hz，在高強度時，可高至 50～55 Hz。

2. 刺激面積 小面積的閃光臨界融合頻率比大面積的閃光臨界融合頻率來得低。閃光臨界融合頻率隨閃光照射的區域面積的增大而增大。和上述隨強度的增加而提高一樣，二者也是有同樣的對數關係：

$$n = C \log A + d$$

A：面積
C, d：參數

大面積具有較高的閃光臨界融合頻率，這一事實也是空間累積的進一步證明。空間累積的效果可以用這樣一個方法來表明：用四個小點同時閃亮，測定融合頻率，然後再測定一個點閃光時的融合頻率。四點比一點的閃光臨界融合頻率要高，這是由於四個小點同時閃亮增大了刺激面積。

3. 在視網膜中，桿體細胞和錐體細胞的閃光臨界融合頻率是不同的　　總的說來，當刺激區域小時，閃光臨界融合頻率在中央凹比邊緣高，這表明錐狀細胞比桿狀細胞有較高的空間視覺敏度。

　　另外，一些附加刺激的作用，如聲音、味覺、嗅覺等刺激都可以改變閃光臨界融合頻率。一些材料表明，年齡、疲勞、缺氧等因素都影響到閃光臨界融合頻率。在 55 歲以上的人的閃光臨界融合頻率相對較低，視覺疲勞及缺氧也會降低閃光臨界融合頻率。

第三節　顏色視覺

　　我們生活在顏色的海洋中，昂首可望蔚藍的天空，環顧四周可見草綠花紅。顏色不僅裝扮了大自然，也極大地豐富了人眼對客觀世界的認識能力，色彩成為人類生活的必需。彩色電影、彩色電視能再現大自然的無限美妙的色彩，畫家畫出大自然奇妙的景象都需要顏色。色覺是視覺的基本機能。但人眼很少看見單純的只有一種波長的光波，絕大多數情況下都是不同波長的光波混合起來的色光。

　　顏色是物體的一種屬性，是由於光投射到物體，根據物質的性質，反射出沒有被吸收的光的特性，並作用於我們的視覺而引起感覺的結果。人類認識顏色的本質最早是由牛頓（Sir Isaac Newton, 1642～1727）的研究開始的。牛頓於 1704 年發表了《光學》以後，研究色度的工作就從淺到深由表及裏地發展，終於形成了完整的理論體系。下面我們先從視覺的顏色現象入手，展開討論。

一、視覺的顏色現象

顏色的基本特徵是認識顏色現象的基礎，儘管顏色現象包含的內容非常廣泛，但心理學家正是從研究顏色的基本特徵入手，開始研究五彩繽紛的顏色世界的。

(一) 顏色的基本特徵

顏色可分為兩大類：非彩色和彩色。非彩色是指從黑色到白色，由深淺不同的灰色組成的系列，這個系列的梯度可以用一條垂直線來表示，見圖6-12。非彩色系列是無色系列，基本特徵主要是明度。非彩色系列各梯度色沒有絕對的純度指標，系列中的各梯度色的非彩色反射率代表物體的明度，反射率越高越接近白色；反射率越低，則越接近黑色。一般地說，白色表面的反射率達 80% 左右，而黑色表面的反射率小於 10%。由於人的視覺在明亮的白天和昏暗的夜晚是由兩種不同的細胞進行工作的，這樣二種感光細胞對明暗光的敏感程度不同，所以選擇視覺刺激要考慮這些因素。

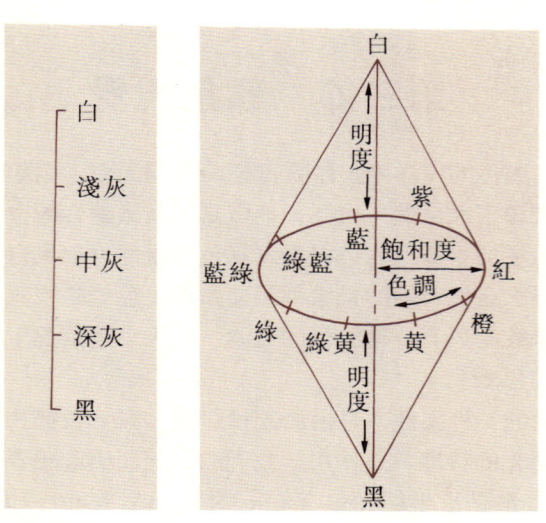

無色系列　　　有色系列

圖 6-12　有色系列和無色系列
(採自林仲賢，1987)

視覺感受一種顏色取決於三個特性，即亮度、色調和飽和度。任何一種顏色都是由三者總效果的結果。**亮度** (brightness) 是彩色和非彩色所共有的屬性，它是指作用於物體的光線的反射係數，它同光能的強度密切有關。強度越大，反射係數越大，顏色就越亮，最後成白色；反之，強度越小，反射係數越小，顏色就越暗，最後成黑色。色調和飽和度是彩色獨有的特徵。**色調** (或色別) (hue) 是由物體表面反射的光線中什麼波長占優勢所決定的。**飽和度** (saturation) 是色調的表現程度，它是指同一色調的兩種顏色，哪一種含顏色較多或較少，它決定於物體所發射出來的光線中規定其色調的波長占多少優勢。實驗證明：三個特徵中若其中之一發生改變，顏色就起了變化。若兩個顏色的三個特徵相同，那麼不論它們的分光組成如何，在視覺上總是產生同樣的色感覺。

在物體反射的光線中，占優勢的光波波長決定顏色感覺，這是最本質的顏色屬性，見表 6-8。顏色的飽和度是指一個顏色的純潔性，它取決於表面反射光波波長範圍的大小，即光波的"純度"。光譜上的各種顏色是最飽和的顏色。顏色中摻入白、灰或黑色越多，它就越不飽和。

表 6-8　光的波長，頻率對人眼所產生的色覺

顏　　色	波長 (毫微米)	頻率 (赫$\times 10^{14}$)
紫	400	7.5
	450	6.7
藍	480	6.2
藍綠	500	6.0
綠	540	5.6
黃綠	570	5.3
黃	600	5.0
橙	630	4.8
紅	750	4.0

(採自林仲賢，1987)

顏色的三個基本特徵，可用一個錐體來形象地表示這三個維度的關係。錐體內的各點表示色調，半徑表示飽和度，縱軸表示明度。顏色錐體的垂直部分，表示單一色調在飽和度和明度上的區別，見圖 (6-12)。

了解了顏色的基本特徵，我們能進一步去認識外部的顏色世界。白光來自於太陽中所有光譜色的混合。當然把陽光分解成彩虹時，我們實際上能夠從其中看到可見光譜中的所有色彩，光譜是按紅、橙、黃、綠、青、藍、紫的固定順序排列的。這種不變的順序可以解釋波長的不同長度，紅光的波長最長，而紫光波長最短。這種差別也可以說明這樣的一個事實，紅光比其它色彩的光的傳遞距離更遠。

　　當光源變化時，色彩也發生變化。在拂曉和黃昏，太陽的位置離地球表面很低，因此，它的光線必然更多地穿透地球表面的大氣層。大氣中的灰塵顆粒和水汽阻擋了波長較短的藍光，在它們能夠到達地面之前把它們驅散。結果這時候的自然光缺乏藍色光線，因此天色顯得較紅。反之，晴朗天空的直射光可以使更多的藍色光線到達地面。就人造光來說，白熾燈泡散發更多的黃色射線，而螢光管則有橙色變為藍色。水銀燈用於公路照明，因此，減少紅光，增強藍光和綠光。

　　在我們的環境裏物體能夠顯示顏色，這是因為它們吸收一些光線，反射另一些光線。例如，成熟的西紅柿除了紅色之外吸收所有的光線，它把紅光波長反射給我們的眼睛。西紅柿的藤蔓主要吸收紅色、橙色和紫色射線，反射藍色、黃色和大量的綠色射線，因此，呈現綠色。物體的表面色彩隨同它的視覺色彩形成一種綜合色調，它保留在光束之中反射給我們的眼睛，這取決於物體吸收或消除某種波長的能力。

　　任何量的色彩都能夠通過物體表面反射出來，主要是根據光源中這種色彩的比例。在白熾光下，由於具有大量的黃光，西紅柿呈橙紅色。在晴朗的白天，西紅柿的紅色偏藍，是因為有大量的藍色射線到達它的表面。在水銀燈光下，由於極其缺乏紅光，可憐的西紅柿從光束中吸收了所有其他顏色的射線，結果，幾乎變成了黑色。服裝色彩在光源的變化中特別受到影響。白天購買的一件淡紫色上衣在黃色的人造光下可能會變為淡灰色。

　　所有色彩系統都是根據彩虹來分段。也就是說，一系列顏色是按固定順序排列的。各種色彩系統之間的基本差別在於每種系統所指定的原色稍有不同。普遍使用的原色包括紅、黃、藍三色。彩色印刷程序使用品紅、黃、青三原色，而彩色電視的原色是紅、綠、藍。在我們的色彩研究中我們將使用孟塞爾顏色系統，因為它對限定顏色特性提供了精確的尺度。孟塞爾顏色系統將在本節加以討論（參見圖 6-19 和圖 6-20）。

(二) 顏色混合和混合定律

顏色混合(或混色) (color mixture) 涉及兩大法則，一是滿足色光混合的加色法，二是符合顏色混合的減色法。導致這兩種混合方向相反的原因主要是由於材料的物理屬性不同。

1. 光譜中的色光混合是一種加色法 加色法(或相加混色)(additive mixture) 的原色是紅、綠、藍，它們的波長分佈屬於可見光譜的兩端和中部。用三架幻燈機同時投射這三色光並使之重疊在一起時，我們看到的是白色光。但除非是在光學實驗室裏，一般情況下產生的白色光並不是純粹的三原色。事實上，我們見到的許多顏色大都是不同光波混合的結果，所謂同色異譜的現象說的就是這個道理。人眼不是非常精細的感覺器官。例如，當我們面對一個波長是 570 毫微米的黃色光，同時有將 650 毫微米的紅光和 530 毫微米的綠光按一定比例合成另一個黃光，我們人眼是感覺不出這兩種黃光有什麼差別的。於是我們認識到光譜中的每一種色光，都有另一種按比例與它混合得到一種白色的色光，它們都能在色環和色三角上找到大致的關係，這種關係構成了補色對。

加色法的結果可用簡單的式子表示如下：

$$紅色 + 綠色 = 黃色$$
$$紅色 + 藍色 = 紫色$$
$$藍色 + 綠色 = 青色$$
$$紅色 + 藍色 + 綠色 = 白色$$

紅、綠、藍色稱為基色，而青、紫、黃色分別稱為它們的相應的補色，這是因為，每一補色以適當的比例加上其相應的基色即可得到白色，例如黃色和藍色混合即得白色 (參見圖 6-13)。

2. 用顏料、油漆等的混合配色是一種方法 它與色光混合不一樣，例如混合黃色和藍色是顏料吸收了一定波長的光線後所餘下的光線的色調。例如黃色顏料是從入射的白光中吸收藍光而反射紅光及綠光，而這兩種光合在一起引起黃色的感覺。

A. 牛頓色調環　　　　B. 色三角形

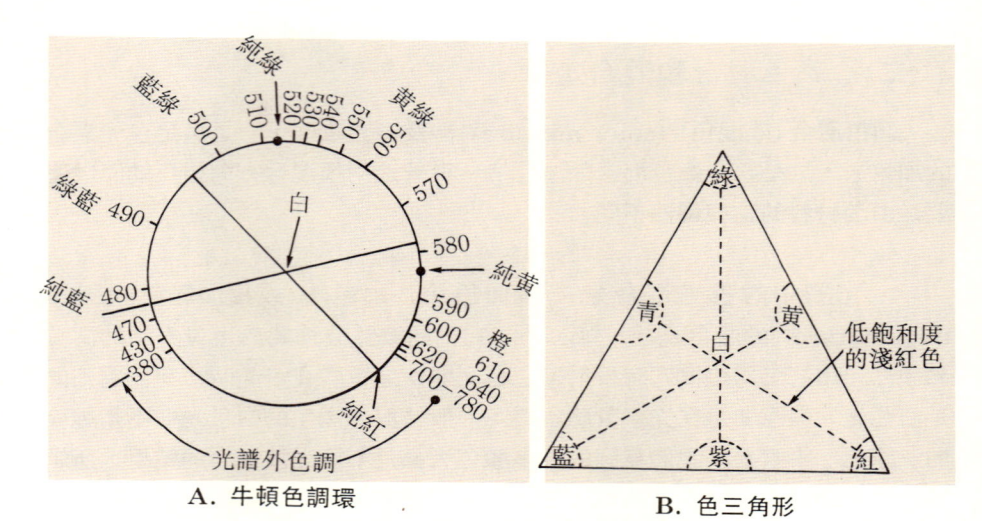

圖 6-13　相加混色的兩種圖示

(採自林仲賢，1987)

減色法(或**相減混色**)(subtractive mixture) 的三原色是黃、青、紫，它們是加色法三原色的補色 (complementary color)。彩色電視主要是應用加色法，即彩色光在顯像管光屏上組合是相加混合的結果。而彩色電影旳畫面則由黃、青、品紅三種影片染料按減色法處理構成的。參見圖 6-14 可得如下結果：

$$黃色 = 白色 - 綠色$$
$$紫色 = 白色 - 紅色$$
$$黃色 + 紫色 = 白色 - 藍色 - 紅色 = 綠色$$
$$紫色 + 青色 = 白色 - 綠色 - 紅色 = 藍色$$

相加混色和相減混色得出的明度也不一樣，在加色法混合後產生的顏色其明度是增加的，等於其投射的光束的明度的總和；而在減色法中混合後得出的顏色，其明度是減少的。

3. 混色定律　各混色光對視覺器官的作用是相加的過程，而且，遵循著三條規律，稱相加混色三定律，這三條定律具體內容是：

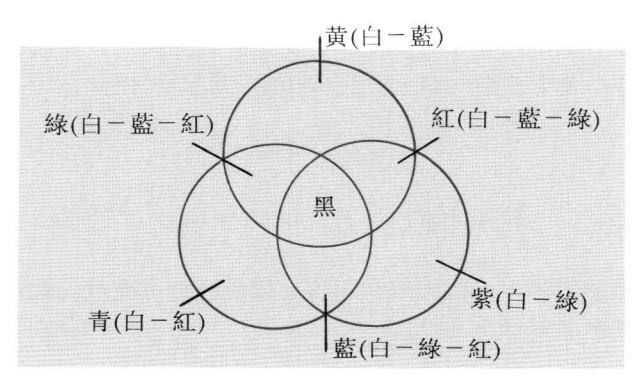

圖 6-14　相減混色
(採自林仲賢，1987)

(1) **補色律**：補色律 (law of complementary colors) 是指每一種顏色都有另一種與它相混合而產生白色或灰色。這兩種顏色稱為互補色。牛頓將光譜色按照它們自然的秩序繞圓周排列，在紅與紫的兩端之間留一個弧度給非光譜色的絳與紅色，再回到光譜中的紅色，這樣就排成一個色圈，色圈是色錐體 (見圖 6-13) 的圓周的詳細圖解。若把各種色之間的間隔排列適當，圓周上任何直徑上相對的兩種顏色以適當的比例用色輪轉動來混合，它們便消失了原來的色彩而變成灰色。直徑相對的兩色就是互補色。

(2) **居間律**：居間律 (law of intermediary) 是指混合色圈上兩個非互補的顏色產生介於這兩種顏色之間的中間色。例如，我們將紅色與黃色進行混合便可得到介於這兩色之間的橙色。中間色的色彩取決於兩者的比例，若紅與綠混合，按混合的比例不同，可以得到介於它們之間的橙、黃、黃綠等各種顏色。中間色的飽和度一般是較低的，它的飽和度與兩色之間在色圈上的距離成反比，與兩色原來的飽和度成正比。根據居間律的原理，我們只要確定出三種基本的顏色 (即紅、綠、藍)，逐一將其中兩者進行混合，即可得出光譜上的各種顏色。

(3) **代替律**：代替律 (law of substitution) 是一條很主要的定律，混合色的顏色混合不隨被混合的顏色的光譜成份而轉移。不同顏色混合後產生相同的顏色可以彼此相互代替。例如：

顏色 A = 顏色 B；顏色 C = 顏色 D

則　　　$A + C = B + D$

代替律表明，只要在感覺上顏色是相似的，便可以互相代替而得到同樣的視覺效果，儘管它們二者的光譜成份是不同的。例如：

$$A + B = C$$

$$若\ X + Y = B，則\ A + X + Y = C$$

根據這個定律，可以充分利用各種顏色混合，進行代數式的相加和相減得出所需要的各種顏色。

以上是顏色混合的三條定律，其他較複雜的問題也都是從這裏出發的。對於混合規律的研究，不僅揭示了顏色混合的定律，而且在鑒定各類色盲、色弱患者上有臨床意義。

4. 混合顏色的方法　混合顏色的方法很多，這裏介紹二種常用的簡易方法。一種採用一套已知透光率的良好濾色片，透光率不同的濾色片可以得到光譜中各種單色，然後，把它們同時投射在不反光的白色屏幕或視網膜的同一部位上，這是一種方便又對精度沒有什麼影響的做法。另一種混合方法更簡單，用色輪 (見圖 6-15) 就可以。**色輪** (或**混色輪**) (color wheel) 乃

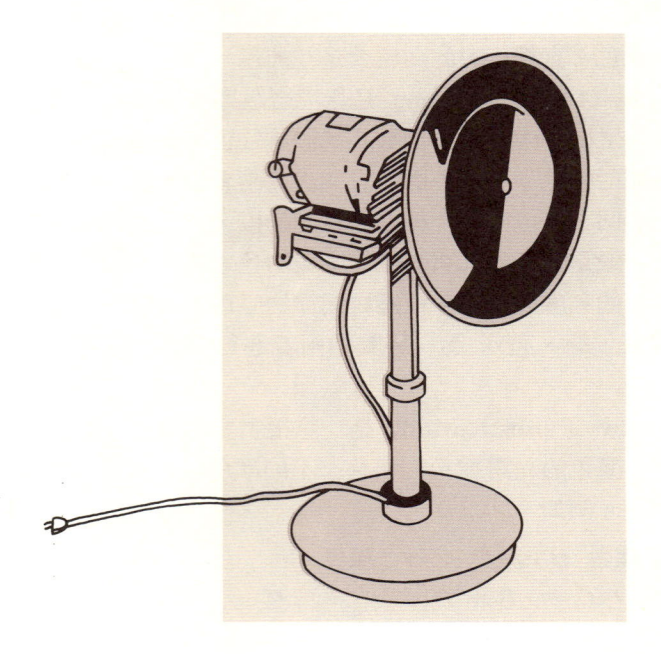

圖 6-15　色　輪
(採自林仲賢，1987)

是一個由不同顏色扇形所組成的圓盤，套在旋轉器的軸上，在轉速超過閃光臨界頻率時（約 30 轉/秒），即產生一種均勻的混合色。混合色的性質決定於每種被混合的色紙顯露部分的比例。但這種方法用顏色紙來配色，顏色紙反射的往往不是一種單色，因此，混合出來的顏色是很不飽和的。例如混合普通的紅色和綠色得到黃色。但用這種方法所得到的是灰黃色（棕色、黃褐色）。另外，用色輪混合時，混合色的亮度不像色光混合時的亮度相加，而是介於混合成分亮度的中間。除此之外，用色輪混色也是遵循顏色混合的三條規律。

（三） 顏色視野和光譜敏感性

人眼注視外界景物，大約有近似 2°的直徑範圍能獲得最清晰的感覺，稱為**中央凹視覺**（foveal visual）；在中央視覺周圍的區域只能獲得模糊的視覺景像，這是**邊緣視覺**（peripheral visual）；人眼的中央凹視覺和邊緣視覺用**視野計**（perimeter）能夠準確地測量。正常人雙眼同時注視一景物時，視野大約有 120°左右是重疊的，雙眼視野比單眼視野的範圍要大。正常人的視野大約每隻眼睛上下垂直視野可達 135°到 140°左右，水平視野可達 150°到 160°左右。各人的視野也有一定的個體差異。

有色視野與無色視野的範圍是不同的。有色視野中不同的顏色所占的範圍也不同。在同一光亮條件下，白色視野的範圍最大，其次是黃藍色，再次是紅色，綠色視野最小（圖 6-16）。我國研究人員測定中國人的有色視野所得的結果是：白色視野分別為上 −45.4°，下 −63.6°，向內 −61.7°，向外 71.6°；綠色的視野分別為 30.6°，42.9°，41.4°，51.9°。參見圖 6-16，圖中心附近的小圓圈為**盲點**（blind spot）。

為什麼不同顏色有不同的視野呢？這是由於視網膜的中央凹部位和邊緣的結構不同，視網膜中央區能分別出各種顏色。由中央區向外周部分過渡，對顏色的分辨能力減弱，人眼感覺到的顏色的飽和度降低，最後直到色覺消失。通常，對於中等亮度的刺激，任何人的網膜邊緣都看不到顏色，一切有顏色的物體在視網膜邊緣區域呈現不同明暗的灰色，另外，視網膜中央部位有一層黃色素，它能降低光譜短波（如藍色）的感受性。不同人種的黃色素的密度有所不同，並且黃色隨年齡的增加而變化，年齡大的人**水晶體**（lens）變黃，黃色素增多，因此，不同年齡的人的顏色感受性會有所不同。

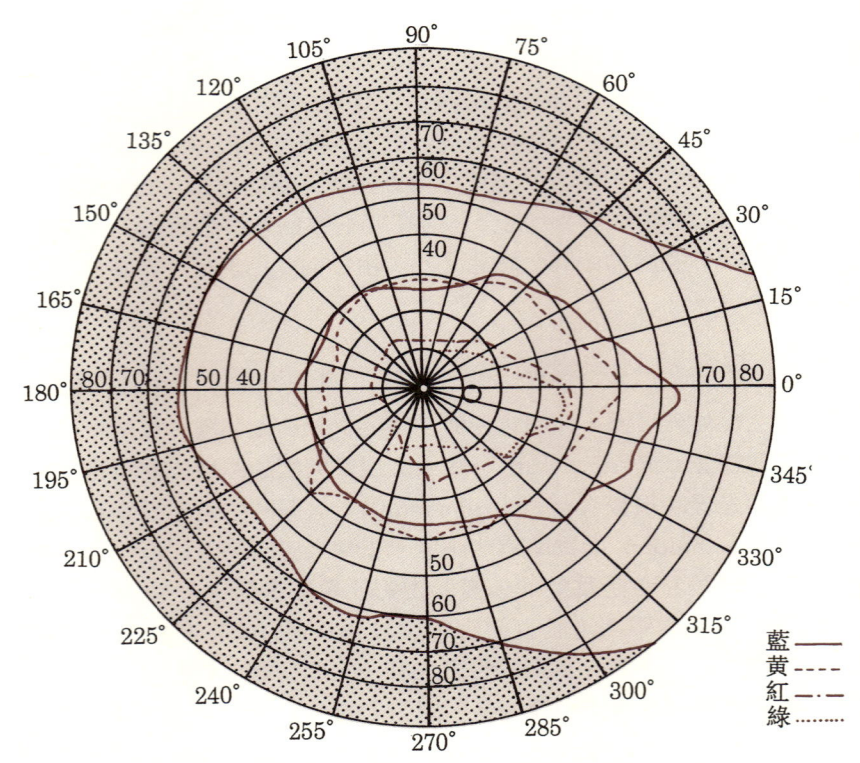

圖 6-16　視網膜的顏色區（右眼）
(採自美國光學學會色度學委員會，1963)

　　在光亮處，等能光譜最亮的部份在 556 毫微米（黃綠光帶）處。逐漸減少光亮度，光譜顏色越來越暗，以至看不出顏色，全部光譜呈不同程度的灰色。隨著環境亮度的逐步降低，光譜最亮部分向左移，最亮部分為 510 毫微米（藍綠光）處，而原來的紅色部分則看不見了。所以在白天，黃綠色的物體顯得最亮，而在黃昏時，藍綠色顯得較亮，紅色不明顯。這種現象稱為**樸金耶現象**（Purkinje phenomenon）。這種現象只有當光照射視網膜邊緣部分時才會出現。由此可見，中央凹視覺（視錐細胞）有辨色能力，邊緣視覺（視桿細胞）不能辨色。樸金耶現象是在光線轉暗時，色覺由視錐細胞向視桿細胞轉移的結果。這就進一步解釋了為什麼顏色感受視野範圍比較狹小（參見圖 6-17）。

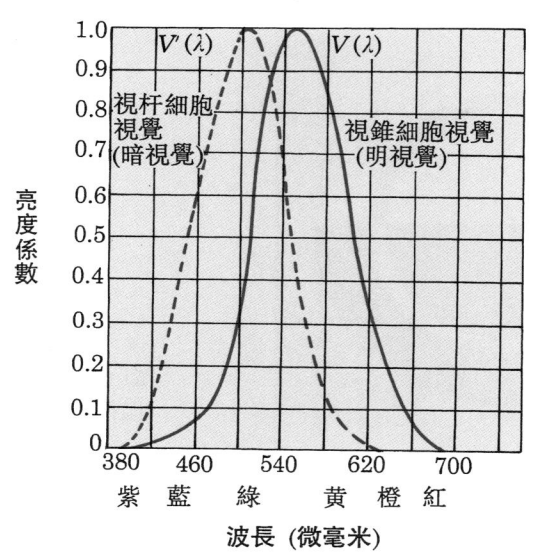

圖 6-17 視錐和視桿的光譜敏感曲線
(採自 Hecht et al., 1922)

二、顏色的視覺現象

要了解正常人的眼睛在光亮條件下是如何感覺顏色的，有些什麼特點，掌握比較典型的視覺現象是十分必要的。下面介紹三種視覺現象。

（一） 顏色對比

顏色對比 (color contrast) 是兩種不同的色光同時作用於視網膜的相鄰區域，或者相繼作用於視網膜的同一區域時，顏色視覺所發生的變化。前者是同時對比現象，後者是繼時對比現象。例如，注視黃色背景上的一小塊灰色紙片幾分鐘，你就會感覺到灰色的紙片呈藍色；同理，在綠色背景上灰色紙片會呈紅色，這是**同時對比** (simultaneous contrast) 現象。若在灰色背景上放一塊顏色紙片，注視短時間後再撤走紙片；或先注視顏色紙片，再插入灰色背景，你就會在背景上看到原來顏色的補色。這是**繼時對比** (或連續對比) (successive contrast)。無論是同時對比還是繼時對比，它們主要是

圖 6-18 明度對比盤
(採自 Sherrington, 1897)

色調對比。

　　顏色對比現象還有其它方面的表現，例如，同一種顏色在亮的背景上看起來不如在暗的背景上看起來亮些，這是明度對比現象。依赫林 (Ewald Hering, 1834～1918) 的看法，明度對比產生的現象是一個視網膜區的活動引起臨近區域相反活動的結果。他仿用謝林敦 (Sherrington, 1897) "對比盤"（見圖 6-18）證明，當黑白盤的轉速達到閃光臨界融合頻率時，黑白明度對比效果就提高了。然而，色彩明暗對比的程度有助於整體外表的有效表現，其道理是很清楚的。

　　由於我們很少孤立地觀察一種顏色，因此理解各種顏色接近時如何相互影響就非常重要。例如，當紅色被黃色所包圍時，紅色會偏於光譜中的紫色的一側；若被藍色所包圍，紅色就會偏於橙色。這一簡單的現象被稱為同時對比：當兩種不同的顏色開始直接接觸，它們之間的差別就會增強。它們往往相互排斥。它們的明度、色調和飽和度的變化程度將會更大。

　　在實際生活中，常有這樣的例子，鄰接的色調在色譜中相互排斥。金髮的人穿上鮮艷的黃色上衣會使頭帶綠色。天藍色靠近綠色會呈現藍色，就像紅色靠近紫色會呈藍色。

（二）顏色適應

　　在黑暗中經過較長的時間，視網膜的感受性會發生變化，這是一種適應現象。注視一個紅色紙片半分鐘，然後注視灰色背景，色覺會發生逆轉，這就是一種適應。色適應與色對比有時很難劃分，但研究者通常把先看到的色光對後看到的色光的影響叫作色適應。我們用實驗的方法來表徵這種現象。以每秒鐘一次的黃色小閃光投射在注視點上，觀察者注視紅色強光視野，待適應後再回頭看原來的黃色閃光。開始閃光變成了綠色，經過一段時間後才逐漸增加了黃色的感覺成分，幾分鐘後，才完全恢復黃色閃光的感覺。這就是典型的**顏色適應** (vision adaptation) 現象。

　　黑爾森 (Helson, 1948) 曾做過一系列顏色適應實驗，其中有一項是這樣的：實驗在暗室進行，照明是紅色的，幾分鐘適應後，實驗者請被試者判斷一套從黑到白的 19 件標本，並要求他根據熟悉的評定標準為這些標本的色調、明度和飽和度作等級排列。結果，凡與牆背景的反射率相近的標本都被判斷為紅色，反射率愈高則被認為飽和度愈高。而比牆顏色深的標本被認為是綠色或藍綠色，即紅色照明的**後像**（註 6-1）補色；反射率愈低，藍綠色顯得愈飽和。

　　其後，麥克洛 (Mecollough, 1965) 的研究也證明了這一視覺現象。他首先把色適應與圖形方位結合在一起研究，他發現在讓眼睛交替適應藍背景上的水平柵條和橙色背景上的垂直柵條之後，緊接著讓被試看無色背景上的同樣黑白柵條，被試者便把水平柵條看成橙色，而把垂直柵條看成藍色。這是一項典型的例子。

　　在生活中也有許多這樣的例子，若你凝視紅色，然而把視線移到白色，你就會看到淡淡的藍綠色（紅色的互補色）。若你在任何其它鮮艷的顏色上重復這個試驗，你都會發現一種互補色的殘留影像。當視覺從鮮艷的橙色毛衣上移向淡灰色的褲子，就會附加上藍色的殘留影像，使褲子呈現藍灰色。鮮艷的品紅色上衣會使白色的皮膚產生綠色。

　　當一種強烈的色調和它最不相同的顏色——它的**互補色** (complementary color) 結合時，就會附加上一系列的殘留影像，這種增加的強度使人難以接受。這可以說明為什麼我們的眼睛難以接受強烈的互補色的組合。當

註 6-1：**後像** (afterimage) 指刺激消失後而感覺暫留的現象。後像按性質不同而分為兩種：一為**正後像** (positive afterimage)，其特徵是刺激消失後所遺留的後像與原刺激的色彩或明度相似，仍有短暫光色的視覺現象留存即屬之。另一種為**負後像** (negative afterimage) 其特徵是後像的明度與原刺激相反，而色彩與原刺激互補（見張春興，1989）。

一種或兩種互補色減弱時，振動的感覺也會減少。在服飾中，對應互補色的強化難以獲得美觀的效果。

目前，色適應的成因機制尚待研究。有一種解釋是，這種現象的出現是因為人類眼睛的神經末梢對強烈的顏色很快產生疲勞；對於這種顏色的敏感減退了，視覺中接受的互補色倒成為主要的了。換言之，眼睛從強烈的顏色中為自己提供救援。有研究者發現，對一隻眼睛建立強色光適應後會影響另一個眼睛色覺的現象，使人們相信顏色適應是在較高的視覺系統水平上產生的效應。

(三) 顏色常性

人眼對物體顏色的感知，在外界條件變化的時候，仍能保持相對不變，表現出**顏色常性**(或**顏色恆常性**)(color constancy)。這對人類適應環境的過程具有重要意義。試想，若缺乏這種能力，我們的感覺完全遵循實際的物理刺激，那麼一塊在陽光下的煤就應是白亮的，一支白色粉筆在陰影裏是灰黑的了，因為實測發現在陽光下煤的明度(反射係數)比陰影裏的粉筆的明度大得多。若是這樣，我們的日常生活將陷於混亂，甚至無法生存。

究竟是什麼原因使我們的視覺系統具有顏色常性的呢？歷史上有過兩種主要的解釋，赫爾姆茲 (Hermann Von Helmholtz, 1821～1894) 認為這是一種"建立在無意識感覺上的理智判斷"。而赫林不同意這種觀點，他提出"顏色記憶"的概念。迄今為止，兩種觀點中哪一種更好些還尚不知曉，事實上，它們都有禁不起檢驗的地方。然而自卡茨 (Katz, 1911) 把顏色常性問題引入心理實驗室，並集中研究照明變化對於常性知覺的影響以來，對顏色常性的研究前進了一步。

布倫斯維克 (Brunswilk, 1929) 提出一個簡便的方法計算常性：

$$K = (R-S)/(A-S)$$

K：布倫斯維克比率 (以百分數表示)
A：標準制刺激的反射率
S：按標準刺激計算的配對反射率
R：實驗匹配的反射率

式中 K 表示布倫斯維克比率，比率為 0 時就表示沒有常性；比率為 1 表示有完全的常性，一般用百分數表示。顏色常性實驗可選定反射率、色調、明度和飽和度中的任一項指標。以反射率為例，現在令被試者用兩組灰色進行一次顏色匹配，其中一塊作為標準刺激，它的反射率 $A = 40\%$，照度條件 10 呎燭光。若我們要求被試者在 50 呎燭光的照度條件下，從比較刺激中選出一塊灰色與標準刺激相匹配。可能存在的匹配方式有三種：(1) 按照亮度匹配，被試者應當選擇只有標準刺激照度的五分之一的比較刺激，即反射率是 8% 的灰色。(2) 按刺激的反射率配對，那就應當選 $R = 40\%$ 的灰色。(3) 但實際上，被試既不按第一種方式選擇也沒有按第二種方式選擇，而是選出反射率 $R = 24\%$ 的灰色，因此，在本例中被試的常性應為：

$$K = (24-8)/(40-8) = 50\%$$

邵勒斯 (Thouless, 1931) 使用反射率的對數值進行計算，其效果更好些，他改進了布倫斯維克的公式。

$$邵勒斯 = (\log 24 - \log 8) \times (\log 40 - \log 8) = 68\%$$

比例用布倫斯維克公式計算，得出常性係數為 50%，用邵勒斯公式計算，常性係數為 68%。常性作為知覺的一個特性，我們在第八章中還將進行專門討論。

三、顏色的標定

標定顏色乃是一項專業性很強的工作，我們在此只能介紹有關顏色標定 (colornotation) 的最基礎的知識。

(一) 孟塞爾顏色系統

孟塞爾顏色系統 (Munsell color system) 是根據美國美術教師和畫家孟塞爾 (Albert H. Munsell, 1858～1918) 提出的顏色排列方案標色的方法。它用色調、明度、飽和度的測量標度來標色，這三個量分別對應於主波長、明度和強度 (或純度)。

自1900年，孟塞爾開始研究"色標測色法"，1915年由美國出版的《孟塞爾顏色圖譜》(Munsell Book of Color)，就是孟塞爾長期研究的成果。這個圖譜是從心理學出發自成體系的測色標準。經美國國家標準局和美國光學學會修訂後的《孟塞爾顏色圖譜》的最新版本包括兩套樣品：一套是有光澤樣品，包括1450塊顏色樣品，37塊由黑到中性樣品；另外一套是無光澤樣品，包括1150塊顏色樣品，32塊中性色樣品；每一塊樣品的大小為1.8×2.1平方厘米。國際染色或塗色表面的不透色就是用孟塞爾顏色系統來標定的。

孟塞爾標色系統用顏色立體的架構來表示（圖6-19）。立體的中央軸代表無彩色系列中性明度等級，從白到黑有11個感覺等距級，中間（第五級）正好是中灰。孟塞爾顏色系統的飽和度也按感覺分成許多相等的等級，從中

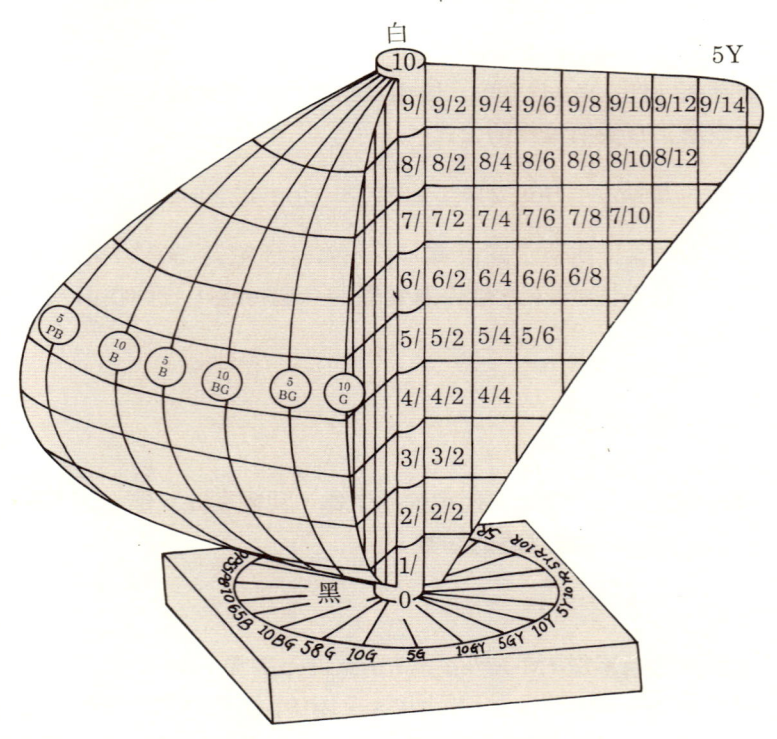

圖 6-19　孟氏顏色立體剖析圖
(採自林仲賢，1987)

央軸的 0 飽和度出發，離開中央軸越遠，彩色飽和度越高。個別最飽和顏色的飽和度可達 20。圍繞中央軸的立體平面中，色調可以用 10 種方向表示。根據圖 6-19 所示，10 種色調中有 5 種主要色調，即紅 R，黃 Y，綠 G，藍 B，和紫 P；另外五種是中間色調：黃紅 YR、綠黃 GY、藍綠 BG、紫藍 PB、紅紫 RP。再細分，對每種色調又有 2.5、5、7.5、10 四個等級，其中 5 是主要色調。

用孟塞爾顏色系統測色時，測色結果用三個符號來表示：色調 (符號 H)、明度 (符號 V)、飽和度 (符號 C)。現有一樣品測色的結果為 $H = 10P$, $V = 5$, $C = 8$，就寫成 10P5／8。先寫色調，然後明度，明度後畫一斜線再寫飽和度：

$$HV／C = 色調×明度值／飽和度$$

孟塞爾色環 (Munsell color circle) (見圖 6-20) 分成十種色調。十種

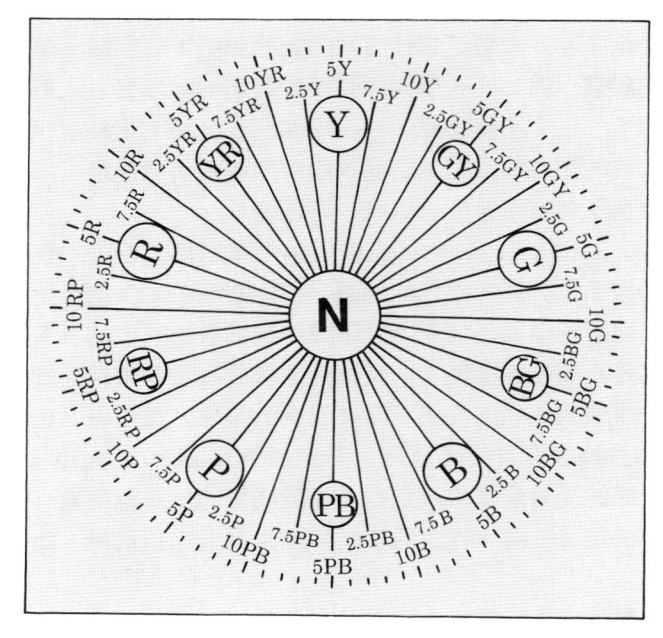

圖 6-20 孟塞爾色環
(採自 Horn, 1975)

主要色調的每一種的標度為 5。每種色彩再細分成中間色，標度為 1 到 10。以黃色為例，色環中黃色靠近紅色的一側標度較低 (1Y, 2Y, 3Y)，靠綠色的一側標度較高 (8Y, 9Y, 10Y)。更細劃分可以用小數表示 (2.5Y, 7.5Y, 9.5Y) 等等。色調劃分幾乎是無限的。

非彩色的黑白系列的**中性色** (neutral color) 用 N 表示，N 後寫明度值，斜線畫在 NV 後，線後不寫彩色。例如，明度值等於 5 的中性灰可以寫作 $N5/0$，這時，對於彩色低於 0.3 的黑、灰、白色通常標定為中性色。若考慮標定，亦可採用如下形式：

$$NV/(H,C) = 中性色明度值/(色調，飽和度)$$

但是，在這種情況下，色調只用 5 種中間色中的一種，不作更細的標定。例如，對於一個帶點黃色的淺灰色寫成 $N8/(Y.022)$。

(二) 光源與顏色標定

度量顏色首先要弄清楚是在什麼樣的光源照明下進行的。這是因為測量顏色涉及人的觀察，而不同光源對顏色視覺有不同的影響。人們體驗到，在暗室紅燈照明下，只有明暗感覺，看不出顏色。公路上用鈉燈照明，雖然很亮，但人們看到的顏色失真了。為此，國際照明委員會規定了標準照明體和標準光源，用色溫為度量單位，以統一測色標準。

色溫 (color temperature) 是表達一個光源顏色的方法。它是光源顏色的簡稱。我們談到由於形容顏色的詞語，不能對顏色、特別是對飽和度加以清楚的描繪。而"色溫"這個概念就可以使我們省去許多語言來描述顏色特徵。色溫並不是指顏色的溫度，而是指什麼樣的物體加熱到什麼樣的溫度條件下，產生什麼樣的色光。我們日常接觸到的顏色大量是表面色，即非自發光的物體色。另外還有自發光體色，稱**光源色** (color of light source)。光源主要是由光源的光譜能量來決定的。光譜能量的分布與色溫有關，色溫高則能量分布偏於短波一端。光源的發光強度常為大家所重視，而光源的色溫卻常被忽視。

那麼，色溫能不能用數學值來表示呢？色溫是黑體在不同溫度上輻射光的顏色，用**絕對溫度** (absolute temperature) (在攝氏溫度上加上 273°來表示) 代表其數值，在此數值後附以 °K 的記號，例如，一塊黑鐵慢慢地加熱，黑鐵的顏色由原來的黑變成紅、變黃、變白，最後變成青藍色。若其光源輻射光譜分布與絕對溫度 T°K 的絕對黑體輻射光譜相同，則絕對黑體的絕對溫度 T°K 就是這個光源的色溫，此時絕對黑體的顏色與光源的顏色相同。人們用黑體加熱後所發出的不同顏色表示一個光源的顏色。

有了色混值就能客觀表達光源的顏色了。"光源"是指能發光的物理輻射體，如太陽、燈光等。"照明體"是指特定的光譜功率分布，這一分布並不是一定得由一個光源直接提供，甚至不一定能用光源來實現。國際照明委員會規定 A、B、C、D 四種標準光源用於測色，見表 6-9。

表 6-9　標準照明體 A，B，C，D_{65} 的色度坐標和相應色溫

標準照明體		A	B	C	D_{65}
色度坐標	x	0.4476	0.3484	0.3101	0.3127
	y	0.4074	0.3516	0.3162	0.3290
	x_{10}	0.4512	0.3498	0.3104	0.3138
	y_{10}	0.4059	0.3527	0.3191	0.3310
	u	0.2560	0.2137	0.2009	0.1978
	v	0.3495	0.3234	0.3073	0.3122
	u_{10}	0.2590	0.2142	0.2000	0.1979
	v_{10}	0.3495	0.3239	0.3084	0.3130
相應色溫		2856K	4870K	6770K	6500K

(採自林仲賢，1987)

表 6-9 四種標準光源中，A 光源可用色溫為 2856K 的充氣鎢絲燈泡為代表；B 光源是在 A 光源基礎上加上一組特定的濾光器產生相關色溫 4870K 的輻射，代表中午平均直射陽光 (黃色成份稍多的日光)；C 光源是在 A 光源基礎上加上另一組特定的濾光器，產生相關色溫 6770K 輻射的光源，它近似淡雲天空的反射光。過去人們認為 C 光源是較好的光源，但近年來認為 B 光源和 C 光源都不是日光的最好代表，而推出 D_{65} 光源代表日光。在實驗室模擬出 D_{65} 的光譜能量分布代表 300～830 毫微米光譜範圍內的天然日光。

(三) 標準色度系統

1. CIE 色度圖

色度(chromaticness) 是用三原色匹配可見光譜中各波長而產生某種顏色時的三原色比例係數。現代色度學採用**國際照明委員會**(Internation Commission on Illumination，簡稱 ICI，後統一簡稱 CIE) 所規定的一套原理、數據和公式來測量顏色，這套系統稱為 CIE 標準色度系統。它是根據三原色原理，用紅 (R)、綠 (G)、藍 (B) 三色按不同比例來匹配任一顏色。

CIE 色度系統在發展完善過程中有好幾種變式，修正工作主要圍繞如何確定三刺激的光譜值，而其基本的方程式仍是以 1931 年 CIE－RGB 系統的顏色方程為基礎。此方程為：

$$(C) \equiv r(R) + g(G) + b(B)$$

(C)：一種特定的顏色
(R)、(G)、(B)：紅、綠、藍三原色
r、g、b：每種原色的比例係數
$\equiv$：表匹配意思，即視覺上顏色相等

因為三原色的總光量必須與被表示的顏色相等，所以

$$r = \frac{R}{R+G+B} ; g = \frac{G}{R+G+B} ; b = \frac{B}{R+G+B}$$

$$r + g + b = 1$$

例如，對某一顏色表達為：

$$(C) \equiv 0.06 (R) + 0.63 (G) + 0.31 (B)$$

顯然，由於綠的成份占比例最大，(C) 主要表示為綠顏色。用三原色匹配某一顏色時，r、g、b 中的有些值可能會取負值，而且往往須將其加到被配色上去。例如，求橙色的等式：

$$(C) = r(R)+g(G)-b(B)$$

實際是：

$$(C)+b(B) = r(R)+g(G)$$

根據三基色的混合原理，**國際照明委員會**在 1931 年制定了一個**色度圖** (chromaticity diagram)，又稱 **CIE 1931 色度圖** (CIE 1931 chromaticity diagram)。在色度圖上，不僅可以了解組成某一顏色的三原色比例，還能看到此顏色的補色、明度及飽和度。參見圖 6-21。CIE 色度圖以 X、Y 對顏色定義。圖中 X 色度坐標相當於紅原色的比例，Y 色度坐標相當於綠色比例。圖中沒有表出 Z 色度坐標 (藍原色) 的比例，但根據 $X+Y+Z=1$ 可以推算出來。圖 6-21 呈馬蹄形，馬蹄形上的各點代表 380 毫微米 (紫色) 到 780 毫微米 (紅色) 之間所有單色光。其中圖的右下端是紅色光譜段，左上角是綠色段，左下部是藍色段。馬蹄形上各波長的連線叫**光譜軌迹** (spectral locus)，從紫端到紅端的連接直線是光譜上沒有的由紫到紅的顏色，而色三角內包括一切物理上能實現的顏色。在色度圖中，$Y=0$ 的直

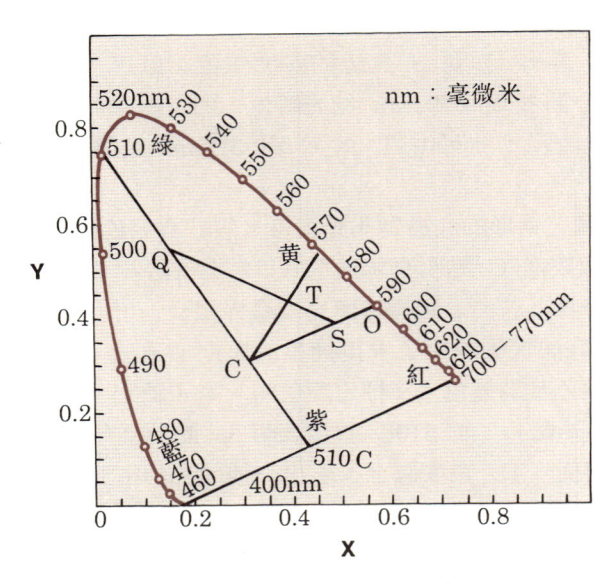

圖 6-21　CIE 1931 色度圖

線即是無亮度線，光譜的短波緊靠這條線，這意味著 380~420 毫微米波長的能量的亮度感覺很弱。

圖中三角形內的任何一種顏色，只要已知匹配的三刺激就可以定出 X 和 Y 的色度坐標，並且能進一步確定此顏色的主波長（色調）、和純度（飽和度），但是，要完全確定一種顏色還應加上它的亮度值。圖中軌跡上的各點代表純光譜色（飽和度最大）。C 點代表 C 光源，由三原色各三分之一產生。可理解為一種標準的白光。

2. 實例計算

以上我們討論 CIE 色度圖的原理，CIE 1931 色度圖只是色度圖中的一種。下面我們通過一實例來了解如何通過色度圖上的坐標位置，推算出某一被測物的顏色特徵。

前面講到，任何顏色在色度圖中都占一確定位置，假如有 Q、S 兩個顏色，Q 色度坐標 $X = 0.16$，$Y = 0.55$，S 色度坐標為 $X = 0.50$，$Y = 0.38$。由 C 通過 Q 作一直線至光譜軌跡，在 511.3nm 處與光譜軌跡相交，Q 顏色的主波長即為 511.3nm，相當於綠色。飽和度由某一顏色離開 C 點接近光譜軌跡的程度來表示。某顏色愈靠近 C 愈不純，愈靠近光譜軌跡愈純。從色度圖還可以推算出由兩種顏色混合所得的各種中間色。如 Q 和 S 相加，得出 Q 到 S 直線的各種顏色；以這一直線上的 T 點為例，由 C 通過 T 抵達 572 nm 的光譜色，則可由 572nm 波長的顏色看出 T 顏色的主波長，並可由 T 在 C 與 572nm 光譜之間所占的位置看出它的飽和度。

CIE 色度圖三角形的底邊為非光譜色。假若有個色點 U 處在 C 點之下，則顏色特徵要從 C 點引直線通過 U 點與底邊相交，表示它的主色為非光譜波長的絳色。若向上延長線與光譜邊界相交，可以鑒定這個絳色的補色為 510nm。這個實例說明了求得補色的原則：通過 C 點的直線與三角形邊界相交的兩色互為補色。在標定顏色時，為了區別主波長，可以在補色波長後面加"C"表示。如 510C 就是表明 U 點的補色波長為 510nm。

我們不僅可從 CIE 色度圖上，求出一種顏色的主波長，而且還可求出它的飽和度。一種顏色的飽和度是在色度圖上用光源色度點至樣品色度點的距離與光源色度點到光譜色度點的距離的比率來表示。飽和度(P_t)可用如下公式計算得出：

$$P_t = \frac{X-X_0}{X_\lambda - X_0} = \frac{Y-Y_0}{Y_\lambda - Y_0}$$

X、Y：被測物的色度坐標值
X_0、Y_0：白點，即光源色度坐標值
X_λ、Y_λ：主波長坐標值

若某一被測物坐標位置分別是 $X = 0.1720$，$Y = 0.5333$；其主波長為 510nm，坐標 $X_\lambda = 0.0139$，$Y_\lambda = 0.7502$；白點 (CIE 光源 C 位置) $X_0 = 0.3101$，$Y_0 = 0.3163$。將上述各數值代入公式得：

$$飽和度\ (P_t) = \frac{0.5333 - 0.3163}{0.7502 - 0.3163} = 50\%$$

從以上可見，有了色度圖就可使我們很方便地推算出來某一被測物的主波長和飽和度。例如，我們用色度計測出兩塊樣品，其色度坐標分別為表 6-10 所示，經作圖計算，即可求出被測物主波長和純度，見表 6-11。

表 6-10　某被測物的色度坐標值

被測物	X 色度坐標值	Y 色度坐標值
1	0.3	0.6
2	0.6	0.3

表 6-11　被測物的主波長和飽和度

被測物	主波長(nm)	飽和度(%)	顏色估計
1	550	75	綠
2	630	75	橙

儘管從色度坐標的比較也能粗略地估計顏色特徵，然而知道了主波長和飽和度就使我們更進一步了解被測物的顏色特徵。

應當指出的是，本例僅是掌握色度系統的原理，用作圖法大致估計了被

測物體的主波長、飽和度和顏色，當今隨著電子技術和計算機的迅速發展，精密的**色度計** (colorimeter) 能十分正確地用數字顯示被測物體的顏色特徵。

第四節　顏色的心理效應

顏色不僅與人的視覺有關，而且可以影響人的情緒和行為，甚至還可以影響人的工作效率。我們把顏色對人們心理上的各種影響，稱之為顏色的心理效應。

實驗證明：在綠光的照明下，人的聽覺感受性會提高；而在紅光的照明下，則聽覺感受性會下降；在橙黃色的燈光照射下，手的握力比平常要大，而在紅光下，手的握力更大；在紅光照明下觀察物體大小比在藍光照明下觀察的要大些，等等。

根據色光波長的長短，色溫也會相應低些或高些。在低色溫光源照射之下，人有溫暖的感覺，暖色調有黃、橙、紅等色。反之，青、藍、綠等色以短波占優勢，為冷色調，使人有清涼或寒冷的感覺。

顏色還可以給人以輕、重、遠、近的感覺，甚至可以影響人的味覺。有人做過這樣的研究：將同樣的咖啡倒入形狀相同，只是顏色不一樣的杯子，然後請別人分別一一品嚐。結果大部分人認為，黃色杯子的咖啡淡；綠色杯子的咖啡帶酸味；紅色杯子的咖啡味道香濃。國外有些研究者專門研究用什麼顏色的光照射時，肉類、蔬菜、水果等食物的顏色顯得最新鮮。例如，用紅橙色光照明肉類使人有新鮮紅潤的感覺；若用藍綠色光照明就會使人覺得肉已變質腐爛。

顏色的心理效應可以從顏色的三個特徵來具體說明。當然，在這三個特徵中，色調是主要的。另外，世界上各個民族由於受到長期環境、歷史、文化條件的制約，對顏色也有不同的心理效應。

一、色調的心理效應

色調是顏色家族的名稱，是我們辨認紅、橙、黃、綠、青、藍、紫的術語。若我們橫切一段彩虹，再把它彎成一個圓環，我們就能看到圖 6-20 的色環。某種色彩的位置直接相對於其他色彩稱為**互補色** (complementary color)。若把互補色的光混合在一起，它們就會呈現淡灰色。若互補色不是混合而是換個排列，視覺就會產生強烈對比，它們看上去要比實際的更強。生活中有這樣的例子，棕紅色頭髮者穿鮮艷的天藍色的毛衣，會增加紅的強度。然而，密集的互補色小斑點在一定距離之外可以使視線模糊，呈現出一片淡灰色。這就是許多花呢和印花布在我們的手中時比較鮮艷，而在一定距離外就失去了光彩的原因。

（一） 色調的冷暖感

由於人們對客觀事物的某些聯想作用，另外還根據對光的吸收與反射程度，而使不同的色調產生不同的冷暖感。

紅、橙、黃長期與太陽這樣的熱源相聯繫；而藍、綠、紫則暗示著清涼的河水、寧靜的草地、遮陰的樹木和遙遠的山坡。以科學的觀點來看，光譜中紅色確實偏暖而藍色偏冷。紅色的波長較長，**屬遠感色**(或遠色) (distant color)，給人以溫暖的感覺，故又稱**暖色** (warm color)。藍色和紫色波長較短，**屬近感色**(或近色)(closed color)，產生陰冷的感覺，故亦稱**冷色** (cool color)。在服飾中常能觀察到這些現象，穿暖色調的服裝的人體似乎進入最突出的位置，顯得更大更重要，而穿冷色調的服裝的人體似乎使距離拉遠，因此顯得小而不重要。

處於紅色和紫色中間的色彩是綠色，因此它通常作為光譜中冷暖色調的分界點。偏於黃色一側的綠色，諸如蘋果綠則比偏於藍色的一側的綠色要偏暖。然而，所有色彩可以認為都具有冷暖的性質。即使是藍色，只有稍加點綠色，也要比略含紫色的藍色偏暖。

一般說來，研究顯示不同的個人對於特殊的顏色的反應，其特徵具有顯著的共同之處。暖色調（黃、橙和紅）通常被認為是歡樂的、積極的、刺激的和興奮的，而冷色調則暗示著寧靜、冷淡、鎮定和肅穆的。在判斷或組合色彩時，了解色彩的特徵是十分重要的。

(二) 色調的情感

　　色調的表現力是明顯的，在我們的日常生活中，色調和感情或情緒相聯繫。人們常常用顏色來表示某種心態。例如在英語中，"feeling blue"，blue 是藍色，又可解釋為感覺悲哀；"in the pink"，pink 是粉紅色，又可解釋為情況良好；"green with envy"，green 是綠色，又可解釋為受強烈感情影響的心態，如極為羨慕；"rosy disposition"，rosy 是玫瑰色，又可解釋為天性樂觀的。每個人對於顏色的感受是不相同的，他們給色彩附加的意義通常取決於他們過去與色彩的聯繫和經驗。然而，有些實驗表明，人類對於色彩的反應有某些共同的特徵。

　　例如，佛羅里達大學教學醫院兒科病房所做的一項實驗，記錄了九個月到五歲之間的幼兒首次接觸穿白大褂的護士的反應，然後讓護士再換上色彩更為柔和的上衣。幼兒對於淺色上衣的反應比對於白大褂的反應更為寧靜、鬆弛和馴服。相同的研究表明，牆壁的顏色對於病人的精神狀況有著明顯的效果。

　　曾有一位詩人寫過一首題名為〈色彩〉的詩，詩中寫道：

生命是沒有價值的白紙，自從綠給了我以發展，紅給了我熱情，黃教我以忠義，藍教我以高潔，粉紅賜我以希望。灰白贈我以悲哀，再完成這幀彩圖。黑還要加以死。從此以後，我便溺愛於我的生命，因為我愛它的色彩。(聞一多，1940)

　　詩中寫出了色彩的象徵意義。詩人以簡潔的語言寫出了強烈的感情色彩和對生活的美的追求，使本無生命的色彩帶上了一定的社會性和強烈的感情因素。

(三) 色調的環境心理效應

　　不同的工作環境，可根據不同的情況採用暖色調或冷色調，這樣會使工作者獲得良好的心理效應。在餐館中，為了讓顧客有一種溫暖的感覺，照明光採用黃、紅的暖色調。毫不奇怪，生活在"熱色"裝飾的屋內，可使人們感覺到比實際溫度暖和。俄國科學家證明：在紅燈下工作的人的反應比其他人敏捷，不過他們完成任務的效率下降很快。日本和美國的科學家都認為紅光可以改變人們大腦裏正常的生物電，即使是紅光短暫照射也能使人類皮膚內的生物電發生改變。另外，還有些很有趣的現象，如選花布，青少年比較喜歡跳躍而明朗的色彩，婦女比較喜歡鮮艷輕柔的顏色，農民喜歡大紅大綠的顏色，特別是新春佳節更是如此，這是因為色彩變化與人們的情感是協調一致的。明快、暖和的色彩能調和冬日蕭索的外界景象，使單調乏味的生活豐富起來，滿足人們在有限條件下美的享受和願望。又如，很多人感到粉紅色明亮、溫暖、幸福，這就是粉紅色對人們的刺激而產生的抽象心理感受，但這還是從生活中抽象而來的，有著生活的依據。

由於色調對人們具有環境心理效應，因此，商業廣告業也十分重視對色調搭配的研究。不少研究認為，商業廣告的顏色要避免同時使用互補色。有實驗證明，為了取得良好的觀視效果，背景色和字體色的良好匹配的優劣等級如下：

黃色背景，黑字；白色背景，綠字；白色背景，紅字；白色背景，青字；青色背景，白字；白色背景，黑字；黑色背景，黃字；紅色背景，白字；綠色背景，白字；黑色背景，白字；黃色背景，紅字；紅色背景，綠字；綠色背景，紅字。

二、明度的心理效應

明度為一種顏色的明暗程度，它取決於吸收或反射光線的總體比例。白色物體可以吸收不到 10% 的光線，而黑色物體則可以吸收 95% 以上的光線。難怪夏季穿著黑色的服裝似乎顯得特別熱。任何深色織物吸收光能的比例都較高，它比同樣結構的淺色織物所感覺的實際溫度要高。

明度用 1 到 10 的標度來表示（參見圖 6-19)，接近黑色的一端標度為 1，接近白色的一端標度為 9。一種物體所顯示的明度在黑白中間，其色值標度為 5。一種顏色色度較亮，其標度大於 5，一種顏色色度較暗，其標度小於 5。

一種顏色的明度終極是色彩在明度上達到最充分飽和的等級。色調按明度的自然順序從黃色（其飽和等級為 8）兩側過渡，到達黃色的互補色紫藍色處是最暗的標度。綠色的明度極值為 5，紅色的為 4，紫色的為 3。這些標準中，飽和的最大數字將出現變化，也就是說，黃色的最大數字將在更亮的標度中發現，而紫藍色的最大數字將在較暗的標度中。

(一) 明度和諧的心理效應

明度是顏色的一個方面，它可以獨立於色彩和飽和度而被觀察。明度對比在任何圖案中都是必需的。相同明度的臨近色彩之間的界限是模糊難於分別的。因此，明度對比的一個重要功能是確定形式和形狀，使顏色之間的界限更為分明。相同的明度產生柔和模糊的界限，而差別較大的明度則產生嚴格的清晰的界限。明度對比可以把我們的眼睛從明度相等的單調圖案中解放出來。

明度的自然順序提供了色調和諧的基本原理之一。當顏色組合時，若能夠保持自然的明度關係，它們可能就是美觀的。例如，黃、綠黃和綠色組合時，若黃色在配置中能保持最亮的明度，而綠色保持最暗的明度，則結果會更為和諧。在有些情況下，顛倒明度的自然順序來設計不和諧的色調，會產生不尋常的令人興奮的效果。色彩中的不和諧與音樂中的不和諧相似，在音樂中，一個小的和音會產生明顯的振動效果。服裝中不和諧的明度可以產生意想不到的效果，但是技術不嫻熟，也會導致不愉快的情緒。

(二) 明度對比的心理效應

在明度對比方面，中等明度與暗色對比就會顯得較亮，與明色對比就會顯得明度偏低。紅色被黃色包圍時就會比被藍色包圍時顯得更暗。這就是為什麼明色和黑色組合、暗色和白色組合對比似乎顯得更亮的原因。

這些對比的效應常常在人們的生活中獲得應用。一個圖案的明度基調可以是明亮的、中性的、或暗淡的。相近明度間隔中單調的圖案顯示女性的柔弱特質。特別強調黑色的明亮色值往往顯得更為有力。

圖 6-22 就是以中性明度為基調的對比實例。一條黑色的天鵝絨帶和銀白色的髮套形成鮮明對比。同樣，一雙黑鞋為白襪所強調。上衣的明度屬於中性，處於黑白之間，豐富的刺繡圖案使明暗發生有趣的變化，使明暗之間的對比轉移。在黑色和白色有力的強調下，可以產生富於男子氣質的特質。

缺乏明度對比常常會導致單調，而且位置和距離也影響著心理效果。因為位置首先引起我們眼睛的注意。當我們在遠處觀察物體時，明度對比效果

圖 6-22 用黑白兩色強調的中等明度，可以產生富於男子氣的特質
（採自 Horn, 1975）

比較弱，它們的輪廓接近我們的眼睛時，就會顯得鮮明清晰。因此，強烈的鮮明的明度對比使它們的位置後縮。這個原理在服飾中的運用非常重要。若人們希望增加或減少自己體形的外在尺度，可用較高的明度，由於反射的光更多，通常使物體和體形突出，顯得比低明度的相同的物體的尺寸更大，然後，這一現象還取決於物體和它的背景之間的對比關係，例如，對於一名滑雪運動員來說，在雪坡上穿黑色服裝比穿白色服裝更顯眼。可見，對比原則運用是很複雜的。

三、飽和度的心理效應

飽和度是顏色的第三個維度，它表示色彩的強度或純度。強烈的、鮮艷的、飽和的色彩說明強度高；柔弱的、灰暗的、中性的色彩說明強度低。在孟塞爾顏色系統中，飽和度是以淡灰色為起點的標度來度量的。從圖 6-19 的中心軸開始向外延伸，隨著強度的增加，標度從 1 達到最強的飽和點。圖 6-19 的三維投射顯示了色彩、明度和飽和度的關係。

一種色調的強度由於它和它的互補色的混合而降低。特定色調的最大飽和只有在其明度達到終極的時候才能獲得，明度的減少可以自動降低飽和度的標度。相同程度的色調的結合通常創造美觀的效果，而柔弱的色彩組合比兩種以上最大強度的不同色彩的組合更為和諧。鮮明的顏色往往產生強烈的戲劇性結果，而灰暗柔弱的色調則產生柔和精巧的效果。

與顏色的其他特性一樣，飽和度對於整體外觀也有很大的影響。鮮艷的色彩也可以產生與暖色調一樣的效果；它們往往突出、醒目，使外表尺度增加。柔弱的色彩和冷色調一樣，平淡、緩和、較不顯眼。

不同飽和度之間的相互作用也能產生一定的視覺效果。強度較弱的藍色和飽和的藍色並列就會變成灰色。強度中等的紅色與玫瑰紅對比就會增加飽和度。例如，生活中穿暗棕色的上衣會使深棕色的頭髮色彩顯得更強烈。

顏色對比效果還隨面積大小而有所差別，當刺激面積小到難以區分不同顏色的界限時，就產生色融合現象，產生混色感覺。

以上我們從顏色的三個特徵上分別說明了它們的心理效應。應該看到，顏色的三個特徵的作用常常是統一的，不能分割的。由於這些特徵的協同作用，產生了不同的心理效應。例如，由於色彩的明度有高低不同，產生了一種或輕或重的感覺。影響輕重感覺的主要彩色屬性是明度，以中等程度的明度為中心，在它以下為重感型，以上為輕感型。色調對它也有些影響，彩度高的色屬於輕型。高明度、或較低的中彩度色彩使我們有一種柔和的情趣。低明度而高彩度或較低彩度色彩，會使人產生硬的感覺。無彩色的黑和白是硬色，而灰色是軟色。明濁色有柔軟的感覺。可見，明度和色調是決定柔軟和堅硬的重要條件。低明度的高彩度的顏色產生強的感覺，高明度低彩度的顏色有弱的感覺。

四、色彩愛好的民族差異

各國人民對色彩的愛好既有共同、又有差異。這些差異是由於社會意識形態、文化歷史、人種膚色、民族、地區、氣候和風俗習慣等因素造成的。根據我國學者對多年的資料的整理，獲得一些國家和地區人民對顏色的嗜好一覽表，參見表 6-12。表上所列的喜愛的顏色定有疏漏，而且人們的喜愛也並非是一成不變的。因此，此表也僅供參考而已。

表 6-12　一些國家和地區對顏色的嗜好一覽表

國家和地區	喜愛顏色	國家和地區	喜愛顏色
比 利 時	女孩愛藍色、男孩愛粉紅色	奧 地 利	綠色
愛 爾 蘭	綠色及鮮明色	法 國	粉紅色(少女服)藍色(男孩服)一般人愛黃色
美 國	鮮艷顏色	馬 來 亞	綠色(象徵於宗教,亦用於商業)
荷 蘭	橙色、藍色代表國家並多用於節日	希 臘	白、藍、黃
瑞 士	紅、橙、黃、藍、綠、紫、紅、白相間及濃淡相同色組	摩 洛 哥	喜愛稍暗的色彩
厄 瓜 多 爾	涼爽高原喜暗色、炎熱沿海喜白色及明暗間色	突 尼 斯	綠、紅、白色組,居住該地猶太人喜愛白色
巴 拉 圭	明朗色彩	西印度群島	明朗色彩
伊朗藍教地區	綠色	夏 威 夷	藍、黃、綠
埃 及	綠色	西 班 牙	黑色
伊 拉 克	深藍、紅色	新 加 坡	紅、綠、藍
敘 利 亞	青、藍、綠、紅色	東 南 亞	各種鮮明色彩
秘 魯	紅、紫、黃	巴 基 斯 坦	綠、金、銀、翡翠色及其他鮮艷色
委 內 瑞 拉	黃色(醫務標誌)	土 耳 其	綠、白、緋紅色及鮮明色彩
古 巴	鮮明色彩,色彩感情上同美國相似	日 本	黑色、紅色、黑白相間
墨 西 哥	紅、白、綠色組(國旗色)	伊 朗	綠色
加 拿 大	同法國美國差不多	意 大 利	食品、玩具喜歡用醒目鮮艷色、服裝高級包裝用淡雅色,綠色
挪 威	紅、藍、綠等,鮮明色彩與當地冬季長有關		
保 加 利 亞	深綠色及不鮮艷的綠色和茶色	德 國	深淺奶黃色、咖啡、南方喜愛鮮明色彩
非 洲	當地人愛好鮮艷單色,大陸地區受歐洲影響,偏遠地區保持民族色彩	港 澳	紅、綠

(採自上海紡織工專(編),1986)

本 章 實 驗

一、顏色混合實驗

(一)目的：顏色混合可歸結為三條規律：

(1) 對每一種顏色都有另一種與它按適當比例相混合而產生白色或灰色 (非彩色) 或第三種顏色，凡混合能成非彩色的成對的顏色叫互補色。例如紅與淺綠為互補色，黃與藍互為補色。在混合時如比例不對，則成不飽和的彩色，色調偏於過多的一色。

(2) 在混合兩種非補色時，便產生一種新的介於它們之間的中間色 (藍與紅混合產生紫色、紅與黃混合產生橙色)，中間色的色調偏於成份較多的一色；飽和度決定於二色在光譜色序中的遠近，越近越飽和。

(3) 混合色的顏色不依被混合的顏色成份為轉移，即每一種被混合的顏色本身也可以由其他顏色混合而得 (黃與藍混合，並不依賴於黃是純光譜或其它顏色混合的結果，同樣都產生灰色)。

本實驗的目的在於表徵顏色混合及其規則，並對簡單的配色公式作初步的理解。

(二)材料：混色輪 (附刻度盤) 甲乙兩個。
大紙盤 (以直徑為 195 毫米為最佳) ：紅、綠、黃、藍等色各一種。
小紙盤 (以直徑為 140 毫米為最佳) ：白、黑、紫、橙等色各一種。

(三)程序：

1. 預備實驗

把兩個混合輪安放在桌子上，相距約 15 厘米，能在同一垂直平面上旋轉。把大紙盤放入甲混色輪，並把小紙盤放入乙混色輪作比較用。被試者坐在離混色輪 2 米遠的地方進行觀察，而主試者則操縱混色輪的旋轉速度，調整紙盤上各種顏色的比例。當混色輪轉動穩定後，被試者要仔細觀察大小紙盤的色彩是否相配（指大紙盤與小紙盤的色調、明度與飽和度相同）或有所不同，然後主試有計畫地調整大紙盤或小紙盤的顏色比例，直至兩者相配為止。相配後，把紙盤上各種顏色的比例（即刻度）記錄下來。

2. 補色的混合

(1) 把黃色與藍色混合成為灰色。把白色與黑色的小紙盤放在乙混色輪上，使白色露出 70%，黑色露出 30%。當混色輪轉動穩定後，要求被試觀察兩色混合後是否成為灰色，否則須繼續調整兩色的比例，直至產生灰色為止。然後把黃色與藍色的大紙盤放在甲混色輪上混合，調整兩色的比例，使與小紙盤的灰色相配。

(2) 把綠色與紫色混合成為灰色。用同樣的方法混合綠色和紫色，使之與灰色相配。

3. 非補色的混合

(1) 按上述方法混合紅色與藍色，使之與紫色相配。
(2) 按上述方法混合紅色與藍色，使之與橙色相配。

(四)結果：

寫出如下配色公式：

1. 把補色混合的結果列成下式：

＿＿＿%的黃色＋＿＿＿%的藍色 ＝＿＿＿%的白色＋＿＿＿%的黑色
＿＿＿%的綠色＋＿＿＿%的紫色 ＝＿＿＿%的白色＋＿＿＿%的黑色

2. 把非互補色混合的結果列成下式：

　　　　　＿＿＿%的紅色＋＿＿＿%的藍色 ＝ 紫色
　　　　　＿＿＿%的紅色＋＿＿＿%的藍色 ＝ 橙色

(五) 討論：下列參考問題進行討論。

1. 實驗結果是否能證實顏色混合的三項規律？
2. 畫家配色與本實驗的顏色混合是否相同？
3. 對本實驗所用的儀器、材料以及實驗方法有何改進意見？

二、閃光融合實驗

(一) 目的：學習用閃光頻率儀測定閃光臨界融合頻率 (CFF) 的方法。
(二) 材料：數字式閃光頻率儀，單眼罩，頭部固定支架。
(三) 程序：

1. 預備實驗

(1) 主試者按儀器使用要求接通電路進行操作。
(2) 在微光中，被試者眼部距離儀器 40 厘米處端坐，支架固定頭部，眼與儀器上的紅光點呈一水平線。實驗前，被試者暗適應約 10 分鐘，分別用左眼和右眼進行觀察。
(3) 主試者以小步調整閃光頻率，數碼管顯示的數字為每分鐘的閃光次數。按遞增法先做二、三次練習實驗，使被試了解實驗要求。指示語："當你感到光不閃時，立即報告"。

2. 正式實驗

(1) 主試者每次都按遞增法調整閃光頻率，直到被試者報告閃光融合為止，主試記錄每次成績。
(2) 先測左眼 10 次，休息 1 分鐘，再測右眼 10 次。

(四) 結果：

分別求出個人和全組的左右眼 CFF 平均值。單位可化作閃次／秒。

(五) 討論：

1. 左右眼 CFF 是否有差異，原因何在？
2. 試與另一被試者的成績作比較，如有差異，原因何在？

用遞增法測定閃光臨界融合頻率（CFF）的記錄表

CFF值＼序次＼眼別	1	2	3	4	5	6	7	8	9	10
左　眼										
右　眼										

三、視覺後像實驗

（一）**目的**：觀察**負後像**，研究影響負後像的若干條件。

（二）**材料**：

1. 投射卡片一組，25×25 厘米，灰色、白色。

2. 刺激卡片一組，在 10×10 厘米的顏色卡片中央，貼一張 2.5×2.5 厘米的顏色紙：藍上的黃，黃上的藍，藍上的綠，藍綠上的紅，黑上的白，白上的黑，黃上的紅，白上的紅，白上的綠，白上的黃，白上的藍。

3. 一張黑卡片，上面貼著兩張 2×2 厘米的紙塊，一灰一白，相距約 1.5 厘米。

4. 一張黑紙片，上面貼著兩張白紙塊，其中一張是 2×2 厘米，另一張是 0.5×0.5 厘米，相距 1.5 厘米。

5. 雙針停表。

（三）**程序與結果**：

1. 刺激的顏色和負後像的顏色

（1）被試者自己兼任主試者。在投射卡的頂上，放一塊藍上有黃的刺激卡片。在黃色方塊中心作一小點，有助於視線的固定。注視黃色方塊約 20 秒鐘，雙眼不要左顧右盼，然後移去刺激卡片，注視灰色投射卡片至少 10 秒鐘。當後像出現時，要注意後像是什麼色調與明度。明度可用 5（白）、4

(很亮)、3 (亮)、2 (暗)、1 (很暗)、0 (黑) 表示。把觀察結果記入表 (1)。

(2) 用下列刺激圖片依照上述方法進行觀察：黃上的藍、藍綠上的紅、黑上的白、白上的黑。把每次觀察的結果記入表 (1)。

(3) 試從上表所列的結果概括出一條嘗試性的法則：＿＿＿＿＿＿＿＿。

(4) 如果你所概括出的法則是正確的，那麼你就能預測表 (2) 中的各種顏色後像。在每次觀察之前，要先把預測結果記在表中。

(5) 若表 (2) 所載結果，對你首次概括的法則有所擴展或改正，可重述於下：＿＿＿＿＿＿＿＿。

2. 刺激時間與後像的潛伏期及延續現象

(1) 用任何一種顏色刺激卡片與灰色投射卡片。每次注視刺激卡片的時間不同，事先安排如表 (3) 所示。用雙針停表記錄時間。

(2) 從刺激停止到後像出現這個時距稱為"潛伏期"，從後像出現到後像消失這個時距稱為"延續期"。在每次觀察過程中，被試者對刺激停止、後像出現與後像消失都要口頭報告，主試者先後分別記錄時間。每種刺激時間均觀察 3 次。

(3) 被試者觀看刺激的時間不同是否影響後像的色調、明度和飽和度。

(四) 討論：

1. 產生負後像的原因是什麼？
2. 為什麼在日常生活中很少看到負後像？
3. 負後像是"連續對比"的例子嗎？舉例說明"同時對比"。
4. 投射卡的顏色對後像有什麼影響？試擬研究這個問題的實驗方法。

表 (1) 在灰色背景上後像的色調與明度

刺激 後像	藍上黃	黃上藍	藍綠上紅	黑上白	白上黑
色　調					
明　度					

表 (2) 在白色背景上後像的色調與明度

	刺激	黃上紅	藍上綠	白上紅	白上黃	白上綠
色 調	預 測					
	觀 察					
明 度	刺 激					
	預 測					
	觀 察					

表 (3) 後像時間與刺激時間的依存關係

刺激時間 (秒)		1	2	5	10	20	40
潛伏期 (秒)	1 次						
	2 次						
	3 次						
	平均						
延續期 (秒)	1 次						
	2 次						
	3 次						
	平均						

本 章 摘 要

1. 特定的光刺激人眼而引起視覺。光是一種電磁波，引起人類視覺的電磁波稱為**可見光譜**。可見光譜的波長範圍大約是 380 毫微米到 780 毫微米之間。
2. 光的單位名目繁多，與實驗心理學關係密切的有：**光强度**，**光照度**，**光亮度**，**光通量**，**反射係數**等。
3. 在視覺研究中，對於**自變量**、**控制變量**和**因變量**的精心考慮是十分重要的。
4. 在微光條件下，視覺感受性逐漸提高的過程叫**暗適應**。從暗處到亮處，眼睛大約經過一分鐘就能適應，這是**明適應**。
5. **視敏度**是指分辨物體細節的能力，是人眼正確分辨物體的最小維度。用視力表測定視敏度，它是以**視角**的倒數來表示。
6. **閃光臨界融合頻率**是一個亮暗交替的光刺激，其交替速度正好達到被人感覺為閃光和穩定光之間的頻率。閃光臨界融合頻率與刺激的物理特性和被試的生理心理因素有關。
7. 視覺感受一種顏色取決於三個基本特徵：即**亮度**、**色調**和**飽和度**。任何一種顏色都是三者的總合的結果。
8. 光譜中的色光混合是一種加色法，**加色法**的原色是紅、綠、藍，它們分屬於可見光譜的兩端和中部。用顏料、油漆等的混合配色是**減色法**。**減色法**的三原色是黃、青、紫，它們是加色法三原色的**補色**。
9. 色光的混合遵循三條件定律，即**補色律**，**居間律**和**代替律**。
10. 人眼注視外界景物，大約有近似 2° 的直徑範圍能獲得最清晰的感覺，稱為**中央凹視覺**。在中央凹視覺周圍的區域只能獲得模糊的視覺景象，這是**邊緣視覺**。人眼的中央視覺和邊緣視覺用視野計能夠準確地測量。
11. **顏色對比**是兩種不同的色光同時作用於視網膜的相鄰區域，或者相繼作用於視網膜的同一區域時，顏色視覺所發生的變化。前者是**同時對比**，後者是**繼時對比**。

12. 人眼對物體顏色的感知，在外界條件變化的時候，仍能保持相對不變，表現出**顏色常性**。
13. 現代色度學係採用國際照明委員會所規定的一套原理、數據和公式來測量顏色，這套系統稱為 **CIE 標準色度系統**。它是根據三原色原理，用紅、綠、藍三色的不同比例匹配成任何一種顏色。
14. 顏色不僅與人的視覺有關，而且可以影響人的情緒和行為，還可影響人的工作效率。

建議參考資料

1. 林仲賢等 (1987)：視覺及測色應用。北京市：科學出版社。
2. 張春興 (1989)：張氏心理學辭典。台北市：東華書局 (繁體字版)。上海市：辭書出版社 (1992) (簡體字版)。
3. 喻柏林 (1979)：照明變化對視覺辨認的影響。心理學報，11 卷，3 期，319～325。
4. 楊治良 (1989)：服裝心理學。蘭州市：甘肅人民出版社。
5. 赫葆源、張厚粲、陳舒永等 (1983)：實驗心理學。北京市：北京大學出版社。
6. Atkinson, R.C. et al. (1988). *Stevens' handbook of experimental psychology* (2nd. ed.). New York: A Wiley-Interscience.
7. Cohen, J. (1969). *Eyewitness series in psychology*. Chicago: Rand McNally.
8. Philipchalk, R. P. (1995). *Invitation to social psychology*. Orlando: Harcourt Brace & Company.
9. Roediger, H.L. & Weldon, M.S. et al. (1992). Direct comparison of two implicit memory tests: word fragment and word stem completion. *Journal of Experimental Psychology,* 18(6), 1251～1269.

第七章

聽覺實驗

本章內容細目

第一節 聽覺實驗中的變量
一、聽覺的物理刺激和音感 340
　(一) 聲波及其特徵
　(二) 頻率和音高
　(三) 振幅和響度
　(四) 波形和音色
　(五) 聲波的相互作用
二、聽覺實驗中的各種變量 352
　(一) 自變量
　(二) 因變量
　(三) 控制變量

第二節 聽覺的二個基本屬性
一、聲的測量 356
　(一) 聲的記錄
　(二) 聲的測量
二、聽覺屬性——音高 358
　(一) 音高量表
　(二) 音高和強度的關係
　(三) 音高和周相的關係
　(四) 音高和複合音
三、聽覺屬性——響度 363
　(一) 響度量表
　(二) 聲強的差別閾限
　(三) 等響曲線
　(四) 響度與時間

第三節 聽覺的基本實驗

一、人的聽力 368
　(一) 聽力圖
　(二) 聽覺模式
二、聽覺掩蔽現象 370
　(一) 純音掩蔽
　(二) 噪音掩蔽
　(三) 噪音與純音對語言的掩蔽
三、聽覺的疲勞和損傷以及適應 374
　(一) 聽覺疲勞
　(二) 聽力損傷
　(三) 聽覺適應
四、聽覺定位 377
　(一) 雙耳強度差
　(二) 雙耳時間差
　(三) 雙耳周相差
　(四) 立體聲聽覺
五、可見言語 380
六、漢語語音 384
　(一) 漢語語音特點
　(二) 漢語語音結構特點

本章實驗
一、聽覺定位實驗 387
二、可懂度實驗 389

本章摘要

建議參考資料

上　一章我們討論了視覺。視覺和聽覺是人們接受外界刺激的二個最主
　　要管道。人類生活在充滿聲音的物質世界裏，我們幾乎每時每刻都
在接受外界的聲音刺激。聽覺使我們能夠享受到美妙的音樂和小鳥的歌唱。
它使我們能與家人和朋友們交談。電話鈴聲、敲門聲和汽車的喇叭聲能對我
們進行提醒和告誡，火車輪子的吱吱作聲和心臟的雜音使我們能作出質量的
評價和臨床的診斷。所以，通過聽覺人們可獲得聲音所傳遞的各式各樣的信
息，得以通訊往來，欣賞音樂，傳授知識，交流思想。聽覺影響到人們實際
生活的許多方面，是認識外界的僅次於視覺的重要信息源。

　　然而，在當今社會上，聲音也常給我們帶來煩惱。有許多聲音是不悅耳
的，或者是不受歡迎的，通常我們稱之為噪音。噪音已成為當今**環境心理學**
(environmenal psychology) 的三大主要研究課題之一。當然，噪音能引
起多大煩惱不僅取決於聲音的性質，而且還取決於聽者的主觀態度。例如，
對於設計工程師，他所設計的噴氣式飛機起飛時的聲音，對他來說或許如同
音樂般美妙；而對於居住在機場附近的居民來說，卻是震耳欲聾的痛苦。聲
音甚至還有它的破壞性。超音速飛機的音爆可以粉碎附近的玻璃窗，震落墙
皮。而最不幸的莫過於火箭、大砲等的巨響，有時會震聾人耳，給人帶來終
身殘疾。當然，聲音的這些負面比起它的正面來，那只是次要的。不論是正
面，還是負面，都告訴我們掌握聲學知識的重要性。

　　聽覺是聲波作用於聽分析器所產生的感覺。聽覺的適宜刺激是頻率在
16 赫 (Hz) 至 2 萬赫的聲波。音高、響度、音色等音感都是由聲波的頻
率、振幅、波形等物理特徵決定的。

　　同時聽覺也是心理學研究較多的領域之一。眾多的研究，從各個側面提
示了聽覺現象的奧秘。在本章裏，將討論如下六個問題：

1. 聲波有哪三個基本特徵，它和視覺刺激有何類同之處。
2. 試談音高、響度二個聽覺屬性在聽覺實驗中充當變量的情況。
3. 何謂等響度曲線。
4. 什麼叫聽覺掩蔽現象，有何用處。
5. 語圖儀的基本原理是什麼，有何用處。
6. 談談漢語語音上的特點。

第七章　聽覺實驗　**339**

第一節　聽覺實驗中的變量

　　聽覺是人類和許多動物共同具有的感覺現象之一。人的聽覺是借助於耳來實現的，是對一定頻率範圍內聲音刺激的感覺。聽覺現象的產生受許多因素作用的影響，我們只有全面了解這些因素及其性質，才有可能把握住它，更好地處理好聽覺實驗中的各種變量及其關係，從而揭示紛繁的聽覺現象和規律。

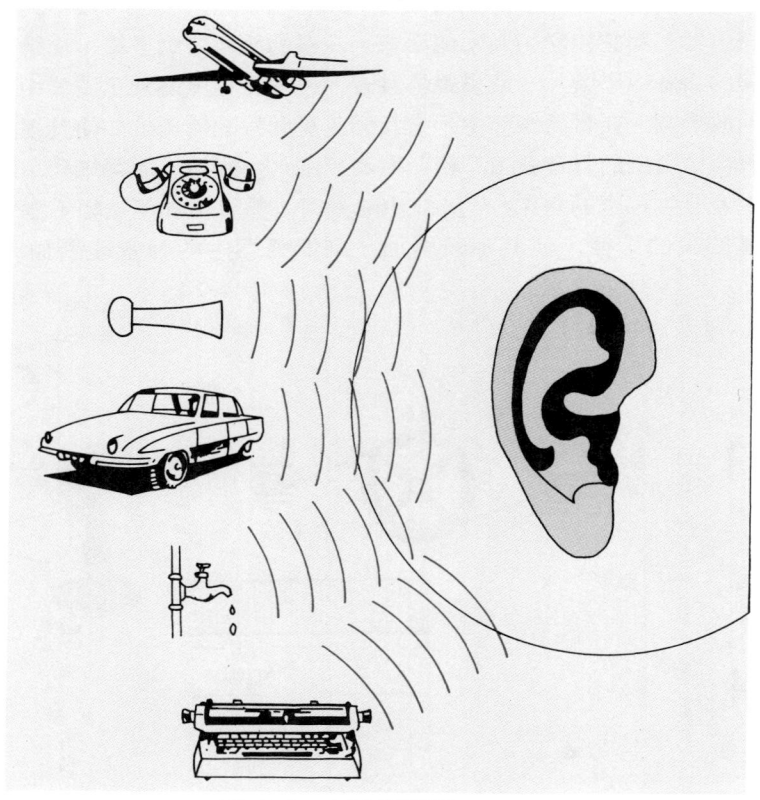

圖 7-1　人耳與聲音
(採自丹麥 B＆K 儀器公司)

一、聽覺的物理刺激和音感

（一） 聲波及其特徵

聽覺(audition) 是個體對聲波物理特徵的反映。頻率為 16 赫～20000 赫的機械波為聲波。聽覺的適宜刺激是聲波。聲波是彈性媒質中物體振動所激起的縱波。當空氣振動波到達我們耳內時，就產生聽覺（參見圖 7-1）。

圖 7-2 是一個機械振蕩器振動揚聲器產生聲波直至畫出正弦曲線的模擬裝置。這個裝置類似於蒸汽機火車頭的汽缸動力裝置。圖中的圓輪即為機械振蕩器，與它相聯的為兩個活塞，左邊的活塞帶動畫筆，描繪運動曲線；右邊的活塞振動膜片，使揚聲器發音，再由麥克風傳到示波器中，顯示出聲波的波形圖。在實驗操作中，當我們改變圓輪的轉速，如使其逐漸加快，則揚聲器中發出的聲音會由"粗"變為"細"，同時，記錄紙和示波器上的圖形也會發生相應的變化——波紋由疏變密，頻率增加但振幅不變；而當我們改變圓輪的半徑，使其不斷增加，則揚聲器中的聲音逐漸加大，波形記

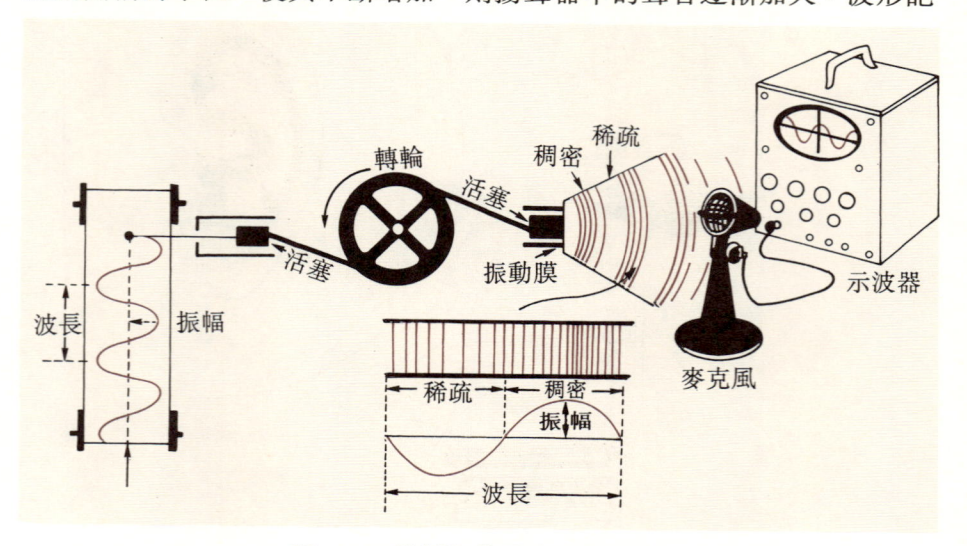

圖 7-2 機械振蕩器產生正弦波
（採自 Cohen, 1969）

錄上的頻率不發生變化而振幅卻相應加大。通過這個演示實驗，我們可以知道，聲源振動頻率可以改變聲音的高低，而振幅可以使聲音的強度發生變化（參見圖 7-4）。

從圖 7-2 上看到，揚聲器所發出的聲音的頻率、振幅都是由圓輪及其轉動所決定的。由於聲音的波形為正弦曲線，所以這種音為純音。在日常生活中，純音一般是很難聽到的，通常只有在實驗室中由音叉或機械（電子）振盪器才能產生。在現實生活中，我們聽到的是由若干波形混合而成的複合音，如各種汽車產生的噪音、電子琴發出的樂音和人的言語等等。純音和複合音區分的根據是聲波的線性特徵，即是否可以進行波形的分解；而複合音中的樂音和噪音區分的根據是聲波是否有周期性即規律性振動，當然，人的主觀舒適感也是一個十分重要的指標。例如，受許多青年人歡迎的迪斯科音樂，卻被某些老年人稱作噪音。言語音是複合音中的一種特殊現象，它不可以簡單地視作樂音或噪音。

聽覺刺激聲波和視覺刺激電磁波均有三個主要特徵，即頻率、振幅和波形。與此相應，聽覺有音高、響度和音色的區別。如果把聲音和顏色類比的話，可發現二者的對應關係。見表 (7-1)。

表 7-1　視覺和聽覺的類同之處

感覺道		特徵產生的原因
視　覺	聽　覺	
彩　　色	音　　高	波頻率的作用
亮　　度	響　　度	波振幅的作用
飽　和　度	音　　色	波混合的作用

(採自張春興，1991)

在明白了聲波及其特徵之後，接下去我們分別討論聲波的三個主要特徵以及與此相對應的音感。

(二)　頻率和音高

音高(或音調) (pitch) 是人對聲波頻率的主觀屬性，它首先和聲波頻率有關。**頻率** (frequence) 是物理量，指每秒振動的次數，單位為**赫**(或**赫茲**) (Hz)。聲波的振動頻率高，我們聽到的聲音就高；相反，振動頻率低，

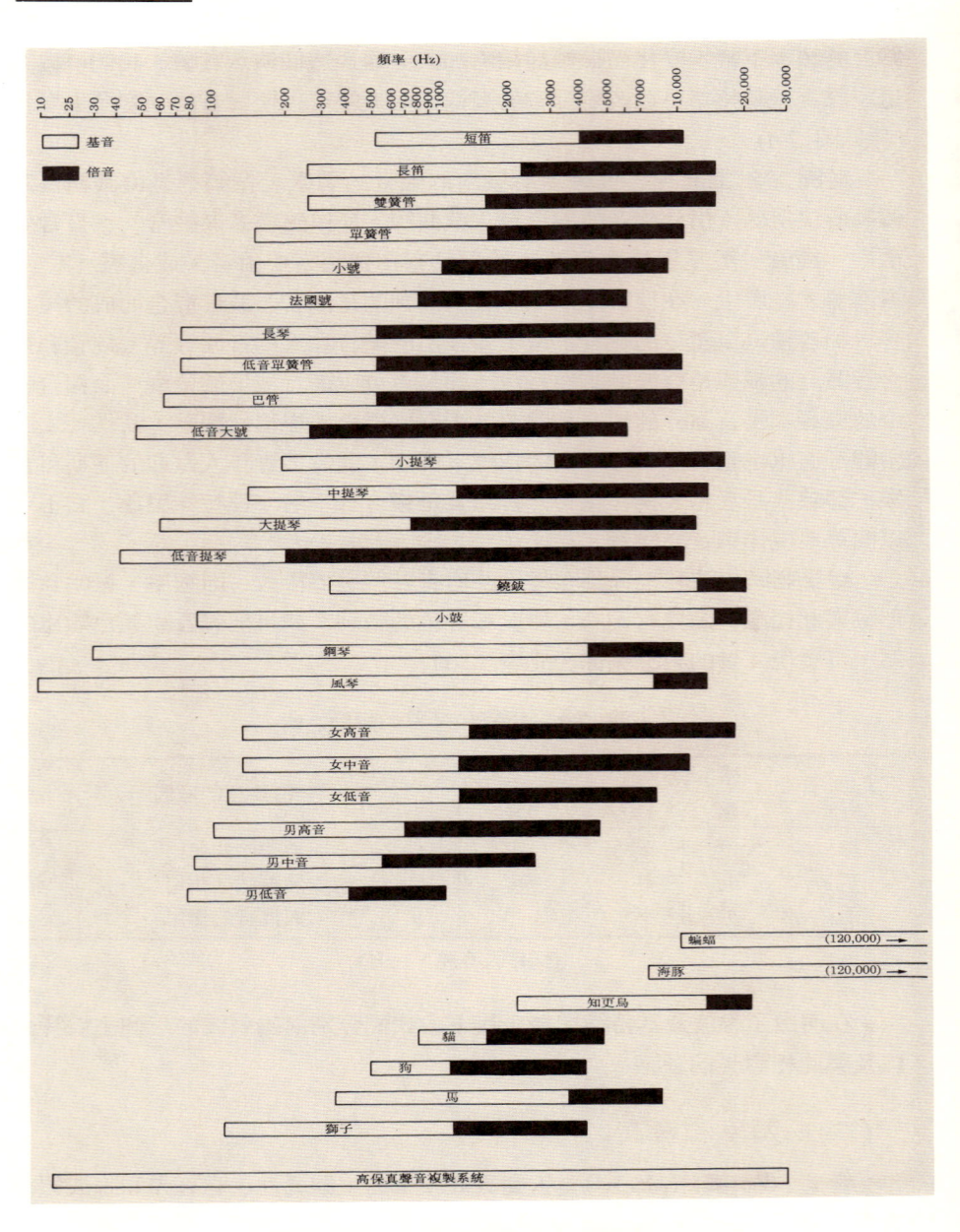

圖 7-3　人、樂器和動物發聲範圍
(採自 Cohen, 1969)

聽起來就低，但它們之間並非線性關係。當聲波振動數大約在 16～20,000 赫時，是人所能感受到的音域。

讓我們再回到圖 7-2 的演示實驗中，當改變圓輪的轉速時，聲音的高低發生了變化，這就是說頻率決定了聲音的音高。這裏的頻率是指聲源每秒機械振動的周數，圖 7-3 中羅列了樂器、人和多種動物發聲的頻率範圍。從圖中可知，女性的聲音頻率值稍高於男性，而且頻率範圍也要大些；動物和人的情況相差較大，最突出的是蝙蝠和海豚。蝙蝠和海豚所發出和被感知的聲音頻率可達 120,000 赫以上，它們的下限值與人類聲音的倍音上限接近。通常，人耳接受的聲音頻率範圍為 20～20,000 赫，40 歲以上的成人聽力上限還會下降到 12,000 赫左右，甚至更低。而敏感的聲音頻率範圍為 1,000～3,000 赫。我們所提到的聲音的頻率只是一種物理量，而人對它的感知則是音高。心理上的主觀音高主要與聲音刺激的頻率大小有關，但並不是完全由刺激頻率決定的，它也取決於聲音刺激的強度。實驗研究表明，對於同一聲音刺激的音高感知，不同的人之間有著巨大的個體差異，這充分表現了音高這個心理量的主觀性。在心理學中，我們根據實驗研究，規定音高的單位為嘆 (mel)，確定 1000 嘆的音高為 1000 赫 (聲壓級為 40 分貝) 的聲音刺激的主觀感覺。這樣，聲音強度不變的情況下，我們便可以對不同頻率的聲音刺激進行音高判斷，並可探求出音高和頻率間的關係。而且純音音高和頻率的相關可借助於心理物理法直接求得，即可在可聽範圍內把音高從低到高地分成等級，製成一種音量表。圖 7-13 是一個音高量表，從圖上可以明顯地看出音高隨頻率而變的函數關係。

(三)振幅和響度

響度 (或音強) (loudness) 是聲波振幅的一種主觀屬性，它是由聲波的振幅所引起，振幅越大則響度越大。圖 7-4 下面二條曲線雖然頻率相同，但振幅不同。中間一條曲線振幅較小，即聲音響度較弱；下面一條曲線振幅較大，即聲音響度較強。

圖 7-2 的演示實驗表明，聲音刺激的振幅變化，導致揚聲器中聲音響度的改變。聲波的振幅是指示波器中顯示出的純音正弦曲線的最大高度，聲波振幅的大小決定於作用在聲源上的力的大小。通常講，聲源的振動頻率主要決定於聲音自身的屬性，而聲源的振幅則決定於外界施加的力——傳遞的

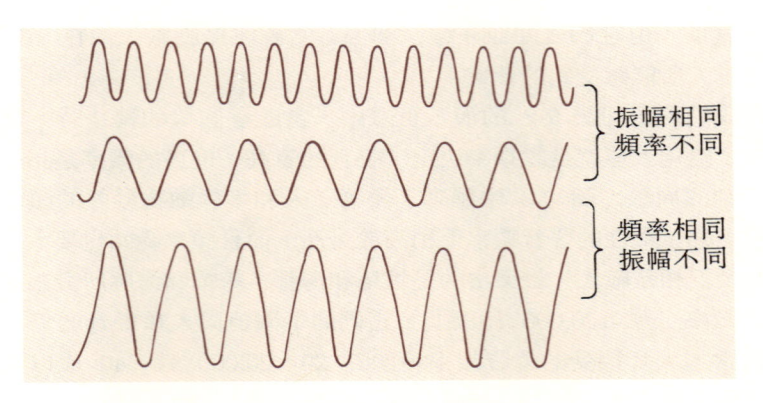

图 7-4　頻率和振幅的對比
(採自 Cohen, 1969)

　　能量。對於振幅，公認的測量方法是對聲波的壓力測量，它可用聲壓、聲壓級、聲強、聲強級、聲功率級來度量。實際上，聽覺響度常用比例表示，而不用絕對量表示。

　　聲波造成的壓力變化用**分貝**(decibel，簡稱 dB) 量來測量。分貝量表是一種對數量表，它將人所能感受的巨大範圍的振幅變化值壓縮在較小的範圍內 (見表 7-2)。卡爾索 (Corso, 1967) 通過多種實驗研究指出，人耳所能探測的最強音比其所能聽到的最弱音大約強 1000 億倍。當然，不同的人對最強音和最弱音的察覺範圍存在著個體差異，而且個體對各頻率的聲音的敏度也不完全相同。對於分貝量，我們規定以人類能聽到的平均絕對閾限值，即 1000 赫附近的壓力變化為 0 分貝參考點，此時的壓力為 0.0002 達因／平方厘米。這樣，20 分貝的聲音，人的主觀感覺約相當於三米遠處柔和的低語聲的聲響，根據分貝量表其壓力為我們能聽到的最柔和聲音的 10 倍。平常，人們的講話聲音約為 60 分貝的水平，這就比參照壓力大 1000 倍。人耳能對高達 125～130 分貝的聲壓作出反應，如從身旁經過的火車、響雷或機槍射擊時所發出的聲壓，但 130 分貝的聲壓也會使耳產生痛感，若長時間保持這樣高的聲壓水平，人耳的聽力機制就會受到損傷，這也就是紡織女工、爆破工等工種聽力敏度下降的一個原因。

　　與聲波振幅這個物理量相對應的心理量是響度。**響度**是振幅的一種主觀屬性，它主要與聲波的振幅有關，但同樣亦受頻率的影響。測量聲音響度的

表 7-2　分貝量表 (dB 量表)

能量比率	分貝數	聲　音	能量比率	分貝數	聲　音
10^{18}	180	阿波羅火箭推進器	10^7	70	發動的汽車
10^{17}	170				火車站
10^{16}	160		10^6	60	談話
10^{15}	150				棒球運動
10^{14}	140	防空警報器	10^5	50	百貨商店
10^{13}	130	機槍*			集會會場
		氣鑽	10^4	40	住宅區交通
10^{12}	120	地下發射室			安靜的辦公室
10^{11}	110	雷	10^3	30	背景音樂
		鍋爐廠			郊區住宅區
10^{10}	100	鉚釘槍	10^2	20	輕吹的口哨
10^9	90	地鐵			安靜的聲學實驗室
		城市交通	10^1	10	樹葉的沙沙聲
		艇推進機	10^0	0	回音室
10^8	80	響亮的古典音樂			剛能聽到的聲音†
		一般工廠			

* 痛閾；† 可聞閾　　　　(採自 Cohen, 1969)

國際標準單位是唦(sone)，一個唦為 40 分貝時所聽到的 1000 赫的音調的響度。這樣，在頻率不變的情況下，我們就可以得到聲壓與響度之間的關係，以便進一步對頻率、振幅和響度間的關係進行探索研究。人耳所感受到的響度大小，首先依聲音的強度為轉移，與強度的對數成正比；其次，不同頻率的聲音，若在我們主觀感覺上聽起來一樣響，它們所要求的強度是不一樣的。在實際工作中可參照等響曲線查出它的響度（參見圖 7-17）。

(四)　波形和音色

音色 (timbre) 是聲波波形的一種主觀屬性，也就是指我們聽到聲音在波形上的差異。不同的發音體所發出的音波都有自己的特異性。圖 7-5 為四種不同的發音體所發出的波形，雖然它們的頻率和振幅大體相同，但是它們的波形相差很大，因而我們聽起來這四種音是極不相同的。這就是音色上的差異。

長笛
小提琴
單簧管
元音 a

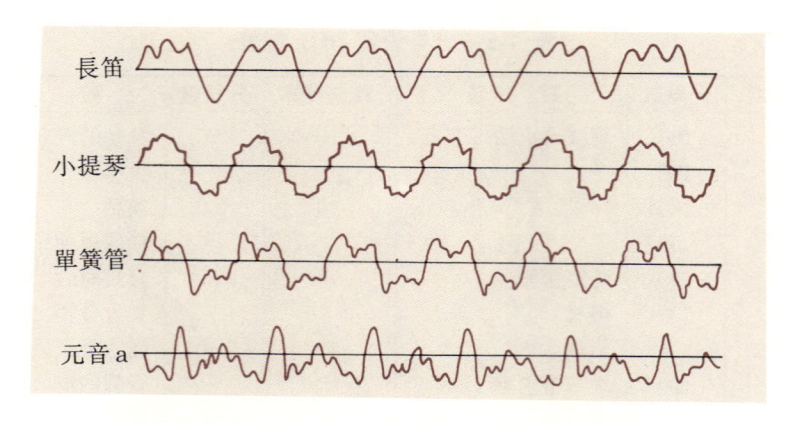

圖 7-5　頻率和振幅相同的音，音色可以不同
(採自 Cohen, 1969)

聲波的類型是多種多樣的，一般可分為純音和複合音兩大類。

1. 純 音

根據測聽器的分析，波形呈正弦曲線的聲音叫**純音** (pure tone)，如音叉的聲音和用音頻信號發生器發出的聲音。在自然環境中我們所能聽到的聲音極少是單一的純音，而是不同頻率和振幅混合而成的複合音。

事實上絕大多數發聲體的振動波都是比較複雜的，都是由若干正弦聲波合成的複合聲波。如各種樂音、噪音和言語音都屬於複合音。由於一般振幅的聲波具有線性的特徵，因而可以把任何複合音分解成若干不同頻率的純音(見圖 7-6)。

2. 複合音

複合音 (complex tone) 及是不同頻率和振幅的純音相混合而成的音，按組成它的各純音頻率之間的不同關係可分為樂音和噪音兩種：

(1) **樂音具有周期性的振動，給人以舒適的感覺：樂音** (musical tone) 乃是波形呈周期性變化的聲音。樂音除包括一個頻率最低、振幅最大的基音外，還包括許多與基音成整倍數的較高頻率的**倍音** (又叫**泛音**或**諧音**) (overtone)。**基音** (fundamental tone) 是複合音中頻率最低、振幅最大的成分。實際的發聲體發出的聲音，絕大多數是由許多頻率成分組成的複合音。倍音

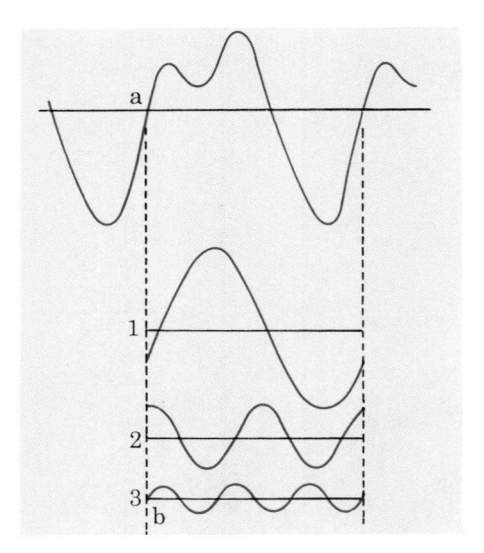

圖 7-6　任何複合波都是由許多正弦波組成
(採自 Cohen, 1969)

的多少和強弱影響到聲音的音色，根據不同的音色我們才能分辨各個人不同的口音和不同的樂器音，倍音越多，聽者愈感到聲音豐富和圓潤。電子樂器比一般樂器能發出更加悅耳動聽的聲音，就是這個緣故。

音色是一個複雜的概念，具有多維的品質，它不但依存於倍音的結構，還受頻率與振幅的影響。實驗用的濾波器把各種樂器的倍音逐步濾掉，它們的聲音就逐漸喪失其原有的音色，最後只剩下同一頻率的基音，聽者就不能分辨這些基音是從什麼樂器發出來的。如果倍音逐步增加，各種樂器的音色又逐漸顯示出來。音響設備的效果也與此有關。

(2) **噪音** (noise) 具有非周期性的特徵，組成它的各純音頻率之間沒有**整倍數的關係**　噪音不僅使人感到厭煩，而且還會引起聽覺功能的障礙。事實上，噪音的振幅、頻率和持續的時間等因素都能給人造成身心的影響，甚至導致死亡。但噪音也有它的實用價值，如臨床上常用一種混合的噪音去掩蔽對側耳的聽力來測量被測耳的聽力。這種噪聲又稱**白噪聲** (white noise)，它是由各種頻率組成，各成分之間具有同樣振幅在相位上無系統關係的非周期性複合音，因為白噪聲像白光一樣，把全部頻率成分都結合在一起（見圖 7-7）。

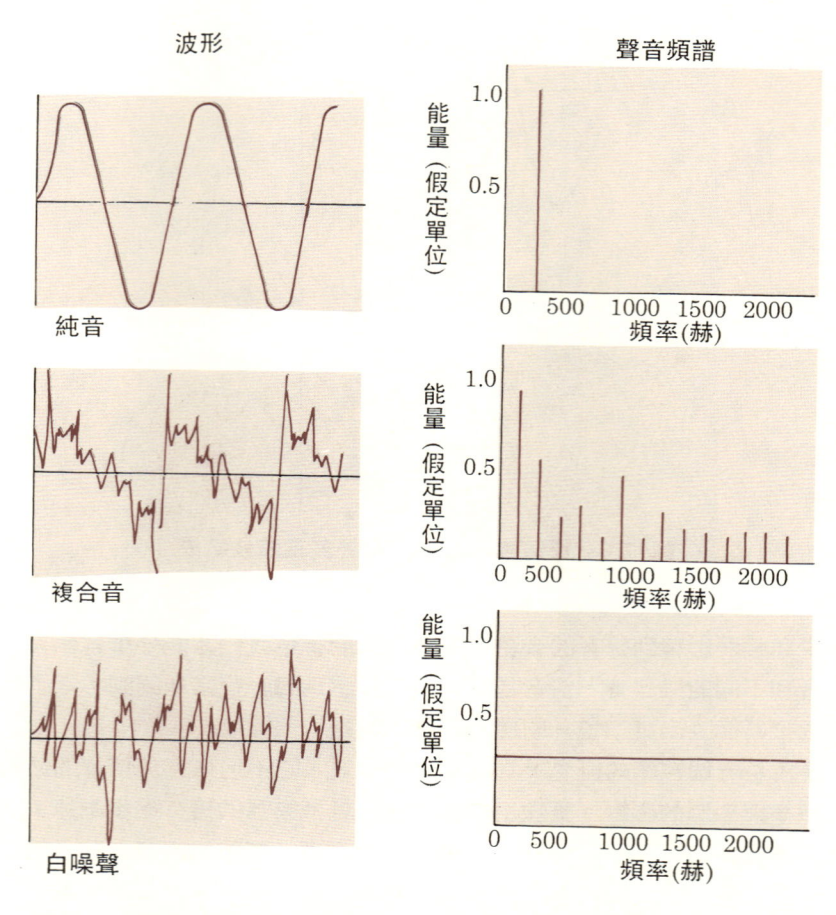

圖 7-7 純音、複合音和白噪聲的波形和聲音頻譜，實際上右圖橫軸可伸到人的聽覺閾限 (20,000Hz)

(採自 Cohen, 1969)

應當指出樂音和噪音只具相對意義。一方面，同一聲音在不同場合可以是噪音，也可以不是噪音；另一方面，平常我們聽到的樂音中總不免有噪音的成分，鋼琴、無線電或留聲機等在發出樂音的同時也發出一定量的噪音，而一般噪音中也含有一定周期性的樂音，因此，鑑別某種聲音是樂音還是噪音，既要看哪種音占優勢，還要看聽者的主觀評價。

(3) **語音是特殊的複合音** 語音是由元音和輔音構成的。**元音(或母音)**

(vowel) 是一種能連續發出的樂音，**輔音** (或子音) (consonant) 是由聲道的封閉或開放而發出的語音，包括塞音、擦音、流音、鼻音等，它主要是不能連續發出的短促的噪音，元音與輔音合成漢語音節。特殊的語音（如漢語）還帶有聲調。元音是周期性的。不同的元音乃由不同的聲道形式而形成，主要是通過舌和唇的動作，發元音時聲帶是振動的，聲道是比較暢通無阻的。輔音一般是非周期性的，兼有樂音和噪音兩個成分。輔音可分為有聲和無聲兩種。有聲輔音也稱濁輔音，無聲輔音也稱清輔音。各種輔音都是由氣流經過口腔或鼻腔，受到了發音器官不同部位的阻礙而形成的。要劃分元音和輔音有時不太容易，為此語言學家提出了區別元音和輔音的三個標準：(1) 發元音時，氣流不遇到什麼阻礙，而發輔音要受到聲道的阻礙；(2) 發元音時發音器官是均衡地保持著緊張的，而發輔音時，發音器官有張有弛，受阻部分緊張，其餘部分鬆弛；(3) 元音的氣流較弱，而輔音（尤其是不帶聲的輔音）氣流則較強。

語音知覺是人類特有的聽覺。語音雖然屬於複合聲，但帶有它自己的特點。作為聲源的言語器官是人類千萬年前社會勞動的產物。我們對語音的知覺也是在社會生活中形成和發展的，也帶有它自己的特點。

(五) 聲波的相互作用

一個聲波同時與另一個聲波相遇或與鄰近的物體發生作用會產生聲波的相互作用現象，就來介紹常見的聲波相互作用現象：

1. 共　鳴

一個振動的物體產生的聲波使鄰近的其它物體也發生振動的現象，叫做**共鳴** (或和振) (resonance)。起共鳴的振動叫受迫振動。實驗演示可將兩個頻率相同的音叉 A 與 B 相距數尺，用小木錘敲擊 A，隨即用手制止它振動，可以聽到 B 在振動發音。增強音叉的振動，把音叉從箱上移開，音叉的聲音就微弱得多。各種樂器由於不同的結構而具有不同的共鳴的特性，不同的共鳴腔體為某些倍音提供共鳴的條件。歌唱家發出的高、中、低的每一個音都有頭腔、口咽腔和胸腔這三個共鳴腔體不同比例的振動，雖然音色基本上應該是一致的，但由於三個腔體混合共鳴的作用不同，便獲得優美的、富有音樂感的藝術效果。可見心理聲學原理可以提高歌唱家的藝術效果。

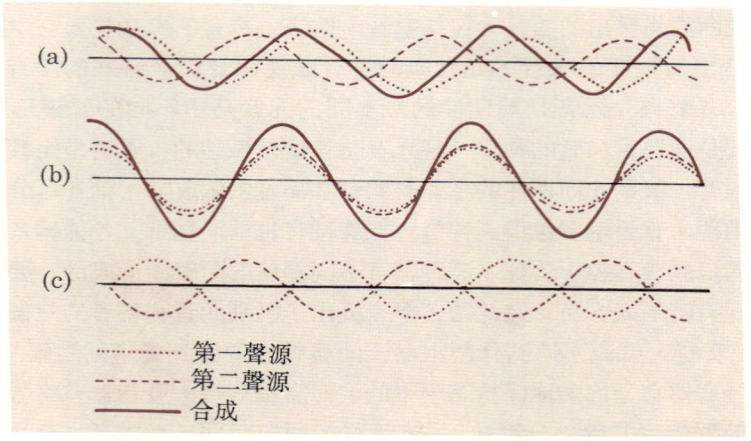

圖 7-8 兩個聲波合併起來可以加強，也可以干涉乃至抵消
(採自 Chen, 1969)

2. 強化與干涉

二個聲波間的相互作用，受聲波的特徵所制約。當兩個振幅相差不大、頻率相同、相位相反的聲波合成後便相互抵消產生寂靜，參見圖 7-8 (c) 的情況。如果頻率相同、相位一致、振幅近似相等的二個聲波合成後，便相互強化產生近似兩倍振幅的聲波，參見圖 7-8 (b) 的情況。如果頻率相近，其合成波仍可看作是正弦波，只是交替地發生強化與干涉，參見圖 7-8 (a) 的情況。合成波的振幅隨時間發生周期性的變化，這時聽到的聲音叫做**拍音** (beat sound)。一秒鐘內產生一次完全的強化或完全的干涉為一拍。每秒的拍數 V 等於兩音頻率的差數：

$$V = |V_1 - V_2|$$

假如將頻率相近的兩個正弦波同時輸入示波器，可以觀察到呈現周期性的強化與干涉的聲音混合的合成圖形。例如，兩聲波分別為 136 赫與 146 赫，一秒鐘內會有 10 次完全的強化，10 次完全的干涉，也就是每秒 10 拍，參見圖 7-9。

音調的和諧與否與拍數有密切的關係。當拍數達到 70 左右時（中音階的 C 與 E 音）效果是和諧的。

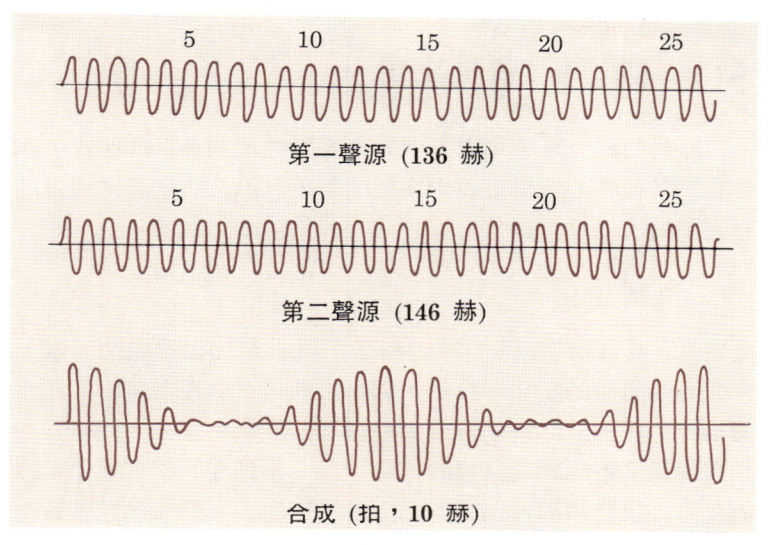

圖 7-9　頻率差異形成的圖示
（採自 Cohen, 1969）

3. 差音與和音

差音 (difference tone) 是兩個頻率適當的純音同時發聲時，可聽到一個音高為兩個原始純音頻率之差的第三音。差音是一組音，若 l 表示較低的原始純音頻率，h 表示較高的原始純音頻率，D 表示差音頻率，則一組差音頻率為：$D_1 = |h-l|$，$D_2 = |2l-h|$，$D_3 = |3l-2h|$，$D_4 = |4l-3h|$。**和音** (summation) 是兩個振幅大致相等，頻率相差 50 赫以上的純音同時作用於聽覺器官，可以聽到頻率分別等於兩原始音的和，即 $h+l$，$2l+h$，$3l+2h$ 等一組音。例如，當混合兩個振幅大致相等頻率相差 30 赫以上的聲音時，我們不僅可以聽到拍音，還可以聽到另外二個音：一個等於兩個頻率差的差音，另一個等於兩個頻率和的和音。差音與拍音不同，因為兩音雖然是同時聽到的，但當聽不到拍音以後，還可以聽到差音。當聽到一個比被混合的一個高頻音更高的音調時，這就是和音的效果。當然混合不同的音階的倍音同樣都可以產生差音與和音，但要把它們從總的音響效果中分辨出來是很困難的，這要具備一定的實驗條件和經過特殊的聽覺訓練才行。和視覺一樣，人類聽覺的潛能是巨大的。

二、聽覺實驗中的各種變量

第二節我們將介紹聽覺現象中的主要屬性及其各自的性質，在此之前，先了解它們各自在心理學實驗中擔任的角色，以及它們充當變量的情況，這是很有必要的。

（一）自變量

自變量（或自變項）是實驗過程中主試有意加以改變的因素，通過它的變化來探尋因變量的變化。自然，因變量即是主試在實驗中要觀察的現象和測定的指標。任何一個自變量或因變量都不能單獨存在，同時某一確定的自變量和因變量又不能離開具體的實驗。某一指標在一個實驗中可以作為自變量，而在另一實驗中卻可以成為因變量。下面，我們通過具體實驗來看看聽覺實驗中的自變量。

聽覺定位(或**聲源定位**)(auditory localization) 是聽覺的方向定位。雙耳是辨別聲音方向的重要器官。圖 7-10 是用聲籠法來研究聽覺定位的裝

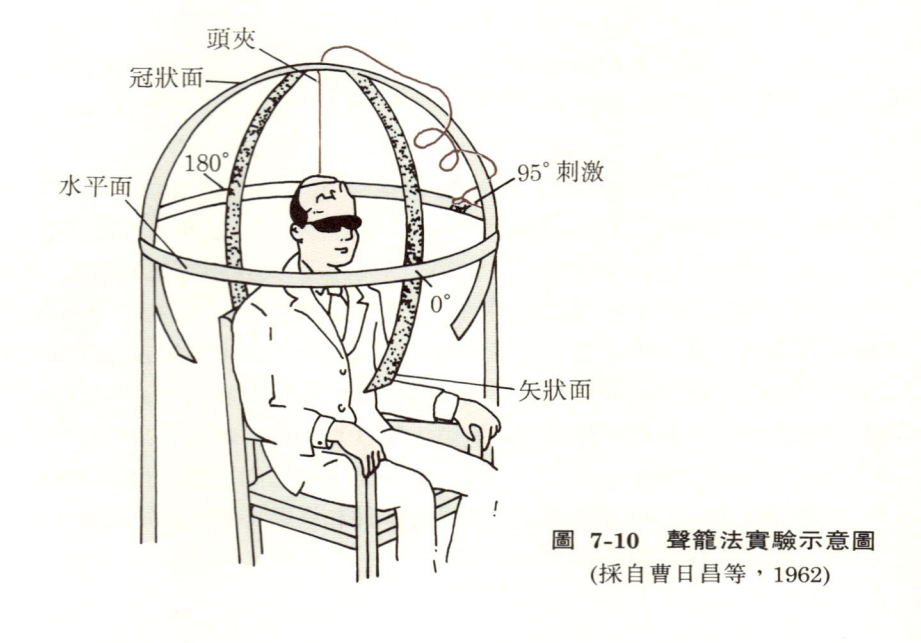

圖 7-10 聲籠法實驗示意圖
（採自曹日昌等，1962）

置。實驗中，主試將被試雙眼蒙住，以去除掉視線索的作用，然後用固定器固定好被試頭部位置，防止實驗進行中雙耳位置的變化。此時，被試的頭部周圍有三個圓環，一個是矢狀切面的圓環（即圖中的深色環），與矢狀在頂中相交的為冠狀環，而與這兩個環水平相交的為橫向環，這三個環是以被試的雙耳聯線中心為圓心的圓球上的三個圓環。實驗中，將刺激呈現器隨機地在事先選擇好的位置上呈現純音、滴答聲或噪音，讓被試進行聲音方位的判斷，並作相應的記錄。

聽覺定位實驗是一個典型的聽覺實驗。在實驗中，一般取不同種類的聲音刺激（純音、滴答聲和噪音）和不同呈現位置作為自變量，主試通過控制刺激呈現的位置變化和呈現不同的刺激內容來探尋人類在雙盲情況下依據固定的雙耳進行聲音刺激位置判斷的規律。任何一個聽覺實驗，都離不開聲音刺激，聲音刺激可以作為自變量，也可以不作為自變量而作為控制變量。在這個實驗中，當其它條件不變時，我們選用聲音刺激作為自變量，只有主試能控制聲音刺激時，才有可能使被試進行聲音定位判斷，而當聲音刺激成為控制變量而不起變化時，也就談不上進行定位判斷了。此外，聲音刺激能由主試進行良好的操縱，這主要體現在以下幾個方面：

(1) **聲音刺激的恆定性**：在聲音刺激呈現的時候，只要確定了振幅、頻率（如純音），就可以使音高、響度不變，條件均等。

(2) **辨別性**：我們選用自變量的聲音刺激，使被試利用雙耳進行方位判斷成為可能。因為根據聲波傳導的時間特性及幾何學原理，人類可以利用雙耳進行方位辨別。

(3) **可控性**：對於聲音刺激作自變量，主試能較嚴密地進行操作控制。我們既可以利用儀器設備保證自變量的恆定性，同時又能在恰當的範圍內隨意變化自變量。自變量的變化主要有兩個方面，一為量的變化，如某一聲音持續時間的長短；一為質方面的變化，聲音的三個特性中任一個發生變化，就會導致聲音刺激的性質發生變化。對於任何一個實驗，在自變量挑選確定以後，其操作——控制呈現亦是一個至關重要的問題。同一個自變量，不同的呈現方式就有可能導致因變量產生影響。呈現位置一般取自三個圓環上以45°為間隔的各個位置，倘若我們在呈現位置選擇上不合適（如不對稱），則會使我們在進行結果分析時產生差錯；倘若我們對刺激的呈現序列不科學——不隨機化，則被試就會掌握其規律或產生其它錯覺，從而使得整個實驗失去意義。從這個例子中可見，自變量的選擇、控制在聽覺實驗中是非常重要的。

(二) 因變量

在心理實驗中，主試在確定好自變量以後，接下來就是考慮因變量了，因為了解因變量（或依變項）的變化規律是實驗的目的所在。就上述實驗而言，根據聲音刺激出現在不同的十七個位置點時，被試對聲音定位的正誤判斷，實驗者就可進行統計分析，可以得出被試對位於左右方向（即冠狀面）聲音刺激的辨別正確率明顯高於前後方向（即矢狀面）；而當分別用純音和噪音作刺激呈現時，則噪音作自變量時的判斷正確率（任何位置）都要高於純音。當然，對這一實驗結果還可以進行深入的研究。如我們可以對第一個結果的因變量記錄進行數量化，即不僅只用正誤判斷，而改用偏離正確定位的角度記錄，於是得到表 7-3。表中的數據反映了聲音刺激偏離矢狀面的角度與相應位置判斷偏離的平均角度數。從這不同的實驗結果中，我們可以看出，不同的自變量變化可以產生不同的因變量變化，而相同的自變量變化亦產生不同的因變量結果。

表 7-3　聲音位置與聲音定向的關係

刺激偏離矢狀面的角度數	0°	15°	30°	45°	60°	75°	90°
平均錯誤角度數	4.6°	13.0°	15.6°	16.3°	16.2°	15.6°	16.0°

(採自張　翔等，1990)

針對任一確定的自變量，如何確定因變量和利用其變化來產生所需的各種變化，完全在於主試如何確定相應的因變量指標。首先，主試要挑選能反映實驗目的和要求的指標。就上例而言，主試若以反應時的長短為指標，則不能說明被試在判斷方位準確性方面的情況，而僅能反映速度方面的規律。其次，主試所挑選的指標在用指導語進行解釋時，要言簡意賅，前後統一，使得任何一名被試能有一致的客觀標準。如果不同的被試對反應方式或實驗方法不能很好掌握，無疑會使實驗結果產生各種誤差，從而得不到真實的實驗結果。再次，對於因變量的客觀指標，要力求能進行明確的辨別和準確的測量。對於能夠數量化的因變量，要力求用數字表示，以便於對自變量與因變量之間的關係進行定量研究。對於性質辨別（如是否判斷）也應力求客觀化，以避免主觀因素的影響作用。這些心理學研究的共同原則，都適用於聽覺實驗。

（三） 控制變量

聽覺實驗的控制變量，主要有機體變量和操作變量。對於機體變量的控制，如被試的性別、年齡、智力等特徵，可以通過實驗設計的安排來進行控制，而情緒狀況、健康狀況等指標則可在對被試的選擇時進行適當的剔選，以保證實驗結果的可靠。

對於操作變量的控制，主試要適當地運用嫻熟的實驗技術來對實驗條件和實驗過程進行良好的調節。聽覺實驗多為室內實驗，這就對實驗環境提出了一些特殊要求，尤其是進行聽力測量等實驗，必須具備相對無噪音的環境——隔音室。隔音室亦稱作消聲室，它的主要用途是建立可以控制的自由聲場，以便進行語言、聽覺有關的測試、研究工作；測定機器和其它聲源的發聲特性，或其它需要避免反射聲、外來聲干擾和模擬自由聲場的工作。例如聲波的衍射、干涉等現象。隔音室內的情況接近自由聲場，它除了採用必要的隔音措施抑制外來噪音的干擾外，室內的六個表面（即四壁、地板、天花板）上都敷以吸音係數特別大的結構。通常尖劈結構用得較為普遍，相對地說，此構造比較簡單，效果亦比較好。通常使用的尖劈為長 1m 底部 20×20 cm^2，尖劈內裝鬆亂的玻璃纖維，為了達到最佳的消音效果，玻璃纖維的密度也有一定的規定。

在聽覺實驗中，儀器也是一個十分重要的因素。例如在人耳聽力的測量中，是用聽力計發出頻率、振幅通過電壓加在耳機上來進行刺激的呈示。由於電子儀器能對聲音刺激的頻率、振幅進行隨意選擇，且能保持先後呈示的一致性，因而是一種較好的呈示裝置，便於主試進行控制。對於一些較難重復的刺激，如言語、機械聲、噪音等等，則可借助於錄音機，進行再現和控制。對於實驗中如何確定被試接受的刺激方式，則必須根據具體實驗而定。如果是聽覺定向實驗，被試必然要運用雙耳聽覺，否則實驗就無法完成，而且用揚聲器和用耳機的效果是不同的。若是用單耳進行距離判斷實驗，則單耳的選擇亦須十分小心，因為人的左右兩耳在聽力方面是有差別的，猶如雙眼在視力上也常常是有差異的。

第二節　聽覺的二個基本屬性

第一節介紹聲音刺激的特徵時，我們就涉及到聽覺具有音高和響度二個基本**屬性** (attribute)，在本節中我們再來具體地討論一下音高、響度與聲音刺激的頻率、振幅、周相之間的關係，以及對音高和響度的感知規律。

一、聲的測量

在討論聽覺的基本屬性之前，先熟悉一下聲的記錄和測量的原理是很有必要的。

（一）聲的記錄

人類很早就開始研究聲音，並利用當時已掌握了的聲音的某些規律來製造樂器、設計建築，使發出的聲音傳得更遠，可是幾千年來，人類只能憑耳朵來辨別聲音的高低、強弱，而不能把聲音記錄和儲存起來。所以與其他研究領域相比，聲學的研究要算落後的了。直到 19 世紀愛迪生發明了留聲機，人們才能用機械的方法把各種聲音記錄在唱片上，可是聲音、機械振動不容易傳遞，也不容易放大，機械方法很不方便。到了 20 世紀，電學，特別是電子學的高度發展，才把聲的振動先轉換成電能，使聲音的記錄成為輕而易舉的事。這也影響到人類生活的許多方面，如今人們已離不開錄音機和電視機。

圖 7-11 是基本的錄音系統的方框圖。傳聲器主要是用來接受空氣介質中的聲波，它輸入的是聲波，輸出的是相應的電壓。放大器的作用就是把從傳聲器來的微弱電壓放大成與它成正比的較高電壓。由於摻雜的干擾與聲波振動信號一起被放大，所以濾波器就像過濾用的紗布一樣，將有用的信號放過，而把不需要的噪音留下。雖然濾波器的輸出仍是電壓，但其功率還不夠大，不足以能推動記錄器，所以還需功率放大器來補充能量。

現代科學技術已經能夠製造出理想的各種部件，也就是說這些部件能夠

图 7-11　录音系统的方框图

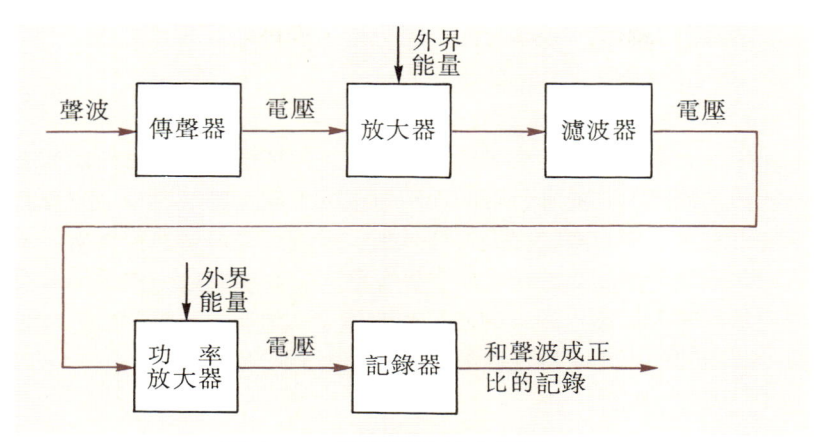

完成人们所要求的功能。简单地说，它们是线性的，即输出量与输入量成正比。这种部件的组成系统在传递信号时不致产生失真，记录下来的声音能保存原来信号的特性，只是强度不同，并可以重新放出来。如果组成系统的部件不是线性的，输出与输入不成正比，则记录就有不同程度的失真了。

（二）　声的测量

声波的测量与分析按过去传统的方法是先用机电换能器把声波转换为相应的电信号，然后用电子仪表放大到一定的电压级进行测量与分析。有关声学的实验室包括消音室、混响室和行波管等，以提供测量用的行波声场和混响声场。声源可以是普通的扬声器、特殊的点声源或无指向性声源。当需要大的声功率时，可以用气流扬声器。

由于计算技术的发展，使许多计算和测量工作都使用了电子计算机或程序运算器。这些带计算机处理系统的高级声学测量仪器，能完成下列一些测量工作：

1. 评价值的测量　响度和响度级，感觉噪音级，清晰度指数，语言干扰级，噪音评价数。

2. 声源的测量　频谱的时间变化，声功率，指向性，效率，共振峰的跟踪，频谱特征和比较，平均和积分，求极大谱，幅值分布，相关性。

3. **音質的測量**　混響時間，隔音量，吸音量。
4. **其他的測量**　計權聲級等。

聲測量的基本儀器是聲級計。聲級計是一種能對聲音作出類似人耳的反應的儀器，同時，它能進行客觀而可重復的聲壓和聲級測量。聲壓測量的好處很多：它能幫助音樂廳提高音響效果；能對煩擾聲音進行精密的、科學的分析。聲級測量還能明確地告訴我們什麼聲音會引起聽力損害，並提醒人們採用適當的聽力保護措施。因此，聲測量是不可少的。圖 7-12 為聲測量示意圖，圖中間的人正手持聲級計對環境噪音進行測量。

圖 7-12　聲測量示意圖
(根據丹麥 B & K 儀器公司資料繪製)

二、聽覺屬性——音高

音高是聽覺的首要屬性，它是一種心理量，音高的單位是**嘆**(mels)，純音的音高依賴於聲音振動的頻率。下面先介紹音高是如何確定的，然後再說明音高的特徵。

（一） 音高量表

純音音高和頻率的相關可藉助於心理物理法直接求得，即在可聽範圍內把音高從低到高地分成等級製成一種音高量表。圖 7-13 是一個音高量表，橫坐標表示頻率，縱坐標表示相應的音高，顯示了音高隨頻率而變的函數關係。音高量表的製定，可以採用二分法和多分法兩種方法。二分法是讓被試者將一可變純音的音高調到標準音高的一半，求得相應的頻率。為便於音高量表的建立，一般指定 40 分貝的 1000 赫純音的音高 1000 嗼作為參照點。按照二分法計算，被判斷是參照音高減半的樂音為 500 嗼時，與其相

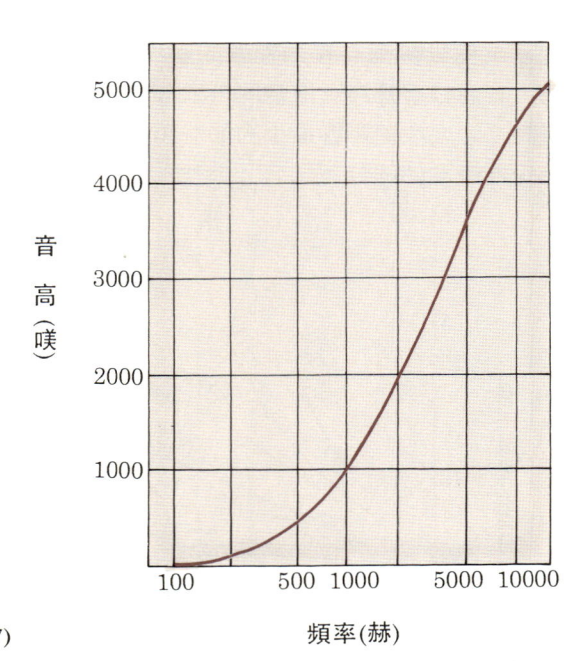

圖 7-13 音高量表
(採自 Stevens et al., 1937)

應的頻率約 558 赫，被判斷是參照音高加倍的樂音為 2000 嗼時與其相應的頻率約 2100 赫，以此推測，便可求得整個可聽範圍的音高量表。多分法 (這裏以四分法為例) 是給被試者一個高頻聲 S_1 和一個低頻聲 S_5，讓他在兩者之間調出三個音，使各個相鄰兩音的音高距離相等，即 $S_1-S_2=S_2-S_3=S_3-S_4=S_4-S_5$，而求得各點相應的頻率值，以上兩種方法所製成

的量表基本相同。

（二） 音高和強度的關係

多年以來，許多學者已經注意到聲音的頻率並不是決定音高的唯一的因素，一個樂音的音高也隨強度的改變而改變。傳統實驗採用可連續變換強度（可聽範圍）的從 150 到 12,000 赫之間的 11 個頻率的聲音，使兩個頻率交替呈現，讓被試者調節其中一個聲音的強度，使兩音的音高相等，結果如圖 7-14 所示。這個音高隨強度改變的曲線又叫**等高線** (equal pitch curve)。當強度改變時，各頻率的音高隨之發生變化。對於低音來說，音高隨強度增加而降低，對於高音來說，音高隨強度增加而升高，對於中等頻率的聲音來說，兩種影響都有輕微程度的表現，例如 2000 赫的聲音，當強度初增加時，音高略有升高，但強度再增加時，其音高略微降低了。從圖中可以看出音高受強度改變影響最小的那些頻率都是人耳對它們最敏感的聲音，也是耳感受性最高的部分。

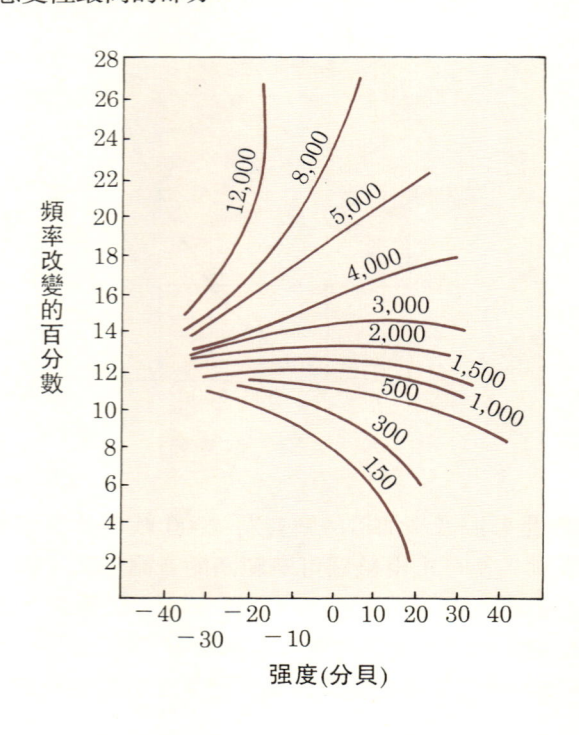

圖 7-14
音高隨強度改變的曲線
(轉採自陳舒永，1980)

綜上所說，音高主要決定於聲音頻率的高低，但聲音強度對於音高也有一定的影響。音高的實驗研究應該將聲音的頻率和強度結合起來考慮。當說明一個聲音的音高時，應選擇一個標準的強度水平作為參考，一般常用的參考強度是 40 分貝，上述音高嘆量表就是依此來制定的。

(三) 音高和周相的關係

音高與周相的關係同音高與強度的關係相似。非常短促的純音音高是很難鑒別的。布魯克、卡特沃斯基和利基特 (Burck, Kotowski & Lichte) 三人試驗性地建立一個人們能進行音高鑒別的持續時間極限。他們發現，對低頻純音的區別要求有較長聲音刺激呈現持續時間，在 1000～4000 赫範圍內的中高頻純音，只要呈現時間持續 10 秒人們就能進行較正確的音高鑒別和歸類。布魯克在 1968 年的實驗中，要求受過音樂訓練的被試，對突然出現的短音音高尋找相等的純音。實驗採用匹配調整法。結果表明，當低頻音的持續時間較短時，音高會明顯地被判斷得偏高；而縮減高頻音的持續時間，則會使音高的報告值偏低；在 1000～4000 赫 (1000～3000 嘆) 之間時，周相對音高的影響作用最小。這個頻率範圍正好是主要語言區。

(四) 音高與複合音

以上，我們涉及的均是純音，而在日常生活中，人耳接受的卻是大量純音同時出現時合成的複合音。這些複合音包括基音和許多泛音及倍音。人能對許多同時呈現的純音進行加工，也就是說，人的聽覺能區別出複合音中各個獨立的成分。

在 20 世紀初期，斯達姆夫 (Carl Stumpf, 1848～1936) 研究了人對泛音的鑒別能力，並得出了較低的泛音 (第二、三級的) 比更高次序上的諸音難以感知的結論。他報告說，對有些全音他能聽出甚至高達 27 級部分的倍音。波羅姆 (Plomp, 1964) 報告，他系統地研究了正常聽覺的被試在這方面的能力，並確立了可聽範圍內相當大部分的臨界頻率分隔點。在研究聽者聽到泛音的能力時，波羅姆發現，這時能聽到的泛音是以最低的泛音的頻率數為函數的，參見圖 7-15。這一研究結果與早期斯達姆夫的研究完全相反。圖 7-16 是一個被試從 250 赫的基音選擇泛音的例子，整個操作持續得較好，一直進行到了第 4 級倍音，但偶然也有一下子降低到第 10 級的。

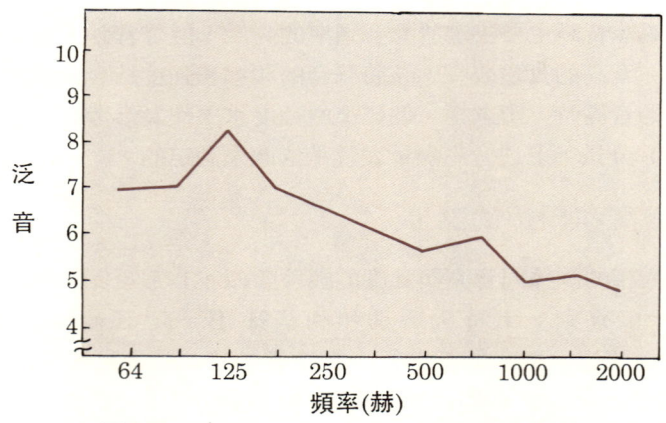

圖 7-15　百分之七十五的正確報告的泛音數
(採自 Plomp, 1964)

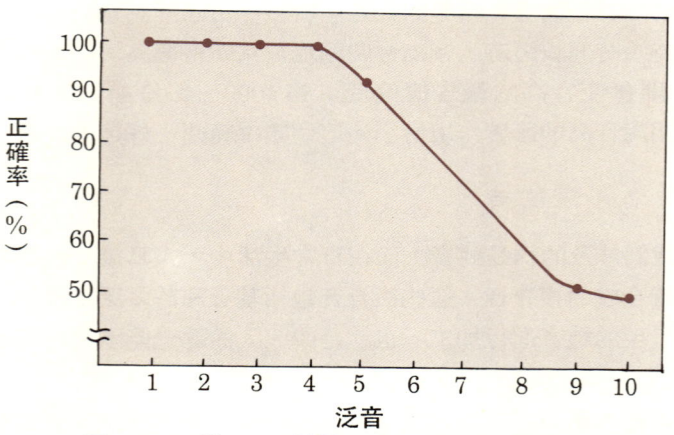

圖 7-16　從 250 赫的基音中選擇泛音的正確率
(採自 Plomp, 1964)

　　弗蘭切 (Fletcher, 1953) 的許多實驗證實了基音在確定一個複合音時所擔當的關鍵作用。一個由 300、700、900 赫組成的複合音，被試報告的基音相當於 200 赫純音的音高。這兒的基音不是由所有組成的純音的平均值來確定的 (如這兒為 700 赫)，而是由各個純音的頻率差 (200 赫) 決定的，如果在上面三個純音中再加上 600 赫、800 赫、1000 赫，那麼基音就從 200 赫降到 100 赫。

貝肯姆 (Bachem, 1959) 在 20 世紀中期的研究中發現，複合音的絕對音高與純音的絕對音高不全相同，複合音依賴於聲音的頻率和音色。音色是指所給予聲音的倍音特點的獨特組合所產生的聽覺效果。卡貝爾 (Korpell, 1965) 試圖對音色進行評定，並觀察是否它的確是由倍音的組合而產生的。他重新錄製了樂音音符，將錄音再以比原來錄音時略慢的速度放給被試聽，對他們進行進一步的訓練。卡貝爾推斷，如果音色確實是由倍音的組合而產生的，那麼，這些重新錄製的音調應當產生同樣的基音，因為倍音間的關係應該是保持不變的；如果音色依賴於聽覺系統內部的變化，那麼被試應該相對有新的頻率產生的音調，因為由於播放速度的加快或減慢使得原來音符的頻率發生了變化。事實上，大部分受過音樂訓練的被試曾判斷出有新的頻率的音符，這樣，音色就不僅是倍音特性的作用了。例如，平時我們發現唱機的轉速太慢，這就是由於我們對歌曲的音符和速度方面的經驗作用，而不是由於我們對絕對音高變化的鑑別。

三、聽覺屬性——響度

　　響度 (或音強) (loudness) 是聽覺的第二屬性，聲音響度是人耳對於聲音強度反應的主觀量，**響度單位是味**(sone)。聲音的強度可用聲壓、聲壓級與聲強、聲強級來量度。那麼響度又是如何確定的呢？它有哪些特徵？

（一）　響度量表

　　響度又是如何確定的呢？上面講到，以赫茲為單位的頻率數不能簡單地作為音高的指標，同樣，以每平方厘米的達因數的聲壓強度也不能簡單地作為響度的指標。聽覺的響度，作為人的一種聽覺經驗，不僅與聲音刺激的強度有關，也與刺激的頻率有關。當刺激的頻率數保持恆定時，便可以得出一個隨聲音刺激的強度變化而變化的響度量表——味量表。味量表的建立方法很多，主要有以下幾種：

　　1. 二分法　讓被試調節一個可變音，直至其響度等於兩個連續音響度的中間值。例如，如果相鄰兩響度值代號為 2 和 4，則調節後的變量值代號應為 3。

2. 多分法　這個方法在建立音高量表時已經用過。被試按要求來調一個可變音的物理強度，直至它聽起來與標準音響度的幾分之一相當。這樣的過程持續進行，使連續的響度值分為許多段，直至主試獲得足夠的數據來建立主觀響度量表為止。

3. 單耳和雙耳平衡法　這種方法的特點是，一個純音同時傳給雙耳聽，使其聽起來是這個音單獨傳給單耳聽時響度的 1/2 倍、1 倍或 2 倍。因此，如果一個被試對單耳聽到的一個可變音的強度判斷為雙耳聽到的相同頻率音的響度相等，這樣，我們便得到了一種相對自由的判斷方法。單耳和雙耳平衡法是二分法和多分法的補充。

有了上述方法和原理，就不難制定出量表，圖 7-17 即是史蒂文斯通過實驗建立的響度量表。響度用唻作單位，一個唻是指 40 分貝時 1000 赫的純音聲音刺激的響度感覺。被試對與標準刺激頻率相同但強度不同的許多純音刺激進行與標準刺激的比較和判斷。2 唻的值確定為 1 唻音的二倍響度，0.5 唻則為 1 唻音的響度一半。實驗者對其他由聽覺刺激引起的響度

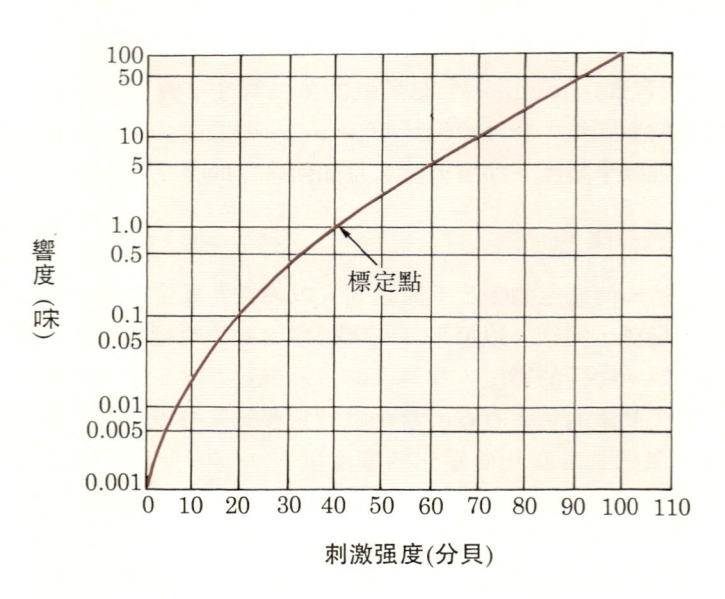

圖 7-17　唻量表

(採自 Stevens, 1958)

感覺都作同樣的規定，並讓被試進行相當數量的這種不同值判斷。這樣，如果響度與刺激強度呈線性關係，則相關線上每點的咪值必與頻率值相當，但實驗結果顯露出明顯的非線性關係。例如一個 70 分貝刺激產生 10 咪的響度感覺，這樣，70 分貝的刺激所產生的響度是 40 分貝的音的 10 倍，而不是線性相關的 1.75 倍。

（二）聲強的差別閾限

用心理物理學的次數法可以測定聲強的差別閾限，即呈現兩個聲音，讓聽者判斷哪一個較強。有人用此法直接測量了不同頻率的聲音在各種感覺水平時能區分出不同響度所需要的壓力變化。實驗結果如表 7-4 所示。本實驗用從 64 赫開始相隔一個音程的八種頻率。每一種頻率都用低、中、高三種強度，分別為 5 分貝、20 分貝和 60 分貝。表中列出了 20 名被試 $\triangle E/E$ 的平均值。從表中可以看出：

表 7-4　各頻率的聲音在不同感覺水平時的強度差別閾限

頻率(赫)	感覺水平 5 分貝 $\triangle E/E$	20 分貝 $\triangle E/E$	60 分貝 $\triangle E/E$
64	3.6	1.1	0.20
128	2.3	0.7	0.18
256	2.3	0.6	0.16
512	1.4	0.5	0.14
1024	1.0	0.4	0.12
2048	0.9	0.35	0.10
4096	1.0	0.4	0.14
8192	1.7	0.5	0.18

（採自陳舒永，1980）

（1）當感覺水平較弱 (5 分貝) 時被試對於頻率低的聲音 (如 64 赫) 比對於頻率高的聲音 (1024 赫) 差別感受性小得多，當頻率高於 2048 赫時，差別感受性又逐漸減小。

（2）當感覺水平增強時差別感受性變化減少，感覺水平為 60 分貝時，各種頻率聲音的差別感受性幾乎相同，並且感覺水平高比感覺水平低時，強度差別感受性大。可見，聲強的差別閾限，受到頻率和強度二個屬性影響。

(三) 等響曲線

等響曲線 (equal loudness curve) 乃是把響度水平相同的各種頻率的純音的聲壓級連成的曲線。如前所述，頻率不同的聲音響度，不能單純地用聲強級大小來衡量聲音的響度。例如對兩個頻率為 1000 赫和 100 赫的聲音，聲壓級雖然都是 40 分貝，但響度感覺卻大不相同，1000 赫聲音要比 100 赫的聲音響得多。要使兩者響度一樣，就要把 100 赫聲音的聲強級增加 11 個分貝。因此需要確定一種響度級來量度各頻率聲音響度的大小。

從等響曲線上還可以看出，在低強度時曲線呈 V 字型；在高強度時，響度曲線趨向平化，即在相同強度時有近似的響度。

對於響度級的研究可採用間接對比的方法進行。先選定一定強度的 1000 赫純音作為標準刺激，用頻率的聲音為比較刺激，由聽者調節比較純音的強度，直至和標準純音響度感覺相等，於是得出圖 7-18 所示的一組曲線，圖

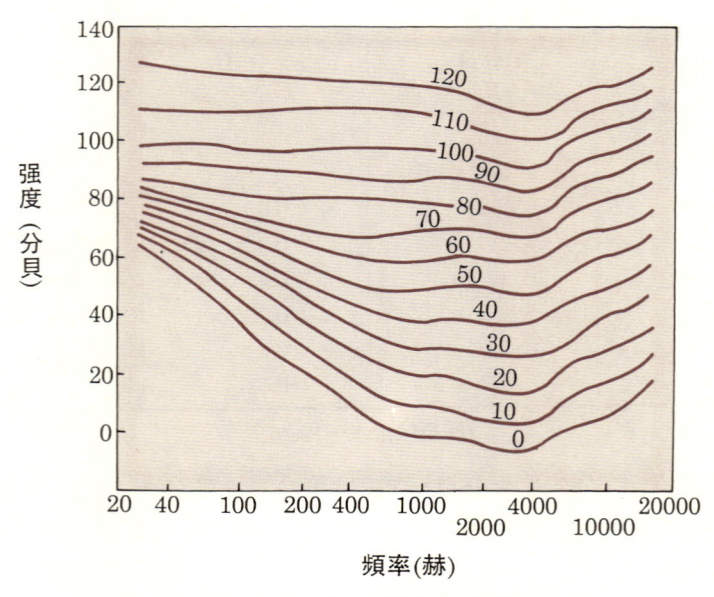

圖 7-18 純音等響度曲線
(採自 Robinson & Dadson, 1956)

中每條曲線上各種頻率的聲音的響度感覺是相等的,所以稱為等響曲線,這個等響曲線具體表明了響度級的特徵。為了便於說明和區別各條等響曲線,同樣採用分級的辦法。取圖中參考音調 1000 赫的垂直線與等響曲線相交點的強度級為各等響曲線的級別,叫做**等響級** (equal loudness level),單位是**吩** (phon),就是說任一條曲線上的響度級相當於同樣響的參考音調 1000 赫聲音的強度級 (1000 赫純音的強度級就是它的響度級)。例如在 20 吩的等響曲線上,一個強度級為 20 分貝的 1000 赫聲音,與一個強度級為 37 分貝的 100 赫聲音聽起來是一樣響的,它們的響度級都是 20 吩。

(四) 響度與時間

響度與時間有關,對一個聲音的響度進行估計必須要達到一定的持續時間。在這個最短時間值以上時,隨著持續時間的增加 (減少),響度也會增加 (降低)。若一個人要對一個持續時間太長的音進行感知的話,則其響度也會變化。密拉貝勒和泰欽納等人 (Mirabella & Teichner et al., 1967) 對這個問題進行了研究。他們要求被試對一個持續幾分鐘的音連續進行響度調整。結果表明,對高強度的音,為了要獲得同樣的主觀響度,被試逐漸隨時間的加長而增加音強;而對低強度的音,則結果相反:隨時間的推移,音的知覺響度不斷加大。

另外,響度在時間上還有總和作用。當兩個不同頻率的音同時呈現時,其響度要比任何一個單獨呈現的響度大。根據前面討論過的音高知覺中基音與複音的關係,我們就不會對以下的現象感到驚訝:即複音的響度感覺既不等於所有純音響度的總和,也不等於它們響度的均數。史蒂文斯 (Stevens, 1956) 通過實驗指出,純音響度總和的程度,不僅與組成音的強度有關,而且還與各音之間的頻率差有關,並提出了最小頻率間隔的概念。所謂最小頻率間隔,可以定義為產生響度總和所必須的組成音之間的**頻率差距** (frequency spread),一旦達到這個值,總和的水平便會迅速提高。當各組成音一樣響時,總和的響度值最大,當各個單音間的間距為同樣的臨界頻寬時,亦能達到最大的總和作用。

第三節　聽覺的基本實驗

一、人的聽力

（一）　聽力圖

　　聽力圖 (audiogram) 乃是記錄聽力測驗的圖表。圖 7-19 是不同比例成人的可感受耳（即正常）所聽到的聲音範圍，最低的一條曲線是最小可聽閾，即**可聞閾限（或聽覺閾限）** (auditory threshold)，而最上的一條則為聽覺上限，即最大可聽閾，亦稱作痛閾。這些曲線是通過以下技術來獲得的：被試在聽功能較好的一隻耳上戴上耳機，接受某個純音刺激。例如，一個刺激 1000 赫並且是在可聞閾以下的音，被試不可能聽到它。主試慢慢地提高聲音的強度，當被試第一次報告"聽到了"，主試記下這個聽覺閾限水平值，並作為聽力圖上可聞閾曲線上 1000 赫時的一點。然後，主試繼續緩慢地提高聲音強度水平，當被試第一次報告耳朵感到搔癢或產生疼痛時，主試記下這時的感覺閾限值，並將其作為痛閾點。對於其它各個頻率，重復進行同樣的實驗，直至可聞閾曲線與痛閾曲線完全形成為止。

　　曲線的下界是最小可聞閾，曲線的上界是最大可聞閾。常人無法聽到 20 赫以下和 20,000 赫以上的聲音，但對 3000 赫的聲音刺激卻是最敏感的，這部分也正是人類語言頻率密集的區域。

　　圖 7-19 所示聽力圖是 1969 年美國貝爾電話實驗室發表的聽覺閾限曲線簇。這裏的曲線系列是從**大樣本** (large sample) 美國成年人抽樣測得的聽力曲線。其中，"50％"那條曲線是最令人感興趣的。在全城中一半的人具有高於這這閾限曲線的聽覺敏銳度，而另一半的人員則相反。由於不良聽覺敏銳度能用來較好地定義失聽（或耳聾），所以 50％ 的這一曲線亦常用來作為聽覺缺失的參照標準。

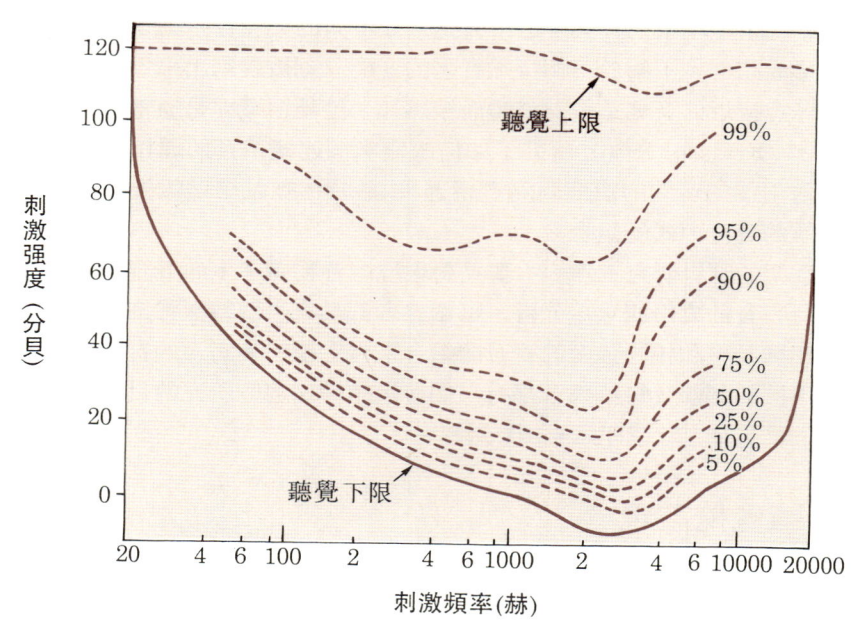

圖 7-19 聽力圖
(採自 Bell Telephone Lab, 1969)

（二）聽覺模式

　　在實驗室中，我們可以將聲音分解出確定的頻率、強度和周相，但是我們極少將較簡單的聲音進行同樣的分析和處理。平時，我所聽到的是音高和響度不斷變化著的一連串聲音，其中有些聲音掩蓋或淹沒了具有相類似結構的其它聲音，同時，具有不同結構的聲音卻仍舊存在。與視覺模式相類似，聲音總是被感知為一個個有意義的模式，遵循類似於圖形知覺的規律。當我們進入一個擠滿人的房間，大家在相互交談，你便會立刻感知到一定的噪音水平，但如果你自己專注地加入到交談中，便不可能聽清你交談對象以外的其他人所說的每個字詞。但有趣的是，若有一個人在你附近同別人交談時提到你的名字，你便會立刻聽到，因為在這時這個刺激就像背景中的一個圖形一樣從許多交談背景中突顯出來。這些現象稱之為**聽覺組織** (auditory organization)。

聽覺組織現象在音樂中也可見到。如不同的樂音音階總是以特殊的音調關係形成組群，不屬於一個特殊音階的音能立刻被鑒別出來，而且呈現時間愈短、愈接近的音總是作為整體而被感知。這種組織即是通常所指的節奏。弗雷塞 (Fraisse, 1966) 研究了如何改變兩個連續拍音的周相來影響聽覺組織。當兩個拍音間的短期間隔不超過 2 秒時，被試總是報告節奏的印象或是相續的音符模式的組合。

近期的聽覺研究工作，主要是對環境中各物體產生的聲音，利用攝譜儀來進行聲音的成份測量、分析。每個聲音都具有一個特徵聲譜，並能通過產生各相同頻率和相同強度的聲音的組合來再生模仿。對人的言語亦是如此，每個不同的個體，每個聲音都有一個特徵結構。這些研究的目的，在於揭示聽覺的信息加工 (或訊息處理) 過程。

二、聽覺掩蔽現象

聽覺掩蔽 (auditory masking) 是兩個聲音同時呈現時，一個聲音因受到另一個聲音影響而減弱的現象。在日常生活中經常可以遇到聲音的掩蔽現象。一個可聽聲由於其他聲音的干擾而使聽覺發生困難，前者必須增加強度才能重新聽到，這種閾限強度增加的過程和強度增加的量就叫聲音的掩蔽效應。要聽的聲音叫做被掩蔽音，起干擾作用的聲音叫掩蔽音，影響掩蔽效果的有頻率、強度等因素。掩蔽現象大約有三種情況，下面分別進行闡述。

(一) 純音掩蔽

對聽覺掩蔽的研究是從**純音掩蔽** (pure tone masking) 開始的，即以某個定額頻率的純音來掩蔽其它不同頻率的純音，再來觀察後者閾值提高的情況。圖 7-20 是佛萊奇爾 (Fletcher, 1953) 的一個實驗結果，從圖上可以看到以下幾種情況：(1) 掩蔽音強度提高，掩蔽效果隨之增加，當 400 赫的掩蔽音是 40 分貝時，800 赫的純音要達到 13 分貝時才能聽到；當該掩蔽音提高到 80 分貝時，800 赫的純音須增加到 60 分貝才能聽到。而且掩蔽音愈強，它的影響範圍也愈大。例如 20 分貝的 400 赫，掩蔽音只影響到 200～800 赫的頻率範圍，而 80～100 分貝的400 赫掩蔽音可影響到 4000 赫以上的頻率範圍。(2) 掩蔽音對於頻率相近聲音的影響最大。例如

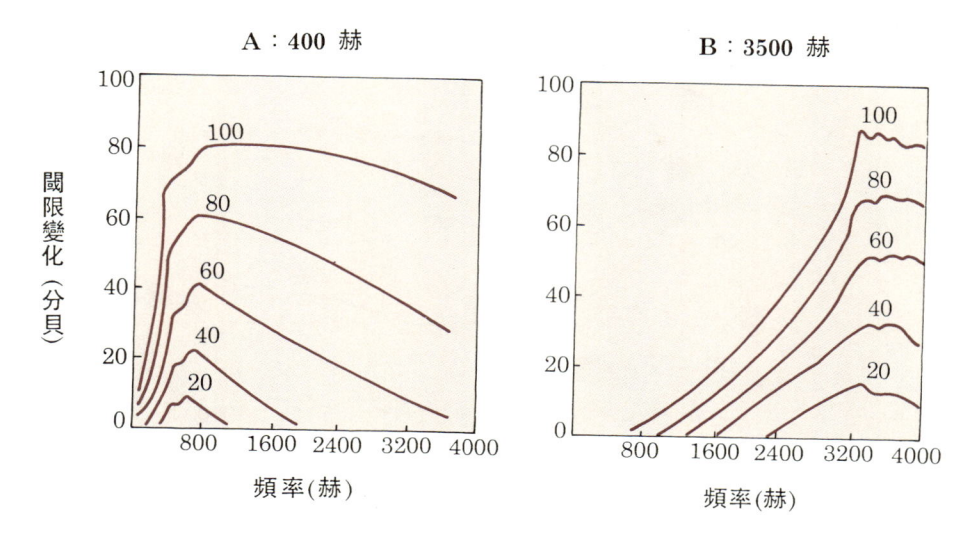

圖 7-20 純音對純音的掩蔽效果

說明：A、B 為掩蔽音。橫坐標為各種頻率的被掩蔽音，縱坐標為掩蔽閾限
（採自 Fletcher, 1953）

3500 赫掩蔽音對於 3000～4000 赫純音的影響明顯大於 3000 赫以下純音的影響。(3) 低頻對高頻的掩蔽效果大於高頻對低頻的掩蔽。例如 400 赫掩蔽音對高頻音的影響範圍和效果相當大，而 3500 赫掩蔽音對低頻音的影響範圍和效果就相當小。所以在生產勞動與無線電通訊中，應當著重考慮排除低頻音的干擾作用。

(二) 噪音掩蔽

上述是純音對純音的掩蔽作用。在實際生活中，更常見的是噪音的掩蔽作用。圖 7-21 是一種白噪聲對純音掩蔽的實驗結果。從圖上可以看到，當噪音強度低的時候，各種純音的閾限差別很大，當噪音強度提高時，各種純音的閾限差別縮小，在製訂克服聲音掩蔽的最佳方案時，這類參數對通訊有很高的實用價值。

依根等人 (Egan et al., 1965) 曾使用窄頻帶噪音作為一種掩蔽刺激。圖 7-22 表示依根等人的一組實驗結果。使用的噪音帶寬為 90 赫，中心在 410 赫。圖中表明對一些被掩蔽的頻率（橫軸）所產生掩蔽總量。當噪音在

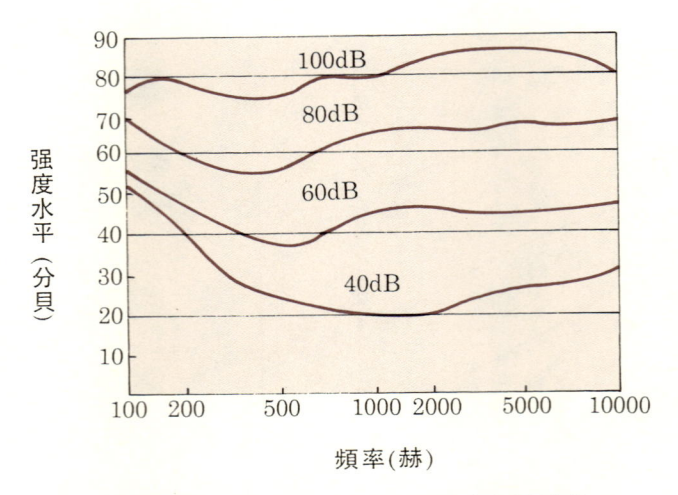

圖 7-21 不同強度的噪音對純音的掩蔽
（採自 Egan, 1965）

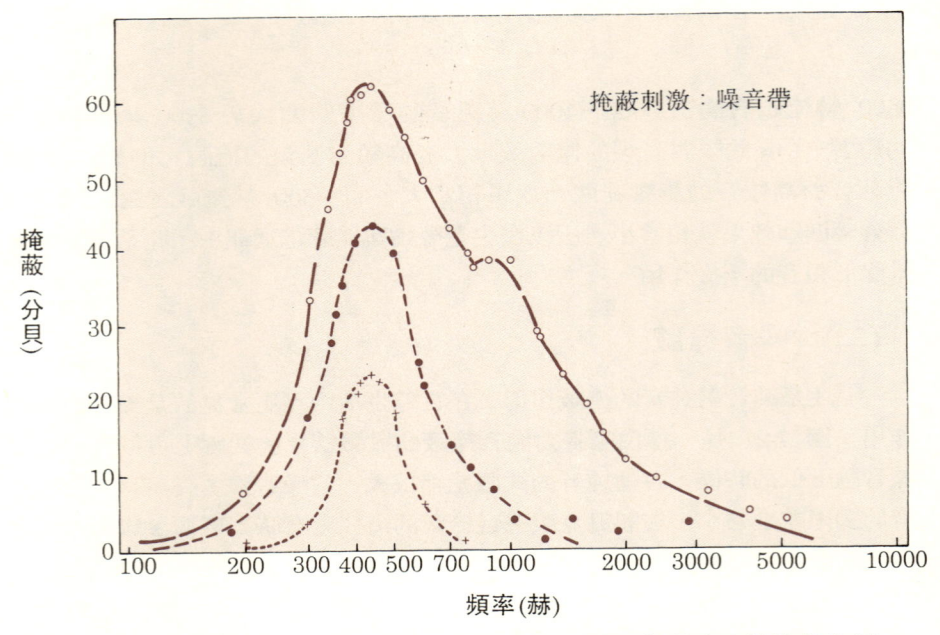

圖 7-22 三種水平（40, 60, 80 分貝）的窄頻帶掩蔽噪聲所產生的掩蔽作用
（採自 Egan, 1965）

低水平 (40 分貝) 和中水平 (60 分貝) 時，所產生的掩蔽總量相當對稱。但是，在 80 分貝水平時，掩蔽噪聲便對較高頻率比對較低頻率產生的掩蔽作用範圍更大些。

(三) 噪音與純音對語言的掩蔽

　　噪音和純音都可對人們的語言產生干擾，使語言變得不可理解。語言通訊一方面決定於聽者耳朵的敏感度，另一方面決定於說話者的語言特性，所以了解語音的頻率和強度分布是很重要的。圖 7-23 是貝爾電話實驗室的佛萊奇爾 (Fletcher, 1953) 的測試結果。在距離說話者的口唇 30 厘米的地方測量相連的每個音階 (在低頻段) 和每半個音階 (在高頻段) 的聲強，實線是男聲，虛線是女聲，均表示在每一頻帶中語音的強度比所有各頻率的語音的平均強度低多少分貝。從圖上可以看到，在語音頻率範圍內各個頻帶的強度是不同的，強度最高的頻帶在 300～500 赫左右，600 赫以上強度逐漸減低，超過 5000 赫強度就減到非常小了。我們知道，人耳對 3000 赫左右的聲音最敏感，可是強度最高的語音頻帶處於 300～500 赫，因此，在語言通訊中使用的最重要的頻率並不就是耳朵最敏感的頻率。對於一般的語言通訊來說，去掉 2000 赫以下的頻率，就會無法聽懂對方話的意思。

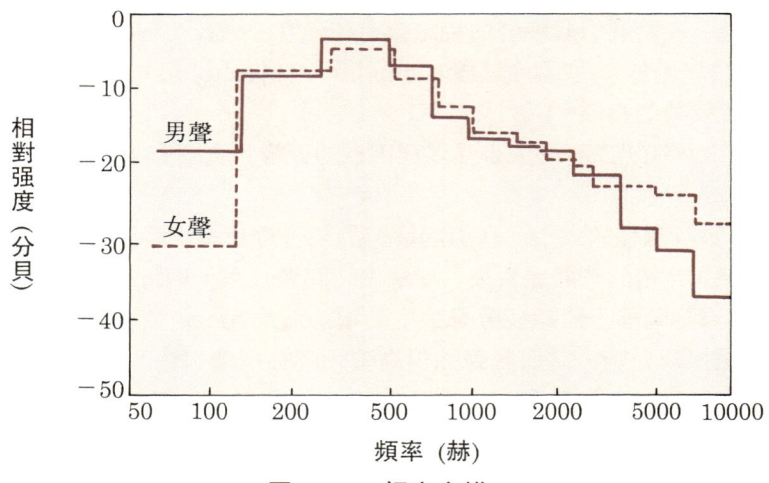

圖 7-23 語言音譜
(採自 Fletcher, 1953)

相反，去掉 2000 赫以上的頻率，卻不會影響對語言的理解。應注意到圖 7-23 中兩條曲線的尾端男聲和女聲強度的差別。為了設計好一個語言通訊系統，就需要有各種專門的數據。

掌握語言音譜的特點，有助於我們了解噪音和純音對語言的掩蔽效果，噪音的掩蔽效果比純音的掩蔽效果好，但並不是所有強度的噪音都能造成同樣干擾。噪音要相當大，大到叫人厭煩的程度，才會降低語言的清晰度或可懂度。在純音的掩蔽效果中，300 赫比 1000 赫掩蔽作用大，所以要注意排除低頻音對語言的最重要的頻率干擾，以保證語言的清晰度。

三、聽覺的疲勞和損傷以及適應

疲勞和適應是所有感覺系統所共有的特性，聽覺系統在足夠長和足夠強的刺激作用下，其感受性將發生變化。

(一) 聽覺疲勞

聽覺疲勞 (auditory fatigue) 乃是聲音刺激強度大大超過聽覺感受器的正常生理反應限度，或聲音刺激長時間作用於聽覺器官而引起的聽覺閾限暫時提高的現象，聽覺疲勞測量方法可先測定被試對某種頻率聲音的閾值，而後讓他聽一段時間引起疲勞的特定頻率和強度的純音，再測定他的聽閾，所得閾值的改變量，即**暫時閾移** (temporary-threshold shift，簡稱 TTS)，就是聽覺疲勞的指標。

暫時閾移 (TTS) 的大小受多種因素的影響，主要有：

(1) 暫時閾移的大小，和引起疲勞的聲音停止多少時間有關，引起疲勞的聲音停止作用的時間愈長久，即恢復時間愈長久，則暫時閾移愈小。

(2) 暫時閾移一般隨疲勞聲強度的增加而加大，當疲勞聲在低強度時，閾移變化相對小些；當疲勞聲強很高時，閾移增加很快。1400 赫的暫時閾移大於 1000 赫的暫時閾移，當兩者在 90 分貝處，暫時閾移急劇增加，這一轉折點可能就是能恢復的疲勞和不能恢復的聽力損傷的一個分界線。目前許多國家將允許噪音標準定在 80~90 分貝之間，其根據就是部分來自對暫時閾移的大量測試的結果。

(3) 暫時閾移和疲勞聲作用時間的久暫有關，據研究，暫時閾移的大小和作用時間的對數成正比例關係。

(4) 頻率在 4000～6000 赫的高頻高強度的疲勞聲對暫時閾移的影響最大，不可恢復的聽力損失也最為厲害。

(二) 聽力損傷

聽力損傷 (hearing damage) 乃是聲強超過聽覺系統正常生理反應程度的聲音，持續作用於聽覺器官造成的聽力下降。通常聽力平均損失大於 25 分貝，即為聽力損傷。在職業性聽力影響的情況下，防止聽力損傷應當視作勞動保護的目標。

聽力損傷主要有兩種類型：一為**傳導性耳聾** (conduction deafness)，即由於聽覺系統傳導機能的缺陷所致；另一種為**神經性耳聾** (或**中樞性聾**) (central deafness)，即由聽神經系統的損傷所致。傳導性耳聾，其實質為外耳或中耳的機能紊亂，阻止或妨礙了聲波適當地傳導到內耳的感受細胞。神經性耳聾則為毛細胞及其神經聯繫受損傷的結果，它不同於傳導性耳聾，而是一種無法恢復的聽力缺失。

傳導性耳聾是一種常見的病症，典型的症狀是外耳道或鼓膜或中耳的聽小骨喪失機能。對於正常人，若我們用蠟堵住耳朵，聽力的敏度便會喪失。但若鼓膜被輕扯或稍刺一下，聽覺喪失通常不算嚴重。這兩種情況一般容易矯正，蠟可以移去，鼓膜將會痊愈。如果鼓膜穿孔過大，形成疤痕，其結果是聽力敏銳度永遠喪失，這主要是由於鼓膜將聽覺信號轉變為使聽小骨產生運動振動的能力喪失了。由於聽小骨損傷而造成的傳導性耳聾，會產生重大的長期的缺陷，最嚴重的缺陷叫做耳硬化症。有這種疾病時，小骨鏈失去正常活動的靈活性，鐙骨的底板緊粘在卵圓窗上，最終的結果是聽小骨傳導聲音振動的能力受損或完全喪失。如果僅是能力受損，則助聽器可以使聲音刺激加大，仍能經過正常的管通道傳導，使問題得到緩解。在更為嚴重的病例中，如鐙骨底板固定在卵圓窗上，則需要手術治療。有種最新發明的治療耳硬化症的手術叫做底板切除術，它去掉整個的鐙骨，以人造的支柱代替，這種手術經過一千多例臨床驗證，大約可使 80% 的患者聽力敏銳度基本恢復正常水平，但仍可能喪失 15 分貝的聽力。

神經性耳聾乃是聽力損傷中最嚴重的類型。當聽覺的神經機制受到破壞時，這種聽覺損傷是不能恢復的，助聽器也不能強使不復存在的細胞發放衝動。產生神經性耳聾的原因各不相同，可以是長期處於過度噪音水平中的結果 (刺激性耳聾)，這種病例可在長期聽搖擺樂曲和常乘履帶式車輛的人中發現；某些藥物，包括人們熟知的鏈黴素等，當使用過量和持續時間過長，亦會導致神經性耳聾。此外，老年人會產生一種稱作老年性耳聾的神經性耳聾。老年性耳聾是一種正常現象，它主要是對高頻音敏感性的喪失，並隨年齡增長逐年加劇。貝克西 (Bekesy, 1969) 經過調查和實驗研究發現，事實上，當人在 40 歲以後，他的聽力上限每半年降低 80 赫。具體的實驗結果見圖 7-24。

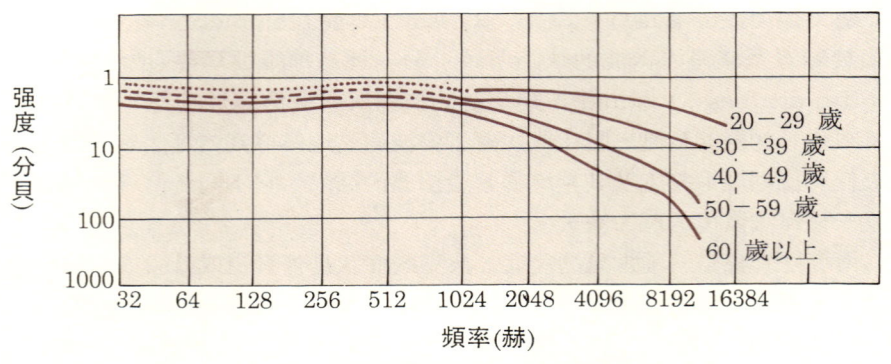

圖 7-24 年齡與聽覺敏銳度的關係
(採自 Bekesy, 1969)

(三) 聽覺適應

聽覺適應 (auditory adaptation) 乃是持續的聲音刺激引起聽覺感受性下降的現象。聽覺系統一般對一個穩定聲的感受性在最初 1～2 分鐘內有所下降，而後很快穩定在一個水平上，聽覺適應的特點就在於它是一個平衡過程。聽覺適應的研究法是響度平衡法。以一定聲強 (如 80 分貝) 的純音作用於左耳，用另一頻率相同但聲級可變的聲音同時作用於右耳，使兩者等響 (對一個正常聽者，兩者平衡的聲級可能相等)。然後，將右耳的聲音停止，讓左耳繼續聽 3 分鐘。在這一適應期後，重新使左右耳等響，這時右耳的等響級常下降，如降到 60 分貝，適應量為 80～60＝20 分貝。

實驗表明，高聲級和低聲級都可產生適應，且適應範圍有隨響度加大而擴大的趨勢。適應效果對頻率帶有選擇性：在 125～1000 赫之間，適應隨頻率增加而輕微擴大；但在 1000～8000 赫，聽覺系統保持恆定。最大的適應發生在和適應聲相同和相近的頻率。

四、聽覺定位

在第一節談到自變量時，我們列舉了聽覺定位的實驗，對此，大家已有了初步認識。**聽覺定位** (auditory localization) 是指利用聽覺器官判斷發聲體的空間方位。一般說來，聽覺的定向與定位不如視覺準確。在多數情況下，我們往往先聽到刺激物的聲音，然後轉動頭用耳朵與眼睛去尋找聲源，最後利用視覺對刺激作出更準確的定位。例如，在戰場上，如果敵人躲在隱蔽的地方射擊，戰士往往先聞槍聲，然後用眼睛去尋找敵人，進行反擊。

這裏，不妨把視覺和聽覺作一比較，在視覺中，雙眼往往比單眼能更完善地知覺對象的深度，而單眼能如雙眼一樣準確地判斷對象的方向。在聽覺中，情況恰恰相反，要從聽覺線索中判斷發聲體的方向，必須利用雙耳，而判斷距離或深度，單耳如同雙耳一樣好，見表 7-5。

表 7-5 單、雙眼和單、雙耳定位能力比較

判斷感覺道	方　　向	深　　度
視　　覺	單眼、雙眼一樣好	雙　眼　好
聽　　覺	雙　耳　好	單耳、雙耳一樣好

(採自楊治良，1980)

對聲源方向的判斷，主要有三種雙耳(利用兩只耳朵)線索：強度差、時間差和周相差。下面分別予以敘述。

(一) 雙耳強度差

當雙耳離聲源的距離不同時，會產生強度上的差異。聲源很少發自人體的正中面，這樣它與雙耳的距離之差就產生**雙耳聲強差** (intensity difference of the two ears)，頭部投影一個**聲影** (sound shadow) (類似於光的

影子)，與聲源方向相反的一耳處在聲影之中。從側面來的聲音必須繞過頭部才到達另一耳。在聲音到達之前，許多聲波已被頭部與其周圍物體吸收，因此到達另一耳的聲音強度相對比較弱。

圖 7-25 是水平面上不同方位聲源所引起的雙耳強度差，從圖上可見，當耳軸水平面上，和前方成 60°和 120°時，雙耳強度差最大。強度差不僅和方向有關，還和波長有關。波長愈短 (即頻率愈高)，雙耳強度差亦愈大。這種情況類似湖面水波，短波易為障礙所阻，而長波可以順利地繞過障礙物。

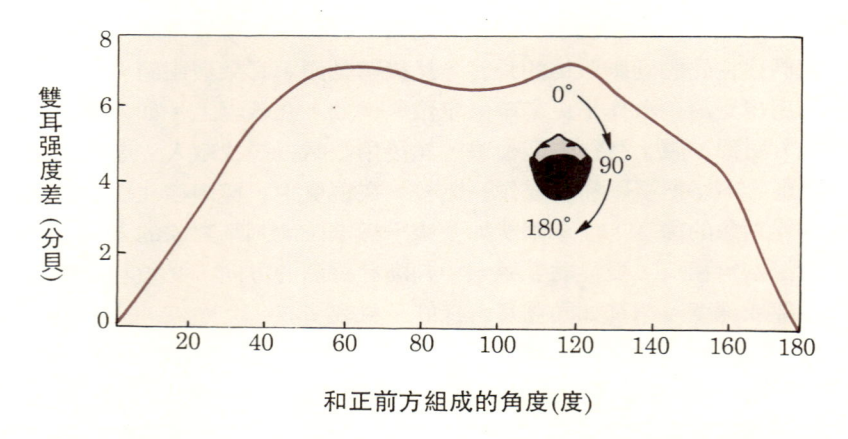

圖 7-25 水平面不同方位聲源所引起的雙耳強度差
(採自 Cohen, 1969)

(二) 雙耳時間差

來自非正中面的聲音，不僅會產生雙耳強度差，而且還會產生雙耳時間差。這一原理易被人理解。**雙耳時間差** (time difference of the two ears) 是辨別聲音方向的重要線索。人體頭部近似球形，兩耳間的半圓周約為 27.6 厘米，聲音到達兩耳的時差的最大值 (即與人體正中面成 90°時) 約為 0.5 毫秒。假如聲源位於正中面上 (如正前方、正後方)，聲波同時到達兩耳，時差為零。其他情況則介於零和極大值之間。聽分析器正是利用這時間上的差別，來確定聲源的方位。

（三）　雙耳周相差

　　如果聲源不在正中面上，不僅會產生雙耳強度差和雙耳時間差，而且還會出現**雙耳周相差** (phase difference of the two ears)。這是因為聲波是由一系列的正壓和負壓組成的，因此任何瞬間，最大的正壓到達兩耳的時間不同，聲調在兩耳可能產生周相差。在日常生活中，雙耳周相差線索在低頻上較為有效，因為兩耳的距離有 27.5 厘米，距離相當大，容易顯出周相差；相反，高頻的波長短，周相差出現在高頻的機率就較小，可靠性差些。

　　不難理解，上述三種雙耳線索總是融匯在一起的。它們之間各自提供著既有聯繫又各不相同的信息，例如雙耳時間差和周相差既有區別大有聯繫，1000 赫的連續音的音調每周時間為 1 毫秒，因此時差 0.5 毫秒為半周，周相差為 180°。假如頻率為 500 赫，同樣時差為 0.5 毫秒，周相差就變為 90° 了。周相差的單位是度，時差的單位是毫秒。總之，三種雙耳線索的協同作用，使我們能正確地進行聽覺定位。

（四）　立體聲聽覺

　　立體聲聽覺是利用雙耳強度、時間和周相差異的原理產生的。立體聲廣播和立體聲電影等乃是採用特定的技術建立**聽覺透視** (auditory perspective) 的錯覺效果。這種特定的技術主要有下列三種：雙耳記錄法；立體聲記錄；和半立體聲記錄。我們知道，在任何複雜的情境中，總是有些聲音出現在遠方，有些聲音在近處；有些在左面，有些在右面。因此，聲音存在著多維關係。所謂立體聲效果，就是充分利用雙耳決定聲源的位置。

　　影視中的"聽覺透視"乃是利用兩個或兩個以上的揚聲器來產生的。如圖 7-26 所示，a 與 b 為攝影時聲音發出的位置，x 與 y 為當時記錄的錄音機放置的位置。x 受 a 的聲音的影響大些，y 受 b 的影響大些。在放映電影時，兩個揚聲器仍置於 x 與 y 處，觀眾就重建原來的情境，好像聽到從銀幕上的 a 與 b 發出的聲音。這樣，聽覺錯覺與視覺錯覺同步配合，在二個感覺道上協同活動，產生特定的聽覺立體聲效果，即"聽覺透視"效果。通過建立在心理聲學原理基礎上的藝術上加工，給人類產生聽覺上美的享受。

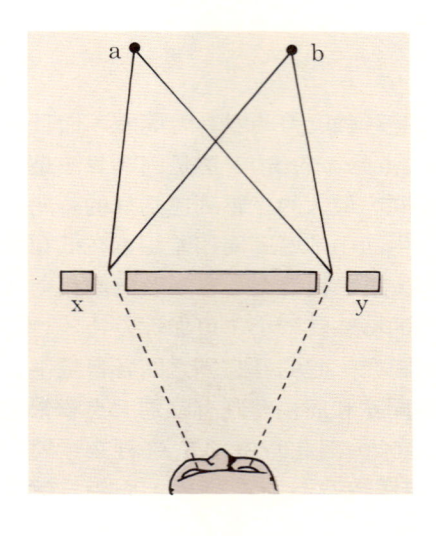

圖 7-26　聽覺透視原理圖
（採自 Cohen, 1969）

五、可見言語

　　顧名思義，**語圖儀**(language pictoral display apparatus) 是能將複合音或語言分析為組成成分頻率，顯示頻率-強度-時間型式變化的儀器，它能形象地圖示言語聽覺特徵。通過語圖儀可以使人清晰地看到言語的形象，正像聽到了言語的聲音一樣，故稱**可見言語**(visible speech)。語圖儀的誕生具有很重要的理論和實踐的意義。它既能形象地分析出言語聽覺所依據的各個特徵，使人可以探索語言的哪些因素影響著言語清晰度，這便有助於設計通訊系統，來提高言語清晰度，以及如何用人工改造言語和隱蔽通訊語言等等。"可見言語"在訓練與說話有關的專業人員時，有助於改正言語的質量，另外還可以訓練聾人學習這種可見言語，用以辨別他人的講話，並能通過把自己的語音圖與正常人的語音圖比較，來改進自己的言語。可見言語還為人工合成言語創造了條件。

　　可見言語的轉換原理並不複雜，大致是：說話者對一傳聲器說話，傳聲器連接在精密的電子儀器上。它通過 12 個不同的帶通濾波器，把言語聲音的全部頻率 (30～20,000 赫)，分成 12 個波帶，參見圖 7-27。從不同濾波器通過的能量，經過放大後，分別地控制著排成一行的 12 個小燈的光強。在這些燈光前面有一塊螢光屏，以一種恆定速度向一個方向移動著。

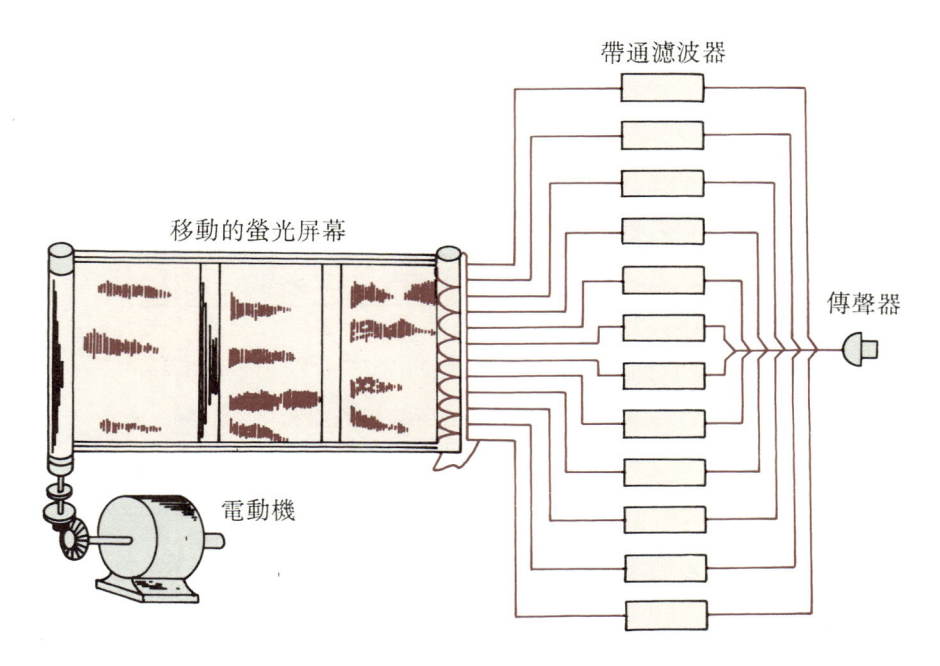

图 7-27 语图仪原理示意图
(採自 Potter, Kopp & Green, 1947)

在螢光屏移過各燈光時,便在與小燈相應的水平上發出螢光,其螢光的強度也與各小燈的亮度相應。熒螢的餘輝較長,在移過小燈位置之後並不立即熄滅,而是延續一段時間。因此,語音的圖象可以呈現 2 到 3 秒之久,從而使人能看一個詞或短句的確切形象,也可以拍成連續或單張的照片。

因此,語圖儀可以使人們清晰地看出言語,圖 7-28 是由語圖儀描繪出來的"陰陽上去無"五個漢字的語圖。我們從圖 7-28 上可以看出:(1) 語音高低的不同,主要是在基頻上。語音圖中上下各水平代表音高或頻率的不同;(2) 黑線密集的程度代表各不同頻帶的分布情況;(3) 圖形的橫軸代表時間,從左向右進展。

通過對不同人的語音圖的分析,發現帶有不同方言說話者的語音圖,雖然有著不同頻帶強度上的差別,但言語的總模式卻是相似的。任何高低不同的方言說同樣一句話,都表現出一種共同的可以認出的模式。

如將傳聲器收得的言語電能通過各帶通濾波器,計算並平均各濾波器的

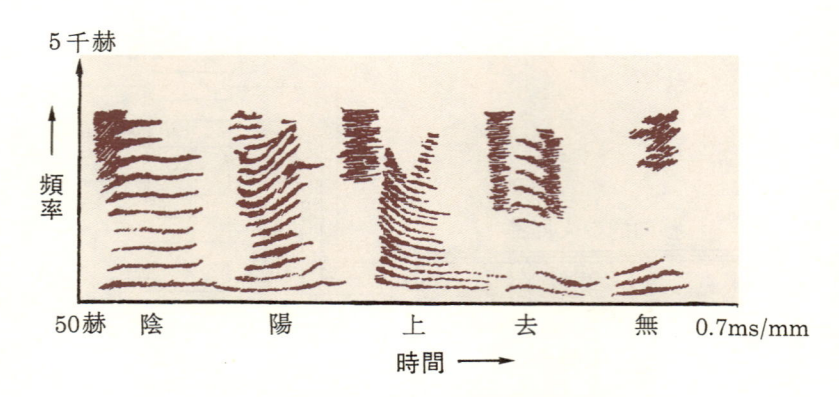

図 7-28　語圖儀所繪製的圖形
(採自楊治良等，1984)

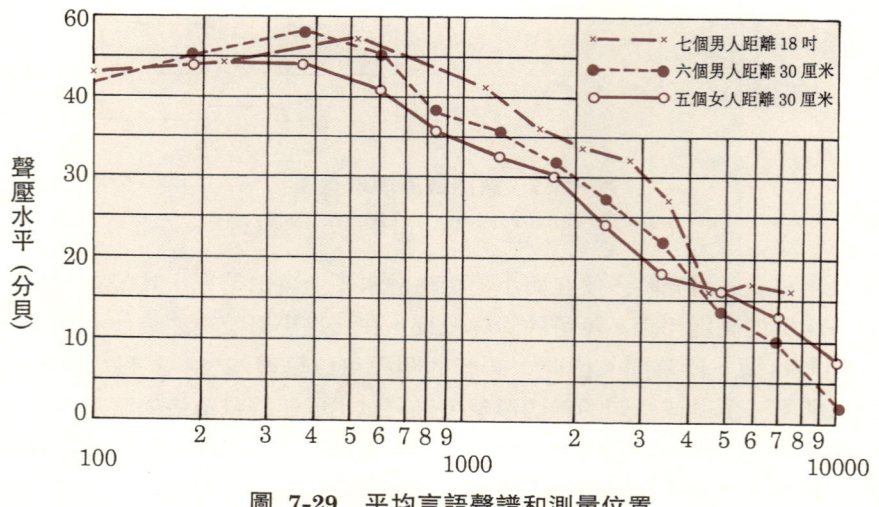

圖 7-29　平均言語聲譜和測量位置
(轉採自赫葆源等，1983)

輸出，總在一起，便可繪出言語聲譜曲線。有人繪製了英語平均言語譜如圖 7-29。圖上曲線表明，不論是男還是女說話者所得的數據，在一段長時間之內，言語能量大部分都落在 1000 赫的頻率之下。在較短時間之內，言語能量的分布可能很不相同。正是這些言語能量分布的變化給我們提供了知覺的線索。圖形的分析還可以提供作為時間函數的言語能量分布變化的更詳細的形象。圖 7-30 表示英語單詞"out"中元音在連續時間之內一系列的諧音的分析。縱立粗線的高度表示在各種頻率振動成分的幅度。虛線表示共振的範圍，或者在整個發音過程中連續變動的共振峰。當然，整個句子也可以使用這類動態分析，不過這樣要複雜得多。

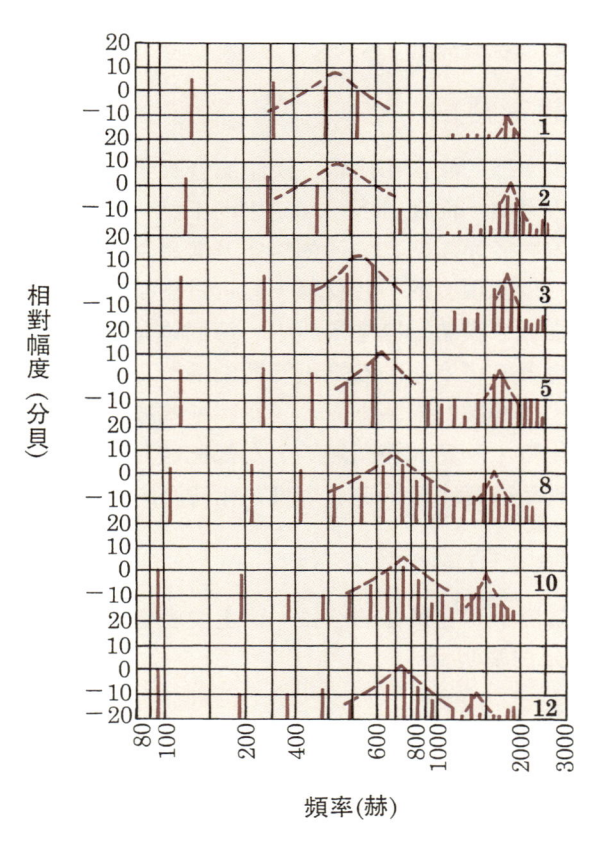

圖 7-30 單詞"out"中複合元音的圖形分析

說明：圖中 1～12 數目字表示基音的連續不同階段。注意隨著時間進展共振峰的變化。
（採自 Flanagan, 1956）

六、漢語語音

近幾年來，海峽二岸的心理學家在"心理學本土化"的鼓舞下，對漢字心理的研究有了很大的發展，在漢語語音方面也取得了很大成績，揭示了不少漢語語音的特點，現介紹如下：

（一） 漢語語音特點

和世界上許多語種的語音相比較，漢語語音最明顯的特點之一就是，在漢語音節中元音占優勢，而在許多外國語中則不然。因此，研究漢語中元音的物理特性，無論對於漢語語言規律的探索，還是為我國通訊工程作參考，都是十分重要的。根據現有的一些材料，已可看出漢語和英語在元音頻率特徵上有一定的差別。在漢語的標準國語中，每個單元音的吐字都十分清晰明朗，英語則含混得多。這方面的差別可能與兩種語言頻率特徵上的不同有一定的關係。其次，在基頻的範圍方面，漢語與一些歐洲語言也有區別。例如漢語在聲調不變化時，基頻的範圍無論男女都比瑞典語及英語高。這與我們平常感覺外國人說話聲音比較低這一事實是相符合的。

（二） 漢語語音結構特點

漢語語音的結構上有它獨特的性質，這主要表現在有語音的結合和聲調（四聲）上，以下分別說明。

1. 語音的結合

在漢語裏一個方塊字就是一個音節。音節是由一個或幾個音素組成的最小的語音片斷。元音和輔音是就單個的音說的，是語音學分析的結果，而不是聽覺的直接感受。音和音連結起來形成的音節，才是可以理解並能憑聽覺或肌肉感覺覺察到的最小單位。在一個音節的組成上，具體到漢語單字上，一個字起始的音叫作聲母，其後的音素則是韻母。例如國語說"東北"［tu pei］，［t］和［p］都是聲母，其餘的則是韻母。聲母一般都是輔音（零聲母——［i］［u］［y］等起頭的字除外）。韻母有的由元音組成，如"北"字中的［ei］；有的由元音加輔音組成，如"東"字的［u］。聲母和韻母拼在一起組成單個的字。從聲母到韻母的收尾整個字音及其中輔音和元音的延續時間，隨說話者和具體的字音而有差別。即使同一個受過訓練的說話者，在說不同的字音時，延續時間也不相同。表 7-6 舉出同一個人發幾個不同字音時的延續時間（毫秒）為例。表中字音的聲調都是陰平（第一聲）。從表中可以約略看出輔音和元音在拼成的字音中的時間關係。從表中還可以看到，當字音較長時可以明顯地聽出**音渡**(tonal trasition)（又稱過渡音或過渡成分）的延續時間。當然，這裏所舉的是孤立地發出這些字音的情況。在整個句子裏，由於上下文、意義、語氣等的影響，字音及其組成部分的延續時間必將還有複雜的變化，那必須進一步作動態的分析。例如通過上述的語圖儀，就可觀察到種種變化。

表 7-6　漢語一些音節中輔音、元音和過渡成分各自長度舉樣（單位毫秒）*

音節	全長	輔音	音渡	元音	音節	全長	輔音	音渡	元音
ba	407	6	6	395	jia	450	31	31	388
ma	459	27	9	423	xia	494	144	22	328
fa	516	62	28	426	zha	494	85	62	347
da	391	17	11	363	cha	447	64	41	337
ta	372	18	24	330	sha	483	99	42	342
na	455	79	36	340	ca	416	51	48	317
la	564	51	131	382	sa	650	94	49	507

* 為了方便，這裏使用了漢語拼音；不同人或不同情境中發音長度可能不同。

(採自李文生、郭念鋒，1980)

2. 聲　調

世界上有許多語言（如英語、俄語）特別注意重音，漢語則特別注意聲調。因此，聲調是漢語的重要特徵之一。例如"媽"、"麻"、"馬"、"罵"四個字的聲母和韻母的組成完全相同，僅因為聲調不同，意義也就各不相同了。漢語國語有陰平、陽平、上聲、去聲四個調，如表 7-7 所示：表中同一橫行聲母韻母相同，聲調不同；同一縱列聲調相同，聲韻不同。聲調既然是音高的變化，它便是由發音時聲帶的鬆緊決定的。

發音時聲帶鬆弛，聲調就低；聲帶緊張，聲調就高。聲帶先鬆後緊，聲調由低變高；聲帶先緊後鬆，聲調就由高降低。聲調可分為"低"、"半低"、

表 7-7　漢語四個聲調及其例字

字首	陰平	陽平	上聲	去聲
pao	拋	袍	跑	炮
fang	方	房	紡	放
qi	欺	旗	起	氣
hui	灰	回	毀	惠

(採自李文生等，1980)

"中"、"半高"、"高"五個水平。國語陰平從頭到尾都是高的，不升不降，名曰高平調。陽平從中升到高，是高升調。上聲從半低降到低，再升到半高，是降升調。去聲從高降到低，是全降調。

漢語的調號有二種表示方法。一種是用國際音標方法，右上用附加數目字代表調號。例如"高"[kau^1]，"肥"[fei^2]，"矮"[ai^3] 和"瘦"[$shou^4$]。另一種則在元音字母上加"‾" "ˊ" "ˇ" "ˋ"分別表示四聲，如"高"(gāo)，"肥"(féi)，"矮"(ǎi)，"瘦"(shòu)。這裏必須提出，聲調的高低乃是相對的，即同一個人說同一個音節時前後相對的聲音高低。因此，聲調是不受男、女、老、幼的發聲影響的。男人說的陰平字，女子說來也是陰平聲調；大人說的上聲字，小孩說來也是上聲調。總之，發聲尖或粗(絕對音高)因人而異，但聲調的高低升降(相對音高)則是應該共同遵守的。

聲調的不同可導致韻母的長短有所差別。一般說來，國語上聲、去聲字比陰平、陽平字長些。例如"可"(kě)字的元音比"科"(kē)字長，動程也寬些。用語圖儀分析可以進一步揭露調性的長度特點。例如 a、i、u 三個元音表現出聲調的閾限音長值是不同的，u 為 76 毫秒，i 為 39 毫秒，a 為 14 毫秒。各元音聲調的閾限音長依次排列為第一聲最短，第四聲次短，第二聲略長，第三聲最長。第一聲前後沒有聲調高低的變化。第二聲和第四聲是同一類型但調式相反的一對音，一是升調，一是降調。實驗結果表明，升調要求的閾限音長稍長些。第三聲是先降後升，變化比較複雜，閾限音長也最長，從語圖儀分析來看，它並不等於第四聲和第二聲的機械相加，因為它的閾限值或大於第四聲和第二聲閾限值相加，或小於這兩個閾限值之和。可見它的調型是獨特的。漢語的四聲構成了漢語的一大特徵。

漢語所據有的聲調的重要性，要求說話者在學習國語的過程中在神經系統的聽覺、視覺和動覺(喉頭、口腔肌肉感覺)間建立起相互辨別的暫時聯繫。這種聯繫與日常使用外國語言的人所建立的有所不同。根據語言是思維的外殼這一原則，可以推想，從言語反映到思維上的特點方面看，說漢語的人也必然有其特點，這是有待於語言學和心理學協作進一步探索的廣闊而重要的領域之一。隨着認知心理學的發展，一門嶄新的學科——心理語言學也就油然而生了。

本 章 實 驗

一、聽覺定位實驗

（一）**目的**：了解聽覺定位現象；學習測定方法。
（二）**材料**：音籠及附件，遮眼罩，訊響器，米尺。
（三）**程序**：

1. 準備工作：
(1) 學習使用音籠呈現不同方位的聲音的方法。
(2) 聲源所處的方位，在本實驗中分為兩大類；第一類聲源是在通過關頭的中心和鼻尖與地面垂直的平面上；第二類聲源是在通過兩耳的中心與地面平行的平面上。第一類聲源方位包括七種：前下、前、前上、上、後上、後、後下。第二類聲源方位則包括八種：左、左前、前、右前、右、右後、後、左後等。
(3) 使兩類聲源中的每種方位出現 20 次，第一類聲源共作 140 次，第二類聲源共作 160 次。每一平面上各刺激位置呈現的順序要隨機排列。

2. 對垂直平面聲源的定向實驗：
(1) 被試者戴上遮眼罩（或蒙上眼睛），坐在音籠的凳子上，把被試者的頭用頭夾固定起來。在實驗過程中，當被試者聽見聲音時就報告它是從什麼

聲音定位記錄用紙 (每次在方格中作一記號)

聲源＼定向	右	右後	後	左後	左	左前	前	右前	下前	上前	上	上後	下後
右													
右後													
後													
左後													
左													
左前													
前													
右前													
下前													
上前													
上													
上後													
下後													
總計													
正確數													

方向來的，即報告："左"、"右"或"右上"等等，主試記下來。如當時被試者是借額外的暗號（如主試者移動的聲音等）來判斷聲源方位，須立刻記錄，出現了這樣的情況，最後把這一次補作一下。

(2)被試者只對本實驗用的信號反應，實驗開始前讓他熟悉這個信號。

(3)每做完 20 次，休息 1 分鐘。

3. 對平行聲源的定向實驗：用同法按已排好的順序，對 8 種聲源作 160 次測定。

(四) 結果：

1. 計算各被試對刺激呈現的每一位置判斷正確的次數的百分數。

2. 把在兩個平面上所得結果分別列出表格，並畫出直方圖。

3. 整理錯誤判斷超過 50% 的方位的結果。

(五) 分析：

1. 根據本實驗結果說明聽覺定向準確性與聲源方位的關係。

2. 分析不同被試者錯誤判斷的結果。試解釋其可能原因。

3. 試說明本實驗的實際意義。

二、可懂度實驗

(一) 目的：

1. 測定保持語音可懂度的語音強度範圍；

2. 學習採用"語音平衡詞表"測定語音可懂度的方法。

(二) 材料：印好的語音平衡詞表、記錄用紙、鉛筆、錄音機及用國語灌錄的"語音平衡詞表"磁帶，聲級計。

(三) 程序：

1. 準備工作

(1) 選擇被試：經聽力檢查，無聽力障礙者，並要求懂國語，同時參加實驗的被試以 20～30 名為宜。

(2) 選擇適當的測聽室，盡量保持室內簡單、整齊、清潔，室內噪音低於 45 分貝。如有條件可在隔音室內進行。

2. 被試坐位，距錄音機 3~5 米為宜，實驗時要求仔細傾聽放送的單音節詞並盡快把聽懂的詞記錄下來，聽不清的，在記錄紙上畫一"0"。

3. 主試記下每一次放送時的語音強度。可選擇輕（約 30 分貝）、中（約 50 分貝）、強（約 70 分貝）三個強度等級。

4. 每測完 1 組詞表後（每組詞表為 25 個單音節詞），讓被試將記錄與印好的詞表核對，聽不清和聽錯的均算錯，同音字可以按正確計算。並計算出每組詞表的可懂度數值（即聽懂的詞數占總詞數的百分率）。

5. 休息片刻後，繼續測聽。

(四) 結果：

1. 分別統計出各音強組的可懂度。

2. 找出可懂度在 50% 以上的語音強度，按可懂度數值，由低至高進行的排列。

3. 找出可懂度最高一組的語音強度。

(五) 討論：

1. 確定可懂度與語音強度的關係。

2. 對本實驗用的言語測聽材料進行評論。

可懂度實驗記錄用紙

	1	2	3	4	5	6	7	8	9	10	11	12	13	14	15	16	17	18	19	20	21	22	23	24	25
字表一																									
字表二																									
字表三																									
字表四																									
字表五																									

注意：請按順序記錄，聽不清的，在記錄紙上畫一"0"。

附　錄：

本實驗用的測聽字表，可請漢語語音教師或播音員灌製。製作過程要注意音量控制。最好能在隔音室內進行。發音音量由發音人自行調節。磁帶經過複製加工，使字與字之間的聲壓級相差不超過正負 2 分貝。字與字之間的間距為 3 秒。磁帶開始部分錄 1000 赫純音約 4 秒鐘用作測聽器上的零級校準。純音後面錄有 10 個字 (草 cǎo、棉 mián、秀 xiù、宗 zāng、停 tíng、勇 yǒng、褲 kù、抓 zhuā、鉤 gōu、覺 jué) 作為測聽練習用。練習字表後是錄製的正式測聽字表。

發音人錄音用的五組字表

字表一		字表二		字表三		字表四		字表五	
風	fēng	分	fēn	定	dìng	方	fāng	黨	dǎng
假	jiǎ	華	huá	別	bié	生	shēng	擠	jǐ
腳	jiǎo	倍	bèi	燈	dēng	過	guò	才	cái
辦	bàn	地	di	給	gěi	點	diǎn	不	bù
讀	dú	洗	xǐ	放	fàng	席	xi	確	què
親	qin	苦	qǔ	信	xìng	決	jué	流	liú
使	shǐ	權	quán	和	hé	借	jiè	多	duō
快	kuài	見	jiàn	麻	má	眾	zhòng	干	gàn
助	zhù	井	jǐng	起	qǐ	五	wǔ	能	nén
位	wèi	打	dǎ	穿	chuān	噸	dūn	發	fā
國	guó	完	wán	山	shān	床	chuáng	好	hǎo
雙	shuāng	艾	sòng	腫	zhǒng	夜	yè	破	pò
紅	hóng	張	zhang	自	zi	米	mǐ	向	xiàng
照	zhào	追	zhui	交	jiāo	在	zài	雨	yǎ
有	yǒu	拾	tái	溫	wēn	手	shǒu	如	rú
香	xiang	滅	miè	雲	yún	炮	pào	吃	chi
派	pài	油	yóu	煮	zhǔ	言	yán	加	jiā
四	si	尺	chǐ	是	shi	病	bìng	同	tóng
門	mén	個	gè	右	yòu	他	tā	死	sǐ
英	yīng	撲	pū	土	tǔ	強	qiáng	鎮	zhèn
甜	tián	層	céng	靠	kào	內	nèi	受	shòu
斷	duàn	曬	shài	來	lái	今	jīn	圍	wéi
廠	chǎng	師	shi	錯	cuò	算	suàn	妙	miào
寸	cùn	造	zao	耳	ěr	啃	kěn	蒸	zhēng
茶	chá	綠	lu	片	piàn	糧	liáng	按	àn

(採自沈　曄、王書鑫，1983)

本 章 摘 要

1. **聽覺**是聲波作用於聽分析器所產生的感覺。聽覺的適宜刺激是 16～20000赫茲的聲波。**音高**、**響度**、**音色**等音感都是由聲波的頻率、振幅與波形等物理特徵決定的。
2. **音高**是人對聲波頻率的主觀屬性，它首先的聲波的頻率有關。**頻率**是物理量，指每秒振動的次數，單位為赫茲。聲波的振動頻率高，我們聽到的聲音就高，反之亦然，但它們之間並非線性關係。
3. **響度**是聲波振幅的主觀屬性，它是由聲波的振幅引起的。振幅越大則響度越大，但它們之間也不是線性關係。
4. **音色**是聲波波形的主觀屬性。不同的發音體所發出的音波都有自己的特異性。聲波的類型是多種多樣的，一般可分為**純音**和**複合音**兩大類。
5. 語音是特殊的複合音。語音是元音和輔音所構成。**元音**是一種能連續發出的樂音，**輔音**主要是不能連續發出的短促的噪音，元音與輔音合成**漢語音節**。
6. 一個聲波同時與另一個聲波相遇，或與鄰近的物體發生作用會產生聲波的相互作用現象。一個聲波使鄰近的其他物體產生振動的現象，叫做共鳴。當兩個振幅相差不大，頻率相同，相位相反的聲波合成後便相互對消。如果頻率相同，相位一致的聲波合成後便相互**強化**。
7. 聽覺實驗多為室內實驗，這就對實驗環境提出了一些特殊要求，尤其是進行聽和測量等實驗必須具備相對無噪聲環境——隔音室。
8. 聲測量的基本儀器是聲級計。**聲級計**是一種能對聲音作出類似人耳的反應的儀器，同時，它能進行客觀而可重復的聲壓測量。聲壓測量具有很高的應用價值。
9. 純音音高和頻率的相關可借助於心理物理法直接求得，即在可聽範圍內把音高從低到高地分成等級製成音高量表。為便於音高量表的建立，一般指定 40 分貝的 1000 赫純音的音高作 1000 嘆為參照點。
10. **等響曲線**乃是把響度水平相同的各種頻率的純音的聲壓級連成的曲線。

11. 聽力圖乃是記錄聽力測驗的圖表。曲線的下界是最小可聽閾，曲線的上界是最大可聽閾。
12. 聽覺掩蔽是兩個聲音同時呈現時，一個聲音受到另一個聲音影響而減弱的現象。要聽的聲音叫做**被掩蔽音**，起干擾作用的聲音叫**掩蔽音**。
13. 聽覺定位是聽覺的方向定位。它主要通過三種**雙耳線索**(強度差、時間差和周相差) 來實現。
14. 語圖儀是能將複合音或語言分析為組成成分頻率，顯示頻率——強度——時間型式變化的儀器，它能形象地圖示言語聽覺特徵。
15. 漢語語音有它一定的特點。其中最明顯的特點之一是，在漢語音節中元音占優勢，而在許多外國語中則不然。同時，漢語語音在結構上有它獨特的性質，這主要是表現在語音的結合和聲調上。

建議參考資料

1. 朱　川 (1986)：實驗語音學基礎。上海市：華東師範大學出版社。
2. 沈　曄，王書鑫 (1983)：一個言語測聽材料的編創。心理學報，15 卷，3 期，316～326 頁。
3. 張春興 (1989)：張氏心理學辭典。台北市：東華書局 (繁體字版)。上海市：辭書出版社 (1992) (簡體字版)。
4. 楊國樞 (主編) (1993)：本土心理學研究——本土心理學的開展。台北市：桂冠圖書公司。
5. 楊治良 (主編) (1990)：實驗心理學。上海市：華東師範大學出版社。
6. 赫葆源等 (編) (1983)：實驗心理學。北京市：北京大學出版社。
7. Allen, L. & Santrock, J. W. (1993). *Psychology*. Lowa: Wm C. Brown Communications, Inc.
8. Atkinson, R. C., et al. (1988). *Steven's handbook of experimental psychology* (2nd ed.). New York: Wiley-Interscience.
9. Cohen, J. (1969). *Sensation and perception:* II *Audition and the minor senses*. Chicago：Rand McNally & Co.
10. Kling, J. W. & Riggs, L. A. (1972). *Woodworth & Schlosberg's experimental psychology* (3rd ed.). New York: Holt, Rinehart & Winston.

第八章

知覺實驗

本章內容細目

第一節　知覺研究的基本變量
一、自變量　399
　　㈠ 刺激的定量變化
　　㈡ 刺激的定性變化
二、因變量　401
　　㈠ 常用的因變量
　　㈡ 因變量的控制
　　㈢ 因變量與自變量的關係
三、控制變量　403
　　㈠ 一般的控制變量
　　㈡ 控制變量的方法

第二節　知覺現象的研究
一、知覺的組織　406
　　㈠ 接近法則
　　㈡ 相似法則
　　㈢ 好圖形的法則
　　㈣ 過去經驗和定勢
二、錯覺　411
　　㈠ 不可能圖形
　　㈡ 視錯覺
三、知覺的恆常性　420
　　㈠ 經驗和知覺恆常性

　　㈡ 大小恆常性
　　㈢ 形狀恆常性

第三節　空間知覺和運動知覺
一、空間知覺　427
　　㈠ 生理調節線索
　　㈡ 單眼線索
　　㈢ 雙眼線索
　　㈣ 深度視銳
二、運動知覺　441
　　㈠ 真動知覺
　　㈡ 似動現象
　　㈢ 誘動現象

本章實驗
一、大小知覺恆常性　450
二、深度知覺　452
三、似動現象　454
四、棒框測驗　455

本章摘要

建議參考資料

知覺 (perception) 是當前的客觀事物的各個部分和屬性在人腦中的綜合反映。因此，知覺的事物是複合刺激物，知覺一般是由多種分析器的聯合活動產生的。

知覺形成過程中，分析器的活動起著極大作用。人們在研究經典條件反射的時候，曾做過一個有意義的實驗。如以頻率 500 赫的純音來形成狗對食物的條件反射，起先，在其它頻率的純音作用下，狗也有流唾液的反應。但是，當進一步對這個 500 赫的頻率給以食物強化，也就是說，只有在這種音頻後才給予食物，幾次之後，狗對其它的頻率便不再反應，甚至極相近的頻率，譬如 498 赫的純音，也不引起它們的反應了。從這兩個實驗中，可見分析器對刺激物的辨識能力是很高的，而這種辨識能力的精確度是從後天訓練獲得的。

知覺的形式不僅與分析器的活動有關，而且依賴於過去的知識和經驗。這兩者是相互聯繫的。當所感知的事物同過去的知識經驗沒有聯繫時，就不能立刻把它確認為一定的對象。例如，當我們看到一個芒果時，雖然它的顏色、形狀、大小等已經通過了我們的眼睛，刺激了視覺神經和視覺分析器，但這只是一件實物反映於我們的大腦。如果事實僅限於此，那麼，這種感覺是沒有多大意義的。因為我們還不能就此認出芒果。如果我們過去曾吃過或見過芒果，情形就不同了。當我們一眼看到它那黃色的果皮、類似球形的外表時，由於過去經驗的作用，當然曉得它是可以吃的芒果了。不僅如此，就是當我們看到芒果的圖畫時，也能認出它。可見，正是由於人在實踐活動中積累了關於一定對象的知識和經驗，才能夠借助於這些知識和經驗把當前的刺激認知為現實界的確定事物。

知覺的分類方法很多。我們知道，周圍世界的一切對象和現象都存在於空間和時間中，空間和時間是物質存在的基本形式。因此，知覺有空間知覺和時間知覺之分。知覺不僅可以根據起主導作用的分析器來劃分，而且可以根據知覺所反映的客體來劃分。例如，不符合事物的客觀情況的錯誤的知覺叫**錯覺**。考慮到人們的大部分信息是通過視覺獲得的，所以在本章內主要討論和視覺有關的知覺現象。為尋求此問題的答案為取向，本章將討論以下七個問題：

1. 通過具體實例，分析知覺實驗中的自變量、因變量和控制變量。

2. 說明知覺組織的一些主要因素。
3. 從對不可能圖形的識別中，告訴了我們什麼原理。
4. 幾何錯覺的研究和應用
5. 知覺恆常性的計算方法。
6. 對判斷距離起作用的主要有哪三類線索。
7. 視覺的運動知覺包括哪三種現象，具體分析說明之。

第一節　知覺研究的基本變量

　　為了探索知覺的過程，現代認知心理學家提出了知覺的**信息加工模型**(或**訊息處理論**) (information-processing model)。他們用信息加工過程來比擬人的行為，用**輸入** (input) 和**輸出** (output) 等變量來描繪知覺過程。雖然這些模型有一定的局限性，但這些模型有助於分析知覺研究中的基本變量。應用於知覺的信息加工模型，一般具有下列四點基本假設：

　　第一，知覺乃是一種過程的結果，而不是刺激的直接的、瞬時的產物；
　　第二，研究者能夠根據這個模型設計出探索知覺過程各個環節的實驗；
　　第三，在過程的各個環節上，所保持的或在一定時間內通過的信息量乃是有限的；
　　第四，這種有限性通常導致選擇性：即當呈現的信息量超過容量時，有些信息能完全通過，而有些信息就不能通過。

　　圖 8-1 就是哈伯和赫謝桑 (Haber & Hershense, 1973) 提出的視知覺信息加工模型。在此模型中有四個階段。
　　第一階段稱之為短暫的**視覺儲存**(或**瞬時形像**、**感覺記錄**)(sensory memory)。它是從光波投射到視網膜上的信息在內部的復現。這是因為平時眼睛是不隨意運動的，投射在視網膜的物體並非就被意識到。短暫的視覺存

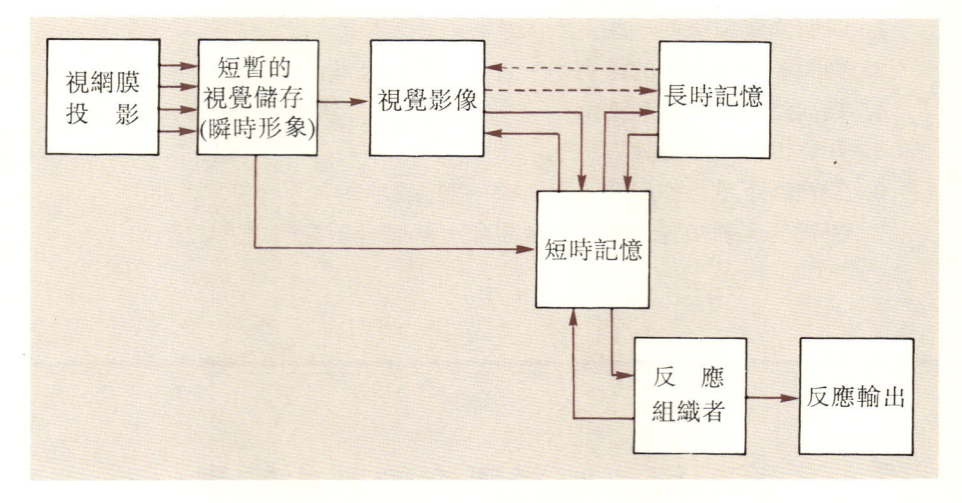

圖 8-1　視知覺的信息加工模型
(採自 Haber & Hershense, 1973)

儲的信息過程歷時四分之一秒，形成了視覺映像之後才被察覺和意識到。

　　第二階段是**短時記憶**(或**短期記憶**) (short-term memory，簡稱 STM) 作用，它發生在視覺映像構成物的同時或之後，這一階段包括視覺將信息**編碼** (coding) 成概念和詞。

　　第三階段是**長時記憶**(或**長期記憶**) (long-term memory，簡稱 LTM) 的**反饋** (feedback) 作用，有些（但不是全部）短時記憶內容被送入長時記憶，有些長時記憶的信息天天用到它，有些長時記憶信息則幾年或更長時間也用不到它。在第二和第三階段，來自長時記憶和短時記憶的生物信息反饋不斷分析、歸類和鑒定著視覺映像。

　　最後階段是輸出過程。在這一階段借助於輸出過程確定一個反應。如果是口頭反應，就制定出語言器官的運動程序；如果是要求書寫反應，那麼另一種反應就被制定出來。

　　在確定反應程序和作出反應之前，來自長時記憶和短時記憶的生物反饋需要去分析、歸類和鑒定視覺映像 (Haber & Hershensen, 1973)。圖 8-1 指明了知覺過程也同樣包含著輸入、中樞加工和輸出等主要環節。下面我們討論知覺研究中的基本變量。

一、自變量

　　知覺研究中可作為自變量的刺激特別多，刺激的時間間隔、空間間隔、持續時間和空間三維變化等都可以作為自變量。我們可以把某種刺激的組成部分分開，以一定的時間間隔呈現給被試，從而研究被試的知覺變化。知覺研究中最常用的有二類自變量，一類是刺激在量上的變化，即刺激的定量變化，另一類是刺激的定性變化，採用這類自變量變化的實驗，往往是為了研究人或動物於特殊環境下的知覺變化狀況。以下將分別討論之。

（一）　刺激的定量變化

　　艾里克森和柯林斯（Erikson & Collins, 1973）作了一項實驗，他們用散點圖作為刺激物（見圖 8-2）。圖中 (a) 和 (b) 是兩張無意義的散點排列圖。假如把 (a) 和 (b) 重疊起來，則可以看到一個由兩圖合併構成的無意義音節 "VOH" 的散點圖 (c)。實驗中分別將 (a) 圖和 (b) 圖以 6 毫秒的呈現時間和 25～100 毫秒的時間間隔連續呈現出來。結果發現，隨著兩張散點圖 (a) 和 (b) 之間的呈現時間間隔的逐漸縮短，被試對無意義音節 "VOH" 識別的次數逐漸增加。

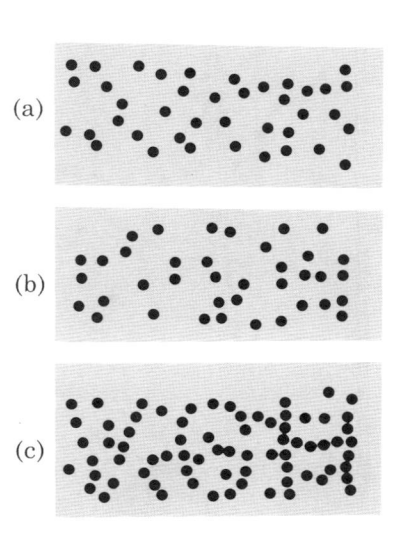

圖 8-2　散點圖
(採自 Erikson et al., 1973)

用刺激的持續時間來作為自變量，常見於時間知覺的實驗中，主試把聲和光的刺激持續一定時間呈現給被試，要求被試用同樣方法將這一持續時間複製出來。

　　和其他領域的研究一樣，知覺研究中的自變量不僅可用單一的變量，也常用組合變量，即由幾個單一變量組合成一個較大的變量來作為自變量。自變量的選擇要根據實驗的目的和要求而定。

(二) 刺激的定性變化

　　採用定性變化的自變量實驗，往往是為了研究人或動物在特殊環境下的知覺變化情況，例如將人或動物置於完全黑暗的環境中，剝奪正常的知覺信息的輸入或者將正常的知覺進行嚴重的歪曲等等。斯特拉頓和柯勒 (Stratton & Köhler, 1964) 曾設計了一種變形眼鏡，他們利用包括特製望遠鏡在內的透鏡及反射鏡系統將網膜像反轉或變位，戴上這種眼鏡所看到的世界是上下顛倒和左右反轉的 (參見圖 8-3)。

圖 8-3　知覺的重新安排
(採自 Stratton & Köhler, 1964)

柯勒和其他被試的實驗結果發現，戴上這種倒視護目鏡，起先視覺對象全部倒置，但過了幾週後，觸覺和視覺好像重新變得協調起來，並且能從事正常活動。上圖為柯勒經過幾週後，能戴上倒視護目鏡騎自行車。斯特拉頓自己戴上這種眼鏡進行了一週的實驗來研究知覺的變化和適應問題。

在具體的實驗中，將什麼樣的刺激作為自變量是由實驗的目的、儀器設備和條件等因素決定的。確定知覺實驗的自變量後，研究者對於自變量的操作和控制必須注意嚴密性，不要與其他變量發生混淆，盡可能地做到使實驗中自變量產生的變異最大，其他無關變量產生的變異最小。另外，研究者還應確定自變量在什麼水平、什麼等級和什麼階段上發生變化，這樣才能使實驗最有效。

二、因變量

因變量是實驗中由刺激所引起的反應變化，以下我們將討論知覺實驗中常用的因變量，如何對因變量進行控制，以及因變量與自變量的關係。

（一） 常用的因變量

1. 語言描述 知覺實驗較感覺實驗更為複雜，因而反應形式更多地採用被試的語言描述。採用這一變量非常方便。如主試把各種各樣的形狀呈現給被試，要求被試在知覺到形狀後給出這一形狀的名稱。但是，客觀上的形狀是不計其數的，而只有一小部分具有特定的名稱，如正方形、梯形、圓形和三角形等，形狀愈複雜，被試的語言描述愈困難。所以言語描述具有一些不利之處，沒有經過專門訓練的被試其語言描述的精確性不高，而受過訓練的被試的語言描述又很難說是由實驗中的刺激所引起而不是由訓練本身所引起的。

語言描述帶有很大的主觀性，各人的言語描述因過去經驗、情感動機、身心狀態等一系列因素的不同而迥異。在具體的研究中，往往要參考其他因素或者把言語描述和其他反應變量結合起來。格蘭澤（Glanze, 1964）在形狀識別的研究中發現，被試對於具體的形狀如正方形、三角形等，其描述的言語很短；而愈是複雜的、不規則的形狀，被試的描述語言愈長。因此，格蘭澤提出被試描述某一形狀時所用的語言長度也是一種對於刺激量大小的測量。在一般情況下，被試描述某一具體形狀時所用的言語愈長，則識別它的準確性就愈小。在這類實驗中，言語描述的長度本身就成為一種因變量。

　　在這類實驗中，我們必須注意知覺現象與感覺現象、記憶現象的混淆。例如，有時被試的言語描述不是對他知覺到的刺激的描述，而是對於刺激的記憶進行描述。在實驗中做到對它們的真正區別常常是很困難的，這要靠實驗的良好設計和主試的經驗、技術等，同時被試的一定訓練也是需要的。

　　我們知道，一切變量都必須是可證實的。言語描述似乎難以直接地被證實，但並非說它無法被證實，我們可以通過其他間接的辦法來驗證，如量表測量等統計方法。除了這一類不可直接證實的因變量外，在知覺實驗中還有一類可以直接證實的因變量，如反應時和某些口頭報告等。

　　可以直接證實的因變量比較客觀。例如用速示器以 200 毫秒的速度呈現一組字母，要求被試把它們所看到的字母報告出來。主試可以把被試的報告直接拿來與原刺激比較一下，就可以檢驗被試報告的正確性如何了。

2. 時間測量、反應時和其他　　時間測量 (time measure) 是心理學實驗中最常用的方法之一。反應時同樣可以用作知覺實驗的一個因變量。如將一系列複雜程度不同、受掩蔽程度不同的圖形呈現給被試，同時記錄被試對圖形辨認的正確性或錯誤量以及從刺激呈現到圖形被辨認出的時間等。在知覺實驗中反應時作為一個測量指標通常是與其他指標結合起來使用的。

　　知覺實驗中的因變量大都是從反應的準確性和速度等方面來考慮的。在某些錯覺實驗中也考慮量的變化和自我估計等方面。例如海門斯 (Gheymans, 1896) 發現對一個錯覺圖形的連續觀察會使錯覺量減少。他用調整法進行研究，讓被試多次觀看繆勒-萊爾錯覺 (Müller-Lyer illusion) 圖（見圖 8-15）並進行調整，使圖上的兩個線段看起來主觀上相等。雖然主試並不告訴被試他每次所調整的結果，但在多次觀察後錯覺量也逐漸減少以至最後趨於零。使用恆定刺激法時，主試用繆勒-萊耶錯覺圖中的一條線段作為標準刺激，保持其長度恆定；以另一條作為變量，每次呈現的長度不等，按隨機順序連續呈現。被試在每一次呈現時將它與標準刺激進行比較並做出它是等於、長於或短於標準刺激的主觀判斷。

（二）因變量的控制

　　確定了因變量之後，還需要對因變量進行必要的控制，因為對於一個或一組刺激，被試的知覺反應往往是無限的。如何把被試的反應控制在實驗要求的方向上，是實驗之前應該解決的問題。我們可以通過兩個途徑來達到對因變量的控制。一是確定一定的指示語，二是選擇適當的反應指示。

1. 指示語的一致　指示語在實驗中相當重要，它是主試向被試說明實驗的途徑，也是控制被試反應方向的手段。指示語可對實驗結果造成很大的影響。不同的指示語往往得到不同的實驗結果。在實驗中，指示語要前後一致，明白易懂，不產生歧義，並且要標準化，最好能使用錄音機給出指示語或者以文字形式打印給被試。

2. 適當的反應指標　反應指標的選擇是控制因變量的主要方法。知覺實驗中常用的指標有反應時、錯誤量、正確率等。選擇反應指標要考慮到以下幾點：

(1) **有效性**(effectiveness)：即所選擇的指標能夠充分反應實驗中的知覺現象。指標的變化確實反應了被試知覺上的變化。同時也要認清指標的適用範圍，了解它的局限性。對實驗中反應指標的選擇要作全面的考慮。

(2) **客觀性**(objectivity)：所選擇的指標必須是客觀的。它可以用客觀的方法觀察、記錄下來。在相同條件下它可以再現，具有可重復性。

(3) **數量化**(quantization)：數量化是任何科學實驗的基本要求。把指標數量化不僅便於觀察和記錄，也有利於對實驗結果的統計處理和提高實驗的精確度。

（三）　因變量與自變量的關係

自變量與因變量的區分具有絕對意義，又有相對意義。兩者實際上很難單獨分開來講。在一個實驗中刺激必然引起一定的反應，任何反應必然有引起它的刺激存在。因變量同自變量一樣，因實驗的目的和方法不同而具有無數種。

三、控制變量

在知覺實驗中，與實驗無關的變量都屬於控制變量。它包括除自變量以外的一切條件。哪些無關變量該控制，首先要由實驗本身來確定，實驗的目的、方法不同，控制變量也不同。在實驗之前，實驗者可以研究過去的文獻或用因素型實驗進行預測，確定哪些是該控制的變量。以下將分為二部分來討論控制變量，一是一般要求該控制的變量，二是控制變量的方法。

（一） 一般的控制變量

1. 非自變量刺激的物理量 一般說來，不作為自變量的刺激的物理量都需要控制，如刺激的持續時間、強度、照明、對比等。例如在一個關於圖形的正置與倒置對圖形辨認的影響實驗中，實驗者先呈現給被試 40 張分別有正置和倒置的圖片，然後呈現給被試一對一對的正置圖片。每一對圖片中有一張是被試先前看過的，另一張則是新的。主試要求被試指出每兩張圖片中哪一張是他在前 40 張裏見過的。在這一實驗中控制變量首先是圖片呈現的速度，如果 40 張圖片呈現的時間不同，那麼呈現時間長的必然有較多的可能性被認出來。由於實驗不是要考察呈現時間的長短對圖形辨認的影響，所以這一因素需要加以控制，在實驗中 40 張圖片按 3 秒一張的速度連續呈現。圖形的難易程度或複雜性也是一個變量，在這一實驗中也需要加以控制。另外，實驗時的照明條件、圖片的先後次序、大小等都是需要加以控制的變量。

2. 被試的機體因素 被試的機體因素如情緒、動機、遺傳、經驗、年齡等也是知覺實驗中的控制變量。例如在上一實驗中被試的年齡和經驗都需要進行控制。不同的年齡和經驗本身就是一個自變量。如果上述實驗中的被試有小學生、中學生又有大學生，那麼實驗結果的差異就很難說是由正置和倒置因素引起的。

（二） 控制變量的方法

1. 排除法 在知覺實驗中對那些需要加以控制的變量的控制方法主要有排除法，即把那些與實驗無關的變量消除掉。例如為了消除無關因素的影響，實驗可以在特殊環境下或實驗室中進行。在距離知覺實驗中，為了消除作為距離知覺線索的雙眼視差和雙眼視軸輻合，可以令被試用單眼觀察；為了消除眼睛的調節機能，可使用人工瞳孔等等。但是消除法是有限度的，實驗中有些變量是無法消除的，如被試的情緒、動機、遺傳、經驗、年齡等，以及刺激的物理特性如形狀、大小、複雜程度、呈現時間等。

2. 恆定法 在某些變量無法消除時，我們可以用**恆定法**使這些變量在實驗中保持恆定。我們可以把實驗安排在同一時間、同一地點、使用同一實驗儀器，照明、室溫、刺激物的形狀、大小、複雜程度、呈現時間以及被試的機體因素等都保持恆定。

3. 實驗設計法 除以上二種方法之外，我們還可以通過一定的**實驗設計**來排除某些無關變量對實驗的影響。如有人做了一個實驗，實驗材料用兩個社會禁忌詞和兩個中性詞。主試將這些詞分別呈現給被試，要求被試以言語報告出來。結果發現，社會禁忌詞的呈現到被試報告之間的時間長於中性詞的呈現到被試報告之間的時間。這種差別到底是由於知覺系統造成的呢還是由於反應系統造成的呢？或者說這到底意味著對社會禁忌詞的知覺時間長於對中性詞的知覺時間呢？還是由於被試受傳統習慣和社會道德的影響而造成的反應滯後呢？光憑這一個實驗我們很難得出結論。我們可以再把實驗這樣安排一下：刺激仍用原來的四個詞，只是當出現社會禁忌詞時被試報告中性詞，出現中性詞時被試報告社會禁忌詞。這樣如果實驗結果表明對出現社會禁忌詞的反應時間仍長於對出現中性詞的反應時間，那麼就可以證實對社會禁忌詞的知覺需要較長的時間。這一實驗結果是被試報告社會禁忌詞時需要的時間較長，從而說明這種差別是由於反應系統而不是由於知覺系統造成的。當然，這只是實驗設計上的考慮，在執行實驗中，很可能還有更複雜的情況需要考慮。

第二節 知覺現象的研究

知覺是心理學研究的最多最早的領域之一。許多知覺現象的規律性已經得到了共識。但爭論的問題仍然很多，尤其有關知覺的理論龐雜繁複更是爭論紛紛。各個心理學派別都從不同的方面來探究這一問題，如傳統的心理物理學、格式塔心理學（或完形心理學）和現代的認知心理學以及信息論等都對知覺的研究作出了一定的貢獻。本節僅選取知覺研究中的知覺組織、視錯覺、知覺恆常性等三個問題來進行討論。

一、知覺的組織

在知覺心理學研究中，形成了不少學派。各學派的中心問題是關於知覺理論，特別是感覺映像是怎樣組織的。這些理論涉及較多的形狀知覺問題。

在許多學派中，比較有影響力的是**格式塔學派**(或**完形學派**) (Gestalt school)。格式塔是完形的意思。一般認為魏泰邁 (Max Wertheimer, 1880～1943) 關於**似動現象** (apparent motion) 的研究奠定了格式塔學派的基礎。格式塔學派的主要的概念是"整體性"。應當承認在心理學的研究中採用整體性的概念是一個進步，在以前的一些聯想學派都認識不到心理過程中由量變到質變的過渡，而格式塔正是強調了整體活動的質的特點。他們強調整體具有的規律，它不但是整體的各成分所缺乏的，就是這些成分的總和也得不到這些特點。這一問題在近年來有了新的發展，許多著作者從信息論的角度論證了知覺整體性的特點。

知覺組織 (perceptual organization)，從理論上講涉及的是知覺理論學派的問題，從實踐上講，更多的是**圖形和背景**(或形象與背景) (figure-and-ground) 方面的具體研究。因而我們可以從對象和背景的關係，討論知覺的組織問題。

平時，我們看到的幾何圖形，總是在一個背景上的形象，並且以輪廓和界限來形成物體。對象和背景相輔相成，組成了最基本的刺激圖形。然而，知覺的對象和背景是可逆的，那些曾經是知覺的對象，可以由於沒有價值或者完成了任務而變成為背景，背景中的某些東西在一定時間內可以成為知覺的對象。許多研究發現，天生的盲人經過外科手術重見光明之後，許多知覺的特性都有缺失，唯獨從背景中區分出對象的能力依然存在。他們過去雖然無法看見圖形，但第一次重見光明的人，都毫無困難地在背景中看出對象。

早期專門研究這個問題的是丹麥心理學家魯賓 (Edgar Rubin, 1886～1951)，他確定了圖形從背景中分出的一些原則；第一，圖形有形狀，而背景相對來說沒有形狀，如果背景被知覺為有形狀的話，那也是由於其他完形的作用；第二，圖形具有一般物件的性質，而背景看起來像是一種無形的東西；第三，圖形似乎是向前突出，而背景似乎是向後退；第四，圖形可以引起更深刻的印象，也比較容易記住。

繼魯賓之後，考夫卡 (Kurt Koffka, 1886～1941) 進而發展了他的學說，並補充了一些新的原則：第一，對象顏色的剛柔對圖形來說要比背景更重要；第二，組成圖形的定向因素，例如，垂直和水平的方向更容易組成圖形；第三，內包和外圍的關係，內包的部分較易成為圖形；第四，能力的密度因素，圖形中能力的密度較背景的能力密度要高；第五，組織的簡單性和均勻性，圖形與背景的配置造成的形狀，愈簡單效果愈好。

　　近幾十年來，在這方面的研究更是豐富多彩了，所發現的因素不下幾十種，概括起來，知覺組織的理論解釋，歸納出很多法則，稱為**組織完形法則** (Gestalt laws of organization)，下列法則尤為重要：

（一） 接近法則

　　接近法則 (law of proximity) 是指視野中的接近（即空間位置相近）容易合成一組，構成輪廓，當然，接近不限於空間視覺方面，也可以在時間和聽覺等方面。例如按不同規則的時間間隔發生的一系列輕拍聲中，在時間上接近的響聲傾向於組合在一起。圖 8-4 是視野中的接近容易合成一組的實例，我們常常把圖 A 知覺分成正方形。把圖 B 上由於橫向圓點靠得緊，我們把它知覺為四個橫排。圖 C 上由於縱向圓點靠得緊，我們把它知覺為四個縱排。

圖 8-4 接近法則
(採自 Kling & Riggs, 1972)

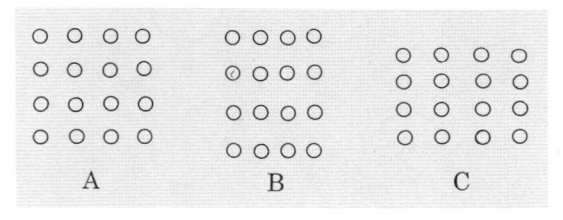

圖 8-5 相似法則
(採自 Beck, 1966)

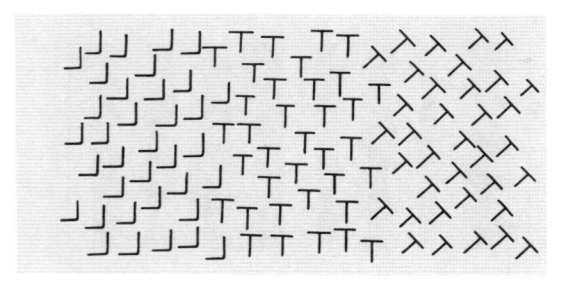

(二) 相似法則

在形狀方面相同或相似的,以及在亮度和色彩方面相同或相似的圖形傾向於合成一組構成一個圖形是為**相似法則** (law of similarity)。我們從圖 8-5 上可以看到,形狀上相同 (或相似) 的點子,易組成圖形。

(三) 好圖形的法則

形成一個**好圖形** (或**完形**) (Gestalt) 的刺激將具有組合的傾向。好圖形一般是同一刺激顯示的各種可能的組合中最有意義的圖形,此即為**好圖形法則** (law of good figure)。構成好圖形的具體因素有四:(1) **連續** (或**連續法則**) (law of continuity)。視野中有延續傾向或連續的刺激往往被看成為一條直線與一條波浪形的曲線 (如圖 8-6A),而以曲線為界分開為兩半 (如圖 8-6B),卻很困難。這裏包含有"自然"的因素。(2) **對稱** (balance)。對稱或平衡的整體,有利於組合,圖 8-7 上,凡是對稱的,不論是白色還是黑色,都組合成圖形,看起來舒服順眼。(3) **趨合** (或**閉合法則**) (law of closure)。輪廓閉合的對象比輪廓不全的對象易被看成一個整體,但我們對自己十分熟悉的對象,即使輪廓缺少一部分,仍然將它知覺為一個整體。例如

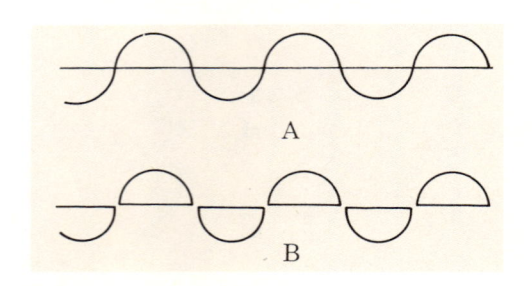

圖 8-6 連續法則
(採自 Kling & Riggs, 1972)

圖 8-7 對稱法則
(採自 Kling & Riggs, 1972)

圖 8-8　組合的閉合原則
　　　(採自胡德輝，1989)

圖 8-8 上儘管均缺少了一部分輪廓線，但仍被我們看成一個圓(左上方)和四邊形(右上方)；圖 8-8 下方為五個英文字母"HELLO"。據研究，一般而言，只要對象的輪廓線達到 68～72%，就能被知覺為一個整體。(4) 共同的變化 (common fate)。這個原則的相似組合在物體上的應用，藝術家在舞蹈動作時常利用這一原則。特別是在大型集體舞的情況下，把那些循同樣路線動作的人組合在一起，使紛繁的變化成為一種迷人的和複雜的活動整體。

(四)　過去經驗和定勢

　　上面講到的三點均為圖形組織的外界刺激因素。除此之外，還有依個人主觀條件而改變的因素，稱之為非刺激性因素。形形色色的可逆圖形和雙關圖形就是這方面的例子，圖 8-9 是畫家埃斯切爾的木刻畫，當你注視黑色圖

圖 8-9　天使和魔鬼二可圖
　　　(採自 Escher, 1961)

形時所見到的是魔鬼，當你注視白色圖形時所見到的卻是天使。圖 8-10 是少女和老婦二可圖。**二可圖**(又稱雙關圖或曖昧圖) (ambiguous figure) 是指對象和背景可以不時加以轉換的圖形，即在一個圖形上，一部分被知覺為對象，其餘的就成了背景，背景和對象可以變換。這裏列舉的幾張圖都是典型的二可圖。圖 8-11 是一張拉丁美洲薩爾瓦多的奴隸市場圖，但也能看為一

圖 8-10　少女和老婦二可圖

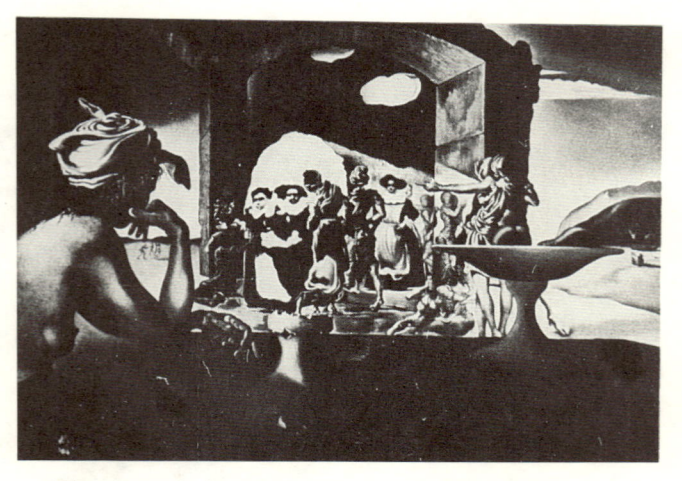

圖 8-11　老人頭和薩爾瓦多奴隸市場二可圖
(Dali 作，採自葉奕乾，1982)

個老人頭。圖的左邊還有一個半身塑像。同一圖形可以產生兩種知覺現象，這說明了知覺的**選擇性** (selectivity)。這也是知覺的一個特性。

除視覺之外，其他感覺也有知覺的組織以及對象和背景的關係。例如，日常生活中我們可以在戶外的嘈雜聲中聽到鳥的歌聲；我們也可以從交響樂團的演奏中聽出小提琴、大提琴和小號的旋律。

二、錯　覺

我們的感覺器官不一定總是能對客觀事物作出正確的反映。知覺過程也不是總有一個十分容易而又自動化的程序。知覺有時是非常複雜的。知覺像是解謎一般，知覺者必須把外界的許多線索綜合起來。在大多數情況下，我們都能把那些線索正確地進行組合從而很快地解開了謎，這就是為什麼我們總是把知覺看得如此容易的緣故。但是在某些情況下，我們會被一些線索所迷惑，我們所感知到的現象並不反映或者符合外部刺激，這就產生了通常所稱的**錯覺** (illusion)。

（一）不可能圖形

不可能圖形(或**不合理圖形**) (impossible figure) 是一種無法獲得整體和知覺經驗的圖形，也可說是一種特殊的錯覺。圖 8-12 是一版畫瀑布。由荷蘭畫家埃斯切爾 (Escher, 1961) 所作。可見瀑布一瀉而下，匯集到池子中，然後順著水渠往下流去。可是拐了幾道彎之後突然又回到了瀑布口！真是不可思議。可是在畫面上卻表現得明明白白，天衣無縫。埃斯切爾有效地利用了知覺中的某些線索，如形狀和大小的單眼線索、深度知覺、線條透視和視角等，使這個圖乍看之下似乎沒有什麼不正常的地方，圖的每一組成部分本身都是完美無缺的。但是如果我們再仔細一看，便會發現它有點問題：圖的各個部件組合不妥當，這一瀑布既無始也無終。這就是怪圖，在心理學上稱之為**不可能圖形**。這一圖形之所以產生這種不準確的知覺，是由於它具有一定的線索模糊性和不連貫性。我們能夠看出它的錯誤是由於經驗告訴我們它的一些知覺線索自相矛盾，所以有些心理學家認為知覺過程實質是假設的產生和檢驗的過程，知覺線索的自相矛盾和模稜兩可起因於衝突性和不確定性。我們的知覺系統要受到理智的修正，這一點是顯而易見的。在皓月當

圖 8-12
不可能圖形：知覺運動瀑布
(採自 Escher, 1961)

空的夜晚，我們看頭頂上的月亮最多不過幾百米遠，而物理學知識告訴我們月球距離我們約有三十九萬公里之遙。

圖 8-13 所示也是些不可能圖形，右邊的圖形是心理學上著名的無盡頭樓梯圖，由於相互衝突的深度線索而導致的矛盾在此圖中反映得非常明顯。

雖然這些錯覺是人為的，但是我們必須認識到，在一定情境中，如果某些線索具有模稜兩可的性質，那麼就會有可能產生知覺上的錯誤，研究這些人為的錯覺現象是為了把知覺的那些基本組成部分抽象出來進行分析，以便

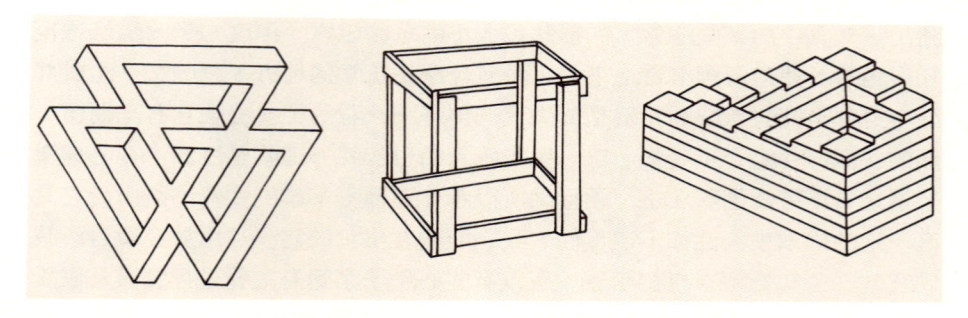

圖 8-13 不可能圖形：右圖為著名的無盡頭樓梯圖
(採自 Byrne, & Kantowitz, 1980)

幫助我們了解知覺的功能。

(二) 視錯覺

在心理學上研究的錯覺現象，多屬視錯覺。視錯覺 (visual illusion) 是指憑眼睛所見而構成失真的或扭曲事實的知覺經驗。視錯覺的種類很多，下面我們來討論一下幾種基本的幾何錯覺形式：

1. 線條錯覺 (linear illusion)　　表現在線條的長度，方向或彎曲的錯覺是相當普遍的。最為大家熟知的是圖 8-14 中橫豎兩條線的物理長度是相等的，但是在我們知覺上它們卻不相等，此為**橫豎錯覺** (horizontal vertical illusion)。以及由於兩條直線上的兩端箭頭方向不同，看起來下邊的直線長得多的繆勒-萊爾錯覺。(參見圖 8-15)。

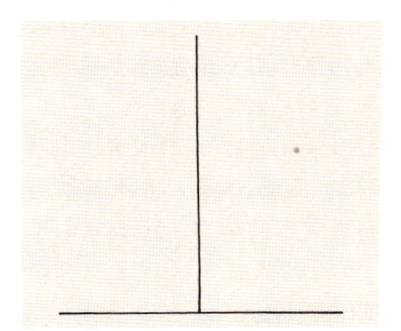

圖 8-14　橫豎錯覺
(橫豎兩等長直線，豎線垂直立於橫線中點時，看起來豎線較長。)

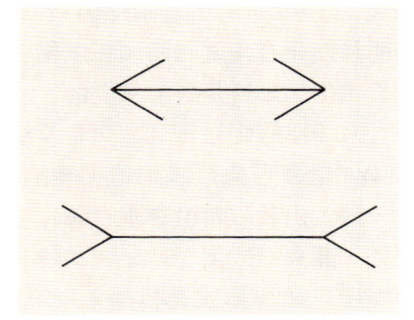

圖 8-15　繆勒-萊爾錯覺
(兩條橫線等長，惟以兩端所附箭頭方向不同，看起來下邊的線較長。)

錯覺現象有很大的趣味性和很高的應用價值。這裏不妨舉一個日常生活中的例子。圖 8-16 是服裝設計中應用繆勒-萊爾錯覺原理，產生身高變化的視覺效果。圖 A，由於向外伸長的箭頭使人們的眼球運動超過了主要線段的長度。相反，在圖 B 上，由於向內收縮的箭頭使人們的眼球運動的距離縮短。這樣產生圖 A 比圖 B 顯得更高些的視覺效果。

迪尤爾 (Dewar, 1967) 曾對繆勒-萊爾錯覺中所含變量進行了研究。他用 160 名被試做實驗，要求被試調整兩條線段中的一條，使之看起來與另一條長度相等。表 8-1 顯示了箭頭張合角度和箭頭長度的每種組合所產生

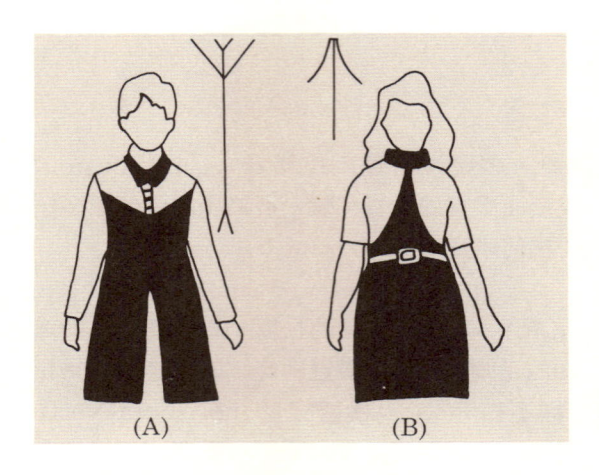

圖 8-16　體型變高 (A) 或變矮 (B) 的錯覺原理

的錯覺強度，即一條線段的長度需調整多少才可以使兩條線段看起來相等。如表 8-1 中所示，這兩種因素都對錯覺產生影響。有趣的是，變異數分析表明箭頭張合角度和箭頭長度兩者之間並無相互作用。這意味著兩個變量對知覺產生的影響是各自獨立的。

另一種線條錯覺是我們常常感覺同樣長度的垂直線要比水平線為長（圖 8-14）。這種現象可以用這種理論來加以解釋，眼睛沿著水平線運動更為容易一些，由於眼睛沿著垂直線作縱向運動需要更多的努力，距離就似乎顯得更長。菲克 (Fick, 1852) 和馮特 (Wundt, 1862) 等人最早發現了這種錯覺。但對這一錯覺形式進行深入研究的是庫納帕斯 (Kunnapas, 1955)。他發現標準的這種錯覺（圖 8-17）實際上包含了兩種錯覺：垂直線的長度相對於等長的水平線的長度而言，更易於被高估；對被分割的線段而產生低估。圖 8-

表 8-1　繆勒-萊爾錯覺的箭頭張合角度和箭頭長度與錯覺量的關係

箭頭長度 (毫米)	箭頭張合角度			
	30°	60°	90°	120°
10	6.2*	6.1	5.0	3.0
20	7.9	6.7	5.6	5.9
30	10.2	8.4	9.4	5.8
40	11.9	8.4	8.2	6.9

*單位：毫米　　　　　　　（採自 Dewar, 1967）

17 是庫納帕斯發展的一個圖形，它展示了這兩種錯覺。線段 a 相對於線段 b 造成了對垂直線高估的錯覺。線段 c 相對於線段 b 造成了未被分割的線段顯得長於被分割的線段的錯覺。庫納帕斯還發現，對於垂直線長度的錯覺，如果把這一線段從水平線的中央移至水平線的一端，則錯覺量大大地減少。

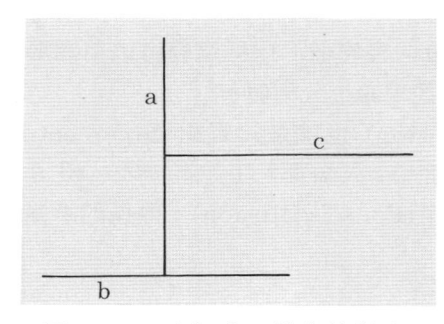

圖 8-17　垂直-水平錯覺的變式　　圖 8-18　線段被分割後的錯覺

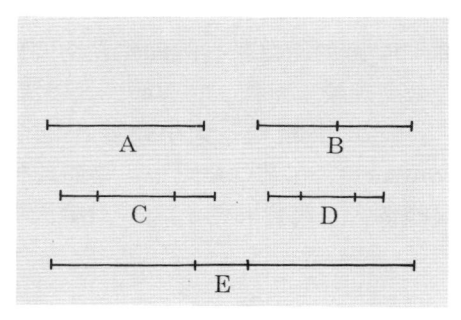

圖 8-18 中，水平線還被短線所分割。按照視覺運動的理論，沿著水平線的視覺運動在到達另一端點之前被打斷而產生線段長度上的錯覺。天真的觀察者總是認為 B 線要比 A 線短，同時還相信 C 線的中段要比 B 線中分的任何一個線段為長。這種錯覺也發生在 D 線和 E 線中。D 線的中段顯然要比 E 線的中段為長。與長線相鄰的線段似乎顯得較短，而與短線段相鄰的線段似乎顯得較長。

另一種對於線條長度判斷的錯誤是由於我們傾向於以透視的方法觀察圖像。圖 8-19 中的平行四邊形通常被當作一個斜面，因為知道左邊的平行四邊形大於右邊的平行四邊形，我們就會假定對角線 AC 長於對角線 AB，此稱為**桑氏錯覺** (Sander's illusion)。

圖 8-19　桑氏錯覺
(兩個相連的平行四邊形，大者的對角線 AC 與小者的對角線 AB 等長，但看起來 AC 較長。)

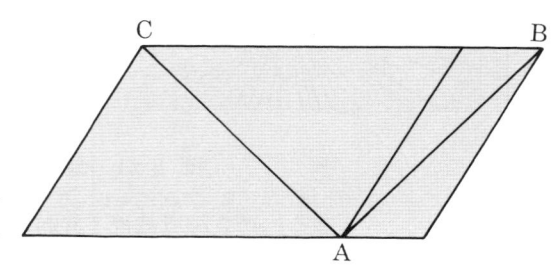

鄰近的線條和角度所引起的變形不僅表現在線條的表面長度中，而且還表現在線條的方向和彎曲中。例如，圖 8-20 是所謂的**左氏錯覺**(Zöllner illusion)，其中的數條平行線被不同方向之斜線所截時，顯然不再平行了。而且斜線的方向不同時，看起來斜線的黑色深淺也不相同。在圖 8-21 中則是**赫氏錯覺**(Hering illusion)，A 圖的兩條平行線顯然在中間部分向外彎曲；B 圖的兩條平行線顯然在中間部分向裏彎曲。這種錯覺可以用圖形的後效應理論來解釋，它與顏色的殘留影像現象十分相似。

2. 大小錯覺 大小錯覺(size illusion) 也就是**知覺對比** (perceptual contract)。在某些錯覺中，物體的物理大小與知覺大小並不一致。圖 8-22 是幾個大小錯覺的例子。A 是**龐氏錯覺** (Ponzo's illusion)，等長的兩條粗

圖 8-20 左氏錯覺
(當數條平行線各自被不同方向斜線所截時，看起來即產生兩種錯覺；其一是平行線失去了原來的平行；其二是不同方向截線的黑色深度似不相同。)

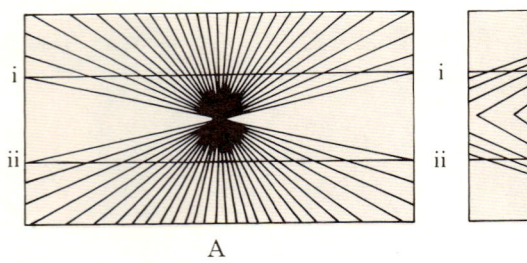

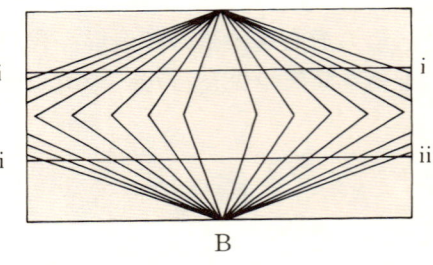

圖 8-21 赫氏錯覺
(原來 A、B 二圖的 i 和 ii 是平行的，但被多方向的直線所截後，看起來不像平行線了)

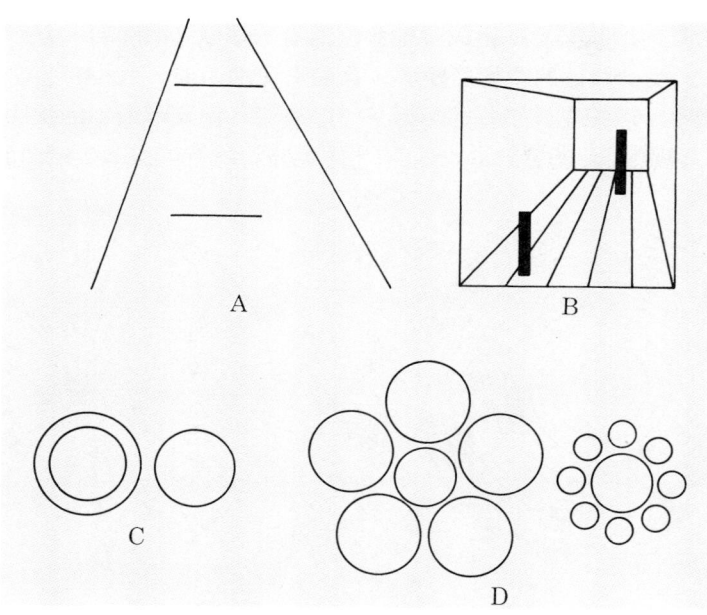

圖 8-22　大小錯覺

黑平行線，因受兩邊斜線的影響，使上方的粗線看起來比較長；B 是龐氏錯覺的變式，常指為透視錯覺；C 是**戴氏錯覺** (Delboeuf illusion)，左圖的內圓和右圖的圓實際上大小相等，但看起左圖的內圓較大；D 是最早由鐵欽鈉 (Tichener, 1906) 描述過的大小錯覺。

　　西克爾斯 (Sickels, 1942) 曾對龐氏錯覺進行了研究。他發現兩條斜線的傾斜角有一個最佳角度。一般來說，兩條線向水平方向傾斜時錯覺增加，一旦超過最佳角度，錯覺又顯著減少。溫特勞布等人 (Weintraub et al., 1969) 對戴氏錯覺做了大量的研究。他們發現，當內、外圓環之比為 2：3 時產生的錯覺最為顯著。他們還發現如果用虛線或者用外圓的一部分把測驗圓環圍起來也可以產生錯覺。而且，變化內外圓的明度對比使內圓的明度略低於外圓，可以增強錯覺。

　　3. 形狀錯覺　　在幾何錯覺中**形狀錯覺** (shape illusion) 尤為顯著。圖 8-23 是**埃氏錯覺** (Ehrenstein illusion)，它是由龐氏錯覺變化而來；圖 8-24 是**奧氏錯覺** (Orbison illusion)。奧比森 (Orbison, 1939) 曾以線條為背景

把不同的幾何形狀顯示在上面。他發現所有的形狀（如圓形、方形、三角形等）都由於受到斜線的影響而變形。華萊士（Wallace, 1966）曾研究了各種斜線和觀察距離對左氏錯覺的影響。一般來說，對圖形增加的線條越多，錯覺越強；觀察距離增遠（4.6 米）時，僅幾條斜線就可以產生彎曲的錯覺。

圖 8-23　埃氏錯覺　　　　　圖 8-24　奧氏錯覺

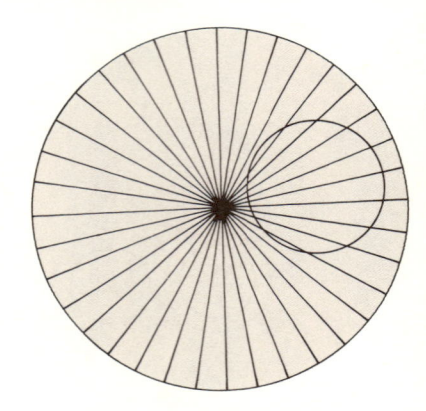

　　幾何錯覺的圖形是多種多樣的，按照它們所引起的錯覺形式基本上可以分為兩類：一類是關於數量上的錯覺，包括在大小、長短方面引起的錯覺，如繆勒-萊爾錯覺、鐵欽納錯覺等；另一類是關於變形或方向上的錯覺，如埃氏錯覺、左氏錯覺等。

　　關於幾何錯覺的問題，早期人們做了大量的關於各種錯覺的錯覺量與年齡之間關係的研究。比較典型的是萊博維茨和古茲德克（Leibowitz & Gwozdecki, 1967）的研究。他們以**波氏錯覺**（Poggendorf illusion）為實驗材料，發現年齡因素對錯覺的判斷有如圖 8-25 所示的關係：早期，錯覺強度隨著年齡的增長而呈下降趨勢；大約過 18 歲以後達到較穩定狀態，其曲線如一漸近線。但也有人指出，由於觀察條件和觀察次數的限制不同，某些研究的結果並不一致。一些研究者，例如賈德（Judd, 1902）和本奴西（Benussi, 1904），曾對錯覺呈現的次數對錯覺效果的作用提出疑問。一般而言，錯覺強度隨呈現次數的增加而減弱，但是其他一些因素也會在實驗中產生影響。由於被試知道自己所面對的是錯覺問題，他們在反應時會相應地對自己的反應作一定的修正。

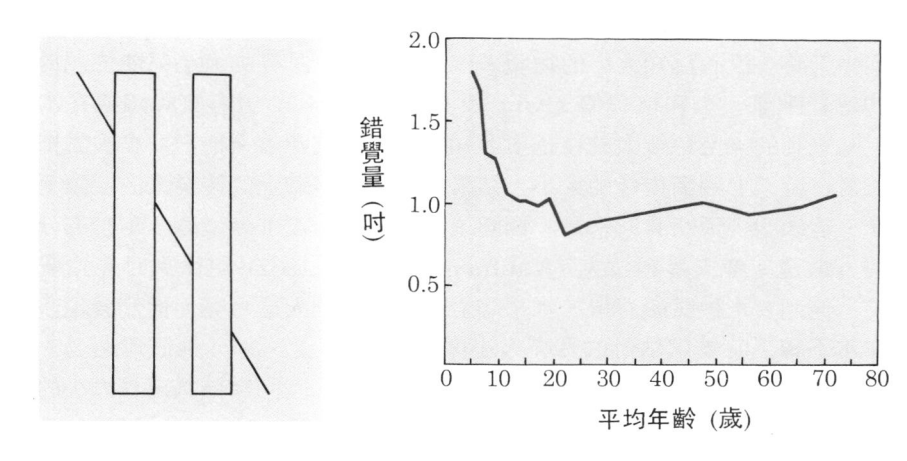

圖 8-25　左為波氏錯覺，右為錯覺量與年齡之間的關係
(採自 Leibwitz & Gwozdecki, 1967)

4. 自然錯覺　上面講到的線條、大小、形狀等三種錯覺，均存在於自然界之中，我們僅舉人為的例子加以分析。這一段中，我們將討論自然界裏有許多可引起我們錯覺的現象。我們清晨看朝陽從東方漸漸升起，傍晚目送夕陽在西邊慢慢沉落，我們覺得腳下的大地（地球）是不動的，而是太陽在運轉，所以千萬年來人們都視太陽為東升西沉。事實上，地球不僅以每秒 20 哩的速度繞地軸自轉，還以每秒 18.5 哩的速度繞太陽旋轉。這些自然界裏的錯覺現象，我們稱之為**自然錯覺**(natural illusion)。

我們還在某些地方會看到似乎是傾斜的房子或倒流的河水。這些錯覺通常依賴於周圍的環境，如環繞的樹木和地質結構所造成的與實際物理傾斜相反的地形傾斜。一輛汽車停在這樣一種地形上，一旦放開煞車，車子就會向"上"滑去。還有，如果登上起伏的群山上，總有"這山看着那山高"的感覺。其實到了那山，發現怎麼又是這山高了呢。這些都是自然錯覺。

最典型的自然錯覺是**月亮錯覺**(moon illusion)。月亮在水平線上時，比月亮到正頂上時看起來顯得大些。對於這一現象比較流行的解釋是：對月亮大小的判斷依賴於一定的參照物。當月亮在水平線上時，月亮前面的地形給人以一種距離遙遠的感覺，使人產生月亮較大的印象。這種大小與距離的關係是這樣的：如果網膜像的大小保持恆定，感知到的空間距離的增加相應地產生知覺大小的增加，即對物體大小的判斷依賴於對物體距離的知覺。當月到中天時，沒有已知大小的物體來作為參照物，月亮的大小只能依賴於天空的感覺距離。金和格魯伯 (King & Gruber, 1962) 曾有實驗證明在水平線上知覺到的天空距離大於在正頂上知覺到的天空距離。他們要求被試把後像投射在藍天上判斷後像的大小，結果證明在水平線上的後像大於正頂上的後像。這表明，天空看起來是一個圓頂形狀，且正頂部分最近，水平部分或正前方最遠。考夫曼和拉克 (Kaufman & Rock, 1962) 也做過月亮錯覺的研究，他們要求被試觀看位於水平線上或正頂上的人造月亮。他們發現當月亮在水平線上時被試估計的月亮大小增長 1.2 至 1.6 倍。他們還通過一系列反光鏡把實際上在正頂上的月亮反射到水平線上，同樣被試對其大小的估計增加；而當倒過來時，即把水平線上的月亮反射到正頂上，被試感知的大小則相應減小。

月亮錯覺除了這一因素作用外，波林 (Boring, 1946) 又提出了**前庭機制說** (vestibule function theory)。他認為，在頭部或身體傾斜的情況下，對物體的感知大小趨於減小。其後有人做了一系列的實驗證明了前庭刺激確實對大小判斷有影響。前面提到的金和格魯伯關於後像大小判斷的實驗結果，實際上也可用前庭機制來解釋。所以，月亮錯覺至少受地形和前庭刺激兩種因素的影響。

三、知覺的恆常性

知覺的恆常性 (perceptual constancy) 是指當距離、縮影比、照明改變的時候，知覺對象的大小、形狀和顏色的相對固定性。例如，對一只掛在牆上的掛鐘，當我們在房間裏走動的時候，我們總把它感知為同一大小和同一形狀，雖然它們在我們網膜上的映像是各不相同的。

我們知道，人眼的構造好比一架照相機，人眼中的**水晶體** (lens) 就是一個雙面凸起的透鏡，眼睛的視網膜起著投影成像的屏幕作用。如果被感知的對象移遠些，那麼眼網膜上的像就會縮小。鏡子反映的映像就是這樣。然而人的知覺特點卻不然。知覺時，不管實際的光線如何，我們認為一件東西的顏色是相同的，這種傾向稱為**顏色恆常性**；不管看的角度如何，我們認為一件東西的形狀不變，則稱為**形狀恆常性**；不管距離的遠近如何，我們認為物體的大小相同，稱為**大小恆常性**；而即使我們到處走動，物體看起來仍然在老地方，則稱為**位置恆常性**(或**方向恆常性**) (orientation constacy)。恆常性一詞有點誇大，它是指一定範圍內而言，但它說明了我們對物體知覺的一種穩定特性。

知覺的恆常性對生活有很大的作用。假如，知覺不是恆常性，那麼每走一步、**轉彎**、進行其他活動以及外界光線改變時，便會使我們彷彿碰到了新的天地和新的對象，也就無法辨認以前已經知道的東西，從而使我們無法適應新的環境。

(一) 經驗和知覺恆常性

於 20 世紀 50 年代後期開始興起了認知心理學理論，提出知覺不單純是**客觀世界的映像**，而且還包含著對客體的解釋。知覺不可能只單純從刺激一方描述，人的過去經驗在知覺中起著重要作用。認知心理學認為知覺是在直接作用於人的感覺信息的基礎上進行推理而產生的，它的內容比感覺基礎遠為豐富。知覺的恆常性作為知覺的特性，正說明了過去經驗在知覺中的作用。

圖 8-26 是瑪格利特所畫的怪畫。瑪格利特是超現實主義畫家，他用違

圖 8-26　違反知覺恆常性的怪圖

反知覺恆常性的手法，達到知覺衝突，以產生獨特的藝術效果。從圖上我們可見到大得出奇的梳子和極為微小的床舖。當知覺恆常被否定的時候，現實也同時被否定。這幅圖和埃斯切爾的瀑布版畫（圖 8-12）都反證了過去在知覺中的作用，達到異曲同工的效果。

1. 恩墨特定律 恩墨特 (Emmert, 1881) 發現，知覺到的後像的大小與眼睛和後像所投射的平面之間的距離成正比，見圖 8-27。後人把恩墨特發現的這條規律稱之為**恩墨特定律** (Emmert's Law)。假如把一個後像投射到比原先的刺激物遠 10 倍的平面上的話，那麼它的後像看起來變成比原來的刺激物大 10 倍，但網膜上的映像大小還是相同的。

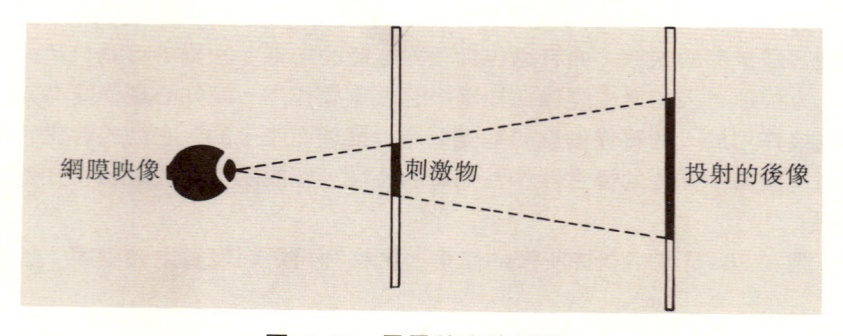

圖 8-27 恩墨特定律圖示

幾何學上的歐幾里德定律可以幫助我們去理解恩墨特的原理。歐幾里德定律認為，客體的大小可用物理量去度量，網膜像的大小是按光學原理變化的，可用如下的公式來計算：

$$a = \frac{A}{D}$$

a：實際物體在網膜上成像的大小
A：物體的大小
D：人眼和物體之間的距離

根據這一公式，如果客體的大小不變，那麼 a 的大小隨距離 D 成反比例關係。這個定律可以用簡單的實驗演示出來。如果我們注視著一個距眼睛 1m 遠的黑色背景上的 10cm² 的白色方紙塊，觀察約 1～2 分鐘以後這一方塊就會形成後像，這時若把眼睛轉向一個光亮的、距離約為 1m 的平面，則可以看到一個與原來白色方塊大小相同的黑色方塊；若把後像投射到一個距離為 2m 遠的平面，則看見的後像大小是原來白色方塊的兩倍，則後像的大小為 20×20cm²；如果投射面的距離是 4m，則後像的大小為 40×40cm²。

2. 布倫斯維克比率　我們在知覺物體時存在著恆常性，即不完全依賴於視角規律來判斷物體的大小，但是常常我們的知覺大小與物體的物理大小也不盡一致。例如，觀察者在 5m 處觀察一個身高 1.8m 的人，如果按視角計算，觀察者看到的人只有 1.8×1／5 (m)，即 0.36m，但是實際上我們是不會這樣來知覺的，我們很有可能把他知覺為 1.76m，也可能把他知覺為 1.84m。布倫斯維克 (Branswik, 1929) 提出了一個測量恆常性程度的公式，即**布倫斯維克比率** (Brunswik ration，簡稱 BR)：

$$BR = \frac{R-S}{A-S}$$

BR：布倫斯維克比率，一般用百分數表示
R：被試知覺到的物體大小，亦即被試對大小判斷的結果
S：根據視角計算的物體映像大小
A：物體的實際大小

當知覺到的大小與物體的實際大小很接近時，布倫斯維克比率趨於 1，這表示趨於完全恆常性；當知覺到的大小與按視角計算的大小很接近時，則表示基本上沒有恆常性。前面講的身高 1.8m 的人在 5m 處觀察時被知覺為1.76m，那麼 BR = (1.76−0.36)／(1.8−0.36) = 0.97，即大小知覺的恆常性保持了 97%。

3. 邵勒斯比率　邵勒斯 (Thouless, 1931) 提出的計算恆常性係數的公式與布倫斯維克的公式基本相同，只是取了 R、S、A 三個數的對數：

$$TR = \frac{\log R - \log S}{\log A - \log S}$$

邵勒斯比率(Thouless ratio，簡稱 TR) 的計算結果也在 0 到 1 的範圍內。但是用邵勒斯公式計算出的常性係數有時比用布氏計算的要大些。這兩種方法都可以用於研究大小、形狀、顏色及亮度等知覺的恆常性，但是在大小、形狀知覺中更常用布氏比率，而在亮度知覺中則常用邵氏比率。這是因為物理亮度與知覺亮度成一定的對數關係。

知覺恆常性在大小、形狀、顏色、亮度等方面都存在。關於顏色和亮度的恆常性，我們在第六章中已有討論。下面討論大小和形狀二種恆常性。

（二） 大小恆常性

前面講到，我們所知覺到的物體大小一般至少要受到兩個因素的影響，即物體在網膜映像的大小和物體的表現距離。在同一距離上的兩個物體，網膜映像大的我們知覺較為大些；若在不同距離上的兩個物體，其網膜映像大小相同，則距離較遠的物體我們知覺為較大些。網膜映像大小和距離的這種關係是大小恆常性保持的基礎。

不因對象距離的改變，把它知覺為平常大小的傾向，叫做**大小恆常性**(size constancy)。我們從視角的概念中已經知道，網膜映像的大小取決於對象的距離的遠近。但是當一個對象的距離在變化時，我們視覺的大小或主觀大小並不因網膜上大小的變化而感到它的大小在變化。如果深度知覺的線索具備，知覺有很高的大小恆常性。如果把這種線索消除，知覺的對象又不熟悉，那麼它的大小知覺便會接近透視大小。圖 8-28 顯示，上下四扇窗的網膜映像差別如此之大，但我們仍都把它知覺為長方形的窗。

這裏還須指出，在一定的距離範圍內和有深度線索支持的條件下，我們

圖 8-28　大小恆常性圖示

具有著良好的大小恆常性。但是遙遠距離超過 1 公里的對象在我們主觀上看來仍然是很小的。例如，我們站在二、三十層的高樓房頂上，下面的汽車像玩具一般。真可謂："會登臨絕頂，一覽衆山小"。圖 8-29 顯示了遠距離物體大小知覺的變化。

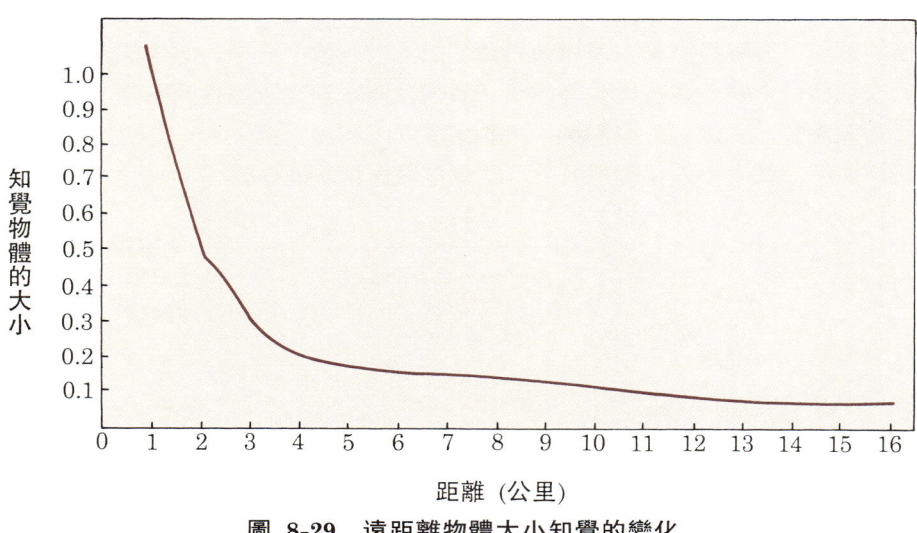

圖 8-29　遠距離物體大小知覺的變化
(採自荆其誠，1963)

（三）　形狀恆常性

形狀恆常性 (shape constancy)　是指從不同角度觀看一個熟悉的物體時，雖然這個物體在視網膜上的映像都不相同，但是我們仍把它知覺為一個恆常的形狀。一扇門只有從下面看時，它在網膜上的映像才是長方形的，從其他任何角度看，都是不同的梯形，然而我們並不把它知覺為梯形。同樣，一個傾斜的圓盤在網膜上的映像是一個橢圓形，而我們仍把它知覺為圓形。我們走在馬路上，很少從正面看到商店招牌，但從未懷疑它不是方塊字。

但是我們的知覺也不盡是完美到與客體保持完全一致的程度，知覺形狀與客體某一狀態下的形狀有時會有不同。在形狀恆常性的研究中，人們做了大量關於知覺形狀與知覺傾斜關係的實驗，因為物體傾斜程度的信息是我們正確判斷一個物體形狀的基礎之一。邵勒斯 (Thouless, 1931) 發現，觀察者對測驗物體的判斷形狀大多在物體的真實形狀與傾斜形狀之間。判斷的條件越少，判斷形狀與真實形狀的差異越大，但即使在正常的視覺條件下，觀察者也很少表現出完全的恆常性。

萊博維茨 (Lelbowitz, 1967) 研究了年齡與形狀恆常性的關係。在他們所用的實驗儀器中，首先呈現給被試一個物體，這是一個可以傾斜成各種角度的圖形。實驗讓被試在四種傾斜角度的比較刺激中選擇一個與觀察刺激看起來同樣的形狀。這些比較刺激是一系列從圓形到逐漸拉長的橢圓形。被試年齡範圍從 4～21 歲，實驗中許多條件可以利用。圖 8-30 是觀察刺激在兩種傾斜角度下不同年齡被試的形狀恆常性保持程度曲線。

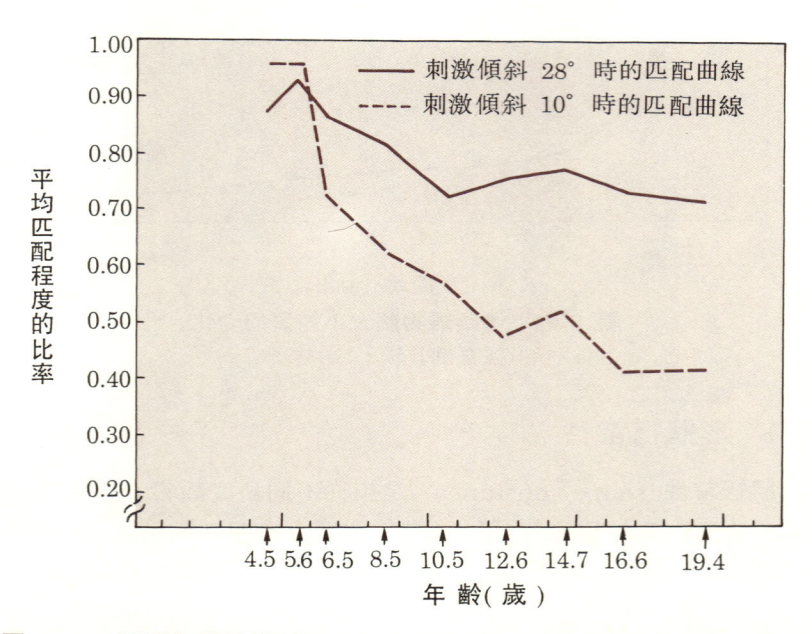

圖 8-30　不同年齡被試對兩種傾斜角度不同刺激的觀察之恆常性曲線
(採自 Lelbowitz, 1967)

實驗結果出乎人們的意料：形狀恆常性隨年齡的增長而呈下降趨勢。他們對此提出了兩點假設：(1) 形狀恆常性的關係或許在兒童早期即已習得，並且這種關係隨著個體年齡的增長而變得越來越不重要；(2) 形狀恆常性也許完全不是經驗的結果，而是人的一種先天能力。鮑爾 (Bower, 1966) 曾證明僅兩個月的嬰兒就表現出形狀恆常性。但這兩種假設尚待進一步驗證。

　　針對恆常性受認知經驗的影響，愛波斯坦等 (Epstein et al., 1963) 曾研究了不同指示語對形狀恆常性的影響問題。這一實驗所用的材料為簡單的幾何圖形，圖形以不同的傾斜角度呈現。指示語分為三類：一組被試的指示語是要求他們根據客觀的或已知的形狀來判斷觀察圖形的形狀；另一組則要求他們根據物體的網膜像的形狀來判斷；第三組要求根據觀察圖形的表面形狀或現象上的形狀來判斷。實驗結果；第一組的布氏比率平均為 0.58；第二組為 0.21；第三組為 0.30。這表明要求被試按客觀形狀來判斷的指示語所產生的形狀恆常性最小。利希特和博雷森 (Lichte & Borreson, 1967) 用無意義圖形為測驗材料重復了這一實驗，所得結果如下：第一組布氏比率為 0.93；第二組為0.45；第三組為 0.62。客觀組的判斷接近物體的真實形狀；網膜像組受到形狀恆常性趨勢的極大影響；現象組介於兩者之間。

　　知覺恆常性作為知覺的特性之一，已被肯定下來。但對它的實驗研究還是很不夠的。

第三節　空間知覺和運動知覺

一、空間知覺

　　空間知覺 (space perception) 是三維知覺。我們知道，人眼的網膜是一個二維空間的表面，但是在這個二維空間的網膜上卻能看出一個三維的視覺空間。也就是說，人眼能夠在只有高和寬的二維空間視象的基礎上看出深度。這是因為人在空間知覺中依靠許多客觀條件和機體內部條件來判斷物體的空間位置。這些條件稱為**線索** (cues)。人在知覺對象的空間關係時，並不完全意識到這些主客觀條件的作用。

　　據研究，先天失明的人，在經過醫治復明的頭幾天內，是分不清形狀、大小和遠近的。可見，空間知覺不是生來就有的，而是後天學習的結果。

判斷距離起作用的條件主要有三類：生理調節線索、單眼線索和雙眼線索。生理調節線索也叫**肌肉線索** (muscle cues)，包含眼睛的調節和雙眼視軸輻合；單眼線索也叫**物理線索** (physical cues)，包括大小、遮擋、線條透視、注視角、空氣透視、光亮與陰影、紋理梯度和運動視差等；雙眼線索主要是雙眼視差。下面我們分別加以討論。

（一） 生理調節線索

生理調節線索 (physiological accommodation cues) 僅指純生理上的調節線索，包括眼睛的調節和雙眼視軸輻合。

1. 眼睛的調節 眼睛調節 (eyes accommodation) 是指人們在觀察物體時，眼睛的**睫狀肌**(或**毛狀肌**) (ciliary muscle) 可以對**水晶體**進行調節，以保證網膜視象的清晰。看遠物時水晶體較扁平，看近物時較凸起。這樣，眼睛肌肉緊張度的變化所傳遞給大腦的信號就成為估計物體間距離的線索之一。但是眼睛的調節對深度知覺所起的作用並不大，一般，這種線索所提供的信息只限於距眼球 10 米範圍內才是有效的。

彼得 (Peter, 1915) 最早研究了眼睛的調節作用對深度知覺的影響，他給被試在不遠的距離上呈現兩個圓盤。圓盤的大小可以改變，從而使它對被試所形成的視角保持不變。他在實驗中排除了其他深度線索。結果發現，當標準刺激物在 130cm 處，比較刺激物在 70cm 處時，被試才能判斷後者比較近些，而當兩個刺激物的相對距離小於此值時，被試便不能判斷哪個在前，哪個在後。這一實驗表明了眼睛的調節在空間距離知覺中的獨立作用。

人們極少單獨利用眼睛的調節作用來作為距離知覺的線索。一個良好的空間知覺一般都不自覺地同時利用了多種線索。

2. 雙眼視軸輻合 生理調節的另一個線索是**雙眼視軸輻合** (binocular convergence)。雙眼視軸輻合也是由於眼肌的調節而產生的深度線索。雙眼視覺所提供的深度知覺線索，主要包括雙眼輻合和雙眼視差。雙眼輻合是指在兩眼注視遠物時視軸分散超於平行，輻合程度減小；注視近物時兩眼視軸交叉，輻合程度增大。由於輻合的角度不同，提供了物體的深度線索。雙眼視差是指雙眼注視一點後，近於或遠於此點的物體，將投射至兩眼視網膜的非對稱點而造成視差。因此，雙眼輻合不同於雙眼視差。當我們看一個物體時，為使物體的映像落在網膜感受性最高的區域裏，以獲得清晰的視像，視軸就必須完成一定的輻合運動。在看近距離物體時，眼球外部肌肉緊張度增加，兩個眼球轉向鼻側，視軸趨於集中；看遠距離物體時，眼球外部肌肉緊張度減少，視軸趨於平行。控制兩眼視軸輻合的眼肌運動提供了關於距離的信號，但是，由視軸輻合而產生的距離線索只是在物體距離眼球約幾十米以內才有效。觀察距離更遠的物體時，雙眼視軸接近平行，對於距離的判斷就不起作用了。

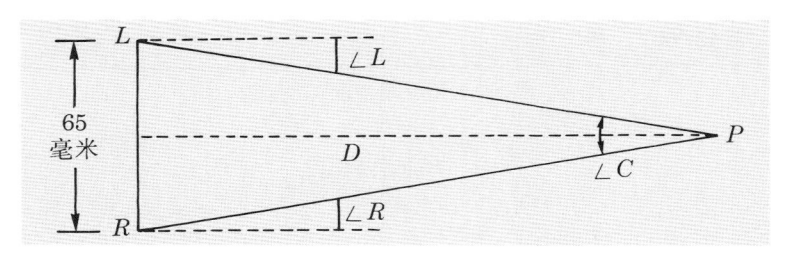

圖 8-31 雙眼視軸輻合圖示
(採自 Kling & Riggs, 1972)

圖 8-31 表明輻合角與注視物體之間距離的關係。P 為注視的物體，L 和 R 分別為左右眼的位置，假定二目間距為 65 毫米。當視軸向 P 點輻合時，左眼向內側轉動的角度為 $\angle L$，右眼向內側轉動的角度為 $\angle R$。兩個角度之和就是整個輻合角的度數，等於 $\angle C$。若已知距離 D，可求出 $\angle C$，或已知 $\angle C$，可求出距離 D。

計算可用公式為 $\angle C/2 = 32.5/D$。然而，若把目間距 LR 看作圓弧，則計算更為方便也較精確。這樣，D 為圓的半徑，$\angle C = 65/D$（用弧長表示）。1 弧度約等於 57.3° 或等於 206,265 秒，表 8-2 是幾個常用的對應值。我們可得下列二種計算方式：

(1) 已知 D，求 $\angle C$

$$\angle C = \frac{65}{D} \times 206,265 = \frac{13407225}{D} \text{（秒）}$$

(2) 已知 $\angle C$，求 D

表 8-2　不同距離下的雙眼輻合角（目間距：65 毫米）

距離 D (毫米)	輻合角 秒	輻合角 度
100	134,072	36
300	44,691	12
600	22,345	6
1,000	13,407	3.7
10,000	1,341	0.37
50,000	268	0.07

(採自 Kling & Riggs, 1972)

$$D = \frac{13407225}{C} \text{（毫米）}$$

例如，當眼睛輻合 12′ 時獲得單一視像，則眼睛與物體的距離為：

$$D = \frac{13407225}{44691} = 300 \text{（毫米）}$$

（二）單眼線索

　　許多深度線索只需要一隻眼睛就能感受到，刺激物所具的此類特徵，稱為**單眼線索** (monocular cues)。這些線索一般是空間視覺的物理條件，由於人的經驗作用，這些物理條件也可以提供環境中物體的相對距離的信息。藝術家便常利用這些線索在二維平面上創造出能夠表達深度經驗的畫幅。下面列舉幾種主要的單眼線索：

　　1. 遮擋　依靠物體的遮擋判斷對象的前後關係完全取決於物理因素。兩種或多種物體在同一平面上，就會產生**遮擋**（或**重疊**）(superposition) 現象。當觀察者運動時或對象在運動時，遮擋的改變使我們很容易判斷物體的前後關係。物體的互相遮擋是單眼或雙眼判斷物體的前後關係的重要條件。如果一個物體部分地掩蓋了另一個物體，那麼前面的物體被知覺得近些。圖

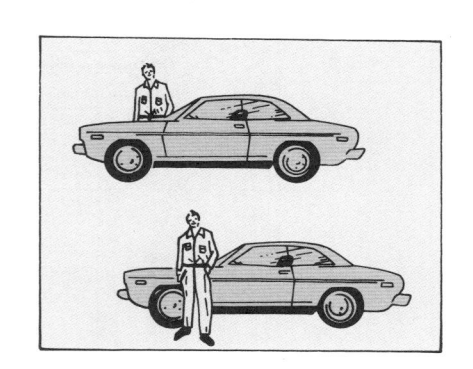

圖 8-32 遮 擋
(採自 Darley et al., 1988)

8-32 表明了這種關係。

艾姆斯 (Ames, 1951) 曾做了一個有趣的實驗。這個實驗首先給被試觀看兩張放在不同距離處的撲克牌，K 放在 5 英尺處，Q 放在 10 英尺處。兩張牌的放置位置部分重疊，K 遮住了 Q 的一角。實驗中控制其他距離線索。由於這種遮擋關係，被試能夠正確判斷兩張牌的前後關係。第二步，再次呈現這兩張牌，但把兩張牌的位置互換，並且將 Q 的一角 (先前被 K 遮掉的那只角) 剪掉。結果被試會知覺到放在遠處的 K 仍在 Q 的前面。

2. 直線透視 直線透視 (linear perspective) 是指平面上的刺激物，根據視角原理，近處的對象面積大，占的視角大，看起來較大，遠處的對象占的視角小，看起來較小。透視原理在古代就已經被發現了，所以中世紀及後來文藝復興時期的畫家都利用這個原理在平面上表現出空間關係。德國著名畫家達萊 (Dürer, 1525) 最早提出了這個原理，他確定了客觀對象和藝術創造力之間的數學透視關係。17 世紀畫家杜布爾 (Jean Dubereul)根據達萊的數學分析透視原理，用蝕刻畫製成樣板畫，以此來教授他的學生。圖 8-33 就是杜布爾的蝕刻畫。

3. 單眼運動視差 單眼運動視差 (monocular movement parallax) 是指視覺對象不動，而頭部與眼睛移動時，所給出一種強有力的線索。這是由於三維空間的各物體分布在離觀看者不同的距離上，頭部運動確實地改變了網膜上的刺激模式，因為這些物體是相繼地從不同角度被觀看的。比如，如果頭向左運動，較近的物體好像移位到右邊，而較遠的物體好像移位到較近的另一個的左邊。在日常生活可以經常找到說明這種情況的例子。例如，你

圖 8-33　直線透視
(採自 Dubereul. 17 世紀)

可手持圓珠筆置於一臂之遠，並使這支圓珠筆和房間任何距離上的物體 (例如，一只吊燈) 成一條直線。此時，閉上一隻眼睛，雖然你明明知道圓珠筆是在近處，但看起來幾乎並不如此。然而，仍閉上一隻眼睛，沿著水平方向搖動你的頭，哪怕是一次微笑的運動，就會產生明顯的深度知覺效果。再如一團亂線，如用一個眼睛靜止地去看的時候，不容易分辨出哪根在前哪根在後，但是當我們頭一動或者身體一動的時候，就能看出哪根在前哪根在後，提供深度線索。

　　因此，單眼運動視差，也就是觀察者通過觀察角度的變化，以達到從另外一個方向去觀看視野中的一個物體。這種運動過程作為提高單眼空間知覺的條件，在電影中和醫學中得到廣泛利用。我們知道了在電影中缺乏雙眼空間知覺的條件，所以拍攝景物常是在運動過程中進行的，如在汽車中拍攝路上的景物。在醫療事業中，有人發明利用運動的照相方法，如使病人慢慢地轉動再進行 X 射線銀屏記錄。用這種方法可以使深度印象突顯出來，從而更精確地判斷出病變的位置。顯然，沒有差異的比較，是很難診斷的。

4. 高度　對象在水平面上的高度也是深度知覺的線索。如果我們把同樣大小的對象置於不同的水平面的高度上，高水平面上的看起來較遠，低水平面上的看起來較近 (參見圖 8-34)。

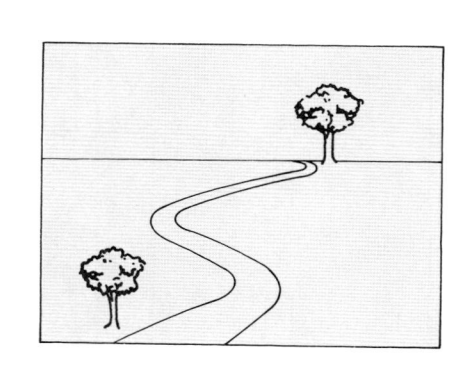

圖 8-34　高度對距離判斷的影響
(採自 Darley et al., 1988)

5. 紋理梯度　最早將紋理梯度列為深度線索的是心理學家吉布生。吉布生在《視知覺》一書中寫道："某個維度上某種東西的遞增或遞減稱為紋理梯度"(Gibson, 1950)。視野中對象重復而眾多的成分構成一種視覺表面紋理，距離愈遠，紋理愈細愈密。如生活中常見的鋪石、地毯圖案、湖水或草原表面都呈一種紋理梯度(或紋路梯度) (texture gradient)，在這些表面上，隨著距離的增加都產生近處稀疏和遠處密集的紋理梯度。如果一個人站在一條磚石路上向遠處眺望，由於在網膜上的遠外部分每一單位面積上的磚石映像的數量較多，故遠處的磚石塊越顯得小，產生深度知覺。

由於物體和距離任何一種空間安排在不同的照明和紋理形狀下，都會產生**結構密度梯度** (texture density gradients) (見圖 8-35B)，所以吉布生假定，重要的刺激變量是梯度，而不是視網膜上的刺激點和物體的線索。因此他指出，紋理梯度如網膜表象上的波長和明度一樣，都是視覺系統能夠作出反應的真實而適宜的刺激。在視網膜上的這些梯度一方面與客觀的安排直接有關，另一方面又與相應的主觀知覺有關。因此，吉布生假定，對當前環境

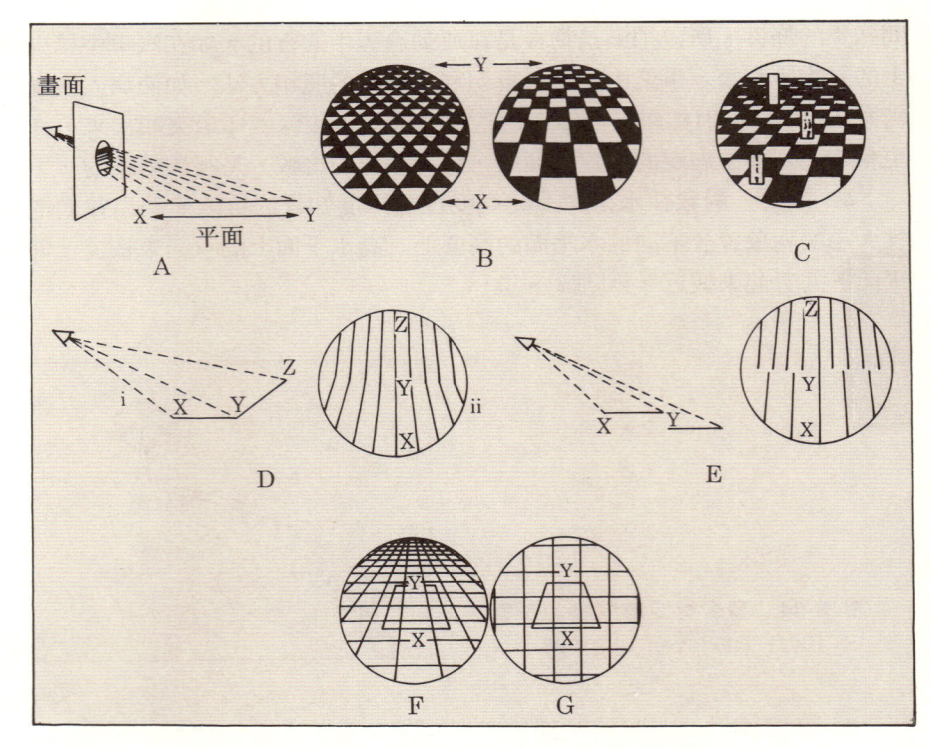

圖 8-35　紋理梯度乃是判斷空間輪廓的信息源
(採自 Gibson, 1950)

及其他包含的物體的全方位的知覺，可能在對這種環境所包含的每一部分作出詳細的分析之前就獲得。正像圖 8-35 所表明的那樣，紋理梯度攜帶著：關於一個平面上的物體的大小和距離的信息（圖 8-35C），關於兩面所成夾角的信息（圖 8-35E），甚至有關形狀的知覺也可以據此加以解釋，例如，在圖 8-35F 中，由於圖形的末端和前端具有相同數量和寬度的紋理單位，所以就被覺察為一個"傾斜的長方形"。在圖 8-35G 中，圖形的頂端雙底端具有較窄的結構單位，所以就被覺察為"正前方平面上的梯形"。

　　圖 8-35 是一組圖形，總的表明，紋理結構的梯度乃是判斷空間輪廓的信息資源。吉布生指出，具有均勻的紋理梯度的平面（圖 8-35B）為眼睛提供了一種與該平面的傾斜度有關的梯級。圖 8-35C 表明，即使物體 i 和物體 ii 形成了同樣的視角，但物體 ii 比物體 i 覆蓋了更多的紋理單

位,所以觀察者就認為 ii 比 i 大。圖 8-35D 表明,平面傾斜度的改變導致了梯度的改變。圖 8-35E 表明,距離的突然改變導致了密度的突然改變。圖 8-35F 上看到,X 和 Y 覆蓋了同樣的紋理單位,所以上面的圖形看起來像是一個長方形。圖 8-35G 上看到,邊 X 覆蓋了比邊 Y 更寬的紋理單位,所以圖形看起來像是一個梯形。

以上討論的是觀察者和觀察對象處於靜止狀態的情況,當觀察者與周圍環境有相對運動的時候,紋理梯度就更為顯著。例如,以飛機朝向地平線飛行的時候,地面及天空層都發生連續的梯度變化。當飛機朝向地平線降落的時候,周圍的物體看起來都從這一中心向外擴散。這種表面紋理擴散速度的差別就形成了不同的距離知覺。

心理學家還研究了上述各種線索的交互作用。顯然在實驗室之外的這些線索並不是獨立作用於人們的視覺系統的。相反,它們常常同時影響人們的距離和深度判斷。有時它們是一致的,有時它們又相互矛盾。那麼它們究竟是如何相互影響的呢?

有許多情況下,線索會產生一種聯合效果。詹姆森和赫維奇 (Jameson & Hurvich, 1959) 報告,被試者對距離差異的感受性,在多種線索共同作用的情況下,則與每一種線索所產生的感受性的算術總和密切相關,即

$$\frac{1}{\triangle D} = \frac{1}{\triangle D_1} + \frac{1}{\triangle D_2} + \frac{1}{\triangle D_3} + \cdots\cdots$$

D:觀察距離, $\triangle D$:視差距離,
$1/\triangle D$:感受性, $\triangle D_1$:某一種線索的視差距離

然而,這種推論的精確程度如何,至今仍有異議。

還有不少研究表明,線索的交互作用依賴於我們選擇什麼樣的線索以及在什麼條件下聯合使用它們。另外也有研究表明,人們在使用線索時具有很大的選擇性,有人喜歡使用這樣的線索;有人喜歡使用那樣的線索,在這種情況下,線索的交互作用就削弱了。在格式塔心理學 (或完形心理學) 家們看來,線索是不存在的,對空間知覺起作用的是人們所獲得的關於外部世界的規則以及人們與生俱來的組織知覺的方式。吉布生也說過,線索是無關緊要的,主要的變量是刺激的梯度和作用於觀察者的其他不變的刺激特徵。

(三) 雙眼線索

雙眼線索 (binocular cues) 主要是指**雙眼視差** (binocular disparity)，雙眼視差是知覺立體物體和兩個物體前後相對距離的重要線索。借助於雙眼視差比借助上述各種線索更能精細地知覺相對距離。特別是在缺乏其他線索來估計對象距離的時候，雙眼視差更為重要。距離和深度視覺主要是雙眼的機能。

在正常的知覺情況下，人都會利用雙眼來觀察環境和物體，雙眼線索給空間知覺的單眼線索和肌肉線索提供了必要的補充。在三維空間的深度知覺中，雙眼線索起了重要的作用。由於人的兩隻眼睛相距約 65 毫米，兩眼的左、右視野是略有不同的，但在雙眼視野中，左右視野有大部分重合在一起。處於重合部分之內的物體是雙眼都能看到的。不重合的部分叫**顳側新月** (temporal crescent)（見圖 8-36），在這部分視野內的物體是對側眼睛所看不到的。故人在觀察空間中的立體對象時，兩隻眼睛所看到的部分是略有不同的，左眼看到物體的左邊多一些，右眼看到物體的右邊多些。兩隻眼睛把各自所接收到的視覺信息傳遞到大腦皮層的視覺中樞，在這裏經過一定的整合，產生一個單一的具有深度感的視覺映像。

物體同時刺激雙眼形成兩個獨立的網膜視象，而人們仍然把它知覺為單一的物體。早期，繆勒 (Müller, 1912) 認為這是由於物體的同一部分落在兩個視網膜上相應點的緣故。相應點是兩個視網膜上對應的各點，每一對相應點在視網膜上都與中央窩同一距離同一方向。

由此可見，我們用雙眼看東西時，左眼和右眼所看到的映像並不相同。這種稍有差別的映像合而為一，就產生了立體效果。我們有二隻眼睛，並非是因為可以在一隻眼睛受傷時有備用之物，猶如一個人有二個腎一樣，少了一腎也能同樣工作。有兩隻眼睛的人其視覺比只具單眼的人優越。這不只是視野廣闊，能見到更多的東西，而更重要的是具有**深度知覺**(或立體知覺) (depth perception) 的優點。我們可做一個簡單的實驗，閉上一隻眼睛，右手拿鋼筆桿左手拿鋼筆套，然後把鋼筆桿插到鋼筆套裏。這時你會發現，在單眼視覺條件下，第一次往往套不上，往往要套多次才能套上。假如你的優勢是右手，一般優勢眼也為右眼，那麼右眼單眼視覺條件下，只要套幾次就能套上。但是當左眼單眼視覺工作時，有時要套十幾次才能成功。這

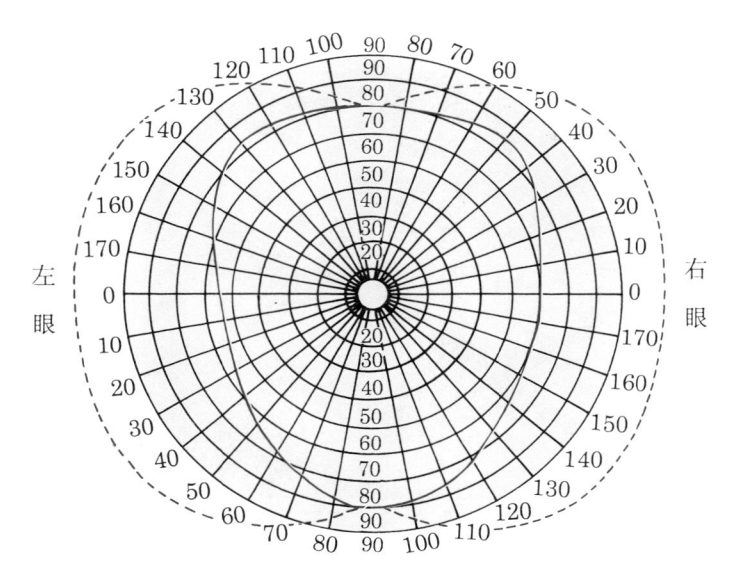

圖 8-36　左右眼視野及雙眼視野
(左邊灰色區加中央白色區是左眼視野，右邊灰色區加中央白色區是右眼視野，中央白色區則是左、右眼視野重合區。)

個生動的例子可以說明雙眼視差在立體知覺中的作用。

我們在第六章裏講到，網膜的中央窩比其他區域敏感得多。當我們觀察一個對象時，雙眼注視它，使對象的映像盡可能地落在中央窩上。由於兩眼彼此相隔約 2.5 英寸，因此對同一立體對象得到不完全相同的映像。而且距離愈近，差別愈大。從這些差別中，我們得到深度的線索。這種從網膜視差中再造出來的立體感，就稱之為**立體視覺** (stereoscopic vision)。

根據這一原理，惠特斯通 (Wheatstone, 1883) 發明了**實體鏡** (stereoscope)。實體鏡的原理即是先把從每隻眼睛的角度所看到的畫面製作出來，然後再把這兩張略有不同的畫面分別呈現給左右眼，從而形成一個立體的圖象。圖 8-37 就是一架透鏡式立體鏡。

立體電影就是利用雙眼視差的原理。立體電影是把左右兩部影片用紅與藍綠兩色疊印在同一部影片上，觀眾戴上左藍綠右紅的濾光眼鏡，左眼的藍綠濾光鏡阻礙觀眾看到右眼的藍綠色影像，但能看見紅色影像；同樣右眼的紅色濾光鏡防止觀眾看到左眼的紅色影像，但能看見藍綠色影像。這樣，左

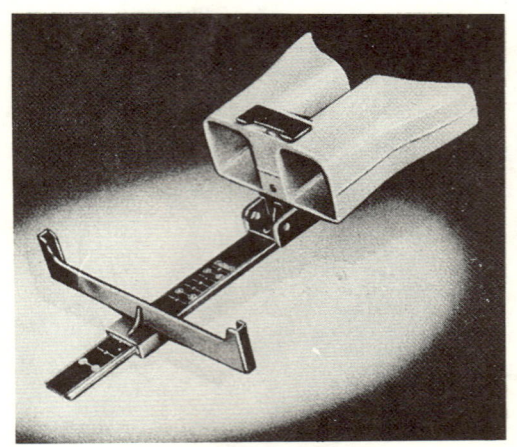

圖 8-37　實體鏡

右眼分別得到不同的映像，從而產生深度知覺。應用雙放映機與偏振光系統把左右兩部影片兩個不同的平面投射在銀幕上，觀眾戴上偏振片眼鏡，使左眼看不到右眼看到的影像，右眼看不到左眼的影像。這種方法不僅產生了立體知覺，而且還可以伴有彩色，增加深度知覺效果。

　　美國貝爾電話公司的朱里茲 (Julesz, 1964) 曾做了一個實驗，成功地將雙眼視差與其他深度線索分離開來。他用計算機製成一對隨機點子圖 (8-38)。兩張圖除了右圖中央一小塊比左圖的中央一小塊略向左移動一些。當

圖 8-38　點子圖
(採自 Julesz, 1964)

把兩張圖中任何一張呈現給被試時,或把兩張圖呈現給被試的一隻眼睛看,被試均不產生深度知覺。但是若把它們放在實體鏡上分別單獨地同時呈現給被試的兩隻眼睛看時,被試產生了深度知覺。圖中央的一小塊突出地浮現在周圍的點子背景之上。這是由雙眼視差引起的立體視覺的實例,說明得如此明白,許多教科書爭相引用。

以上我們分別討論了各種線索在形成立體視覺中的作用。但是,在正常的視覺經驗中,我們對空間深度的判斷中更多地依賴於生理調節線索、單眼線索和雙眼線索的綜合作用。庫納帕斯 (Künnapas, 1968) 曾做了五個系列實驗來評價每一種線索對深度知覺的作用。實驗是讓被試判斷一個置於 0.25～3.95 米處的圓形物體的距離。他發現實驗中被試可利用的深度線索愈多,判斷愈準確 (參見表 8-3)。

表 8-3　可利用線索的比較研究

實驗	觀察方式	可 利 用 的 線 索
一	單眼	眼睛的調節
二	單眼	眼睛的調節、相對大小
三	雙眼	眼睛的調節、雙眼視軸輻合、雙眼視差
四	雙眼	眼睛的調節、相對大小、雙眼視軸輻合、雙眼視差
五	雙眼	所有深度線索

(採自 Künnapas, 1968)

在這五個實驗中,實驗五的條件下被試判斷的準確性達到最高。而在實驗一條件下,被試由於僅能通過眼睛的調節來判斷距離,他們幾乎把所有處於不同的距離上的目標都判斷為在同一個距離上。從而,庫納帕斯認為,眼睛的調節對深度知覺所提供的信息作用是不大的。而實驗四條件下,由於包括了一個單眼線索,被試判斷的準確性幾乎達到與實驗五條件下同樣的準確程度。在實驗二和實驗三條件下,被試對短距離的判斷是相當準確的。但是隨著觀察距離的增加,被試的判斷準確性明顯下降。這表明單眼線索對短距離的深度準確性判斷所起的作用不大,生理調節線索和雙眼線索在短距離判斷中作用較大。然而,隨著觀察距離的增加 (1000 英尺以外) 人們就越來越多依賴單眼線索。但是,單眼線索一般對較遠距離的判斷是不太準確的。

(四) 深度視銳

深度視銳(depth visual acuity) 是指能夠辨別兩個處於不同距離上物體之間距離的能力。深度視銳是雙眼視差對距離或深度的最小辨別閾限。

對深度視銳的測定一般用**霍瓦-多爾曼知覺儀**(見第十一章) 或稱**深度知覺儀**(depth perception apparatus)。這個儀器上有一固定的立柱，在它旁邊還有一個可以前後移動的立柱。儀器上標有刻度，可讀出活動立柱與固定立柱的距離。被試在 2 米處通過儀器上的一個觀察窗觀察這兩根立柱，並對活動立柱進行調節，使之與固定立柱看起來在同一距離上。實驗中要排除其他深度線索，只有雙眼視差在起作用。

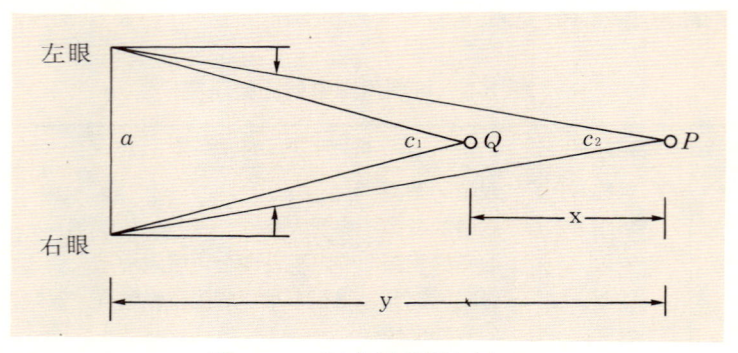

圖 8-39 深度視銳的測定
(採自 Kling & Riggs, 1972)

設 P 和 Q 為儀器上兩個立柱，它們距離觀察者的距離分別為 y 和 $y-x$，a 是雙目間距 (如圖 8-39 所示)。雙眼深度視銳可用像差表示，像差角 n 定義為對近物體的輻合角 c_1 減去對遠物體的輻合角 c_2，用公式表示即為：

$$n = \frac{a}{y-x} - \frac{a}{y} = \frac{ax}{y(y-x)} \times 1 \text{ 弧度}$$

若一被試在 2 米距離處調節活動立柱，當兩立柱之間距離為 2 毫米時，被試開始不能辨別兩者前後差別，即認為此時兩者處於同一距離上。假定被試的目間距為 65 毫米，則深度視銳為：

$$n = (\frac{65}{2000-2} - \frac{65}{2000}) \times 206265$$
$$= \frac{130}{2000(2000-2)} \times 206265 = 6.71 \text{ 秒}$$

雙眼深度視銳受照明條件的影響，良好的照明條件可以提高深度視銳。例如在良好的條件下，視力良好的觀察者可以辨別 $n = 2$ 秒的深度距離。根據虞積生(1980)在觀察距離為 6 米時，深度閾限的平均值為 2.94 秒，標準差為 1.79 秒。

二、運動知覺

運動知覺(或**移動知覺**) (motion perception) 是對於物體在空間位移的知覺，它是多種感覺器官的協同活動的結果。運動知覺的產生一般至少有兩個原因：一是物體在空間的位置變化而視網膜上留下軌跡；二是觀察者自身的運動 (如身體運動、眼球運動等) 所提供的動覺信息。當物體改變空間位置，而我們又能夠察覺到這種變化時，我們便產生了該物體運動的知覺。運動知覺是一個複雜的過程。參與運動知覺的感官有視覺、動覺、平衡覺，有時還有聽覺和膚覺。例如，在人眼和頭部不動時，運動物體連續刺激網膜各點，視像在網膜上的移動，通過視覺的信息，我們便知覺到物體在運動。

但是產生運動知覺的情況卻是多種多樣的。有時，在某種情況下，雖然沒有同一物體實際的空間位移，也能產生物體的運動知覺。概括起來，視覺的運動知覺包括三種現象。一種是**真動知覺**：觀察者處於靜止狀態，運動的物體以一定的速度作空間位移。例如當我們看見飛機在天空飛行、火車在鐵軌上奔馳時，就產生了對飛機、火車的運動知覺。第二種現象是**似動現象**：它是連續的靜止刺激在視野的不同地點出現，而使觀察者產生的運動知覺。例如電影、霓虹燈廣告等所引起的知覺。第三種是**誘動現象**：這種現象是觀察者本身在運動，他與客觀對象的相對空間關係的改變，或者兩個以上的對象彼此互換的空間關係發生變化而引起的誘動現象。下面我們分別討論這三種現象。

(一) 真動知覺

物體在空間的移動都有一定的速度，它們在空間的位置變化反映到我們的視網膜上，便產生了關於它們運動的知覺。**真動知覺**(或**真實移動知覺**) (real motion perception) 是指我們所見到的物體確實在移動，而且其速度達到知覺閾限。運動知覺依賴於許多主客觀條件，其中最基本的條件是同一物體以一定的速度作空間位移。在一般情況下，當刺激的映像在網膜的不同部位上運動（包括位移、縮小和擴大）時，我們便知覺到運動。引起這種知覺的主要變量是刺激映像在網膜上運動的速度。那麼在空間中位移的物體在什麼條件下才能被我們知覺到它的運動呢？這就是運動知覺的閾限問題。我們所說的運動知覺閾限實際上是關於真動知覺的閾限。

當物體位移速度過於緩慢時，我們便不能察覺它是在移動。只有當它的位移速度加快到某種程度，我們才能對它產生運動知覺。例如，鐘錶上的分針和時針，雖然我們可以根據間隔一段時間後它們的位移來推測它們是在運動，但我們不能直接感知它們的移動。剛剛可以辨認出的最慢的運動速度，稱為**運動知覺下閾** (lower threshold of motion perception)。研究表明，運動知覺的下閾為 2 分～6 分／秒左右 (運動知覺閾限用視角／秒表示)。大略地說，10 呎遠的對象必須至少每秒鐘運動 0.06 吋，才能使我們知覺到它的運動。

當物體位移速度過於快速時，我們同樣不能覺察它是在動。例如，我們無法看清射出槍膛的子彈。運動速度大到看不清時，這種運動速度稱為**運動知覺上閾** (upper threshold of motion perception)。運動知覺上閾為 35 度／秒。運動的物體低於這個速度，才能被我們知覺到它的運動。

我們可從運動知覺閾限的單位上知道，決定運動知覺的變量是角速度，而不是線速度。例如，在同樣速度下，飛機在 5000 米的高空上看來飛得較慢，而在 500 米低空上看來飛得較快。飛機在 5000 米的高度上比在 500 米的高度上需要 10 倍的時間才能形成同樣的視角。假若觀察者維持眼睛不動，在網膜映像上低空飛機要比高空飛機快 10 倍，飛機在雷達屏幕上的情況也是如此。這些原理具有着較高的軍事應用價值。

布朗 (Brown, 1958) 的研究表明，運動物體的知覺上閾一般約為每秒鐘 35°。布朗曾報告了幾個有關運動物體的物理速度與運動知覺之間關係的實驗。他用一組小黑方塊為實驗材料，每一方塊都可以由主試控制產生運動。他的實驗結果與奧伯特的實驗結果相符：可覺察的物體運動最低速度約為每秒鐘 2 分。他在實驗中把黑方塊的運動速度不斷加以變化，從而得出八種不同的主觀經驗（見表 8-4）。

表 8-4　運動知覺與速度的關係

知覺經驗	物體運動速度［視角(度、分、秒)／秒］
1. 無運動	2 分／秒 以下
2. 在視野某些部位可見方塊運動	2 分～6 分／秒
3. 在視野所有部位可見方塊運動	10 分／秒 以下
4. 從慢到快逐漸加速	10 分～4 度／秒
5. 方塊似向後運動	3 度～9 度／秒
6. 知覺到兩個方塊在運動	10 度～19 度／秒
7. 帶有一些深暗部分的淡灰線	12 度～20 度／秒
8. 平穩的灰線	13 度～32 度／秒

(採自 Brown, 1958)

運動知覺還依賴於許多主客條件。謝弗等人 (Shaffer et al., 1966) 曾用信號測驗論的方法對運動知覺閾限做了研究。他們在實驗中用常定刺激法比較了兩種條件下運動知覺的閾限。一種條件為：背景靜止，物體運動；另一種條件為：背景運動，物體靜止。他們發現，在這兩種條件下所引起的運動知覺經驗是相同的，但覺察其運動的閾限卻不相同。當運動速度為每秒鐘 164 分時，物體只需位移 1.8 分便可被知覺運動，而背景需位移 4.8 分才可被知覺到運動。

布朗的研究中還分析了閾限上運動物體的物理速度的主觀估計問題，其基本設計是要求觀察者把一個比較刺激的速度與標準刺激的速度進行匹配，使兩者速度在主觀上相等。在一個實驗中，被試觀察一個大於比較刺激一倍的標準刺激，並且，標準刺激所在的背景兩倍於比較刺激所在的背景。布朗發現被試為了獲得較滿意的匹配，往往把比較刺激的速度調到大約為標準刺激速度的一半。所以，他得出結論說，現象的速度依賴於物體的相對大小及其背景。

若呈現大小不同的物體分別作為測驗刺激和標準刺激，而使背景的大小保持一致，一般觀察者是對較小物體的運動速度作出高估。所以運動速度的判斷還依賴於這一速度所在的參照系統。如果在完全不知道物體的真實大小情況下，例如在一個完全黑暗的環境中，觀察者一般都不能正確判斷物體的運動速度。

運動知覺的研究成果在工程心理學和軍事心理學中得到廣泛應用。在許多工種的選拔中，都會涉及到運動知覺能力的測驗。例如，輪船和汽車駕駛員必須正確估計速度，使自己的輪船或汽車不致與另一對象相撞。這種判斷是很複雜的，各個人在判斷能力上的差別很大。我們可以編製測驗來測量這種能力，採用適當的訓練方法來培養與提高這種能力。再如，在軍事心理學中，低空飛行的敵機難以觀察與防禦，因此就需經常變換雷達屏的方位以及採取其他應變措施。這些都無不與運動知覺有關。

（二） 似動現象

似動現象 (apparent motion) 是我們對實際上沒有空間位移的物體所產生的運動知覺現象。例如在一個黑暗的房間裏兩個相距一定距離的光點相繼一明一減時，觀察者會知覺到一個單一的光點來回晃動。似動現象的應用很廣，如霓虹燈廣告的製作，電影和電視的攝製等，都是利用似動的原理而產生出一種視覺上連續、自然的運動效果。

似動現象的發現已有一百六十多年的歷史。普拉梯 (Plateau, 1833) 製造了第一個**動景盤** (stroboscope)。直到現在，動景盤還是心理實驗室演示似動現象的常用教學工具。圖 8-40 就是一個動景盤的圖案，會產生對象連續運動的效果。轉動過慢時，只看到畫面（圖案）的轉動，而不是連續的舞蹈動作。轉速過快時，會出現多餘動作。若從動景盤頂上觀察，只看到一片模糊的印象。從這個演示裏我們可以看出，決定似動現象產生的主要因素是前後圖案出現的時間間隔與空間間距。也就是說，似動現象受到兩圖案呈現的時間和空間條件制約。

對似動現象的研究，早期集中在對它的分類上，曾提出似動現象的多種類型和形式，其後，研究較多地闡明其機理。最早對似動現象進行系統和細緻研究的是魏泰邁 (Max Wertheimer, 1880〜1943)，他探索了形成似動知覺所需要的最適條件。他把那種沒有運動對象，純粹的運動稱為 ϕ **似動現象**（或**飛現象**）(phi phenomenon) 運動，並認為它是不能再分解的一種基

圖 8-40 動景盤的圖案
(採自 Cohen, 1969)

本感知現象,並以一種純粹的形式被感知。當時,根據這種解釋,發現似動現象至少有如下四種形式:

1. α-運動 它是本奴西 (Benussi, 1912) 報告的一種似動現象,他相繼呈現繆勒-萊耶錯覺圖形的兩部分,先呈現箭頭朝裏的,緊接著呈現箭頭朝外的圖形,幾次反覆之後便產生了水平線擴張與縮短的現象。在 α-運動中觀察者有時還可以知覺到 β-運動,當相繼呈現的速度較慢時箭頭似乎前後翻動;但是當相繼呈現速度很快時,便產生樞軸運動,線條似乎在繞著與水平線的接頭處旋轉,同時產生側向運動和在深度上的運動。這些繆勒-萊爾錯覺圖形引起的似動現象,都稱之為 α-運動 (alpha motion)。

2. β-運動 魏泰邁 (Wertheimer, 1912) 最早對 β-運動進行了研究。當把兩個有一定空間間隔的靜止目標先後連續呈現時,如果時間間隔和空間距離恰當的話,觀察者便可以看到一個單一的目標從一個位置向另一個位置運動。β-運動 (beta motion) 的產生依賴於兩個刺激連續呈現的時間間隔、空間距離和明度水平。

柯爾特 (Korte, 1915) 研究時間間隔、空間距離和刺激明度三者與最適 β-運動的關係。他發現,這三個變量以某種組合產生了 β-運動之時,如果其中一個變量的值發生變化,那麼只要在其餘兩個變量中給予適當的補償變化,其似動知覺可以保持不變。這就是**柯爾特定律 (Korte's Law)**。可用公式表示為:

$$\phi = f(s/ig)$$

ϕ：最適似動　　　　　s：兩個刺激的空間距離
i：明度（刺激強度）　　g：時間間隔

　　由這一定律可見：如果時間間隔恆定，那麼在增加空間距離的同時以一定的比例增加明度，最適 β-運動保持不變；如果空間距離恆定，那麼在增加明度的同時以一定的比例降低時間間隔，最適 β-運動保持不變；如果明度恆定，那麼在增加時間間隔的同時以一定的比例增加空間距離，最適 β-運動保持不變。柯爾特似動定律，雖然未具體指明各函數加數情況，但它所揭示的函數關係至今仍然有效。

3. γ-運動　　γ-運動 (gamma motion) 是由於增強或減弱一個刺激的明度水平而產生的刺激深度大小的變化。如果一個刺激的明度增加，它似乎在向近處運動逐漸變大；如果明度降低，則覺得它在收縮或遠去。倘若用速示器相繼呈現一個亮圓，觀察者看到中心先出現高點，然後擴大而充滿全圓。照明停止後，光亮由邊緣縮小至中心，而後消失。亮圓相繼出現，則產生刺激深度大小的變化。

4. δ-運動　　如果把 δ-運動和 γ-運動的刺激條件結合起來，則產生另一種形式的似動，觀察者可以看到刺激從一個位置向另一個位置的側向運動和在三維上的運動。如果第一個刺激的亮度遠大於第二個刺激的亮度，那麼這種似動看來是從第一個刺激向一旁和後側運動；如果第二個刺激的亮度遠大於第一個刺激的亮度，則運動方向相反，即由第二個刺激向第一個刺激方向運動；如果在相繼出現的兩個刺激之間存在障礙物，似動可能迂迴繞過障礙，看起來似乎超越所在的平面而在三維上運動。δ-運動 (delta motion) 一般是指三維似動現象。典型的圖案是〈和〉，相繼呈現這二個刺激物，就可見到三維似動現象。

　　似動知覺產生的原因曾有種種不同的解釋。現在的理論解釋為，由於刺激所引起的感官興奮有一個短暫的持續時間，當第一個刺激所產生的興奮尚未消失時便接著出現第二個刺激，兩個刺激印象便發生融合 (synthsis)，這樣觀察者就產生了似動的知覺。似動現象的機理還有待進一步的研究。

(三) 誘動現象

誘動現象(或**運動幻覺、游動錯覺**)(induced motion) 即觀察者與客體的相對空間關係的改變，或者兩個以上的彼此空間關係的變化，就可以引起誘動現象。在有的心理學教科書中，把多種形式的誘動現象歸屬於似動知覺。常見的誘動現象是由人體的移動或眼動引起的。圖 8-41 就是一個誘動現象的例子。當注視這張圖片時，由於經常的不隨意的眼動，導致圖片上的曲線會運動的幻覺。

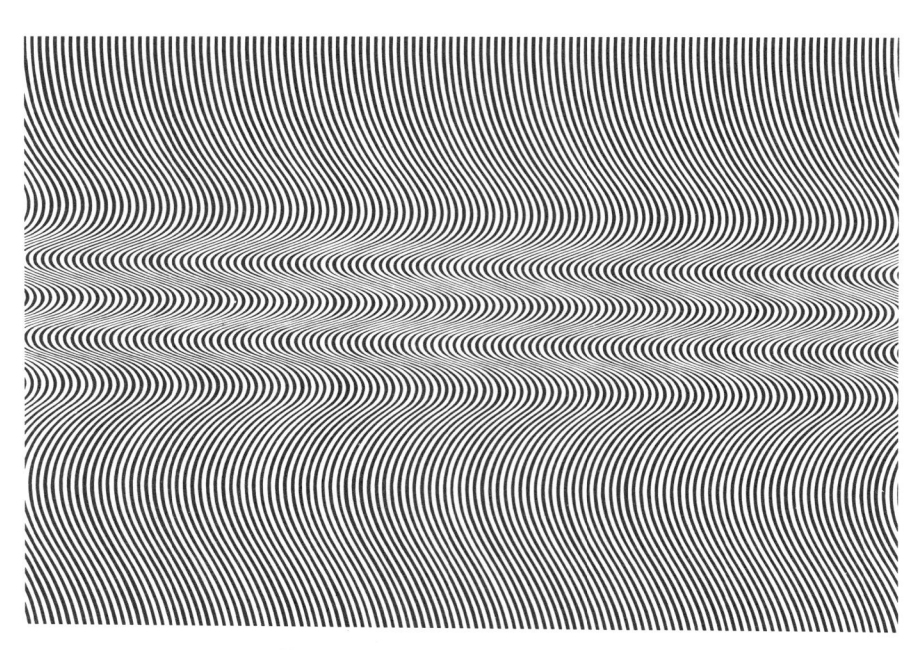

圖 8-41 眼動產生的誘動現象
(採自紐約現代藝術博物館，1991)

誘動現象又有很多種。例如，當一個人站在一片漆黑的房間裏，室內僅有一個靜止的微弱光點，當人長久地注視它，他會開始覺察到光點在游蕩。這種現象又稱**自動現象** (autokinetic phenomenon)。對自動現象的研究，有着一定的實用價值，在航空飛行中，駕駛員的這種幻覺有時會成為夜間飛機失事的原因。用無線電儀表導航，就能預防這類事故。

兩個對象彼此互換空間關係，也會引起誘動現象。例如，我們坐在行駛著的火車窗口看窗外，遠的對象看來與我們同方向運動，而近的對象朝相反的方向運動，參見圖 8-42A。還有一種類似的情況，假如我們坐在停靠車站的車廂內，另一輛火車剛開出車站時，我們會感到移動的是站台，這種現象又稱**站台錯覺** (station illusion)。這種錯覺也常見於屋頂或塔上的旋轉餐廳，坐在旋轉餐廳裏起初總感到移動的不是自己，這兩種錯覺又稱**相對移動** (relative motion)。

心理學家們尋求以理論去解釋這些現象，並試圖通過經典的例子去說明它。研究表明，**運動視差** (motion parallax) 和**運動透視** (motion perspective) 依賴於視域組成部分的相對運動。它不僅在物體移動時出現，而且在觀察者本身移動時也會產生。觀察者本身的移動對於空間知覺提供了重要的視覺信息資源。用赫姆霍茨的話說：

> 當觀看一個靜止的遠物時作出的眼睛運動引起了視像的運動。通常我們都頻繁地移動我們的眼睛，但靜止的物體仍然是靜止的。然而眼球運動是有意識的。被動的眼動，例如由於眼瞼被動受壓所產生的眼動，的確使得視域似乎在運動。(Helmholtz, 1866)

視差 (parallax) 一般是由觀察者位置的改變所引起的視域的改變造成的。當你的頭部和身體移動時，畫面上物體的投影全都在移動。如果在你向左移動時，把一個物體固定在畫面的中間（圖 8-42A 上的點 iv），那麼所有比它近的物體圖像在畫面上將會向右移動（i），比它遠的物體圖像將會隨著你向左移動（v）。畫面上圖像的運動速度隨著它們和固定的物體實際距離的增大而增加。

不僅平面上不同強度距離的物體有不同的運動速度，而且每一個平面上的點相互之間也有不同的流速。這種點的流動包含了大量的有關觀察者位置和運動的有用信息。這些信息的合用性已經被吉布生等所證明。圖 8-42 就是一個很好的具體說明：觀察者移動的方向導致了視域中點為核心的有規律變化，改變的方向和空間中物體的輪廓及運動密切相關。如果觀察者移動他的眼睛、頭部和身體，整個畫面便會動起來。在圖 A 中，觀察者若向左移動，並注意觀察視域中間的點 iv。請注意圖中箭頭的長短表示畫面上各點之間的相對流動速度，可以看到從 i 到 iv 的分布呈均勻的梯度形式。圖

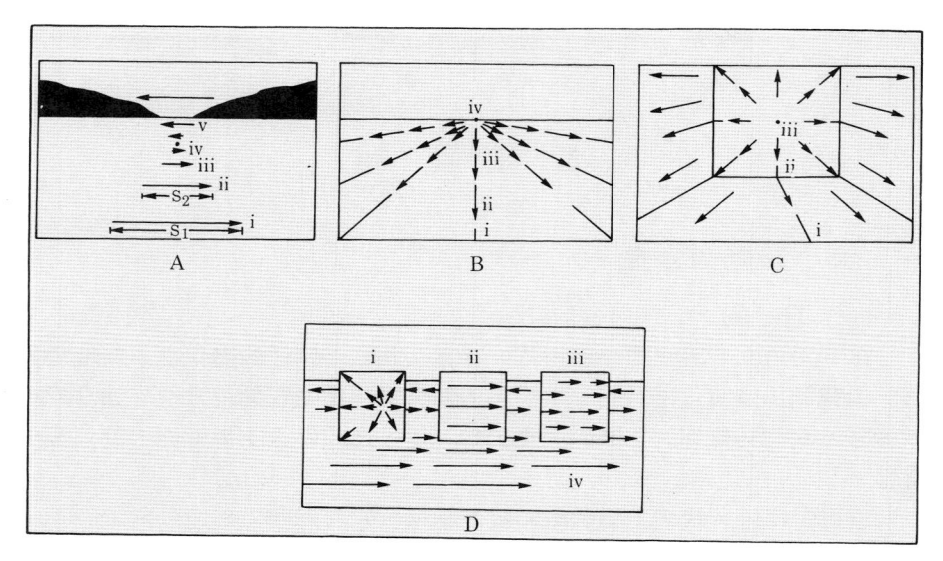

圖 8-42 觀察者移動的方向，導致視域中點爲核心的規律變化
(採自 Hochberg, 1972)

B 表示觀察者正在朝 iv 急速移動。圖 C 表示觀察者正在朝著被牆隔開的中心點 iii 移動。在圖 D 中，觀察者正在 iv 所示的地面上向左移動，物體 i 正在靠近觀察者，物體 ii 在地面上是垂直靜止的，物體 iii 正在向左移動，但不像觀察者移動得那麼快。

本 章 實 驗

一、大小知覺恆常性

(一) 目 的

在不同角度下觀察同一事物時，感官活動隨著條件的變化也不斷地變化著，但我們仍然將它視為同一事物，這個特點叫做知覺的恆常性。如當距離改變時，我們知覺到的物體的大小仍然不變，這叫做大小恆常性，簡稱大小常性。

透視定律告訴我們，物體離開我們越遠，它在網膜上形成的像就越小。但對熟悉的事物，如一枚鎳幣，由於經驗的作用，即使它離我們很遠時，我們也不會產生與它放在手心時不同的知覺。不過，網膜成像和距離變化的關係並不呈現完全的反比關係。這些關係有哪些規律？就得通過實驗取得。

常性的研究方法有描記法、比配法等多種。本實驗用比配法驗證視覺大小常性現象，比較單眼、雙眼觀察時大小常性的程度，以便學習測定常性的方法。

(二) 儀器和方法

1. 儀器 知覺大小常性測量器，白布幕 (或黑布幕)，等邊三角形狀硬紙 12 片 (高從 5cm 到 20cm 不等，每個依次相差 1cm)。

2. 方法 選擇長度為 7 m 以上的場地，以每 1 m 為一個度量級，測定距離位置。在 6 m 處懸掛白布幕 (放幻燈用) 或黑布幕一塊，根據程序在幕上先釘上一個三角形狀紙片作標準刺激 (被觀視圖形)。被試在不同距離處調節常性測量器，每名被試配備一名記錄員。

(三) 程 序

1. 實驗時被試注視 6 m 處的標準刺激，然後調節放置在明視距離 25 cm 處的常性測量器，直到認為所調圖形面積同幕上圖形面積相同為止。記錄下測量器背面的刻度。

  2. 先用雙眼比較不同距離、不同面積的三角形，即在 1m、2m、3m、4m、5m、6m 處。選定四個圖形作標準圖形，每個距離比較四次。每做完一種距離，休息 5 分鐘。然後，分別用左右眼比較不同距離不同面積的三角形。

  3. 繪製記錄表，嚴格登記實驗數據。記住，在實驗中，記錄員不得將測量數據告知被試。

  實驗記錄用紙：

大小常性實驗記錄表

單位：mm

	1m				2m				3m				*
	↓	↑	↑	↓	↓	↑	↑	↓	↓	↑	↑	↓	
雙眼													
左眼													
右眼													

＊4m、5m、6m 可按此要求畫表

  4. 指導語："請你注意正前方屏幕上三角形的大小，並照此大小調節你手邊的測量器，直到你主觀感知到一樣大小為止。報告記錄者記下你調節後圖形的數值。注意測量器的觀視距離應保持 25cm。"

(四) 結　果

1. 計算各種情況下的大小常性係數；
2. 求出各個圖形在各種情況下的透視值；
3. 製作在不同觀察條件下雙眼、單眼（左、右）的大小知覺曲線圖，格式參照曹日昌主編的《普通心理學》第 176 頁。

布倫施維克提出的計算公式如下：

$$常性係數\ K_B = \frac{R-S}{A-S}$$

R：見到的形狀，　　A：實際的形狀值，
S：透視形狀值，完全沒有常性時應有的結果

$$透視值\ (S) = \frac{A \times B}{D}$$

　　　　　D：標準刺激的觀視距離
　　　　　B：被試對測量器的觀視距離（本實驗定為 25cm）

(五) 分析與討論

1. 試分析單、雙眼大小常性的差別及其原因。

2. 分析在這個實驗中，透視值固定，常性係數隨標準刺激大小和距離遠近變化趨勢。

二、深度知覺

　　(一) **目的**：比較雙眼和單眼的辨別深度中的差異。學習使用霍瓦-多爾曼深度儀測量深度知覺閾限。
　　(二) **儀器和材料**：霍瓦-多爾曼深度知覺儀、電源接線板。
　　(三) **程序**：

　　1. 學習使用霍瓦－多爾曼深度儀；被試坐在儀器面前，通過觀察孔進行觀察。以儀器內部兩根立柱中的一根為標準刺激，距離被試 2 米，位置固定。以另一根作為變異刺激。先由主試調到某一定的位置，然後由被試根據觀察自由調節到他認為兩根立柱的距離相等為止。主試記錄兩根立柱的實際距離，即誤差。

　　2. 在雙眼視覺的情況下，進行 20 次試驗。其中有 10 次是變異刺激在前，由近向遠調整；有 10 次是變異刺激在後，由遠向近調整，順序及距離隨機安排。求出 10 次的平均結果。

　　3. 按照上述程序，再以單眼觀察試驗 20 次，求出平均結果。

　　(四) **結果**：

　　1. 計算在雙眼觀察情況下，表示深度閾限的視差角。
利用公式：

$$視差角 = 206265 \times \frac{b\triangle D}{D(D+\triangle D)} \quad (單位：弧秒)$$

$b =$ 目間距 65mm

$D =$ 觀察距離。本實驗為 2000mm

$\triangle D =$ 視差距離

2. 根據全班被試的平均結果，比較雙眼和單眼深度視覺閾限的差異，並考驗差異的顯著性。

實驗記錄用紙：

雙眼、單眼在辨別遠近中的誤差與平均數

誤差次序 \ 條件	雙眼觀察 遠→近	雙眼觀察 近→遠	單眼觀察 遠→近	單眼觀察 近→遠
1				
2				
3				
4				
5				
6				
7				
8				
9				
10				
平均數				

(五) 討論：

1. 說明雙眼視差在深度知覺中的作用。

2. 單眼和雙眼在辨別遠近中有無差異，原因何在？

3. 霍瓦-多爾曼深度儀有沒有缺點？應如何改進？

4. 深度知覺研究的應用價值？

三、似動現象

(一) 目的
學習似動現象的研究方法，掌握似動現象的基本規律，分析影響似動現象產生的時間與空間條件。

(二) 材料
EP502型似動現象呈現器、穩壓電源、時間控制器、信號發生器、記錄用紙。

(三) 程序
1. 按要求接好實驗儀器電路。

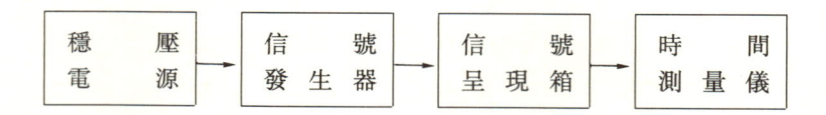

穩壓電源 → 信號發生器 → 信號呈現箱 → 時間測量儀

2. 被試在暗室內熟悉實驗條件。被試坐在似動現象呈現器前約 2 m 的地方，眼睛注視著似動現象呈現器上的小燈。實驗要求被試報告，觀察到的兩個光點是同時出現的呢，還是相繼出現的，或者移動。重復多次，這個步驟主要是要求被試掌握似動現象的標準，以便開始正式實驗。

3. 實驗者事先安排好兩個亮點呈現的時間間隔和空間距離，列出實驗順序表。一方面如規定幾種兩點間的空間距離 (cm)；另一方面規定，以下幾種時間間隔 (ms)：50、100、150、200、250、300、350、400。每種時空條件要做 4 次各刺激要隨機呈現。

4. 正式實驗開始後，按照已排好的順序用上述方法進行實驗，每 48 次作為一個單元系列，完成單元系列休息 3 分鐘。

5. 每一單元系列開始前，實驗者調整好兩光亮點的空間距離，再按不同的時間間隔呈現刺激。

6. 做完上述系列實驗後，要求被試回答是否已掌握了辨別似動現象的標準。

(四) 結果
1. 將所得結果分別統計為"同時"、"先後"、"似動"三種情況，計算出現次數的百分比，並填入記錄用紙上。

似動現象記錄表

時距 (ms)	50	100	150	200	250	300	350	400
同時 似動 先後								
同時 似動 先後								
同時 似動 先後								

2. 整理和計算出不同空間距離條件下閾值的範圍，其中明確從觀察到"同時"到"似動"為下限，而從"似動"到"先後"為上限。

3. 整理和計算出不同時間間隔條件的似動閾值（毫秒）的範圍。

4. 分別作出同一被試在不同情況下所得的結果，以及不同被試結果的比較表。要求畫出在各種時空條件下似動現象出現的數次的曲線圖。

(五) 討論

1. 根據實驗結果說明似動現象產生的時間與空間條件。
2. 分析似動現象產生的個體差異。
3. 實驗結果與經典實驗結果有何差異？這種差異如何從實驗上加以分析？
4. 試述似動現象在實踐中的意義。

四、棒框測驗

(一) **目的**：掌握棒框儀的使用方法；通過實驗，認識棒框測驗在認知方式研究中占有很重要的地位。

(二) **儀器**：棒框儀。參見第十一章有關棒框儀的介紹。

(三) 程序：

1. 令被試者端坐在儀器前，雙眼緊貼觀察孔。實驗過程中始終保持這種情況（休息除外），暗適應 5 分鐘後，開始施測。要求實驗過程中頭部始終保持正直，一定不能隨框的傾斜而傾斜。為了做到這點，可用下額托將頭部固定。待被試者坐好後，施測者陳述指導語："注意看框和棒，並將棒調節與地面垂直，時間不限。當你認為棒已調至與地面垂直時就報告垂直了，並且每次判斷垂直的標準要一致"。施測者在被試者報告調至垂直後，記下調節的誤差數（所調的角度與真正垂直之差數），不計正負號，只取誤差的絕對值。正式實驗前可讓被測者練習 1~2 次，讓其掌握方法，施測時還有二個應注意的問題：一是施測者調節框和棒的傾斜角度的過程不能讓被試者看到，可採用兩個方法：在施測者調節時，將儀器後面進光部分遮上；另一方法是可讓被試者閉目，待施測者調好後再讓被試者自己調節。二是儀器的光源要在一項研究中保持一致。因框棒的不同亮度，對垂直判斷的誤差大小是有影響的。

2. 實驗過程要求主試者調節框的度數。讓框從 0° 開始，每 3° 為一個梯級，直至 45°。即框安排的度數分別為 0°、3°、6°、9°、12°、15°、18°、21°、24°、27°、30°、33°、36°、39°、42°、和 45°。框傾斜的度數，隨機呈現。每個度數上，隨機測驗四次，二次要求被試將棒從順時針方向調至垂直，二次由逆時針方向調至垂直。取四次的平均數為該傾斜度的平均誤差數。

(四) 結果：

1. 分別整理框的各傾斜度的平均誤差數。

2. 以框的傾斜角度為橫坐標，以被試調節棒的平均誤差數為縱坐標，繪製棒框測驗曲線圖。

(五) 討論

1. 比較框的各傾斜度的平均誤差大小，根據自己實驗結果，那個傾斜度的平均誤差數較大。並和前人實驗結果進行比較。

2. 根據本實驗結果，並結合平時自己的認知方式特點，分析自己是屬於場依存性還是屬於場獨立性認知方式。

棒框測驗記錄用紙

框的傾斜角度（度）	被試將棒調至垂直的誤差度數				平均誤差數（度）
	順時針方向		逆時針方向		
	1	2	1	2	
0					
3					
6					
9					
12					
15					
18					
21					
24					
27					
30					
33					
36					
39					
42					
45					
48					

本 章 摘 要

1. **知覺**是當前的客觀事物的各個部分和屬性在人腦中的綜合反映。因此，知覺的對象是一個複合刺激物。
2. 在知覺研究中，刺激的時間間隔、空間間隔、持續時間和空間的三維變化等都可以作為自變量。知覺實驗較感覺實驗更為複雜，因而反應形式更多的採用被試的言語描述。
3. 在知覺心理學研究中，形成了不少學派。其中較有影響的學派是**格式塔學派**。格式塔學派的最主要的概念是"整體性"。
4. 在知覺的組織中，重要因素有：**接近組合**，**相似法則**，**好圖形的法則**，過去經驗和定勢。
5. **不可能圖形**（或**不合理圖形**）是一種無法獲得整體知覺經驗的圖形。
6. 線條、大小、形狀等錯覺，均存在於自然界中。自然界裏有許多可以引起我們錯覺的現象。最典型的**自然錯覺**是月亮錯覺。
7. **知覺的恆常性**是指距離、縮影比、照明改變的時候，知覺對象的大小、形狀和顏色的相對固定性。
8. 恩墨特在 1881 年發現，知覺到的後像的大小與眼睛與後像所投射的平面之間的距離成正比。後人把這一規律稱之為**恩墨特定律**。
9. **空間知覺**是三維知覺。人眼能夠在只有高和寬的二維空間視象的基礎上看出深度。這是因為人在空間知覺中依靠許多客觀條件和機體內部條件來判斷物體的空間位置。
10. 對判斷距離起作用的條件主要有三類：**生理調節線索**、**單眼線索**和**雙眼線索**。
11. **生理調節線索**也叫肌肉線索，包括眼睛的調節和雙眼視軸輻合；**單眼線索**也叫物理線索，包括大小、遮擋、線條透視、注視角、空氣透視、光亮陰影、紋理梯度和運動視差等；**雙眼線索**主要是雙眼視差。
12. **運動知覺**是對於物體在空間位移的知覺，它是多種感覺器官的協同活動的結果。

13. **真動知覺**是指我們見到的物體確實在移動,而且其速度達到知覺閾限。
14. **似動現象**是我們對實際上沒有空間位移的物體所產生的運動知覺現象。似動現象的種類很多。
15. **誘動現象**又稱**運動幻覺**或**游動錯覺**。觀察者與客體的相對空間關係的改變,或者兩種以上的對象彼此空間關係的變化,可以引起誘動現象。

建議參考資料

1. 胡德輝等 (1989):現代心理學。鄭州市:河南教育出版社。
2. 張春興 (1991):現代心理學。台北市:東華書局 (繁體字版)。上海市:上海人民出版社 (1994) (簡體字版)。
3. 楊治良 (主編) (1990):實驗心理學。上海市:華東師範大學出版社。
4. 鄭昭明 (1993):認知心理學。台北市:桂冠圖書公司。
5. 瑪里琳・霍思 (樂竟泓、楊治良等譯,1991):服飾:人的第二皮膚。上海市:上海人民出版社。
6. Eysenck, M. W. (1994). *The blackwell dictionary of cognitive psychology*. Massachusetts: Blackwell Publisher.
7. Kantowitz, B. H. & Roediger, H. L. (1984). *Experimental psychology* (2nd ed.). New York: West.
8. Levine, M. W. (1981). *Fundamentals of sensation and perception*. Massachusetts: Addison-Wesley.
9. Woodworth & Schlosberg's (1972) : *Experimental psychology* (3rd. ed.). New York : Holt.

第九章

記憶實驗

本章內容細目

第一節 記憶研究的變量和材料
一、記憶實驗的基本變量 465
　(一) 自變量
　(二) 因變量
　(三) 控制變量
二、記憶研究的材料 468
　(一) 無意義材料
　(二) 有意義材料
　(三) 其他刺激材料

第二節 記憶研究的傳統方法
一、回憶法 473
　(一) 系列回憶法
　(二) 對偶回憶法
　(三) 自由回憶法
二、再認法 481
三、再學法 483
四、重建法 484
五、部分報告法 485
六、記憶廣度法 488
七、分散注意法 490

第三節 內隱記憶
一、內隱記憶的研究領域 493
　(一) 再學時的節省

　(二) 閾下編碼刺激的作用
　(三) 無意識學習
　(四) 啟動效應
　(五) 健忘症病人的內隱記憶
二、內隱記憶現象的理論解釋 496
　(一) 什麼是內隱記憶
　(二) 內隱記憶和外顯記憶的區別
　(三) 內隱記憶的理論解釋

第四節 內隱記憶的測驗方法
一、經典的測驗方法 501
　(一) 詞幹補筆
　(二) 知覺辨認
二、非語詞信息的內隱測驗 506
　(一) 熟悉的非言語信息的內隱測驗
　(二) 新異非言語信息的內隱測驗
三、內隱學習的測驗方法 509

本章實驗
一、短時記憶 510
二、長時記憶 513

本章摘要

建議參考資料

記憶（memory）是過去經驗在人腦中的反映。漢語中的"記憶"一詞，簡潔地表明了人對過去經驗的反應，總是先有"記"再有"憶"，用現代信息加工（或訊息處理）的觀點解釋記憶，把記憶看作是對輸入信息的編碼、儲存，以後在一定條件下提取的過程。例如，我們熟讀了一首李白的詩，過幾天還能把它背出來，這就是通過記憶來實現的。

記憶是一個複雜的心理過程，它包括識記、保持、再認或回憶三個基本環節。識記（或認知）(cognition) 就是通常所說的"記住"，保持（或保留）(retention) 就是鞏固已獲得的知識、經驗的過程，再認或回憶就是在不同情況下恢復過去經驗的過程。以一個曲調為例：我們以前聽過一個曲調，若能不看樂譜把它哼出來，便是回憶 (recall)；若在別人演奏時能聽出是以前聽過的，便是再認 (recognition)。在記憶過程中，這三個環節相互聯繫又相互制約，沒有識記就談不上對經驗的保持；沒有識記和保持就不可能對經歷過的事物再認和回憶。因此，識記和保持是再認和回憶的前提，再認和回憶又是識記和保持的結果，並能進一步鞏固和加強識記和保持。

記憶是智力發展的必要條件。一切智慧的根源在於記憶。人們依靠記憶把過去經驗保存在自己的頭腦中，然後在經驗恢復的基礎上，進行思維和想像活動，這些思維和想像的結果又作為經驗保存在頭腦中，作為進一步思維和想像的基礎。這樣，就使人的思維逐步深化、複雜化、抽象化，促使其智力逐步向更高的水平發展。如果沒有記憶，以前所感知過的事物都會是陌生的，人將永遠處於新生兒狀態，在他的頭腦中由於沒有感知的材料，就無法進行思維和想像活動，更談不上智力發展了。

自從德國心理學家艾賓浩斯 (Hermann Ebbinghaus, 1850～1909) 在1885 年發表他的實驗報告後，記憶就成為心理學中實驗研究最多的領域之一。其後，記憶理論和研究方法即不斷發展，50 年代出現的信息加工理論（或訊息處理論）把記憶看作是對信息的輸入、編碼、貯存和提取的過程。因而按儲存的時間而分為：瞬時記憶、短時記憶和長時記憶。這期間儘管研究者們使用的具體方法、材料、儀器和實驗條件不相同，但這些研究有一個重要的共同點，就是把記憶看作人們對先前經驗的有意識的外顯恢復。

近些年來，一些新的觀點對這個看法提出了挑戰。愈來愈多的研究者提出，不應把記憶看作單一的實體，而應把它看作是由不同的結構 (form)、系統 (system) 或類型 (type) 所組成，它們之間具有性質不同的功能

(Schacter, 1985)。他們提出了**多重記憶結構** (multiple memory form) 這一術語。記憶的多重結構意味著記憶的不同類別或組合，它是指功能相互獨立的過程所引發的性質不同的記憶效果。

主張存在多重記憶結構這一術語的根本原因在於愈來愈多的證據揭示，在有意識的**外顯記憶** (explicit memory) 之外還存在著一個相對獨立的記憶系統，即**內隱記憶** (implicit memory)。這種記憶的特點是人們並不有意識地知道自己擁有這種記憶，它只是在對特定任務的操作上表現出來。據此，在本章的撰寫中旨在回答以下六個問題：

1. 記憶實驗的自變量有哪些？記憶實驗的材料有哪兩類。
2. 在 20 世紀 50 年代中期以後，用信息加工（或訊息處理）的觀點去解釋記憶，將記憶分為哪三個系統。
3. 研究記憶的傳統方法有哪些？
4. 何謂內隱記憶的研究領域？何謂內隱記憶。
5. 何謂任務比較方法學？何謂實驗性分離。
6. 補筆和知覺辨認的方法特點是什麼（從間接測量上分析）。

第一節　記憶研究的變量和材料

記憶這個曾經被披上神秘色彩的心理現象吸引了古今中外眾多的專家學者。能夠借助科學的方法對人類記憶進行實驗研究是心理學發展到一個新階段的標誌，記憶研究首創者艾賓浩斯因此而聲譽顯赫。在艾賓浩斯以前，馮特（見第六章）曾建立第一個心理實驗室，將心理學引入全新的科學領域，但他否認對記憶、思維等高級心理過程能夠進行實驗研究。在這種觀點指導下，早期形成的**心理物理學方法**、**內省法**、**反應時間**等方法幾乎完全被限制在感覺研究的領域中。

在 1875 年後，艾賓浩斯受費希納《心理物理學綱要》一書的啟發，開始了記憶研究的實驗構思。他的目標是用精心控制的自然科學方法去研究英國經驗主義所描述的聯想過程。1885 年，艾賓浩斯的力作《論記憶》終於問世了。這部心理學名著主要有二方面的意義：第一，突破研究高級心理活動的方法學"禁區"，強化了心理學的科學性；第二，大大充實了實驗心理學內容，為擴大心理學的研究領域創造了條件。

　　艾賓浩斯以後，自 20 世紀 20 年代起到 50 年代的三十餘年，是行為主義的盛行期，行為主義堅持以動物研究為主，故以人為對象的記憶心理研究受到了影響。這種影響的結果不僅是研究內容方面受到限制，而且實際進行研究的數量也非常有限。儘管有這樣的曲折，整個記憶研究工作並沒有中斷。在記憶心理研究工作演進的過程中，除這段緩慢發展的時期外，更多的研究在內容上表現出螺旋上升的特點，即從早期的"短時記憶"、"長時記憶"研究再回到更深入的"短時記憶"、"長時記憶"的研究階段。在後一階段中，由於研究者使用了新的方法，又開闢出"瞬時記憶"的研究領域，

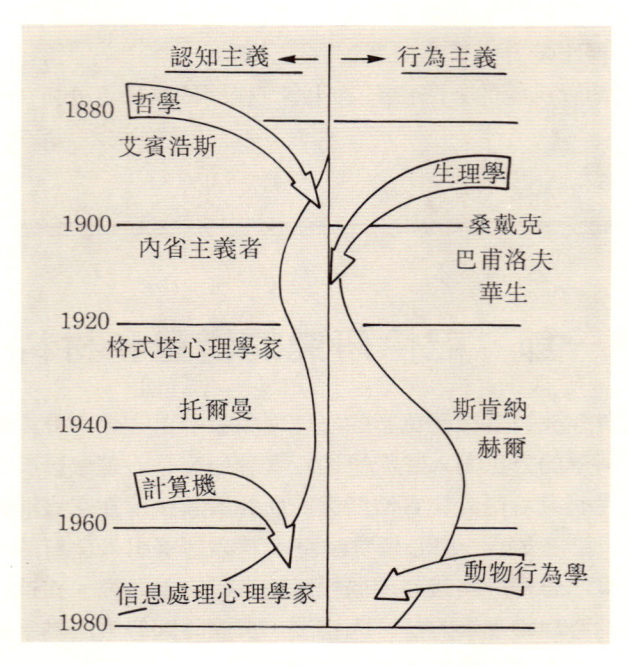

圖 9-1　記憶研究的歷史演進圖
(採自 Hintzman, 1978)

從而使當今關於人類記憶的研究工作呈現出新、舊方法並用，新、舊理論互補，研究成果日新月異，眾多學科相互影響的嶄新局面。圖 9-1 概要地示意了記憶研究的歷史進程。

記憶研究的成果和方法息息相關，巴甫洛夫 (Ivan Petrovich Pavlov, 1849～1936) 說過，方法學每前進一步，我們便彷彿上升了一級階梯。50年代，斯佩林 (Sperling, 1960) 成功地研究了瞬時記憶，也是因為他首創了"部分報告"的方法。方法上的創新既要求創新者具有了解現有方法的基礎，還要求對具體條件、設計思想等方面的問題作統籌考慮。為此，我們在這一節中先討論實驗的基本變量，再分析記憶研究的典型材料。

一、記憶實驗的基本變量

（一） 自變量

自變量(或自變項) (independent variable) 是引起行為變化的因素。研究的自變量必需具備"定性"和"定量"兩個條件。以實驗的刺激材料為例，若各個刺激單位性質不穩定或者滲入其它性質的材料，那麼實驗就不可能獲得準確的量值。艾賓浩斯設計"無意義音節"，目的就是尋求能獲得準確的量值。所謂**定性** (qualitification)，也就是保持刺激的性質，克服不確定性，這是實驗有效性的又一個保證。在記憶實驗中，設計無意義刺激材料為的是防止產生聯想，由於被試者在知識、經驗、理解上的不同，一旦產生聯想，就會產生不同的記憶效果。設計有意義刺激材料，要求劃分"相等的意義單位"即**定量** (quantification)，也是為了使每個被試者在實驗中接受性質相同的自變量。只有這樣，實驗才能實施定量，結果才能比較。

按統計原理，保持刺激材料性質的恆定，才能達到刺激的各個子單元可以互比或互換。滿足實驗隨意變更操作要求，這是保證刺激材料作為自變量的基本條件。在記憶這個高級心理過程的實驗中，如何確定刺激材料的自變量是一項十分關鍵且相當困難的任務，有關這方面的設計思想和技術方法在下面的內容中還要介紹。然而，記憶實驗中的自變量並不限於刺激材料，其它方面的自變量大致還有：

1. 刺激呈現的速度、間隔時間的長短；刺激的空間位置和距離；學習的遍數和時間等。
2. 刺激作用的感覺通道或方式，實驗的干擾條件。
3. 實驗研究要求回憶還是再認，或其它方式。
4. 指導語。

(二) 因變量

一項實驗有了自變量，並有相應的實驗程序，最後就是收集因變量的問題了。**因變量(或依變項)** (dependent variable) 即受自變量影響的行為表現。傳統記憶實驗的因變量按照實驗的內容和記憶過程的特點基本分成二大類：回憶類和再認類。回憶實驗要求被試全部或部分再現先前所接受的刺激材料；而在再認實驗中，被試是面對再次呈現的刺激材料，進行有選擇地同一再認。這二類記憶實驗在程序上、內容編排上、難易程度上都有差異。因此，記錄因變量的方法各有特點。一般來說，回憶類實驗的反應量值比較直接。例如記憶廣度量，取絕對量就可說明問題。再認類實驗的因變量大多數需要經過運算，相對來說是間接獲得的。例如"節省分數"、"再認分數"就是百分數。

1. 回憶類實驗 這類實驗共有三種：系列回憶、自由回憶和對偶回憶(詳見本章第二節)。這三種實驗的計量方法不盡相同，但都有適宜各自特點的規則。這些規則包括：(1) 系列回憶要求記錄符合系列順序的量值或錯誤量，通常還要根據因變量反映前後系列的回憶特徵；(2) 自由回憶不要求被試恪守刺激呈現的序列順序，允許隨意提取記憶項目。這種方法比較簡單，但只要在計量時注意各量值對應刺激項目（自變量）的關係，就可以比較深刻地揭示自由回憶的過程特徵；(3) 在對偶回憶程序中刺激是成對呈現的，如"蘋果——茄子"成對，被試回憶時，主試者再現"蘋果"一詞，看被試者是否能回憶出"茄子"這個反應詞。對偶回憶的計量工作既可以是記錄一次再現能夠回憶的絕對量，也可以是記錄被試者達到全部準確回憶水平一共需要多少輪刺激的量。這種實驗的程序變式和特點，讀者將會在下一節中了解到。

2. 再認類實驗 (詳見本章第二節) 這類實驗有兩種基本程序。第一是

"是／否"式的實驗，這是一種"二擇一"程序。被試者的任務是從混入一定比例無關刺激的材料中，分辨出先前學習過的有關刺激來，反應報告只有"是""否"兩種。第二種是"迫選再認"程序，這是"多擇一"程序。被試者必須在多個選擇中作出一次反應，其猜中的概率小於"二擇一"程序中的猜中概率。這兩種實驗的因變量既可以是簡單的，也可以衍化成複雜的，猶如滿足信號檢測論 (SDT) 的計量方法。

以上分別討論了回憶類和再認類的實驗。回憶和再認是記憶過程的兩種表現形式，是同一過程的兩個方面，由於研究的需要，將兩者分開來討論，但絕對不是割裂。事實上，將這兩個方面分離研究也只能是相對的，因此當實驗者在根據因變量值解釋過程的時候要審慎。最近一、二十年來，記憶研究中新理論、新方法不斷出現，如何記錄因變量的難度更大了，因而因變量的內涵也就更深了。

（三） 控制變量

控制變量(或控制變項) (controlled variable) 是在實驗過程中會對因變量發生影響、應被實驗者控制的因素和條件，對它控制得好壞是心理實驗成功與否的關鍵。這個問題在高級心理過程的實驗研究中表現得更加突出。記憶實驗中要求實施控制變量有的是外顯的，有的卻是內隱的。控制外顯的變量相對容易些。從構思實驗起，就要充分考慮刺激材料、呈現方式、實驗環境、儀器性能、間隔時間、計量精度、感覺通道、樣本大小、被試者分布以及指導語等環節的編排準備，一般都要有效地防止干擾，保證實驗順利地進行。

實驗設計中存在的問題是關於控制那些無從確切把握的干擾因素。這種干擾包括被試的動機、態度、情緒等社會性的額外變量，以及機體內部的變量，如饑餓、病症、疲勞等。研究表明，記憶過程中被試者機體內部的波動是十分活躍的，其中的奧秘目前還遠遠不能得到全面揭示。認識到有這一干擾，無非是使實驗研究者更加重視控制額外變量。有經驗的研究者往往採取間接的步驟，以把這種干擾盡可能地限制住。例如，完善實驗前期的各項設計準備，巧妙地處理全部實驗數據，然後是注重樣組間以及實驗間的比較印證工作。歷史上那麼許多著名的實驗就是這樣靠研究者的努力逐步積累完成的。可以這樣說，記憶研究領域是當今對變量分析最為豐富的領域之一。

二、記憶研究的材料

記憶實驗選用的材料是相當廣泛的。一般說來，凡是人們在生活中能感受到的東西都可以作為實驗材料，但是實際上由於實驗室的條件限制和為了進行實驗的方便，在實驗中所使用的材料一般要符合以下標準：

1. 材料對每個被試者來說，在熟悉程度上應是相等的。這樣才能保證所有被試者從同一基線開始學習，測出的效果才能歸之於實驗條件的作用。

2. 材料在數量上或意義上可以分為相等的單位。這樣既便於記分，又便於對實驗結果作數量化的分析。當然，這也不是絕對的，倘若以掌握全部材料所需要的時間或嘗試的次數作為記分標準的話，就無需把材料分成相等的單位。

3. 材料應為被試者在較短的時間內就可以學會和掌握的。若一次使用的材料過多、費時過長，勢必會影響實驗的效果，同時讓被試這麼長時間留在實驗室中也是不可能的。

根據上述標準，在記憶實驗中可選用的材料還是很多的。這些材料概括起來有二大類：言語材料和非言語材料。言語材料又可分為無意義的和有意義的兩類。

（一） 無意義材料

無意義音節是言語材料中的一種，言語材料是指音節、字母、單詞、句子、詩歌、散文和數字等。其中音節、字母和某種條件下的數字都屬於無意義的言語材料。在這些無意義的言語材料中，無意義音節被使用得較多。艾賓浩斯首創了"無意義音節"，目的是為他的記憶實驗提供大量難度相等的材料，控制刺激項目可能引起的聯想。他設計的無意義音節字共有 2300 個。每個由一個元音和首尾兩個輔音組成。它的實驗以自己為被試者。具體運用時，他把一切可能的拼合都一一單獨寫在一張紙片上，把它們洗均，然後從中抽出每一字表所需要的數目，直到每個音節都用過為止，然後把所有的紙片重新洗一遍。採取這種方法可能會碰到熟悉的組合字，但艾賓浩斯認為，對一個穩定的被試者來說，只要學習的字充分多，那些偶然出現的誤差就能得到平衡。

下面，我們列出一張無意義音節的字母表（表 9-1）。

表 9-1　無義意音節字母表舉例

1.	TAJ	YIC	HUZ	CEX	YAD	MEP
2.	ZIN	QOM	GOK	MOQ	FEP	GAW
3.	VEC	GEP	YIN	RUY	SUH	KOJ
4.	YOX	DUZ	TEV	GAF	JIK	CIB
5.	FUQ	RU	ZAD	LIQ	WOZ	ZUR
6.	BIP	NAW	XUR	KOC	LEQ	TEY
7.	DAK	XOL	QIG	QUZ	XAF	WOQ
8.	XEW	HUQ	LOJ	DEJ	MUJ	XIG
9.	CUG	TEF	DEH	TAH	RIY	NAH
10.	JOF	ZIK	BUP	WOG	KEB	JEC
11.	QID	VOB	WIX	FIK	QON	QUF
12.	LEH	PAH	KAQ	VUS	GUW	YOF
聯想值	26.7	27.3	27.3	26.2	24.5	22.7

(採自 Ebbinghaus, 1885)

　　設計無意義音節的主要目的是要控制聯想，但由於各語種的語言構成不同，一些規則並非都一樣。例如，在講英語的國家，由於英語中有很多單音節字，若在遵循音節不能是熟悉的字和只許是三個字母構成的兩個假定，就大大限制了無意義音節字的數目。但是，這無關緊要，重要的是無意義音節為我們提供了一條重要的原則。

（二）　有意義材料

　　有意義的記憶研究材料的內容和種類十分廣泛，可以是句子、詩歌、散文、詞彙到圖形、音樂等，很難盡述。研究者使用有意義材料從事記憶研究時，一點也不比使用無意義材料容易。由於使用有意義材料會使反應變量變得錯綜複雜，研究者不得不採用更多的控制措施，以保證實驗順利進行。這些措施還得以安排合理的刺激材料。例如，將有意義材料分解成容易歸類的或便於定量的子單位，這些子單位可以是"意群"、"韻律"、"音節"、"詞性"、"長度"等等。亨德森（Henderson, 1903）成功地選擇一段能分成差不多相等的意義單位的材料，這種思想是有參考價值的。

巴特列特（Bartlett, 1932）認為一般的記憶實驗由於採用無意義刺激材料，對於日常生活的記憶缺乏現實意義。事實上，一個人總有很大的潛力從材料中得出符合個人偏好的意義，剝奪這種機會就很難看到被試者如何把材料加以組織和吸收。阿爾波特和普斯特曼（Allport & Postman, 1974）的一項研究結果與巴特列特的假說基本吻合。他們有意編造幾個戰時的謠言故事，並使這些故事相當自由地發展起來，然後注意它們在傳播中的變化。結果證明，在傳播過程中，每一個人都加上了一些他們自己在知覺和回憶中的錯誤，而這種變化與傳說中的人對所在地區的恐懼和願望相一致。

（三）其他刺激材料

其他刺激材料，如圖形材料，設計時要考慮"複雜性"、"抽象性"和"相似性"這三個因素。前人的經驗表明：被試者面對要求其學習、記憶的圖形刺激所做的"意義搜索"過程，要比我們通常認為的"留下感覺印象"的過程複雜得多。由於這個原因，實驗者為了取得有效的結論，選擇刺激材料的任務就顯得很艱巨。哈納瓦爾特（Hanawalt, 1937）採用形狀基本保持一致的刺激材料，研究被試者根據模畫和記憶所畫的圖畫，揭示出知覺和畫圖的綜合作用常常是記憶錯誤的原因。儘管現在關於圖形記憶的研究很多，發展水平也大有提高，可是如何控制諸如知覺、動作之類的因素對記憶過程的影響問題仍然需要從材料的"複雜性"、"抽象性"和"相似性"入手。

除了"圖片材料"外，其他比較特殊並具有典型性的材料還有許多，如聽覺記憶材料、嗅覺記憶材料、動作記憶材料。一般說來，這些材料的設計思想都沒有超出上述材料的範圍，研究者只要把握住如何使材料更加適宜研究目的就可以了。

在人類記憶研究實驗中，上述言語和非言語材料的區分只是相對的，因為人的第二信號系統（即語言）是與第一信號系統協同活動的，即使在學習和記憶的一些非言語材料中，也離不開言語的活動。例如，在迷宮的學習活動中，被試者的整個操作過程顯然主要依靠觸覺和動覺，但是也伴隨有言語的活動，常常是用言語來支配和調解自己的動作。因此，在使用非言語材料進行實驗時，應考慮到言語活動的因素，不能將二者對立起來。

第二節　記憶研究的傳統方法

在 50 年代中期以後，許多心理學家傾向於用信息加工的觀點去解釋記憶，根據記憶過程中信息輸入到提取所經的時間間隔不同，對信息的編碼方式有不同的特點，一般把記憶分為三種系統，見圖 9-2，這三種記憶系統，又稱記憶的三個階段——感覺記憶、短時記憶和長時記憶。記憶研究的傳統方法就是針對這三種記憶系統而言的，在介紹傳統方法前，先簡單介紹一下這三種記憶系統。

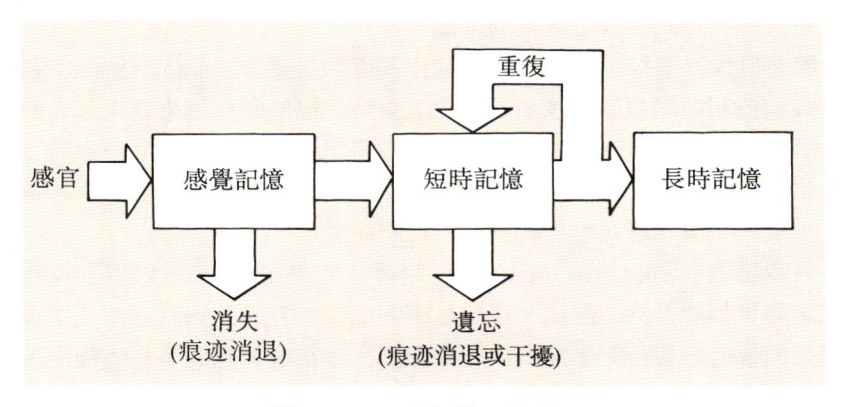

圖 9-2　三種記憶系統圖

感覺記憶（或感官記憶）(sensory memory，簡稱 SR) 又稱為**瞬時記憶**(immediate memory)。刺激直接作用於感覺器官便產生感覺知覺，當刺激停止作用後，感覺信息仍按原來的形式保持一個極短暫的瞬間，猶如按原先的樣子登記了下來，這種短暫的保持或登記就是感覺記憶。在感覺記憶中材料保持的時間很短，大約 0.25～2 秒。例如，聽人唱完歌後，好像耳朵裏還有一點聲音。看一個光點後，好像在眼睛裏還有一點影子。在感覺記憶中信息完全依據它具有的物理性編碼，有鮮明的形象性。例如，在網膜上的映像與刺激非常一致，基本上是外界刺激的複製品。感覺記憶中保持的材料如受到注意，它就轉入短時記憶，如沒有受到注意，它就會很快消失。

短時記憶 (short-term memory，簡稱 STM) 是指在一分鐘以內的記憶。當我們從電話簿上查到一個需要的電話號碼時，立刻就能根據記憶去撥號，但事過之後，就記不清了，這就是短時記憶的例證。另外，我們在上課時，邊聽邊記，也是依靠短時記憶。短時記憶的廣度（記憶廣度指材料呈現一次後被試者能記住的最大值）大約為 7±2。但如何組織好材料，在記憶儲存的能量方面有重要影響。例如，電話號碼 2824713492，可以把它分解為 282（地區號），471（電話局），和 3492（辦公室）這三個部分，就能把這個 10 位數號碼保持在短時記憶中。

多數人認為短時記憶是以言語形式編碼的。英國心理學家康拉德 (Conrad, 1964) 做了實驗，他用兩組容易混淆的字母 BCPTV 和 FMNSX 為實驗材料，發現記憶混淆經常發生在聲音相似的項目間（如 S 和 X）。但在短時記憶中還具有其它方式的編碼。

隨著近代科學技術的進步，自動化程度的提高，依照儀表的數字顯示進行操縱和控制的門類越來越多。因此，短時記憶的研究越來越引起人們的重視。過去那種認為短時記憶只是為生活瑣事服務的觀點，顯然已過時了。在現代化工業生產中，在軍事上，若短時記憶出差錯，往往會誤大事。更重要的是，短時記憶經過重復後就會進入長時記憶。

長時記憶 (long-term memroy，簡稱 LTM) 是從一分鐘以上直到許多年甚至終身都能保持的記憶。從信息來源來說，它是對短時記憶加工復述的結果，但也有些長時記憶是由於印象深刻，如富有情感的事物，便能一次形成。在長時記憶裏，大多是以意義的方式對信息進行編碼的，如呈現一個詞單：鉛筆－橘子－床－狼－桌子－貓－蘋果－毛筆－鋼筆－梨－椅子－狗。當回憶這張詞單時，我們往往打亂原來的順序，把鉛筆－鋼筆－毛筆；蘋果－橘子－梨；桌子－椅子－床；狗－狼－貓分別聯繫在一起，即按意義加以整理、歸類儲存和提取。人類的長時記憶大多數是要經過言語加工的。材料的組合依賴於概念的分類。但在長時記憶中編碼方式有聽覺的，也有視覺的等等。

從艾賓浩斯開始，記憶研究的實驗方法究竟有多少種已經無法計數了。

老的實驗方法不斷被取代，而新的實驗方法名目繁多，我們選擇其中最一般的實驗方法歸類，加以介紹。這裏提到的傳統方法，只是區別於內隱記憶方法而言。

一、回憶法

回憶法 (recall method) 是研究記憶的主要方法之一，它是當原來的識記材料不在面前時，要求被試者再現出原來識記材料的方法，故而也稱**再現法**(或復現法) (reproduction method)。回憶法是從記憶中將識記過的材料提取出來的過程。研究記憶過程的材料和方法很多，由於人們對語言材料比較熟悉，實驗效果也比較明顯，所以這方面的研究實例也較多，各類書中也常見這方面的介紹。另一方面，不管採用何種材料，實驗的方法都有普遍意義。回憶的實驗程序設計自艾賓浩斯起，是一個繼承發展的過程，新舊方法在運用時孰優孰劣要視研究的目的而定。回憶法又可分為三種主要形式：系列回憶法、對偶回憶法、自由回憶法。

（一） 系列回憶法

系列回憶法(或依序回憶法) (serial recall method) 是後人對艾賓浩斯以及早期關於回憶研究程序的概括，這種方法的主旨是要測量被試者達到某種記憶標準所需要的學習時間或學習遍數，所以又稱為**學習時間（遍數）法** (method of learning time)。

系列回憶法的基本程序比較簡單：實驗者根據材料特點先確定"熟練的標準"，要求被試者背誦實驗材料，直到符合標準為止。為了達到所訂"標準"，被試者需要一定的時間或者經過多次"嘗試"，實驗者再根據時間或遍數確定被試者的回憶水平。1885 年，艾賓浩斯運用這種方法研究了〈音節表的長度對學習難度的影響〉，其結果通過圖 9-3 反映出來。此後，艾賓浩斯又研究了有義意材料的回憶問題，他選用英國詩人拜倫的詩《唐璜》中的六節作為實驗材料，進行了七次實驗。結果發現，對於長度約為 80 個字音的詩段，被試者只需誦讀 8 次就可以正確背誦；而對於同樣數量的無意義音節，差不多需要 80 次誦讀才能達到"標準"。也就是說，需要用 10 倍的努力才能背出一首與詩歌長度相同的無意義音節。

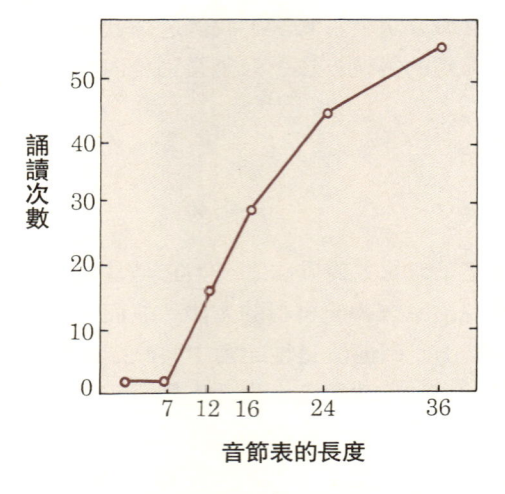

图 9-3
音節表長度對學習的影響
(採自 Ebbinghaus, 1885)

　　早期的系列回憶法應用範圍很廣，為後來的研究提供了良好的基礎。例如，有人在系列回憶法的基礎上發展了**節省法程序**等等。

　　但早期的這種方法也有不少地方使人發生困難。例如，當被試者很快報告完畢，而檢驗又不能通過時，計量工作怎麼做？又如，等被試者經過 6 次"嘗試"學會了 95% 的材料，餘下的 5% 可能再需要 6 次或更多次的"嘗試"，計量工作又如何做？針對這些問題，艾賓浩斯 (Ebbinghous, 1902)、羅賓遜和勃隆 (Robinson & Brown, 1926) 對原先的系列回憶法進行修正，目的有兩個：(1) 解決被試者在什麼時候已把字表學習好的不確定性；(2) 探索學習和回憶的進程。修正後的方法定名為提示法和預料法。所謂**提示法** (annticipation method) 就是在限定的一次或幾次呈現刺激材料之後，要求被試者背誦，主試在被試者背誦發生遲疑時進行提示，在發生錯誤時予以糾正，直到全部背出。實驗者根據記下的提示次數或校正次數，計算得分。"提示"量的反面就是"預料"量，即哪些項目經提示就能"預料"。提示法一問世，衍生的方法就不斷出現。如，採用逐個提示的程序，即要求被試回憶時，不管他是否能說出　主試者都及時予以提示，給予反饋或誘發的方法。這個方法直到今天仍為許多研究者採用。

　　運用系列回憶法可以很容易地研究回憶的系列材料的特點。通常的做法是一遍一遍地呈現系列刺激，直到被試者能正確無誤地預先說出下一個項目為止，實驗者統計被試者預報每一個項目出現的錯誤或錯誤率。麥凱里和亨

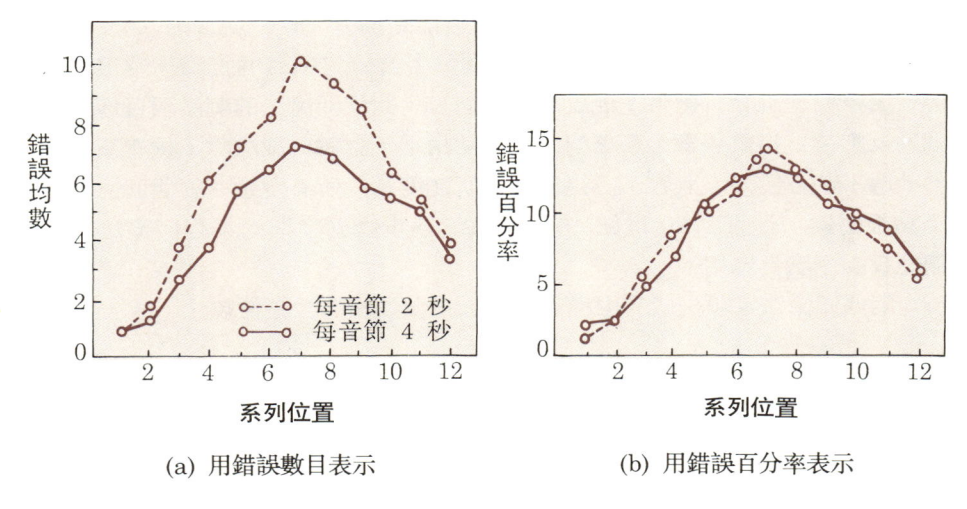

(a) 用錯誤數目表示　　　　　　　　(b) 用錯誤百分率表示

圖 9-4　二種呈現速度的序列學習的曲線
(採自 McCarey & Hunter, 1953)

特 (McCarey & Hunter, 1953) 曾證明，用錯誤量和錯誤率計量的總趨勢相同，但採用錯誤率指標似乎更利於排除難度變化對刺激材料的干擾。圖 9-4 就反映了用錯誤量和錯誤率為指標，並且用二種速度呈現刺激的系列位置效應的曲線。

這項研究表明，系列的開始部分，或最初學的項目較容易記憶，末尾部分或最後 (時間最近) 學習的材料也容易記憶，而中間部分是最難記憶的。這就是**系列材料效應 (或序位效應)** (serial-position effect)。從信息加工理論 (或訊息處理論) 來看，系列材料效應則與**注意**和信息加工的策略有關。這些在以後還將論述到 (見本節一之 (三))。

(二)　**對偶回憶法**

對偶回憶法 (paired recall method) 又可稱為**成對聯合法 (或聯對法)** (paired associates，簡稱 PA)，是由卡爾金斯 (Calkins, 1896) 於 19 世紀末提出對偶回憶法的設計思想得益於艾賓浩斯等人的早期實驗，到 20 世紀初期又促進艾賓浩斯及其它研究者的實驗。運用這種實驗程序，可以避免刺激項目的雙重作用。因為在系列"提示"程序中（例如 A、B、C 三項），每一次提示項目（假定 B 項），既可能是前者（假定 A 項）的反應，也可能是後者（假定 C 項）的刺激。實驗者要確定項目的實際作用很難，這一困難給理論分析帶來了混亂。相對而言，對偶回憶法的刺激項目僅對相應的反應項目提供線索，意義明確。在功用上，對偶回憶法除了檢查系列材料效應不甚方便外，兼容了"提示法"所能度量的所有變量。對偶回憶法的優點很明顯，但直到 20 世紀 50 年代它才逐步勝過早期的系列回憶法，在記憶實驗中廣為應用。

對偶回憶法實驗一般有兩種程序，一是預期法，二是檢驗法。

1. 預期法 預期法 (anticipative method) 的程序分成兩步：第一步先單獨顯示刺激項目，要被試者努力預想對應的反應項目；第二步將刺激項目和反應項目成對呈現。刺激材料全部呈現完畢後，實驗者改變順序做第二輪。每出現一次刺激項目就要求被試者嘗試報告反應項目，不管被試者能不能報告，間隔一過就同時呈現刺激項目和相對應的反應項目作為強化或反強化，如此，一輪一輪做到被試全部記住為止。圖 9-5 是預期法採用的 10 對詞組成的詞表。

預期法的實驗程序使人聯想到"系列回憶"中的提示程序。預期法汲取了提示法的養份並作了改進；首先改變了序列呈現的順序，實驗者每做完一輪就改變呈現排列，克服了上一提示對下一項目的刺激效應。其次改變不規則的插入式提示，排除了實驗者提示操作中的額外干擾，有利於建立穩定的刺激-反應程序。

2. 檢驗法 檢驗法 (test method) 程序不同於預期法的地方是，被試者先學習材料的所有刺激和對應的反應項目。檢驗一般不規定速度，允許有足夠的時間讓被試者回憶，但具體操作時實驗者仍可限定時間，比如 30 秒。檢驗程序也是一輪一輪地進行的，一被試者全部通過為終結，而每實驗一輪要改變呈現順序。根據這樣的安排，檢驗階段的刺激出示順序必須不同於預期程序（見圖 9-6）。

檢驗法本質上更適宜對人類學習記憶的研究，因為在條件反射式的學習中如果延遲強化，其效果是有很大差別的；在檢驗程序中動物的條件反射同人類的言語學習間的差別就更明顯了。

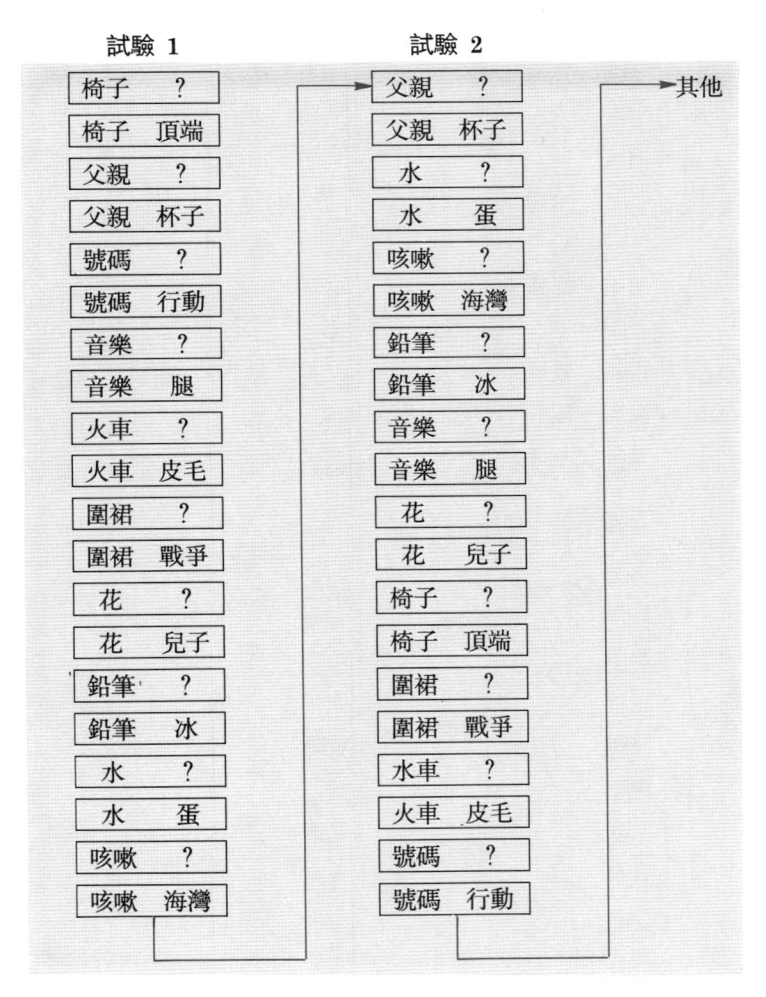

圖 9-5 對偶回憶法的預期刺激項目順序
(採自 Hintzman, 1978)

試驗 1

椅子	?
椅子	頂端
父親	?
父親	杯子
號碼	?
號碼	行動
音樂	?
音樂	腿
火車	?
火車	皮毛
圍裙	?
圍裙	戰爭
花	?
花	兒子
鉛筆	?
鉛筆	冰
水	?
水	蛋
咳嗽	?
咳嗽	海灣

試驗 2

父親	?
父親	杯子
水	?
水	蛋
咳嗽	?
咳嗽	海灣
鉛筆	?
鉛筆	冰
音樂	?
音樂	腿
花	?
花	兒子
椅子	?
椅子	頂端
圍裙	?
圍裙	戰爭
火車	?
火車	皮毛
號碼	?
號碼	行動

→其他

　　對偶回憶法對材料的選擇和如何組對（配對）有很高的要求。安德伍德等人（Underwood et al., 1960）的研究表明，學習材料越有意義，就越容易記住，並且與刺激項目配對的反應項目有意義比刺激項目有意義更為重要。佩維奧等人（Paivio et al., 1975）證明，詞的具體性是衡量記憶難度

478 實驗心理學

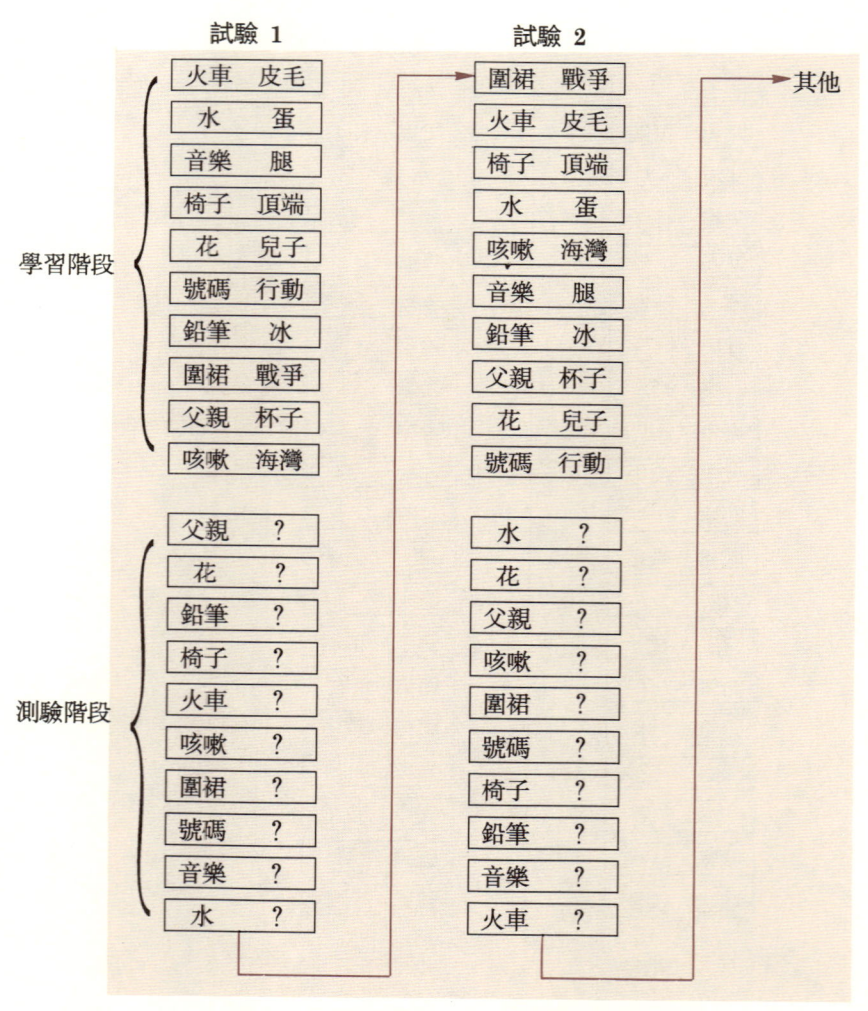

圖 9-6 對偶回憶的檢驗刺激項目順序
(採自 Hintzman, 1978)

試驗 1

學習階段：
- 火車　皮毛
- 水　　蛋
- 音樂　腿
- 椅子　頂端
- 花　　兒子
- 號碼　行動
- 鉛筆　冰
- 圍裙　戰爭
- 父親　杯子
- 咳嗽　海灣

測驗階段：
- 父親　？
- 花　　？
- 鉛筆　？
- 椅子　？
- 火車　？
- 咳嗽　？
- 圍裙　？
- 號碼　？
- 音樂　？
- 水　　？

試驗 2

- 圍裙　戰爭
- 火車　皮毛
- 椅子　頂端
- 水　　蛋
- 咳嗽　海灣
- 音樂　腿
- 鉛筆　冰
- 父親　杯子
- 花　　兒子
- 號碼　行動

- 水　　？
- 花　　？
- 父親　？
- 咳嗽　？
- 圍裙　？
- 號碼　？
- 椅子　？
- 鉛筆　？
- 音樂　？
- 火車　？

→ 其他

的一個重要因素，而流行的解釋是，具體的詞彙能喚起生動的心理映象（或意象），使得聯想刺激物更容易記住。事實上，只要能夠控制住最初學習的條件，研究者是能揭示在後來的學習進程中意義性和具體性學習是如何引起舊知識向新任務遷移的。另一方面，研究者還發現，能夠引起對偶聯想學

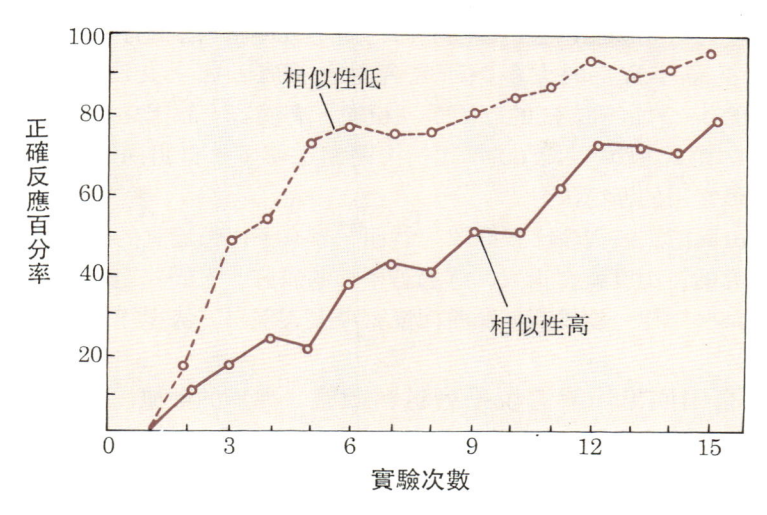

图 9-7 刺激相似程度對掌握對偶字表的影響
(採自 Hintzman, 1972)

習的最強有力的一個變因是刺激物的相似性。以欣茨曼 (Hintzman, 1972) 實驗為例 (見圖 9-7)，他以大中學生為被試者，分別學習相似性高或低的兩種材料，每組八對。相似性高的刺激項目由五個字母組合成四個三輔音，相似性低的四個刺激項目無重複輔音字母。兩種刺激材料的各項都分別與從 1 到 8 的數字組對：

	相似性低		相似性高
	JCQ－7		RXL－1
	TFZ－5		RNW－4
	KGP－2		RNL－3
	SBV－6		RXW－8

結果很明顯，當刺激相似性低時，記憶容易；相似性高時，記憶受到干擾。由此可見，在對偶回憶法實驗中，刺激材料和配對是極其重要的變量。

(三) 自由回憶法

自由回憶法 (free recall method) 對所回憶的資料在順序上不加限制。柯克帕特里克 (Kirkpatrick, 1984) 第一次採用我們現在稱作"自由回憶"

的方法，此法允許被試者可以隨意回憶而不必遵循刺激順序。這種方法看上去十分簡單，當時的大多數研究者對之不屑一顧。艾賓浩斯 (Ebbinghaus, 1891) 對這種方法的評價是"粗糙、膚淺"，原因之一是它不符合聯想主義的傳統。20 世紀 60 年代情況開始逆轉了，自由回憶法大受歡迎，並成為最常用的回憶法。

自由回憶法的程序比較簡單，然而一旦有了比較適宜的控制程序，用它進行研究的自由度就會很大。經過若干年的研究，人們普遍認識到自由回憶也遵循某些規律。被試者無順序回憶實際上表現出三條規律：

1. 自由回憶法能體現系列材料效應　典型的數據出自迪斯 (Deese, 1957) 的實驗。他們以每秒鐘一個的速度向被試者唸刺激詞，刺激詞的長度為 10 個或 32 個詞不等，獲得的結果可畫成圖 9-8 所示的曲線。這一實驗揭示了二種效應：**近因效應**(或時近效應) (recency effect)，表示末尾刺激的詞記憶最好；**首因效應**(或初始效應) (primacy effect)，表示最先呈現的刺激回憶效果次之。在一個長的刺激程序中，刺激的中間部分回憶時相對難一些，曲線中間部分起伏不大，處於最低部位，如圖中的漸近線。

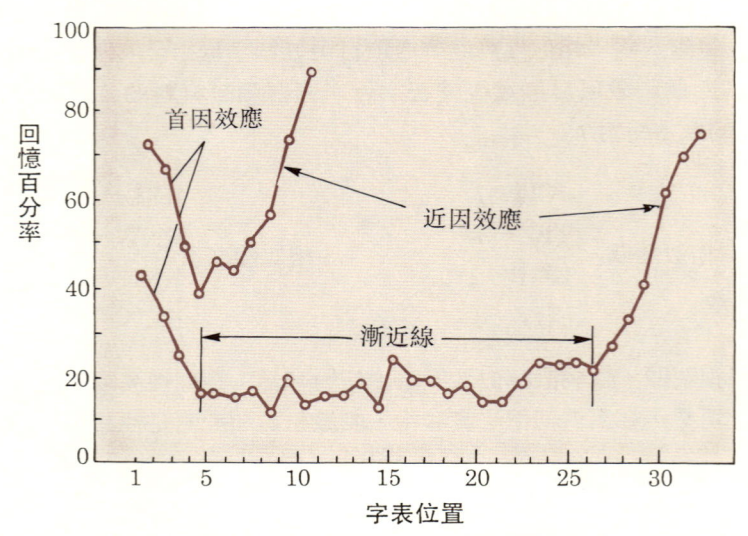

圖 9-8　**自由回憶的系列位置曲線**
(採自 Deese, 1957)

2. 自由回憶的順序表現出一定的結構　我們可以通過兩個實驗來認識。其一為鮑斯菲爾德 (Bousfield, 1953) 的實驗內容是回憶的分類傾向性。他以完全隨機的方式向被試者呈現四類名詞（動物、人名、職業名稱、蔬菜名稱）共 60 個。結果證明被試的回憶是分類"群集"的。其二為圖爾溫 (Tulving, 1962) 做的實驗，他選了一系列假設是互不相關的 16 個單詞作為刺激，並以不同的順序呈現 16 次。分析被試者每次自由回憶的結果，發現每次反應的順序與最後一次的反應順序都有聯繫。圖爾溫把這種現象歸結為**主體組織** (subject organization)。

3. 自由回憶並沒有耗盡全部有關記憶　19 世紀末柯克帕特里克就證明，自由回憶之後殘存的記憶用再認實驗還能提取檢測。更簡單的方法是進行提示回憶，一個不能自由回憶的刺激項目一經提示常常能回憶成功。根據這一特點，在有些實驗中，研究者較多地選用再認法。

二、再認法

再認法 (recognition method) 是檢查記憶保持量的方法，它是把識記過的材料（亦稱舊材料）和未識記過的材料（亦稱新材料）混合在一起，要求被試者把兩種材料區分開來。再認記憶的研究已有百年歷史，在行為主義高漲時期它受到冷落，當認知主義再度興盛時，它又被廣泛使用。自 1960 年以來，再認記憶研究在內容上和技術的廣度和深度上都是早期的這類研究不能相比的。再認和回憶兩種方法構成了傳統記憶研究的兩種基本方法。

早期的再認記憶實驗是在心理物理學實驗的基礎上形成的。當時有人將重量或聲音進行前後比較的時距加長，用這種方法揭示被試者對刺激的保持究竟能維持多久。大約在 20 世紀初，有人開始應用再認法從事記憶項目判斷的記憶研究。其程序分成兩個階段進行，先向被試者呈現一系列刺激項目，接著將含有先呈現的刺激稱為**有關刺激** (relevance stimulus)，即識記過的材料，後呈現的包括**有關刺激**和**無關刺激** (irrelevance stimulus) 即未識記過的材料。如有關刺激有 20 項，無關刺激有 30 項，合起來後呈現的就有 50 項刺激了。刺激呈現後，要求被試者逐項判斷並作出"是"或"否"的反應，反應"是"的意思表示他認識這項刺激或判定這項刺激在第一次呈現中曾經看到過。反之，則反應"否"。實驗程序要求被試者做的是

"二擇一"選擇，體現了"再認法"的基本程序。採用這種程序時，有兩種計算方法：

(1) 當"有關刺激數 ≠ 無關刺激數"時，

再認分數 = (正確再認的百分數) − (錯誤再認的百分數)

(2) 當"有關刺激數 = 無關刺激數"時，

$$再認分數 = \frac{(正確再認數) - (錯誤再認數)}{有關刺激數 + 無關刺激數}$$

由於在一個簡單的"二擇一"程序中，被試者猜中的概率就會很高，所以實驗者應當盡可能地使用"多選"程序。對於一個"五擇一"的程序，被試者完全猜對的概率只有 20%，實際使用效果會相當不錯。但是，上述兩種計算公式畢竟受"猜測"因素的干擾，即使用了"五擇一"程序，理論誤差也是很大的，下式能較明白地說明關係，校正誤差：

$$再認分數 = \frac{(認對有關、無關刺激量) - (認錯有關、無關刺激量)}{有關刺激數 + 無關刺激數}$$

欣茨曼 (Hintzman, 1977) 認為，再認記憶研究中最引人注目的成果是關於記憶容量的研究，他例舉謝波德 (Shepard, 1967) 的實驗。謝波德以 68 對"二擇一"刺激項目按一定的速度呈現給被試者，要求他們作強迫選擇。三組被試者接受的刺激分為三類：第一組是單詞；第二組是句子；第三組是廣告圖片。結果被試者對這三種不同類型的材料做出正確再認判斷的平均百分比是：單詞 88%，句子 89%，圖片 87%。假如採用"再現法"實驗程序，被試者能夠達到的保存量大約只有 50%，即隨機水平。

心理學自從引入了**信號檢測論(或訊號偵察論)** (signal detection theory，簡稱 SDT) 後，再認記憶的研究工作如魚得水，難以處理的問題也容易解決了。這主要是因為信號檢測論有二個指標，用指標 d′ 來表示再認能力，就不受心理偏向影響了。

三、再學法

再學法（relearning）也稱**節省法**（saving method）。此法是要求被試者學習一種材料，達一定標準後，經過一段時間，再以同樣的程序重新學習這些學過的材料，達到初次學習的標準為止。再學習與初學習兩次學習所需要的練習次數之差，即代表初學習之後所保持的記憶。再學法是艾賓浩斯早期創立且頗為看重的方法。**保持**（或**保留**）（retention）是記憶以後，保留印象的過程。對於印象的記憶深度和印象的消失的速度，艾賓浩斯企圖找到一個客觀的度量指標，並把這種函數關係像物理定律一樣表述出來。他發現，印象的深度可以用計算初學時反復誦讀音節表的次數來表示。確定印象消失的速度或程度，只要在保持的不同時間後，重新學習這個音節表，通過比較重新掌握這個音節表的誦讀次數（時間）和初次掌握它的誦讀次數（時間），便可明了。於是就有了再學法實驗程序。

這種比較通常看成是節省的百分數：

$$節省的百分數 = \frac{初學時的誦讀次數 - 再學時的誦讀次數}{初學時的誦讀次數} \times 100$$

節省的百分數是測量保持量的一個有效指標。如某材料不需要再學就能回憶出來，則節省 100%；再學遍數同初學遍數一樣，節省等於 0，識記的材料一點也沒保持住。實際上節省為 0 的情況幾乎沒有，即使一點也回憶不出來的材料，再學仍能表現出節省的跡象。節省的百分數直接反映保持的深度，同時也間接表示"遺忘"的程度，這是一個極靈敏的尺度。

當然嚴格地說，我們不應把再學的遍數（時間）與初學的遍數（時間）相比，因為兩次學習的個體條件可能會有差異。一種較好的設計是再學的遍數（時間）要與現行學習一個等價的材料所用的遍數（時間）相比較，雖然所謂"等價"的材料編製困難，但也不是不可能的。為研究學習程度對保持的影響，艾賓浩斯（Ebbinghaus, 1885）用再學法做了一項典型的實驗，他把 60 張 16 個音節的音節表分別讀了 8、16、24、32、42、53、64 遍，並在 24 小時後重新學習，直到背出。用節省分數所表示的保持量，表示初學時練習遍數的函數，如圖 9-9。與重學節省的百分數間有著線性關係。

圖 9-9 上可見到一條擬合直線。

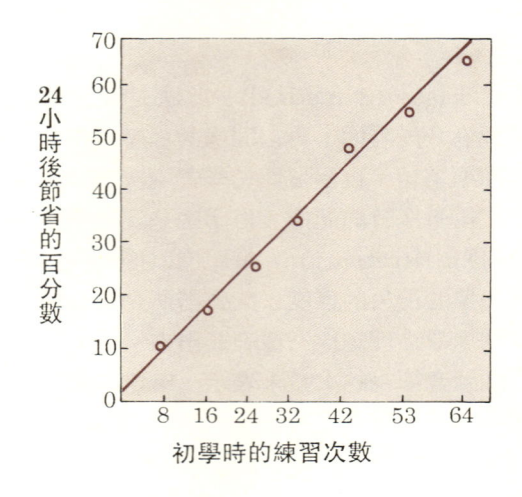

圖 9-9　24 小時後節省的百分數是初學練習次數的函數
(採自 Ebbinghaus, 1885)

四、重建法

　　重建法(或**重構法**) (reconstruction method)。它的程序簡單地說就是請被試者複現刺激項目的次序或排列。閔斯特伯格和比格浩姆 (Munsterberg & Bighum, 1894) 第一次做的實驗，用 3.5 厘米見方的紙塊塗上不同的顏色或寫上數字，形成長度為 10 個和 20 個項目的兩個刺激系列，用視、聽和兩者兼用三種方式呈現。簡伯 (Gamble, 1909) 用氣味、顏色和無意義音節又做了重構的記憶實驗。

　　重建法的實驗程序一般都分兩步：第一步，先由實驗者向被試者呈現有一定次序或位置的刺激系列；第二步，將原刺激系列打亂後，交給被試，要求按照刺激呈現的次序或位置復原。當然，適合重建法程序的刺激材料並不限於文字言語，並且刺激項目的呈現方式可以是二維甚至更複雜的。實驗者要做的工作中最主要的也許是如何記分。通常用的指標是以重建順序的錯誤數或正確數衡量回憶水平，例如在閔斯特伯格的實驗中，記分標準均以位置為準則，如果被試者將"黃－綠"材料誤構成"綠－黃"，則累記為兩個錯誤。實驗中達到正確順序的最大量是：

(單個系列的項目數－1) × 系列數 ＝ 正確順序數

由於一系列中可能發生的最大錯誤數與最大正確數相同，即：

$$錯誤的百分數 = \frac{實際錯誤數}{正確順序的總數} \times 100\%$$

現有一實驗的刺激系列由 20 項目組成，實驗共做 10 次，每次給被試前調整項目的排列順序。根據公式，得正確順序總數是 190，即 (20－1)×10 ＝ 190，經計算，實有錯誤數 42 個，則錯誤的百分比 ＝ 42／190 × 100% ＝ 22.1%。這是一種比較簡單的方法。

重建法還有一種較為複雜的、且精確的統計方法。在上述簡單的系列次序的情況下，還需要運用**斯皮爾曼等級相關** (Spearman rank-order correlation) 公式進行統計處理。這種方法對需要二維乃至多維的刺激構造可以獲得分析數據。不過計算較為複雜。如果重建是一維的，即只有先後順序的差別，其**保持量** (retention value) 用等級相關係數表示，公式為：

$$r_R = 1 - \frac{6\Sigma D^2}{N \times (N^2 - 1)}$$

r_R：等級相關係數
D：重建順序與原來順序的差別
N：記憶材料的項目數

重建法除運用於語言文字材料外，也適用於其它非語言材料。

五、部分報告法

上面介紹的四種方法多見於長時記憶的研究中。近 20 年間，短時記憶是研究者們關心的內容，在這個領域中研究者們也取得了令人矚目的成果。早期的研究者 (Oberly et al., 1928) 也研究過短時記憶問題，記憶廣度是一個典型的例子，雖然現在人們還不時採納傳統的記憶廣度法來開展工作，但已不能以此說明後來的整個短時記憶研究狀況了。這是因為，當後來的研究者再次熱衷於這項研究時，方法程序、內容深度都遠不是早期的研究所能比喻的。不僅如此，更有研究者，如斯佩林 (Sperlin, 1960) 將研究的觸角伸進瞬時記憶領域，開創了與以往完全不同的局面。

斯佩林針對傳統的短時記憶方法的某些缺點，設計了**部分報告法**（partial-report procedure），以便彌補以前那些用**全部報告法**（**或整體報告法**）(whole-report procedure) 研究短時記憶的缺陷。全部報告法測量被試者依次識記的全部刺激，但實際上，即使被試者記住了某個量值的刺激，在報告時也總會遺忘一部分，實驗者最後檢測到的量值總是偏低的。部分報告法運用隨機原理，使報告分段進行，有效地控制住報告時滯引起的誤差。

部分報告法的刺激呈現與全部報告法相同。斯佩林的研究將全部刺激項目排成 3×4 的矩陣，刺激以 50 毫秒的時程呈現，在刺激消失的同時，某一信號隨即出現，被試者根據約定信號的種類（例如音調：高音——第一行；中音——第二行；低音——第三行）報告相應的刺激行項目。根據被試者報告的準確率很容易計算出被試者的記憶量。例如，對每行有 4 個字符刺激，被試者平均報告量是 3.04個，則準確率為 76％，又知刺激項目的總字符是 3×4＝12 個，以 76％ 計準確率，則被試者的瞬時記憶量為 9.12 個。參見圖 9-10。

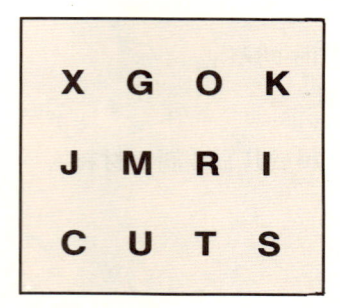

```
X G O K
J M R I
C U T S
```

圖 9-10
斯佩林的部分報告法實驗材料
（採自 Sperlin, 1960）

斯佩林使用的刺激材料一般分為英文字母和非字音符號兩類，部分報告法實驗刺激的總項和項目含有的字符量都可變化，與此同時都施以傳統的全部報告程序，對同一刺激進行比較研究。從圖 9-11 上看到了兩條曲線的差異。那麼，測量出來的感覺記憶的廣度為什麼會有那麼大的差別呢？這個差別主要是實驗方法造成的。有實驗證明，若把回憶與呈現終止之間的間隔延長，回憶的成績就會明顯下降。若把聲音信號在刺激終止後延遲 0.15 秒出現，回憶成績就降為立即回憶的 60%，若延遲 0.3 秒，則降為 55%，延遲 1 秒，就降到接近傳統說法的數量，約為 12 個字母中的 4 到 5 個了。在這 1 秒鐘內究竟是什麼原因使回憶受到如此重大的影響呢？斯佩林認為，人的記憶系統中有一個視覺記憶系統。感覺信息以映象的形式保存在其中，但消退得很快，在 1 秒鐘內幾乎會完全消退。他還認為，傳統所謂記憶、知覺或注意的範圍是 4 至 5 個項目的說法，反映的並非最初的那個信息存儲系統的容量，而是在映像消退之前能夠提取出來轉入下一個記憶階段的信息數量。

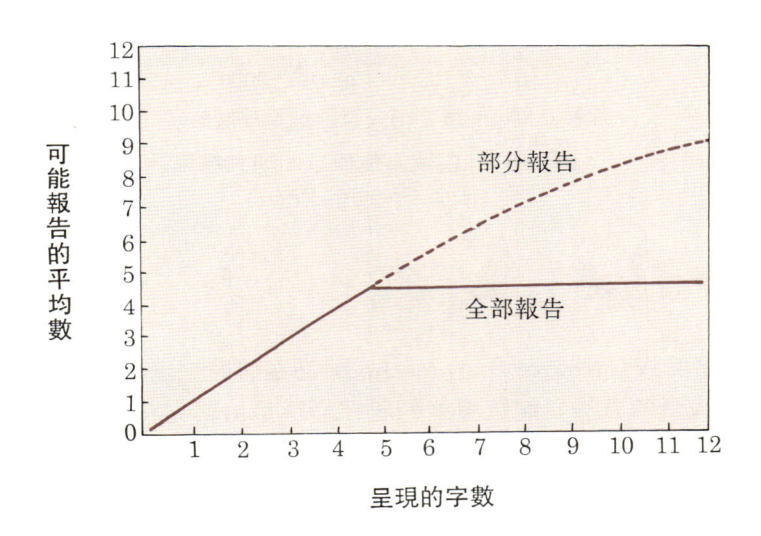

圖 9-11　兩種方法研究短時記憶的結果比較
(採自 Sperlin, 1960)

圖 9-12 是斯佩林證明**殘留影像(或餘像)**(icon) 假設實驗的結果。被試者可以報告的平均數字，隨著延遲時間逐漸下降，但達到 1 秒鐘後，曲線趨於水平，與全部報告法所得的平均數一致。這個結果表示視覺影像的貯存不超過 1 秒鐘。

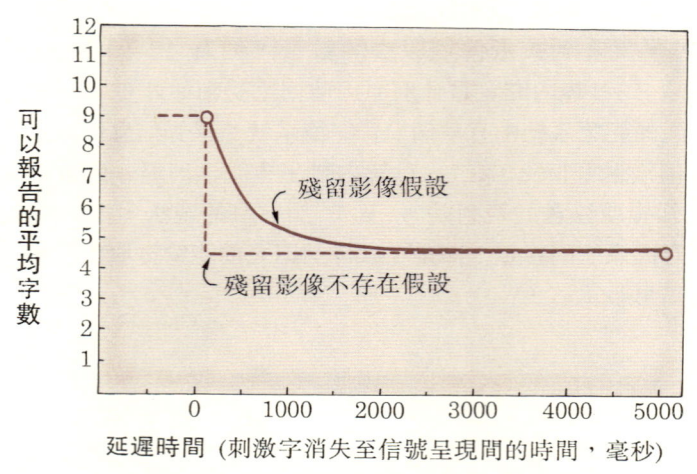

图 9-12　殘留影像假設的研究結果
(採自 Sperlin, 1960)

六、記憶廣度法

記憶廣度法 (memory span method) 乃是研究記憶材料呈現一次後所能記憶最大量的方法。記憶廣度的研究最早是由賈克布斯 (Jakobs, 1887) 創用的，它是根據艾賓浩斯發明的系列回憶法稍加改動形成的。研究者事先準備好一系列若干項目的刺激材料，各項目分別有 3 到 12 個左右的數字符號。實驗時，主試者口述或用速示器向被試者呈現某個刺激項目，刺激消失即請被試者按照同樣的次序說出刺激內容。實驗的目的是根據被試者的反應，度量他能正確記憶多少項目。刺激內容可以是數字、符號、單詞等等。為了避免誤差，研究者一般得準備多套等價的材料，每個刺激只對被試者使用一次。表 9-2 是一套材料的樣本。

實驗一般從一個短的刺激開始，逐步增加長度，直到被試回答發生錯誤為止。關於記分方法主要有兩種：

第一種方法設每種刺激長度為三個項目，每一個完全記住的項目得三分之一分。假如被試者通過 6 個和 6 個以下長度的全部刺激，記 6 分。他還通過一次 7 個數目的刺激，一次 9 個數目的刺激，但 8 個數目的刺激

表 9-2　研究記憶廣度的數字表

972	641
1406	2730
39418	85943
067285	706294
3516927	1538796
58391204	29081357
764580129	042865129
2164089573	4790386215
45382170369	39428107536
870932614280	541962836702

(採自 Woodworth et al., 1955)

沒有通過，那麼總分是 6+(2/3)。有人認為這種方法在理論上有問題，於是引出第二種方法。

第二種方法若被試者做對了 8 個項目的刺激，但沒有通過 9 位數的刺激。我們知道他的"廣度"至少為 8，但不夠 9，於是取兩數的中點記分。實驗可以進行幾輪，算出每輪的平均值再平均計算得分。這種方法就像心理物理法計算閾值那樣在理論上有依托，因而被認為是一種改良的方法。

對此，奧伯利 (Oberly, 1928) 的一項研究常常被人引用。他的刺激系列的長度以 2 到 14 個數字不等，測量被試正確回憶的數目，結果如圖 9-13 所示。圖中 50% 的正確率對應的實際廣度量約為 8.7。

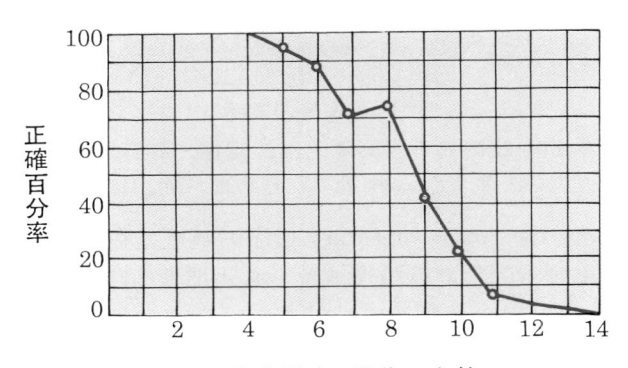

圖 9-13　一個被試者的數字廣度
(採自 Oberly, 1928)

由於記憶廣度的實驗程序比較簡單，因此一經使用就開拓出許多方面的研究，從較早的文獻中可以見到一些很有價值的研究。例如，記憶廣度因年齡而變化；經過訓練能獲得較大幅度的提高；超廣度呈現刺激材料，會使被試者降低廣度。

七、分散注意法

關於分散注意對短時記憶的作用，早在 1900 年以前就由比格漢姆 (Bigham, 1894)、史密斯 (W. G. Smith, 1895) 和史密斯 (T. L. Smith, 1896) 分別進行過研究，然而現今人們比較了解的是彼得森和彼得森 (L. R. Peterson & M. J. Peterson, 1959) 所做的實驗。

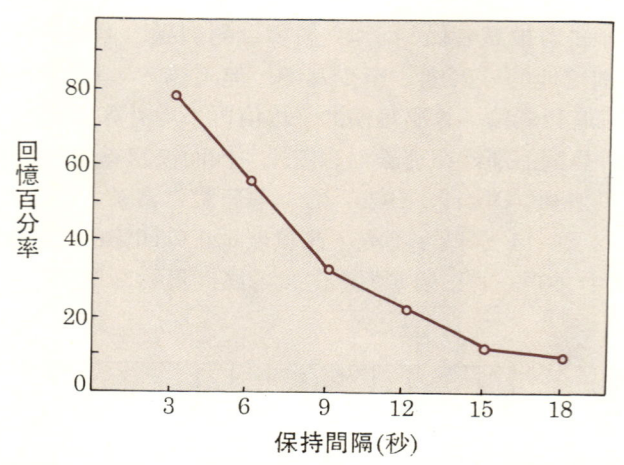

圖 9-14　在倒數不同間隔測出的回憶三輔音刺激的曲線
(採自 Peterson & M. J. Peterson, 1959)

分散注意法 (distractor method) 程序的關鍵是在記憶的保持階段。為防止被試者利用刺激間隙進行重復練習，必須把他的注意從記憶的材料上轉移開來，1959 年彼得森他們設計被試者對三個字母的組合或三個輔音字母的組合（例如 X－J－R）進行記憶測驗。刺激以三個音串的方式呈現 1 秒鐘，緊接著給被試者一個三位數字，讓他從這個數字開始每次減去 3 地倒著計算。實驗者在適當的間隔時給予一個信號，這時被試者必須立即對原刺激作出回憶。當時他們確定的回憶間隔分別定在 3，6，9，12，15 和 18 秒以後。從圖 9-14 可見，僅間隔 3 秒鐘，被試者顯然就有了遺忘（回憶的正確率是 90% 左右），而到 18 秒鐘時，回憶的正確率猛降到了 10% 以下，其遺忘的發展和艾賓浩斯曲線的趨勢十分相近。

默多克（Murdock, 1961）用幾乎一樣的程序，只是選擇了不同的材料重複彼得森的實驗，結果除單詞的保持時間較長些外，其他都相同。圖 9-15 上可見到三條相近的曲線，1、2 為三輔音連串，4 為三詞組合，3 是一個單詞的曲線。

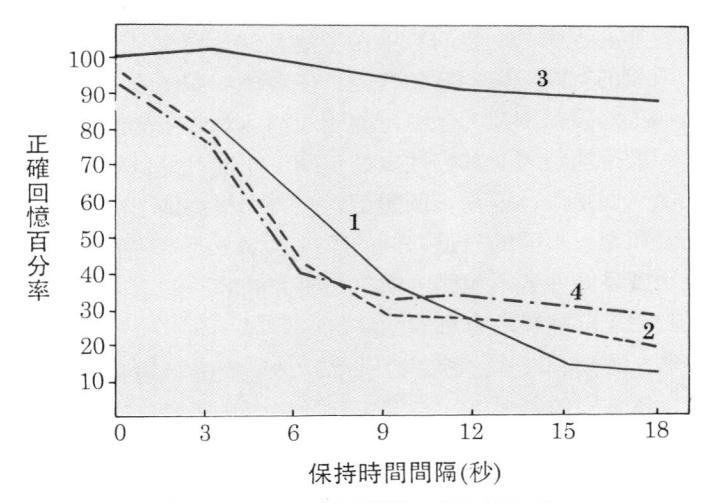

圖 9-15 時間間隔對回憶的影響
(採自 L. R. Peterson & M. J. Peterson, 1959；Mordock, 1961)

第三節　內隱記憶

　　在當今心理學的研究中，記憶課題已成為最為活躍的領域，尤其是在研究方法上的日新月異，引人注目。傳統的記憶研究，常把注意力集中於對先前經驗的有意識的、外顯的恢復。這些研究中常用的方法是標準的記憶測驗方法，如前面講到的自由回憶、再認、全部報告和部分報告等方法。此類研究曾在現代認知心理學的記憶研究中占了絕大部分篇幅。自艾賓浩斯以來，已經完成了大量的有關記憶的實驗研究，使我們對記憶有了一個較深入的了解。從信息加工的觀點出發，記憶可簡明地描述為刺激的編碼、儲存和提取過程。基於記憶持續時間及其它性質的不同，記憶被分為感覺記憶、短時記憶和長時記憶三個階段，或稱三個類型的記憶。根據加工深度理論，它們只屬於一種記憶類型，不同的只是它們的處理水平，儘管研究者們使用的具體方法、材料和實驗條件各不相同，但這些研究間的一個重要的共同點是把記憶僅看作人們對先前經驗的有意識的恢復。

　　近十年來，認知心理學、神經心理學和神經學的理論和大量實驗研究已開始集中於一個共同的題目上。心理學和神經生物學的研究者們主張的一個共同點是認為存在著"多重記憶結構"。沙克特（Schacter, 1985）認為，**多重記憶結構**（multiple memory form）這一術語與其說是解釋性的，不如說是描述性的，它是指功能相互獨立的過程所引發的性質不同的記憶結果。說不同記憶任務上的不同成績由不同的記憶結構所引起，並非指內部過程的本質，它只提供對有關資料的一個有用的描述。記憶的多重結構意味著記憶的不同類別或組合，無疑，這些不同類別的記憶具有許多共同特徵，且常在記憶任務的操作上發生相互作用。

　　導致人們主張存在著多重記憶結構的根本原因在於有越來越多的證據表明，在有意識的外顯恢復——**外顯記憶**（explicit memory）——之外，還存在著一個相對獨立的記憶系統，即**內隱記憶**（implicit memory），其根本特徵是被試者並非有意識地知道自己擁有這種記憶，它只在對特定任務的操作中能自然地表現出來，這種任務的操作不依賴於被試者對先前經驗的有意識恢復。故這種記憶也被稱作**無意識記憶**(或**潛意識記憶**)(unconscious memory) 或**無察覺記憶**(unaware memory)。

一、內隱記憶的研究領域

自 20 世紀 50 年代以來，關於內隱記憶的實驗研究已經積累了不少資料。概括起來，內隱記憶主要來自五個不同但又相互交叉的研究領域：再學時的節省，閾下編碼刺激的作用，無意識學習，啟動效應以及健忘症病人的殘餘學習。

（一） 再學時的節省

斯萊梅卡等人 (Slamecka et al., 1985) 認為，可以把再學時的節省當作內隱記憶的指標，再學一個先前學過的詞表並不依賴於先前學習片段的外顯記憶，外顯記憶在這裡是指能完全再認或回憶學習過的材料。而對那些不能再認和回憶的材料，由於曾經學習過，再學時就會縮短時間——表現為節省，這就可以認為是內隱記憶的作用。納爾遜 (Nelson, 1978) 發現，既不能回憶又不能再認的項目也表現出節省。

（二） 閾下編碼刺激的作用

儘管支持閾下知覺的早期實驗遭到了嚴厲的批評 (Eriksen, 1960)，但最近利用新的實驗技術所做的實驗令人信服地證明：不為被試主觀知覺到的刺激，能被知覺系統作出高水平的加工 (Fowler, et al., 1981；Marcel, 1983)。一些實驗證明，不能被有意識地知覺到，因而也不能被外顯地記住的刺激，能夠對不需要有意識地恢復閾下刺激的任務行為成績發生影響。這些任務包括**自由聯想** (free association) 及創造**想像性故事和幻想** (imaginative story and fantasy production) 等。最近的研究清楚地表明，在被試很少或沒有對閾下刺激的外顯記憶的條件下，存在著對這些刺激的內隱記憶。威爾遜和扎瓊 (Wilson & Zajone, 1980) 給被試者呈現幾何圖形，由於呈現時間僅 1 毫秒，因此，被試者無法有意識地知覺到這些圖形。由強迫再認作指標的外顯記憶僅在隨機水平上，然而，當給被試者呈現兩個圖形——其一是呈現過的，另一是新出現的——並要求他們選擇較喜歡的一個圖形時，卻表現出明顯的內隱記憶，被試者明顯地偏向喜歡已呈現過的那個圖形。謝蒙 (Seamon, 1983) 也報告了類似的結果。曼德勒等人 (Mandler et al., 1987) 的研究表明，產生隨機水平外顯記憶的短暫刺激呈現能對非情感判斷產生影響。研究表明，給被試者短暫呈現一個令人討厭的形容詞能影響他對目標詞的判斷，儘管事實上他缺乏對這些詞的外顯再認 (Bargh, 1986)。劉易基 (Lewiki, 1985) 發現，在給被試者閾下呈現一個形容詞和名詞組合（如 old-tree）後，再問及有關名詞的問題時（如 Is a tree big or old tree），被試者趨於選擇呈現過的形容詞。

（三） 無意識學習

雷伯等人 (Reber et al., 1976) 關於**內隱學習** (implicit learning) 的一系列實驗中，呈現根據不同人工語法規則產生的字母串，被試者分別在內隱指導條件或外顯指導條件下學習這些字母串，然後再給被試者一些未學過的，根據相同規則產生的字母串，讓其識別這些字母串是否符合語法規則，他們的研究證明，即使在不能有意識地、外顯地知道這些規則時，被試者還是能夠學會確定符合語法的字母串，在語法規則較為複雜時，記憶性的內隱學習比規則發現性的外顯學習更有效。貝里 (Berry, 1987) 等研究者使用不同的方法同樣觀察到了兩種不同的學習方式，並對內隱記憶所獲得知識的意識性、抽象性以及兩種學習方式的相互作用等問題進行了研究，發現無意識的學習機制比有意識思維更能檢測微妙和複雜的關係。

（四） 啟動效應

絕大部分的內隱記憶研究工作都是關於啟動效應這一現象的。**啟動效應** (priming effect) 是指由於近期與某一刺激的接觸而使對這一刺激的加工得到易化。啟動效應一般又可分為重復啟動效應和間接啟動效應二種。**重復啟動** (repetition priming) 是指前後呈現的刺激是完全相同的，即後呈現的測驗刺激完全相同於前呈現的啟動刺激。在啟動研究中，最常應用的測驗方法有**字彙確定** (lexical decision)、**詞的確認** (word identification)、以及**詞根或詞段完詞** (word stem or fragment completion)。在詞彙確定測驗中 (Scarborough, Gerard & Cortese, 1979)，要求被試者說明某特定的字母串是否構成一個合法的詞，由某一字母串在第二次呈現時被試者作出詞的決定所用的時滯減少來反映啟動。在詞的確認測驗中（Feustel, Shiffrin & Salasoo, 1983），給被試者短暫呈現某一刺激，然後要求他們確認它，通過與新項目的比較，由被試者對新呈現項目確認精度的提高或確定新近呈現項目所需呈現時間的下降來反映啟動，在完詞測驗中（Graf, Squire & Mandler 1984），給予被試者一個詞根（例如 tab__, table）或詞段（例如__ss__ss__, assassin），要求他們用想到的第一個合適的詞來完成它。由對在先前學習詞表上的詞的使用的增加來反映啟動。

在經典的詞彙確定測驗中，要求被試說明某特定的字母串是否構成一個合法的詞，由某一字母串第二次呈現時，被試者做出詞的決定所用的時滯減少來反映啟動。在詞的確定測驗中（Feustel et al., 1983）給被試短暫呈現某一刺激，然後要求他們確認它。通過與新項目的比較，由被試對新近呈現項目確認精度的提高或確定新近呈現項目所需呈現時間的下降來反映啟動。這兩類內隱測驗都可以歸入重複啟動的範疇。詞彙確定測驗也可用於**間接啟動**（indirect priming）的研究中，進行單詞識別的有關規律的探索。精確地說，重複啟動範式與間接啟動範式是有差別的，重複啟動要求前後兩次呈現的刺激是完全相同的，間接啟動除包含重複啟動之外，還允許兩刺激有所差別（Roediger et al., 1990）。

內隱記憶的研究主要使用重複（直接）啟動範式，包括前面介紹的四類測驗以及偏好判斷、單詞提取等。使用間接啟動範式也可以進行內隱記憶研究。比如在音似和形似啟動中，學習階段的啟動物和測驗階段的目標詞是在某一特徵上相似。由於這種相似，先前對**啟動物**（prime）的接觸也可以導致對**目標詞**（target）作業的反應時或正確率提高或其他影響。

（五） 健忘症病人的內隱記憶

有關健忘症病人的內隱記憶研究可分為兩大類：技能學習和重複啟動。其中，技能學習的研究是由米爾納和科金等（Milner & Corkin et al., 1968）開始的。他們發現，健忘症病人雖不能外顯地記得他曾完成過某一任務，但能獲得諸如追趕旋轉體和鏡形跟踪等運動技能。健全的運動技能學習和大致正常的知覺和認知技能在其他健忘症病人身上也得到了證明。

健忘症病人的啟動效應研究是由沃林頓和韋斯克朗茨（Warrington & Weiskrantz, 1968, 1970, 1974, 1978）的一系列重要實驗開始的。他們二人發現，雖然健忘症病人的自由回憶和再認測驗成績遭受很大破壞，但當用詞根或詞段作為線索時，他們能表現出對一系列熟悉詞的正常的保持。但隨後使用詞段線索的研究發現，病人的成績有時受到破壞。現已清楚，當使用詞段或其他線索時病人是否表現出正常的保持取決於測驗的內隱和外顯性質，當給予被試外顯指導時，其成績就會受到破壞，而當給予被試內隱指令時，病人就表現出與正常被試同樣數量的啟動。上述觀點已由大量實驗所證實。

最近，考察健忘症病人是否對記憶中無預先存在表象的新信息（如非詞和無關詞對等）具有正常的啟動或內隱記憶，獲得的結果並不一致。塞馬克等（Cermark et al., 1985）發現，健忘症病人在非詞的知覺確認任務上無啟動效應。戴蒙得和羅津（Diamond & Rozin, 1984）用三個字母的詞根來測定內隱記憶，獲得了類似的結果。格拉夫和沙克特（Graf & Schecter, 1987）使用完詞測驗發現，一些健忘症病人——其記憶障礙相當輕——對無關詞對間接獲得的聯繫具有正常的內隱記憶，而重度健忘症病人卻沒有對新聯繫的內隱記憶。莫斯科維塔等人（Moscoviten et al., 1986）用對降級的無關詞對的閱讀任務來評價內隱記憶，在有嚴重記憶障礙的病人身上觀察到正常的對新聯繫的內隱記憶。總之，研究表明，健忘症病人能表現出對新獲得信息的啟動效應，但這種效應依賴於所使用的內隱記憶測驗類型以及病人病情的輕重和程度。

除技能學習和重復啟動現象之外，健忘症病人在其它情景下還表現出內隱、外顯的分離。沙克特（Schacter et al., 1987）等人證明，健忘症病人能學習一些虛構的關於人們的信息，但不能外顯地記得他們剛被告知過此信息。且健忘症病人對先前呈現旋律的偏好。以及發現，在一個短暫的接觸之後，健忘症病人能較快地發現隱藏的圖形。在上述情形下，被試均缺乏對實驗材料和學習片段本身的外顯恢復。

二、內隱記憶現象的理論解釋

（一） 什麼是內隱記憶

上面，我們已對記憶中的新生領域——內隱記憶——作了一些介紹，但什麼是內隱記憶呢？就目前的研究狀況來看，對內隱記憶可從以下幾個方面來理解：

    1. 從現象上看，內隱記憶是被試在操作某任務時，不經有意識地回憶而存貯在大腦中的信息卻會在操作中自動起作用的現象。這就反映出了先前所學內容的存在和作用。其特徵是，被試對信息的提取是無意識的。

    2. 從研究模式看，內隱記憶是啟動效應的一種，這在內隱記憶與啟動效應的關係中已有論述。

    3. 從測量上看，內隱記憶是另一類記憶任務，這類任務不要求被試有意識地去回憶所學習的內容，而是要求被試去完成某項操作，在被試的操作中反映出其所學內容的作用。這也是一類測量方法，即**間接測驗** (indirect test)，或可稱為**內隱記憶測驗** (implicit memory test)，也有人稱之為**不自覺記憶測驗** (unaware memory test)。在記憶的實驗性分離研究中，內隱記憶和外顯記憶就是相分離的兩種測量結果。

    4. 在心理學研究的理論上看，研究者在對記憶的實驗性分離現象進行深入研究後，提出一種理論假設（多重記憶說），推測記憶系統可劃分為內隱記憶和外顯記憶這兩個在機能上相對獨立的記憶系統 (Tulving & Squire et al., 1985)。這就可以認為內隱記憶是通過間接測量和推理得出的，是一種假設的記憶系統的名稱。

（二）　內隱記憶和外顯記憶的區別

    關於內隱記憶和外顯記憶的區別，現有的結果至少在四個方面顯示出外顯和內隱記憶的不同：

    1. 學習加工的水平對兩種記憶具有不同的影響 (Winnick & Daniel, 1970；Jacoby & Dallas, 1981)。對新形成的聯繫的內隱和外顯記憶都需要一定程度的意義加工。但意義加工的水平（如用一詞或造一句將兩個無關詞對聯繫起來）對外顯記憶的效果影響較大，而對內隱記憶則影響較小 (Graf & Schacter, 1985；Schacter & Graf, 1986)。

    2. 學習和測驗呈現方式的變化，對兩種記憶具有不同的影響。雅克比和達拉斯 (Jacoby & Dallas, 1981) 發現，學習階段所用聽覺方式呈現材料，測驗階段用視覺方式呈現材料可減弱啟動效應，使以單詞辨識為指認的內隱記憶成績顯著降低，而對以再認為指標的外顯記憶則沒有影響。格拉夫等人 (Graf et al., 1985) 用單詞補全和線索回憶測驗也得出相似的結果。張厚粲等 (1989) 的實驗表明漢字音似的啟動效應顯著，而形似的啟動效應則不顯著。

3. 兩種記憶保持的時間不同。這一研究目前具有不同的結果：有實驗表明啟動效應可持續幾天或幾周，而在相同的時間間隔下，再認能力則顯著消退 (Tulving, Schecter & Stark, 1982)。但也有實驗表明：某些啟動效應非常短暫，幾小時甚至幾分鐘就消退。而相同時間裏的外顯記憶卻可保持 (Graf, Mandler & Squire, 1984)。用漢字材料的實驗表明，保持時間與詞幹補筆的可能性大小有關 (朱瀅等，1989)。

4. 格拉夫和沙克特 (Graf & Schacter, 1987) 的研究表明，某些干擾因素可以顯著影響外顯記憶，而對內隱的單詞補全的啟動效應則沒有影響。

(三) 內隱記憶的理論解釋

由於內隱記憶現象的多樣性和複雜性，目前還無一種理論能夠成功地解釋所有的內隱記憶現象。目前影響最大、爭議最熱烈的是多重記憶系統說和加工說這二種理論。下面我們簡要地介紹這二種理論。

1. 多重記憶系統說 多重記憶系統說 (multiple memory systems view) 的核心是認為記憶的實驗性分離現象反映了記憶系統存在著不同的子系統。內隱記憶和外顯記憶現象分別代表了記憶的兩種不同的子系統。圖爾溫等人 (Tulving et al., 1985) 提出啟動效應 (內隱記憶現象) 代表一種新的記憶系統，即**知覺表徵系統** (perceptual representation system)，且用隨機獨立性的概念來論證這一觀點。按照這一論證邏輯，可推出"內隱記憶的各種測驗間應是隨機相關的"結論。但威瑟斯龐和莫斯科維達 (Witherspoon & Moscovitch, 1989) 用實驗證明：在兩種內隱記憶測驗間發現了隨機獨立性。這就出現了矛盾。究其原因可能有三：(1) 論證邏輯正確，知覺表徵系統獨立存在，並可繼續劃分。(2) 論證邏輯不正確，不能從實驗性分離現象推出機能上獨立的記憶系統。(3) 記憶的確由不同的系統組成，但並不是以此邏輯論證所得。圖爾溫等人堅持此一論證邏輯，繼續將知覺表徵系統再細分為字詞系統、結構描述系統、和概念語意系統。

圖爾溫等 (Tulving et al., 1990) 設計了新的實驗，從另一個角度論證了多重記憶說的觀點。實驗發現：在外顯記憶測驗中，針對同一目標的兩種不同線索，結果表現出中等程度的相關；而在內隱記憶測驗中，針對同一目標的兩種不同線索，結果卻是無關的。由此證明內隱記憶的表徵和外顯記憶的表徵是不同的，內隱記憶代表知覺表徵系統，這種系統沒有單字的固定痕跡，是**無痕跡的記憶系統** (traceless memory system)，但它可能包含單字的多重分布特徵，每一重表徵的喚起是通過一個特殊的線索來實現的。

神經心理學家在另一個研究層次上（認知神經學）提出了多重記憶說。有的還利用先進的正電子發射 X 射線斷層照相術，以不同的推理邏輯論證了多重記憶說的觀點。

在對健忘症病人的研究中，斯夸爾 (L. R. Squire) 把記憶分為兩類：**陳述記憶** (declarative memory) 和**程序記憶** (procedural memory)。陳述記憶是唯一能進入意識中的可以覺察的記憶，而程序記憶只能通過記憶系統的操作來實現。另有一些神經心理學家把記憶分為**知覺表徵系統** (percetual representation systems，簡稱 PRS) 和**語意記憶系統** (semantic memory systems)，其核心與斯夸爾的觀點是一致的。斯夸爾的觀點代表著神經心理學家對此類記憶現象的看法，但對於陳述記憶與程序記憶的神經機制目前研究的還不多。一般說來，陳述記憶涉及腦邊緣系統的神經結構，它必須依賴大腦皮質及一些特殊腦區；而程序記憶中的啟動效應則可能是普遍存在於神經系統（包括脊髓）所有主要神經節中的一種特性。

多重記憶說能較好地解釋健忘症病人的記憶分離現象，因為各個記憶系統是獨立的，當陳述記憶系統受損傷時，程序記憶系統仍保持完好。對於正常人的記憶分離現象表現為，某變量只影響陳述記憶而不影響程序記憶、或某變量只影響程序記憶但不影響陳述記憶。

2. 加工說　解釋內隱記憶現象的另一種理論為加工說，**加工說** (processing view) 認為，記憶的實驗性分離現象反映了兩類測驗所要求的加工過程不同，並不說明記憶系統存在著在機能上相獨立的兩個不同的子系統。加工說是**適當傳輸加工** (transfer-appropriate processing) 的簡稱，它與多重記憶系統的觀點是對立的。

持此觀點的代表人物羅迪格 (Roediger, 1990) 提出**傳輸適當認知程序** (transfer-appropriate procedures approach) 的觀點，認為外顯記憶測驗

要求**概念驅動過程** (conceptually driven processing)。概念驅動過程要求有意義的加工、精細編碼和心理印象等加工過程，正是句子的精細編碼以及材料的有意義組織等因素，提高了直接測量（即外顯記憶測驗）的成績。因此，外顯記憶測驗要求概念驅動過程。與此相反，大多數內隱記憶的測驗非常依賴於學習時與測驗時的知覺過程的匹配程度。許多內隱記憶測驗幾乎是提取過去經驗中的知覺成分。因此，認為內隱記憶測驗要求**材料驅動過程** (data-driven processing)。所以，影響概念加工的各種變量對內隱記憶測驗就沒有影響，而行為特徵方面的變量對內隱記憶就會有很大影響；反過來也有這種分離。

布拉克斯頓 (Blaxton, 1989) 設計了一組構思新穎的實驗，發現實驗性分離現象有規律地依賴於加工方式，支持了加工説。有些研究者也獲得了同樣的結果。但沙克特最近在其系列研究中發現：某些線加工水平的變量對內隱記憶沒有影響，這與加工説不相符。

加工説從另一個側面成功地説明正常被試的兩類測驗間的實驗性分離現象。材料驅動測驗與概念驅動測驗各自所要求的認知過程不同，若測驗與學習的認知過程相匹配，則測驗成績就好；若不匹配，則測驗成績就差。這就會導致實驗性分離現象。但是，此觀點在對健忘症病人的實驗性分離現象進行解釋時卻不理想。對於健忘症病人有意識記憶效果差、而無意識記憶效果好的現象的解釋是，其概念驅動過程有障礙而材料驅動過程保持完好。但有些病人在那些要求概念驅動過程的無意識記憶中也表現出與正常人一樣的啟動效應。這就難以解釋了。

綜上所述，從某種意義上説，多重記憶系統説和加工水平説相輔相成，學術爭論推動了科學的發展，揭示內隱記憶機理的日子已為時不遠了。

第四節　內隱記憶的測驗方法

心理學家為了研究複雜的心理現象，曾經用過形形色色的測量方法，但歸納起來，不外乎兩種：一種是**直接測量** (direct measures)，另一種是**間接測量** (indirect measures)。

傳統的記憶測量，主要有再認和回憶兩種。再認是判斷當前的刺激物是否為被感知過的某種信息。回憶是要求如實再現以前感知過的信息。這些方法在指導語言方面卻是明確要求被試者有意指向，回想他經歷過的某事件，即具體發生在一定地方、時間的事件。這些方法測量的是被試關於該事件的知識，如學過的單字是否回憶起來。這些傳統的測量方法包括再認和回憶就是直接的測量方法。

近十年來，認知心理學家們正採用間接測量方法來研究記憶。與傳統方法不同，補筆或詞幹補筆在指導語方面不要求被試專注於眼前的任務，也不是被試關於過去發生的某次事件的具體知識，而是被試的一些永久性的不依賴於時間、地點的知識。這樣，根據指導語與測量的知識的不同，把詞幹補全等這類方法稱為間接測量方法。常見的間接測量方法還有知覺辨認法。

一、經典的測驗方法

羅迪格等人 (Roediger et al., 1993) 歸納了 13 種內隱記憶測驗的類型，包括：殘畫辨認，詞幹補筆，殘詞補全，詞彙決定，詞的確認，知覺辨認，同音詞拼寫，相關信息的自由聯想，新聯繫的完詞，偏好判斷，條件作用，習慣化，單詞提取，人臉辨識等。歸納起來，主要可分為詞幹補筆和知覺辨認二大類。

（一） 詞幹補筆

詞幹補筆 (word-stem completion) 是指被試學習一系列單字後，測驗時提供單字的頭三個字母，讓被試補寫其餘二或三個字母構成一個有意義的單字。例如 jui__填成 juice，補筆的另一種形式是**殘詞補全** (word-fragment completion)，是讓被試學習一系列單字後，把缺一些字母的缺筆字填上適當的字母成為有意義的單字 (如 a__a__in 填成 assassin, __ys__ry 填成 mystery 等等)。雖然詞幹補全測量的是一些永久性的知識，但這些知識的提取也依賴於實驗中發生的事件。

這裏以沃林頓和韋斯克朗茨 (Warrington & Weiskrantz, 1970) 對健忘症病人所作的實驗為例。他們取四名健忘症病人為實驗組，16 名沒有腦損傷的病人為控制組，兩組被試在學習單字後進行四項測驗。兩項為直接測

直接方法測驗

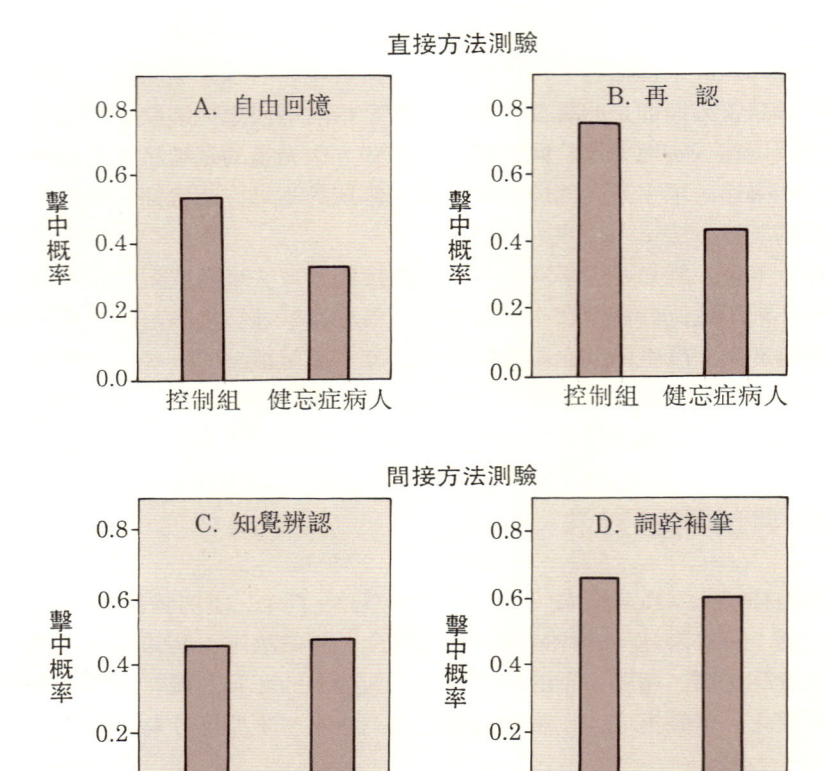

A. 自由回憶

B. 再　認

間接方法測驗

C. 知覺辨認

D. 詞幹補筆

圖 9-16　二種測驗方法的實驗結果
(採自 Warrington & Weiskrantz, 1970)

量：**自由回憶**和**再認**；兩項為間接測量：**詞幹補筆**和**模糊字辨認**。實驗結果見圖9-16。從圖上看見：(1) 圖 A 和圖 B 顯示，健忘症病人組在直接測量方法中成績都比控制組差，且具有統計學意義；(2) 圖 C 和圖 D 顯示，健忘症病人組在間接測量方法中成績與控制組相比，雖略有高低，但無統計學意義，這說明健忘症病人也能以一定方式保持語詞的信息。但是當時人們解釋為健忘症病人不能從短時記憶中把詞語信息傳到長時記憶中。然而，這種間接測量方法和直接測量方法的比較使用，顯示了方法學上的優越性。

(二) 知覺辨認

知覺辨認 (perceptual identification) 乃是在實驗中，被試首先學習一系列單字，然後要求他在速示條件下 (30 毫秒) 辨認學過的單字以及另外一些未學過的單字。通常的結果是，學過的單字辨認率顯著高於未學過的。在詞彙決策實驗中，被試首先學習系列單字，然後要求他對呈現的單字與無意義的字母串作出判斷。通常反應時間是因變量 (或依變項)。

模糊字辨認 (word fragment identification) 是指在測驗時呈現的單字的字母不大清楚，要求被試辨認是什麼字。將單字模糊呈現的方法有很多，其中有一種是利用幻燈機投射焦距變化，焦點未集中時，屏幕上的投射是模糊不清的，由此造成模糊字。

這裏以雅各比 (Jacoby, 1983) 對正常人的實驗為例。他讓被試在三種條件下學習反義詞。條件一為無上下文，被試看到"xxx——冷"而大聲說出"冷"字，這是要求被試加工："冷"字的字形。條件二為有上下文，被試看到"熱——冷"的目標字並大聲讀出"冷"字，這是要求被試加工冷字的意義。條件三為**產生** (generation) 條件，被試看到"熱——？？？"，而要求被試說出"冷"字，這是條件一和條件二的結合，卻要求被試既加工字形，也加工意義。三種條件下，被試的一半用直接測量方法測驗——即再認；另一半用間接測量方法測驗——即知覺辨認。實驗結果見圖 9-17。

從圖 9-17 上可以看到，用直接測量方法 (再認法) 來測量，結果顯示出：產生條件下擊中概率高，有上下關係條件次之，無上下關係最差。與此恰恰相反的是用間接測量方法 (知覺辨認) 來測量，三種實驗條件的結果顯示出：無上下關係條件下擊中概率最高，有上下關係條件次之，產生條件最差。這樣雅各比在正常被試身上作的實驗結果竟和沃林頓和韋斯克朗茨在病人身上作的實驗結果何等相似。由此可知，直接測量方法和間接測量方法所得的實驗結果正好相反。

雅各比通過運用知覺辨認和再認測驗的比較，發現了交叉雙重任務分離現象，這是在正常人身上用任務分離式發現的第一個交叉雙重分離現象。再認測驗中，產生條件擊中概率最高，有上下文條件次之，無上下文最差，這說明意義變量可促進再認測驗的成績。在知覺辨認測驗中，三種實驗條件的結果顯示出：無上下文關係條件下擊中概率最高，有上下文次之，產生條件

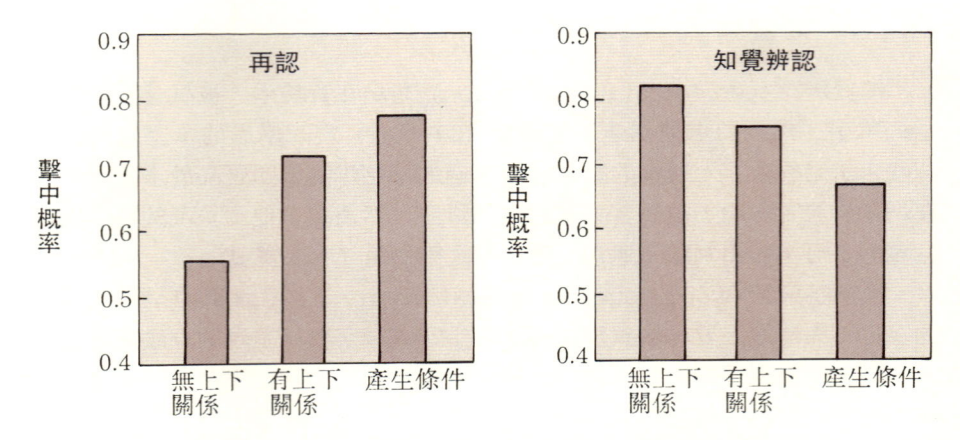

図 9-17 在三種實驗條件下再認和知覺辨認的擊中概率
(採自 Jacoby, 1983)

最差，這說明意義變量抑制了知覺辨認的成績。同一變量在兩類測驗中表現了不同的結果，說明這兩類測驗彼此不相同，可能是兩種底層過程（外顯和內隱記憶）作用的結果，也可能是兩種加工方式的差異造成的。

朱瀅等（1991）運用類似於殘詞補全測驗的方法，將漢字隨機删去若干筆畫，形成殘字。測驗時要求被試用首先想到的漢字，填出來，稱為補筆測驗，這種補筆實際上指殘詞補全，不包含詞幹補筆，例如：

隱 ——→ 陷
殘化為

補筆和知覺辨認是使用最廣泛的內隱記憶測驗方法。多重記憶系統說和遷移適當加工說都是在以比較內隱測驗和外顯測驗的基礎上，運用任務分離的範式，揭示兩種測驗表現出來的差異。前者認為內隱測驗觸及到的是一類不同於情節記憶、語義記憶的**知覺表徵系統**。正是由知覺表徵系統支持了內隱測驗，情節記憶或語義記憶支配了外顯測驗，才使得兩種測驗表現出功能上的分離，否則，兩種測驗就應該有相同的功能表現。這樣，如同再認測驗揭示記憶一樣，內隱測驗就是揭示新的記憶系統的方法，人們就稱之為任務比較方法學的技術。

任務比較方法學 (task-comparison methodology) 就是用不同的測驗任務來揭示同一自變量 (或自變項) 的不同作用。它的基本假設是，完成不同的測驗任務所需要提取的信息是不同的，因而參與的心理加工過程也不相同。這樣，用不同的測驗任務可以揭示不同的心理機能。如果同一自變量使不同測驗任務有不一致或類似結果，就可以據此推測完成這些不同測驗任務的心理狀態和過程之間有著差異或類似。

　　從方法學上分析，新的測驗方法引入實驗，常常會產生一些預想不到的結果，而這些結果可能會帶來新的觀點，特別是不同測驗產生相反結果的場合，情形更是如此。人們把不同測驗任務產生相反結果的情形稱為**實驗性分離** (experimental dissociation)，它是任務比較中最有意義的部分。圖爾溫曾對實驗性分離作了如下的描述：

> 符合實驗性分離邏輯的實驗是這樣的：控制單一的變量而比較在兩種不同的任務中變量的效應……，如果變量影響被試在一種任務中的操作，但不影響另一種任務的操作，或者變量對兩種任務的操作的影響有不同的方向，我們就說分離產生了。(Talving, 1985)

　　實驗性分離包括幾種類型的實驗設計：**單一的分離** (a single dissociation)，**非交叉雙重分離** (uncrossed double dissociation)，**交叉雙重分離** (crossed double dissociation) 和**雙向關聯** (reversed association)。單一的分離是指實驗中的一個自變量 (符號 V_1) 影響一測驗任務 (符號 A)，但不影響另一測驗任務 (符號 B)。上面我們介紹的沃林頓等人的實驗就是典型的單一的分離實驗設計。非交叉雙重分離指的是，實驗中有二個自變量，自變量 V_1 影響任務 A，但不影響任務 B；而自變量 V_2 影響任務 B，但不影響任務 A。交叉雙重分離指的是，實驗中一個自變量對兩個任務有相反的作用。雅各比的實驗就是典型的交叉雙重分離實驗設計。雙向關聯指的是，在同一實驗中，兩個任務的結果既是正相關的，又是負相關的。也就是說，超出了單向性的表現。

　　隨著科學研究的深入，人們使用越來越多的內隱記憶測量，或者探討新的記憶系統的特徵等，或者對功能上的任務分離進行更具體和細緻的客觀描述，在介紹了內隱記憶基本的二種方法之後，下面我們介紹近期發展起來的一些內隱記憶測驗。

二、非語詞信息的內隱測驗

傳輸適當加工說的支持者所做的工作多是選用語言材料，著重比較幾種典型的內隱記憶測驗的異同，考察出現的任務分離現象以及論證和發展加工理論的基本原則等。作為佐證，也有使用非語言材料的，如殘圖補全測驗用作殘詞補全測驗的參照，圖片優勢效應在內隱測驗中的變化等。

多重記憶系統的支持者一部分來自神經心理學家，另一部分來自認知心理學家，認知心理學家近期的工作重點在於運用非語言材料，考察內隱記憶測驗觸及的底層記憶系統以及非語言信息的啟動效應。這些非語言信息包括圖片、形狀和面孔等，對於非言語信息，又可分為熟悉和新異兩種。接下來分兩點介紹熟悉和不熟悉非言語信息的內隱測驗方法。

（一）熟悉的非言語信息的內隱測驗

這種類型的內隱記憶研究中，首先呈現圖片或線條畫給被試，這些圖片或線條畫都是熟悉的三維物體的二維特徵。或者是有生命，如狗和牛；或是無生命的，如桌子或汽車。內隱測驗時，要求被試識別知覺上已不完全的刺激，比如不完全的殘圖或簡短呈現的物體的圖片等非言語項目。為了考察圖片和詞之間的轉換問題，測驗時還輔以呈現殘詞或快速呈現的單詞等言語項目。下面舉殘圖範式來說明。

實驗時最初呈現的是最不完全的形式，接下來逐漸呈現稍微完好一點的圖片，直到被試能夠識別。在 1 小時或 2 週間隔後，呈現新、舊殘圖，結果表明：年齡越小的兒童比年齡大的和成年人在達到識別時，需要更多的嘗試，啟動效應用第二次呈現的識別成績與第一次呈現的識別成績的比例來表示。比例分析表明存在顯著的啟動效應，重要的是，在啟動效應的大小上沒有年齡效應。與啟動效應的結果相對照，在 yes／no 再認測驗上則有很大的年齡效應，從 3 歲到成人，外顯記憶穩定地增加，而啟動效應量在 1 小時和 2 週保持間隔之間出現了衰退，但每個年齡組在長時延遲後仍顯示出相當大的啟動效應。分析實驗的結果，年齡變量的控制導致了內隱測驗和外顯測驗的分離，外顯測驗上存在著年齡效應而內隱測驗則沒有。如果兩類測驗觸及的是同樣的記憶系統，那麼就應該表現出相同的結果而不是出現分離（dissociation），因此，實驗性分離支持著一種新的記憶形成——內隱記憶的存在。

（二） 新異非言語信息的內隱測驗

　　至今已有一系列研究考察過新異非言語信息的活動效應，所謂"新異"的含意是相對於上述"熟悉的"而言的，其意是非熟悉。這類研究使用的內隱記憶測驗在某種程度上類同於廣泛使用言語領域的識別、完詞和詞彙決定等作業。兩個近期的研究著重於點陣的啟動效應，在對嚴重健忘症病人的神經心理學研究中，使用的目標材料是 3×3 點陣中 5 點的空間排列，它是由 4 條絨線連接組成的特殊因素。在給健忘症病人和一組控制被試呈現一系列這種點陣之後，用"點完成"測驗來評估啟動效應，在這個測驗中呈現的是未被連接的 5 個點，要求被試用直線連接這 5 個點組成任意圖形，每個圖形都有許多可能的連法，主要是看被試是否傾向於把這些點連接起來構成他們曾經學過的圖形。結果健忘症病人組和控制組都有啟動效應，並且還觀察到啟動效應和外顯記憶的分離，在要求被試外顯地記憶前後啟動過的點陣的再認測驗中，健忘症病人的圖形啟動效應卻未受損壞。

　　點完成測驗（point construction test）是一種新型的內隱記憶測驗。健忘症病人再認成績為隨機水平，而啟動效應十分明顯，這直接證明了內隱記憶的存在。同時看到，被試編碼對象的特殊圖形點陣，在被試頭腦中不存在預存的表徵，結果仍然出現了啟動效應，即使在健忘症病人身上也有啟動效應。

　　非啟動信息內隱記憶測驗使用的另一種間接測量方法是物體決定任務，由沙克特及其同事（Schacter, Bowers & Booker, 1989）首先使用。在他們做的一系列實驗中，目標材料是新異的不熟悉的三維物體的兩維圖像。其中一半描繪的是結構上可能的物體，它們的表面和邊界連接起來可以以三維形式存在。另一半圖像與此相反，代表的是不可能的物體，它們的表面邊界或輪廓違反常規，使得它們不可能以三維形式存在，詳見圖 9-18。在物體決定測驗中，給被試快速呈現（100 毫秒）可能和不可能圖形，要求被試決定每個物體結構上是可能的還是不可能的，一半的被測物體是事先已學習過的，另一半是新的，主要的問題是新異物體的啟動效應是否能觀察到，亦即對可能與不可能物體的學習接觸是否會提高判斷正確率，用傳統的直接測量

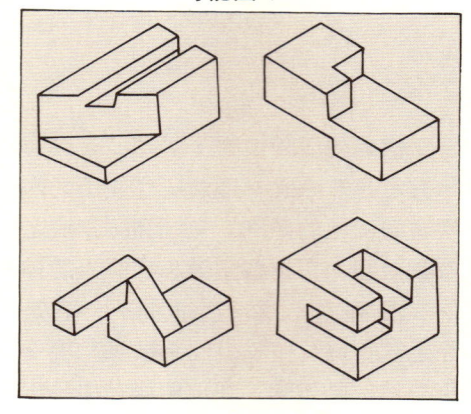

可能圖形　　　　　　　　　　　　不可能圖形

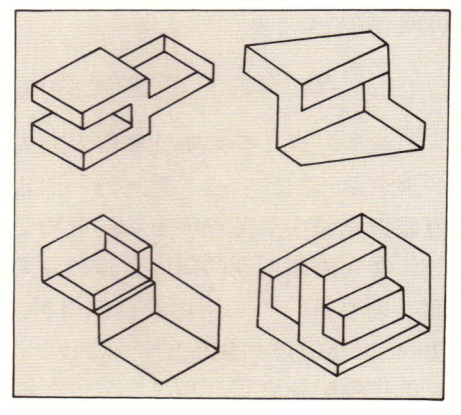

圖 9-18　非言語材料
(採自鍾毅平，1993)

方法之一（再認測量）評估外顯記憶。

　　在這個實驗中，先是學習任務，之後進行物體決定測驗，誘使被試按照物體的全三維結構信息進行編碼（要求被試指出每一個物體是朝左還是朝右的），結果出現了啟動效應。相反，學習時要求被試按照物體的局部特徵編碼（指出每一物體的水平線多還是垂直線多），則未觀察到啟動效應。

　　這裏，我們看到，運用**隨機獨立性法則**(law of stochastic independence) 判定外顯記憶和內隱記憶（啟動效應）的獨立性是多重記憶系統説的支持者們常用的方法；隨機獨立性的存在是支持知覺表徵系統假設的。隨機獨立性法則來自於概率論關於相互獨立隨機事件的規定，若事件 A 與 B 滿足 $P(AB) = P(A) \cdot P(B)$，則稱 A 和 B 相互獨立。該規定又是在乘法原則的基礎上建立的。後者對 A 事件或 B 事件的要求是兩事件依次進行才可能由始點到達終點，單獨進行 A 事件或 B 事件就不能完成任務，因此，這就要求被試要經歷內隱測驗和外顯測驗，亦即測量（任務）變量應該是組內變量。如果定義 $P(A) P(B)$ 為簡單概率、$P(A \cdot B)$ 為聯合概率的話，則簡單概率指內隱測驗或外顯測驗的正確率（或擊中概率），聯合概率是兩類測驗同時正確的項目與總測驗項目的比例（朱瀅等，1993）。

　　在左／右（即上例中要求被試指出某一物體是朝左還是朝右）情景中，

兩類測驗的簡單概率之積與聯合概率無顯著差異，因此，內隱記憶與外顯記憶是相互獨立的。

繼這類實驗之後，除了繼續使用隨機獨立性法則證明兩類測驗的獨立性外，研究的重點在於形成滿足提取意識性標準的任務分離。實驗者操縱加工深度變量與左／右編碼作業的成績。這是情理之中的，外顯測驗中有顯著的加工水平的效應已為眾多實驗證實。但是，令人吃驚的是精細編碼作業之後在內隱測驗中未觀察到任何啟動效應。也就是說，隨著加工水平的增加，啟動效應下降至隨機水平，任務分離出來了。加工深度（編碼水平）變量的操縱導致在再認測驗（外顯記憶）和物體命名測驗（內隱記憶）中表現出不同的結果，前者出現加工水平的效應，而後者則沒有。

前面已介紹了詞幹補筆、殘詞補全、知覺辨認、詞彙決定、詞的確認、殘圖識別、點完成、物體決定等內隱記憶測驗，這些方法的名稱反映了它們的特點，它們在對記憶現象的揭示中，各顯神通，表現了一定的生命力。

三、內隱學習的測驗方法

內隱記憶側重於知識的提取，內隱記憶測驗指向的都是記憶的提取過程。指導語也是測驗開始前給出的。在編碼階段，給出的指導語目的只是在於控制實驗變量以形成分離而不是形成兩種測驗類型。內隱學習則不同，雖然有人認為內隱學習是內隱研究領域之一，但內隱學習範式與內隱記憶範式是有差別的，內隱學習更著重於知識的獲得和編碼，其指導語針對的是被試的學習方式，因此，內隱學習的測驗方法與外顯測驗基本上是相同的，兩類學習的差別只是在於被試以何種策略去編碼知識。

這裡舉一例來說明，在研究內隱學習特徵的實驗中（楊治良、葉閣蔚，1993），學習階段要求外顯與內隱被試無意識或有意識地尋找相片分類的規律。此實驗選取二個維度：一個為正側維度，定義為具有顯著特徵的維度，被試很容易通過觀察相片的排列找出該維度的規則；另一個是容貌維度，定義為具有非顯著性質特徵的維度，極少有被試發現該維度及其規則。具體做法是：選取 50 張人物相片，根據明顯的和不明顯的兩個維度把相片分成 4 類，每類相片有 4 張，練習和測驗相片由共同的底層規則支配，在學習時，要求外顯被試努力尋找相片分類的規則，對內隱被試只要求他（她）們

	醜	美
側	I	II
正	III	IV

把相片正確歸類。兩類被試進行相同的測驗，要求被試對每張（共 16 張）相片作 4 次回答。第一判斷選擇的組號表示非常確信相片屬於哪一類，第二判斷表示如果第一判斷失誤，該相片還可能屬於哪一類，第三、四判斷依此類推。經過相同的測驗後，不同的學習方式（內隱和外顯）的學習效果有很大的差別，結果出現了內隱學習效應，並且發現了內隱知識和內隱學習的高選擇力，高潛力和高密度貯存三大特徵。

　　此一通過對內隱學習測驗方法的分析，不難看到內隱學習的研究如果要與內隱記憶的任務分離範式聯繫起來的話，內隱學習範式符合提取意識性標準的要求，只是任務指導語出現的位置不同罷了，內隱記憶出現在學習後，測驗前；內隱學習再現在學習前。

本 章 實 驗

一、短時記憶

（一）目的：

1. 測定短時記憶的廣度；
2. 測定再認能力；
3. 學習回憶法和再認法。

(二) 材料：

1. 記憶鼓，節拍器，數字盤：5～13 位數字各三組。

2. 圖形卡片四套：每套 10 張，其中第三套和第四套卡片上的圖形相似。

(三) 程序：

第一部分：用回憶法測定數字的記憶廣度

1. 主試和被試共同學習使用記憶鼓。實驗開始時，被試坐在記憶鼓前的適當位置，要能清晰地看見記憶鼓的顯示部分。

2. 主試先呈現 5 位數字，每個數字呈現時間為 1 秒鐘，呈現完畢，被試須立刻把呈現過的數字按原來順序背誦出來。主試用數字表核對，並記下"對"或"錯"。

3. 用上述方法呈現其它二組 5 位數字。如果在三組 5 位數字中，答對兩組以上就算通過。

4. 按 **2**、**3** 的方法，再用 6 位、7 位、8 位等數字組進行實驗，直到某種長度的數字系列有兩次不能通過時為止。

第二部分：用再認法檢查短時記憶的結果

1. 檢查對兩套差別較大的圖形的再認：

(1) 主試把第一套 10 張卡片按每張 1 秒的速度呈現給被試者一遍。

(2) 主試把第一套和第二套圖形卡片摻和在一起，然後把摻和了的 20 張圖形卡片，仍按每張 1 秒的呈現速度依次呈現給被試看。要求被試對每張圖形看後立即報告這張圖形剛才是否看過，並記下答案"舊"或"新"。

2. 檢查對兩套差別較小的圖形的再認：

(1) 把第三套 10 張圖形卡片按每張 1 秒的速度呈現給被試看一遍。

(2) 主試把第三套和第四套圖形卡片混合起來，按上述 (1)、(2) 的方法進行實驗。

(四) 結果：

1. 統計被試的數字記憶廣度（即最後通過的數字系列的長度）。
2. 按下列公式分別計算對圖形的保持量：

$$保持量 = \frac{認對的項目 - 認錯的項目}{原識記的項目 + 新的項目} \times 100\%$$

上式中，"認對"包括：對原識記過的圖形反應"舊"，對新圖形反應"新"。"認錯"包括：對原識記的圖形反應"新"，對新圖形反應"舊"。

(五) 討論：

1. 根據本實驗的結果，分析說明短時記憶的特點。
2. 記憶材料的相似程度對再認有哪些影響？

本實驗記錄用紙：

記憶廣度實驗記憶用紙

數字位數	第一次呈現	第二次呈現	第三次呈現
5			
6			
7			
8			
9			
10			
11			
12			
13			

＊記下"對"或"錯"

對材料再認結果記憶用紙

回答"舊"或"新" 材料呈現序	材料名稱	混合第一套和第二套圖形卡片	混合第三套和第四套圖形卡片	備用
1				
2				
3				
4				
5				
6				
7				
8				
9				
10				
11				
12				
13				
14				
15				
16				
17				
18				
19				
20				

二、長時記憶

（一）目的：比較有意義和無意義材料對識記和保持的影響；學習提示法和重學法。

（二）材料：

1. 節拍器、馬錶、或記憶鼓。
2. 詞－數字 10 組，分寫在 10 張卡片上；
   無意義音節－數字 10 組，也分寫在 10 張卡片上。

（三）程序：

第一部分：用提示法識記對偶材料

1. 識記"漢詞－數字"卡片 10 張

（1）主試按每張卡片 2 秒的呈現速度，把 10 張卡片依次向被試呈現一遍，並要被試記住卡片上的詞對。

（2）主試第二遍呈現卡片時，先呈現漢字，要求被試說出對應的數字。如被試說對了，就在記錄表上記下符號"√"，否則記下符號"×"。但不論被試能否說出，或說的正確與否，經 3 秒即呈現有關的字對。10 個字對依次以同法呈現。

（3）隨機地改變 10 個字對的呈現順序，再按上述第二遍的方法繼續做下去，直到被試能對每一字對看著漢字把對應的數字連續兩遍無誤的背出來為止。

（4）記下這次實驗結束時的時間。

2. 識記"無意義音節－數字"卡片 10 張。實驗進行的方法同上。

第二部分：用重學法檢查保持量。

1. 檢查"漢詞－數字"的記憶保持量：

（1）記下這次開始實驗時的時間，並註明與第一次實驗結束時的間隔時間。

（2）一開始就用提示法進行再學習，直至達到原來識記的標準，即連續兩遍無誤為止。記下第二次達到原標準的學習遍數。

2. 檢查"無意義音節－數字"的記憶保持量：

（1）這次實驗開始時的時間與第一次實驗結束時的間隔時間，要與再學"漢詞－數字"的實驗相同。

（2）實驗進行的方法同第一部分的, 1、(3)。

（四）結果：

1. 分別整理兩種材料初學時達到學會標準所需學習的遍數，和每遍記住材料的百分數，用表和圖比較識記兩種材料的進度。

2. 分別整理兩種材料在重學後達到學會標準所需學習遍數，和每遍記住材料的百分數，分別計算對兩種材料的保持量。計算公式如下：

$$保持量 = \frac{初學遍數 - 再學遍數}{初學遍數} \times 100\%$$

(五) 討論：

1. 根據本實驗結果說明不同材料對識記和保持的影響。

2. 如何用回憶法檢查對偶材料的識記速度和保持量？比較提示法、重學法和回憶法的異同。

長時記憶實驗記憶用紙 (一)

	遍數	1	2	3	4	5	6	7	8	9	10	11	12	13	14	15	16
數字－數字材料	初學習 1																
	2																
	3																
	4																
	5																
	6																
	7																
	8																
	9																
	10																
	Σ																
	再學習 1																
	2																
	3																
	4																
	5																
	6																
	7																
	8																
	9																
	10																
	Σ																

長時記憶實驗記憶用紙（二）

遍數			1	2	3	4	5	6	7	8	9	10	11	12	13	14	15	16
無意義音節－數字材料	初學習	1																
		2																
		3																
		4																
		5																
		6																
		7																
		8																
		9																
		10																
		Σ																
	再學習	1																
		2																
		3																
		4																
		5																
		6																
		7																
		8																
		9																
		10																
		Σ																

本 章 摘 要

1. 自從艾賓浩斯在 1885 年發表他的實驗報告後，記憶就成為心理學中實驗研究最多領域之一。50 年代出現的**信息加工理論**（或**訊息處理論**），把記憶看作是信息的輸入、編碼、儲存和提取的過程。因而按儲存的時間將記憶分為：**瞬時記憶**（或**感官記憶**）、**短時記憶**和**長時記憶**。

2. 近年來一些新觀點對傳統看法提出挑戰，越來越多的證據揭示，在有意義的外顯記憶之外，還存在著一個相對獨立的記憶系統，即**內隱記憶**。

3. 記憶研究成果和研究方法是息息相關的。記憶研究的自變量，必須具備**定性和定量**二個條件。
4. **記憶實驗**中可選用的材料是很多的。這些材料概括起來有兩大類：**言語材料和非言語材料**。
5. **回憶法**又稱**再現法**，是研究記憶的主要方法之一。它是當原來識記材料不在面前時，要被試再現出原識記材料的方法。回憶法又可分為**系列回憶法**，**對偶回憶法**和**自由回憶法**三種。
6. **再認法**乃是檢查記憶保持量的方法。它是把識記過的材料（稱舊材料）和未識記過的材料（稱新材料）混合在一起，要求被試把兩種材料區別開來。回憶和再認兩種方法構成了傳統記憶研究的二種最基本的方法。
7. 斯佩林針對傳統的短時記憶方法的某些不足，設計了部分報告法，將研究的觸角伸進感覺記憶的領域。開創了與以往不同的局面。
8. **內隱記憶**主要來自五個不同但又相互交叉的研究領域：再學時的節省、閾下編碼刺激的作用、無意識學習、重複啟動效應以及健忘症病人的殘餘學習。
9. **詞幹補筆**和**知覺辨認**是使用最廣泛的內隱記憶測驗。**多重記憶系統說**和**傳輸適當加工說**都是在比較內隱測驗和外顯測驗的基礎上，運用任務分離的範式，揭示兩種測驗表現出來的差異。
10. **任務比較方法**乃是用不同的測驗任務來揭示同一自變量的不同的作用。它的基本假設是：完成不同的測驗任務所需要提取的信息是不同的，因而涉及到的心理機能也不相同。這樣用不同的測驗任務可以揭示不同的心理機能。
11. 內隱記憶側重於知識的提取，而內隱記憶測驗指向的都是記憶的提取過程。指導語也是在測驗開始前給出。內隱學習則不同，內隱學習更加側重於知識的獲得和編碼，其指導語則是針對被試的學習方式。內隱和外顯兩類學習的差別只在於被試以何種策略去編碼知識。

建議參考資料

1. 王甦、朱瀅等 (1993)：當代心理學研究。北京市：北京大學出版社，37～67頁。
2. 吳敏、楊治良 (1994)：試論內隱記憶的性質和理論解釋。心理學動態，2卷1期。
3. 張春興 (1989)：張氏心理學辭典。台北市：台灣東華書局 (繁體字版)。上海市：辭書出版社 (1992) (簡體字版)。
4. 楊治良 (1990)：實驗心理學。上海市：華東師範大學出版社。
5. 彭聃齡，張必隱 (1997)：認知心理學。台北市：東華書局。
6. 楊治良、葉閣蔚 (1993)：內隱學習"三高"特徵的實驗研究。心理科學，16卷3期。
7. Greenwald, A. G. & Banaji, M. R. (1995). Implicit social cognition: Attitudes, self-esteem, and stereotypes. *Psychological Review*, Vol. 102, No.1, 4～27.
8. Merikle, P. M. & Reingold, E. M. (1991). Comparing direct (explicit) and indirect (implicit) measures to study unconscious memory, *Jounnal of Experimental Psychology*, 17 (2), 224～233.
9. Schacter. D. (1987). Implicit memory: history and current status, *Jounal of Experimental Psychology*, 13 (3), 501～518.
10. Tulving, E. (1983). *Elements of episodic memroy*. New York: Oxford Univ.

第十章

情緒的實驗研究

本章內容細目

第一節 情緒實驗研究概述
一、情緒實驗研究的傳統方法 521
　㈠ 印象法
　㈡ 表現法
二、情緒實驗研究的變量 522
　㈠ 認知變量
　㈡ 行為變量
　㈢ 生理變量

第二節 情緒的生理指標
一、皮膚電反應 532
二、循環系統的指標 534
　㈠ 脈　搏
　㈡ 血管容積
　㈢ 血　壓
三、呼　吸 537
四、語圖分析法 539
五、腦電波 540
六、生化指標 541
七、指標的綜合使用 543

第三節 表情研究方法
一、表情研究的理論根據 545
二、面部表情的早期研究 546
　㈠ 面部表情的直線量表

　㈡ 面部表情的圓形量表
　㈢ 面部表情的三維模式圖
　㈣ 表情判斷的早期方法
三、面部表情的現代測量技術 552
　㈠ 面部動作編碼系統
　㈡ 兩個測量系統

第四節 主觀體驗測量方法
一、形容詞檢表 558
　㈠ 心境形容詞檢表
　㈡ 情緒-心境測查量表
二、維量等級量表和分化情緒量表 564
　㈠ 維量等級量表
　㈡ 分化情緒量表
三、應用性情緒量表 567

本章實驗
一、廣告悅目測定 570
二、情緒對動作穩定的影響 572

本章摘要

建議參考資料

傳統心理學把情緒列為心理現象的三大方面之一。情緒也是心理學理論體系中一個不可缺少的研究環節。

情緒 (emotion) 是體驗，又是反應；是衝動，又是行為；它是有機體的一種複合狀態。情緒的表現有和緩的和激動的，細微的和強烈的，輕鬆的和緊張的等諸多形式，廣泛地同其它心理過程相聯繫。

自古以來，科學家們十分注意探討情緒之奧妙，但與情緒的重要性不相適應的是，長期以來情緒研究一直是心理學尤其是實驗心理學研究中的一個薄弱環節。造成這一現象的最主要原因是情緒所特有的複雜性以及由此衍生出來的情緒研究方法學上的困難。

情緒研究的第一個困難是因為它發生在特定的情境中，具有外部的行為表現，同時又伴隨有內部的生理變化。情緒與環境、認知和行為存在著複雜的相互作用，它在有機體生理和心理的多種水平上廣泛地同其它心理過程相聯繫。當人們使用"情緒"一詞時，可以是指完整意義上的情緒，也可以是指它的某一側面。而研究者在具體從事研究工作時，其工作範圍往往只能是情緒的某一局部。這樣，不同研究者之間在出發點、研究方向、所用方法以及所得結果乃至結論上存在著種種差異，這就造成了情緒研究和情緒理論建設中的特殊困難。難怪有人誇張地說，除了心理學家之外，人人都知道情緒是什麼，然而心理學家卻不能準確地描述它。

情緒研究的另一個困難是：在嚴格的實驗情境中引起的情緒帶有明顯的人為性質，難以為科學研究提供正確的依據；而在複雜現實情境中的觀察則又太籠統，難以進行定量分析。一個典型的例子是，在森林中知覺到一頭老虎能引起恐懼，但在動物園裏知覺到關在籠子裏的老虎就不產生恐懼了。在實驗室情境中，由於被試知道這是一項實驗，本來在現實中會引起某種反應的情緒刺激，這時可能引不起或者只引起強度較低的反應，甚至可能改變其性質而成為另一種反應。

值得欣慰的是，所有這些困難都沒有阻止情緒研究的發展。尤其是在過去的二十多年中，心理學的這一重要領域在研究方法和理論建設上都有了質的變化。據此，在本章的寫作旨在於回答以下五個問題：

1. 舉例說明情緒研究中的幾種變量。
2. 情緒的生理指標有哪些。

3. 面部表情的現代測量技術有哪些。
4. 為什麼主觀測量方法在情緒研究中占有重要地位。
5. 什麼叫形容詞檢表，它有哪幾種。

第一節　情緒實驗研究概述

在情緒研究中，伊扎德 (Izard, 1980) 總結了過去情緒研究中的問題，並提出了情緒研究的一些主要因素，其中最為突出的是情緒的多維量性和多成分性，這就決定了在研究方法上不能把它規定為單一變量的現實。本節正是從這個原則出發，討論情緒的研究方法和實驗變量。

一、情緒實驗研究的傳統方法

傳統心理學研究情緒的基本方法可概括為兩種：印象法和表現法。

（一）印象法

印象法 (impression method) 乃是通過談話或問答來了解被試的情緒體驗。其典型方法是：給被試一個情緒刺激，然後要求被試報告他的內部體驗。例如，給被試聽一段音樂，然後讓他報告是否產生了情緒體驗，是愉快的還是不愉快的，這些體驗是何時以及怎樣發生的，強度如何等等。早期的實驗心理學家試圖用印象法來得到對內省情緒體驗的系統描述。例如馮特 (Wilhelm Wundt, 1832～1920) 曾在印象法的基礎上，提出了情緒的三維體系：愉快──厭惡；興奮──抑鬱；緊張──輕鬆。現代情緒心理學家在使用印象法時還採用了問卷方式。例如伊扎德 (Izard, 1972, 1974, 1977) 以分化情緒理論為基礎，建立了分別適用於兒童、青少年和成人的**分化情緒量表**。

現代的**問卷法** (questionnaire method) 在一定程度上還可以對此進行量化，這是它的**優點**，也是其他方法所不能替代的。印象法的主要缺點是：

(1) 帶有較多的主觀色彩；(2) 在某種程度上說，從不同被試得到的有關情緒體驗的內省報告在比較時發生困難，例如，實驗者很難判斷一個被試所說的情緒形容詞，非等於另一個被試所說的形容詞；(3) 情緒在內省時會趨於消散，回憶時情緒又會降低強度。因此，在情緒研究中印象法一般不宜單獨使用，需同時配以其他方法或指標。

(二) 表現法

情緒過程既有內部體驗又伴有一定的生理變化和外部行為，因此，可以將有機體的生理和行為變化作為情緒的指標加以測量和記錄，這就是**表現法**(expression method)。表現法的主要優點是比較客觀。早期研究者所關注的重點儘管不是情緒的生理過程和行為表現，但他們在情緒研究中仍然採用了表現法。他們在記錄皮膚電反應、呼吸、脈搏和血壓變化的儀器上作出了很多創造性努力。隨著科學技術的發展，今天的研究者已經可以使用各種電子儀器，以各種方法測量並記錄伴隨情緒而發生的生理變化，例如呼吸、心跳、血管收縮、皮膚電反應、心電、腦電等等。與此同時，他們也可以採用照相、錄像（或錄影）等方法記錄表情動作等行為變化，並藉助計算機對測量結果進行處理，以達到對情緒比較客觀的測量。

但表現法也遇到不少困難，由於伴隨情緒的生理變化本身並不等同於情緒，從嚴格的意義上說，對生理變化的測量只是對有機體"喚醒"水平的測量。至於表情，也能測量，也有人類的共同規律，但有時離開了具體背景，就很難判斷（見圖 10-13）。

情緒研究者一般認為，比較適宜的做法是兩者並用，既用表現法取得對情緒的客觀記錄，又用印象法記錄被試的主觀體驗。在情緒狀態發生時，有機體產生各種不同的變化。對情緒反應的各種表現，實驗心理學研究較多的是：(1) 情緒的生理變化（第二節將討論）；(2) 情緒的表情動作（第三節將討論）；(3) 情緒的主觀體驗（第四節將討論）。

二、情緒實驗研究的變量

一般而言，心理過程愈複雜，則它對方法上的要求就愈高，對變量的控制也愈嚴格。從現有的情緒研究中，我們可以歸納出兩種基本的情緒研究策略：(1) 根據一系列已知的情緒反應尋找引起這種反應的各種刺激；(2) 選擇一種具體的刺激模式作用於有機體，確定所導致的情緒變化。前一類研究通常屬於準實驗研究，後一類研究則是真正的實驗研究。

由於情緒實驗條件中所涉及的變量極其繁雜，在所有這些變量中要嚴格地區分出固定的自變量、因變量和控制變量是比較困難的，因為所有可操縱的潛在變量在一個具體的情緒實驗中究竟擔任什麼角色，取決於該實驗的目的。因此，在敘述情緒研究中的變量時，將採用另一種分類方法，即把變量分為認知變量、行為變量和生理變量，下面我們分別予以討論。

(一) 認知變量

情緒實驗中的認知變量 (cognitive variable) 包括情境變量、由實驗者操縱的對情境或其他情緒刺激的認知解釋、以及被試的自我報告。它們有些屬於自變量，有些則屬於因變量。

1. 情境變量 情境變量(或情境變項) (situational variable) 指一種外部的、非物理和生理性的情緒刺激，它通常由一個事件以及事件發生的環境所構成。情境變量一般作為自變量，它需要通過認知才能產生作用。在大多數實驗中，它與其他自變量共同發揮作用，或與其它因素共同構成一個自變量。

情境變量是情緒研究中應用較多的一種自變量。除了沙赫特 (Schachter)、瓦林斯和拉扎勒斯的工作外，其它的情緒研究也頻繁地使用情緒作為一種情緒刺激。例如在**情感移入** (empathy) 研究中，克雷格和洛厄里等人 (Craig & Lowery et al., 1969) 的實驗均使用了情境變量。他們的基本方法是讓被試觀看一個人 (通常是實驗助手) 正處在危險情境中，或者正在遭受電擊 (通常是虛假的)，這些情境佈置得非常逼真，使被試不自覺地作出相應的情緒反應。

情境變量作為一種變量，尤其是作為自變量時，就需要對其進行操縱或控制，情緒研究中操縱情境變量的具體方法有：(1) 讓被試直接處在某個情境中，例如戰場上，飛行跳傘現場等；(2) 被試並不直接處在某個情境中，但讓他 (她) 觀看一個實際發生的情景，內容可以是悅目的人像，也可以是緊張性電影等；(3) 控制認知所依據的因素，如期望等。

所有這些方法，一般都要求對被試隱瞞真實實驗目的。由於情境刺激通常由多種因素複合而成，實驗者對情境刺激中可能影響被試認知或情緒反應的種種因素事先應詳加考慮，並謹慎地予以控制，否則極易發生"污染"實驗結果。

2. 認知解釋　認知解釋 (cognitive explanation) 是指由實驗者操縱的對情境或其他情緒刺激的認知解釋。它可以單獨構成一種自變量。根據特定實驗的需要，這種認知解釋可以是真實的，也可以是虛假的。

例如在沙赫特 (Schachter, 1962) 的一個實驗中，將被試分為三組。第一組，告知腎上腺素的效果。即向被試說明注射藥劑後將產生長達 20 分鐘的副作用，對這些副作用的描述與注射腎上腺素後產生的主觀體驗相同。第二組，不告知腎上腺素的效果。注射時告訴被試，藥劑是溫和無害的，而且沒有任何副作用。第三組，歪曲腎上腺素的效果。告訴被試注射藥劑後將產生雙腳麻木、發癢和頭痛等現象，這與腎上腺素的真實效果完全不同。通過這三種不同的認知解釋，就可從一側面了解認知解釋在情緒中的作用。

3. 自我報告　由於情緒是一種體驗，因而運用自我報告也就是理所當然了。早期的**自我報告** (self report)，一般是由被試報告其情緒體驗，近來的研究雖然仍然保留了這一方法，但更多的是以情緒量表或問卷的形式出現。情緒自我報告量表可分作二大類，一類是**情緒狀態量表** (Emotional State Scale)，一類是**情緒特質量表** (Emotional Trait Scale)。前一類測量被試的情緒體驗，在實驗中用作因變量；後一類情緒量表測量的是被試的一般情緒反應傾向，即情緒特質，是常用作輔助手段選擇或操縱被試變量的。我們知道，被試變量可以是自變量，也可以是因變量。

從形式上區分，情緒量表的形式主要有三種：

形式之一：情緒體驗的直接提問，如"你感覺怎樣？"或"你是否感到＿＿＿？"。例如費希伯奇和洛 (Feshbach & Roe, 1968) 的感情移入問卷即取這種形式。費希伯奇和洛的這套問卷由一組幻燈片、解說詞 (作為情緒刺激) 和問題"How do you feel？"組成。主試逐字記錄被試的內省報告，然後根據被試共鳴性情感與預定引起的情感的吻合程度進行評分。

形式之二：列出描述情緒狀態的若干形容詞，由被試找出符合其當前情緒狀態的形容詞，例如**形容詞核對表** (Adjective Check List，簡稱 ACL) 就被廣泛用作心境測量的工具。

形式之三：運用現成的**等級評定量表** (rating scale)。量表的通常形式是列出若干種基本情緒，然後由被試按其情緒體驗在一個五點或七點量表上進行等級評定。如果所提問題是"你是否經常感到＿＿？"，則量表又可作情緒特質測量之用。例如艾波斯坦 (Epstein, 1972) 用以測量成人情感移入傾向的問卷和伊扎德的**分化情緒量表** (DES) 均取這種形式。在情緒等級量表上列出的，可以是情緒名稱，如愉快、憤怒、恐懼等，也可以是對各種情緒體驗的具體描述，或者是列出各種典型的情緒行為（見表 10-1）。

表 10-1　分化情緒量表情緒分類詞

興　趣	注意的 集中的 警覺的	厭　惡	不喜歡的 厭惡的 惡心的
愉　快	高興的 幸福的 快樂的	輕　蔑	輕蔑的 鄙視的 嘲弄的
驚　奇	驚奇的 驚愕的 大吃一驚的	恐　懼	驚嚇的 害怕的 恐懼的
痛　苦	沮喪的 悲傷的 消沉的	害　羞	忸怩的 害羞的 羞愧的
憤　怒	激怒的 生氣的 狂怒的	內　疚	悔悟的 自罪的 該受責備的

(採自 Izard, 1977)

儘管自我報告在情緒測量中存在著明顯的弊端，但由於它具有其它方法所不具備的優點，因此在各類情緒研究中仍被廣泛使用，而且是最具有心理學特色的方法。這些，我們在第四節中還將給予討論。

（二）行為變量

行為變量 (behavioral variable) 在多數情況下是動物情緒研究和人類情緒研究中常用的因變量，它通常是指情緒行為（明顯的反應模式和顯著的行為)。在少數情況下,行為變量也可能是自變量。例如前運動對後動作的影響,這是因果關係。再如二種行為的相關,像反應時和正確率的權衡。顯然,動物研究和人類情緒研究中所使用的行為變量存在很大區別。在動物情緒的研究中,行為變量可以分為二類。

第一類是典型的情緒行為,所謂測量也就是對典型情緒行為的直接描述和記錄。例如,對貓而言,**驚慄和衝撞表示恐懼,甩尾、弓腰、嗥叫、瞋目表示狂怒**,等等。在動物**情緒性** (emotionality) 的測量中,排尿和排便是最常用的指標。這種簡單的描述方法有時也可以發展成頗為複雜的系統。例如布雷迪和諾達 (Brady & Nauta, 1953) 曾提出了情緒性的六種成分,它包括反抗觸摸、叫聲、驚跳、逃跑、遺尿、遺便,並以此為基礎建立了評定量表。

第二類主要來自**條件性情緒反應** (conditional emotional response) 和**迴避反應** (abient response) 的研究技術。簡單地說,這種技術就是當某一自變量影響了某些正在進行中的操作時,實驗者間接地記錄下這個刺激產生的情緒影響。**積極迴避反應** (positive abient response) 是在信號刺激出現時作出的一種反應以避免某種即將出現的厭惡刺激。**消極迴避反應** (negative abient response) 可解釋為經過學習靠不作出任何反應而避免某種厭惡刺激。在這種技術中,測量的直接行為指標通常是動物的**完成行為** (consummatory behavior),即某種操作性行為。根據實驗安排的不同,具體測量的完成行為可以有很大差異。例如,它可以是動物接近食物的潛伏期和攝食(水)量;可以是在特定跑道上的奔跑速度;甚至可以是明度辨別任務。一種典型的方法叫做**曠場反應** (open field reaction),又稱**戶外行為** (open field behavior),它常被心理學家用作測量動物活動量和情緒性的指標。劉素珍 (1995) 發現:在突然的高強度噪音條件下,大鼠出現恐懼 (phobia) 的行為反應,動物在曠場反應中,爬格子數,由控制組的 32.9 格降至恐懼症組的 16.1 格。圖 10-1 為曠場反應格子圖。這些技術在自變量及因變量的設置和測量上有獨到之處。

行為變量在人類情緒研究中也常用作因變量。除了對外顯行為的直接描述外,還可採用照相、錄像(影)等手段,或者用專門的符號系統記錄被試的動作和身體姿勢,並藉助計算機進行分析。人類情緒研究中的行為變量還細分為三類。

圖 10-1　曠場反應格子圖
(採自劉素珍，1995)

1. 情緒性行為　情緒性行為 (emotional behavior) 是在特定情緒狀態下的典型情緒性行為。由於沒有一種單一的行為可以充分而必要地指向一種特定情緒 (Lewis, 1982)。例如哭泣通常代表悲傷，但也有可能是因為憤怒，甚至是快樂。因此，作為因變量測量的應該是特定情境中具有內在聯繫的反應模式，而不是某種單一的行為。

2. 情緒表現　情緒表現 (emotional expression) 是指個體在情緒狀態時，在生理上、心理上以及外顯行為上的一切變化或活動，包括身段表情、面部表情和言語表情。身段表情包括頭面部、軀體和四肢的姿勢、位置、運動方向、速度以及幅度。人類的身體姿勢不僅是一種重要的人際交往信號，而且在社會情境中常常表徵著某種情緒。有關表情的研究，特別是面部表情的研究，我們在第三節將有專門的討論。

3. 完成行為　完成行為 (或完結活動) (consummatory act) 即將被試作了一連串預備反應後，最終完成某項作業的情況以此作為因變量。這一變量在研究情緒的影響時經常採用。例如我國心理學工作者在研究情緒狀態對幼兒認知操作的影響時，就使用了這種因變量 (孟昭蘭，1985)。

行為變量在使用時，首先應注意具體情境，即同一行為在不同情境中可以代表不同的情緒；其次，還應注意文化差異，不同文化背景（譬如不同民族）的人在情緒的行為表現上存在一定的差異；第三，應注意個體差異，不同的個體在行為強度上可以有很大區別。這些原則在情緒實驗中尤為重要。

(三) 生理變量

生理變量（physiological variable）包含的內容極為廣泛。首先，我們可以把它分成兩類：自變量的生理變量和作為因變量的生理變量。

生理變量作為自變量使用時，其方法和技術大部分直接來源於生理心理學的研究方法。最普通的方法有損傷法、電刺激法和化學刺激法。

1. 損傷法 損傷法（injury method）即損傷神經系統的某些部位，或者切斷神經系統的某些部分之間的聯繫。這種損傷可以局限在神經系統的某一部分或整個斷面，也可能是切除腦的某些部位。

有關情緒中樞機制的大量動物實驗研究使用了這種自變量。例如，巴倫奈（Barenne, 1920）的經典研究就是切除動物皮質而使丘腦和下丘腦保持完好；克里弗（Kluver, 1937, 1938, 1939）對動物顳葉中的海馬、杏仁核、梨狀區及額、顳皮層進行損傷；布雷迪（Brady, 1953, 1955, 1958, 1960）的系列研究是損傷動物腦的隔區；富爾頓（Fulton, 1951）切除猴和黑猩猩的額葉，損傷法對情緒機制和傳導通路的探索都不失為一種好方法。

但科學的損傷法也存在著問題：首先是技術上的困難，即如何將皮層或皮層下系統區分為明確的區域，以及如何確定一個特定損傷或切除的位置和範圍；其次是機能定位問題，涉及中樞神經系統的情緒研究都以機能定位為前提，但事實上很難確定它的確切含義，這就會導致自變量的某種混淆。再次，由於倫理上的考慮，這種自變量顯然只能局限於動物被試，對於人類被試中只可尋找病理個案進行分析；但對病理個案進行分析時這種方法顯然已不再是實驗了，而是名符其實的個案分析法。

2. 電刺激法 電刺激法（method of electrical stimulation）乃是通過多種技術手段，達到電流刺激被試者中樞神經系統某些部位的目的。對動物被試，電刺激可直接針對腦部進行。腦部電刺激的最著名工作是由奧爾茲和米爾納（Olds & Milner, 1954）完成的，他們在最初工作的基礎上還進

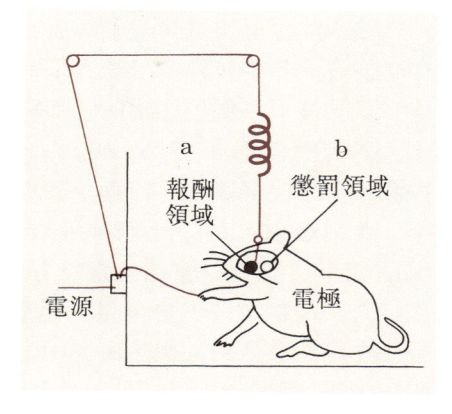

A 實驗的照片　　　　　　　　B 實驗的模式圖
圖 10-2　老鼠自我刺激實驗
(採自 Olds, 1958)

一步發現了電極的位置、電信號的頻率和強度與刺激效應間的關係。圖 10-2 是奧爾茲 (Olds, 1958) 所做的老鼠自我刺激的實驗。A 是實驗的照片，B 是實驗的模式圖。

奧爾茲用如圖 10-2B 所示的斯肯納箱進行實驗。在老鼠的腦子裏裝入電極，老鼠只要一按作為開關用的槓桿，電路就接通，裝有電極的腦部位就會受到微弱的電刺激。老鼠經過一定時間的學習，就學會通過按壓槓桿來控制電流對腦的刺激，即建立操作性條件反應。實驗表明，如果在鼠腦的某些部位裝入電極 (如圖 B 鼠腦中的 a 點)，老鼠會無休止地、連續按壓槓桿以進行自我刺激，如果在鼠腦的另一些部位裝入電極 (如圖 B 鼠腦中的 b 點)，老鼠則會在按壓一、二次槓桿後，就不再按壓槓桿以避免刺激。

那些能引起老鼠連續按壓槓桿的腦的部位在受刺激時給老鼠帶來快感，因此就被稱為"快樂"中樞或"獎勵"中樞，它包括從大腦腹側的嗅腦到腦幹的很多部位。在這些部位裝入電極，特別是在下丘腦的視索前核、前部、腹內核等處裝入電極的話，老鼠甚至可以以每小時 8000 次的頻率連續按壓槓桿以進行自我刺激，直至精疲力盡進入睡眠狀態為止。那些不能引起老鼠按壓槓桿的部位在受到刺激時給老鼠帶來痛苦，因此就被稱為"痛苦"中樞或"懲罰"中樞，如中腦的內側及其附近部位等等。

德爾加德 (Delgado, 1970) 敘述了這一領域內一個重要技術的發展，這就是用無線電波對腦進行刺激，同時遙控記錄大腦的活動。實驗心理學工作者從這一基本技術中已建立了兩種基本研究策略：(1) 用貓、猴、黑猩猩作被試，發現一個程序化的腦部電刺激可以改變其行為；(2) 對大腦顳葉障礙人實行**雙向交流** (two way's communication)，通過對腦電活動的連續監測，可以視察腦電活動與行為的關係。

電刺激也可針對**外周神經**(或周圍神經系統)(peripheral nervous system) 進行，這就是常用的電擊方法。在動物實驗中，電擊經常與其它因素相結合共同構成一個自變量，用來引起某種情緒狀態（通常是焦慮）。這種方法在條件性情緒反應的研究中常用。例如布雷迪 (Brady, 1970) 在實驗中使被限制的猴子每隔 20 秒鐘受到一次電擊，但是，如果猴子按動一個特設的槓桿就可以使電擊推遲 20 秒。這一自變量引起了猴子持續的焦慮。在人類情緒研究中有時也用到這種自變量，例如，楊治良等 (1979)，曾用不同強度的安全電流，刺激腓腸神經 (sural nerve)，產生不同的痛情緒。

3. 化學刺激法 化學刺激法 (method of chemical stimulation) 一般也是以動物作被試，實驗者可以使藥物直接作用於被試的中樞神經，這是情緒生理研究中的一項新技術。在大部分情況中，這個過程對機能的影響是暫時的，不會產生永久性的組織損害，因此，它在闡述中樞神經系統與行為的一段關係是有效的。化學刺激所使用的藥物一般是某種激素，如甲酰膽鹼(其作用類似於副交感神經系統的活動)、阿托品（與腎上腺素效果類似）以及某種神經化學介質，如去甲腎上腺素、五羥色胺（存在於聯繫下丘腦和邊緣系統的神經軸突的末端，並且在中樞神經系統中起著遞質的作用）和麥角酸二乙基酰胺。化學刺激的一項新技術是在動物顱內植入一根套管，這樣可以將少量的化學藥品直接注入大腦皮層表面，從而影響皮層的機能活動。

使用化學刺激作為自變量所存在的問題是：(1) 難以精確確定藥物在腦內擴散的範圍和速度；(2) 藥物發生作用的方式尚不明確，例如它可能直接影響行為而不是通過情緒影響行為；(3) 不同種類動物對藥物的反應可能存在差異；(4) 缺乏有關的、可供比較的控制條件。其中前二個問題可能引起自變量的混淆，而後二個問題則使我們對實驗資料的解釋發生困難。儘管如此，化學刺激法仍然是情緒研究的重要方法之一。

化學刺激法也可通過注射等方式直接作用於整個有機體。藥物的作用通常是使有機體處於一種激活或喚醒狀態，如前面介紹過的沙赫特和辛格的著名實驗。某些藥物可直接影響情緒狀態，例如在精神病臨床治療中常用的抗抑鬱藥物和抗躁狂藥物，此外，其他藥物，如抗高血壓藥物利血平對情緒也可產生抑制性作用。與此相反，體育運動中形形色色的興奮劑，則是運用科學成果達到不可告人的目的，這是為大家所唾棄的。

綜上所說，作為自變量（或自變項）的生理變量一般通過直接作用於生理喚醒狀態或作用於生理喚醒機制中的某個環節而影響情緒狀態。但是，單一的生理刺激本身並不必然能引起情緒反應（尤其是在人類實驗中），因此在作為自變量使用時，生理變量需要同其它變量，在人類被試中通常是與認知變量共同發揮作用。

作為因變量的生理變量（包括生理測量和生化測量），可以作為情緒狀態或情緒反應的測量指標，即用作情緒研究中的因變量。下一節我們將進行詳細討論。

第二節　情緒的生理指標

上一節我們講到，情緒有內心體驗和外部行為表現，同時也有其生理機制。由於自主神經系統的活動，當有機體處於某種情緒狀態時，其內部會發生一系列的生理變化，測量這些變化的指標就是**生理指標** (physiological index)。人們可能會認為自主神經系統的外周變化即生理指標的變化將有規律地表現出符合於各種情緒的不同模式，但是，大量的研究表明，除了少數外，生理指標的測量並未為特定的情緒提供明確的模式。例如，加拿大生理學家謝爾耶 (Selye, 1974) 的研究認為，不管引起緊張是由於生理的或心理的原因，也不管緊張是與愉快或不愉快有關，緊張的生化反應是一樣的。相反，這種測量所提供的只是關於有機體所處的特定喚醒水平的信息。在測量有機體喚醒水平時，我們能夠採用的生理指標有幾十種，但其中只有一部分與情緒有較大的關係，下面我們介紹最為常用的生理指標。

一、皮膚電反應

皮膚電反應是較早應用的生理指標。**皮膚電反應**(或膚電反應)(galvanic skin response，簡稱 GSR)最早的名稱是**心理電反射**(psychogalvanic reflex)，它是由費里 (Fere, 1888) 和泰赫諾夫 (Tarchanoff, 1890) 發現的。費里將兩個電極接到前臂上，並把它同弱電源和一個電流計串聯。他發現當用光或聲音刺激時，皮膚表面的電阻降低，電流增加。當時，用這種方法所測量的皮膚電反應稱為**費里效應**(Fere effect)。傳統的膚電反應測量方法以電阻為定量單位，最通用的電路是惠斯通電橋，使用時可以調節有刻度的電阻器到零點，來抵消未知的電阻，然後從電阻器上讀出被試的電阻。費里的方法能夠測量皮膚電的絕對水平及其變化，而且比較可靠，因此近代的這類儀器都應用這種原理。目前，電路中加入精密放大電路，創造出高水平的皮膚電反射儀。

費里和泰赫諾夫發現的現象依賴於同一基本生理過程，即由自主神經活動引起的皮膚內血管的收縮或舒張，以及受交感神經節前纖維支配的汗腺活動變化。應該注意的是，皮膚電反應所反映的是汗腺分泌反應，而不同於出汗量。

影響皮膚電基礎水平的主要因素有三個：

1. 覺醒水平 在正常溫度範圍內，手掌和足掌特別能反映**喚醒水平**，因此這二個區域是測量皮膚電反應的適宜部位。有證據表明，睡眠時皮膚電水平較低，但一旦覺醒，它就會很快升高 (Farmer et al., 1925；Freeman et al., 1935)。在催眠條件下，皮膚電水平也傾向於降低 (Davis et al., 1935)。瓦勒 (Waller, 1919) 和威克斯勒 (Wechsler, 1925) 的研究表明，皮膚電水平在早晨較低，到中午達到頂點，而在晚上又降低，其變化似乎對應於一天內工作效率的變化。

2. 溫度 身體皮膚電主要反映身體的溫度調節機制。因此，當氣溫很高，身體需要散熱時，皮膚因出汗電水平就高；而氣溫較低，身體需要保存熱量時，皮膚電水平就低。人的手掌和足掌也參與溫度調節，但主要是在極端的氣溫情況下才參與。

3. 活動 當被試正準備著某項任務時，皮膚電水平會逐漸上升；開始從事某一活動時，皮膚電水平將相應地升高到一個較高水平；而在休息時皮膚電水平降低。如果長時間從事某項難度不大的工作，皮膚電水平會緩慢地下降，但對難度較大的工作，這種變化就不明顯。

許多心理現象與皮膚電水平有密切關係，情緒反應會引起皮膚電水平的急劇變化。韋克斯勒 (Wechsler, 1925) 和塞茲 (Syz, 1926) 的研究表明，帶有情緒色彩的詞能引起皮膚電反應，而重複刺激則能降低這種反應 (見表 10-2)。

表 10-2 情緒詞引起的皮膚電反應 (GSR)

刺 激	表現 GSR 變化的被試百分數 第一次聽見	第二次聽見	報告有情緒體驗的百分數
被試的名字	84	68	36
被試的姓	74	40	28
接 吻	72	40	34
芳華虛度	48	20	4
未付的帳單	36	24	2
欺 騙	28	22	10
母 親	26	12	30
笨 蛋	18	24	0

(採自 Wechsler & Syz, 1925, 1926)

愉快和不愉快的情緒刺激也能引起不同的皮膚電反應。戴星格 (Dysinger, 1931) 曾用能引起愉快感受的詞 (如：親愛的、休假)、引起不愉快感受的詞 (如：嘔吐、自殺) 和無關的詞 (如：筐子、作用) 作為情緒刺激進行實驗。與無關刺激相比，愉快和不愉快刺激均能引起皮膚電反應提高；而不愉快刺激引起的皮膚電反應更為明顯。參見表 10-3。

蘭笛斯和亨特 (Landis & Hunt, 1935) 的實驗是向被試呈現各種刺激物以試圖引起懼怕、歡樂、性喚起、愉快和不愉快以及其他一些情緒狀態，並要求被試報告自己的主觀體驗。表 10-4 是實驗結果。從表上可見到，不同的主觀狀態，引起不同的皮膚電反應。而且從反應值上看，其差異也是很大的。其後，許多實驗心理學家作過皮膚電反應的研究，他們的結果是一致

表 10-3　愉快和不愉快對皮膚電反應 (GSR) 的影響

刺激的作用	GSR (假定單位)
最愉快	129
愉快	98
無關	79
不愉快	101
最不愉快	147

(採自 Dysinger, 1931)

表 10-4　不同主觀狀態時的皮膚電反應

報告的主觀狀態	平均 GSR (假定單位)
緊張	1248
驚恐、驚異、懼怕	846
混亂	740
歡樂	514
預期	401
抑制、不確定	319
不愉快	260
努力	169
愉快	105

(採自 Landis et al., 1935)

的，即：皮膚電反應可以作為情緒的生理指標。

二、循環系統的指標

自主神經系統不僅控制著皮膚電反應，而且也控制著循環系統活動。因此，循環系統活動的指標也可以成為情緒測量指標。經常用到的指標是：脈搏、血管容積和血壓。

(一) 脈　搏

循環系統的動力來源是心臟跳動。可用幾種不同的方式測量心臟活動，最直接的方式是記錄心跳，另一種方式是記錄脈搏率。因為心臟每一次收縮都發出一個"波浪"，通過動脈，所產生的脈搏可以直接感覺到，也可以藉助脈搏描記器加以記錄。脈搏率是情緒反應的良好生理指標之一。人們在日常生活中都有這樣的體會，滿意或愉快時，心跳正常；而處於緊張、恐懼或暴怒狀態時，心跳就加速。伍德和霍根森 (Wood & Hokanson, 1965) 曾用脈搏率作緊張的指標，研究**操作 (或作業)** (performance) 和激動水平的關係。實驗用握力計來誘發緊張，亦即被試者的緊張程度隨握力計壓力的增加而加強。從圖 10-3 的右圖上可見，心率就是作為緊張度的指標。操作曲線呈倒 V 字型。圖中實線表示心率，虛線表示操作或作業成績。隨著心率的不斷增加，操作水平亦隨之提高；但到一定程度之後，心率的增加反使操作水平下降。在這個著名的實驗中，脈搏率就是情緒反應的生理指標。圖中縱軸操作效率單位為假定單位，心率單位為與正常水平相比較之差，橫軸為激動緊張水平。

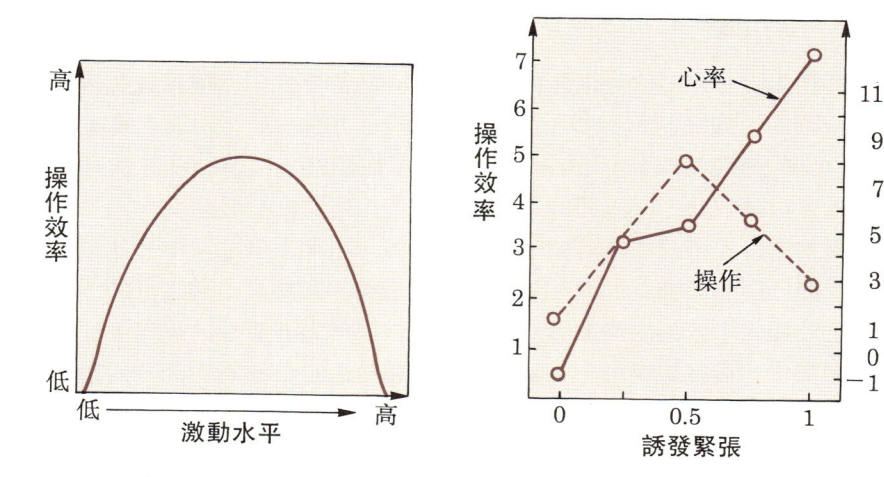

圖 10-3　操作和激動水平的關係
(採自 Wood & Hokanson, 1965)

(二) 血管容積

血管容積的變化是由自主神經系統控制動脈壁平滑肌收縮和舒張所造成的，由局部血管收縮和舒張引起的。一些實驗研究清楚地表明，人的某些情緒狀態如緊張的腦力工作、生氣、害怕、新異刺激等，都可以引起皮膚血管的收縮，這是由升壓中樞的作用引起的。這種情緒刺激引起的反射作用使動脈壓升高，從而使更多的血液進入腦中。當人感到為難或羞恥時，由於降壓中樞的反射作用，會引起皮膚血管的舒張，更多的血液進入表面，從而表現出面紅耳赤等情況。

北京大學心理系等 (1973) 曾研究了在緊張害怕以及痛刺激作用時的血管容積反應的特點 (註 10-1)。他們的研究表明，緊張害怕與致痛刺激所引起的血管容積反應均表現為明顯的收縮，但兩者在動態過程上存在一定的差異：緊張害怕引起的血管容積振幅縮小、比較恆定，而且反應延續期較長；一般痛刺激作用下的血管容積振幅縮小、比較波動，且反應持續時間短。這兩種情況所引起的血管容積反應，經過仔細的工作，可以找到它們之間的區別點。

(三) 血 壓

血壓變化與血管容積變化是相關聯的，它們都反映了循環系統的活動情況有著相近的生理機制。早期，司各特 (Scott, 1930) 做了一著名實驗，曾以 100 名醫學院二年級學生為被試，研究了血壓變化與情緒狀態的關係。他採用的方法是放映三段不同的影片，第一段內容是關於愛情的，第二段表現主角受到虐待，第三段描寫城市被地震毀滅，主角處於危險中。他希望這三段影片能分別引起被試的性、憤怒和恐懼情緒。實驗是單獨進行的，在各段影片之間插入十分鐘的無關影片，主試在被試們觀看影片的過程中記錄他們的血壓變化。實驗結束後，主試要求被試報告出自己觀看影片時的情緒體驗。從內省報告看，預期會產生憤怒和恐懼等情緒反應的影片，效果不夠理想，但引起性情緒的影片是成功的。圖 10-4 為觀看三段影片時收縮壓的變化情況，由圖中可見，第一段影片 (關於愛情的內容) 引起的血壓變化十

註 10-1：關於血管容積描記的方法有以下四種：(1) 直接描記法；(2) 水銀電阻描記法；(3) 身體阻抗描記法；(4) 用光電描記法估計皮膚中血流量和血管容積的方法。

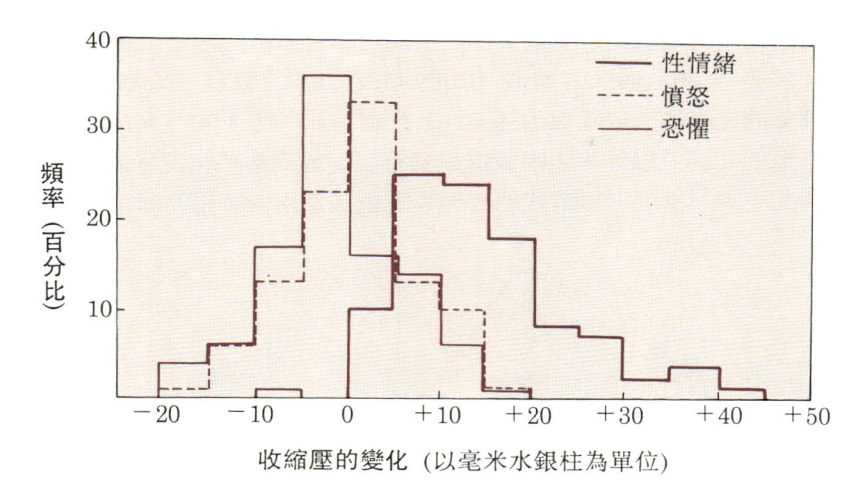

圖 10-4　觀看三段影片所引起的血壓變化
性情緒影片引起血壓變化明顯，其它二段影片不明顯
(採自 Scott, 1930)

分明顯，粗線均處於圖的右側，100 名被試中有 88 名明顯變化。縱軸表示反應分配頻率，單位為百分率。

三、呼　吸

在情緒狀態時，呼吸系統的活動在速度和深度上會有所改變。對劇痛的情緒反應往往會使呼吸加深加快；突然驚恐時，呼吸會發生臨時中斷；狂喜或者悲痛時，會有呼吸痙攣現象發生。當人體受到某種刺激時，呼吸反應的"I"值可大於正常，表現為呼氣相縮短，呼吸頻率加快；"I"值也可以小於正常，表現為呼氣相延長，出現憋氣的情況。測量呼吸的方法一般有三種：

1. 吸氣呼氣比率法　吸氣呼氣比率法 (method of inspiration-exspiration) 是測量呼吸的一種方法，它通過吸氣和呼氣的時間之比求得，即求出 I/E 值，其中 I 是吸氣的時間，E 是呼氣的時間。有些研究者在測量 I 或 E 時略去停頓的時間，另一些人又把它們包括進去，使用不同的計算方法會產生不同的結果。心理學家斯特林 (Storring, 1906) 在研究吸呼時間比率的改變與情緒的關係時發現，歡笑者吸氣慢呼氣快，呼吸的比率低，約為 0.30。瑞沃耳特等 (Rehwoldt, 1911) 發現，人在恐懼時，吸氣和呼氣的比率從一般狀態的 0.70 上升到 3.00 或 4.00，人在吃驚時，吸氣是呼氣的二到三倍等等。呼吸描記器可以記錄到這些情況。圖 10-5 為呼吸週期的記錄。從圖上可清楚地看到呼吸包括着兩個時相，即吸入和呼出。

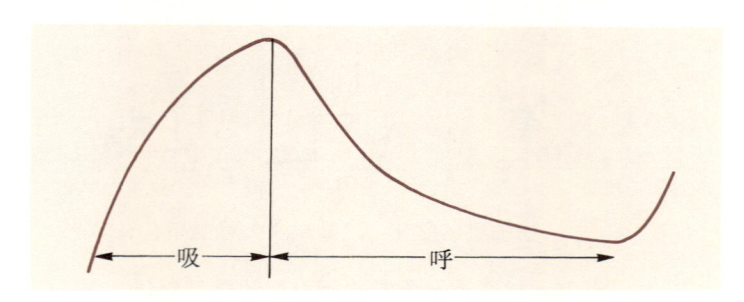

圖 10-5　呼吸曲線的週期
(採自 Woodworth et al., 1955)

2. I 分數法　I 分數法 (I-fraction) 又稱吸氣相對時間表示法 (method of relative duration of inspiration and exspiration)，它是以整個呼吸週期的時間來除吸氣的時間而得到的，它表示吸氣所占時間的比例。因為吸氣通常是呼吸周期中積極的肌肉活動時期，所以 I 分數表示著供應空氣到底要花多少時間。根據佛斯勒 (Fossler) 早期的研究，在說話時所有被試的平均分數是 0.163，範圍在 0.090 到 0.258 之間。這是說，我們在說話時，為了供應所需要的氧氣而平均失去了六分之一的說話時間。在平常安靜地呼吸時，I 分數為 0.4～0.45，約占呼吸總時間的一半。

3. 次數法　次數法 (frequency method) 因呼吸的頻率和深度變化一樣，同樣也反映情緒的喚醒水平。例如，在一般平靜狀態下呼吸頻率為每分鐘 16～20 次，非激動情緒下呼吸率變化不大，然而在憤怒和驚恐情緒下，呼吸頻率可增至每分鐘 40～60 次 (見圖 10-6)。

但是，呼吸次數和情緒狀態的關係也十分複雜。例如，暫時的注意狀態常常需要呼吸的部分或全部抑制 (射手在精確瞄準時常常摒住呼吸)；而突然的刺激會使呼吸"摒息"。所以，呼吸作為一項生理指標，並不是簡單地表示情緒特異性。這裏也使我們看到情緒研究的複雜性。

1. 高興──每分鐘 17 次；

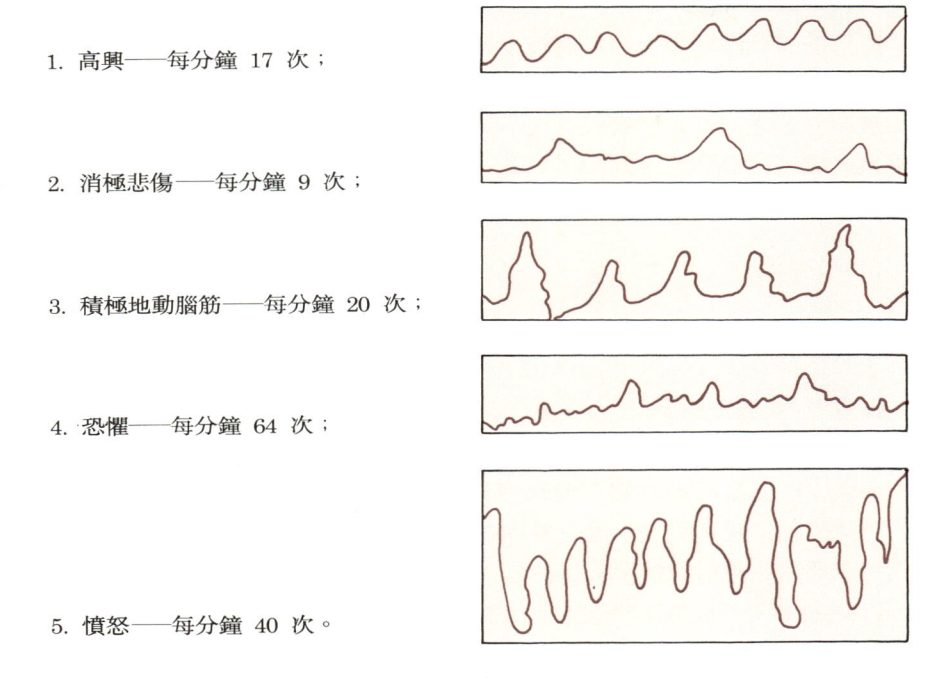

2. 消極悲傷──每分鐘 9 次；

3. 積極地動腦筋──每分鐘 20 次；

4. 恐懼──每分鐘 64 次；

5. 憤怒──每分鐘 40 次。

圖 10-6　各種情緒狀態下的呼吸描記圖
(採自曹日昌，1979)

四、語圖分析法

語圖分析法 (method of language pictorial analysis) 是新近發展起來的一種情緒分析指標。它是藉助於語圖儀中的**聲音應激分析器** (sound stress analysis apparatus) 來實現的。聲音應激分析器可以測量出人耳所不能直接聽到的語音的某些變化。它所以具有這種作用，是由於人的發音器官(包括聲帶)在氣流通過時，因氣流對發聲管道的碰撞而發出輕微的顫動。人處於緊張情緒狀態時，發音器官的正常顫動被抑制。在使用該儀器記錄人的語聲時，其記錄曲線的描記速度比正常錄音慢四倍，並以聲音圖像顯示出來。

聲音應激分析器也用於測謊。它的優點在於：人說話時，其發音的顫動不能人為地隨意加以控制。多導生理記錄儀的描記，由於機體的某種運動，例如肌肉的隨意性緊張，有可能被干擾而影響描述的準確性；而聲音應激分析器的效應則沒有這個缺點。聲音應激分析器的另一個優點在於，記錄時儀器與被記錄者之間不必用導線聯接，只要通過收音或者錄音，再通過該儀器的轉換，就可以得到聲音圖像。目前，儀器市場上的語圖儀和聲音應激分析器，已成為動態記錄聲音反應的理想儀器。(可參見第七章中有關語圖儀的介紹。)

五、腦電波

腦電波(或腦波) (brain wave) 又稱腦電圖 (electroencephalogram，簡稱 EEG) 有多種類型，如 α 波 (alpha wave)、β 波 (beta wave) 和 δ 波 (delta wave) 等，它同心理狀態有極為密切的聯繫。腦電波型主要與頻率有關。

在情緒發生變化時，不僅有外周的變化，而且也會有中樞的變化，所以我們可以通過腦電活動的變化來測定中樞的變化。因此，利用腦電記錄技術就可以測定出在一定情緒狀態下所引起的大腦不同部位電位差的變化。這種研究方法主要用在研究下丘腦、丘腦與皮層的相互關係的比較中，據以推論人的情緒狀態。

根據目前對腦電波的研究，人們初步探知，在強烈的情緒狀態下，人的腦電波活動與正常狀態下腦電波活動不同。此時，α 波消失，腦電波振幅降低。在焦慮狀態下枕葉的 α 波消失，腦電波振幅降低；此外，在額葉區、運動區、顳葉區的腦電波振幅都較正常狀態時小。在疼痛刺激時，腦電圖上會出現 α 波阻斷或不完全抑制的現象，並且快波增多；疼痛減輕時，快波逐漸減少，同時 α 波也開始恢復。近年來，國內外常用腦電圖檢查精神病等疾病，例如，儘管腦電圖檢查對老年性癡呆診斷的異常率存在不同看法，但所見腦電圖改變是基本接近的，即認為腦電圖改變為一般老年期特點的加重。綜覽近期文獻，張明島 (1991) 曾歸納出以下諸點：(1) α 波頻率明顯減慢，指數減少，甚至每秒 8 次以下，其中優勢 α 波慢波化為最重要的特徵；(2) α 波波幅偏低，以枕葉明顯；(3) 出現瀰漫性低波幅 θ 波和 δ 波活動；(4) 嚴重進展性的病例中甚至快波完全消失；(5) 對聲光刺激的反應降低或消失；(6) 腦電圖結果與癡呆程度有近似的關係。貝克 (Beck,

1991）認為老年性癡呆腦電圖雖尚未概括出特異指標，但腦電圖對不同性質癡呆的診斷及鑒別是有臨床價值的。

六、生化指標

生化指標（index of physiological chemistry）即在情緒狀態時，生化系統、中樞神經介質也發生一系列變化。許淑蓮等（1979）曾以病房配血時病員血漿 11－羥皮質類固醇含量為基礎，與入手術室後進行比較，變化值（以絕對值和變化百分率計算）和入手術室情緒狀態的關係見表 10-5。從表上可見，入手術室後血漿 11－羥皮質類固醇含量較病房配血時普遍有所增加，但鎮靜組患者增加較少，緊張組患者增加較多，其差異達顯著性水平。可見，血漿 11－羥皮質類固醇含量可作為情緒的生化指標之一。

表 10-5　11-羥皮質類固醇變化和情緒狀態的關係

情緒狀態	例數	皮質激素變化值（平均數±標準誤）微克/100毫升	變化百分率 $\left(\dfrac{入室後含量}{配血時含量}\times 100\%\right)$	與鎮靜組比較 t	p
鎮靜	19	＋5.5±1.5	153.3%	—	—
一般	12	＋10.9±2.1	215.7%	2.3739	<0.05
緊張	16	＋10.3±1.3	209%	2.0896	<0.05

（採自許淑蓮等，1979）

多數研究表明，在情緒緊張狀態下，體內神經化學物質的分泌量或排出量的變化可作為情緒研究的客觀指標。例如，湯慈美等（1985）對運動員比賽和訓練前後尿內腎上腺素和去甲腎上腺素的排出量作為指標，並以所得部分分析結果來說明神經化學物質測定和情緒的關係，從而認定神經生物化學測定，可作為情緒研究的方法之一。由於體力活動和情緒緊張均可引起腎上腺素和去甲腎上腺素分泌量的增加，因此，尿內兒茶酚胺的排出量可以作為測定的客觀指標。研究結果表明，男子組與女子組雖稍有差別，但均顯示比賽後腎上腺素和去甲腎上腺素的排出量較比賽前有顯著的增長。同時在比較了比賽後和訓練後的測定後發現，在比賽和訓練處於同等體力活動量的情況下，腎上腺素和去甲腎上腺素的排出量也有不同。結果為，訓練後比比賽前所測定的排出量雖有增長，但與比賽後相比，排出量要小。這似乎證明腎上腺素和去甲腎上腺素排出量的增加，可以作為情緒緊張的客觀指標。參見圖 10-7。

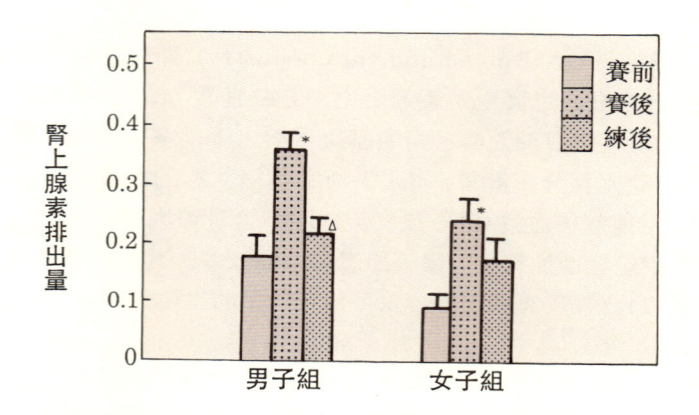

圖 10-7a　賽前、賽後及訓練後尿內腎上腺素的排出量
＊與賽前比 $p<0.05$；△與賽後比 $p<0.05$
(採自湯慈美，1985)

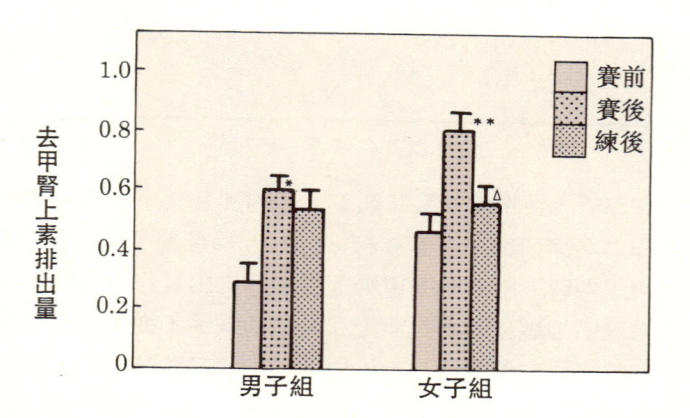

圖 10-7b　賽前、賽後及訓練後尿內去甲腎上腺素的排出量
＊與賽前比 $p<0.05$，＊＊與賽前比 $p<0.01$；
△與賽後比 $p<0.05$。

(採自湯慈美，1985)

七、指標的綜合使用

以上雖然介紹了不少生理生化指標，但遠遠沒有窮盡。例如重要的生理生化指標還有：眨眼、瞳孔反應、皮膚溫度、血糖、血液的化學成分（如血氧含量）、外部腺體（淚腺、汗腺）、內分泌功能（如腎上腺素、胰島素、抗尿激素）、肌電、肌肉（如表情肌）等等。心理學家和生理學家在長期的實踐中發現，所有這些指標都可以不同程度地反映出有機體的喚醒水平和活動情況，但是，單一的指標在使用時存在著很大缺陷。

許淑蓮等（1979）在研究針刺激麻醉原理時，對皮電、血壓等生理指標進行了研究，結果見表 10-6。從表中我們可以看到，血壓、脈搏率、自發皮電三者與情緒狀態的關係均不顯著；而脈幅波動和呼吸波動則與情緒狀態有顯著關係，即鎮靜者呼吸比較均勻，脈搏比較平穩。如果將脈幅波動、呼吸波動和自發皮電三項綜合指標與情緒狀態相比較，則兩者有極顯著的關係（$p<0.001$）。這說明在測量情緒狀態時，採用多項生理指標綜合使用具有很大優點。

由於對生理指標的綜合使用的需要，形形色色的多項生理記錄儀應運而生。典型的**多項生理記錄儀**（Polygraph）一般包括心率、血壓、呼吸和皮膚電的測定（見圖 10-8）。

多項生理指標的綜合使用也給心理學應用帶來廣闊前景。多項生理記錄

表 10-6 臨床觀察情緒狀態和生理波動的關係

生理指標	病例人數	波動人數	和情緒狀態關係 t	和情緒狀態關係 p
1. 血壓	64	35	4.353	$p>0.05$
2. 脈搏率	66	22	5.487	$p>0.05$
3. 自發皮電	49	25	6.948	$p>0.05$
4. 脈幅波動	50	26	9.890	$p>0.05$
5. 呼吸波動	51	35	16.508	$p>0.01$
6. 皮電、脈搏、呼吸綜合	51	35	23.068	$p>0.001$

（採自許淑蓮等，1979）

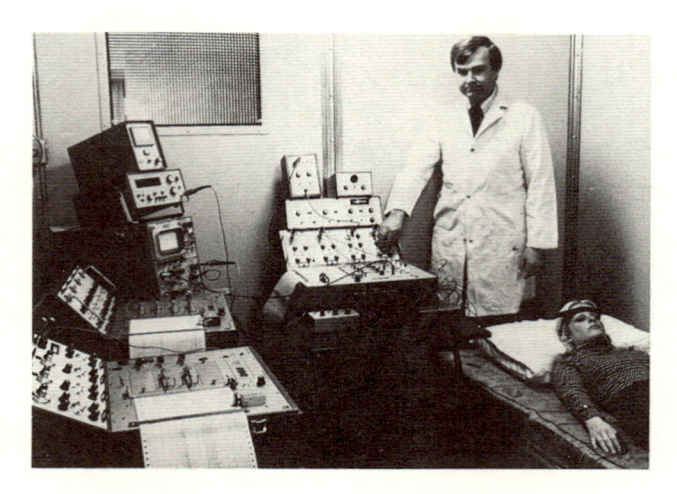

圖 10-8　正在用多項生理記錄儀做測定
(採自 Lafayette Co., 1992)

儀的另一個名稱叫測謊儀，正說明了這一點。心理學上測謊的基本方法之一是聯想實驗。刺激詞一部分與案情有關，稱為關鍵詞；另一部分則與案情無關。測量的指標是：(1) 對關鍵詞的有意義或不正常反應；(2) 對關鍵詞的反應時間延長。這種聯想實驗方法的缺點是比較繁瑣，同時也不十分可靠。因此，實驗心理學家試圖在其中加進各種情緒指標。他們的假設是：任何說謊的企圖或實施都會提高其喚醒水平；為掩蓋謊言，個體通常需要較多的智力努力，這也會在情緒指標上有所反映。測謊常用的生理指標是皮電反應、呼吸、血壓和手指運動。這些指標同說謊時的情緒變化有較大的聯繫。但需說明的一點是，測謊儀的結果不能作為法庭上的證據。當然，作為破案的輔助辦法是無可非議的。

第三節　表情研究方法

　　情緒是一種多成分、多維量、多種類和多水平整合的複雜心理過程。這一事實對情緒研究方法學提出了嚴重的挑戰。在過去，行為主義把情緒僅看為反應這個單一變量，條件反射和操作條件反射的研究方法相應而出現。內省學派把情緒歸結為**主觀體驗**(subjective experience) 這個變量，根據口頭報告的自陳法被廣泛採用。當詹姆士把情緒確定為內臟反饋時，生理測量就成為情緒研究的唯一方法。承認情緒可分化為多種各不相同的具體情緒，一般來說，現在已不成問題，許多學者正在試圖把情緒進行分類。分化情緒理論把情緒的分化和進化放置在表情的分化和進化的基礎上，這就為研究具體情緒找到了一個可靠的方法。它就是**面部表情測量**。

一、表情研究的理論根據

　　半個世紀來，對面部表情測量方法及其理論根據的專門研究已經使表情測量成為符合客觀化原則的方法。我國心理學家孟昭蘭 (1987) 將理論根據歸納為如下三點：

　　1. 面部表情是傳遞具體信息的外顯行為　因面部表情是提供人們在感情上互相了解的鮮明標記。情緒過程既包括情緒體驗，也包括情緒表現，而表情既是情緒的外部表現，也是情緒體驗的發生機制；既是最敏銳的情緒發生器，也是最有效的情緒顯示器。這就從機制上說明了以面部肌肉運動模式作為情緒標誌的根據。

　　2. 面部表情具有全人類共同性　蓋達塞克 (Gajdusek, 1957) 研究發現，前文化民族的面部表情與文明社會民族的面部表情十分相似。從所拍攝非洲新幾內亞前文化民族影片中的表情，都是曾在文化民族中見過的，參照作出這些表情的人們的社會行為，能夠了解這些表情的含義亦與文化人無異。誠如艾克曼 (Ekman, 1976, 1978, 1984) 進行了更多的研究後指出，外國人的表情不同於外國語,不經學習就可作為有效的信息在人們之間交流。

3. 新生嬰兒具有不經學習所顯露的基本情緒的面部表情模式 在前言語階段,新生嬰兒基本情緒的面部表情模式是嬰兒表達願望與要求、傳遞生理和心理信息的唯一手段,也是建立母-嬰之間感情聯結、保證嬰兒健康成長的關鍵。嬰兒時期基本情緒的面部表情是隨著生理成熟而實現的先天預成模式的顯露。在到達成人時期,一般在不受社會習俗或文化影響的場合下,與嬰兒相似的人類的普遍表情模式仍然存在。

在表情研究的理論根據的指引下,一些具體的研究方法就應運而生。**面部表情** (facial expression) 的發生是有其客觀的物質基礎的:表情按面部不同部位的肌肉運動而模式化,面部反應模式攜帶著心理學的意義,那就是或快樂、或悲傷等具體情緒。但是,對表情進行測量的原則在於:所要測量的是面孔各部位的肌肉運動本身,而不是面部所給予觀察者的情緒信息。因此,測量的最終目的是揭示其顯露的情緒信息,而測量本身必須是產生情緒信息的物質過程。為此,測量方法必須嚴格遵循解剖學基礎。整個情緒表情產生的過程,要受嚴格的解剖生理過程所支配。它包括精細分化的肌肉組織系統的活動和靈敏傳導的軀體神經系統的活動。在測量中,使用肌肉刺激,把面孔上一塊塊肌肉的單一活動和互相有牽連的肌肉的組織活動通過肌電記錄和照像記錄保存下來,從而得到了面部各個分別獨立的部位的變化模型和觀察到的、由這些肌肉活動所支配的面容。艾克曼 (Ekman, 1976, 1978) 的面部肌肉活動編碼系統,伊扎德 (Izard, 1980) 的表情辨別整體判斷系統等,是目前主要被採用的測量標準。為了闡明這些現代的表情測量方法,我們還得從早期的傳統方法說起。

二、面部表情的早期研究

半個多世紀以前,許多研究者就曾試圖用量表和模式圖來描述人類的複雜情感。最早出現的是武德沃斯的直線量表。

(一) 面部表情的直線量表

費勒基 (Feleky, 1922) 發表了武德沃斯經過 100 名被試判斷 86 張照片的成績分配製成的一個單維直線量表。

第十章　情緒的實驗研究　**547**

Ⅰ：喜愛、幸福、快樂；　　　Ⅱ：驚訝；
Ⅲ：恐懼、痛苦；　　　　　　Ⅳ：憤怒、決心；
Ⅴ：厭惡；　　　　　　　　　Ⅵ：蔑視。

這個量表是單維的，所以也叫**直線量表**(Linear Scale)。這個量表有一點很令人滿意，就是大多數被試者認為一張照片是恐懼，其他被試者最差也會把它看作是鄰近的**梯級**(step)。例如驚訝或者憤怒，很少人認為是距離很遠的喜愛或是厭惡。這個量表對使用其他照片所搜集的數據的整理起了量表的作用。

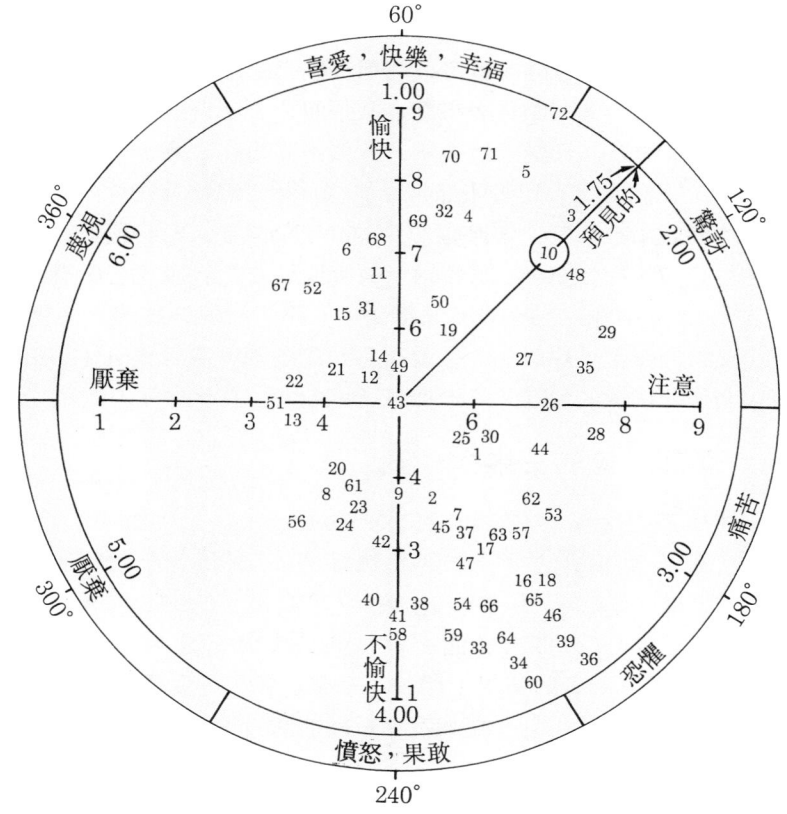

圖 10-9　面部表情的圓形量表
(採自 Schlosberg, 1952)

(二) 面部表情的圓形量表

武德沃斯的助手施洛斯伯格 (Schlosberg, 1952) 在直線量表的基礎上提出了面部表情的**圓形量表** (Circular Scale) (見圖 10-9)。它有兩個軸。主軸是愉快和不愉快，由梯級 9 (喜愛、幸福、快樂) 到梯級 1 (憤怒、決心)，它通常被認為是情緒的基本因次。另一個軸稱為注意——厭棄。注意可以驚訝為例，驚訝的時候，雙眼、鼻孔、有時包括口部都是張開的，好像準備接受刺激；相反的一端厭棄以厭惡和蔑視為例，這時，雙眼、鼻孔和嘴唇都是緊閉的，似乎要把刺激拒之門外。兩個軸的交叉點是處於兩個極端的中間狀態，即介於厭棄和注意之間的表情。

有了圓形量表的坐標軸，就可以利用它們來決定某一表情照片在圓面上的方位。令被試用一個九點量表來評定某張照片，量表縱軸上的九個點代表愉快——不愉快的九個梯級；然後用一類似量表再在注意——厭棄軸上進行評定，這樣，我們就可以用每張照片在愉快——不愉快及注意——厭棄兩維度上的平均評定來描述它。如某張照片的評定結果是，它在愉快——不愉快軸上的數值是 7，在注意——厭棄軸上數值也是 7，這樣，它在量表中的位置就是 (7.7)。從兩軸交點 (5.5) 向點 (7.7) 作一射線伸出邊外，得到一交點，找出交點的度數，除以 60 後就得到預測的圓形量表數值 (1.75)。這張照片可以叫作"愉快的驚訝"。類似於"東的北"在坐標軸上的位置。

(三) 面部表情的三維模式圖

在上述研究的基礎上，施洛斯伯格 (Schlosberg, 1954) 提出，面部表情可分為三個維度：(1) 愉快——不愉快維度；(2) 注意——拒絕維度；(3) 睡眠——緊張維度 (見圖 10-10)。他認為，通過這三個維度就能夠把各種面部表情合情合理地區分開來。面部表情的**三維模式圖** (three-dimensional pattern) 是在圓形量表的基礎上增加了一個睡眠——緊張維度，緊張是緊張性水平和興奮的標誌；另一端睡眠也是極端情緒所引起的表情。

(四) 表情判斷的早期方法

德國解剖學家皮德里特 (Piderit, 1859)，在達爾文發表《人類和動物的表情》(Darwin, 1872) 之前就發表了關於面部表情的著作，他提出：全部表

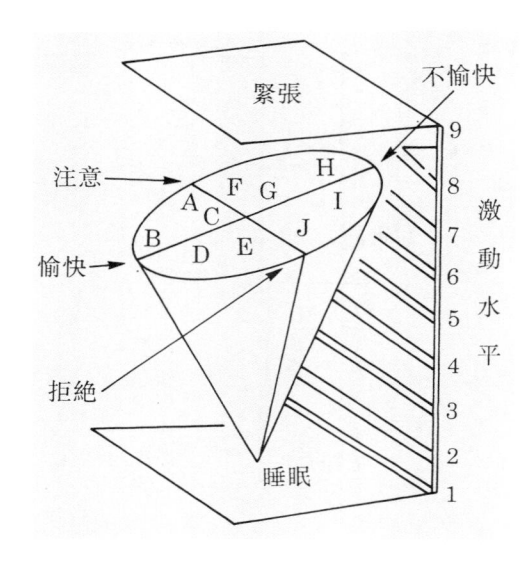

圖 10-10　面部表情三維模式圖
A 驚訝，B 喜愛，C 高興，D 快樂，E 蔑視，
F 恐懼，G 痛苦，H 憤怒，I 決心，J 厭惡
(採自 Schlosberg, 1954)

情可分解成臉面幾個部分的元素性的表情。他相信顏面肌是感覺器官的附屬物，有幫助和阻礙接受刺激物的作用。正像眼的睜閉可以輔助或是阻止接受視覺刺激一樣，鼻子的某些位置可以幫助嗅氣味，而另一些位置則可以使難聞的氣味不致侵入。波林和鐵欽納 (Boring & Titchener, 1923) 根據皮德里特的圖形設計了能相互調換的臉面部分，用成批不同的眉毛、眼睛、鼻子和嘴拼成了 360 個綜合像。奇怪的是他們發現了幾乎每一個綜合像，即使在部分上有矛盾，許多被試仍認為是一種真正的表情。當被試體會了這個實驗的精神，他在各別臉面部分裏見到了皮德里特的元素，從而見到了可以辨認的表情，最後拼成一個完整的面部表情，見圖 10-11 和圖 10-12。

由於演員不僅有表演才能而且有一定的訓練，所以一般典型的表情由演員來完成。但是，表情畢竟是十分複雜的。用模擬表情照片進行實驗存在以下幾個問題：首先，照片攝取的只是演員認為可以代表某種情緒的表情；其次，同義詞問題，例如，在暴怒、憤怒、激怒和憤慨這些詞中，由於難於區分，被試較難選定其中哪一個是暴怒；再次，存在著其它計分標準，例如，

嘴

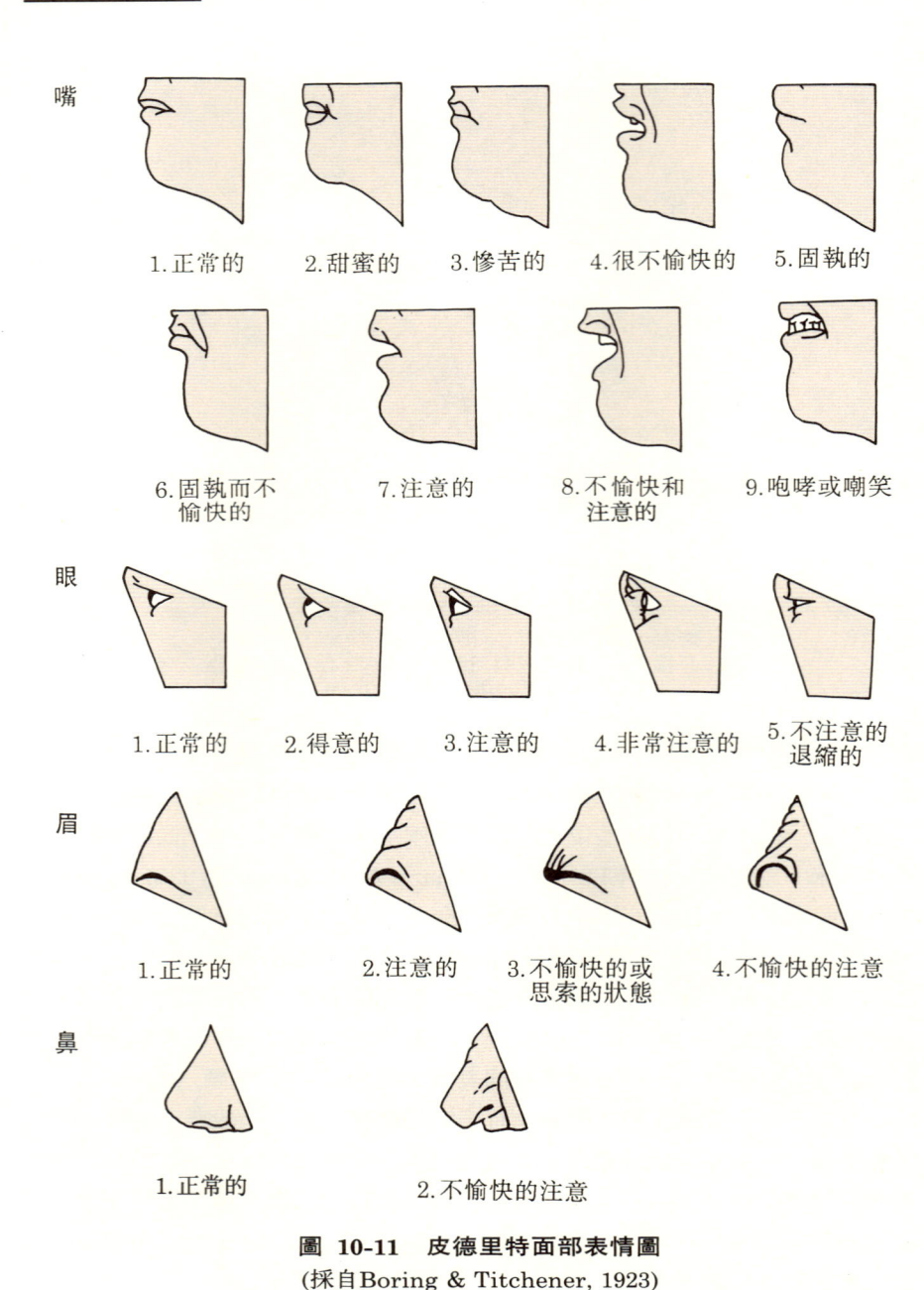

1. 正常的　2. 甜蜜的　3. 慘苦的　4. 很不愉快的　5. 固執的

6. 固執而不愉快的　7. 注意的　8. 不愉快和注意的　9. 咆哮或嘲笑

眼

1. 正常的　2. 得意的　3. 注意的　4. 非常注意的　5. 不注意的退縮的

眉

1. 正常的　2. 注意的　3. 不愉快的或思索的狀態　4. 不愉快的注意

鼻

1. 正常的　　2. 不愉快的注意

圖 10-11　皮德里特面部表情圖
(採自 Boring & Titchener, 1923)

惶惑　　　　　　　驚異

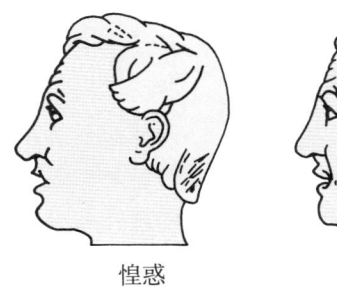

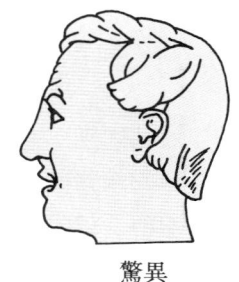

圖 10-12　皮德里特圖形綜合像
(採自 Boring & Titchner, 1923)

與另一些被試的判斷相一致的標準，可能也是一個合理的計分標準。

日常生活中的表情判斷是在一定情景下進行的。人們都有這樣的體會，離開了情景或現場環境，常常就很難區分和辨別某些表情，請你看一下圖 10-13 和圖 10-14，這是二張剪去全部現場情景或部分情景的照片，你能正確判斷嗎？(答案為本章圖 10-20，圖 10-21)。

圖 10-13　說說看，這是什麼表情？
(採自 Psychology Today, 3rd, 1975)

圖 10-14　說說看，這對夫婦的面部表情和身段表情代表什麼？
(採自 Dennis Coon, 1977)

三、面部表情的現代測量技術

上一節我們介紹了表情辨別早期研究所使用的典型方法，這些方法可概括為：由未經訓練的被試對情緒的面部表情進行整體判斷。對這些研究所獲得的資料目前仍存在著爭論，爭論的核心是這些研究多少帶有主觀性。

從 70 年代初開始，出現了大量關於面部表情和面部動作編碼系統的研究。這些研究可分為兩大類，一類專門涉及與情緒活動有直接關係的面部動作，如艾克曼 (Ekman, 1971)、伊扎德 (Izard, 1979, 1980) 等人的工作；另一類則涉及了所有可觀察到的面部動作，如艾克曼等人 (Ekman et al., 1978) 的工作。這些研究導致了面部表情測量技術的問世，在表情研究中具有極為重要的意義。與傳統的方法相比較，現代面部表情測量技術具有四個突出的優點：(1) 這些技術所測量的是面部肌肉運動本身，而不是面部所給予觀察者的信息；(2) 嚴格遵循神經解剖學原則。所有這些測量技術的共同特徵是，它們均以面部肌肉的神經解剖學特點和肌肉活動所造成的**面容變化** (appearance change) 作為測量的基礎和目標；(3) 較準確而客觀，便於使用。按上述原則確定的測量技術將情緒功能與顏面解剖學結合起來，任何人只要經過有關的訓練，就能通過肉眼的觀察去識別情緒，而不必使用像肌電圖機那樣的專門設備；(4) 某些測量技術將表情的反應時和持續時間引進了表情測量，因此，它能夠測量面部表情的動態過程。

下面就以面部表情測量技術中應用較廣、較有代表性的面部動作編碼系統、最大限度辨別面部肌肉運動編碼系統和表情辨別整體判斷系統為例，對這些方法作一簡單介紹。

（一） 面部動作編碼系統

面部動作編碼系統 (facial action coding system，簡稱 FACS)，它是艾克曼等人 (Ekman et al., 1978) 在總結過去對面部表情評定工作的基礎上制定出的一個盡最大可能區分面部運動的綜合系統，它是迄今為止最為詳盡、最為精細的面部運動測量技術，它能夠測量和記錄所有可觀察到的面部行為。

面部動作編碼系統在製訂過程中詳細地研究了面部肌肉運動與面容變化

的關係。在實際測量時,它以面容活動為單位,稱為活動單位。一個單一的活動單位可以包括一塊或幾塊肌肉組織。由於多數面容變化是幾個活動單位疊加發生的,從而又可以把那些可以明顯辨認的疊加的活動單位列成複合活動單位。面部動作編碼系統共列出了二十八種單一活動單位(參見表 10-7)和十九種複合活動單位。可根據各個活動單位之間的主導或次要、競爭或對抗的關係,從而規定這種情形下的測量規則和方法。面部動作編碼系統的使用手冊內容有:單一和複合活動單位列表,針對面容變化的詳細描述,以及供對照用的照片和影片以及具體的使用指導等。

表 10-7 面部動作編碼系統(FACS)的單一活動單位

AU 編號	FAC 名稱	肌　　肉
1	額眉心上抬	額肌,內側
2	額眉梢上抬	額肌,外側
4	額眉低垂	眉間降肌,降眉肌,皺眉肌
5	上眼瞼上抬	提眼瞼肌
6	面頰上抬	眼環肌
7	眼瞼緊湊	眼環肌
9	鼻縱起	提唇肌,提鼻肌
10	上眼瞼上抬	提唇肌
11	鼻唇褶加深	嘴小肌
12	口角後拉	口角遷縮肌
13	面頰鼓脹	口角上提肌
14	唇頰微凹(酒窩)	
15	唇角下壓	口角降肌
16	下唇下壓	下唇降肌
17	下巴上抬	上提肌
18	口唇縮攏	上翻唇肌,內翻唇肌
20	口唇前伸	口角收縮肌
22	口唇呈筒形	口環肌
23	口唇緊閉	口環肌
24	口唇壓緊	口環肌
25	兩唇張開	唇壓肌、額提肌放鬆
26	下頷下垂	咬肌、翼狀肌放鬆
27	口前伸	翼狀肌、二腹肌
28	口唇唼吸(吮吸)	口環肌

(採自 Ekman, 1976, 孟昭蘭整理)

表 10-8　最大限度辨別面部肌肉運動編碼系統（MAX）面部運動分區記錄及編號

編號	眉	額	鼻根
No 20	上抬、弧狀或不變	長橫紋或增厚	變窄
No 21	一條眉比另一條眉抬高		
No 22	上抬、聚攏	短橫紋	變窄
No 23	內角上抬、內角下呈三角形	眉角上部額中心有皺紋	變窄
No 24	聚攏、眉間呈豎直紋		
No 25	下降、聚攏	眉間呈豎紋或突起	增寬

編號	眼	頰
No 30	上眼瞼與眉之間皮膚拉緊、眼睜大而圓，上眼瞼不抬高	
No 31	眼溝展寬，上眼瞼上抬	
No 32	眉下降使眼變窄	
No 33	雙眼斜視或變窄	上抬
No 36	向下注視、斜視	
No 37	緊閉	
No 38		上抬
No 39	向下注視，頭後倒	
No 42	鼻梁皺起(可作為 54 和 59B 的附加線索)	

編號	口－唇
No 50	張大、張凹
No 51	張大、放鬆
No 52	口角後收、微上抬
No 53	張開、緊張、口角向兩側平展
No 54	張開、呈矩形
No 55	張開、緊張
No 56	口角向下方外拉，下頦將下唇中部上抬
No 59A＝51/66	張開、放鬆、舌前伸過齒
No 58B＝54/66	張開、呈矩形、舌前伸過齒
No 61	上唇向一方上抬
No 63	下唇下降、前伸
No 64	下唇內捲
No 65	口唇縮攏
No 66	舌前伸、過齒

(採自孟昭蘭整理，1987)

(二) 兩個測量系統

前面講到的面部動作編碼系統只是利用解剖學原理對面部各部位進行測量，還不是對情緒的測量。為了對情緒進行解釋，伊札德等人 (Izard et al., 1979, 1980) 曾經提出了兩個互為補充的測量系統，即**最大限度辨別面部肌肉運動編碼系統** (maximally discriminative facial movement coding system，簡稱 MAX) 和**表情辨別整體判斷系統** (system for identifying affect expression by holistic judgments，簡稱 AFFEX)。最大限度辨別面部肌肉運動編碼系統是為保證客觀性和精確性的微觀分析系統，它以面部肌肉運動為單位，是用以測量區域性的面部肌肉運動的精確圖式。表情辨別整體判斷系統是保證有效性的客觀分析系統，它提供的是關於面部表情模式的總概貌。

最大限度辨別面部肌肉運動編碼系統將人的面部劃分為 (1) 額眉－鼻根區；(2) 眼－鼻－頰區和 (3) 口－唇－下巴區三部分，並包括二十九個相對獨立的外貌變化的運動單元。這些單位分別編為號碼 (見表 10-8)，通過對三個部分外貌變化的評分及綜合，最大限度辨別面部肌肉運動編碼系統可以辨別出興趣、愉快、驚奇、悲傷、憤怒、厭惡、輕蔑、懼怕和生理不適引起的痛苦等多種基本情緒。最大限度辨別面部肌肉運動編碼系統的具體使用分為二步。第一步，評分者三次觀看面部表情的錄像 (影)，每次辨認面部一個部位的肌肉運動，並記下相當區域的面容變化及出現時間。例如表 10-8 中的 25 號為額眉區的雙眉下壓、聚攏；33 號為眼鼻區的眼變窄；54 號為口唇區的口張大呈矩形。第二步，將記錄下來的面容變化同可觀察到的活動單位的組織相對照，辨別出獨立的情緒或幾種情緒的組合。例如，這三個區域的肌肉活動組合起來，就表示了憤怒的表情 (見圖 10-15)。

最大限度辨別面部肌肉運動編碼系統的材料包括一個手冊和一套錄像。手冊包括面部肌肉的詳細分類、肌肉組織的位置分佈、肌肉活動編號列表和詳細描述以及練習使用最大限度辨別面部肌肉運動編碼系統的方法、步驟及達到學會標準的要求。之後在學會使用最大限度辨別面部肌肉運動編碼系統的基礎上，使用者可以進一步學習表情辨別整體判斷系統的使用。表情辨別整體判斷系統是以最大限度辨別面部肌肉運動編碼系統為基礎，組合面部運動，從整體上描述基本情緒。使用者根據最大限度辨別面部肌肉運動編碼系統,整合面部不同部分的信息,從整體上直接判斷面部表情類別。此二系統都已證明具有較高的一致性和可靠性。

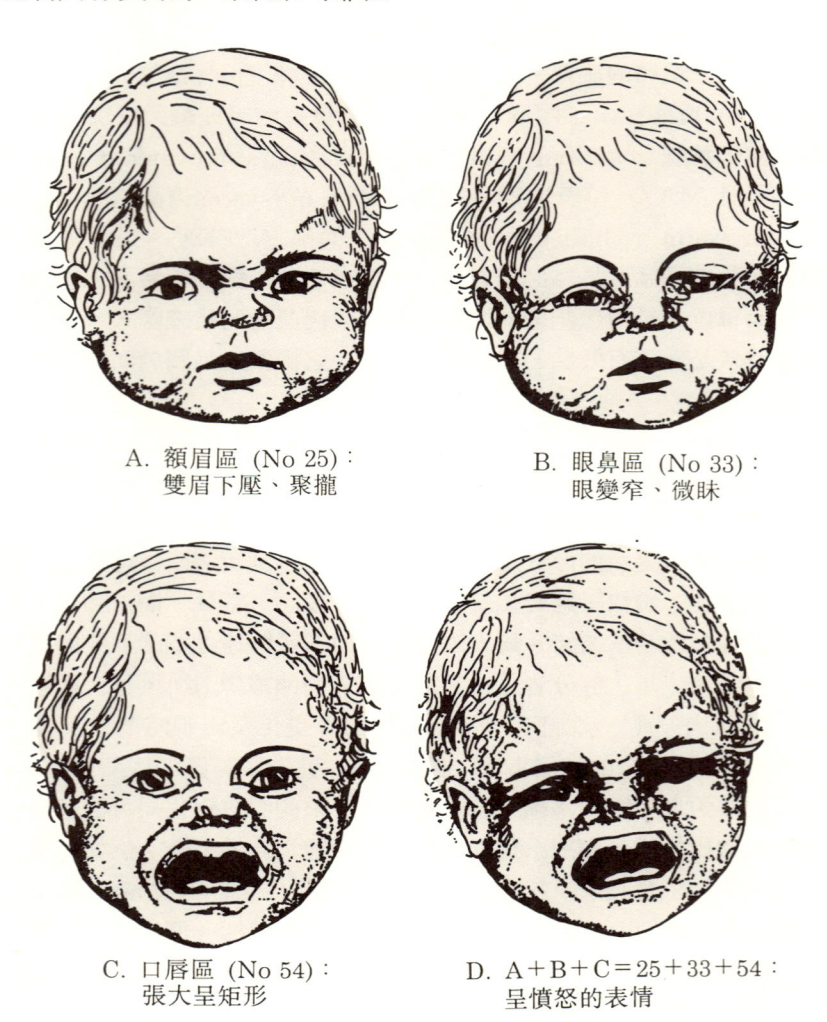

A. 額眉區 (No 25):
雙眉下壓、聚攏

B. 眼鼻區 (No 33):
眼變窄、微眯

C. 口唇區 (No 54):
張大呈矩形

D. A+B+C=25+33+54:
呈憤怒的表情

圖 10-15　三個區域的肌肉活動組成的面部表情
(採自 Izard,孟昭蘭整理,1987)

第四節　主觀體驗測量方法

　　主觀體驗測量方法一般要求被試報告其直接感受到的經驗，其測驗方法是用標準化的量表來測量被試者的情緒體驗。主觀體驗測量方法和上述生理指標方法和表情研究方法組成了一個方法體系，它們從不同的側面揭示情緒的機理。

　　那麼，為什麼主觀測量方法在情緒研究中占有重要地位呢？主要有二點理由。

　　第一，出於理論上的考慮。這一考慮立足於一定的理論出發點之上。心理現象或情緒現象是腦的功能，是客觀存在著的一種現象。客觀存在的東西總是可被認識的。從這一認識出發，建立了各種以腦的活動和外顯行為為指標的研究方法，包括近年來發展的模擬法在內。儘管這些方法還不盡完善，但已在探索的道路上有所進展。因此從理論上的或方法論上的考慮促使人們探索建立情緒體驗的研究方法。

　　第二，出於應用上的考慮。以情緒而論，無論是生理測量或表情測量，均需採用複雜的儀器設備。而且，利用儀器測量情緒現象或心理現象，一般來說，不是一次測量就能得出所需要的結果。因此，這類技術和方法更適用於研究的目的，而對應用是很不方便的。因而在生活、教育，特別是臨床診斷方面，要求盡可能以簡便方法去進行測量。例如，對情緒性精神障礙（諸如躁狂抑鬱症、焦慮症等）的診斷或治療，需要提供可為醫學用的，甚至為個人自我評定所能採用的測量方法。這樣的考慮也促使人們嘗試探索建立情緒體驗測查的有效方法。

　　在本節中，我們將介紹一些具體測量方法。主要有形容詞檢表、維量等級量表和分化情緒量表、應用性情緒量表等。

一、形容詞檢表

(一) 心境形容詞檢表

自 50、60 年代以來，為了解成人的情緒體驗，建立了一種簡便、通用的技術，稱之為**形容詞檢表** (Adjective Check List，簡稱 ACL)。用這類檢表可測查被試即時存在和體驗著的情緒。這種方法被稱為**主觀體驗自我報告測量** (Subjective Experience Self Report Measure)，用於檢測心境和用於臨床診斷。

心境 (mood) 是一種比較微弱、持久具有渲染性的情緒。換句話說，可把心境確定為：延續一定時期 (幾天或更長些) 的淡薄而朦朧的情緒狀態。它在意識裏存在，但並不一定經常在語詞意識中出現。它可以是正性的，如沉靜而有活力的狀態；也可以是負性的，如鬱悶而怠倦的狀態。心境似乎為行為抹上一層色彩，這層色彩不論是明亮的或陰暗的，都能為心理操作提供一種特定的背景。諾利斯 (Nowlis, 1956) 早在 50 年代就曾提出，心境可被考慮為一種中間介入變量，它影響其他心理活動的發生和可靠性。因此心境似乎擔任著一種自我監測的角色，提示自身的心理效應和狀態。心境無論

表 10-9　一個簡短的心境形容詞檢表

發怒的	懊悔的	過度高興的
被占據的	猶豫不決的	沉思的
不經心的	誇口的	懶散的
得意的	積極的	和氣的
集中的	對抗的	悲傷的
睏倦的	害怕的	懷疑的
充滿感情的	玩笑的	自我中心的
精力旺盛的	愉快的	抱歉的
反抗的	專心的	懷疑的
緊張不安的	拘束的	集中於己的
機智的	熱情的	有魄力的

(轉引自 Plutchik, 1980)

是正性的還是負性的，都可以是正常的；然而在某種情況下，它可以成為病態的。那就是人們所熟知的情緒性精神障礙了。形容詞檢表正是用於測查心境或情緒性障礙。它既可為醫生、教師所使用，也可由被試個人用來作自我評定。

形容詞檢表是選用一系列描述情緒的形容詞，如鎮靜的、神經質的、害怕的、憂鬱的等等並列為檢表。被試者通過內省，從檢表中選出符合自身當時情緒狀態的詞彙用來確認自身的情緒體驗。各種檢表選用的形容詞數目不同，有多達 300 個詞彙的，也有少至幾十個或十幾個的，其數量視檢測目的的多寡而定。各種檢表的測查內容也有所不同，有的用來測查一般心境，另一些則可用來測定專門項目，如測量應激（或壓力）或焦慮等特定情緒。表 10-9 是諾利斯在他的擁有多達 200 個詞彙、並被命名為**心境形容詞檢表** (Mood Adjective Chect List，簡稱 MACL) 的基礎上抽取了 33 個詞彙而構成的簡化的檢表。表 10-10 則是伯肯 (Berkun, 1967) 等僅用 14 個詞彙，以等距法編製的**主觀性應激量表** (Subjective Strees Scale)。

表 10-10　主觀性應激量表

心境術語	分　數
極好的	00
良好的	09
舒適的	17
沉靜的	27
未受干擾的	40
平靜而冷淡的	48
膽怯的	57
不安的	64
神經過敏的	69
憂愁的	74
不安全的	76
被威嚇的	83
恐慌的	88
極度驚嚇的	94

(轉引自 Plutchik, 1980)

形容詞是檢表的基礎。由於形容詞術語數目繁多，如何歸類是一個需要解決的問題。有些學者採用因素分析的方法，借鑒情緒維量的觀點，進行了歸納的工作。這為人們使用量表提供了極大的方便。諾利斯通過 400 名大學生用檢表的 100 個詞彙進行的自我評定，並通過因素分析，總結出 8 種因素。

諾利斯的工作之後，又不斷有人對不同數目的檢表進行因素分析，得出的因素有的是 6 個，有的是 9 個或 12 個。鑒於結果如此不一致，且情況同人格特質研究出現的問題相類似，從而認為採用**環形叢** (circumplex) 的辦法來描述心境可能更為適宜。勞爾等人 (Lorr et al., 1967) 採用四點記分方法，通過 339 名大學生的評定，對 52 個詞彙進行了相關和因素分析，設計出心境八因素環形叢，參見表 10-11。

表 10-11　心境八因素環形叢

因素一	得意的 很好的	激動的 樂觀的	爽朗的	不經心的	歡快的
因素二	積極的 活躍的	有力量的 熱情的	警覺的	有魄力的	
因素三	狂怒的 壞脾氣的	煩惱的 發牢騷的	發怒的	怨恨的	不滿的
因素四	神經過敏的 不安的	焦慮的 緊張的	動搖的 易怒的	憂愁的	
因素五	內省的 專心的	思考的	沉思的	認真的	嚴肅的
因素六	失望的 孤獨的	失助的 沉悶的	無價值的 淡漠的	不快樂的	
因素七	消沉的 怠倦的	疲乏的	懶散的	懶惰的	無傾向的
因素八	鎮靜的 若無其事的	悠閒的	安心的	放鬆的	安詳的

(採自 Lorr et al., 孟昭蘭整理，1987)

(二) 情緒-心境測查量表

普拉切克 (Plutchik, 1969) 以他的情緒維量理論為基礎，利用上述形容詞檢表測量方法，編製了一個**情緒-心境測查量表** (Emotion-Mood Measurement Scale)。情緒-心境調查標準中的前八項相當於在他的情緒三維模式中列入的八種基本情緒。把這八種基本情緒擴充為相似類別的情緒群，並用相當的形容詞術語標出。另外，在這個檢表中加入了標示激活量，作為第九項，參見表 10-12。

普拉切克後期研究工作都致力於臨床應用。"情緒－心境測查量表"曾用於臨床。在被診斷為躁狂抑鬱症的患者中，對 26 名處於躁狂狀態、42 名處於抑鬱狀態、75 名暫時處於正常狀態的患者，進行了逐項測查。結果

表 10-12 情緒—心境測查量表

1. 合 作	信任的 忍讓的	友誼的 鎮靜的	誠懇的 忍耐的	滿意的	合作的
2. 再整合	壓抑的 失助的	憂悶的 沮喪的	悲傷的 失望的	空虛的	孤獨的
3. 破 壞	攻擊的 爭吵的	狂怒的 刺激的	專橫的 憤怒的	氣憤的	自負的
4. 朝 向	警覺的 奇怪的	驚呆的 困惑的	驚奇的 迷惑的	慌亂的	注意的
5. 拒 絕	厭惡的 嘲笑的	無趣的 怨恨的	厭煩的 厭棄的	不信任的	痛苦的
6. 再 生	社交的 滿足的	慷慨的 高興的	歡快的 愉快的	親切的	幸福的
7. 保 護	害怕的 害羞的	驚嚇的 小心的	緊張的 憂慮的	膽小的	焦慮的
8. 探 索	期望的 大膽的	詢問的 衝動的	驚奇的 敏感的	急急的	有趣的
9. 激 動 (壓力)	鬆懈的 強壯的	懶散的 有力的	放鬆的 不停的	微弱的	積極的

(採自 Plutchik，孟昭蘭整理，1987)

發現，在合作、再生、再整合三項的每一詞彙比較中，躁狂同抑鬱患者之間均有顯著性差異。其他項的許多詞彙在這兩種患者之間也有顯著性差異。此外，在三種患者的兩兩比較中，也在許多項目的詞彙上顯示出差異。

正是由於臨床實踐的需要，此後，形容詞檢表編製的發展越來越趨向簡化。在經過標準化檢驗之後，有的檢表只留用少量詞彙，在同他種量表比較中就能達到相當高的相關。例如盧賓 (Lubin, 1966) 的幾種憂鬱檢表，從 34 個詞彙減少為 17 個，這個量表同明尼蘇達多項人格測驗 (Minnesota Multiphasic Personality Inventory，簡稱 MMPI) 中憂鬱量表之間有顯著性相關。

普拉切克對八種基本情緒只以一個單詞來代表，製訂了一個五點記分量表(見表 10-13)。他把這個量表用於一項大學生心境測查：在 40 名學生中按量表進行自我評定。在一周內的星期一、三、五各天課堂內進行，作為控制組。在此之後，於考試前、考試後各一天重復評定。在考試前的評定中，懼怕與興趣評分顯著提高，愉快和接受兩項記分明顯下降。在學生拿回考試試卷和分數之後，再次的自我評定表明，愉快、接受、興趣分數明顯下降；相反憤怒、厭惡、悲傷和驚奇分數明顯提高。這類單詞彙心境量表在一個很廣的的感情狀態範圍內測量應激狀態十分靈敏，而且具有理論上的相關。

經過幾年的實踐，普拉切克不但充實了這測查表，而且把測查情緒和人

表 10-13　單詞彙感情維量心境評定量表

請按你現在的感受選擇下列各詞的等級

現在感受到	無	弱	中	強	極強
愉　快	1	2	3	4	5
接　受	1	2	3	4	5
驚　奇	1	2	3	4	5
懼　怕	1	2	3	4	5
悲　傷	1	2	3	4	5
厭　惡	1	2	3	4	5
興　趣	1	2	3	4	5
憤　怒	1	2	3	4	5

(採自 Plutchik, 1987)

格特質結合起來，編製了**情緒人格測查**(Emotion Personality Inventory 簡稱 EPI) (1974)。這份檢表按八種基本情緒提出一套數目很大的情緒人格特質，並通過因素分析篩選出如下 12 種特質：

冒險的	鬱悶的	怨恨的
富於感情的	衝動的	自我意識的
沉思的	服從的	害羞的
好爭吵的	謹慎的	社交性的

在測查表上為上述每個特質作一簡要注解。按照這 12 種特質，配對組合為 62 對特質詞彙，這樣就成了最後的情緒人格測查。情緒人格測查是一種強迫選擇測驗。即被測試者必須從每一對詞中選擇一個作為符合本身情況的。例如，從"好爭吵的──害羞的"這一對詞中只能選擇其中之一。情緒人格測查的 62 對特質包含著一個按照八種基本情緒編製的情緒系統記錄表，也就是從 62 對特質中歸納出八種情緒的系統。被試填寫的是 62 對詞彙表，但用來記分的是情緒表。這樣既測查了人格情緒特質，又測查了情緒。而且，由於被試並不知道這 12 種特質中包含的情緒系統是什麼，

表 10-14　描述基本情緒的四種語言

描述語言	基　本　情　緒				
一、主觀語言	懼怕 厭惡	憤怒 期待	愉快 驚奇	悲傷	接受
二、行為語言	逃避 排斥	打擊 探索	合作 停止	求援	接納
三、功能語言	保護 合作	破壞 拒絕	再生 探索	再整合 傾向	
四、特質語言	膽怯的 可信任的	攻擊的 不可信任的	善交際的 可接受的	壓抑的 不受控制的	

(採自 Plutchik, 1974)

這樣就避免了主觀性。情緒人格測查還以八種基本情緒建立了分別以功能語言、特質語言、主觀語言和行為語言來描述的對應述語（見表 10-14），這樣使用起來就方便得多。

二、維量等級量表和分化情緒量表

在第五章講到斯賓塞提出了心理連續量的概念。如愉快——不愉快是一個連續的變化量。馮特的**情感三維理論**(或感覺三元論)(three-dimensional theory of feeling) 具體地在情緒三維（快樂——厭惡、緊張——輕鬆、興奮——抑鬱）中提示了連續變化量的模式。伊扎德在情緒體驗主觀評定方法的制訂中，運用連續變化量的概念，編製了兩個對應使用的量表：一個是測量各情緒維量的等級量表，另一個是測量各情緒成份的分化情緒等級量表。下面分別給予討論。

（一）維量等級量表

維量等級量表 (Dimensional Rating Scale，簡稱 DRS) 是一個四維量表。伊扎德最初提出的八種維量是從眾多的對情緒情境作自我評估的數據中得出的，後經篩選，確定了維量等級量表的四維是：愉快度、緊張度、衝動度和確信度。篩選掉的四個維是：活躍度、精細度、可控度和外向度。作為維量等級量表的四個維度，伊扎德作了如下解釋：

1. 愉快維 這表示評估主觀體驗最突出的享樂色調方面。
2. 緊張維 這是表示情緒的神經生理激活水平方面的，它包括肌肉緊張和動作抑制等諸成份水平。
3. 衝動維 此維量涉及對情緒情境的出現的突然性，以致個體缺少準備的程度。
4. 確信維 此維量表達個體勝任、承受感情的程度。在認知水平上，個體能報告出對情緒的理解程度；在行動水平上，能報告出自身動作對情境適宜的程度。

維量等級量表假定為量表應包括情緒體驗、認知和行為三方面。因此，維量等級量表實際上包括著三個分量表，每個分量表由四個維量所組成。每個維量作五級記分，例如：

你感受到愉快嗎？——情緒體驗分量表愉快維；
你認識到自己的緊張嗎？——認知分量表緊張維；
你有衝動的行為表現嗎？——行為分量表衝動維。

在使用維量等級量表時，每種情緒都可得到其維量的等級分析。也就是說，在 12 個維量上分別選擇五個等級。

（二） 分化情緒量表

分化情緒量表 (Differential Emotions Scale，簡稱 DES) 和維量等級量表一樣也是以形容詞檢表為基礎所建立的一種量表。它是當個體處在特定情緒情境下時，用來測量個體情緒中的分化成份。分化情緒量表包括十種基本情緒，每種情緒有三個描述它的形容詞，共 30 個形容詞。分化情緒量表被發展為用來測量兩種情緒情況：一種為測量情緒強度，作五級記分，稱 DES Ⅰ；第二種為測量情緒出現的頻率。因此它可用來測量心境或情緒特質，也作五級記分，稱 DES Ⅱ。

分化情緒量表要求被試描述 (想像或回憶) 某一情緒發生的具體情境，填寫分化情緒量表和維量等級量表兩個量表。按維量等級量表填寫某種具體情緒的四種維量強度，得出五級強度分數。按照分化情緒量表填寫具體情緒的形容詞檢表，得出各種情緒成份的五級強度記分或頻率記分。兩個量表同時使用。例如，讓被試想像某一引起驚奇情緒的情境，用維量等級量表測量其驚奇情緒的維量。圖 10-16 顯示了這一結果，表明驚奇情緒的愉快維得最高分數，自信承受維和衝動維的分數也很高，而只有緊張維較低。用分化情緒量表測量這一情景產生的情緒組成成份，表明了極高的驚奇、快樂和興趣的分數，和極低的懼怕和害羞的分數 (見圖 10-17)。然而，想像某一引起羞怯情緒情境時，維量等級量表測量得到的結果恰恰與驚奇情況相反，這時只有緊張維得了高分，其餘三維均得低分數 (見圖 10-18)。分化情緒量表測量中，羞怯、懼怕、興趣、痛苦等組成成份從高分數依次下降，而愉快、驚奇、憤怒等情緒得低分 (見圖 10-19)。

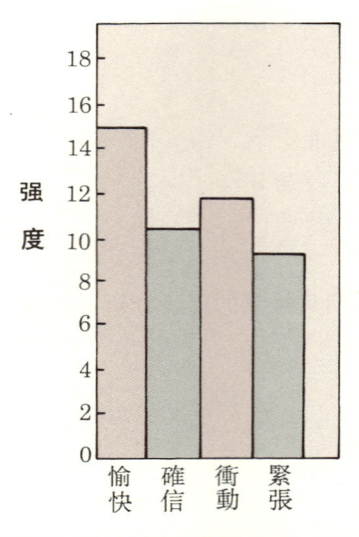

圖 10-16 用分化情緒量表 (DES) 測量想像驚奇情境的情緒成分
（採自 Izard, 1977）

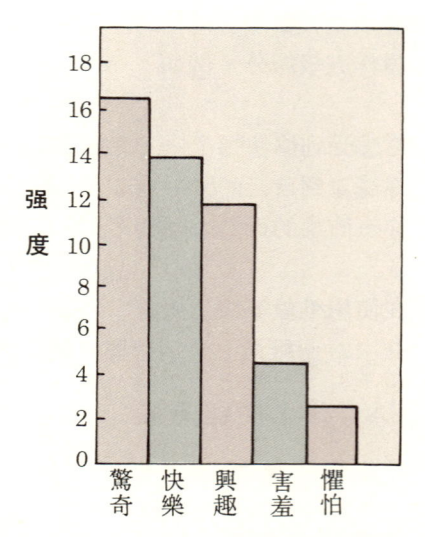

圖 10-17 用分化情緒量表測量驚奇情境的情緒成份
（採自 Izard, 1977）

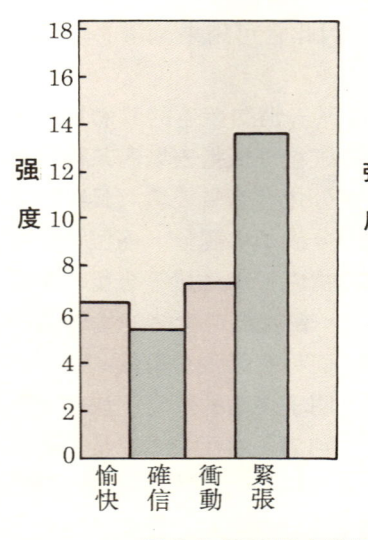

圖 10-18 用分化情緒量表測量想像害羞情境的情緒成分
（採自 Izard, 1977）

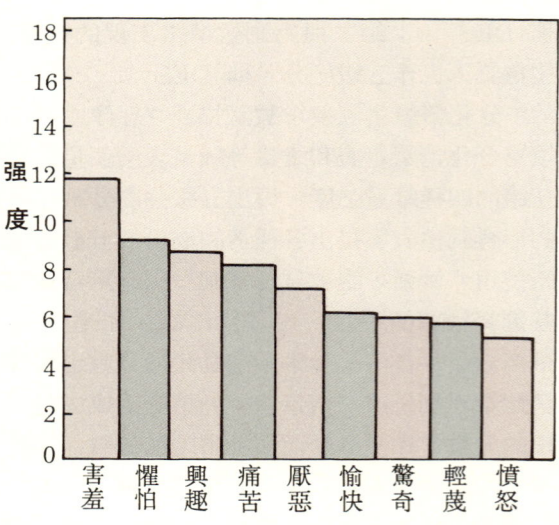

圖 10-19 用分化情緒量表測量害羞情境的情緒成分
（採自 Izard, 1977）

分化情緒量表和維量等級量表測量得出的標準圖形達到一定的信度和效度，在表明情緒體驗的性質和測量方法上具有理論和應用的意義。

三、應用性情緒量表

情緒和認知、情緒和操作均有著極為密切的關係，情緒對認知、操作的影響，已為人們所公認。這裏，我們看到了情緒研究的實用價值。為此，心理學家們編製了形形色色的量表，以便在了解的基礎上，最終能達到認知和操作水平的提高。限於篇幅，我們僅介紹一種應用性情緒量表。

運動競賽狀態焦慮量表(Competitive State Anxiety Inventory-2)，簡稱 CSAI-2 問卷 (CSAI-2 quention naire) 是由美國伊利斯諾大學的馬騰斯等人 (Martens et al., 1990) 以多維的競賽狀態焦慮理論為指導，而編製成的一種對運動員具有特殊測定價值的狀態焦慮問卷。在編製此問卷之前，馬騰斯等人已用了六年時間在交互作用理論的指導下編製出了專門用於運動情境的**競賽特質焦慮表**(Sport Competition Anxiety Text，簡稱SCAT)。這一量表已由祝蓓里 (1993) 修訂出了中國常模。國內外的許多研究也已經證明，馬騰斯等人 (1977) 編製的競賽特質焦慮表比美國弗羅里達州大學斯比爾伯格等人 (Spielberger et al., 1970) 編製的**狀態-特質焦慮問卷**(State-trait Anxiety Inventory，簡稱 STAI) 更能預測運動成績。

馬騰斯等人 (Martens et al., 1990) 編製運動競賽狀態焦慮量表是通過系統的心理測量過程而編製成一種專門測定運動競賽情況下的多維狀態焦慮問卷表。在最初的 A 形式中包含有四個分量表：(1) 認知焦慮；(2) 軀體狀態焦慮；(3) 怕身體受傷；以及 (4) 一般性焦慮。通過專家的評定，評定和分析了此量表的內容效度。為選定測題又分析了各題目與其分量表間的相關係數 (要求至少達到 $\gamma \leqslant 50$)。此外，還對測題進行了因素分析和分辨力的分析 (要求至少有 0.5 分辨量和有最大的權重相關)。通過對 A 形式問卷的分析，主要發現了狀態自信心這個分量表。於是把 A 形式修改為 B 形式。後幾經修改，將 B 形式修改成 C 形式又修改成 D 形式。最後，E 形式就是被人們所接受的最後確定下來的 CSAI-2 問卷。此量表包括了在 D 形式問卷中的三個分量表。共 27 道測題。刊頭有指導語，表 10-15 是祝蓓里修訂後的問卷。

表 10-15 運動競賽狀態焦慮量表（CSAI-2）問卷

指導語：下面是運動員在賽前（或賽後）對自己的感受通常描述的內容，仔細閱讀每一句話，然後用"√"標出你此時此刻各種感受的程度。回答無對錯之分。每條不需用太多的時間去考慮，但要回答出最符合你此時所感受到的狀況。

	一點也不	有點兒	適中	非常強烈
1. 我對此次比賽感到擔心。	□	□	□	□
2. 我感到神經緊張。	□	□	□	□
3. 我是心定的。	□	□	□	□
4. 我懷疑自己。	□	□	□	□
5. 我感到心神不安。	□	□	□	□
6. 我感到身體不舒適。	□	□	□	□
7. 我擔心這次比賽不能像往常那樣比得好。	□	□	□	□
8. 我身體感到緊張。	□	□	□	□
9. 我感到自己對這場比賽有信心。	□	□	□	□
10. 我擔心會在比賽中失敗。	□	□	□	□
11. 我感到胃部緊張。	□	□	□	□
12. 我對這場比賽有把握。	□	□	□	□
13. 我擔心在這種壓力下不能成功。	□	□	□	□
14. 我感到身體是放鬆的。	□	□	□	□
15. 我有信心面對這場挑戰。	□	□	□	□
16. 我擔心在比賽中發揮不好。	□	□	□	□
17. 我心跳得很厲害。	□	□	□	□
18. 我相信我會有出色的表現。	□	□	□	□
19. 我擔心能不能達到我的目標。	□	□	□	□
20. 我感到胃部下沉。	□	□	□	□
21. 我感到精神是放鬆的。	□	□	□	□
22. 我擔心別人會對我的表現感到失望。	□	□	□	□
23. 我的雙手又濕又涼。	□	□	□	□
24. 我很有信心，因為在我內心已達到自己的目標。	□	□	□	□
25. 我擔心不能集中注意力。	□	□	□	□
26. 我感到身體發僵。	□	□	□	□
27. 我有信心在這種壓力下完成比賽任務。	□	□	□	□

（採自祝蓓里，1994）

第十章 情緒的實驗研究 **569**

至此,我們對情緒的研究方法作了介紹。側重於方法學上的介紹,正是本書的撰寫宗旨。有關情緒和認知的關係等等,這裏就不一一列述了。

圖 10-20 把圖上剪去的部份補上之後,一切都一目了然,原來他是在發怒
(採自 Psychology Today, 1975)

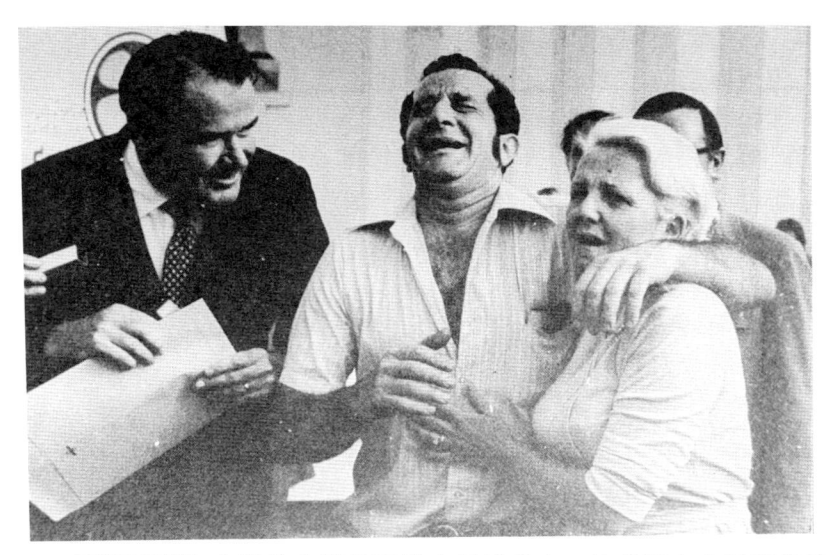

圖 10-21 面部表情和身體並非總是那樣容易看出來。這些看上去是悲傷的一對夫婦,原來是他們中彩得了新澤西州彩票 100 萬美元的獎金。
(採自 Dennis Coon, 1979)

本 章 實 驗

一、廣告悅目測定

(一)**目的**：學習對偶比較法和等級排列法，判斷哪種廣告較美，分析其原因，並為實際廣告部門提供資料。

(二)**材料**：選定和製作 10 張典型廣告幻燈片。

(三)**方法和程序**：使用對偶比較法和等級排列法來測定哪張廣告較美。

1. 對偶比較法。此法最早由寇恩 (Cohn, 1894) 在他的顏色愛好的研究中介紹出來。這個方法是把所有要比較的刺激配成對，然後一對一對地呈現，直到所有的廣告都被比較過為止。如果每一個廣告和另外的廣告逐一配對；則配出對的數目是 $n(n-1)/2$，10 個廣告則為 45 對。為盡量排除空間誤差，在同一個廣告組成的配對中，該廣告在左和右面的位置各半。被試者的任務就是在兩個廣告中進行選擇，確定哪個廣告較美。

2. 等級排列法。這個方法是 10 個廣告同時呈現，讓被試者按他的判斷標準，把 10 個廣告排列成一個順序。被試者可以反復比較，只要最後排出一個美醜的等級順序就可以了。然後把許多人對同一廣告評判的等級加以平均。

3. 在記錄上述結果的同時，務必詳細記錄被試評定廣告美→醜的理由，以供分析時參考。

(四)**結果**：整理結果填入記錄紙（表 10-16，表 10-17，表 10-18）

(五)**討論**：

1. 對本實驗所得量表進行分析討論，並提出心理學依據。

2. 在本實驗中，為什麼要隨機改變左、右的位置，為什麼對每對廣告要有間隔？

3. 對偶比較法和等級排列法用於實驗中還存在什麼問題？

表 10-16　對偶比較法記錄紙

	A	B	C	D	E	F	G	H	I	J
A										
B										
C										
D										
E										
F										
G										
H										
I										
J										
選擇分數(C) 第一輪										
第二輪										
總計										
$P=\dfrac{c}{2(n-1)}$										
$C'=C+1$										
$P'=C'/2n$										
Z'										
Z'										
順　序										

表 10-17　等級排列法

廣告幻灯片	A	B	C	D	E	F	G	H	I	J
評判名次										

表 10-18　小統計

	A	B	C	D	E	F	G	H	I	J

二、情緒對動作穩定的影響

(一)**目的**：學習使用測定動作穩定的儀器，測量簡單動作的穩定性，檢驗情緒對動作穩定的影響。

(二)**材料**：九洞動作穩定器，記數器，記時器

(三)**程序**：

1. 測定動作穩定的程度

(1) 先將動作穩定器、記數器、記時器等串連成一電路。被試坐時，面向動作穩定器，使儀器的邊緣與桌邊齊平，並與被試的右肩相對。然後被試手拿電筆，手臂懸空，電筆與動作穩定器表面垂直。

(2) 當主試發出"預備"口令時，被試用電筆尖端插入最大的洞孔內，深度為 1~2 毫米。然後主試發出"開始"口令，同時記錄時間。被試用電筆插入最大洞中到 15 毫米處即取出，做到不碰洞邊才可繼續做下一個洞；如果一次碰邊可做第二次，假如第三次又碰邊，就不再往下做。本實驗的指標是，被試能通過的最小洞的直徑。

(3) 左手與右手各試驗 10 次，在每次左右手輪換時，可休息一分鐘。

2. 測定比賽時緊張情緒對動作穩定的影響

兩組進行比賽，共分成四對，每對比三次，三戰二勝。比賽進行時主試們要在旁邊分別報告進行情況，造成競賽時的緊張氣氛。

(四)**結果**：

1. 把測量動作穩定性的成績填入表 10-19，並計算其平均數和標準差。

2. 比較右手與左手的動作穩定性。

3. 比較各被試在安靜時和在比賽動作穩定的情況。

(五)**討論**：本實驗在研究體育教學和訓練問題中的意義。

表 10-19　右手與左手的動作穩定性記錄紙

手別＼次數	1	2	3	4	5	6	7	8	9	10	X	s
右手												
左手												

本 章 摘 要

1. 傳統心理學研究情緒的基本方法可概括為兩種：**印象法**和**表現法**。
2. 本世紀上半世紀，在心理學上對情緒研究最有影響的理論有二個：**行為學習理論**和**心理分析理論**。
3. 伊扎德總結了過去情緒研究中的問題，提出了多維量和多成分性。這就決定了在研究方法上不能把它規定為單一變量的現實。情緒研究的變量可以從**認知變量**、**行為變量**和**生理變量**等三方面考慮。
4. 情緒有內心體驗，也有外部行為表現，同時也有其生理機制。由於自主神經系統的活動，當有機體處於某種情緒狀態時，其內部會發生一系列的生理變化，測量這些變化的指標就是**生理指標**。
5. **皮膚電反應**又稱**心理電反射**，它是古老的、常用的和較簡易的情緒生理指標。影響皮膚電基礎水平的主要因素有三個，即**覺醒水平**，**溫度**和**活動**。
6. 由自主神經系統控制的循環系統活動與情緒狀態有關。因此，循環系統活動的指標也可以成為情緒測量指標。經常用到的指標是**脈搏**，**血管容積**和**血壓**。
7. 在情緒狀態時，呼吸系統的活動會有所變化：或加速或減慢，或變淺或變深，對劇痛的情緒反應往往使呼吸加深加快；突然驚恐時，呼吸會臨時中斷；狂喜或悲痛時，會有呼吸痙攣現象發生。
8. 孟昭蘭將表情研究的理論根據歸納為三條：(1) 面部表情是傳遞具體情緒信息的外顯行為，是提供人們在感情上互相了解的鮮明標記；(2) 面部表情具有全人類普遍性；(3) 新生嬰兒具有不經學習所顯露的基本情緒的面部表情模式。
9. 與傳統的方法相比較，現代面部表情測量技術具有三個突出的優點：(1) 這些技術所測量的是面部肌肉運動本身，而不是面部所給予觀察者的信息；(2) 嚴格遵循神經解剖學原則；(3) 較準確而客觀，便於使用。
10. 主觀體驗測量方法，一般要求被試報告其直接感受到的經驗，其測量方法是用標準化的量表來測量被試者的情緒體驗。**主觀體驗測量方法**和**生理指標**及**表情研究方法**組成了一個方法體系，它們從不同側面指示情緒的機理。

11. **形容詞檢表**是選用一系列描述情緒的形容詞，將其列為檢表。被試者通過內省，從檢表中選出符合自身當時情緒狀態的詞彙來確認自身的情緒體驗。
12. **分化情緒量表**和**維量等級量表**，均是以形容詞檢表為基礎所建立的一種量表，它是當個體處在特定情緒情境下，用來測量個體情緒中的分化成分或維量等級。

建議參考資料

1. 孟昭蘭 (1989)：人類情緒。上海市：上海人民出版社。
2. 孟昭蘭 (1987)：為什麼面部表情可以作為情緒研究的客觀指標。心理學報，19卷，二期。
3. 曹日昌等 (譯) (1965)：實驗心理學。北京市：科學出版社
4. 張燕云 (譯) (1986)：情緒心理學。瀋陽市：遼寧人民出版社。
5. Izard, C. (1977). *Human Emotions.* New York: Plenum Press.
6. Izard, C. (1979). *The maximally discrimination facial movement coding system.* Newark: Instructional Resources Center.
7. Izard, C. (1980). *A system for identifying affect expression by holistic judgments.* Newark: Instructional Resources Center.
8. Pluthik, R.(1980). *Emotion: A psychoevolutionary synthesis.* New York: Harper.

第十一章

心理實驗常用儀器

本章內容細目

第一節　儀器在心理實驗的作用
一、心理實驗儀器的誕生和發展　577
二、儀器對心理實驗的作用　578
三、目前心理實驗儀器發展的趨向　580

第二節　感覺類實驗儀器
一、色　輪　582
二、聽力計　583
三、聲級計　584
四、語圖儀　584
五、兩點閾測量器　585
六、測痛儀　586
　㈠ 熱輻射儀
　㈡ 鉀離子測痛儀
　㈢ 彈簧棒
　㈣ 止血帶致痛儀
七、動覺儀　588

第三節　知覺類實驗儀器
一、眼動儀　590
二、實體鏡　592
三、長度和面積估計器　592
四、動景器　593
五、似動現象研究裝置　594
六、深度知覺儀　595
七、大小常性測量器　596

第四節　記憶類實驗儀器
一、注意分配儀　597

二、棒框儀　598
三、迷　宮　600
四、速示器　601
五、記憶鼓　602
六、多重選擇器　603

第五節　情緒和技能類實驗儀器
一、皮膚電反應儀　604
二、動作穩定器　605
三、反應時測定儀　605
　㈠ 簡單反應時測定儀
　㈡ 選擇反應時測定儀
四、手指靈活性測驗儀　606
五、雙手調節器　607
六、鏡　畫　608

第六節　計算機在心理學上的應用
一、計算機與心理學的關係　609
二、人-計算機系統的研究　610
三、心理活動的計算機模擬　612
　㈠ 感知模擬
　㈡ 記憶模擬
　㈢ 思維模擬
四、計算機在心理實驗中的應用　616
　㈠ 計算機在心理實驗的應用領域
　㈡ 心理實驗運用計算機的優缺點

本章摘要

建議參考資料

在前面十章的討論中，明顯地看到，實驗心理學的產生和發展離不開儀器，一般地說，自然科學的發展和儀器是息息相關的。實驗心理學的前進和發展也不能違背這條規律。德國是現代心理學的誕生地，是19世紀心理實驗儀器研究的中心。20世紀後，美國逐步成為心理學乃至心理實驗儀器的研製的大本營。儀器對心理實驗研究之所以重要，這是因為它能使我們測量到一些不能直接觀察到的事件；它能使我們獲得標準化的數據材料；它還能使實驗結果自動記錄下來。當今受認知心理學的發展和現代科學技術的影響，一個突出的趨向是計算機的廣泛被採用。

可見，儀器是心理實驗的重要手段和可靠保證。一個高明的實驗者，總善於思索選用適當而先進的儀器來達到實驗的目的。例如，時間是心理實驗中最常用的反應指標，在感知覺、注意、記憶、思維乃至個性實驗中都有時間因素的記錄，因而選用合適的記時器就至關重要了。為了粗略測量一個繼續10秒以上的反應，一個有1/5秒的準確度的停表就夠準確了，這時實驗者可以自己來掌握停表。然而為了測量一個小於1秒鐘的反應時間，此時就不能使用人工停表了，因為人工停表本身就有1/5秒的誤差。此刻就需要精度到毫秒級的測量和採用自動記錄，於是，形形色色的用途計時器就發展起來了。

心理實驗儀器的種類繁多，美國印地安那州的拉斐特儀器公司就生產2000種心理實驗儀器。本章僅介紹心理實驗上的常用儀器和基礎性儀器。本章內容之討論，主要希望回答以下五方面的問題：

1. 心理實驗儀器的發展經歷哪三個時期。
2. 儀器在心理實驗研究中的作用。
3. 當今心理實驗儀器發展的新趨向。
4. 以一個儀器為實例，說明其在心理實驗中的作用。
5. 心理實驗運用計算機進行有哪些優缺點。

第一節　儀器在心理實驗的作用

一、心理實驗儀器的誕生和發展

心理學是一門實驗科學，實驗常常離不開儀器。心理實驗早期的研究就有使用儀器的記錄。例如，惠斯頓 (Wheastone, 1938) 曾創造一種立體鏡，應用於心理物理實驗。心理實驗儀器的系統使用的標幟是1879 年萊比錫大學心理實驗室的建立。從那時到現在的一百餘年中，心理實驗儀器的發展突飛猛進，然而也表現出明顯的階段性。它表明了心理實驗儀器的發展，一方面受到心理學科本身的制約和影響，也就是說行為主義和認知主義都給心理實驗儀器打上烙印。另一方面心理實驗儀器的發展又受到時代科學技術水平的制約和影響，也就是說，機械時代、電子時代和計算機時代都給心理實驗儀器帶來影響。

在心理學科自身水平和時代技術水平的雙重作用下，心理實驗儀器的發展大致經歷了三個時期。

1. 第一時期　從 19 世紀 70 年代到 20 世紀初是心理實驗儀器發展的第一時期。在這段時期，心理學家馮特和詹姆斯、皮爾斯等，先後創建了小型心理實驗室。由於心理學實驗室建設和對心理實驗儀器的需要，1886 年美國芝加哥成立了世界上第一個生產心理實驗儀器的專業公司。由於此時期心理學研究中心在德國，最新水平的儀器是由德國所生產，例如，以利普曼 (Lipmann, 1908) 命名的記憶儀，具有比較完善的傳遞裝置，呈現的刺激信號的窗口，由定時的齒輪控制，達到那時期較精密的程度。

2. 第二時期　自 20 世紀 20 年代開始至 60、70 年代，是心理實驗儀器發展的第二個時期。這個時期的特點是行為主義占統治地位，行為主義在美國興盛了四、五十年之久，與行為主義的發展相適應，心理實驗儀器亦得到迅速發展。這時期，美國儀器公司生產的心理實驗儀器，遠銷許多國家和地區。例如，斯托爾汀儀器公司生產的計時裝置就被寫入了許多實驗心理學和普通心理學的教科書中，該公司生產的儀器斯肯納箱，見於眾多的動物心理實驗室。

3. 第三時期 自 20 世紀 60、70 年代開始至現在，認知心理學盛行起來，這是心理實驗儀器發展的第三個時期。認知心理學的發展給美國心理學帶來了重大變化，這主要是較多地強調意識過程的研究。和這個時期的特點相適應，一方面儀器的數量和質量逐年提高；另一方面在心理研究中不僅使用儀器而且使用材料的實驗增多，例如，美國拉斐特儀器公司不僅生產心理實驗儀器，而且供應多種實驗和測量材料。這些儀器和材料銷售到世界許多國家和地區。

二、儀器對心理實驗的作用

心理學研究常常要做實驗，儀器就顯得特別重要。儀器對心理學研究之所以重要，概括地說，主要原因有：(1) 儀器能使我們在已知的和控制的條件下獲得標準化的數據和資料；(2) 儀器能使信息永久記錄下來，提供進一步的分析；(3) 儀器能使我們測量到我們感覺器官不能直接觀察到的事件，從而極大地擴展了我們的觀察範圍。

為說明儀器在心理實驗研究的作用，楊治良 (1984) 曾將美國的四種雜誌（《實驗心理學雜誌》、《美國心理學雜誌》、《心理學雜誌》和《普通

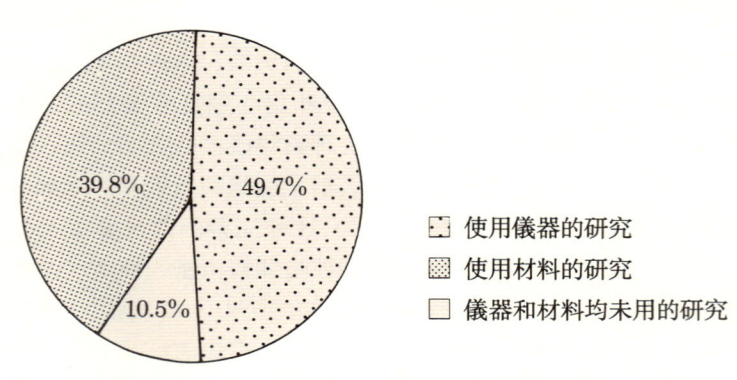

圖 11-1 三種研究類型各占論文總數的百分比
(採自楊治良，1984)

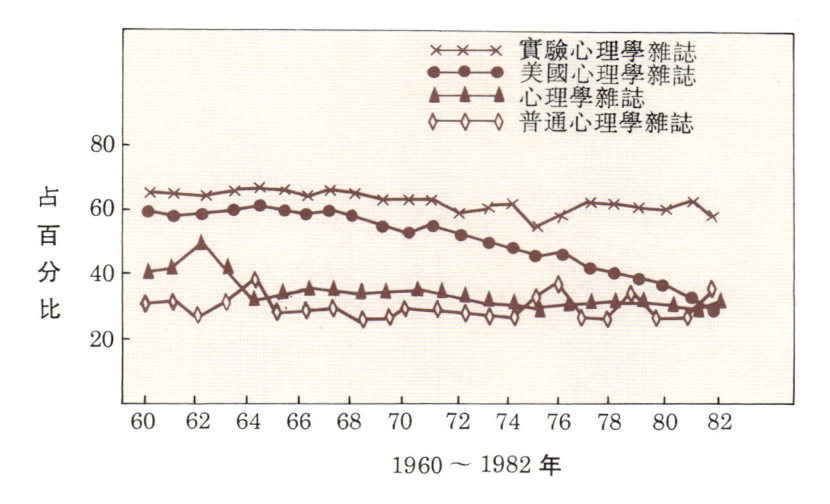

图 11-2 使用仪器的研究所占比重的逐年比较
(采自杨治良,1984)

心理学杂志》)上发表的文章,作统计分析。若将 1960 年以来在这四种杂志上发表的论文分为三类:一类为用仪器的研究,即研究论文中明确提到使用某种仪器;另一类为使用材料的研究,即研究论文中没有明确提到使用仪器,但明确提到使用某种材料;还有一类是仪器和材料均未使用的论文。最后得出图 11-1 和图 11-2 的结果。从这二图上我们可看到下列一些情况:

(1) 使用仪器的总的情况是:四种美国心理学杂志,自 1960 年以来共发表的研究论文 9987 篇,其中明确提到使用仪器的有 4966 篇,占总数的 49.7%。

(2) 从图 11-2 中似乎可见,使用仪器的研究有减少的趋向。

(3) 从图中似乎还可看到,使用材料的研究有增长的趋向。

再从我国最近几年心理学科研情况来看,实验仪器在其中也占有相当的比例。以 1980~1984 这五年发表在《心理学报》上的文章为例,在总计 335 篇文章中,实验研究占总数的 51%,其中不同程度地使用了实验仪器的研究又占实验研究总数的 59.6%,使用实验材料的研究占实验研究总数的 40.4% (参见图 11-3)。

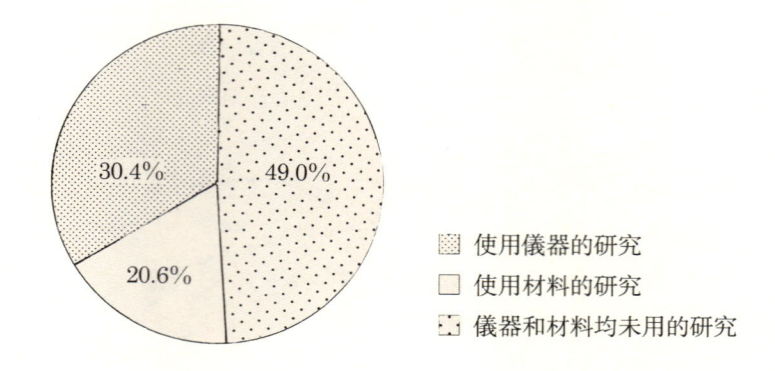

[圓形圖：49.0% 使用儀器的研究；20.6% 使用材料的研究；30.4% 儀器和材料均未用的研究]

圖 11-3　三種研究類型各占論文總數的百分比（國內方面）
(採自秦建健，1988)

綜上所述，我們可以概括為二點：(1) 儀器在心理學研究中起著巨大作用，國內和國外近乎半數的普通心理學和實驗心理學研究使用儀器；(2) 使用材料的研究有增長的趨向，這可能和認知心理學的發展有關，也可能和問卷、測量技術的廣泛應用有關。

三、目前心理實驗儀器發展的趨向

從以上的介紹中，我們可以說，儀器在心理學研究起著重要的作用。從對美國的心理實驗儀器情況的研究（楊治良，1984）觀之，今日心理實驗儀器的發展有下列一些新的趨向。

1. 不斷向標準化努力　標準化 (standardization) 是實驗儀器的核心所在。舉一個例子來說，斯莫爾 (Small, 1900) 設計了本世紀首次使用的迷津。隨後，不同大小和式樣的迷津層出不窮。大家知道，大小和式樣對於老鼠的學習很有影響。**斯肯納箱** (Skinner box) 的情況也很類似。今天，拉斐特儀器公司生產的幾種斯肯納箱，就是根據標準化原則設計的。使用同類的儀器，各研究者所得的研究結果就可相互比較。

2. 系列化　隨著心理學實驗的多樣化，儀器公司在設計儀器時，盡力使規格大小統一和一機多用,並把許多儀器統一成一個整體或單元,使用起來十分方便。同一個單元的儀器,既能單獨使用,又能組合成多種形式。如積木塊組成多種圖案一樣(參見圖 11-4)。

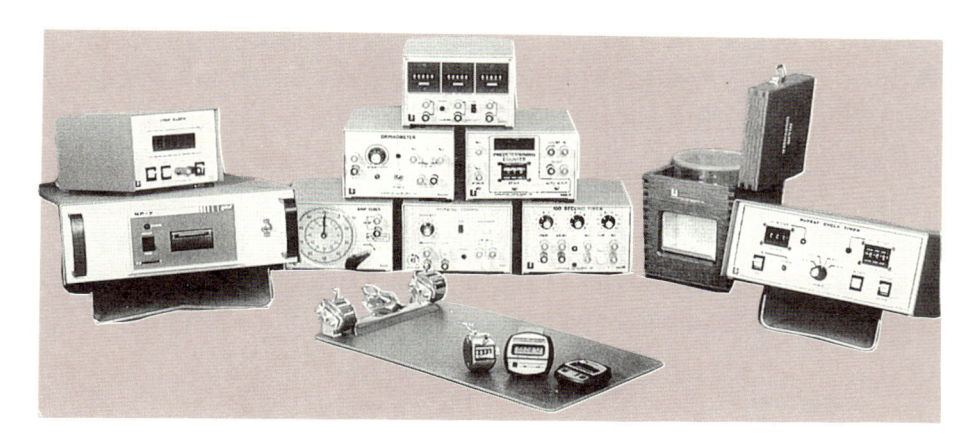

圖 11-4　當代心理實驗儀器一角
(採自 Lafayette Co., 1990)

3. 應用於教學　美國幾家較大的心理實驗儀器公司,除了生產精密的研究儀器之外,還生產相當數量的基礎實驗儀器。這些基礎實驗儀器更適用於學生實驗和教學演示,展示儀器的廣泛用途和在教學上的功能。

4. 心理測驗材料的增多　不少儀器公司開始成批生產各種心理測驗材料。材料有別於儀器,但是材料也有一個標準化的問題,斯托爾汀儀器公司生產的各類心理測驗材料多達數百種,涉及從感覺到個性等各個領域,有適用於正常人的,也有適用於異常人的,有適用於兒童的,也有適用於成人的,應用範圍之廣,都是前所未見的。

5. 電子計算機的普及　電子計算機的廣泛採用,也使心理學方法發生了變化,它對實驗設計、數據處理、儲存信息等都起著十分重要的積極作用。許多由計算機裝備的實驗室紛紛建立起來,甚至可以說,心理實驗室離不開計算機。

從以上的趨勢可見,心理實驗儀器正向著更高的水平發展。心理實驗儀器有較強的特殊性。同其他學科的實驗儀器相比，心理學實驗儀器有特殊的要求。因此，心理實驗儀器的研製更強調有心理學工作者參加，儀器技術人員也應具有心理學的基礎，這些年來，海峽兩岸一些高等院校的心理學教師和工廠的技術人員協作，已經研製出數量可觀的心理實驗儀器，在相當程度上滿足了心理學教學的需要，也在一定程度上為科研提供了條件。從今後發展看，心理實驗儀器的研製和生產，還應重視大型的、複雜的心理實驗儀器的研製，以求盡快形成多層次的、較為完整的、具有本土化的心理實驗儀器的研製和生產體系。

綜上所述，可知心理實驗儀器的研究和製造已構成了一個廣闊而專門的領域。在心理學研究中，儀器所起的作用是引人注目的。我們可以這樣說，心理實驗儀器的研究已經成為一門專門的學問，且愈來愈受到人們的重視，並已構成實驗心理學的重要組成部分。

第二節　感覺類實驗儀器

一、色　輪

色輪(或混色輪)(color wheel)，它是一種演示混合顏色和其他視覺現象的裝置。色輪一般由色盤和動力裝置(多為變速馬達)二個部分組成(見圖 11-5)。使用時用兩個或更多的不同顏色的紙盤，鑲嵌混合成 360° 整圓。當轉速超過閃光融合臨界頻率時，就可以產生一種平穩的混合色。混合色是色光混合，從色紙反射到眼睛的二(或三)色光實際上並沒有真正混合，而是交替地刺激網膜，由於一扇色光引起的網膜興奮在另一扇色光到來時尚未停止，因此產生融合過程，使觀察者看到一均勻色的表面，感覺到色混合的同樣效果。色輪除了可作顏色混合實驗外，還可作顏色飽和度和明度實驗、視覺螺旋後效實驗、閃光融合實驗、主觀色實驗和閃光融合實驗等。

圖 11-5　色　輪

二、聽力計

　　聽力計 (audiometer) 是測定個體對各種頻率感受性大小的儀器，通過與正常聽覺相比，就可確定被測者聽力損失情況。最早的聽力計是由西肖爾 (Seashore, 1919) 設計的。可讓被試從耳機中聽到 40 種強度不同的咔嗒聲。最大和最小的聲音強度之比為 1079：1，從 1 到 40，每增加一個刻度，增加的響度都儘量使之相等。正常聽覺的響度絕對閾限大約在刻度的中部。這種儀器只能對噪音測定響度的絕對閾限。後來的聽力計又發展成測量各種頻率純音的響度絕對閾限。這種聽力計可以產生各種頻率及各種強度的可聽純音。

　　聽力計種類很多，心理學上的聽力計通常是指純音聽力計。使用時，儀器主件（見圖 11-6 中央部分）自動提供由弱到強的各種頻率刺激，自動變換頻率，測聽時被試戴上雙封閉隔音的耳機，當聽到聲音時，即按鍵，儀器可根據被試反應直接繪出可聽度曲線。另外，還可能附有骨傳導器等附件。在醫學上檢查聽力用的聽力計，其讀數就是聽力的損失，即低於正常聽力水平的程度。將正常的閾限定為 0 分貝，若被試在某個頻率上的聽力損失為 10 分貝，則說明該被試在該頻率上的聽閾限比正常值高 10 分貝，用聽力

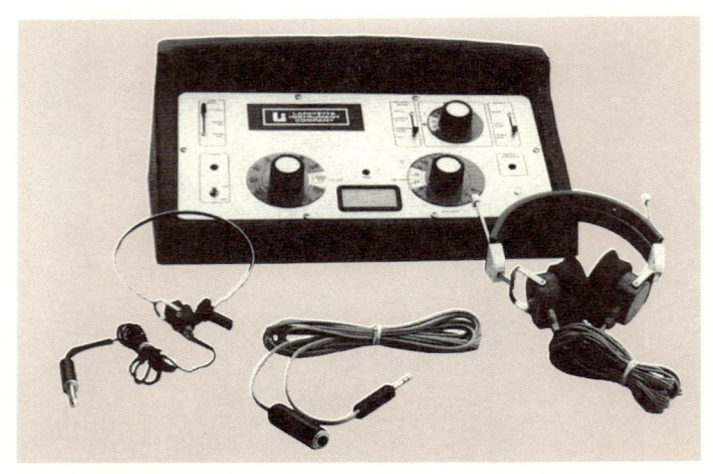

圖 11-6 聽力計
(採自 Lafayette Co., 1993)

計測量的結果可以在聽力圖上畫成聽力曲線。聽力測定能評定一個人的聽覺靈敏度，因此，它在聽力保護工作中是必不可少的儀器。

三、聲級計

聲級計 (sound level meter) 是一種對聲音的物理強度進行測量和分析的儀器，它能對聲音作出類似人耳的反應，同時，它還能對聲源進行客觀而可重復的聲級測量。我們知道，聲信號可以用高質傳聲器轉換成一個相等的電信號。聲級計的計量單位是**分貝** (decibel，簡稱 dB)，這個分貝的參考點是 0.0002 微巴（即 0.0002 達因/厘米^2）。同時還可用聲級計所附濾波器對所測聲源的頻率成分進行分析。由於這種信號很微弱，必須經多級放大，才能在電表上指示，電表上讀出的是用分貝表示的聲級。由於聲級計是高度精密的儀器，因此需要經常校準，以保持準確的測量（見圖 11-7）。

四、語圖儀

語圖儀 (language pictorial display apparatus) 是將複合音或語言分

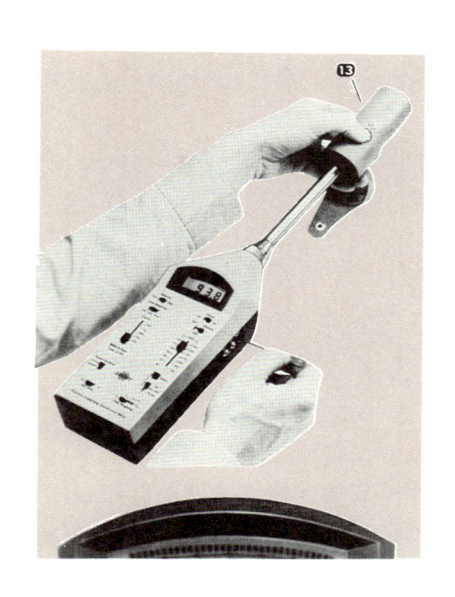

圖 11-7　聲級計
(採自　B & K Instrument Co., 1988)

析為組成成分頻率，顯示頻率－強度－時間型式變化的儀器。顧名思義，它是一種能形象地圖示言語聽覺特徵的儀器。我們知道，波形圖是將聲波幅值的變化作為時間的函數來表現的。語圖儀克服了波形圖和聲譜圖二種方法的不足之處，以三維表示出聲波的幅值作為時間和頻率兩者的函數關係。語圖也叫"可見語言"，從聲學所錄製的語圖上，可以看到頻率、強度、四聲、共振峰，時間等方面的不同。這就使人們有可能據以探索語音的那些因素影響著言語的清晰度，並有助於設計通訊系統，以提高清晰程度，訓練有關專業人員，改正言語質量。

語圖儀是比較複雜的儀器。如用橫坐標表示時間，縱坐標表示頻率，高頻在上端，低頻在下端，感光紙上黑暗程度表示振幅大小，這樣就把時間、頻率與振幅合併為一個記錄。

五、兩點閾測量器

兩點閾測量器(或兩點閾量規)(two-point aesthesiometer) 是測定人體上各部位兩點閾值的儀器。兩點閾測量器有多種形式，有的近似圓規，參見圖 11-8，使用兩點閾測量器，必須垂直地降落，並使兩個尖點重力均勻

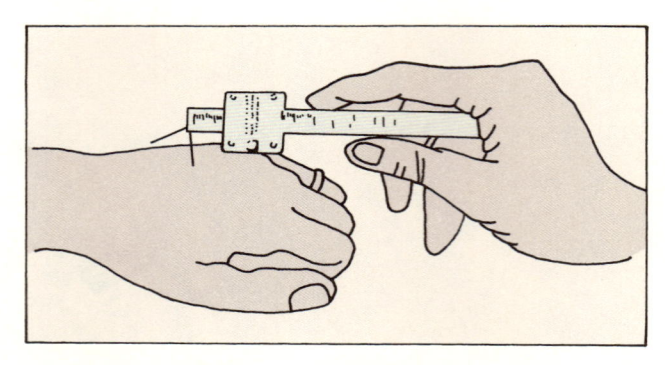

圖 11-8 兩點閾量規
(採自 Lafayette Co., 1989)

地接觸皮膚，接觸時間不能超過兩秒鐘。當同時刺激非常鄰近的兩個皮膚點時，被試往往僅能感覺到一個點；然後逐漸加大兩點之間的距離，達到一定距離後，被試就能感覺到兩個點了。兩點閾值就是感覺到兩個點而不是一個點的兩點之間的最小距離。威洛特 (Vierordt, 1870) 最早使用兩點閾測量器，並發現，從肩部到指尖，兩點閾愈來愈小。這種身體部位的觸覺的空間感受性隨其運動能力的增高而增高，後人稱之為**威洛特運動律** (Vierordt's Law)。

兩點閾是觸覺定位的一種測量方式。人體各部位觸覺定位的準確性和各部位的觸覺感受性的大小是一致的。也就是說兩點閾值高，說明這部位觸覺感受性低。因此，通過皮膚兩點閾的測定，能從一個側面反映出觸覺的感覺能力。一般說來，手指和面部的兩點閾最小，肩背和大腿、小腿部位的兩點閾最大。

六、測痛儀

測痛儀 (pain threshold tester) 乃是一種測定痛覺感受性的儀器。測痛具有很高的生理心理學意義和臨床醫學價值。由於引起痛覺的刺激都是傷害性的，它們都在不同程度上損傷組織使其釋放出化學臻痛物質引起局部組織反應。多次重復這樣的刺激可使組織對痛刺激越來越敏感，因此給實驗工作帶來很大困難。理想的測痛方法：(1) 刺激強度的增加與痛覺強度的增加相平行，可分級定量，易確定終點；(2) 對組織無害，可重復測量；(3) 強或弱止痛劑的作用都能反映出來。常用的痛刺激有溫度、電、機械、化學等四類，在心理學上常用的測痛儀有如下四種：

(一) 熱輻射儀

熱輻射儀 (radiant heat tester) 乃是由李等人 (Lee et al., 1951) 發明的痛閾測定方法。先前是用由電流加溫的金屬等刺激被試者的皮膚，後來改用一種輻射熱作用於機體皮膚，產生疼痛刺激，以研究覺感受性。儀器由一個可調的光源和一個橫切面約 $3.5cm^2$ 的管道組成。形狀相似於理髮用的電吹風。用輻射熱引起痛，可避免觸覺干擾，當皮膚溫達 44.6°C 左右即隨時間的積累而產生疼痛，有關痛測定的文獻中約半數係用此法進行。使用此法時，一般先將皮膚塗黑，將光聚焦照射於 $3.5cm^2$ 左右的範圍內。光的強度可用電位器控制。測定方法可分：(1) 固定時間，改變強度：單位用毫卡/cm^2/秒表示。實驗時要盡可能減少重復測定的次數。從痛閾到最強痛可分 21 **個最小可覺差異** (just noticeable difference，簡稱 j.n.d.)。(2) 固定強度，改變時間：一般是選定幾種光強度，分別測定所需的照射時間。

(二) 鉀離子測痛儀

鉀離子測痛儀 (K^+pain threshold tester) 乃是採用直流鉀離子透入法致痛，以研究痛覺感受性的儀器。用直流鉀離子透入法進行刺激，主要要使用好儀器輸出的二根導線電極，一根為正極，一根為負極。實驗前先選定人體的測痛部位，如選定右小腿部位，可在其周圍塗以導電膏，並加以磨擦，使皮膚阻值降低，以增加皮膚的滲透性，然後取 10×5 厘米的鍍銀鎳片作無關電極 (即負極)，下墊鹽水紗布，裹扎於小腿上部，另用有機玻璃製成的測痛頭作為有效電極 (即正極)，在有機玻璃測痛頭中心的小孔內，注以氯化鉀導電液，將其置於被試者測痛部位上 (如圖 11-9 中右踝，即三陰交穴位)。當儀器開啟後，痛刺激從無到有，從弱到強，逐漸增加，當被試者感到微痛時，立即報告，記錄這時的電流毫安數，作為痛閾；當被試者報告"受不了"時，記錄這時的毫安數，作為**耐痛閾** (或**痛覺限度**) (pain tolerance)。由於鉀離子測痛儀給出的最大電流也不會超過 5 毫安，所以對人體是絕對安全的。

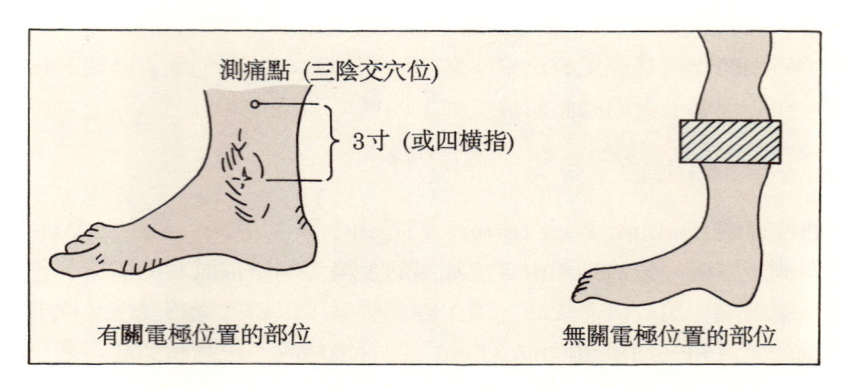

圖 11-9　測痛圖示

(三) 彈簧棒

彈簧棒 (spring-stick) 是一種用機械壓力作用於機體皮膚致痛的工具。使用時，以固定的探頭對人的皮膚加壓，在棒上有指示壓力大小的刻度。測試點應選骨頭表面的皮膚，如前額、脛骨表面等。加壓時應注意加壓速度，即壓力變化率。同一部位重復測定的間隔不宜過短，彈簧棒是一種使用方便又便於攜帶的儀器。缺點是誤差較大，測試結果比較粗糙。

(四) 止血帶致痛儀

劉易斯 (Lewis, 1942) 用血壓帶縛在被試的上臂加壓，造成上肢肌肉缺血而產生疼痛，此法稱為**止血帶致痛法** (pain caused by tourniquet)。後來，根據這種方法設計製造了專門的止血帶致痛儀。通常，儀器輸出的壓力和持續的時間作為刺激強度的指標。止血帶致痛法的優點是痛點明確，缺點是重復測試花費時間較長，可應用的測痛的部位較少，被試者對儀器在心理上有一種害怕感。

七、動覺計

動覺計 (kinesthesiometer) 是一種用於測定動覺感受性的儀器，也可測定關節活動方位控制能力。常用的動覺計一般用於測定前臂位移的動覺感受性，它備有放前臂的鞍座，以便使被試的前臂能保持在適宜的位置上。鞍座一端放在一個半圓儀圓心處的軸上。鞍座可隨意地沿著一個半圓的軌跡擺動，擺動的幅度可從半圓儀上的刻度讀出來。儀器還備有制止器，制止器可以隨時安放和移去，使用制止器的目的是使排除視覺的被試能感覺到前臂擺動的幅度，以便複製。動覺計儀對於主動和被動的前臂擺動都是適用的。也可以用來測量練習對動覺感受性提高的作用。實驗時，主試者任選一高度做標準刺激，讓被試認真地體會各種關節所處部位，接著要求被試複製，盡量做到每次誤差角度越小越好。然後重復多次，按心理物理法處理實驗結果，求出動覺感受性 (見圖 11-10)。

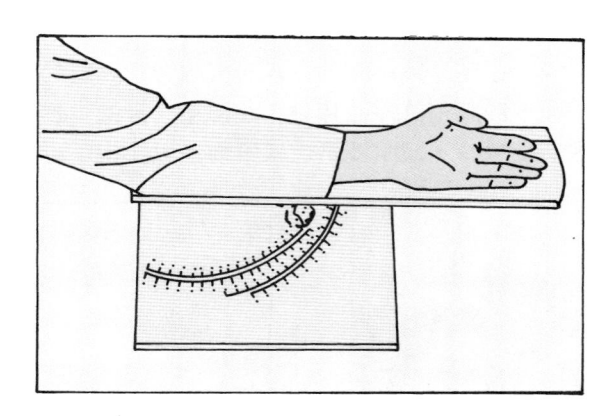

圖 11-10 動覺計
(採自 Lafayette Co., 1989)

第三節　知覺類實驗儀器

一、眼動儀

　　眼動儀 (eye view monitoring system) 是測試人眼活動情況和研究有關心理過程的專用儀器。人在進行無意注意或者有意注意時，眼睛的視線總是對準知覺對象的某一點，這一點成為眼睛的注視點，並且不斷地轉動著視線以轉換注意的目標。眼睛是以跳動的方式將視線轉換到新的目標上去的，在每次轉換目標以後，眼睛稍許停頓片刻，注視這一目標，然後再跳動到新的注視點去，在注意對象時，眼睛就是這樣不斷地以注視、跳動、再注視……

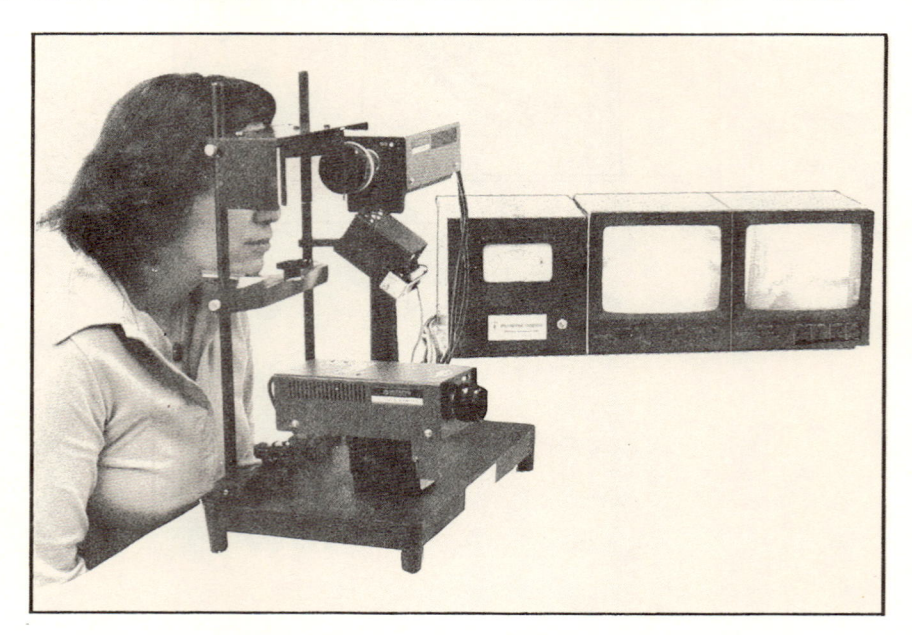

圖 11-11　被試正在眼動儀上做實驗
(採自 Stoelting Co., 1991)

來達到對知覺對象的整體觀察。眼動儀就是用來研究注意眼球運動的軌跡，以確定注意時對不同部分所起的作用。分析信息加工（或訊息處理）過程的某些特點。

眼動儀是測量眼睛注意目標位置及眼瞳直徑的完整系統。它通過紅外線攝像機測出瞳孔中心位置與角膜的相對位置，來推算出注意目標的 x 與 y 坐標值，一般每秒輸出 50 組數據。研究者通過分析這些數據，來推斷內部的心理活動。眼動儀在閱讀心理學、工程心理學和實驗心理學的研究中占有極為重要的地位。新型的眼動儀配有計算機處理系統，而且記錄器能自動追蹤人眼瞳孔中心位置（限在 2 米距離範圍內）。圖 11-11 為被試正在眼動儀上做實驗的情形。圖 11-12 是觀看一張照片的眼動軌跡圖。

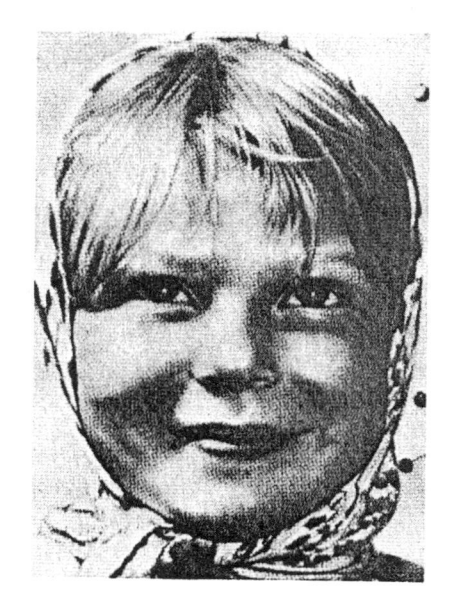

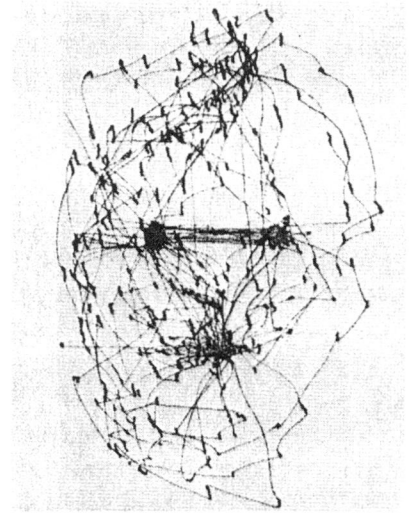

圖 11-12　右圖為被試觀看圖照片的眼動軌跡
（採自 Yarbus, 1967）

二、實體鏡

實體鏡 (stereoscope) 乃是一種證實雙眼視差和產生立體知覺的儀器。早年惠斯登（Wheatstone，1828）發現了雙眼視差在實體視覺中的作用，開創了現代空間知覺實驗的新領域。實體鏡的作用在於它可把左眼和右眼的視線分開，使左眼只見左圖，右眼只見右圖，並幫助兩只眼睛輻合，產生立體效果。常見的實體鏡有三棱鏡式實體鏡、反射式實體鏡和柵欄式實體鏡。圖 11-13 為三棱鏡式實體鏡。

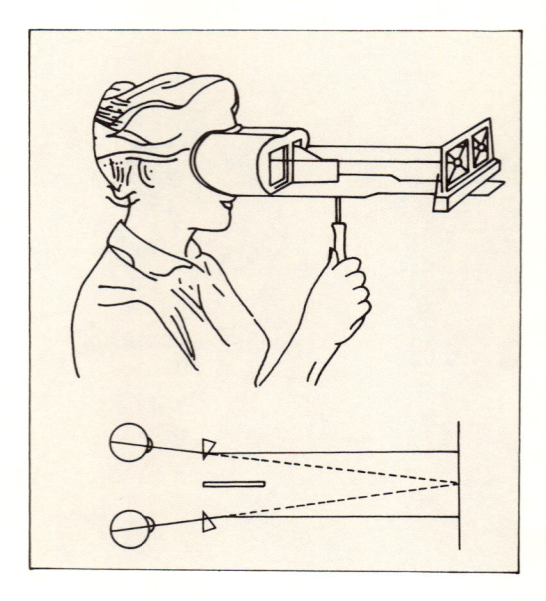

圖 11-13 實體鏡
(採自張春興，1991)

三、長度和面積估計器

長度和面積估計器 (length and area estimator) 是用**平均差誤法**(或**平均誤差法**) (average error method) 測定線段長度的感覺閾限和進行面積估計的儀器。使用時，根據實驗目的在較硬的紙上畫好線條或其他圖形，然後插入槽中，將一邊的活動蓋放在一定位置，使線條呈現出一定的長度或使圖形呈現出一定的面積，讓被試調節另一活動蓋複製出這一長度或面積，或者該長度（或面積）的幾分之一或幾倍。刺激的長度可在儀器反面的刻度上讀出。經過多次測定後，就可用所得數據（一般採用平均差誤法）計算線段長度的感覺閾限。圖 11-14 為我國生產的長度和面積估計器。

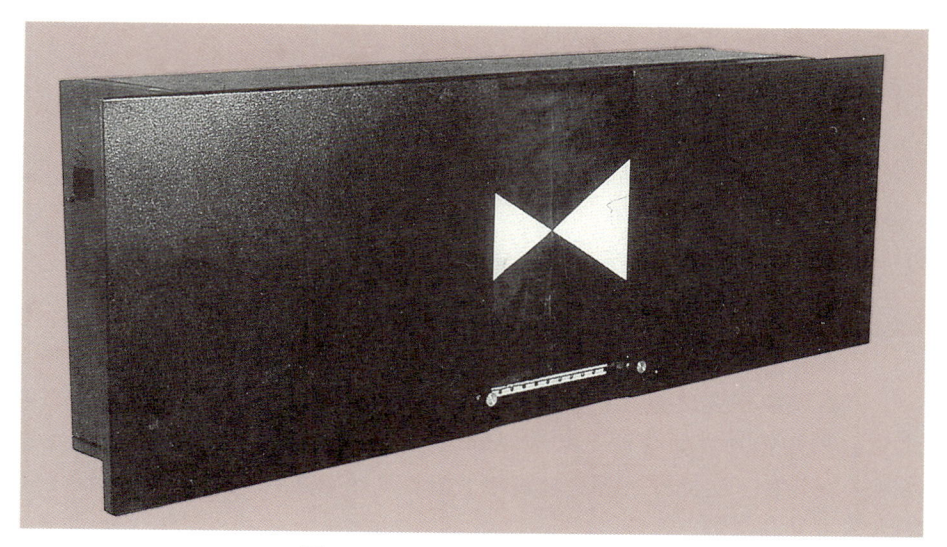

圖 11-14　長度和面積估計器
(採自華師科教儀器廠，1990)

四、動景器

動景器(或動景盤)(stroboscope)，它是演示在一定速度條件下運動物體產生視覺效果，說明似動現象的儀器。普拉梯 (Platean, 1833) 製造了第一個動景器。直到現在，動景器還是心理學演示似動現象的常用儀器。演示時，先將實驗用的卡通片放入景盤，使之緊貼內壁，同時用手慢慢轉動手輪，隨著景盤的旋轉，觀察者從窗口向內能看到卡通片上的靜止的圖形隨之活動起來，當景盤的轉速在每秒 16 格左右時，動景效果最佳。重複觀察幾次，即可體會似動現象的基本原理 (見圖 11-15)。

圖 11-15　動景盤
(採自 New Psychology, 1901)

五、似動現象研究裝置

似動現象研究裝置(apparent movement phenomenon apparatus)是產生似動知覺的實驗儀器，所謂**似動現象**(apparent motion)是一種知覺現象，它是在一定條件下刺激物實際上沒有動而感知到了運動。這種裝置功能大致可分為二類：

1. 可演示似動現象　如有的儀器在呈現箱前按上各種插片，常見的圖片有：

(1) 相繼呈現兩個飛鳥或線條，均可產生相當於真動的似動，看到鳥飛來飛去，或線條作 90 度轉動等。

(2) 相繼呈現一正一反的"＜"或"＞"，"∧"或"∨"的圖形，觀察者可看到翻轉現象，運動好像是在三維空間中進行。

2. 可用於顯示似動現象產生的時間和空間條件的實驗　儀器呈現箱上一般有兩個小圓孔，一個固定，一個可通過旋轉往復移動，實驗時可選定 3～5 種間距使用，為了做好實驗，尚需選定 5～8 種頻率作為時間條件，與空間條件一起編排實驗順序。

似動現象實驗一般需在暗室內進行，被試者坐在儀器桌前 2 米遠處，眼睛注視著呈現箱上兩圓孔的小燈，被試者觀察兩個亮點並報告兩個亮點是同時出現，或者先後出現，或者向一個方向移動，重複幾次，等到被試掌握了似動現象的標準後開始正式做實驗。將實驗設計的"同時"、"先後"、"運動"三種情況分別填入實驗數據表上，最後整理出出現次數的百分數，畫出各種時間、空間條件下似動現象出現的區域。圖 11-16 為似動現象研究裝置。

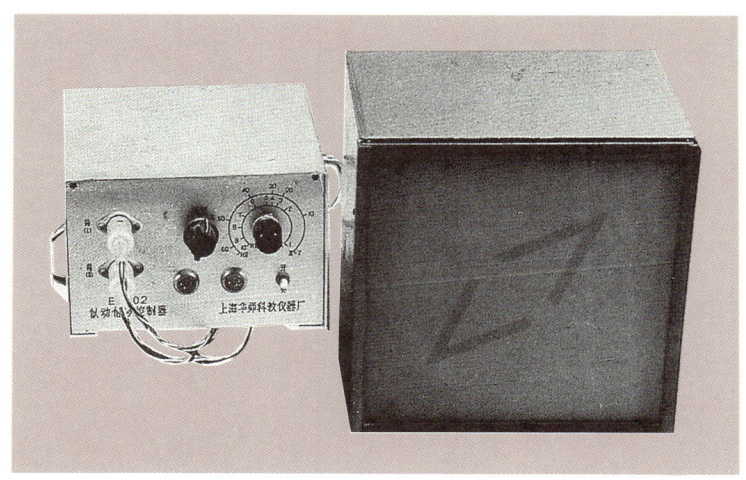

圖 11-16 似動現象研究裝置
(採自華師科教儀器廠，1992)

六、深度知覺儀

深度知覺儀 (depth perception apparatus) 是由霍瓦-多爾曼 (Haward-Dolman, 1919) 設計的，故又稱**霍瓦-多爾曼知覺儀** (Haward-Dolman perception apparatus)，是用於研究深度知覺的儀器。當時主要用來作為一種選擇測驗以淘汰那些不符合深度知覺要求的航空候選人員。它是根據黑爾姆霍茲**三針實驗** (three-needle experiment) 原理而製成的。這種儀器上有一個固定的直棒，在它旁邊有另一個同樣大小的，可以前後移動的直棒。固定的直棒為標準刺激，可以前後移動的直棒為比較刺激。被試在 2 米距離外通過一個長方形窗孔觀察這兩根直棒，並遙控來調節可移動的直棒，使二者看起來在同一距離上。在這種條件下，除了雙眼視差起作用外，排除了其他

596 實驗心理學

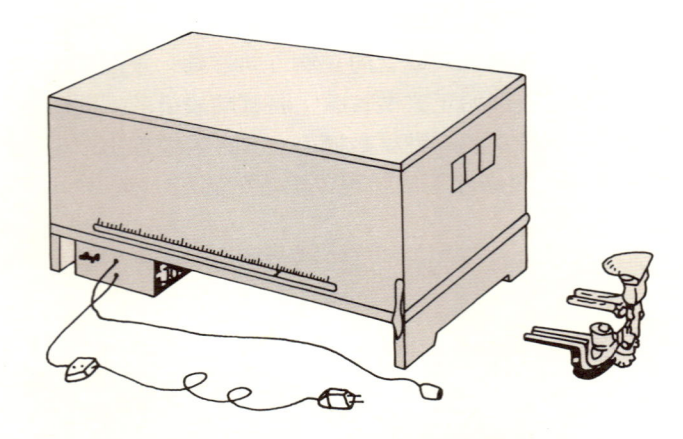

圖 11-17 霍瓦－多爾曼深度知覺儀
（根據北京大學儀器廠資料繪製，1997）

深度的知覺線索。圖 11-17 為深度知覺儀。

七、大小常性測量器

大小常性測量器 (perception constancy tester) 乃是用**比配法** (comparative and matching method) 原理測定大小常性的儀器，也可用於製作心理量表。此儀器一般有兩件，每一件都有一個可調面積的等邊三角形放在立柱上，立柱的高矮可以調節。三角形的高可以從儀器背面的刻度上讀出來，調節範圍在 65～165 毫米之間。測定大小常性時，主試把一個三角形放在遠處，把三角形的高調到一定的尺寸，要求被試調節近處三角形面積，使之與遠處三角形的面積看起來相等，然後根據二個三角形的高之差，計算大小常性系統。圖 11-18 為大小常性測量器。

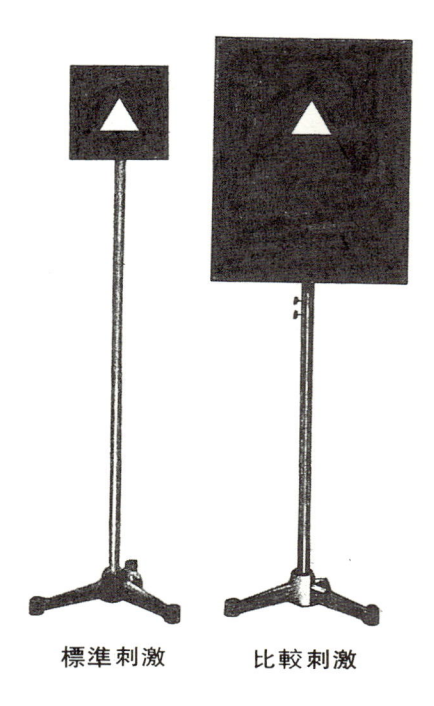

圖 11-18 大小常性測量器
(採自北京大學儀器廠，1990)

標準刺激　　比較刺激

第四節　記憶類實驗儀器

一、注意分配儀

注意分配儀(distribution of attention apparatus) 是測量注意分配能力大小的一種儀器，也可檢驗被試同時進行兩項工作的能力，還可用於研究動作、學習的進程和疲勞現象。儀器可呈現二類刺激，要求左、右手分別盡快地作出回答反應：(1) 聲音刺激分高音、中音、低音三種，要求被試者對儀器發出的連續的、隨機的、不同聲調的聲音刺激作出判斷和反應；用左手按下不同音調相應的按鍵，由儀器記錄下正確的反應次數；(2) 光刺激由 8 個燈泡組成，要求被試者對儀器發出的連續的、隨機的、不同位置的灯光刺激作出判斷和反應，並用右手按不同位置燈光相應的按鍵，關掉燈光，盡快地工作一個單位時間，由儀器記錄下正確的反應次數。以上兩類刺激可分別出現，也可同時出現，兩類刺激的出現是隨機的，並按規定的時間自動地、連續地出現，實驗結果由儀器自動顯示，根據這些數據就能計算出注意分配分數。圖 11-19 為簡易的注意分配儀。它通過被試左手和右手的協調，記錄注意分配能力。

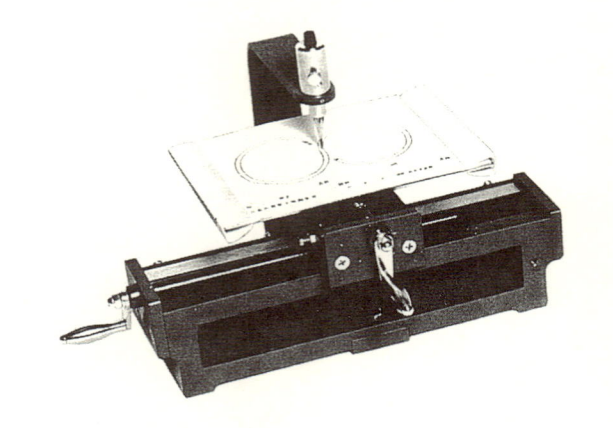

圖 11-19　注意分配儀
(採自 T. K. K. Co., 1990)

二、棒框儀

棒框儀 (rod and frame apparatus) 乃是用於棒框測驗的儀器，它的主要特點是在一個暗視場背景上提供一個亮度均勻的亮的框和棒。棒在框的內部，二者都可單獨作順時針或逆時針調節。並且有讀數盤隨時將框和棒的傾斜角度用指針顯示出來（圖 11-20）。近年來心理學家對認知方式給予很大關注，成為當代研究個體差異和人格問題的一大趨勢，棒框測驗在認知方式研究中占有很重要的地位。早期，它與身體順應測驗、轉屋測驗都是垂直知覺研究中經常使用的測驗。它們主要用來研究，當外在的視野線索（框）與內在線索（身體的垂直知覺）發生矛盾時，究竟參照哪個線索為主進行垂直判斷。美國心理學家威特金等人 (Witkin et al., 1981) 進一步研究證明：當外在線索與內在線索發生矛盾時,依內在線索為主進行垂直判斷的稱為**場獨立性** (field independence),把偏於以外在線索為主進行垂直判斷的稱為**場依存性**(或場依賴性) (field dependent),並且發現垂直判斷上的這種個體差異,具有一定的穩定性。這樣他們就可把垂直知覺的問題,引申到個體差異——**人格理論** (theories of personality),即認知方式的新領域中去。所謂認知方式主要是指在心理機能中主要依靠外在參照,還是依靠自我對比的傾向。

圖 11-20 棒框儀
(採自 Stoelting Co., 1990)

早期的棒框測驗是在暗室中做。後來奧爾特曼 (Oltman, 1977) 設計了手提式測驗器,做起來較為方便。實驗時,令被試者端坐在儀器前,雙眼緊貼觀察孔,實驗過程中始終保持這種情況。暗適應 5 分鐘後,開始施測。為了使被測者在實驗過程中頭部始終保持正直,不隨框傾斜,因此採用下頷托將頭部固定。待被試者準備就緒後,主試者講指導語:"注意看框和棒,並將棒調節與地面垂直,時間不限,當你認為棒已調至與地面垂直時就報告垂直了,並且每次判斷垂直的標準要一致。"主試者在被試者報告調至垂直後，記下調節的誤差數（所調的角度與真正垂直的差數），不計正負號，只取誤差的絕對值。然後用心理物理方法之調整法和極限法安排實驗程序和處理實驗結果，但較多是採用調整法，因為實驗程序和調整法特徵十分接近。

三、迷　宮

迷宮（或迷津）(maze) 乃是研究知覺——動作學習的儀器，它的種類很多，結構方式也不一樣，有心理的與實物的迷宮兩大類，心理的迷宮有聽覺的與紙上（視覺）的迷宮，實物的迷宮主要靠觸覺和動覺來進行，又可分為 T 形的、Y 形的、平面的、立體的、凹進的、凸出的等等，不下百餘種。一切迷宮有一個共同的特徵，這就是有一條從起點到終點的正確途徑與從此分出的若干盲路。被試者的任務是尋找與鞏固地掌握這條正確的途徑。學習的量度是用達到一定的標準所需的嘗試次數、時間或錯誤數為指標。一般說來，動物和人類的實驗常常以三次完全無錯作為完成學習的標準，常見的人類迷宮為觸棒迷宮（見圖 11-21）。

觸棒迷宮（或鐵筆迷宮）(penicl maze) 是在手指迷宮的基礎上發展起來的最簡便、最常用的迷宮。珀金斯 (Perkins, 1927) 最早使用了這種迷宮。

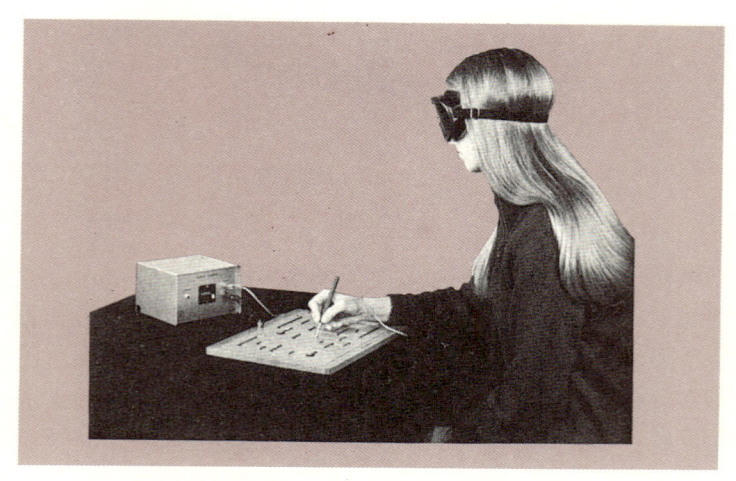

圖 11-21　正在做走迷宮實驗
(採自 Lafayette Co., 1992)

後經心理學家們不斷改善。觸棒迷宮是在排除視覺的條件下，被試用小棒從迷宮的起點沿通路移動，直到走到終點，小棒進入一次盲巷（一般用聲音表示）就算一次錯誤。學習的進程以從起點到終點每走完一遍所花的時間或以所犯的錯誤次數表示。

四、速示器

速示器 (tachistoscope) 是一種短時呈現視覺刺激的儀器，在知覺、記憶和學習等方面的研究中，經常要用適當的儀器來把刺激呈現給被試，以記錄他們的反應。沃爾克曼 (Volkmann, 1895) 最先把短時呈現視覺刺激的儀器叫速示器。早期常用的是馮特實驗室中所用的利用自由落體原理製成的速示器。戈德沙德與繆勒 (Goldsheider & Muiler, 1893) 把轉盤原理用於速示器的裝置，在電子技術年代之前，這些機械控制方法是製造速示器的主要原則。一百多年來，速示器經歷了多次重大的改進。早期的速示器一般為

控制箱　　　　　　　　　　　　刺激箱

圖 11-22　國外近期生產三視野速示器
(採自 T. K. K. Co.，1992)

"落體式"速示器，後來發展為"快門式"速示器，繼後又出現電子控制的速示器。隨著認知心理學的迅速發展，80 年代出現了多視野速示器 (見圖 11-22)。美國杰布蘭茨公司生產的**四視野速示器** (four-field tachistoscope)，可在四個視野分別單獨呈現刺激也可同時呈現刺激，刺激可以是標準卡片也可以是投影片或實物。實驗過程中既可半自動換片，也可手動換片。刺激呈現的時間範圍為 1 毫秒至 100 秒。由於還可以由計算機與反應時系統聯機使用，這樣把認知過程的研究提高到一個嶄新的水平。

五、記憶鼓

記憶鼓 (memory drum) 乃是一種研究記憶的儀器。最初由繆勒和舒曼 (Müller & Schumann, 1894) 設計，後來由李普曼等不斷改進，早期的李普曼記憶鼓 (Lipmann, 1904)，用一個定速馬達作動力，全部裝置以一個鋁片屏遮起來，使被試者不能看到。從二個小窗口中，以固定的間歇不斷向被試者呈現刺激材料，要求被試者識記。由於材料附著在鼓形體的周圍，所以稱記憶鼓。記憶鼓具有比較完善的傳動裝置，呈現窗口的刺激信號由定時齒輪控制，因而適用於多種記憶研究，如提示法記憶研究、系列學習和成對聯想研究等，圖 11-23 為新型記憶鼓。

圖 11-23　記憶鼓
(採自 Lafayette Co., 1992)

六、多重選擇器

多重選擇器 (或耶基斯選擇器) (multiple-choice apparatus) 是由耶基斯 (Yerkes, 1921) 設計定型。多重選擇器通過對被試者簡單和複雜的空間位置的概念形成過程的觀察，研究思維問題。儀器一般有 10 餘個活動的電鍵，分別與聲音信號相連，主試者可任意推出幾個電鍵，並按已定原則 (例如推出的幾個電鍵中的當中一個等)，使有關的電鍵與聲音信號連接，讓被試者選出和聲音信號連接的那個電鍵來，直到被試者經多次嘗試後，第一次按鍵就能選對，並將選擇的原因也說對為止，此外，被試者還須說明他是怎樣掌握這個原則的。圖 11-24 為耶基斯設計的多重選擇器。

在做實驗時，主試者的任務是在屏障後操作，按照事先定好的順序將幾個活動鍵推到屏障前，並將其中一個鍵與蜂鳴器連接 (注意：不要讓被試者看到)。然後，主試者宣讀指導語："請你找出和聲音連結的鍵在什麼位置。如果先按一個鍵，沒有發聲，再繼續按其他幾個。直到按對為止。"這時主試者再更換另外幾個鍵，做法和前面相同，直到連續三次選對並能說出聲音鍵所處空間關係的位置為止。

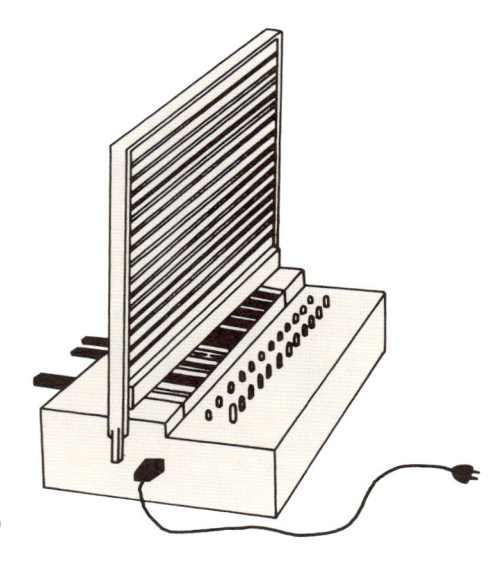

圖 11-24　多重選擇器
(採自北京大學儀器廠，1990)

第五節　情緒和技能類實驗儀器

一、皮膚電反應儀

　　皮膚電反應儀(或心理膚電反應計) (psychogalvanometer) 乃是顯示或以曲線波紋形式記錄皮膚電反應變化的儀器。皮膚電反應最早叫**心理電反射**(或心理膚電反應) (psychogalvanic reflex，簡稱 PGR)，但這一詞不甚確切，以後一般都採用**皮膚電反應** (galvanic skin response，簡稱 GSR) 一詞。皮膚電反應的機理是：在情緒狀態時，皮膚內血管的舒張和收縮以及汗腺分泌等變化，能引起皮膚電阻的變化。皮膚電反應儀就是以此來測定植物性神經系統的情緒反應。最早研究這一現象的是費利 (Fere, 1888)，他把兩個電極接到前臂上，並把它與弱電源和一個電流計串聯。他發現當被試接受音叉、氣味等刺激時，電流計就迅速偏轉，後人稱之為**費利現象** (phenomenon of Féré)，以後皮膚電反應即被廣泛應用。傳統的皮膚電反應測量方法多以電阻為定量單位，也有用假定單位表示的。圖 11-25 為新型皮膚電反應儀。

圖 11-25　皮膚電反應儀
(採自 Lafayette Co., 1989)

二、動作穩定器

動作穩定器(steadiness tester)用於測定手的動作穩定程度,也可間接測量情緒波動的程度。儀器由一塊多孔的金屬畫板和一根插入洞孔的金屬棒組成。這種儀器的畫板上一般有九個洞,故又稱**九洞儀**(nine-holes apparatus),見圖 11-26。九洞的直徑分別為 2.5、3、3.5、4、4.5、5、6、8 和 12 毫米,實驗時要求被試按大洞到小洞的順序,將筆尖伸入洞內一定的長度後抽出。當筆尖碰到洞邊時,指示燈就亮,每次伸入和抽出洞時不碰洞邊才算通過,最後以三次通過的最小洞直徑的平均數之倒數作為動作穩定程度的指標。

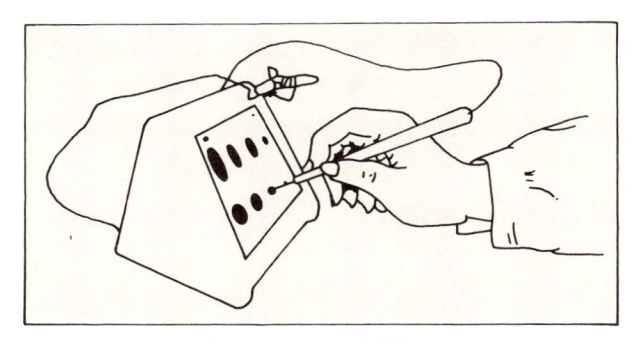

圖 11-26 九洞儀
(採自華師科教儀器廠,1992)

三、反應時測定儀

反應時是心理學研究中最常用的因變量。又分**簡單反應時間**和**選擇反應時間**二大類,現分述如下:

(一) 簡單反應時測定儀

簡單反應時測定儀(simple reaction time tester)是呈現單一刺激,要求被試者作單一反應的儀器,主要用於測試人的視聽道的反應速度。通過測定,可比較在聲光的不同條件下,反應速度的快慢。

使用時,簡單反應時測定儀器可分別測定視覺和聽覺的反應時間。實驗過程，主試者操作開關，選擇聲或光為約定的刺激信號，當被試者感覺到信號（聲或光）時就隨即按下反應鍵，這時計時器就記錄了從"刺激"到"反應"之間的時間，如此重復多次取得可靠的數據。從實驗獲得的數據在需要時還可以與選擇反應時測得的數據進行比較。

（二） 選擇反應時測定儀

選擇反應時測定儀 (complex reaction time tester) 呈現不同的刺激，要求被試者作出不同反應的測時儀器，主要用於測定人對複雜刺激的反應速度和準確性。

教學用的選擇反應時測定儀一般能呈現四種顏色光的視覺刺激。做實驗時，主試者按預先編排好的程序，操作開關分別發出"紅"、"黃"、"綠"、"白"各色刺激信號，要求被試見到某一種顏色信號燈亮時，就隨即準確按下手中某一個特定的反應鍵，如此重復多次記下各次數據。從本實驗獲得的數據，若有需要還可以與簡單反應時測得的數據進行匹配比較。

四、手指靈活性測驗儀

手指靈活性測驗儀 (finger dexterity tester) 乃是測定手指尖、手、手腕、手臂的靈活性，以及手和眼協調能力的儀器。應用心理學測定方法來進行能力方面的動態研究，能夠彌補和糾正用快速法進行職業諮詢和職業選擇時的不足，通過長期動態的對個人進行研究，可以取得向被試提出選擇職業建議的寶貴資料。這種測驗方法在就業指導和諮詢上正得到越來越廣泛的應用。

手指靈活性測驗儀種類很多，歸納起來主要有二類。一類用於測定手指靈活性，另一類用於測定手指尖的靈活性。

手指靈活性測定要求被試者用一把鑷子鉗，把 100 根金屬針分別插在實驗板上相應的 100 個洞裏，金屬針和洞的大小規格不等，最小的洞直徑僅 1.6 mm。

手指尖靈活性的測定，實際上是一個安裝螺母的操作；在實驗板上固定著數十個螺栓，被測者的任務是儘快地先把墊片放在螺栓上，然後再把螺母旋在螺栓上。

以上二項操作的指標是完成任務的速度，儀器備有計時器，只要被試把第一根針（或墊片）放在洞裏（或螺栓上），計時器就自動開始計時，當被試者把最後一個針（或螺母）放到最後一個洞裏（螺栓上），計時器即自動停止計時。這時計時器上的數碼就顯示整個實驗所需的時間。圖 11-27 為手指靈活性測驗儀的操作板。

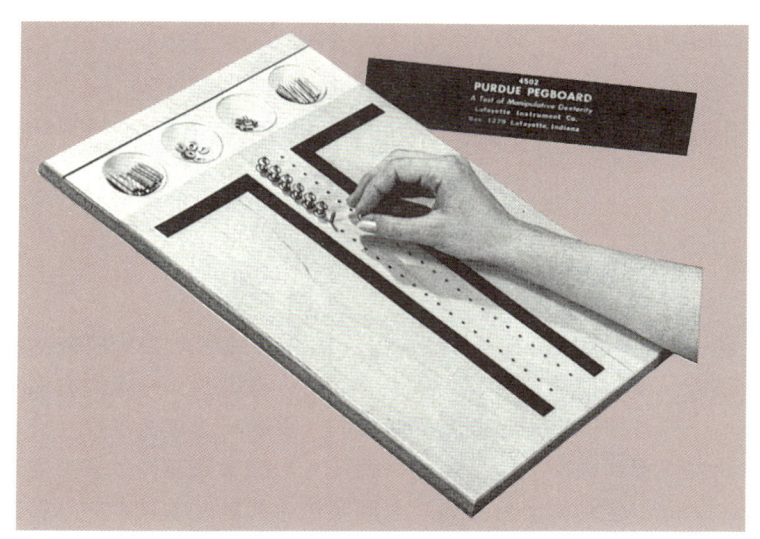

圖 11-27 手指靈活性測驗儀
(採自 Lafayette Co., 1990)

五、雙手調節器

雙手調節器 (two arm coordination tester) 乃是一種主要研究注意分配和雙手協調技能的儀器。這類儀器的種類很多，多數儀器的主件由一塊金屬板構成，板上有一個形狀不規則的溝槽，有一根金屬針可以沿這個溝槽移動，這根針由雙手調節器的兩個轉輪柄來推動。轉動其中的一個輪柄，針就會前後移動；轉動另一個輪柄，針就會上下移動。被試者的任務是把注意分配到轉動兩個輪柄的兩種動作上，儘可能快移動這根針，使它到達盡頭，但又要使它不要碰到溝槽的邊緣，否則，電流會接通，記下一次錯誤。由於整個操作過程，要求對活動進行特殊的組織，這種組織也就是注意的分配。

圖 11-28　用雙手調節器作實驗
(採自 Lafayette Co., 1992)

六、鏡　畫

鏡畫(或鏡畫板) (mirror tracer) 主要用於練習效果的研究和技能遷移作用的研究。鏡畫是由一面 6 寸×8 寸大小的鏡子，一塊畫有多角星圖案的底板，一塊遮擋板和一支金屬筆所組成。實驗時遮擋板支撐在底板上，擋住被試者直接看到底板上的多角星等圖案。被試者只能從鏡子裏看到顛倒的多角星，並操作金屬筆盡可能地沿著圖案軌跡移動。主試者記錄被試者的實驗時間和錯誤（金屬筆跑到軌跡外面）的次數。實驗的結果是，初學者對這件工作感到困難很大，但進步很快，通過學習進程的研究和分析，就可了解練習和技能遷移的效果。圖 11-29 為被試者正在作鏡畫操作實驗。

圖 11-29　鏡　畫
(採自 Stoelting Co., 1988)

第六節　計算機在心理學上的應用

一、計算機與心理學的關係

從世界上第一台計算機在美國普林斯頓的一所高級研究所誕生以來，短短的半個世紀中，電子計算機已進入第四代、第五代，至今出現的算法語言已不下幾百種。微處理機和微型計算機問世以後，由於其體積小、價格低和推廣應用方便，故它的發展速度和影響遠遠超過了它的前幾代。數字（位）計算機目前已不僅用於數學題目的計算上，而且廣泛地用於數據處理，例如圖形顯示、測量，設計工程、電路以及實驗、模擬等。在科學研究中計算機已成為強有力的助手。可以預見，它對科學技術的發展和人類生活將愈來愈顯示出不可忽視的影響和作用。今天，計算機科學已經滲透到各個領域中，計算機作為實驗工具是否被充分利用，以及計算機和心理學結合程度，標誌著心理學學科發展的水平。

從前面幾節的介紹中，我們已經知道，心理學像許多其他自然科學一樣，特別重視採用先進的技術作為工具來武裝和發展自己，在此，將電子計算機作為一門技術廣泛地在心理學各領域的實驗中加以應用，毫無疑問地，這將是現代科學心理學的任務。除此而外，心理科學和計算機科學這二門學科之間存在著許多共同需要解決的問題，如圖形識別、人工智能等。這類問題的解決既利於計算機技術及學科的發展，又有利於心理科學的發展，相輔相成，這種應用和結合帶來了共同的發展。

計算機在心理學的應用從 60 年代初開始到現在已有一段成功的歷史。計算機的基本操作方法是體現在它的程序算法，這一特點使得它們在作為實驗工具時非常有用。現在，計算機在心理實驗室中已被用於研究許多不同類型的心理學問題。例如，認知科學中的許多實驗已經通過使用計算機來完成。在感知方面，計算機已經廣泛地應用在視覺和聽覺研究中，在諸如控制心理物理實驗過程，進行心理生理量的測定，以及幫助產生聽覺和視覺刺激等方面發揮很大的作用。計算機還補充用於模擬人的感知、記憶、學習，以及行為等等。同時，紛繁複雜的各種計算機程序在心理實驗中發揮了刺激呈現、過程控制和數據處理的作用，充分顯示了用計算機進行心理實驗所具有的準確、方便等特點。

概括地説，計算機在心理學中的應用主要有三個分面：

1. 人-計算機系統的研究；
2. 心理和行為的計算機模擬；
3. 計算機在心理實驗的控制和數據處理中的應用。

二、人-計算機系統的研究

人-計算機系統乃是人-機系統的一部分。**人-機系統 (或人機合一系統)** (man-machine system) 是人和機器組成，通過人機相互作用以實現一定功能的系統，它被看作是控制系統的特殊情況，是工程心理學研究的對象。在這種系統中，人和機器形成一個統一的調節回路。為研究人-機系統中進行的一些控制過程，以及它們的結構和功能，工程心理學把人、操作者，看作是這種系統的一個環節。圖 11-30 是閉環人-機系統單回路圖的基本結構。圖中 X_1、X_2、X_3、X_4 代表從系統的一個環節到另一環節的作用的轉換。

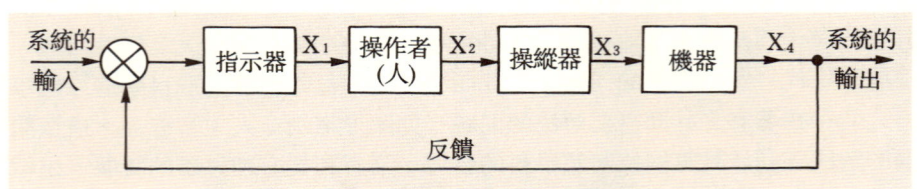

圖 11-30　人-機系統的基本結構圖
(採自洛莫夫，1956)

事實上，人-計算機系統也是人-機系統。但是此系統不同於一般的人-機系統或人-自動機系統，這是由於在人-計算機系統不是去獲得新的信息，而是根據人或其他系統的需要去處理或應用已有的信息。在此，人-計算機系統中人和計算機相互作用的實質是利用程式，計算機利用人給予的程式進行運算，而人要再從計算機中獲得對人最合適和可靠形式的信息。這樣，在人-

機系統中用計算機實現信號響應能力的測定。

這裏用一個例子加以說明。為了使計算機實現信號響應能力,一個突出的例子是挑選最佳的字符。國內外心理學家在這方面做了大量工作。我國崔代革 (1986) 為達此目的,使用計算機控制主要儀器,用以模擬高度字符動態顯示的情景。它與人 (被試者) 組成一個人-機系統,通過人的信號響應能力來評定高度字符顯示的優劣,以手動方式作出響應。

圖 11-31 為信號響應示意圖,實驗過程中,被試通過接受顯示器上所呈現的動態畫面,準確、迅速以手動方式 (按鍵) 對指令作出反應。微型計算機記錄反應時、正確響應次數、提前響應次數及延遲響應次數 (包括漏反應次數)。每人邊連續響應 30 次後,微型計算機顯示並打印統計數據。還能將每人響應情況用直方圖形式顯示出來。

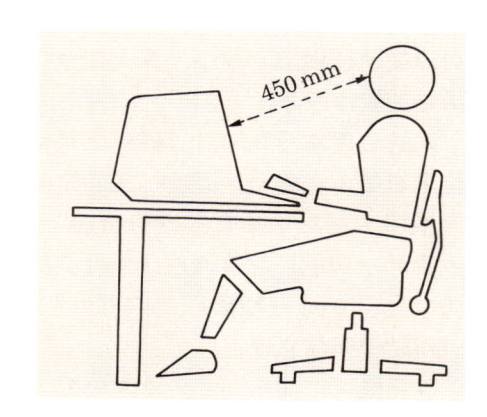

圖 11-31　信息響應示意圖
(採自崔代革,1986)

由於實驗模擬了平顯動態情景,並以四種指標進行探討,結果發現,具備最優顯示方式的字符應具備哪些特徵。

應該看到,電子計算機仍然是按人所編好的程式執行解題。所以說,在人-計算機系統中,人仍然起著控制機能,並作為主要的決策部分。在問題解決與決策的過程中,人仍然承擔問題識別、問題診斷、及程式的制定和選擇等創造性工作。在現代概率信息處理系統中,計算機也正在利用人的一套決策規則來運算。

由此可見,人-計算機系統中人和計算機處於同一個系統中執行著同一個任務,這是人和機器的同一性的一面,在這統一的系統中由人和機器共同完成最優控制。

三、心理活動的計算機模擬

人類具有感覺、知覺、乃至高級的思維和意識能力。這些能力能否完全地傳遞給機器人，即由計算機或機器人來執行這些功能？最終計算機會不會代替人的腦力勞動？對這樣一個問題不能作簡單的肯定或否定的回答。絕大多數的科學家認為，機器只是勞動工具，人是勞動的主體，勞動是人有意識的活動。從這種觀點看，即使是最先進的電子計算機也是由人創造的，計算機中的程式，運算的目的性都是由人來決定的。當然，在肯定機器不會最終代替人的前提下，也不能否定可以不斷擴大計算機**模擬** (simulation) 人的高級功能的可能性。計算機模擬人的心理和行為的前景是很廣闊的，心理學也可以從這種模型研究中，深入探索和驗證已有的理論並探索新的心理和行為活動的規律性。

人的心理和行為的計算機模擬是可行的，心理和行為的計算機模擬這項工作具有雙重意義。一方面，人腦是產生心理和行為的生理基礎，但是人腦極為複雜，而且不易直接進行實驗和觀察，於是運用信息處理和控制論原理，設計一個電子計算機系統作為腦的原型，將是釐清人腦工作原理的重要方法；另一方面，人腦工作原理的闡明，又將為計算機對心理和行為的模擬提供新結構與新原理。

計算機可以從不同的角度來模擬人的心理和行為。從方式上看，可分為結構模擬和功能模擬等；目前在感知模擬、記憶模擬和思維模擬等方面已經取得顯著的成績。

（一） 感知模擬

早期的**感知模擬** (sensation and perception simulation) 企圖從感覺的神經結構模擬著手，可稱為**結構模擬階段** (form simulation period)，其特徵是從人的神經解剖上模擬，顯著成果是 60 年代初期盛行於世的**感知機** (perceptron)。感知機的實驗系統是由一個主機 (感知機)、一個刺激環境和一個強化控制裝置三大件組成。其中感受單元把刺激的某一物理量轉換成相應的信號；聯繫單元把此信號進行加權總和閾限運算；再由反應單元對結果進行分類顯示。隨著時間的推移，人們發現感知機的局限性，因為圖像中包含的信息量是巨大的，即使同一類圖形其變化也是繁多的，而且在文字符號識別工作中，許多類別是人為規定的。所以感知機再複雜，如果不考慮預先處理工作，特徵抽取工作以及各種特徵之間的關係問題，也是不容易解決問題的。

科學家從現代心理學的研究得到啟發，把注意力轉向心理功能的模擬。舉一個例子來看：計算機圖形識別的心理學研究表明，人們識別圖形時，不僅要辨別出某些特徵是否存在，而且要看特徵之間的關係，即圖形結構；特徵相同，結構不同其含義可能大相逕庭。根據這種方法，認為圖形的基本單元是原始特徵，或叫元素，一定關係的一些元素構成子圖形，一定關係的子圖形構成圖形。圖形的識別，就是使計算機把這些簡單元素，按照一定法則來分析理解，圖 11-32 為計算機識別的臉圖。構成它的成份有：黑點、方塊、線段、圓。

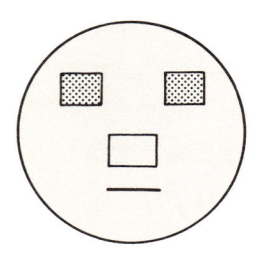

圖 11-32　計算識別的臉圖

至今，計算機對圖形的識別，仍有很大的局限性。儘管計算機的模式識別研究取得了不少成績，但比起人的知覺還相當幼稚，極不成熟。可是從中卻揭示出一條規律單純的感覺，純粹的知覺是可能存在的，只有理解性的知覺，即高級認識過程與低級認識過程的結合，才是人們反映、認識客觀世界的真實徑途。

(二)　記憶模擬

自艾賓浩斯以來，對記憶已完成了大量的實驗研究，20 世紀 50 年代出現的信息處理（信息加工）理論，把記憶看作是對信息的輸入、編碼、儲存和提取的過程。記憶的心理學研究也大都集中在揭示遺忘的規律上，但是計算機具有"過目不忘"的特長，不可能也不必要用它來模擬遺忘。然而，人們却同樣期望從計算機科學中得到啟發，說明記憶信息在人們記憶系統中是如何輸入、編碼、儲存、提取的。於是各種記憶系統的理論相繼出現。所謂瞬時記憶、短時記憶、長時記憶理論已是心理學的常識。目前人們根據計算機模擬提出了短時記憶，長時記憶和工作記憶系統理論。認為除短時記憶和長時記憶之外，還有一個工作記憶系統的存在。工作記憶系統具有控制功能，它可以隨工作需要臨時把某些信息從長時記憶系統中調出，用過以後或是原封不動，或是以經過進一步加工的新的形式重新送回長時記憶系統。這種假設顯然類似於計算機語言中的分層組織程序，即每程序可能包括一個或多個子程序，當程序的執行到子程序時就執行子程序，子程序執行之後，控制又返回繼續執行程序。

通過擴大計算機儲存量的模擬研究，也進一步逼近於人的記憶規律。計算機是以它巨大的儲存量而著稱的，現在的大型機儲存容量接近 108 位，一台磁盤的容量就超過 109 位，估計光存儲器的容量可達到 1012 位左右。但對於大批需要存入計算機的信息，計算機的容量還顯得不夠。一張高質量的空中攝影照片所包含的信息量就超過了 1013 位。因此，人們可以發現，若不經過加工，即使是計算機，它們的記憶儲存都是相當有限的，而是以經過加工之後的**組塊**(或意元) (chunk) 的形式單位存儲的。

(三) 思維模擬

目前**思維模擬** (thinking simulation) 是人工智能最活躍的領域。計算機的思維模擬，其方法大體分為兩類：一是定程法，二是啟發法。

1. 定程法 **定程法** (或算法) (algorithm) 乃是問題解決的一種策略或方法，它含有一組規則，如果得到遵循，就將自動地得出正確的答案。例如，乘法規則就構成一個算法，只要恰當地應用，總可得出正確答案。所以，定程法就是為了使問題得到一個解，而規定在一切可能的條件下所採取的步驟。一個定程法就是確定一個計算過程的一連串步驟，應滿足兩個要求：(1) 應用定程法於一定的原始資料上，如有答案，則必能在有限的步驟內得出；(2) 定程法適用解決一類問題，而不是某一個特定問題。

雖然，計算機窮盡一切可能性的定程法能解決問題，與心理學上稱之為**試誤法** (trail-and-error method) 相類似。實際上人們解決問題時運用嘗試法的場合並不多，原因之一是人腦比計算機慢得多，於是不得不要繞過組合爆炸，儘管人腦如何繞過"組合爆炸"的機制尚不完全清楚，畢竟還是可以從它的工作方式中得到啟發。所以，對許多複雜的問題，至今尚未發現其適當的算法，也許根本就不存在這些算法，而有些定程法又過於費時，於是，需要發展一種啟發式程序設計，這時就轉向啟發法。

2. 啟發法 啟發法(或**直斷法**)(heuristic)乃是一種憑藉經驗解決問題的策略或方法。按照"Heuristic"一詞的原意，是有助發現的或發明的藝術。人在生活中積累了行之有效的解決問題的方法。在新問題出現時，可以利用這些經驗去解決問題，而不必進行大量的嘗試或系統的探求。在西蒙(Simon, 1975)的信息處理(或信息加工)心理學理論中，啟發法是問題解決的主要途徑。科學上的許多重要發現往往是利用了極為簡單的啟發法規則。相反，用定程法解決問題時，要把所有的可能性都嘗試一遍，以求最後找到答案。因此，用定程法解決問題要花費大量時間和精力；啟發法可以減少嘗試的數量，迅速地解決問題，但不排除失敗的可能性。啟發法的程序的設計，就是從人的智能行為中得到啟發，找出人解決實際問題的規律性，把一些策略、技巧、經驗法則、簡化規則以及其他有助於求解複雜問題的方法編進程序。

近些年來，思維模擬的研究也正朝向應用化方面發展，這方面取引人注目的是各種類型的專家諮詢系統，所謂**專家諮詢系統**(expert consulting system)，就是一個計算機系統事先將有關專家的知識總結起來，分成事實及規則，以適當的形式存入計算機，即建立起知識庫，根據這樣的數據庫，採用合適的控制系統，按輸入的原始數據選擇合適的規則進行推理、演譯，做出判斷和決策，能起到專家的作用，所以稱專家諮詢系統。我國也曾報導過中醫臨床診斷的專家諮詢系統。如 1984 年，南開大學和天津醫學院合作研製的小兒咳喘的計算機軟體系統，它是一個小型中醫診療專家系統，已在電腦上運行，經過 100 個實際病例的考驗，結果正確無誤。經過 234 個典型病例檢驗分析，證明可進行臨床診療工作，並已開始門診。

上面我分別敍述了計算機的各種心理行為、功能模擬，從 60 年代起，這種模擬已經進入綜合化階段，具有感知、記憶、思維功能的機器人已經在各行各業大顯身手，科學家們正在進一步設想建立一個通用的智能機器人，可以相信這種機器人將日臻完美。

四、計算機在心理實驗中的應用

前面講到的計算機功能，對心理實驗來說還是比較間接的。計算機還能直接用於心理實驗，我們知道，微型計算機和微處理機在過程控制中得到廣泛的應用。事實上，心理實驗的控制是一般過程控制的變形。在這種情況下，控制裝置是計算機，過程是實驗。圖 11-33 所示為微型計算機控制心理實驗的方框圖。在心理實驗中，由微型計算機產生刺激，被試對刺激作出響應，然後將判斷信息反饋到計算機，對刺激作出調整。

圖 11-33　計算機控制的心理實驗
(採自王甦，1986)

在心理學領域中，利用計算機做實驗過程的控制設備，不但能夠達到實驗過程的自動化，而且還能夠改善實驗條件，保證實驗質量，提高實驗效率。我國心理學者王甦 (1986) 曾做過利用微型計算機控制被動觸覺的一個實驗，由被試在排除視覺的條件下，判斷以不同速度經過優勢手食指的實驗材料，檢驗被動觸覺銳度。圖 11-34 為實驗系統的結構圖。我們從這二個圖上可以看到，從刺激的產生與呈現，到響應的記錄，最後到數據的處理和分析，在這心理實驗的主要步驟上，都由計算機加以控制。

(一) 計算機在心理實驗的應用領域

計算機已被應用於許多心理學領域，其主要領域有：

1. 認知　認知科學有許多實驗是使用計算機完成的。幾乎所有的計算機系統能夠做到：顯示口頭或其他刺激材料，呈現需解決的問題，模仿真實

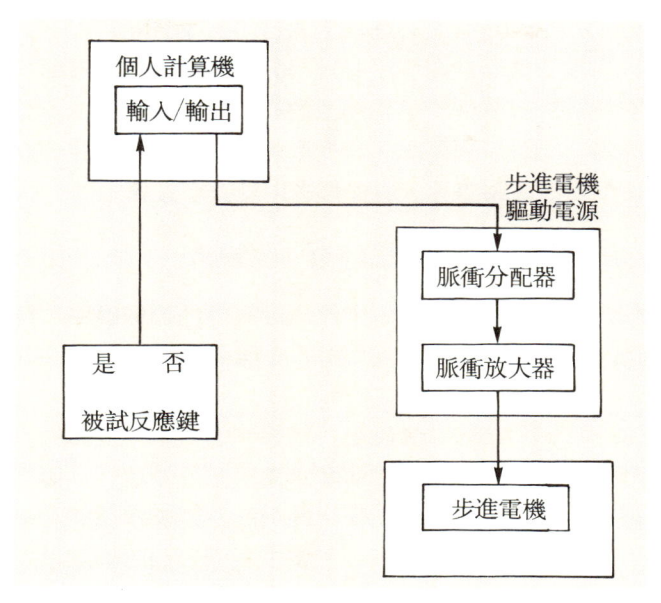

圖 11-34 實驗系統的結構圖
(採自王甦，1986)

或想像的情景，和提供測定認知能力的複雜比賽。特別是在視覺和聽覺研究中，計算機廣泛地使用於控制心理物理過程，使用於對眼動和瞳孔擴大參數作心理生理測量，使用於幫助產生聽覺和視覺刺激。

2. 技術和運動操作 計算機能同時控制大量刺激和監視被試反應的能力，使它成為連續運動知覺任務中研究人類操作的一個出色裝置。例如，模擬驅力行為，操作工業機器和測量緊張和疲勞程度。

3. 計算機幫助治療 目前使用於行為治療和行為調整的認知治療中的許多方法，均特別適宜去採用計算機控制技術。例如，監視一個病人的生理和其他反應，根據確定的標準呈現刺激，測量肌肉活動鬆弛程度和皮膚電阻的變化，或病人的反應輸入到一個簡單的鍵盤上等等。

4. 心理生理學 聯機計算機技術頻繁地使用於測量或控制由電測量派生的心理生理參數。心電圖數據、肌電記錄和許多指標都可借助於聯機計算機系統而獲得。因此，所獲得的測量可為以後的分析而儲存起來。腦電圖的研究也屬於這個範疇。

5. **心理學教學實驗**　心理學上的許多教學實驗可以在計算機上進行，例如北京大學電子儀器廠開發了心理學實驗軟體。其中有做呈現刺激的心理測試，還有統計計算軟件。呈現刺激的心理測試軟件包括測量記憶廣度，測量選擇反應時、測量感覺閾限、研究學習進程、研究人在概念形成過程中頭腦裏所進行的內部活動等等。這些都適用於教學實驗。

（二）　心理實驗運用計算機的優缺點

前面我們已經講到了心理學中使用計算機的種種優點，這裏不防再加以系統地歸納。一般說來，計算機應用於心理實驗中有如下一些優點：

1. **較好地控制變數**　實驗是一種控制的觀察。實驗的主要特點是較好地控制額外變量。計算機在這方面顯示其明顯的優越性。與其他實驗裝置不同，計算機能夠向被試呈現隨機變化的刺激。以選擇反應為例，依據被試選擇的反應，計算機程序能夠從多個刺激中選擇一個向被試呈現，或者只允許向被試呈現一個刺激。然後，極快地形成新的刺激裝置。計算機能做到的這些事，是人工實驗所做不到的，因為人類不能這樣快地作出決定。

許多實驗（特別是在視知覺領域）不僅要求刺激者有精確性，而且要求有複雜性。計算機控制技術乃是產生複雜刺激模型的最好方法。例如，謝波德和塞馬克（Shepard & Cermak, 1973）創立了一套研究知覺的自由形式刺激。他們設計了八個刺激圖形，通過採用"菜單"的形式供被試或被驗者選擇。計算機還可以控制刺激圖形中一些參數的變化。實驗者或被試也可以根據需要，通過鍵盤或旋鈕改變刺激圖形中的一些參數，從而使刺激圖形的調整變得十分方便。

2. **計時精確**　由於時間是心理實驗的常用反應變量，因此對時間的控制和記錄就成為實驗的基本要求。使用計算機控制心理學實驗的一個重要優點是能精確地控制實驗所要求的限定時間。計算機應用於呈現刺激和測定反應兩個方面。對於一個計算機來說，1 毫秒的精確度是很容易達到的。如果需要的話，100 微秒的精確度也是相當容易達到的。這就意味著，反應時的模式就可以被製成一個較好的量表，刺激呈現的定時精度也能得到改進。在測量雙耳間注意分配的實驗中，特別需要儘可能地嚴格控制刺激的突然開始。在早期的實驗中，精確度要高於 100 毫秒是很困難的。計算機技術的出現，就能以大約 10 毫秒的精確度匹配突然出現的刺激。技術上這些改進的結果是，實驗的輸出起了變化。以前延期較長才能產生的效應，現在能產生突發且穩定的新效應。例如，在對繆勒-萊爾錯覺 (Müller-Lyer illusion) 研究的實驗中，通過對刺激呈現時間和刺激消失時間的控制，使刺激圖形一會兒出現，一會兒消失，這可以在一定程度上避免由於長時間同一錯覺圖而錯覺量降低這一因素對實驗結果的影響。

隨著時間精確度的提高，計算機還能使實驗者有機會增加對刺激材料其他維度的時間控制。例如，在聽覺實驗中運用不同的聲音頻率，或在視覺顯示實驗中對刺激物的位置、速度或加速的控制。

3. 可減少實驗者對被試的影響　計算機控制心理實驗的另一個重要優點還在於可以減少實驗者對被試的影響。一般在心理實驗進行過程中，實驗者和被試者之間無意的相互作用有時會使實驗結果產生人為的影響，使得結果不很客觀。在許多心理實驗中，特別是在視錯覺的研究中，言語的指導作用會使被試的判斷結果大不相同，應用計算機的實驗程序能夠做到無需實驗者的參與，被試也能照常進行，只要被試在實驗前預先做幾次練習，便可以獨立地完成整個實驗。而且，在實驗進行過程中，實驗者可以去做其他的工作，這樣既節省了許多時間，還避免了無關暗示對被試者的影響。

4. 記錄方便　由於計算機是一台理想的記錄器，許多精密的心理實驗儀器（如眼動儀等）都和計算機一起組成一個系統。由計算機控制心理實驗，可以方便記錄和測量響應。被試者的響應主要有二類：**離散變量響應** (discontinuous variable response) 和 **連續變量響應** (continuous variable response)。前一種響應的例子如人或動物被試的按鍵；後一類型的響應如在整個實驗期間需要監控的心理生理變量。無論是哪一類被試反應，計算機都能較好地記錄。這裏再以波根多夫錯覺實驗為例，記錄的是離散響應，被試者有五個按鍵可以選擇。假如它們是 U、I、D、F 和 Y。當被試要調整圖形時，可按前四個鍵。當被試覺得兩條截斷線共線時，可按 Y 鍵，計算機便可求出錯覺量。可見，計算機不僅可以對實驗進行控制，而且還具有強大的數據處理能力，在這個實驗中，只要採用簡單的迭加技術，得到的錯覺量就具有統計性質。此外，計算機是一種多用途的機器，因為依據的程序如何，它能應用於任何一種巨大的作業，這種可塑性促使它能適用於許多種心理實驗。有些實驗需要幾種類型 (例如，動物實驗中，不同的強化日程表)，就可以通過一定的程序，來達到實驗目的。

計算機在心理實驗中顯示了共同性的優點，在心理測驗中也顯示了特殊性的優點。但是用呈現刺激的軟體在計算機上做心理實驗也並非是萬能的，有時它有一定的局限性。概括起來，主要有以下四個方面：

1. 有些心理實驗難於在微型計算機上實現。把它用於簡單操作反而帶來了技術困惑。例如，金恩 (King, 1973) 藉助於混合未煮過的黑白稻米，用照相拍下其結構圖，以產生隨機的黑、白點的視覺模型。正如他們所指出的，這種方法要比用計算機在螢光屏上產生的隨機模型的方法好。

2. 有些心理實驗只單純靠軟體來實現不能達到預期的效果，測試結果也很不準確、不可靠，因為該軟體的執行時間相對某些測試的反應量也還是太長了。

3. 一般地説，編製計算機程式是一項不易的工作，而且有時計算機程式是一種花費時間的操作，因為付出的努力中包括學習一種新的程式語言。如果要做大量有關實驗，或者這裏沒有其他方法可以達到目的，那麼是值得花費時間的。如果這些實驗無須重復它的原始形式，如果這程式對其他程式關係不大，或者掌握它需要學習很長時期，或者使用一種你可能今後不會再用的語言工具，在這些情況下，改用其他方法就更好些。

4. 應用計算機的一種真正嚴重缺陷是，它們剝奪了主試者去觀察被試者的機會。實驗 (有別於論證) 是一個過程，其結果是不能預告確定的。在可能出現的結果中，也許有些行為已被人類觀察者注意到，但是不能被他們所設計的測量系統所記錄到。像意外的反應經常為以後的實驗工作提供材料，給人以啟示。在計算機執行的實驗中，這個主試者必須自始至終遵守他所寫下的程式算法，而且主試者也可能不願去花時間來修改實驗過程中的細小法則，相反，這些修改在主試者控制的實驗中是較容易做到的。因為人既能掌握原則，又具有靈活性。

本 章 摘 要

1. 心理實驗儀器是心理學研究的工具。它既包括心理學特有的儀器，也包括一部分屬於其他學科，但也可應用於心理學的儀器。
2. 心理實驗儀器的發展大致經歷了三個時期：從19世紀70年代到20世紀初是第一時期；從20世紀20年代開始到60、70年代是第二時期；自20世紀60、70年代開始到現在是心理實驗儀器發展的第三時期。
3. 儀器對心理學研究之所以重要，主要原因有：儀器能使我們在已知的和控制的條件下獲得標準化的數據和資料；儀器能使信息進一步記錄下來，提供進一步的分析；儀器能使我們測量到我們感覺器官不能直接觀察到的事件，從而大大地擴展了我們的觀察範圍。
4. 當今心理實驗儀器的發展有下列一些新趨向：不斷向標準化努力；系列化；應用於教學；心理學研究材料的增多；電子計算機的普及。
5. 用於研究感覺的基礎性儀器有：**色輪，聽力計，聲級計，語圖儀，兩點閾量規，測痛儀，動覺計**。
6. 用於研究知覺的基礎性儀器有：**眼動儀，實體鏡，長度和面積估計器，動景盤，似動現象研究裝置，深度知覺儀，大小常性測量器**。
7. 用於研究記憶的基礎性儀器有：**注意分配儀，棒框儀，迷宮，速示器，記憶鼓，多重選擇器**。
8. 用於研究情緒和技能的基礎性儀器有：**皮膚電反射儀，動作穩定器，反應時測定儀，手指靈活性測驗儀，雙手調節器，鏡畫**。
9. 概括地説，計算機在心理學中的應用主要有三個方面：**人-計算機系統**的研究；心理和行為的計算機模擬；計算機在心理實驗的控制和數據處理中的應用。
10. 人-計算機系統是人-機系統的一部分。其特點是，人-計算機系統也是人-機系統但不是去獲得新信息，而是根據人或其他系統的需要去處理或應用已有的信息。
11. 計算機可以從不同角度來模擬人的心理和行為。從方式上看，可分為結構模擬和**功能模擬**；從內容上看，可分為感知模擬、記憶模擬和功能模擬等。

12. 計算機應用於心理實驗有如下一些優點：較好地控制變量，計時精確，可減少實驗者對被試的影響，記錄方便等。

建議參考資料

1. 王　甦 (1986)：利用微機控制觸覺銳敏度實驗。北京市：中國首屆微機在心理實驗中的應用討論會專題論文。
2. 孫　曄 (1979)：美國心理學漫談。心理學報，11 卷，2 期。
3. 崔代革 (1986)：用微機實現動態畫面顯示——平顯高度字符信號響應的實驗研究。北京市：中國首屆微機在心理實驗中的應用討論會專題論文。
4. 楊治良 (1988)：心理物理學。蘭州市：甘肅人民出版社。
5. 楊治良 (1984)：儀器在心理學研究中的作用——兼評介美國心理實驗儀器。心理科學通訊，7 卷，2 期。
6. 虞積生等 (1980)：中國正常男青年的深度視覺閾值的測定。心理學報，12 卷，3 期。
7. Lafayette Instrument (1992~1993). Psychology & Biology Catalog. Lafayette: Lafayette Instrument Company.
8. Stoelting Co. (1990). Products From Volume 1~4. Chicago, U.S.A.
9. Takei & Company (1988). T.K.K. Psychological & Physiological Apparatus. Tokyo, Japan.
10. Witkin, H.A, & Goodenough, D.R. (1977). Field dependence and interpersonal behavior. *Psychology Bulletin,* 84, 4, 661~689.

參 考 文 獻

王　蘇 (1979)：觸摸方式與觸覺長度知覺。心理學報，11 卷，1 期，56～64 頁。

王　蘇 (1986)：利用微機控制觸覺銳敏度實驗。北京市：中國首屆微機在心理實驗中的應用討論會專題論文。

王　蘇等 (1993)：當代心理學研究。北京市：北京大學出版社。

王　蘇、汪安聖 (1991)：認知心理學。北京市：北京大學出版社。

王　蘇、黎　紅 (1992)：短時記憶範疇效應的實驗研究。心理科學，15 卷，1 期，1～7 頁。

王　壘、孟昭蘭 (1986)：成人面部表情及其判斷的初步探討。心理學報，18 卷，4 期，349～355 頁。

王　權 (1988)：也論因素分析的方法學問題。心理科學通訊，11 卷，3 期，55～59 頁。

王　權 (1993)：現代因素分析。杭州市：杭州大學出版社。

王乃怡 (1993)：聽力正常人與聾人短時記憶的比較研究。心理學報，25 卷，1 期，9～16 頁。

王重鳴 (1990)：心理學研究方法。北京市：人民教育出版社。

王樹茂 (1981)：關於心理學研究方法分類的初探。心理學報，13 卷，2 期，129～134 頁。

左任俠 (1982)：教育與心理統計學。上海市：華東師範大學出版社。

布洛克等 (初景利等譯，1992)：奇妙的視錯覺——欣賞與應用。北京市：世界圖書出版公司。

朱　川 (1986)：實驗語音學基礎。上海市：華東師範大學出版社。

朱　瀅 (1993)：啟動效應——無意識的記憶。見王蘇等 (編)：當代心理學研究。北京市：北京大學出版社，37～67 頁。

朱　瀅、黎天騁等 (1989)：詞幹補筆與速示器辨認的起動效應保持過程的比較。心理學報，21 卷，2 期，122～129 頁。

朱祖祥 (1987)：計算機顯示終端 CRT 亮度對比度對視覺功能的影響。心理學報，19 卷，3 期，221～227 頁。

朱智賢 (主編) (1989)：心理學大詞典。北京市：北京師範大學出版社。

朱智賢、林崇德 (1986)：思維發展心理學。北京市：北京師範大學出版社。

朱智賢、林崇德等 (1991)：發展心理學研究方法。北京市：北京師範大學出版社。

朱曼殊、繆小春 (主編) (1990)：心理語言學。上海市：華東師範大學出版社。

安德武德等 (方俐洛等譯，1981)：心理學實驗方法。北京市：科學出版社。

匡培梓 (1988)：大鼠作業成績與腦內亮氨酸腦腓肽含量變化的相關性研究。心理學報，20 卷，2 期，203～208 頁。

沈　曄、王書鑫 (1983)：一個言語測聽材料的編創。心理學報，15 卷，3 期，316～326 頁。

沈乃璋 (1963)：正常成人的形重錯覺。心理學報，6 卷，3 期，186～193 頁。

沈德立等 (1985)：關於幼兒視、聽感覺記憶的研究。心理科學通訊，8 卷，2 期，14～19 頁。

車文博 (1991)：心理諮詢百科全書。長春市：吉林人民出版社。

吳　敏、楊治良 (1994)：試論內隱記憶的性質和理論解釋。心理學動態，2 卷，1 期，1～6 頁。

吳瑞屯 (1988)：在中文電腦內設計心理學實驗或測量程式的一些問題與解決。中華心理學刊，33 卷，2 期。

余嘉元 (1992)：項目反應理論及其應用。南京市：江蘇教育出版社。

李興啟、顧瑞等 (1986)：CNV 測聽法及其改進。心理學報，18 卷，4 期，418～422 頁。

林仲賢 (1964)：視覺和動覺在定位中的相互作用。心理學報，7 卷，3 期，211～222 頁。

林仲賢等 (1987)：視覺及測色應用。北京市：科學出版社。

林仲賢、孫秀如 (1986)：正視和斜視條件下的深度覺及距離判斷。心理學報，18 卷，3 期，256～263 頁。

林仲賢、彭瑞祥等 (1979)：中國人膚色光譜反射特性及膚色板。心理學報，11 卷，1 期，32～38 頁。

林幸台 (編譯) (1986)：心理測量導論。台北市：五南圖書出版公司。

林榮模 (1986)：工業心理學。台北市：梅枝圖書印刷文具公司。

林崇德 (1986)：自然實驗是兒童心理學和教育心理學研究的主要方法。心理發展與教育，2 卷，3 期。

林傅鼎 (1980)：我國古代心理測驗方法試探。心理學報，12 卷，1 期，75~80頁。

武德沃斯等 (曹日昌等譯，1965)：實驗心理學。北京市：科學出版社。

孟昭蘭 (1994)：普通心理學。北京市：北京大學出版社。

孟昭蘭 (1987)：不同情緒狀態對智力操作的影響——三個實驗研究的總報告。心理科學通訊，10 卷，4 期，1~6 頁。

孟昭蘭 (1984)：情緒研究的新進展。心理科學通訊，7 卷，1 期，38~43 頁。

孟昭蘭 (1989)：人類情緒。上海市：上海人民出版社。

孟昭蘭 (1981)：人信息加工的觀點看情緒。心理科學通訊，4 卷，5 期，1~6頁。

孟慶茂 (1988)：再認指標的探討。心理學報，20 卷，1 期，45~51 頁。

孟慶茂、李永建 (1990)：信號檢測方法引入集值統計試驗。心理學報，22 卷，1 期，16~22 頁。

金志成 (1991)：心理實驗設計。長春市：吉林教育出版社。

金志成 (1993)：運用迴歸旋轉設計研究倒攝抑制的實驗研究。心理學報，25 卷，4 期，386~394 頁。

波　林 (高覺敷譯，1981)：實驗心理學史。上海市：商務印書館。

洪　蘭、曾志朗、陳紹祖 (1993)：漢語講詞在文字處理過程中的觸發作用。華文世界，69 期，1~8 頁。

胡德輝等 (1989)：現代心理學。鄭州市：河南教育出版社。

荊其誠 (1982)：心理學發展的道路。心理科學通訊，5 卷，4 期，7~11 頁。

荊其誠 (主編) (1991)：簡明心理學百科全書。長沙市：湖南教育出版社。

荊其誠、彭瑞祥、方蕓秋 (1963)：距離、觀察姿勢對大小知覺的影響。心理學報，6 卷，1 期，20~30 頁。

高尚仁 (1988)：書法心理學。台北市：東大圖書公司。

時蓉華 (主編) (1989)：現代社會心理學。上海市：華東師範大學出版社。

時蓉華、楊治良 (1980)：比較針刺與暗示對痛閾的影響。心理學報，12 卷，3 期，341~348 頁。

徐秉恆 (1992)：老年性記憶下降神經生物學研究進展。心理科學，15 卷，3 期，42~48 頁。

徐聯倉 (1963)：在復合刺激中信息量與反應時的關係。心理學報，6 卷，1 期，42~47 頁。

徐聯倉、王緝志 (1964)：在心理學中應用信息論的一些問題 (上)。心理科學通訊，1卷，1期，9～18頁。

馬正平、楊治良 (1990)：多種條件下啟動效應的研究。心理科學，14卷，1期，10～16頁。

馬謀超、曹志強 (1983)：類別 (category) 判斷的模糊集模型和多級估量法。心理學報，15卷，2期，198～204頁。

孫曄 (1979)：美國心理學漫談。心理學報。11卷，2期。

高桂足 (1974)：心理學名詞。台北市：文景出版社。

郭有遹 (1985)：創造心理學 (二版)。台北市：正中書局。

陳立 (1982)：我對測驗的看法。心理科學通訊，5卷，3期，1～4頁。

陳立 (1985)：習見統計方法中的誤用與濫用。心理科學通訊，8卷，3期，1～8頁。

陳立、汪安聖 (1965)：色、形愛好的差異。心理學報，8卷，3期，265～269頁。

陳文熙 (1989)：差別閾定理。心理學報，21卷，1期，9～17頁。

陳元暉 (1960)：心理學的方法學。心理學報，3卷，2期，68～109頁。

陳世平、楊治良 (1991)：干擾對外顯和內隱記憶的影響。心理科學，14卷，4期，8～14頁。

陳永明、彭瑞祥 (1990)：句子理解的實驗研究。心理學報，22卷，3期，225～231頁。

陳永明、羅永東 (1989)：現代認知心理學。北京市：團結出版社。

陳舒永 (1983)：關於使用差異顯著性考驗的幾個問題。心理科學通訊，6卷，3期，35～36頁。

陳舒永、馬謀超 (1979)：信號檢測論與古典的心理物理學方法。心理學報，11卷，3期，331～335頁。

曹日昌 (1959)：心理學研究什麼？心理學報，2卷，4期，244～249頁。

張翔、楊治良 (1991)：內隱學習與外顯學習的比較研究。心理科學，15卷，4期，11～16頁。

張述祖、沈德立 (1987)：基礎心理學。北京市：教育科學出版社。

張春興 (1987)：青年人的認同與迷失。台北市：東華書局 (繁體字版)；北京市：北京世界圖書公司 (簡體字版)。

張春興 (1985)：青年人的煩惱與出路。台北市：東華書局 (繁體字版)；北京市：北京世界圖書公司 (簡體字版)。

張春興 (1989)：張氏心理學辭典。台北市：東華書局 (繁體字版)；上海市：上海辭書出版社 (簡體字版)。

張春興 (1991)：現代心理學。台北市：東華書局 (繁體字版)；上海市：上海人民出版社 (簡體字版)。

張春興、楊國樞 (1984)：心理學 (第六版)。台北市：三民書局。

張厚粲 (主編) (1988)：心理與教育統計學。北京市：北京師範大學出版社。

張厚粲、舒華 (1989)：漢字讀音中的音似與形似啟動效應。心理學報，21卷，3期，284~289頁。

張厚粲、孟慶茂等 (1981)：關於認知方式的實驗研究——場依存性特徵對學習和圖形後效的影響。心理學報，13卷，3期，299~304頁。

張厚粲、彭聃齡等 (1980)：主觀輪廓和深度線索。心理學報，12卷，1期，63~67頁。

張厚粲、鄭日昌 (1982)：關於認知方式的測驗研究——對我國大、中、小學生場依存性特徵的調查分析。心理科學通訊，5卷，2期，12~16頁。

許淑蓮、孫長華等 (1981)：50~90歲成人的短時記憶研究。心理學報，13卷，4期，440~445頁。

許尚俠 (1986)：動作操作遺忘過程的探討。心理科學通訊。9卷，3期，11~14頁。

章海軍、解蘭昌等 (1992)：人眼深度運動知覺的研究。心理學報，24卷，3期，240~247頁。

崔代革 (1987)：用微機實現動態畫面顯示——平顯高度字符信號響應的實驗研究。心理學報，19卷，2期，150~157頁。

黃安邦 (編譯) (1986)：社會心理學。台北市：五南圖書出版公司。

黃希庭 (1991)：心理學導論。北京市：人民教育出版社。

黃希庭、俞文釗 (1988)：心理實驗指導。北京市：人民教育出版社。

黃希庭、鄭雲 (1993)：時間判斷的視聽通道效應的實驗研究。心理學報，25卷，3期，225~232頁。

黃榮村 (1978)：心理學家與你。基隆市：大洋出版社。

喻柏林 (1979)：照明變化對視覺辨認的影響。心理學報，11卷，3期，319~325頁。

喻柏林 (1989)：語言單位大小在短時和長時記憶中的效應。心理學報，21卷，1期，1~8頁。

彭瑞祥、林仲賢 (1964)：暗室條件下刺激大小、亮度和背景對距離判斷的影響。心理學報，7卷，1期，9~19頁。

程立海、樂文棣等 (1992)：立體視覺的心理物理和 VEP 比較研究。心理學報，24 卷，1 期，89～95 頁。

舒彼德 (1991)：組內相關之虛無檢驗。中華心理學刊，33 卷，3～10 頁。

傅肅良 (1985)：人事心理學 (三版)。台北市：三民書局。

斯托曼 (張燕雲譯，1986)：情緒心理學。瀋陽市：遼寧人民出版社。

葉奕乾等 (1982)：圖解心理學。南昌市：江西人民出版社。

葉閩蔚、楊治良 (1994)：內隱記憶研究的新進展——任務分離範式動向。心理科學，17 卷，2 期，99～104 頁。

楊中芳、高尚仁 (1991)：中國人・中國心。台北市：遠流出版事業公司。

楊治良 (1983)：心理實驗教學內容更新的初步嘗試——介紹三個教學實驗。心理科學通訊，6 卷，3 期，37～45 頁。

楊治良 (1986)：概念形成漸進——突變過程的實驗性探索。心理學報，18 卷，4 期，380～387 頁。

楊治良 (1985)：概念形成過程的一項實驗研究。心理科學通訊，8 卷，5 期，31～35 頁。

楊治良 (1991)：漢英假設測驗模型的比較研究；普通心理和實驗心理研究。四川科技出版社，123～131 頁。

楊治良等 (1981)：再認能力最佳年齡的研究。心理學報，13 卷，1 期，42～50頁。

楊治良 (1991)：內隱記憶的初步實驗研究。心理學報，23 卷，2 期，113～119頁。

楊治良 (1988)：心理物理學。蘭州市：甘肅人民出版社。

楊治良 (1984)：儀器在心理學研究中的作用——兼評介美國心理學儀器。心理科學通訊，7 卷，2 期，58～60 頁。

楊治良 (1989)：信號檢測論的應用。心理科學通訊，12 卷，3 期，37～45 頁。

楊治良 (1989)：服裝心理學。蘭州市：甘肅人民出版社。

楊治良 (1986)：儲存負荷量對短時記憶結果的影響——一個心理學工作者的自身實驗。心理科學通訊，9 卷，6 期，27～32 頁。

楊治良 (主編) (1990)：實驗心理學。上海市：華東師範大學出版社。

楊治良 (主編) (1988)，基礎實驗心理學。蘭州市：甘肅人民出版社。

楊治良、胡天培等 (1988)：肢體傷殘者心理康復的試探性研究。心理學報，20 卷，4 期，337～343 頁。

楊治良、葉閣蔚 (1993)：內隱學習"三高"特徵的實驗研究。心理科學，16卷，3期。138～144頁。

楊治良 (主編) (1994)：記憶心理學。上海市：華東師範大學出版社。

楊治良、葉閣蔚、王新發 (1994)：漢字內隱記憶的實驗研究(1)——內隱記憶存在的條件。心理學報，26卷，1期，1～7頁。

楊順安 (1992)：關於普通話聲調知覺中心的初步研究。心理學報，24卷，3期，247～253頁。

楊國樞 (1986)：實用心理學 (二版)。台北市：黎明文化事業公司。

楊國樞 (主編) (1993)：本土心理學研究：本土心理學的開展。台北市：台灣大學心理系出版。

楊國樞、文崇一、吳聰賢、李亦園 (1978)：社會及行為科學研究法。台北市：東華書局。

楊博民 (1989)：心理實驗綱要。北京市：北京大學出版社。

楊爾衢 (1983)：關於實驗心理學課程設置的一些問題。心理科學通訊，6卷，5期，44～46頁。

詹美莎 (1987)：北京市道路交通標誌的心理學評價。心理學報，19卷，2期，167～175頁。

塞　象 (1981)：認知的信息加工模型。心理科學通訊，4卷，3期，17～27頁。

虞積生等 (1980)：中國正常男青年的深度視覺閾值的測定。心理學報，12卷，3期，298～305頁。

漢寶德 (編譯) (1986)：環境心理學。台北市：明文書局。

赫葆源 (1965)：談談心理物理學方法。心理科學通訊，2卷，2期，45～56頁。

赫葆源、張厚粲、陳舒永 (1983)：實驗心理學。北京市：北京大學出版社。

劉世熠 (1965)：人腦電活動與心理現象 (下)。心理科學通訊，2卷，3期，91～93頁。

劉素珍 (1995)：強烈噪音下恐懼行為的動物模型。心理科學，18卷，1期，10～15頁。

樂國安 (1982)：斯肯納的心理學研究方法。心理科學通訊，5卷，2期，1～6頁。

樂國安 (1983)："心理物理學"的發展和現狀評述。心理學報，15卷，1期，1～8頁。

鄭竺英、趙冠美等 (1980)：雙眼立體視覺的信息加工——Ⅰ、視差和空間頻譜的關係。心理學報,12 卷,2 期,195~204 頁。

鄭昭明 (1993):認知心理學。台北市:桂冠圖書公司。

盧　睿 (1983):皮亞傑的研究方法。心理科學通訊,6 卷,2 期,9~14 頁。

鮑　爾等 (昭瑞珍等譯,1987):學習論——學習活動的規律探索。上海市:上海教育出版社。

戴忠恒 (1987):心理與教育測量。上海市:華東師範大學出版社。

鐘毅平、楊治良 (1993):三維物體圖形的大小和顏色影響內隱和外顯記憶的實驗研究。心理科學,16 卷,6 期,326~332 頁。

鐘毅平、楊治良 (1994):非語言信息的啟動效應研究綜述。心理科學,17 卷,3 期,164~168 頁。

顧泓彬、方蕓秋 (1990):單詞無意義加工初探。心理科學通訊,13 卷,6 期,1~6 頁。

Areheim, R. (1972). *Psychology today: All introduction* (2rd ed.). Del Mar: CRM.

Atkinson, R. C. et al., (1988). *Steven's handbook of experimental psychology* (2nd ed.). New York: A Wiley-Interscience Publication.

Challis, G. H., Sidhu, R. (1993). Dissociative effect of massed repetition on implicit and explicit measures of memory. *Journal of Experimental Psychology: Learning, Memory and Cognition,* 19 (1), 115~127.

Christensen, L. B. (1991). *Experimental methodology* (5th ed.). Needham Heights: Allyn & Bacon.

Cohen, J. (1969). *Eyewitness series in psychology*. Chicago: Rand McNally.

Conrad, E., & Maul, T. (1981). *Introduction to experimental psychology*. New York: John Wiley.

Coon, D. (1977). *Introduction to psychology: Exploration and applicatoin*. New York: West.

Craik, F. I. M. (1983). On the transfer of information from temporary to permanent memory. *Phil. Trans. R. Soc.* Lond: B 302, 341~359.

Egan, J. P. (1975). *Signal detection theory and ROC analysis*. New York: Academic Press.

Graf, P. & Schacter, D. (1985). Implicit and explicit memory for new associations in normal and amnesic subjects. *Journal of Experimental Psychology: Learning, memory and cognitions,* 15, 930~940

Green, D. M., & Swets, J. A. (1974). *Signal Detection Theory and Psycho-*

physics. New York: Robert.

Greenwald, A. D. & Banaji, M. R. (1995): Implicit social cognition: Attitudes, self-esteem and stereotypes. *Psychological Review*, 102 (1), 4~27.

Hayman, C. A., Tulving, E. (1989). Is priming in fragment completion based on a "traceless" memory system? *Journal of Experimental Psychology: Larning, Memory, and Cognition*, 15(5), 941~956.

Holender, D. (1986). Semantic activation without conscious identification in dichotic listening, parafoveal vision, and visual masking: *A survey and appraisal, the behavioral and brain sciences*, 9, 1~66.

Izard, C. (1977). *Human emotions*. New York: Plenum Press.

Izard, C. (1979). *The maximally discrimination facial movement coding system* (Max). Newark: Instructional Resources Center. University of Delaware.

Izard, C. (1980). *A system for identifying affect expression by holistic judgments* (Affex). Newark: Instructional Resources Center. Uuiversity of Delaware.

Jozef Cohen (1969). *Sensation and perception:* II *Audition and the minor senses*. Chicago: Rand MeNally.

Kantowitz, B. H., & Roediger, H. L. (1984). *Experimental psychology* (2nd ed.). New York: West.

Kling, J. W., & Roggs, L. A. (1972). *Woodworth & scholsberg's experimental psychology* (3rd. ed.). New York: Holt, Rinchart & Winston.

Lafayette Instrument (1992~1993). *Psychology & Biology Catalog*. Lafayette Instrument Company, U.S.A.

Lawson, R. B. (1975). *Principles and methods of psychology*. New York: Oxford University Press.

Levine, Michal W. (1981). *Fundamentals of sensation and perception*. Massachusetts: Addison-Wesley.

Mathews, R. C., Russ, R. R., Stanley, W. B., Fields, F. B., Cho, J. R., & Druhan, B. (1989). Role of implicit and explicit processes in learning from examples: A synergistic effect. *Journal of Experimental Psychology: Learning, Memory, and Cognition*, 15 (6), 1083~1100.

McGuigan (1990). *Experimental psychology: Methods of research* (5th ed.). New York: Prentice-Hall.

Merikle P.M., Reingold, E.M. (1991). Comparing direct (explicit) and indirect (implicit) measures to study unconscious memory. *Journal of Experimental Psychology: Learning, Memory, and Cognition,* 17(2), 224~233.

Moscovitch, M., Bentin, S. (1993). The fate of repetition effects when recognition approaches chance. *Journal of Experimental Psychology: Learning, Memory, and Cognition,* 19(1), 148~158.

Norman, D. A. (1970). *Models of human memory.* New York: Academic Press.

Philipchalk, R. P. (1995): *Invitation to social psychology.* New York: Harcouit Brace College Pabilishers.

Pluthik, R. (1980). *Emotion: A psychoevolutionary synthesis.* New York: Harper.

Reber, A.S. (1989). Implicit learning and tacit knowledge. *Journal of Experimental Psychology: General,* 118(3), 219~235.

Reingold, E. M., & Merikle, P. M. (1988). Using direct and indirect measures to study perception without awareness. *Perception & Psychophysics,* 44, 563~575.

Richardson-Klavehn, Bjork, K. (1988). Measures of memory. *Annual Review of Psychology,* 39, 475~543.

Roediger, H. L., Weldon, M. S., & Challis, B. H. (1989). Explaining dissociations between implicit and explicit measures of retention: A Processing acount. In H. L. Roediger & F. I. M. Craik (Eds), *Varieties of memory and consciousness: Essays in honour of Endel Tulving,* 3~41. NJ: Hillsdale.

Roediger, H. L. (1990). Implicit memory-retention without remembering. *American Psychologist,* 1043~1056.

Roediger, H. L., & Weldon, M. S. et al., (1992). Direct comparison of two implicit memory tests: word fragment and word stem completion. *Journal of Experimental Psychology: Learning, Memory, and Cognition,* 18(6), 1251~1259.

Roediger, H. L. (1993). Implicit memory in normal human subjects. In Spinnler H, Bollers F (Eds.). *Handbook of neuropsychology,* 8, Amsterdam: Elsevier.

Roediger, H. L., Jones, T. C. (1993). Implicit memory: A brief tutorial. In d'ydewalle, G., Eelen, P., Bertelson, P. (Eds.), *Current advances in psychological sciences: An international perspective.* Hove Erlbaum.

Schacter, D. L, (1987). Implicit memory: History and current status. *Jour-*

nal of Experimental Psychology: Learning, Memory, and Cognition, 13(3), 501~518.

Schacter, D. L., Bowers, J. S., Booker, J. (1989). Intention, awareness, and implicit memory: The retrieval intentionality criterion. In Lewandowsky, S., Dunn, J. C., Kirsner, K. (Eds.). *Implicit memory: Theoretical issues*, 47~64, NJ: Eblbaum.

Schacter, D. L., Cooper, L. A. (1991). Implicit memory for possible and impossible objects: Constrains on the construction of structual descriptions. *Journal of Experimental Psychology: Learning, Memory, and Cognition,* 17(1), 3~19.

Schacter, D. L., Cooper, L. A., Delaney, S. M. (1990). Implicit memory for unfamiliar objects depends on access to structual descriptions. *Journal of Experimental Psychology: General,* 119(1), 5~24.

Scripture, E. W. (1901), *The new psychology*. New York: Charies Scribner's Sons.

Snodgrass, J. G.(1970). Theory and experimentation and retrieval processes in short-term memory: recognition and recall of faces. *Journal of Experimental Psychology,* 85, 397~405.

Snodgrass, J. G., Corwin, J. (1988). Pragmatics of measuring recognition memory: Application to dementia and amnesia. *Journal of Experimental Psychology: General,* 117(1), 34~50.

Stagner, R. (1988). *A History of psychological theories*. New York: Macmillan.

Stoelting Co. (1990). Products Form Volume 1~4, Chicago, U.S.A.

Takei & Company (1988). T.K.K. *Psychological & physiological apparatus*. Tokyo, Japan.

Tulving, E. (1983). *Elements of episodic memory*. New York: Oxford University.

Tulving, E. (1985). How many memory systms are there? *American Psychologist,* 40, 385~398.

Tulving, E., & Schacter, D. L. (1990). Priming and human memory system. *Science,* 247, 301~305.

Tulving, E., Schacter, D. L., & Stark, H. A.(1982). Priming effects in word-fragment completion are independent of recognition memory. *Journal of Experimental Psychology: Learning, Memory and Cognition,* 8, 336~342.

Underwood, B. J. (1966). *Experimental psychology*. New York: Appleton.

Walter Kintsch (1977). *Memory and cognition*. New York: John Wiley.

Warrington, E. K., & Weiskrantz (1970), Amnesic syndrome: Consolidation or retrieval? *Nature*. 228, 629~630.

Willingham, D. B. et al., (1993). Dissociation in a serial response time task using a recognition measure: Comment on peruchet and amorim. *Journal of Experimental Psychology: Learning, Memory, and Cognition,* 19(6), 1424~1430.

Witherspoon, D., & Moscovitch, M. (1989). Stochastic independence between two implicit memory tests. *Jouranl of Experimental Psychology: Learning, Memory and Cognition,* 15, 22~30.

Witkin, H. A., & Goodenough, D. R(1977): Field dependence and interpersonal behavior. *Psychology Bulletin,* 84(4), 661~689.

索　引

說明：1. 每一名詞後所列之數字為該名詞在本書內出現之頁碼。
2. 由英文字母起頭的中文名詞排在漢英名詞對照之最後。
3. 同一英文名詞而海峽兩岸譯文不同者，除在正文內附加括號有所註明外，索引中均予同時編列。

一、漢英對照

二　畫

二分法　bisection　193
二可圖　ambiguous figure　410
九洞儀　nine-holes apparatus　605
人差方程式　personal equation　104
人格心理學　personality psychology　4
人格理論　theories of personality　599
人-機系統　man-machine system　610
人機合一系統　man-machine system　610
入射光　incident light　276

三　畫

三針實驗　three-needle experiment　595
三維模式圖　three-dimensional pattern　548
口語記錄　protocol　7
大小恆常性　size constancy　421, 424
大小常性測量器　perception constancy tester　596
大小錯覺　size illusion　416
大樣本　large sample　368

子音　consonant　349
子樣　sample　85
工程心理學　engineering psychology　254
工業心理學　industrial psychology　4

四　畫

不可能圖形　impossible figure　411
不合理圖形　impossible figure　411
不自覺記憶測驗　unaware memory test　497
中介變量　intervening variable　8
中央凹　fovea　293
中央凹視覺　foveal visual　305
中央窩　fovea　293
中位數　madian　76
中性色　neutral color　314
中的　hit　230
中數　madian　76
中樞性聾　central deafness　375
中點數　madian　76
互補色　complementary　309, 321
元音　vowel　348
內省分析法　introspective experimental method　31
內省實驗法　introspective experi-

　　　　mental method　31
內省法　intropection　2,463
內部反應　response　212
內部效度　internal validity　14
內隱記憶　implicit memory　22, 463,492
內隱記憶測驗　implicit memory test　497
內隱學習　implicit learning　494
分化情緒量表　Differential Emotions Scale　521,525,565
分貝　decibel　197,344,525,584
分段法　fractionation method　197
分配偏態　skewness distribution　77
分散注意法　distractor method　490
分離　dissociation　506
化學刺激法　method of chemical stimulation　530
匹配法　matching method　12
反平方律　inverse square law　226
反射光　reflection light　276
反射係數　reflectance factor　276
反應　reaction　33
反應時　reaction time　22,105,605
反應時間　reaction time　105,463
反應偏向　response bias　233
反應測量　response measurement　7
反應變量　response variable　7,45
反應變項　response variable　45
反饋　feedback　398
尺度　yardstick　215
心向　set　106
心理物理學　psychophysics　30, 166,167
心理物理法　psychophysical　166
心理物理學方法　psychophysical 166,463
心理旋轉　mental rotation　145
心理移轉　mental rotation　145
心理測量學　psychometrics　215
心理量表　psychological scales　187
心理電反射　psychogalvanic reflex　532,604
心理膚電反應　psychogalvanic reflex　604
心理膚電反應計　psychogalvanometer　604
心理學　new psychology　2
心境　mood　558
心境形容詞檢表　Mood Adjective Chect List　559
户外行為　open field behavior　526
手指靈活性測驗儀　finger dexterity tester　606
支付矩陣　pay-off matrix　234
方向恆常性　orientation constacy　421
方差　variance　78
方差分析　analysis of variance　89,90
月亮錯覺　moon illusion　23,419
止血帶致痛法　pain caused by tourniquet　588
比例量表　ratio scale　196
比配法　comparative and matching method　596
比率量表　ratio scale　196
比較刺激　comparison stimulus　175
毛狀肌　ciliary muscle　428
水晶體　lens　305,420

五　畫

主試者　experimenter　8
主體組織　subject organization

481
主觀性應激量表 Subjective Strees Scale 559
主觀相等點 point of subjective equality 175
主觀等點 point of subjective equality 175
主觀體驗 subjective experience 545
主觀體驗自我報告測量 Subjective Experience Self Report Meosure 558
代替律 law of substitution 303
加工說 processing view 499
加因素法 additive factors method 107,151
加色法 additive mixture 301
卡方檢定 chi-square test 96
可見言語 visible speech 380
可命名性 namability 83
可聞閾限 auditory threshold 368
可編碼性 codability 83
四分差 quartile deviation 78
四視野速示器 four-field tachistoscope 602
外周神經 peripheral nervous system 530
外部效度 external validity 14
外擾變項 extraneous variable 6
外顯記憶 explicit memory 22, 463,492
失察 miss 230
左氏錯覺 Zöllner illusion 416
布倫斯維克比率 Brunswik ration 423
平均Z分數法 averaged Z scores 182
平均差 average deviation 78
平均差誤 average error 177
平均差誤法 average error method 592
平均差誤法 method of average error 30,177
平均誤差法 average error method 592
平均數 mean 75
本性變量 attribute variable 6
正後像 positive afterimage 309
正偏態 positive skewness 77
正誤法 true-false method 180
正確 correct 230
正確拒斥 correct rejection 230
母音 vowel 348
母體 population 85
民族心理學 folk psychology 2
生化指標 index of physiological chemistry 541
生理心理學 physiological psychology 4
生理指標 physiological index 531
生理調節線索 physiological accommodation cues 428
生理變量 physiological variable 528
白噪聲 white noise 347
皮膚電反應 galvanic skin response 532,604
皮膚電反應儀 psychogalvanometer 604
立體知覺 depth perception 436
立體視覺 stereoscopic vision 437

六　畫

交叉雙重分離 crossed double dissociation 505
交互作用 interaction 59
任務比較方法學 task-comparison methodology 504
光亮度 luminance 276

光度學　photometry　278
光強度　luminous intensity　275
光通量　luminous flus　276
光源　light source　274
光源色　color of light source　314
光照度　illuminance　276
光譜軌迹　spectral locus　317
先檢驗　pretest　54
先定概率　prior probability　229
先驗概率　prior probability　229
全有全無律　all-or-none law　216
全或無定律　all-or-none law　216
全部報告法　whole-report procedure　486
全距　range　77
共同作業　common task　54
共同的變化　common fate　409
共鳴　resonance　349
共變數分析　analysis of covariance　13
再現法　reproduction method　473
再造法　method of reproduction　177
再認　recognition　292,462,502
再認法　recognition method　481
再學法　relearning　483
印象法　impression method　521
同時對比　simultaneous contrast　307
因素型實驗　factoril type experiment　18
因變量　dependent variable　5,7,110,284,466
回憶　recall　462
回憶法　recall method　473
多因素實驗設計　multifactors experimental design　63
多自變量　multiple independent variable　58
多自變項　multiple independent variable　58
多重記憶系統說　multiple memory systems view　498
多重記憶結構　multiple memory form　463
多重記憶結構　multiple memory form　492
多重選擇器　multiple-choice apparatus　603
多項生理記錄儀　Polygraph　543
好圖形　Gestalt　408
好圖形法則　law of good figure　408
字彙確定　lexical decision　494
安慰劑效應　placebo effect　10
成對聯合法　paired associated　475
收效遞減律　law of diminishing returns　279
有效性　effectiveness　403
有關刺激　relevance stimulus　481
次數法　frequency method　180,538
百分位數　percentile　78
米燭光　metrecandle　277
肌肉線索　muscle cues　428
自由反應式　free response paradigm　255
自由回憶法　free recall method　479
自由聯想　free association　493
自我報告　self report　524
自動現象　autokinetic phenomenon　447
自然錯覺　natural illusion　419
自然觀察法　naturalistic observation　3
自變量　independent variable　5,465
自變項　independent variable　5,

465
色別　hue　299
色度　chromaticness　316
色度計　colorimeter　320
色度圖　chromaticity diagram　317
色溫　color temperature　314
色調　hue　299,321
色輪　color wheel　304,582
行為主義　behaviorism　2,32
行為變量　behavioral variable　525

七　畫

位置恆常性　orientation constacy　421
似動現象　apparent motion　406,441,444,594
似動現象研究裝置　apparent movement phenomenon apparatus　594
似然比值　likelihood ratio　233
作業　performance　535
作業　task　6
作業變量　task variable　6
冷色　cool color　321
判定標準　judgment criterion　229,238
判斷　judgment　212
判斷標準　judgment criterion　238
呎朗伯　footlambert　277
呎燭光　foot candle　276
吸氣呼氣比率法　method of inspiration-exspiration　537
吸氣相對時間表示法　method of relative duration of inspiration and exspiration　538
均方　variance　79
均差　average deviation　78
均等法　method of equation　177

均誤法　method of average error　177
完成行為　consummatory act　527
完成行為　consummatory behavior　526
完形　Gestalt　408
完形學派　Gestalt school　406
完結活動　consummatory act　527
序列效應　sequence effect　13
序列探索法　method of serial exploration　171
序位效應　serial-position effect　475
序級量表　ordinal scale　188
形狀恆常性　shape constancy　420,425
形狀錯覺　shape illusion　417
形容詞核對表　Adjective Check List　524
形容詞檢表　Adjective Check List　558
形象　appearance　226
形像與背景　figure-and-ground　406
材料驅動過程　data-driven processing　500
系列回憶法　serial recall method　473
系列材料效應　serial-position effect　475
系統　system　462
系統誤差　systematic error　75

八　畫

依序回憶法　serial recall method　473
依變項　dependent variable　5,110,284,466
兩極差　range　77

兩點閾測量器　two-point aesthesiometer　585
兩點閾量規　two-point aesthesiometer　585
函數型實驗　functional type experiment　18
刺激　stimulus　33,211
刺激連續　stimulus continuum　216
刺激變量　stimulus variable　45, 282
刺激變項　stimulus variable　45, 282
協方差分析　analysis of covariance　13
受試者內設計　within-subjects design　46
受試者變項　subject variable　6
和音　summation　351
和振　resonance　349
周圍神經系統　peripheral nervous system　530
固定刺激法　method of constant stimulus　180
孟塞爾色環　Munsell color circle　313
孟塞爾顏色系統　Munsell color system　311
定位　localization　292,293
定性　qualitification　465
定時系列設計　time serial design　47
定程法　algorithm　614
定量　quantification　465
定勢　set　106
居間律　law of intermediary　303
拉丁方格設計　Latin-square design　65
拉丁方設計　Latin-square design　65
拉丁方實驗　Latin square experiment　13
拍音　beat sound　350
抵消平衡法　counter balancing method　13
抵消實驗條件的設計　reversal experimental condition design　48
明尼蘇達多項人格測驗　Minnesota Multiphasic Personality Inventory　562
明度　brightness　280
明適應　light adaptation　289
注意分配儀　distribution of attention apparatus　597
波氏錯覺　Poggendorf illusion　418
波長　wave length　273
泛音　overtone　346
物理相關論　physical correlate theory　225
物理線索　physical cues　428
狀態-特質焦慮問卷　State-trait Anxiety Inventory　567
盲點　blind spot　305
直接測量　direct measures　500
直線內插法　linear interpolation　181
直線透視　linear perspective　431
直線量表　Linear Scale　547
直斷法　heuristic　615
知覺　perception　396
知覺的恆常性　perceptual constancy　420
知覺表徵系統　perceptual representation system　498,499, 504
知覺組織　perceptual organization　406
知覺對比　perceptual contract　416
知覺辨認　perceptual identifica-

tion 503
社會心理學 social psychology 4
空間知覺 space perception 427
空間誤差 space error 190
初始效應 primacy effect 480
表情辨別整體判斷系統 system for identifying affect expression by holistic judgment 554
表現法 expression method 522
近因效應 recency effect 480
近色 closed color 321
近感色 closed color 321
邵勒斯比率 Thouless ratio 423
長度和面積估計器 length and area estimator 592
長時記憶 long-term memory 398,472
長期記憶 long-term memory 398
阿普熙提 apostilbs 278
非交叉雙重分離 uncrossed double dissociation 505
非參數統計 nonparametric statistics 97
非參數檢驗 nonparametric test 96

九　畫

亮度 brightness 276,299
亮適應 light adaptation 289
信息加工 information processing 34,141
信息加工模型 information-processing model 397
信息量 information 109
信號概率 probability of signal 234
信號增強技術 signal enhancement techniques 257
信號檢測論 signal detection theory 210,215,227,482
保持 retention 462,483

保持量 retention value 485
保留 retention 462,483
前庭機制說 vestibule function theory 420
前測 pretest 54
威洛特運動律 Vierordt's Law 586
客觀性 objectivity 403
後像 afterimage 309
思維模擬 thinking simulation 614
恆定刺激法 method of constant stimulus 30,180
恆定法 constant method 11,405
指示語 instruction 9
拱形曲線 ogive curve 217
柯爾特定律 Korte's Law 445
相加混色 additive mixture 301
相似法則 law of similarity 408
相減混色 subtractive mixture 302
相等組 equivalent groups 51
相對移動 relative motion 448
相關變量 relevant variable 6
耐痛閾 pain tolerance 587
耐痛閾 threshold of bearable pain 251
耶基斯選擇器 multiple-choice apparatus 603
計量資料 measurement data 25
計數資料 enumeration data 25
負後像 negative afterimage 309
負偏態 negative skewness 77
重建法 reconstruction method 484
重復啟動 repetition priming 494
重構法 reconstruction method 484
重疊 superposition 430
面容變化 appearance change

552
面部表情　facial expression　546
面部動作編碼系統　facial action coding system　552
韋氏定律　Weber's law　215
韋伯定律　Weber's law　30
音色　timbre　345
音高　pitch　341
音強　loudness　343,363
音渡　tonal trasition　385
音調　pitch　341
飛現象　phi phenomenon　444
首因效應　primacy effect　480

十　畫

倍音　overtone　346
個人方程式　personal equation　104
個別差異　individual differences　137
個體差異　individual differences　137
唐德斯三成分說　Donders three components　141
唐德斯反應時ABC　Donders ABC of reaction time　141
唐德斯減數法　Donder's subtractive method　142
唻　sone　363,364
埃氏錯覺　Ehrenstein illusion 417
差別閾限　difference limen　22, 168
差別閾限　differential threshold　30
差別閾限法　differential threshold method　195
差音　difference tone　351
差異量　measure of variation　75, 77
差異閾限法　differential threshold method　195

恩墨特定律　Emmert's Law　422
效度　validity　22
時近效應　recency effect　480
時間描記器　chronographic　123
時間測量　time measure　402
時間誤差　time error　191
桑氏錯覺　Sander's illusion　415
格式塔學派　Gestalt school　406
消極迴避反應　negative abient response　526
疲倦　fatique　21
疲勞誤差　error of fatigue　172, 174
真動知覺　real motion perception　441,442
真實移動知覺　real motion perception　442
神經性耳聾　central deafness　375
神經量子理論　neural quantum theory　216
站台錯覺　station illusion　448
紋理梯度　texture gradient　433
紋路梯度　texture gradient　433
純音　pure tone　346
純音掩蔽　pure tone masking　370
記紋鼓　kymograph drum　123
記憶　memory　462
記憶鼓　memory drum　602
記憶廣度法　memory span method　488
訊息處理　information processing　34,141
訊息處理論　information-processing model　397
訊息量　information　109
訊號偵察論　signal detection theory　227,482
訊號覺察論　signal detection theory　227

索　引 **643**

迷津　maze　600
迷宮　maze　600
迴避反應　abient response　526
配對分組　matched groups　54
配對比較法　method of paired comparison　190
配對組設計　matched-groups design　53
閃光的融合　flicker fusion　294
閃光盲　flash blindness　294
閃光臨界融合頻率　critical flicker frequency　294

十一畫

偶然誤差　fortuitous error　74
偵察試驗　detection test　110
動作穩定器　steadiness tester　605
動景盤　stroboscope　444,593
動景器　stroboscope　593
動機　motive　136
動覺計　kinesthesiometer　588
參數　parameter　82
參數檢驗　parametic test　96
問卷法　questionnaire method　35,521
國際照明委員會　Internation Commission on Illumination　316, 317
基音　fundamental tone　346
基線時間　baseline time　142,144
密集數　mode　76
專家諮詢系統　expert consulting system　615
常態分佈　normal distribution　97
常誤　constant error　172,175
情感三維理論　three-dimensional theory of feeling　564
情感移入　empathy　523
情境變量　situational variable 523
情境變項　situational variable 523
情緒-心境測查量表　Emotion-Mood Measurement Scale　561
情緒　emotion　520
情緒人格測查　Emotion Personality Inventory　563
情緒性　emotionality　526
情緒性行為　emotional behavior　527
情緒狀態量表　Emotional State Scale　524
情緒表現　emotional expression　527
情緒特質量表　Emotional Trait Scale　524
控制變量　controlled variable　6, 283,467
控制變項　controlled variable　6, 283,467
接受者操作特性曲線　receiver operating characteristic curve　243
接近法則　law of proximity　407
排除法　elimination method　11, 404
教育心理學　educational psychology　4
啟動物　prime　495
啟動效應　priming effect　494
啟發法　heuristic　615
梯級　step　547
桿狀細胞　rod　285
條件性情緒反應　conditional emotional response　526
符茨堡學派　Würzburg School　32
毫朗伯　millilambert　277
混合設計　mixed design　45,46,56
混色　color mixture　301

混色輪　color wheel　304,582
深度知覺　depth perception　436
深度知覺儀　depth perception apparatus　440,595
深度視銳　depth visual acuity　440
產生　generation　503
眾數　mode　76
眼動儀　eye view monitoring system　590
眼睛調節　eyes accommodation　428
移動知覺　motion perception　441
第一類錯誤　type I error　232
第二類錯誤　type II error　84,232
統計回歸　statistical regression　15
統計表　statistical table　66
統計假設　statistical hypothesis　82
統計控制　statistical control　13
統計推理　statistical inference　82
統計推論　statistical inference　82
統計圖　statistical figure　69
統計數　statistic　82
統計檢驗　statistical test　82
組間法　between-subjects design　51
組織完形法則　Gestalt laws of organization　407
累積效應　accumulative effect　284
習慣誤差　error of habituation　172
被試者　subjects　8
被試者內設計　within-subjects design　45,46
被試者間設計　between-subjects design　45,51

被試者變量　subject variable　6
通常數　mode　76
連續　law of continuity　408
連續法則　law of continuity　408
連續對比　successive contrast　307
連續變量響應　continuous variable response　619
速示器　tachistoscope　601
速度-準確性權衡　speed-accuracy trade off　110
速度　speed　110
部分報告法　partial-report procedure　486
閉合法則　law of closure　408
陳述記憶　declarative memroy　499

十二畫

最大限度辨別面部肌肉運動編碼系統　maximally discriminative facial movementcoding system　554
最小二乘法　least squares　182
最小可覺差　just noticeable difference　167,217,587
最小可覺差法　method of least difference　171
最小可覺差異　just noticeable difference　167,587
最小差異法　method of leastdifference　171
最小變化法　minimal-change method　171
單一的分離　a single dissociation　505
單因素方差分析　simple factor analysis of variance　91
單色儀　monochromator　275
單眼運動視差　monocular movement parallax　431
單眼線索　monocular cues　430

單組實驗設計　within-subjects design　46
單擺振動定律　law of simple pendulum vibration　121
場依存性　field dependent　599
場依賴性　field dependent　599
場獨立性　field independence　599
報告標準　report criterion　233, 238
彭左恢復時間　Ponzo's recovery time　114
復現法　reproduction method　473
循環叢　circumplex　560
惰性 β　sluggish beta　234
描述性資料　descriptive data　25
提示法　annticipation method　474
斯皮爾曼分配法　Spearman distribution method　182
斯皮爾曼等級相關　Spearman rank-order correlation　485
斯肯納箱　Skinner box　580
普通心理學　general psychology　4
期望誤差　error of anticipation　172
棒框儀　rod and frame apparatus　598
殘留影像　icon　487
殘詞補全　word-fragment completion　501
游動錯覺　induced motion　447
減色法　subtractive mixture　302
減數法　subtractive method　107, 142
測痛儀　pain threshold tester　586
無痕跡的記憶系統　traceless memory system　499

無意識記憶　unconscious memory　493
無察覺記憶　unaware memory　493
無關刺激　irrelevance stimulus　481
無關變量　irrelevant variable　6
無關變項　irrelevant variable　6
痛閾　threshold of pain　250
痛覺耐力　pain endurance　251
痛覺限度　pain tolerance　587
發展心理學　developmental psychology　4
短時記憶　short-term memory　398, 472
短期記憶　short-term memory　398
程序記憶　procedural memory　499
等級法　rank-order method　188
等級排列法　rank-order method　188
等級評定量表　rating scale　525
等級資料　ranked data　25
等高線　equal pitch curve　360
等組　equivalent groups　51
等距量表　equal interval scale　193
等感覺匹配法　equal-sensation functions obtained by matches　222
等響曲線　equal loudness curve　366
等響級　equal loudness level　367
結構　form　462
結構主義　structuralism　2
結構密度梯度　texture density gradients　433
結構模擬階段　form simulation period　612
絕對溫度　absolute temperature

314
絕對閾限　absolutte limen　22,168
腓腸神經　sural nerve　530
虛驚　false alarm　230
虛驚率　probability of false alarm　232
視角　visual angle　290
視差　parallax　448
視敏度　visual acuity　290
視桿細胞　rod　285
視野　visual field　290,433
視野計　perimeter　305
視紫紅質　visual purple　286
視網膜　retina　288
視錯覺　visual illusion　413
視錐細胞　cone　28
視覺　visual　272
視覺儲存　sensory memory　397
詞的確認　word identification　494
詞根或詞段完詞　word stem or fragment completion　494
詞幹補筆　word-stem completion　501,502
費-伽馬　Phigamma　211
費氏定律　Fechner's Law　218
費利現象　phenomenon of Féré　604
費希納定律　Fechner's Law　218,296
費里效應　Féré effect　532
費瑞-帕特律　Ferry-Porter law　296
量的連續體　prothetic continuum　218
量表　scale　215
開窗　open window　155
間接啟動　indirect priming　495
間接測量　indirect measures　500
間接測驗　indirect test　497
間視覺　mesopic vision　281,290

集中量　measure of central tendency　75
集中量數　measureof central tendency　75
集中趨勢　central tendency　75
順序量表　ordinal scale　188

十三畫

傳統心理物理學　classical psychophysics　171
傳導性耳聾　conduction deafness　375
傳輸適當認知程序　transfer-appropriate procedures approach　499
新心理學　new psychology　2
圓形量表　Circular Scale　548
奧氏錯覺　Orbison illusion　417
感受性曲線　sensitivity curve　243
感官記憶　sensory memory　471
感知模擬　sensation and perception simulation　612
感知機　perceptron　612
感覺　sensation　272
感覺三元論　three-dimensional theory of feeling　564
感覺記憶　sensory memory　471
感覺記錄　sensory memory　397
感覺敏感性　sensitivity　233,238
感覺連續　sensory continuum　216
感覺等距法　equal sense distance method　193
感覺辨別力　sensory discriminability　233,238
感覺閾限　sensation threshold　21,186
想像性故事和幻想　imaginative story and fantasy production　493

索引 **647**

損傷法　injury method　528
暗適應　dark adaptation　285
暖色　warm color　321
極限法　limit method　30,171
概念驅動過程　conceptually driven processing　500
概率　probability　213
準備狀態　readiness　134
準確性　accuracy　110
照度　illuminance　276
睫狀肌　ciliary muscle　428
節省法　saving method　483
腦波　brain wave　540
腦電波　brain wave　540
腦電圖　electroencephalogram　540
補色　complementary color　302
補色律　law of complementary colors　303
解像　resolution　292,293
試誤法　trail-and-error method　614
運動幻覺　induced motion　447
運動知覺　motion perception　441
運動知覺下閾　lower threshold of motion perception　442
運動知覺上閾　upper threshold of motion perception　442
運動透視　motion perspective　448
運動視差　motion parallax　448
運動競賽狀態焦慮量表　Competitive State Anxiety Inventory-2　567
鉀離子測痛儀　K$^+$ pain threshold tester　587
電刺激法　method of electrical stimulation　528
預期法　anticipative method　476
飽和度　saturation　299,325

十四畫

圖形和背景　figure-and-ground　406
實驗　experiment　3
實驗心理學　experimental psychology　3
實驗性分離　experimental dissociation　505
實驗法　experimental method　3
實驗的程序　experimental procedure　15
實驗者效應　experimenter effect　10
實驗前後設計　experimental before-after design　46
實驗效度　experimental validity　13
實驗控制　experimental control　13
實驗設計　experimental design　45,405
實體鏡　stereoscope　437,592
對偶比較法　method of paired comparison　190
對偶回憶法　paired recall method　475
對等組設計　matched-groups design　53
對稱　balance　408
對數定律　law of logarithmic function　218
構造主義　structuralism　2
漏報　miss　230
漏報率　probability of miss　233
管理心理學　managerial psychology　4
算法　algorithm　614
算術平均數　mathmetic mean　75
維納濾波理論　Wiener's filter theory　227

維量等級量表　Dimensional Rating Scale　564
語意記憶系統　semantic memory systems　499
語圖分析法　method of language pictorial analysis　539
語圖儀　language pictoral display apparatus　380,584
認知　cognition　462
認知　cognitive　215
認知心理學　cognitive psychology　4,34,141
認知解釋　cognitive explanation　524
認知變量　cognitive variable　523
誤報　false alarm　230
誘動現象　induced motion　441,447
赫　Hz　341
赫氏錯覺　Hering illusion　416
赫茲　Hz　341
遠色　distant color　321
遠感色　distant color　321
輔音　consonant　349
彈簧棒　spring-stick　588

十五畫

數量化　quantization　403
數量估計法　method of magnitude estimation　198,219
暫時閾移　temporary-threshold shift　374
樣本　sample　85
標準化　standardization　580
標準刺激　standard stimulus　175
標準差　standard deviation　79
模糊字辨認　word fragment identification　502,503
模擬　simulation　612
編碼　coding　398

樂音　musical tone　346
潛意識記憶　unconscious memory　493
熱輻射儀　radiant heat tester　587
範數　mode　76
練習　exercise　135
練習誤差　error of practice　172,174
線索　cues　427
線條錯覺　linear illusion　413
膚電反應　galvanic skin response　532
複合自變量　complex independent variable　6
複合音　complex tone　346
調整法　method of adjustment　177
質的連續體　metathetic continuum　218
適當傳輸加工　transfer-appropriate processing　499
適應　adaptation　134
遮擋　superpostiton　430
餘像　icon　487
冪定律　the power law　218

十六畫

噪音　noise　229,347
學習心理學　psychology of learning　4
學習時間（遍數）法　method of learning time　473
操作　performance　535
操作定義　operational definition　21,169
整體報告法　whole-report procedure　486
樸金耶現象　Purkinje phenomenon　306
橫豎錯覺　horizontal vertical illu-

sion 413
機率 probability 213
機誤 chance error 74
獨立組設計 independent-groups design 51
積極迴避反應 positive abient response 526
融合 synthesis 446
諧音 overtone 346
輸入 input 397
輸出 output 397
辨別反應 indentification reaction 142
辨別差異 discriminative difference 215
辨別時間 indentification time 144
選擇反應 choice reaction 142
選擇反應時測定儀 complex reaction time tester 606
選擇反應時間 choic reaction time 107,605
選擇性 selectivity 411
選擇時間 selection time 144
遺忘曲線 fogetting curve 68
錯覺 illusion 411
錐體細胞 cone 289
隨機分組設計 random-groups design 51
隨機化 randomization 12
隨機組設計 random-groups design 51
隨機獨立性法則 law of stochastic independence 508
霍桑效應 Hawthorne effect 10
霍瓦-多爾曼知覺儀 Haward-Dolman perception apparatus 440,595
頻率 frequence 341
頻率差距 frequency spread 367
閾限 threshold 168,172

十七畫

戴氏錯覺 Delboeuf illusion 417
擊中 hit 230
曖昧圖 ambiguous figure 410
檢測 detection 215
檢驗式 inspection paradigm 255
檢驗刺激 probe 153
檢驗法 test method 476
環境 environment 6
環境心理學 environmenal psychology 338
環境自變量 environmental independent variable 6
瞬時形像 sensory memory 397
瞬時記憶 immediate memory 471
繆勒-萊爾錯覺 Müller Lyer illusion 19,402,413,619
總體 population 85
聲音應激分析器 sound stress analysis apparatus 539
聲級計 sound level meter 584
聲源定位 auditory localization 352
聲影 sound shadow 377
聯對法 paired associates 475
臨床法 clinical method 35
趨合 law of closure 408
點完成測驗 point construction test 507

十八畫

簡單反應 simple reaction 142
簡單反應時測定儀 simple reaction time tester 605
簡單反應時間 simple reaction time 107,605
藍道環 Landolt ring 292
轉盤閃爍方法 rotation disc flicker method 295

離中趨勢　variation　75
離散變量響應　discontinuous variable response　619
雙手調節器　two arm coordination tester　607
雙向交流　two way s communication　530
雙向關聯　reversed association　505
雙因素方差分析　two factors analysis of variance　94
雙耳周相差　phase difference of the two ears　379
雙耳時間差　time difference of the two ears　378
雙耳聲強差　intensity difference of the two ears　377
雙盲實驗　doubleblind experiment　11
雙眼視差　binocular disparity　436
雙眼視軸輻合　binocular convergence　428
雙眼線索　binocular cues　436
雙關圖　ambiguous figure　410
額外相關變量　extraneous relevant variable　6
額外變量　extraneous variable　6
顏色恆常性　color constancy　310,420
顏色常性　color constancy　310
顏色混合　color mixture　301
顏色對比　color contrast　307
顏色標定　colornotation　310
顏色適應　vision adaptation　309
龐氏錯覺　Ponzo's illusion　416
曠場反應　open field reaction　526

十九畫

識記　cognition　462

邊緣視覺　peripheral visual　305
鏡畫　mirror tracer　608
鏡畫板　mirror tracer　608
類型　type　462

二十畫～二十七畫

競賽特質焦慮表　Sport Competition Anxiety Text　567
繼時對比　successive contrast　307
覺察　detection　215,292,293
觸棒迷宮　penicl maze　600
警戒　vigilance　254
警戒水平　vigilance level　255
警戒衰退　vigilance decrement　255
屬性　attribute　356
屬性變項　attribute variable　6
鐵筆迷宮　penicl maze　600
響度　loudness　343,344,363
聽力計　audiometer　583
聽力損傷　hearing damage　375
聽力圖　audiogram　368
聽覺　auditory　272,340
聽覺定位　auditory localization　352,377
聽覺疲勞　auditory fatigue　374
聽覺掩蔽　auditory masking　370
聽覺組織　auditory organization　369
聽覺透視　auditory perspective　379
聽覺適應　auditory adaptation　376
聽覺閾限　auditory threshold　368
變差　variance　79
變異刺激　variance stimulus　175
變異係數　variation coefficient　138

索引 **651**

變異量數　measures of variation　77
變異數　variance　79
變異數分析　analysis of variance　89, 90
變量　variable　5, 45
變項　variable　5, 45
顯著性檢驗　test of significance　82
觀察法　observation method　35
顳側新月　temporal crescent　436

F 檢定　F test　89
F 檢驗　F test　89
I 分數法　I-fraction　538
ROC 曲線　ROC curve　243
t 分佈　t distribution　85
t 分配　t distribution　85
t 檢定　t test　85
t 檢驗　t test　85
α-運動　alpha motion　445
α 波　alpha wave　540
β-運動　beta motion　445
β 波　beta wave　540
β-惰性　slaggish beta　234
γ-運動　gamma motion　446
δ-運動　delta motion　445
δ 波　delta wave　540
θ 波　theta wave　258
φ 似動現象　phi phenomenon　444
χ^2 考驗　chi-square test　96
χ^2 檢驗　chi-square test　96

英文字母起頭名詞

A 反應　A-reaction　142
B 反應　B-reaction　142
C 反應　C reaction　142
CIE 1931 色度圖　CIE 1931 chromaticity diagram　317
CSAI-2 問卷　Competitive State Aaxiety Inventory-2 quescionaire　319

二、英漢對照

A

A reattion　A 反應　142
a single dissociation　單一的分離　505
abient response　迴避反應　526
absolute limen　絕對閾限　22, 168
absoulute temperature　絕對溫度　314
accumulative effect　累積效應　284
accuracy　準確性　110
ACL＝Adjective check list
adaptation　適應　134
additive factors method　加因素法　107, 151
additive mixture　加色法, 相加混色　301, 302
Adjective Check List　形容詞核對表　524
Adjective Check List　形容詞檢表　558
AE＝average error
AFFEX＝system of identifying affect expression by holistic judgments
afterimage　後像　309
AL＝absolute limen

algorithm 定程法,算法 614
all-or-none law 全或無定律,全有全無律 216
alpha motion α-運動 445
alpha wave α-波 540
ambiguous figure 二可圖,曖昧圖,雙關圖 410
analysis of covariance 共變數分析,協方差分析 13
analysis of variance 方差分析,變異數分析 89,90
annticipation method 提示法 474
ANOVA=analysis of variance
anticipative method 預期法 476
apparent motion 似動現象 406,441,444,594
apparent movement phenomenon apparatus 似動現象研究裝置 594
appearance 形象 226
appearance change 面容變化 552
attribute 屬性 356
attribute variable 本性變量,屬性變項 6
audiogram 聽力圖 368
audiometer 聽力計 583
auditory 聽覺 272,340
auditory adaptation 聽覺適應 376
auditory fatigue 聽覺疲勞 374
auditory localization 聽覺定位,聲源定位 352,377
auditory masking 聽覺掩蔽 370
auditory organization 聽覺組織 369
auditory perspective 聽覺透視 379
auditory threshold 可聞閾限,聽覺閾限 368

autokinetic phenomenon 自動現象 447
average deviation 平均差,均差 78
average error 平均差誤 177
average error method 平均差誤法,平均誤差法 30,592
averaged Z scores 平均 Z 分數法 182

B

B-reaction B 反應 142
balance 對稱 408
baseline time 基線時間 142,144
beat sound 拍音 350
behavioral variable 行為變量 525
behaviorism 行為主義 2,32
beta motion β-運動 445
beta wave β 波 540
between-subjects design 被試者間設計,組間法 45,51
binocular convergence 雙眼視軸輻合 428
binocular cues 雙眼線索 436
binocular disparity 雙眼視差 436
bisection 二分法 193
blind spot 盲點 305
BR=Brunswik ration
brain wave 腦電波,腦波 540
brightness 明度,亮度 276,280,299
Brunswik ration 布倫斯維克比率 423

C

C reaction C 反應 142
CE=constant error
central deafness 神經性耳聾,中樞性聾 375

索引 **653**

central tendency　集中趨勢　75
CFF＝critical flicker frequency
chance error　機誤　74
chi-square test　χ^2 考驗, χ^2 檢驗, 卡方檢定　96
choic reaction time　選擇反應時間　107,605
choice reaction　選擇反應　142
chromaticity diagram　色度圖　317
chromaticness　色度　316
chronographic　時間描記器　123
CIE＝Internation commission on Illumination
CIE 1931 chromaticity diagram　CIE 1931 色度圖　317
ciliary muscle　睫狀肌, 毛狀肌　428
Circular Scale　圓形量表　548
circumplex　循環叢　560
classical psychophysics　傳統心理物理學　171
clinical method　臨床法　35
closed color　近感色, 近色　321
codability　可編碼性　83
coding　編碼　398
cognition　認知, 識記　462
cognitive　認知　215
cognitive explanation　認知解釋　524
cognitive psychology　認知心理學　4,34,141
cognitive variable　認知變量　523
color constancy　顏色常性, 顏色恆常性　310,420
color contrast　顏色對比　307
color mixture　顏色混合, 混色　301
color of light source　光源色　314
color temperature　色溫　314
color wheel　色輪, 混色輪　304,582
colorimeter　色度計　320
colornotation　顏色標定　311
common fate　共同的變化　409
common task　共同作業　54
comparative and matching method　比配法　596
comparison stimulus　比較刺激　175
Competitive State Anxiety Inventory-2　運動競賽狀態焦慮量表　567
complementary color　補色, 互補色　302,309,321
complex independent variable　複合自變量　6
complex reaction time tester　選擇反應時測定儀　606
complex tone　複合音　346
conceptually driven processing　概念驅動過程　500
conditional emotional response　條件性情緒反應　526
conduction deafness　傳導性耳聾　375
cone　視錐細胞, 錐體細胞　289
consonant　輔音, 子音　349
constant error　常誤　172,175
constant method　恆定法　11
consummatory act　完成行為, 完結活動　527
consummatory behavior　完成行為　526
continuous variable response　連續變量響應　619
controlled variable　控制變項, 控制變量　6,283,467
cool color　冷色　321
correct　正確　230
correct rejection　正確拒斥　230
counter balancing method　抵消

平衡法 13
critical flicker frequency 閃光臨界融合頻率 294
crossed double dissociation 交叉雙重分離 505
CSAI-2=Competitive State Anxiety Inventory-2
CSAI-2 questionnaire CSAI-2 問卷 576
cues 線索 427

D

dark adaptation 暗適應 285
data-driven processing 材料驅動過程 500
dB=decibel
decibel 分貝 197,344,584
declarative memroy 陳述記憶 499
Delboeuf illusion 戴氏錯覺 417
delta motion δ-運動 446
delta ware δ-波 540
dependent variable 因變量,依變項 5,110,466
depth perception 深度知覺,立體知覺 436
depth perception apparatus 深度知覺儀 440,595
depth visual acuity 深度視銳 440
DES=Differential Emotions Scale
descriptive data 描述性資料 25
detection 檢測,覺察 215,292,293
detection test 偵察試驗 110
developmental psychology 發展心理學 4
difference limen 差別閾限 22,168
difference tone 差音 351
Differential Emotions Scale 分化情緒量表 521,525,565
differential threshold 差別閾限 30
differential threshold method 差別閾限法,差異閾限法 195
Dimensional Rating Scale 維量等級量表 564
direct measures 直接測量 500
discontinuous variable response 離散變量響應 619
discriminative difference 辨別差異 215
dissoctiation 分離 506
distant color 遠色,遠感色 321
distractor method 分散注意法 490
distribution of attention apparatus 注意分配儀 597
DL=difference limen
Donders ABC of reaction time 唐德斯反應時 ABC 141
Donders subtractive method 唐德斯減數法 142
Donders three components 唐德斯三成分說 141
doubleblind experiment 雙盲實驗 11
DRS=Dimensional Rating Scale
DV=dependent variable

E

educational psychology 教育心理學 4
EEG=electroencephalogram
effectiveness 有效性 403
Ehrenstein illusion 埃氏錯覺 417
electivity 選擇性 411
electroencephalogram 腦電圖 540
elimination method 排除法 11,

404
Emmert's Law　恩墨特定律　422
emotion　情緒　520
Emotion Personality Inventory　情緒人格測查　563
Emotion-Mood Measurement Scale　情緒-心境測查量表　561
emotional behavior　情緒性行為　527
emotional expression　情緒表現　527
Emotional State Scale　情緒狀態量表　524
Emotional Trait Scale　情緒特質量表　524
emotionality　情緒性　526
empathy　情感移入　523
engineering psychology　工程心理學　254
enumeration data　計數資料　25
environmenal psychology　環境心理學　338
environment　環境　6
environmental independent variable　環境自變量　6
EPI＝Emotion Personality Inventory
equal interval scale　等距量表　193
equal loudness curve　等響曲線　366
equal loudness level　等響級　367
equal pitch curve　等高線　360
equal sense distance method　感覺等距法　193
equal-sensation functions obtained by matches　等感覺匹配法　222
equivalent groups　相等組,等組　51
error of anticipation　期望誤差　172

error of fatigue　疲勞誤差　172, 174
error of habituation　習慣誤差　172
error of practice　練習誤差　172, 174
exercise　練習　135
experiment　實驗　3
experimental before-after design　實驗前後設計　46
experimental control　實驗控制　13
experimental design　實驗設計　45
experimental dissociation　實驗性分離　505
experimental method　實驗法　3
experimental procedure　實驗的程序　15
experimental psychology　實驗心理學　3
experimental validity　實驗效度　14
experimenter　主試者　8
experimenter effect　實驗者效應　10
expert consulting system　專家諮詢系統　615
explicit memory　外顯記憶　22, 463,492
expression method　表現法　522
external validity　外部效度　14
extraneous relevant variable　額外相關變量　6
extraneous variable　額外變量,外擾變項　6
eye view monitoring system　眼動儀　590
eyes accommodation　眼睛調節　428

F

F test　F 檢驗,F 檢定　89
facial action coding system　面部動作編碼系統　552
facial expression　面部表情　546
factoril type experiment　因素型實驗　18
FACS＝facial action coding system
false alarm　虛驚,誤報　230
fatique　疲倦　21
Fechner's Law　費希納定律,費氏定律　218,296
feedback　反饋　398
Féré effect　費里效應　532
Ferry-Porter law　費瑞-帕特律　296
field dependent　場依存性,場依賴性　599
field independence　場獨立性　599
figure-and-ground　圖形和背景,形像與背景　406
finger dexterity tester　手指靈活性測驗儀　606
flash blindness　閃光盲　294
flicker fusion　閃光的融合　294
fogetting curve　遺忘曲線　68
folk psychology　民族心理學　2
foot candle　呎燭光　276
footlambert　呎朗伯　277
form　結構　462
form simulation period　結構模擬階段　612
fortuitous error　偶然誤差　74
four-field tachistoscope　四視野速示器　602
fovea　中央凹,中央窩　293
foveal visual　中央凹視覺　305
fractionation method　分段法　197
free assocication　自由聯想　493
free recall method　自由回憶法　479
free response paradigm　自由反應式　255
frequence　頻率　341
frequency method　次數法　180,538
frequency spread　頻率差距　367
functional type experiment　函數型實驗　18
fundamental tone　基音　346

G

galvanic skin response　皮膚電反應,膚電反應　532,604
gamma motion　γ-運動　446
general psychology　普通心理學　4
generation　產生　503
Gestalt　好圖形,完形　408
Gestalt laws of organization　組織完形法則　407
Gestalt school　格式塔學派,完形學派　406
GSR＝galvanic skin response

H

Haward-Dolman perception apparatus　霍瓦-多爾曼知覺儀　440,595
Hawthorne effect　霍桑效應　10
hearing damage　聽力損傷　375
Hering illusion　赫氏錯覺　416
heuristic　啟發法,直斷法　615
hit　擊中,中的　230
horizontal vertical illusion　橫豎錯覺　413
hue　色調,色別　299,321
Hz　赫,赫茲　341

I

I-fraction　I 分數法　538
ICI＝Internation Commission on Illumination
icon　殘留影像,餘像　487
illuminance　光照度,照度　276
illusion　錯覺　411
imaginative story and fantasy production　想像性故事和幻想　493
immediate memory　瞬時記憶　471
implicit learning　內隱學習　494
implicit memory　內隱記憶　22,463,492
implicit memory test　內隱記憶測驗　497
impossible figure　不可能圖形,不合理圖形　411
impression method　印象法　521
incident light　入射光　276
indentification reaction　辨別反應　142
indentification time　辨別時間　144
independent variable　自變量,自變項　5,465
independent-groups design　獨立組設計　51
index of physiological chemistry　生化指標　541
indirect measures　間接測量　500
indirect priming　間接啟動　495
indirect test　間接測驗　497
individual differences　個體差異,個別差異　137
induced motion　誘動現象,運動幻覺,游動錯覺　447
industrial psychology　工業心理學　4
information　信息量,訊息量　109

information processing　信息加工,訊息處理　34,141
information-processing model　信息加工模型,訊息處理論　397
injury method　損傷法　528
input　輸入　397
inspection paradigm　檢驗式　255
instruction　指示語　9
intensity difference of the two ears　雙耳聲強差　377
interaction　交互作用　59
internal validity　內部效度　14
Internation Commission on Illumination　國際照明委員會　316
intervening variable　中介變量　8
introspection　內省法　2
introspective experimental method　內省分析法,內省實驗法　31
inverse square law　反平方律　226
irrelevance stimulus　無關刺激　481
irrelevant variable　無關變量,無關變項　6
IV＝independent variable

J

J＝judgment
jnd＝just noticeable difference
judgment　判斷　212
judgment criterion　判斷標準,判定標準　229,238
just noticeable difference　最小可覺差,最小可覺差異　167,217,587

K

K$^+$pain threshold tester　鉀離子測痛儀　587

kinesthesiometer 動覺計 588
Korte's Law 柯爾特定律 445
kymograph drum 記紋鼓 123

L

Landolt ring 藍道環 292
language pictorial display apparatus 語圖儀 380,584
large sample 大樣本 368
Latin square experiment 拉丁方實驗 13
Latin-square design 拉丁方設計，拉丁方格設計 65
law of closure 趨合，閉合法則 408
law of complementary colors 補色律 303
law of continuity 連續，連續法則 408
law of diminishing returns 收效遞減律 279
law of good figure 好圖形法則 408
law of intermediary 居間律 303
law of logarithmic function 對數定律 218
law of proximity 接近法則 407
law of similarity 相似法則 408
law of simple pendulum vibration 單擺振動定律 121
law of stochastic independence 隨機獨立性法則 508
law of substitution 代替律 303
least squares 最小二乘法 182
length and area estimator 長度和面積估計器 592
lens 水晶體 305,420
lexical decision 字彙確定 494
light adaptation 明適應,亮適應 289
light source 光源 274
likelihood ratio 似然比值 233
limit method 極限法 30,171
linear illusion 線條錯覺 413
linear interpolation 直線內插法 181
linear perspective 直線透視 431
Linear Scale 直線量表 547
localization 定位 292
long-term memory 長時記憶,長期記憶 398,472
loudness 響度,音強 343,344,363
lower threshold of motion perception 運動知覺下閾 442
LTM＝long-term memory
luminance 光亮度 276
luminous flus 光通量 276
luminous intensity 光強度 275

M

MACL＝Mood Adjective Chest List
madian 中數,中位數,中點數 76
man-machine system 人-機系統,人機合-系統 610
managerial psychology 管理心理學 4
matched groups 配對分組 54
matched-groups design 配對組設計,對等組設計 53
matching method 匹配法 12
mathmetic mean 算術平均數 75
MAX＝maximally discriminative facial movement coding system
maximally discriminative facial movement coding system 最大限度辨別面部肌肉運動編 554
maze 迷宮,迷津 600
Mdn＝madian
mean 平均數 75
measure of central tendency 集中量,集中量數 75

measure of variation 差異量,變異量數 75,77
measurment data 計量資料 25
memory 記憶 462
memory drum 記憶鼓 602
memory span method 記憶廣度法 488
mental rotation 心理移轉,心理旋轉 145
mesopic vision 間視覺 281
metathetic continuum 質的連續體 218
method of adjustment 調整法 177
method of average error 平均差誤法,均誤法 30,177
method of chemical stimulation 化學刺激法 530
method of constant stimulus 固定刺激法,恆定刺激法 30,180
method of electrical stimulation 電刺激法 528
method of equation 均等法 177
method of inspiration-exspiration 吸氣呼氣比率法 537
method of language pictorial analysis 語圖分析法 539
method of learning time 學習時間（遍數）法 473
method of least difference 最小可覺差法,最小差異法 171
method of magnitude estimation 數量估計法 198,219
method of paired comparison 對偶比較法,配對比較法 190
method of relative duration of inspiration and exspiration 吸氣相對時間表示法 538
method of reproduction 再造法 177
method of serial exploration 序列探索法 171
metrecandle 米燭光 277
millilambert 毫朗伯 277
minimal-change method 最小變化法 171
Minnesota Multiphasic Personality Inventory 明尼蘇達多項大格測驗 562
mirror tracer 鏡畫,鏡畫板 608
miss 漏報,失察 230
mixed design 混合設計 45,46,56
MMPI＝minnesota Multiphasic Personality
MO＝mode Inventory
mode 眾數,密集數,通常數,範數 76
monochrormator 單色儀 275
monocular cues 單眼線索 430
monocular movement parallax 單眼運動視差 431
mood 心境 558
Mood Adjective Chect List 心境形容詞檢表 559
moon illusion 月亮錯覺 23,419
motion parallax 運動視差 448
motion perception 運動知覺,移動知覺 441
motion perspective 運動透視 448
motive 動機 136
Müller-Lyer illusion 繆勒-萊爾錯覺 19,402,413,619
multifactors experimental design 多因素實驗設計 63
multiple independent variable 多自變量,多自變項 58
multiple memory form 多重記憶結構 463,492
multiple memory systems view 多重記憶系統說 498
multiple-choice apparatus 多重

選擇器,耶基斯選擇器 603
Munsell color circle 孟塞爾色環 313
Munsell color system 孟塞爾顏色系統 311
muscle cues 肌肉線索 428
musical tone 樂音 346

N

namability 可命名性 83
natural illusion 自然錯覺 419
naturalistic observation 自然觀察法 3
negative abient response 消極迴避反應 526
negative afterimage 負後像 309
negative skewness 負偏態 77
neural quantum theory 神經量子理論 216
neutral color 中性色 314
new psychology 新心理學 2
nine-holes apparatus 九洞儀 605
noise 噪音 229,347
nonparametric statistics 非參數統計 97
nonparametric test 非參數檢驗 96
normal distribution 常態分佈 97

O

objectivity 客觀性 403
observation method 觀察法 35
ogive curve 拱形曲線 217
open field behavior 戶外行為 526
open field reaction 曠場反應 526
open window 開窗 155
operational definition 操作定義 21,169
Orbison illusion 奧氏錯覺 417
ordinal scale 順序量表,序級量表 188
orientation constacy 位置恆常性,方向恆常性 421
output 輸出 397
overtone 倍音,泛音,諧音 346

P

PA＝paired associates
pain caused by tourniquet 止血帶致痛法 588
pain endurance 痛覺耐力 251
pain threshold tester 測痛儀 586
pain tolerance 耐痛閾,痛覺限度 587
paired associated 成對聯合法,聯對法 475
paired recall method 對偶回憶法 475
parallax、視差 448
parameter 參數 82
parametic test 參數檢驗 96
partial-report procedure 部分報告法 485
pay-off matrix 支付矩陣 234
penicl maze 觸棒迷宮,鐵筆迷宮 600
percentile 百分位數 78
perception 知覺 396
perception constancy tester 大小常性測量器 596
perceptron 感知機 612
perceptual constancy 知覺的恆常性 420
perceptual contract 知覺對比 416
perceptual identification 知覺辨認 503

perceptual organization 知覺組織 406
perceptual representation system 知覺表徵系統 498,499
performance 操作,作業 535
perimeter 視野計 305
peripheral nervous system 外周神經,周圍神經系統 530
peripheral visual 邊緣視覺 305
personal equation 人差方程式,個人方程式 104
personality psychology 人格心理學 4
PGR = psychogalvanic reflex
phase difference of the two ears 雙耳周相差 379
phenomenon of Féré 費利現象 604
phi phenomenon φ 似動現象,飛現象 444
Phigamma 費-伽馬 211
photometry 光度學 278
physical correlate theory 物理相關論 225
physical cues 物理線索 428
physiological accommodation cues 生理調節線索 428
physiological index 生理指標 531
physiological psychology 生理心理學 4
physiological variable 生理變量 528
pitch 音高,音調 341
placebo effect 安慰劑效應 10
Poggendorf illusion 波氏錯覺 418
point construction test 點完成測驗 507
point of subjective equality 主觀相等點,主觀等點 175

Polygraph 多項生理記錄儀 543
Ponzo's illusion 龐氏錯覺 416
Ponzo's recovery time 彭左恢復時間 114
population 總體,母體 85
positive abient response 積極迴避反應 526
positive afterimage 正後像 309
positive skewness 正偏態 77
pretest 先檢驗,前測 54
primacy effect 首因效應,初始效應 480
prime 啟動物 495
priming effect 啟動效應 494
prior probability 先定概率,先驗概率 229
probability 概率,機率 213
probability of false alarm 虛驚率 232
probability of miss 漏報率 233
probability of signal 信號概率 234
probe 檢驗刺激 153
procedural memory 程序記憶 499
processing view 加工說 499
prothetic continuum 量的連續體 218
protocol 口語記錄 7
PRS = perceptual representation system
PSE = point of subjective equality
psychogalvanic reflex 心理電反射,心理膚電反應 532,604
psychogalvanometer 皮膚電反應儀,心理膚電反應計 604
psychological scales 心理量表 187
psychology of learning 學習心理學 4
psychometrics 心理測量學 215

psychophysics 心理物理學 30, 167
psychophysical method 心理物理學方法,心理物理法 166,463
pure tone masking 純音掩蔽 370
Purkinje phenomenon 樸金耶現象 306

Q

qualitification 定性 465
quantification 定量 465
quantization 數量化 403
quartile deviation 四分差 78
questionnaire method 問卷法 35,521

R

R＝respone
radiant heat tester 熱輻射儀 587
random-groups design 隨機分組設計,隨機組設計 51
randomization 隨機化 12
range 全距,兩極差 77
rank-order method 等級排列法,等級法 188
ranked data 等級資料 25
rating scale 等級評定量表 525
ratio scale 比例量表,比率量表 196
reaction 反應 33
reaction time 反應時間,反應時 22,105,605
readiness 準備狀態 134
real motion perception 真動知覺,真實移動知覺 441,442
recall 回憶 462
recall method 回憶法 473
receiver operating characteristic curve 接受者操作特性曲線 243
recency effect 近因效應,時近效應 480
recognition 再認 292,462,502
recognition method 再認法 481
reconstruction method 重建法,重構法 484
reflectance factor 反射係數 276
reflection light 反射光 276
relative motion 相對移動 448
relearning 再學法 483
relevance stimulus 有關刺激 481
relevant variable 相關變量 6
repetition priming 重復啟動 494
report criterion 報告標準 233, 238
reproduction method 再現法,復現法 473
resolution 解像 292
resonance 共鳴,和振 349
response 內部反應 212
response bias 反應偏向 233
response measurement 反應測量 7
response variable 反應變量,反應變項 7,45
retention 保持,保留 462,483
retention value 保持量 485
retina 視網膜 288
reversal experimental condition design 抵消實驗條件的設計 48
reversed association 雙向關聯 505
ROC carve ROC 曲線 243
rod 視桿細胞,桿狀細胞 285
rod and frame apparatus 棒框儀 598
rotation disc flicker method 轉盤閃爍方法 295

索引 **663**

RT＝reaction time
RV＝relevant variable

S

S＝stimulus
sample　樣本，子樣　85
Sander's illusion　桑氏錯覺　415
saturation　飽和度　299,325
saving method　節省法　483
scale　量表　215
SCAT＝Sport Compentition Anxiety Text
SDT＝signal detection theory
selection time　選擇時間　144
selectivity　選擇性　411
self report　自我報告　524
semantic memory systems　語意記憶系統　499
sensation　感覺　272
sensation and perception simulation　感知模擬　612
sensation threshold　感覺閾限　21,186
sensitivity　感覺敏感性　233,238
sensitivity curve　感受性曲線　243
sensory continuum　感覺連續　216
sensory discriminability　感覺辨別力　233,238
sensory memory　視覺儲存，感覺記錄，瞬時形像，感官記憶，感覺記憶　397,471
sequence effect　序列效應　13
serial recall method　系列回憶法，依序回憶法　473
serial-position effect　系列材料效應，序位效應　475
set　定勢，心向　106
shape constancy　形狀恆常性　420,425

shape illusion　形狀錯覺　417
short-term memory　短期記憶，短時記憶　398,472
signal detection theory　信號檢測論，訊號偵察論，訊號覺察論　227,482
signal enhancement techniques　信號增強技術　257
simple factor analysis of variance　單因素方差分析　91
simple reaction　簡單反應　142
simple reaction time　簡單反應時間　107,605
simple reaction time tester　簡單反應時測定儀　605
simulation　模擬　612
simultaneous contrast　同時對比　307
situational variable　情境變量，情境變項　523
size constancy　大小恆常性　421,424
size illusion　大小錯覺　416
skewness distribution　分配偏態　77
Skinner box　斯肯納箱　580
sluggish beta　β 惰性　234
social psychology　社會心理學　4
sone　㖷　363,364
sound level meter　聲級計　584
sound shadow　聲影　377
sound stress analysis apparatus　聲音應激分析器　539
space error　空間誤差　190
space perception　空間知覺　427
Spearman distribution method　斯皮爾曼分配法　182
Spearman rank-order correlation　斯皮爾曼等級相關　485
spectral locus　光譜軌迹　317
speed　速度　110
speed-accuracy trade off　速度-準

確性權衡　110
Sport Competition Anxiety Text
　競賽特質焦慮表　567
spring-stick　彈簧棒　588
SR＝sensory memory
St＝standard stimulus
STAI＝State-trait Anxiety Inventory
standard deviation　標準差　79
standard stimulus　標準刺激　175
standardization　標準化　580
State-trait Anxiety Inventory　狀態-特質焦慮問卷　567
station illusion　站台錯覺　448
statistic　統計數　82
statistical control　統計控制　13
statistical figure　統計圖　69
statistical hypothesis　統計假設　82
statistical infernce　統計推理，統計推論　82
statistical regression　統計回歸　15
statistical table　統計表　66
statistical test　統計檢驗　82
steadiness tester　動作穩定器　605
step　梯級　547
stereoscope　實體鏡　437, 592
stereoscopic vision　立體視覺　437
stimulus　刺激　33, 211
stimulus continuum　刺激連續　216
stimulus variable　刺激變量，刺激變項　45, 282
STM＝short term memory
stroboscope　動景器，動景盤　444, 593
structuralism　結構主義，構造主義　2

subject organization　主體組織　481
subject variable　被試者變量，受試者變項　6
subjective experience　主觀體驗　545
Subjective Experience Self Report Meosure　主觀體驗自我報告測量　558
Subjective Strees Scale　主觀性應激量表　559
subjects　被試者　8
subtractive method　減數法　107, 142
subtractive mixture　減色法，相減混色　302
successive contrast　繼時對比，連續對比　307
summation　和音　351
superpostiton　遮擋，重疊　430
sural nerve　腓腸神經　530
Sv＝variance stimulus
synthsis　融合　445
system　系統　462
system for identifying affect expression by holistic judgment　表情辨別整體判斷系統　554
systematic error　系統誤差　75

T

t distributiont　t分佈，t分配　85
t test　t檢定，t檢驗　85
tachistoscope　速示器　601
task　作業　6
task variable　作業變量　6
task-comparison methodology　任務比較方法學　504
temporal crescent　顳側新月　436
temporary-threshold shift　暫時閾移　374
test method　檢驗法　476

test of significance 顯著性檢驗 82
texture density gradients 結構密度梯度 433
texture gradient 紋理梯度,紋路梯度 433
the power law 冪定律 218
theories of personality 人格理論 599
theta wave θ波 258
thinking simulation 思維模擬 614
Thouless ratio 邵勒斯比率 423
three-dimensional pattern 三維模式圖 548
three-dimensional theory of feeling 情感三維理論,感覺三元論 564
three-needle experiment 三針實驗 595
threshold 閾限 168,172
threshold of bearable pain 耐痛閾 251
threshold of pain 痛閾 250
timbre 音色 345
time difference of the two ears 雙耳時間差 378
time error 時間誤差 191
time measure 時間測量 402
time serial design 定時系列設計 47
tonal trasition 音渡 385
TR＝Thouless ratio
traceless memroy system 無痕迹的記憶系統 499
trail-and-error method 試誤法 614
transfer-appropriate procedures approach 傳輸適當認知程序 499
transfer-appropriate processing 適當傳輸加工 499

true-false method 正誤法 180
TTS＝temporary-threshold shift
two arm coordination tester 雙手調節器 607
two factors analysis of variance 雙因素方差分析 94
two way's communication 雙向交流 530
two-point aesthesiometer 兩點閾測量器,兩點閾量規 585
type 類型 462
type I error 第一類錯誤 232
type II error 第二類錯誤 84

U

unaware memory 無察覺記憶 493
unaware memory test 不自覺記憶測驗 497
unconscious memory 無意識記憶,潛意識記憶 493
uncrossed double dissociation 非交叉雙重分離 505
upper threshold of motion perception 運動知覺上閾 442

V

validity 效度 22
variable 變量,變項 5,45
variance 方差,變異數,變差,均方 79
variance stimulus 變異刺激 175
variation 離中趨勢 75
variation coefficient 變異係數 138
vestibule function theory 前庭機制說 420
Vierordt's Law 威洛特運動律 586
vigilance 警戒 254
vigilance decrement 警戒衰退

255
vigilance level 警戒水平 255
visible speech 可見言語 380
vision adaptation 顏色適應 309
visual 視覺 272
visual acuity 視敏度 290
visual angle 視角 290
visual field 視野 290,433
visual illusion 視錯覺 413
visual purple 視紫紅質 286
vowel 元音,母音 348

W

warm color 暖色 321
wave length 波長 273
Weber's law 韋伯定律,韋氏定律 30,215
white noise 白噪聲 347
whole-report procedure 全部報告法,整體報告法 486
Wiener's filter theory 維納濾波理論 227

within-subjects design 被試者內設計,受試者內設計,單組實驗設計 45,46
word fragment identification 模糊字辨認 503
word identification 詞的確認 494
word stem or fragment completion 詞根或詞段完詞 494
word-fragment completion 殘詞補全 501
word-stem completion 詞幹補筆 501
Würzburg School 符茨堡學派 32

Y

yardstick 尺度 215

Z

Zöllner illusion 左氏錯覺 416

```
實驗心理學 / 楊治良著. -- 第一版. -- 臺北市：
   臺灣東華書局, 1997
      面 ；   公分. -- (世紀心理學叢書之20)
   參考書目：面
   含索引
   ISBN  957 - 636 - 856 - 1 (精裝)
   1. 實驗心理學
171                                     86000714
```

張 春 興 主 編
世紀心理學叢書 20

實 驗 心 理 學

著　　者　楊　治　良
發 行 人　卓　鑫　淼
責任編輯　徐　萬　善　徐　　　憶　劉　威　德
法律顧問　蕭　雄　淋　律　師
出　　版　臺灣東華書局股份有限公司
　　　　　臺北市重慶南路一段一四七號三樓
　　　　　發行部：北市峨眉街一〇五號
　　　　　電話　 (02) 3819470・3810780
　　　　　傳真　 (02) 3116615
　　　　　郵撥　 00064813
　　　　　編審部：北市重慶南路一段一四七號七樓
　　　　　電話　 (02) 3890906・3890915
　　　　　傳真　 (02) 3890869
排　　版　玉山電腦排版事業有限公司
印　　刷　正大印書館
出版日期　1997 年 2 月
　　　　　第一版第一次印刷
行政院新聞局　局版臺業字第 0725 號

定價　新臺幣 700 元整（運費在外）